BALANCED SCORECARD
MAPAS ESTRATÉGICOS

CB055499

BALANCED SCORECARD

MAPAS ESTRATÉGICOS

CONVERTENDO ATIVOS INTANGÍVEIS EM RESULTADOS TANGÍVEIS

Tradução
Afonso Celso da Cunha Serra

Revisão Técnica
Consultores Symnetics:
Adriane Rickli
André Ribeiro Coutinho
Claudio R. S. Loureiro
David Kallás
Fanny Schwarz
Gabriela Spina
Luiz Gustavo M. Sedrani
Maria Auxiliadora Moraes Amiden
Mathias Mangels
Pedro Coimbra Junqueira
Reinaldo Belickas Manzini
Ruy Carlos T. de Albuquerque
Teresinha Maria Cesena

25ª Tiragem

ALTA BOOKS
E D I T O R A
Rio de Janeiro, 2017

Mapas Estratégicos – Balanced Scorecard: convertendo ativos intangíveis em resultados tangíveis
Copyright © 2017 da Starlin Alta Editora e Consultoria Eireli. ISBN: 978-85-508-0117-9

Translated from original Strategy Maps. Copyright © 2014 by Harvard Business School Publishing Corporation. ISBN 0-446-69637-4. This translation is published and sold by permission of Harvard Business School Press, the owner of all rights to publish and sell the same. PORTUGUESE language edition published by Starlin Alta Editora e Consultoria Eireli, Copyright © 2017 by Starlin Alta Editora e Consultoria Eireli.

A editora não se responsabiliza pelo conteúdo da obra, formulada exclusivamente pelo(s) autor(es).

Marcas Registradas: Todos os termos mencionados e reconhecidos como Marca Registrada e/ou Comercial são de responsabilidade de seus proprietários. A editora informa não estar associada a nenhum produto e/ou fornecedor apresentado no livro.

Impresso no Brasil.

Obra disponível para venda corporativa e/ou personalizada. Para mais informações, fale com projetos@altabooks.com.br

Copidesque
Ana Cristina de Assis Serra

Editoração Eletrônica
Estúdio Castellani

Revisão Gráfica
Mariflor Brenlla Rial Rocha | Edna Rocha

Produção Editorial
Elsevier Editora - CNPJ: 42.546.531./0001-24

Erratas e arquivos de apoio: No site da editora relatamos, com a devida correção, qualquer erro encontrado em nossos livros, bem como disponibilizamos arquivos de apoio se aplicáveis à obra em questão.

Acesse o site www.altabooks.com.br e procure pelo título do livro desejado para ter acesso às erratas, aos arquivos de apoio e/ou a outros conteúdos aplicáveis à obra.

Suporte Técnico: A obra é comercializada na forma em que está, sem direito a suporte técnico ou orientação pessoal/exclusiva ao leitor.

A editora não se responsabiliza pela manutenção, atualização e idioma dos sites referidos pelos autores nesta obra.

CIP-Brasil. Catalogação na fonte.
Sindicato Nacional dos Editores de Livros, RJ

K26m

    Kaplan, Robert S., 1940–
    Mapas estratégicos – Balanced Scorecard: convertendo ativos intangíveis em resultados tangíveis / Robert S. Kaplan, David P. Norton; tradução de Afonso Celso da Cunha Serra.
    – Rio de Janeiro: Alta Books, 2017.

    Tradução de: Strategy maps
    ISBN 978-85-508-0117-9

    1. Planejamento estratégico. 2. Bens incorpóreos – Administração. 3. Capital humano. I. Norton, David P., 1941–. II. Título.

03-2590.
    658.4012
    65.012.2

Rua Viúva Cláudio, 291 — Bairro Industrial do Jacaré
CEP: 20970-031 — Rio de Janeiro - RJ
Tels.: (21) 3278-8069 / 3278-8419
www.altabooks.com.br — altabooks@altabooks.com.br
www.facebook.com/altabooks

Esta obra é dedicada aos consultores, clientes e afiliados da Balanced Scorecard Collaborative, que forneceram a riqueza de experiências em que se baseia este livro.

PREFÁCIO

A colaboração entre Kaplan e Norton começou em 1990, com um projeto de pesquisa envolvendo várias empresas, que buscou novas maneiras de medir o desempenho organizacional. Acreditávamos, na época, que os ativos baseados no conhecimento – sobretudo os colaboradores e tecnologia da informação – tornavam-se cada vez mais importantes para o sucesso competitivo das empresas. Mas o principal sistema de avaliação das empresas ainda era o da contabilidade financeira, que tratava como despesas do período em que foram efetuados todos os investimentos em capacidades dos empregados, em bancos de dados, em sistemas de informação, em relacionamentos com os clientes, em qualidade, em processos responsivos e em produtos e serviços inovadores. Os relatórios financeiros tradicionais não forneciam fundamentos para a mensuração e gestão do valor criado pelo aumento das habilidades dos ativos intangíveis da organização.

Também acreditávamos que os executivos e funcionários atentam para aquilo que é medido e que não se pode gerenciar bem o que não se mede. Em consequência, a atenção e o esforço dos executivos concentravam-se demasiadamente em influenciar os indicadores financeiros de curto prazo e insuficientemente em reforçar e gerenciar os ativos intangíveis que fornecem as bases para o sucesso financeiro no futuro. Sem a melhoria do sistema de mensuração do desempenho, os executivos não desenvolviam nem mobilizavam com eficácia seus ativos intangíveis e, portanto, perdiam grandes oportunidades para a criação de valor.

Desse projeto de pesquisa de um ano, emergiu o conceito de um sistema balanceado de mensurações: o Balanced Scorecard.[1] Recomendamos, então, que as organizações preservassem os indicadores financeiros, que resumissem os resultados das iniciativas já adotadas, mas que também equilibrassem esses indicadores de resultados com indicadores não financeiros, sob três outras perspectivas – clientes, processos internos e aprendizado e crescimento – que representavam os motores, os indicadores de tendências do futuro desempenho financeiro. Esse foi o sustentáculo do Balanced Scorecard.

O artigo imediatamente tocou em um ponto sensível entre os executivos. Começamos a trabalhar com várias organizações intermediando a implementação do Balanced Scorecard. Rapidamente constatamos que, embora valorizassem o novo sistema abrangente de avaliação do desempenho, os executivos queriam aplicá-lo de maneira mais poderosa do que a vislumbrada no início, ou seja, pretendiam usar o sistema para resolver o problema mais importante com que se deparavam – como implementar novas estratégias. Isso porque não só a natureza de criação de valor de seus processos internos deslocava-se dos ativos tangíveis para os intangíveis, mas também a própria natureza da competição nos mercados externos passava por transformações radicais. As empresas industriais, que outrora competiam apenas com base nos recursos de produção e nas características dos produtos, descobriram que agora o sucesso exigia profunda compreensão dos mercados e dos clientes, além de demandar a capacidade de oferecer proposições de valor singulares aos clientes-alvo. As recém-desregulamentadas empresas de serviços agora enfrentavam a competição vigorosa de empresas que historicamente mantinham-se fora de seus mercados protegidos. Não raro, empresas inteiramente novas ingressaram nesses setores, por meio da utilização eficaz de tecnologia da informação avançada. Até mesmo órgãos públicos e organizações sem fins lucrativos tornaram-se sujeitos a pressões para demonstrar como criavam valor para seus constituintes e stakeholders. Assim, executivos de todos os setores e de todas as partes do mundo enfrentavam o duplo desafio de mobilizar seu capital humano e seus recursos de informação e de transformar suas organizações, por meio de novas estratégias, impulsionadas por clientes esclarecidos e seletivos, que exigem desempenho notável.

As empresas, as organizações do setor público e as entidades sem fins lucrativos responderam ao desafio, formulando novas estratégias e restabelecendo seu foco – por meio de novas declarações de missão e de visão inspiradoras – no intuito de fornecer valor crescente aos clientes e constituintes. O problema maior com que se deparavam todas as organizações foi a incapacidade de executar com sucesso suas novas estratégias. Os empregados ouviam as novas declarações de missão, visão e estratégia, mas não compreendiam o que aquelas palavras significavam para eles. Como deveriam trabalhar de maneira diferente ou mais eficaz para ajudar a organização a alcançar o sucesso com a nova estratégia? Vários estudos indicaram que 70% a 90% das organizações não foram bem-sucedidas com suas estratégias.

Os executivos que implementaram o Balanced Scorecard compreenderam intuitivamente que um sistema de mensuração baseado na estratégia poderia resolver o problema de como comunicar e implementar a estratégia. À medida que observávamos o uso do Balanced Scorecard pelos executivos, percebíamos que estavam desenvolvendo um novo sistema para a gestão da estratégia. Descrevemos os elementos desse novo sistema em outro artigo da *Harvard Business Review*,[2] e nosso primeiro livro[3] compôs-se de duas partes: a Parte I descreveu o Balanced Scorecard como sistema de *mensuração* do desempenho e a Parte II mostrou a maneira como os executivos das primeiras adeptas embutiram o Balanced Scorecard em novo sistema de *gestão* do desempenho estratégico.

Nos quatro anos seguintes, acompanhamos o desempenho dessas primeiras adeptas e de um novo conjunto de empresas que implementaram o Balanced Scorecard, algumas com a nossa assistência e outras por conta própria. Constatamos que essas empresas vinham atingindo desempenho extraordinário, em tempo relativamente curto – de dois a três anos depois do lançamento de seus projetos BSC e de sua transformação organizacional. Quando perguntávamos aos executivos sobre o papel do BSC no avanço notável de suas organizações, quase sempre a resposta resumia-se em duas palavras: *alinhamento* e *foco*. O BSC criara condições para que alinhassem todos os recursos organizacionais – equipes executivas, unidades de negócios, áreas de apoio, tecnologia da informação e recrutamento e treinamento de empregados – e para que focassem intensamente a implementação da estratégia. Documentamos as experiências e práticas dessas empresas em nosso segundo livro, *Organização Orientada para a Estratégia*[4]. Este livro ampliou o sistema de gestão da estratégia que lançamos na Parte II do *Balanced Scorecard – A Estratégia em Ação*. Lá mostramos como as adeptas bem-sucedidas seguiam cinco princípios gerenciais para tornar-se "organização orientada para a estratégia".

- Traduzir a estratégia em termos operacionais.
- Alinhar a organização à estratégia.
- Transformar a estratégia em tarefa de todos.
- Converter a estratégia em processo contínuo.
- Mobilizar a mudança por meio da liderança executiva.

Além de identificar os princípios gerenciais para o desenvolvimento de "organizações orientadas para a estratégia", também aprendemos a escolher os indicadores que seriam mais significativos para executivos e funcionários. Nosso primeiro artigo na *HBR*, em 1992, defendia o uso de amplo conjunto de indicadores, distribuídos entre quatro perspectivas, para melhorar o desempenho. À medida que começamos a trabalhar com empresas, naturalmente tivemos que abordar o processo de seleção dos vinte a trinta indicadores do Balanced Scorecard de determinada organização. Logo percebemos que os indicadores não deveriam ser escolhidos porque já eram usados pela organização ou porque eram capazes de impulsionar melhorias contínuas. Nosso segundo artigo na *HBR* descreveu como os indicadores deveriam concentrar-se no que é mais importante para a organização: sua estratégia.[5] E como os empregados prestariam muita atenção aos indicadores selecionados, tínhamos de ser cuidadosos em medir as coisas certas. Como diz o ditado, "Cuidado com seus desejos, pois você pode realizá-los". A mensuração é poderoso motivador. Os gerentes e funcionários esforçam-se para apresentar bom desempenho no que está sendo medido, sobretudo se os indicadores estiverem vinculados ao plano de remuneração por incentivos. Portanto, antes de decidir o que medir, era preciso perguntar aos executivos o que estavam tentando realizar: Quais eram os seus objetivos? Essa pergunta inocente resultou no aprimoramento aparentemente pequeno em nossa metodologia, mas cujas consequências se revelaram de longo alcance.

Aprendemos a iniciar cada projeto com a concordância dos executivos em desenvolverem declarações expressas de seus objetivos nas quatro perspectivas do BSC. Depois que os executivos elaboravam as declarações expressas do que pretendiam realizar – e de como descreviam o sucesso – a seleção dos indicadores tornava-se muito mais simples. E, numa reviravolta um tanto interessante, a seleção dos indicadores tornou-se muito menos impactante. Afinal, quando se concordava sobre os objetivos almejados, os executivos podiam modificar com facilidade os respectivos indicadores para períodos subsequentes, caso estes se mostrassem insatisfatórios como instrumento de mensuração, sem necessidade de reanalisar a estratégia. Os objetivos provavelmente continuariam os mesmos, ainda que seus indicadores evoluíssem com a experiência e com novas fontes de dados.

O foco nos objetivos levou a um avanço revolucionário: *os objetivos deviam interligar-se em relações de causa e efeito.* À medida que distribuíam os objetivos entre as quatro perspectivas, os executivos instintivamente começaram a uni-los com setas. Agora, conseguiam definir como o objetivo de melhorar as capacidades e habilidades dos empregados em determinadas posições, em conjunto com nova tecnologia, possibilitaria a melhoria de algum processo interno crítico. O processo aprimorado aumentaria o valor fornecido a determinados clientes, resultando em maior satisfação e retenção dos clientes, assim como ao próprio crescimento dos negócios dos clientes. A melhoria dos indicadores referentes aos clientes levaria ao aumento da receita e, em última instância, a crescimento significativo no valor para os acionistas. Em breve, estávamos treinando todas as equipes executivas para que descrevessem a estratégia mediante a identificação de relações de causa e efeito explícitas entre os objetivos nas quatro perspectivas do BSC. Chamamos esse diagrama de *mapa estratégico*. Embora o mapa estratégico de cada organização fosse diferente de todos os demais, refletindo a diversidade de setores e de estratégias, percebemos o surgimento de um padrão básico, depois de contribuir para o desenvolvimento de centenas de mapas estratégicos. E, assim, formulamos um mapa estratégico genérico, que servisse como ponto de partida para qualquer organização, em qualquer setor de atividade. Divulgamos nossas ideias sobre mapas estratégicos em nosso quarto artigo na *HBR*[6] e nos capítulos sobre a tradução da estratégia em termos operacionais, do *Organização Orientada para a Estratégia*.

O mapa estratégico revelou-se inovação tão importante quanto o próprio Balanced Scorecard original. Os executivos consideram a representação visual da estratégia algo ao mesmo tempo natural e vigoroso. Como afirmou uma executiva no início de sua palestra num seminário, "Amo os mapas estratégicos". Quando afixamos os mapas estratégicos nas paredes da sala, durante nossas conferências, os participantes passam o intervalo para o café analisando cada diagrama – mesmo no caso de organizações completamente diferentes das suas – não raro esboçando para si mesmos cópia do mapa e preenchendo alguns objetivos.

A constatação da importância dos mapas estratégicos motivou-nos a escrever este terceiro livro da série Balanced Scorecard. A "equação" abaixo posiciona este livro em relação aos dois predecessores.

A execução bem-sucedida da estratégia envolve três componentes:

Resultados notáveis = Descrição da estratégia +
Mensuração da estratégia + Gestão da estratégia

A filosofia dos três componentes é simples:

- Não se pode gerenciar (terceiro componente) o que não se pode medir (segundo componente).
- Não se pode medir o que não se pode descrever (primeiro componente).

Nosso primeiro livro, *Estratégia em Ação*, tratou do segundo componente, mostrando como medir os objetivos estratégicos das várias perspectivas. Também apresentou as primeiras ideias sobre o terceiro componente, como gerenciar a estratégia. O *Organização Orientada para a Estratégia* desenvolveu abordagem mais abrangente sobre como gerenciar a estratégia. Este livro, *Mapas Estratégicos*, entra em muito mais detalhes sobre esse último aspecto, usando objetivos interligados em mapas estratégicos para descrever e visualizar a estratégia.[7]

Portanto, podemos reapresentar a equação acima da seguinte maneira:

Resultados notáveis = Mapas Estratégicos + A Estratégia em Ação + Organização Orientada para a Estratégia

Este livro apresenta várias novas contribuições importantes:

1. Um modelo que descreve os componentes básicos de como se cria valor nas perspectivas dos processos internos e de aprendizado e crescimento.
2. Temas baseados nos processos de criação de valor capazes de esclarecer a dinâmica da estratégia.
3. Um novo modelo para descrever, medir e alinhar os três ativos intangíveis da perspectiva de aprendizado e crescimento – capital humano, capital da informação e capital organizacional – com os processos e objetivos estratégicos da perspectiva dos processos internos.

Modelos, temas estratégicos e ativos intangíveis são os elementos básicos para compreender e executar a estratégia, fornecendo meios para que os executivos descrevam e gerenciem a estratégia em nível de detalhes operacionais.

AGRADECIMENTOS

Não seríamos capazes de produzir este livro sem as grandes contribuições de nossos colegas da Balanced Scorecard Collaborative (BSCol), de seus clientes e das outras organizações que nos apresentaram seus trabalhos e conosco compartilharam seus insights. Agradecemos especialmente a Cassandra Frangos, por seu empenho e dedicação para que melhor compreendêssemos a gestão do capital humano. Também somos imensamente gratos pelo apoio e pelas contribuições das seguintes pessoas:

Organização	Líder da organização e/ou líder do projeto	Colaborador da Balanced Scorecard Collaborative
Amanco	Roberto Salas	Mathias Mangels, Carlos Graham
Amercian Diabetes Association	John Graham, Tom Bognanno	Mario Bognanno
Bank of Tokyo-Mitsubishi HQA	Naotaka Obata, Takehiko Nagumo	Barnaby Donlon
Boise Office Solutions	David Goudge, Scott Williams	Randy Russell
Bonneville Power	Terry Esvelt	Cassandra Frangos
Boston Lyric Opera	Janice Mancini Del Sesto, Sue Dahling-Sullivan	Ellen Kaplan
Crown Castle International	John Kelly, Bob Paladino	Jan Koch
Datex-Ohmeda	Eero Hautaniemi, Mary Ann Worsman, Brant Sonzogni	Ann Nevius
Economic Development Administration (U.S. Department of Commerce)	Dr. David Sampson, Sandy Baruah, Danette Koebele	Mario Bognanno
Fulton County School System	Martha Taylor-Greenway	
Gray-Syracuse	Paul Smith	Cassandra Frangos
Handleman Company	Steve Strome, Rozanne Kokko, Gina Drewek	Geoff Fenwick, Dana Goldblatt, Mike Nagel
Ingersoll-Rand	Herb Henkel, Don Rice	Mike Clark

Organização	Líder da organização e/ou líder do projeto	Colaborador da Balanced Scorecard Collaborative
MDS	John Rogers, Bob Harris	Mike Nagel, Jay Weiser
Media General	Stewart Bryan, Bill McDonnell	Patricia Bush, Jan Koch
Northwestern Mutual	Ed Zore, Deborah Beck	Arum Dhingra
Royal Canadian Mounted Police	Commissioner G. Zaccardelli, Geoff Gruson	Andrew Pateman
Saatchi & Saatchi	Bill Cochrane, Paul Melter	Jan Koch, Patricia Bush
St. Mary's Duluth Clinic Health System	Dr. Peter Person, Barbara Possin	Ann Nevius, Judith Ross
Swiss Re	John Coomber, Rosemarie Dissler	Antosh Nirmul
Tata Auto Plastics	Rajiv Bakshi, Muhamed Muneer (Innovative Media)	
Teach for America	Jerry Hauser	
Thomson Financial	Dick Harrington, Dave Shaffer, Ro Pavlick	Barnaby Donlon, Rondo Moses
Thornton Oil	Rick Claes	Patricia Bush, Lauren Keller Johnson
T. Rowe Price	Pam McGinnis	Bob Gold
U.K. Ministry of Defence	Sir Kevin Tebbit, Commander Des Cook, Captain Mike Potter, Tracy Buckingham, Simon Howard	Gaelle Lamotte

Organização	Líder da organização e/ou líder do projeto	Colaborador da Balanced Scorecard Collaborative
United States Army	Strategic Readiness Systems Team	Patricia Bush, Laura Downing
University of California, Berkeley Administrative Services	Ron Coley, Claudia Covello, Beth Luke	Cassandra Frangos
Volvofinans	Björn Ingemanson, Marianne Söderberg	Carl-Frederik Helgegren

Também manifestamos nossa gratidão pelas contribuições de Rob Howie e Michael Contrada, que gerenciam os seminários e os serviços de consultoria da BSCol. Esses serviços constituem os pilares da construção contínua de nossos ativos intangíveis. Ao preparar os capítulos sobre processos internos, na Parte II, aproveitamos e resumimos os trabalhos de vários acadêmicos. No capítulo sobre gestão operacional, usamos um modelo sobre gerenciamento de riscos desenvolvido por Lisa Meulbroek, do MIT; no capítulo sobre processos de gestão de clientes, baseamo-nos no trabalho de Das Narandas, Rajiv Lal, Jim Heskett e Robert Dolan, do corpo docente da Harvard Business School; no capítulo sobre processos de inovação, baseamo-nos em material produzido por Stephen Wheelwright, Kim Clark, Marco Iansiti e Alan MacCormick, além de contarmos com a orientação de Stefan Thomke; e no capítulo sobre processos regulatórios e sociais, incorporamos referenciais desenvolvidos por Forest Reinhart e Michael Porter, além de usufruirmos dos comentários dos professores Marc Epstein, da Rice University, e de Lester Lave, da Carnegie-Mellon University. No capítulo sobre capital organizacional, escoramo-nos no trabalho de Peter Weill, do MIT, e de Marianne Broadbent, de Gartner. O professor Arnoldo Hax, do MIT, ajudou-nos a compreender o poder das estratégias de aprisionamento (*lock-in*). O professor Charles O'Reilly, de Stanford, forneceu-nos material e insights valiosos sobre cultura e sua avaliação, muito importantes para o capítulo sobre prontidão do capital organizacional. Michael Porter, da HBS, evidentemente, proporcionou-nos os alicerces sobre estratégia, que inspirou e influenciou nosso pensamento. Somos gratos por todas essas contribuições e tentamos integrá-las de forma fidedigna no modelo do mapa estratégico.

Ainda devemos agradecimentos especiais a Rose LaPiana, pela preparação do manuscrito e dos gráficos, pela coordenação dos estudos de casos e por manter a organização do projeto e dos autores. Também agradecemos a David Porter, da HBS, pelo apoio administrativo.

Continuamos a valorizar o entusiasmo e a orientação de Carol Franco, presidente, e de nosso editor, Hollis Heimbouch, da Harvard Business School Press, e a assistência de Jane Bonassar, editora de manuscrito, que norteou-nos ao longo do processo de produção.

– Robert S. Kaplan e David P. Norton
Boston e Lincoln, Massachusetts, junho de 2003.

NOTAS

1. Robert S. Kaplan e David P. Norton, "The Balanced Scorecard: Measures that Drive Performance", *Harvard Business Review* (janeiro-fevereiro de 1992).
2. Robert S. Kaplan e David P. Norton, "Using the Business Scorecard as a Strategic Management System", *Harvard Business Review* (janeiro-fevereiro de 1996).
3. Robert S. Kaplan e David P. Norton, *The Balanced Scorecard: Translating Strategy into Action* (Boston: Harvard Business School Press, 1996).
4. Robert S. Kaplan e David P. Norton, *The Strategy-Focused Organization: How Balanced Scorecard Companies Thrive in the New Business Environment* (Boston: Harvard Business School Press, 2001).
5. Robert S. Kaplan e David P. Norton, "Putting the Balanced Scorecard to Work", *Harvard Business Review* (setembro-outubro de 1993).
6. Robert S. Kaplan e David P. Norton, "Having Trouble with Your Strategy? Then Map It!" *Harvard Business Review* (janeiro-fevereiro de 2001).
7. *Mapas estragégicos* também amplia nosso primeiro livro, ao identificar indicadores específicos para os objetivos do mapa estratégico, sobretudo nas perspectivas interna e de aprendizado e crescimento.

PREFÁCIO À EDIÇÃO BRASILEIRA

Durante tantos anos temos nos dedicado à criação de valor das organizações com as quais estamos associados ou com as quais colaboramos. Desenhamos estratégias que nos diferenciarão em nosso futuro próximo e de longo prazo e que trarão a tão esperada vantagem competitiva para que sejamos uma organização com excelentes resultados, admirada por nossos clientes ou por aqueles a quem servimos. Esperamos que todo este sucesso seja sustentado no tempo através de processos organizacionais que realmente reforcem nossos pontos fortes e garantam que nossos pontos fracos estejam no nível competitivo suficiente para podermos participar dos negócios que nos propusemos. Sempre lembramos que as pessoas são críticas para todo o sucesso que desenhamos para nossas organizações, mas se olharmos para trás e formos críticos com o que realmente fizemos para garantir que todo o nosso potencial humano se desenvolva em prol da nossa estratégia organizacional, talvez não nos sintamos tão confortáveis com as nossas realizações. Se lembrarmos que a estratégia existe justamente para alcançarmos este destino futuro, e olharmos para o nosso processo de desenho de nosso intento estratégico, muitas vezes perceberemos que deveríamos ter feito muito mais na formulação compartilhada entre todos os líderes e colaboradores de nossa organização, e deveríamos ter trabalhado com muito mais afinco e eficácia a gestão da estratégia. Deveríamos ter garantido com muito mais veemência que a estratégia definida realmente se implante, e que os recursos e projetos associados a ela estivessem constantemente em linha com os grandes objetivos estabelecidos. Deveríamos ter garantido também que com as mudanças de cenários externos e com as dificuldades operacionais internas a estratégia fosse atualizada e novamente apresentada para todos na organização. Nossa vontade, em suma, é garantir a Gestão da Estratégia, garantir que a estratégia efetivamente traga valor a nossas organizações através de uma ótima formulação compartilhada, uma comunicação clara e objetiva e finalmente um processo de aprendizagem para garantir uma sempre melhor e mais precisa estratégia futura.

David Norton e Robert Kaplan em seu último livro *Organização Orientada para a Estratégia* descrevem com bastante detalhe o que tem sido comprovado internacionalmente como a melhor maneira de garantir a "estratégia em ação". Apresentam no texto como assegurar que as organizações tenham grande sucesso através do apoio incontestável da liderança, um claro entendimento da estratégia em termos "do que fazer", um alinhamento de toda a organização com a estratégia e com suas respectivas contribuições, com o perfeito entendimento de cada colaborador do que é a estratégia e através do seu comprometimento e apoio de qual é a sua contribuição e finalmente lembrando que a estratégia é algo vivo e necessita ser gerenciado e portanto como colocar a estratégia no centro da organização e como fazer dela um processo continuado de otimização. No livro os autores lembram da importância de, ao se executar a estratégia, se trabalhar para os resultados finais almejados no médio e longo prazos através de ações que garantam uma excelente gestão dos ativos intangíveis transformando-os em tangíveis, por exemplo em criação de valor para o acionista ou o reconhecimento de uma melhor assistência médica no caso de uma organização governamental de saúde. A clareza deste entendimento da operacionalização ou gestão da estratégia é colocada como uma questão fundamental na empreitada de melhorarmos nossa eficácia estratégica. Os autores falam do Mapa Estratégico como sendo uma excelente forma de explicitar esta transformação do intangível em resultados tangíveis. Esses mapas devem apresentar, de acordo com os autores, as relações de causas e efeitos entre objetivos estratégicos que nos levam ao nosso intento estratégico.

Toda a pesquisa realizada nos últimos três anos pelos autores em conjunto com as organizações que os apoiam internacionalmente levaram-nos a escrever mais este novo livro: *Mapas Estratégicos*. A Symnetics, responsável na América Latina pelas pesquisas e serviços ao redor do tema em nome dos autores e de sua organização Balanced Scorecard Collaborative, se sente orgulhosa de ter contribuído para a realização do mesmo. O Mapa Estratégico tem sido, na América Latina e especialmente no Brasil, uma nova ferramenta de gestão com uma série de excepcionais resultados práticos nas organizações que o implementaram.

Vários casos comprovados de êxito de implantação de um excelente processo de gestão da estratégia foram apresentados recentemente no primeiro Summit BSC – Conferencia Latino-Americana das Organizações Orientadas à Estratégia realizado no Rio de Janeiro em agosto de 2003. Neste novo livro os autores escolheram vários estudos de caso a serem apresentados, entre eles o caso Amanco, também apresentado e debatido durante o Summit. A empresa tem sua sede na Costa Rica e atividades em toda a América Latina, líder na região em tubo sistemas. Interessante notar o sucesso atingido por esta organização através de seu modelo de gestão orientada para a estratégia suportado pelo seu modelo de gestão baseado no *Sustainability Scorecard*. O objetivo do modelo é garantir a criação de valor desta empresa através de três fatores de tangibilização chamados de *triple bottom line*. O resultado econômico, o resultado da contribuição social e o resultado da ecoeficiência. Mais informações sobre o caso podem ser vistas na Parte Cinco deste livro.

Gostaria no entanto ressaltar outros casos importantes da indústria brasileira que não puderam ser todos apresentados neste livro mas que muito contribuíram para toda a pesquisa realizada previamente. Ressalto o caso da Petrobras, uma empresa de controle estatal, de grande sucesso nos últimos anos, e que implantou um sistema de gestão orientado para a estratégia através do uso do *Balanced Scorecard*. A Petrobras vem gerenciando a implantação de sua estratégia e suas atualizações anualmente. Toda a aprendizagem estratégica interna bem como os novos cenários da indústria do petróleo e gás têm sido analisados e inseridos nas revisões estratégicas e explicitadas no Mapa Estratégico desta empresa. A importância do Mapa Estratégico na explicitação do caminho estratégico a ser seguido bem como na clareza deste intento tem servido a esta grande organização brasileira na comunicação com seus colaboradores no Brasil e no exterior.

Na área pública vários governos de estados brasileiros e municípios bem como o governo federal têm estudado e implantado novas formas de gestão da estratégia. Também neste setor o foco da otimização do uso de recursos para garantir a melhor eficácia das estratégias públicas materializadas pelos PPAs tem sido a necessidade preponderante. Mapas estratégicos têm sido desenvolvidos para garantir a explicitação da estratégia de governo bem como o foco do uso de recursos. O MBC – Movimento Brasil Competitivo tem sido um importante agente de divulgação e concretização destas novas técnicas de gestão pública. Não somente as organizações públicas têm se preocupado com o tema da gestão de suas estratégias, também temos acompanhado várias ONGs que têm se confrontado com o tema. Em prol de sua contribuição social, a otimização dos poucos recursos disponíveis é crítica para que possa alcançar seus objetivos. É o caso do Parceiros Voluntários (PV) do Rio Grande do Sul , uma organização que tem como visão Desenvolver a Cultura do Trabalho Voluntário Organizado no Rio Grande do Sul, e que teve um enorme desenvolvimento nos últimos anos. A explicitação de sua estratégia para os seus colaboradores em todo o estado através do uso do Mapa Estratégico tem sido chave para esta organização, "Percebemos que, para dar continuidade ao crescimento, com eficiência, precisávamos adotar uma ferramenta de gestão do trabalho voluntário", são as palavras de Maria Elena Pereira Johannpeter, Presidente da Parceiros Voluntários.

É claro que o setor de nossa economia que mais tem se confrontado com a questão da estratégia nos últimos anos é a indústria, o comércio e os serviços financeiros. Gostaria de ressaltar também o importante trabalho realizado pela Fundação Prêmio Nacional da Qualidade na divulgação dos conceitos de gestão e do desempenho estratégico muito lastreado em seus critérios de excelência em qualidade. O Balanced Scorecard Collaborative e seus fundadores, os Professores Robert Kaplan e David Norton, também elegem anualmente as empresas com excelência na gestão da estratégia – *Hall of Fame*. A primeira organização a receber esta premiação na América Latina, comprovado pelos seus excelentes resultados econômicos suportados por um modelo de gestão de transparente comunicação e acompanhamento da estratégia, foi o Unibanco. O Mapa Estratégico ajudou a comunicar a toda a organização, presente em vários pontos do território nacional, a sua estratégia de negócio. De acordo com o Presidente Pedro Moreira Salles, "o BSC nos ajudou a definir um standard de trabalho para toda a organização através da comunicação de nossos temas estratégicos e objetivos estratégicos. Todos conhecem o que estamos focando com respeito a resultados, relações com os clientes, maximização da nossa eficiência operacional e desenvolvimento de talentos".

Na indústria com mais de 100 organizações brasileiras com os conceitos de uma Organização Orientada para a Estratégia implantadas existem histórias de sucesso absoluto em vários setores de alta expressividade, entre eles o setor siderúrgico, do papel e celulose, químico e petroquímico, automotivo e de autopeças, telecomunicações e o setor eletroeletrônico, o setor farmacêutico, entre outros. É de se ressaltar o importante trabalho que tem sido feito na formulação dos Mapas Estratégicos destas empresas no que tange à Proposição de Valor para o Cliente. O que se percebe é que a Proposição de Valor para o Cliente é uma opção estratégica de foco em uma diferenciação competitiva e que esta tem em muito facilitado a coerência estratégica dos objetivos apresentados no Mapa Estratégico.

Vale lembrar que em muitos dos Mapas Estratégicos utilizados em nosso país se tem dado muita ênfase à transformação dos ativos intangíveis em tangíveis. Força motriz desta transformação são o desenvolvimento das competências estratégicas por parte dos executivos e colaboradores. Os processos empresariais são transformados em altamente competitivos através das pessoas que os comandam. Processos altamente competitivos e focados nos clientes-alvo tangibilizam o valor das organizações. As pessoas recebem direcionamentos dos líderes que portanto são críticos na implantação da estratégia. A grande pergunta que as organizações têm procurado explicitar através de seus Mapas Estratégicos é: Que líderes são necessários para executar uma estratégia pretendida? Dinâmicas e personalidades de líderes devem ser complementares em uma organização e devem criar um "todo" que facilita a implantação e gestão da estratégia empresarial. Também as culturas organizacionais requeridas têm sido cada vez mais explicitadas. Por fim, a informação e a gestão do conhecimento são críticas na execução dos processos empresariais e portanto têm sido explicitadas no Mapa Estratégico.

Muitas organizações brasileiras, sobretudo corporações e empresas de grande e médio portes, têm utilizado o Mapa Estratégico para o processo de Governança Corporativa. Um dos requisitos-chave da Governança Corporativa é a transparência da estratégia da organização bem como do seu acompanhamento. Os Conselhos de Administração têm neste sentido requisitado a explicitação da estratégia para a sua aprovação e acompanhamento. Várias organizações brasileiras têm procurado explicitar este processo inclusive para seus acionistas através de seus Relatórios Anuais esperando, com isto, conquistar a percepção incremental de valor atual e futuro pelo mercado acionário brasileiro.

Esta obra é de vital importância para a divulgação de toda a pesquisa que se tem realizado ao redor do tema Mapas Estratégicos nos últimos anos. Temos certeza de que os métodos e o conteúdo aqui apresentados poderão auxiliar as organizações brasileiras a melhorar ainda mais a sua eficácia da gestão da estratégia e governança corporativa. Vários tipos e tamanhos de organizações brasileiras já desenharam seus Mapas Estratégicos e poderão se beneficiar com esta leitura para a empreitada da constante melhora da explicitação de seu intento estratégico. Muitas outras que possivelmente ainda não se confrontaram com o assunto poderão, através da leitura deste livro, se inspirar para um excelente início.

Gostaria por fim de agradecer aos meus colegas da Symnetics do Brasil por todo o apoio à revisão técnica desta tradução para a língua portuguesa.

Desejo a todos uma boa leitura!

MATHIAS MANGELS
Sócio
Symnetics

SUMÁRIO

PARTE UM: VISÃO GERAL
1. Introdução 3
2. Mapas Estratégicos 31

PARTE DOIS: PROCESSOS DE CRIAÇÃO DE VALOR
3. Processos de Gestão Operacional 67
4. Processos de Gestão de Clientes 107
5. Processos de Inovação 139
6. Processos Regulatórios e Sociais 167

PARTE TRÊS: ATIVOS INTANGÍVEIS
7. Alinhamento dos Ativos Intangíveis com a Estratégia da Empresa 203
8. Prontidão do Capital Humano 229
9. Prontidão do Capital da Informação 255
10. Prontidão do Capital Organizacional 281

PARTE QUATRO: CONSTRUÇÃO DE ESTRATÉGIAS E DE MAPAS ESTRATÉGICOS
Capítulo 11. Ajustamento do Mapa Estratégico à Estratégia 327
Capítulo 12. Planejamento da Campanha 375

PARTE CINCO: CASOS DOCUMENTADOS

13. Organizações do Setor Privado 409

14. Organizações do Setor Público 425

15. Organizações sem Fins Lucrativos 445

Os Autores 457

Índice 459

PARTE UM

VISÃO GERAL

CAPÍTULO 1

INTRODUÇÃO

Embora gerenciemos as competências de todos, nossa inclinação era pelos cargos dos altos executivos. A identificação das funções estratégicas chamou a atenção para algo que até então ainda não havíamos percebido... Mostrou-nos um cargo em início de carreira que era extremamente importante. Os benefícios de nos focarmos nesse cargo será enorme.

Paul Smith, diretor de recursos humanos da Gray-Syracuse, comentava sobre um novo programa de treinamento que rapidamente melhoraria o desempenho de seus trinta empregados de linha de montagem com uma série de novas competências. A Gray-Syracuse é uma empresa de classe mundial que produz moldes de precisão para a fundição de produtos de alta engenharia, utilizados em motores de aviação, equipamentos de geração de energia e mísseis. A diretoria, depois de desenvolver o Balanced Scorecard (BSC) e o mapa estratégico para a nova estratégia, constatou que os operadores juniores de seu processo de produção representavam uma grande oportunidade na redução do retrabalho e na melhora da qualidade. Esses operadores em início de carreira, que participavam da linha de montagem dos moldes, tinham o maior impacto sobre a redução do retrabalho e do tempo decorrido entre o desenho do produto e a entrega ao cliente. A empresa concentrou sua verba limitada para treinamento nesses poucos empregados de importância crítica e cortou pela metade o prazo necessário para atingir os objetivos estratégicos.

O exemplo da Gray-Syracuse mostra como hoje as empresas podem concentrar seus investimentos no capital humano e, de maneira mais ampla, seus investimentos em todos os ativos intangíveis, para criar valor diferenciado e sustentável. Atualmente, todas as organizações criam valor sustentável por meio da alavancagem de seus ativos intangíveis – capital humano; bancos de dados e sistemas de informações; processos de alta qualidade sensíveis às necessidades dos clientes; relacionamentos com os clientes e gestão de marcas; recursos de inovação e cultura. Constata-se há décadas a tendência de substituição gradual da economia movida a produtos e baseada em ativos tangíveis pela economia movida a conhecimento e serviços, baseada em ativos intangíveis. Mesmo depois do estouro da bolha da NASDAQ e das pontocom, os ativos intangíveis – os que não são mensurados pelo sistema financeiro da empresa – respondem por mais de 75% do valor da empresa (Figura 1.1). Em média, os ativos tangíveis das empresas – o valor contábil líquido do ativo menos o passivo – representam menos de 25% do valor de mercado.

O que é verdadeiro para as empresas é ainda mais verdadeiro para os países. Alguns países, como Venezuela e Arábia Saudita, foram dotados de grande base de recursos naturais, mas investiram mal em pessoas e sistemas. Em consequência, sua produtividade per capita é mais baixa e desfrutam de taxas de crescimento muito mais reduzidas do que países como Cingapura e Taiwan, que possuem poucos recursos naturais, mas investem intensamente em capital humano e em capital da informação, assim como em processos internos eficazes.[1] Nos níveis macroeconômico e microeconômico, os ativos intangíveis impulsionam a criação de valor a longo prazo.

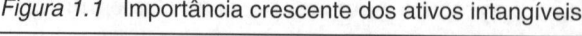

Figura 1.1 Importância crescente dos ativos intangíveis

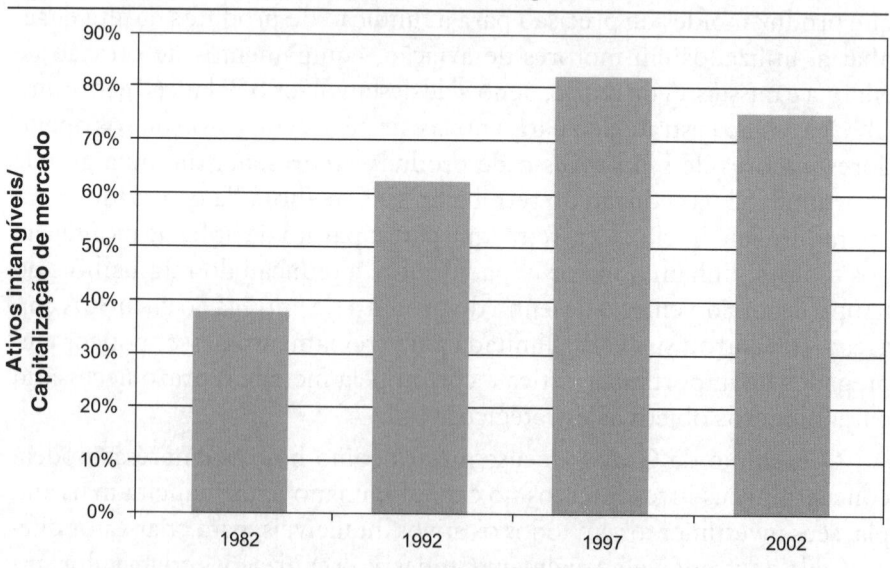

ESTRATÉGIA

A estratégia de uma organização descreve como ela pretende criar valor para seus acionistas, clientes e cidadãos. Se os ativos intangíveis da organização representam mais de 75% de seu valor, a formulação e a execução da estratégia deve tratar explicitamente da mobilização e alinhamento dos ativos intangíveis, o que constitui o tema deste livro.

Nós e nossos colegas trabalhamos com mais de 300 organizações nos últimos doze anos, ajudando-as a desenvolver e a implementar Balanced Scorecards. Constatamos que o Balanced Scorecard é uma poderosa ferramenta gerencial. Os sistemas de mensuração chamam a atenção de todos. No entanto, para que exerçam o maior impacto possível, os sistemas de mensuração devem concentrar-se na *estratégia* da organização – como ela espera criar valor sustentável no futuro. Assim, ao projetar os Balanced Scorecards, *a organização deve medir os poucos parâmetros críticos que representam sua estratégia para a criação de valor a longo prazo*.

Na prática, contudo, observamos que não existem duas organizações que pensem sobre estratégia da mesma maneira. Algumas descrevem a estratégia por meio de seus planos financeiros para aumento da receita e do lucro; outras, com base em seus produtos e serviços; outras, em função dos clientes almejados; outras, sob o ponto de vista de qualidade e processos; e ainda outras, sob a perspectiva de recursos humanos ou aprendizado. Essas visões eram unidimensionais e estreitas, agravando-se ainda mais pela função e pela especialização dos integrantes das equipes de execução. Os diretores financeiros viam a estratégia sob a perspectiva financeira; o grupo responsável pelas operações atentava para qualidade, ciclos de produção e outras perspectivas de processos; os profissionais de recursos humanos concentravam-se nos investimentos em pessoas; e os diretores de informática, na tecnologia da informação. Poucos tinham uma visão holística da organização.

A sabedoria convencional dos líderes pouco nos ajudou na construção de um modelo holístico. Dispunha-se de doutrinas estratégicas sobre valor para os acionistas,[2] gestão de clientes,[3] gestão de processos,[4] qualidade,[5] competências-chave,[6] inovação,[7] recursos humanos,[8] tecnologia da informação,[9] arquitetura organizacional[10] e aprendizado.[11] Embora cada uma dessas abordagens ofereça aprendizados profundos, nenhuma fornece uma perspectiva abrangente e integrada para a descrição da estratégia. Até mesmo a abordagem de Michael Porter, baseada no posicionamento para a vantagem competitiva, não proporciona uma representação geral da estratégia.[12] Os executivos que implementaram com sucesso a estratégia – Louis Gerstner, na IBM; Jack Welch, na GE; Richard Teerlink, na Harley-Davidson; e Larry Bossidy, na GE, Allied Signal e Honeywell – fontes riquíssimas de experiências bem-sucedidas, não possuíam uma maneira consistente de apresentar a estratégia.[13] Não se dispunha de método amplamente aceito para descrever a estratégia.

Considerem as consequências. Sem uma descrição abrangente da estratégia, os executivos não podem divulgar com facilidade a estratégia entre si e compartilhá-la com os funcionários. Sem o entendimento comum da estratégia, os executivos são incapazes de promover o alinhamento em torno dela. E, sem alinhamento, os executivos não têm condições de implementar suas novas estratégias no novo ambiente de competição global, desregulamentação, soberania dos clientes, avanços tecnológicos e vantagem competitiva originada pelos ativos intangíveis, principalmente capital humano e da informação.

No livro *Organização Orientada para a Estratégia* falamos sobre um estudo a respeito de estratégias fracassadas e concluímos: "Na maioria dos casos – estimamos 70% – o verdadeiro problema não é [má estratégia] ... é má execução."[14] Estudo mais recente da Bain & Company analisou o desempenho de grandes empresas (definidas como aquelas com receita acima de US$500 milhões) em sete países desenvolvidos – Estados Unidos, Austrália, Reino Unido, França, Alemanha, Itália e Japão – durante os melhores dez anos de todos os tempos na história da economia, 1988 a 1998. Apenas uma em cada oito dessas empresas desfrutou de pelo menos 5,5% de taxa de crescimento real acumulada por ano de seu lucro concomitantemente com retornos para os acionistas acima do custo de capital. Mais de dois terços dessas empresas tinham planos estratégicos que previam metas de crescimento real acima de 9% ao ano. Menos de *10%* dessas empresas atingiu a meta.[15] Sem dúvida, a maioria das empresas não é bem-sucedida na implementação da estratégia. Em contraste com essa marca sombria, as empresas que adotaram o Balanced Scorecard como pedra fundamental de seus sistemas gerenciais, conforme descrevemos em *Organização Orientada para a Estratégia*, superaram essa tendência negativa. Implementaram novas estratégias com eficácia e rapidez. Usaram o Balanced Scorecard para descrever suas estratégias e depois interligaram seus sistemas gerenciais ao Balanced Scorecard e, por conseguinte, à estratégia. Dessa maneira, demonstraram um princípio fundamental do Balanced Scorecard: "O que se pode medir, se pode gerenciar."

Descrição da Estratégia

Para construir um sistema de mensuração que descreva a estratégia, precisamos de um modelo geral de estratégia. Carl Von Clausewitz, o grande estrategista militar do século XIX, salientou a importância de um modelo para organizar o raciocínio sobre estratégia.

> *A primeira tarefa de qualquer teoria é esclarecer termos e conceitos confusos... Apenas depois de se chegar a um acordo quanto aos termos e conceitos temos condições de raciocinar sobre as questões com facilidade e clareza e compartilhar os mesmos pontos de vista com o leitor.*[16]

O Balanced Scorecard oferece exatamente esse modelo para a descrição de estratégias que criam valor. O modelo do BSC (Figura 1.2) contém vários elementos importantes.

- O desempenho *financeiro*, indicador de resultado (*lag indicator*), é o critério definitivo do sucesso da organização. A estratégia descreve como a organização pretende promover o crescimento de valor sustentável para os acionistas.
- O sucesso com os clientes-alvo é o principal componente da melhora do desempenho financeiro. Além de medir através de indicadores de resultado como satisfação, retenção e crescimento o sucesso com os clientes, a perspectiva de clientes define a proposta de valor para segmentos de clientes-alvo. A escolha da *proposição de valor para os clientes* é o elemento central da estratégia.
- Os *processos* internos criam e cumprem a proposição de valor para os clientes. O desempenho dos processos internos é um indicador de tendência de melhorias que terão impacto junto aos clientes e nos resultados financeiros.
- Ativos intangíveis são a fonte definitiva de criação de valor sustentável. Os objetivos de *aprendizado e crescimento* descrevem como pessoas, tecnologia e clima organizacional se conjugam para sustentar a estratégia. As melhorias nos resultados de aprendizado e crescimento são indicadores de tendência para os processos internos, clientes e desempenho financeiro.
- Os objetivos das quatro perspectivas interligam-se uns com os outros numa cadeia de relações de causa e efeito. O desenvolvimento e o alinhamento dos ativos intangíveis induzem a melhorias no desempenho dos processos, que, por sua vez, impulsionam o sucesso para os clientes e acionistas.

O modelo para a criação de valor no setor público e nas organizações sem fins lucrativos (ver o lado direito da Figura 1.2) é semelhante ao modelo do setor privado descrito anteriormente, mas com várias diferenças im-

Figura 1.2 Mapas estratégicos: O modelo simples de criação de valor

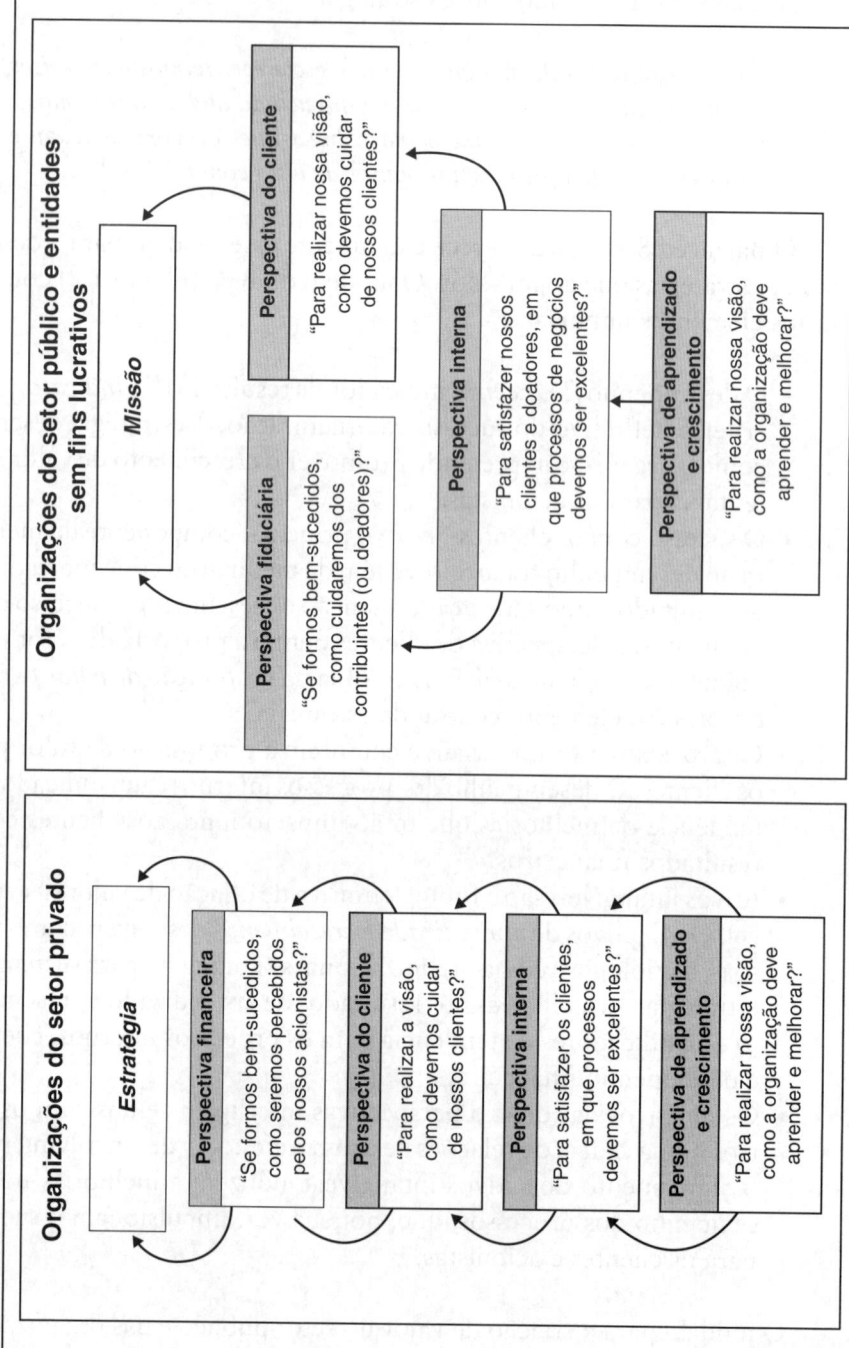

portantes. Primeiro, o critério definitivo de sucesso para as organizações do setor público e para as entidades sem fins lucrativos é o desempenho no cumprimento da *missão*. As organizações do setor privado, em qualquer setor econômico, podem adotar uma perspectiva financeira homogênea: aumento do valor para os acionistas. Já as organizações do setor público e as entidades sem fins lucrativos abrangem um conjunto amplo e diversificado de missões e, portanto, devem definir seu impacto social e seus objetivos maiores de maneira diferente. Entre os exemplos de missões incluem-se: "Melhorar as perspectivas das crianças que crescem em comunidades de baixa renda (Teach for America)"; "Garantir o futuro a longo prazo da ópera" (Boston Lyric Opera); e "Lares seguros, comunidades seguras" (Royal Canadian Mounted Police).

Como no modelo do setor privado, essas organizações cumprem sua missão ao atenderem às necessidades dos *clientes-alvo* (grupos de interesse ou ainda stakeholders, como algumas dessas organizações denominam os públicos que se beneficiam com seus serviços). As organizações alcançam o sucesso por meio da performance dos *processos* internos, com o apoio de seus ativos intangíveis (*aprendizado e crescimento*). A perspectiva *fiduciária*, embora não dominante, reflete os objetivos de importante grupo de interessados – os contribuintes ou doadores que fornecem os recursos financeiros. Ao satisfazer a esses dois grupos de interesse ou stakeholders – acionistas e clientes – de maneira compatível com a missão, a organização cria uma arquitetura estratégica eficiente e eficaz que reflete os temas de produtividade e crescimento da receita utilizados pelas organizações do setor privado.

MAPAS ESTRATÉGICOS: DESCRIÇÃO DE COMO A ORGANIZAÇÃO CRIA VALOR

Nosso trabalho com mais de 300 organizações forneceu-nos amplo banco de dados de estratégias, mapas estratégicos e Balanced Scorecards. Além disso, estudamos o estado do conhecimento em diversas áreas da gestão, inclusive valor para os acionistas, estratégia de negócios e estratégia corporativa, gestão de clientes, desenvolvimento de produtos e inovação, gestão de operações, gestão ambiental, investimentos sociais, gestão de recursos humanos, gestão da tecnologia da informação, cultura organizacional e liderança. Com base nesse acúmulo de experiência e conhecimentos, aprendemos como o Balanced Scorecard, destinado no início a melhorar a mensuração dos ativos intangíveis da organização, pode constituir-se em poderosa ferramenta para descrever e implementar a estratégia da organização.

O modelo das quatro perspectivas para a definição da estratégia de criação de valor da organização fornece às equipes executivas uma linguagem comum para a discussão da trajetória e das prioridades de seus empreendimentos. Os indicadores estratégicos podem ser vistos não como medidas de desempenho nas quatro perspectivas independentemente, mas como uma série de relações de causa e efeito entre os objetivos, nas quatro perspectivas do Balanced Scorecard. Auxiliamos a discussão entre os executivos mediante o desenvolvimento de uma representação gráfica dessas conexões, que chamamos de *mapa estratégico*. Hoje percebemos que o mapa estratégico, representação visual das relações de causa e efeito entre os componentes da estratégia de uma organização, é tão importante quanto o próprio Balanced Scorecard para os executivos.

O mapa estratégico genérico, apresentado na Figura 1.3, é produto da evolução do modelo simples das quatro perspectivas do Balanced Scorecard. O mapa estratégico acrescenta uma segunda camada de detalhes que ilustra a dinâmica temporal da estratégia; também adiciona um nível de detalhe que melhora a clareza e o foco. Como já observamos, adotam-se na prática numerosas abordagens para formular a estratégia. No entanto, qualquer que seja o método utilizado, o mapa estratégico fornece uma maneira uniforme e consistente de descrever a estratégia, que facilita a definição e o gerenciamento dos objetivos e indicadores. O mapa estratégico representa o elo perdido entre a formulação e a execução da estratégia.

O modelo de mapa estratégico descrito na Figura 1.3 também contém uma lista normativa referente aos componentes e aos inter-relacionamentos da estratégia. Se faltarem elementos no modelo do mapa estratégico, a estratégia provavelmente contém falhas. Por exemplo, constatamos com frequência que as organizações não estabelecem ligações entre os indicadores de processos internos e a proposição de valor para os clientes, não definem objetivos para a inovação e apresentam objetivos vagos quanto às habilidades e à motivação dos empregados e ao papel da tecnologia da informação. Essas omissões no mapa estratégico provavelmente redundarão em resultados decepcionantes.

O mapa estratégico baseia-se em alguns princípios:

A estratégia equilibra forças contraditórias. Os investimentos em ativos intangíveis para aumentar receita a longo prazo não raro conflitam com o corte de custos para melhorar o desempenho financeiro a curto prazo. O principal objetivo das organizações do setor privado é a promoção do crescimento sustentável do valor para os acionistas. Isso implica comprometimento com o longo prazo. Ao mesmo tempo, a organização precisa apre-

Figura 1.3 O mapa estratégico representa como a organização cria valor

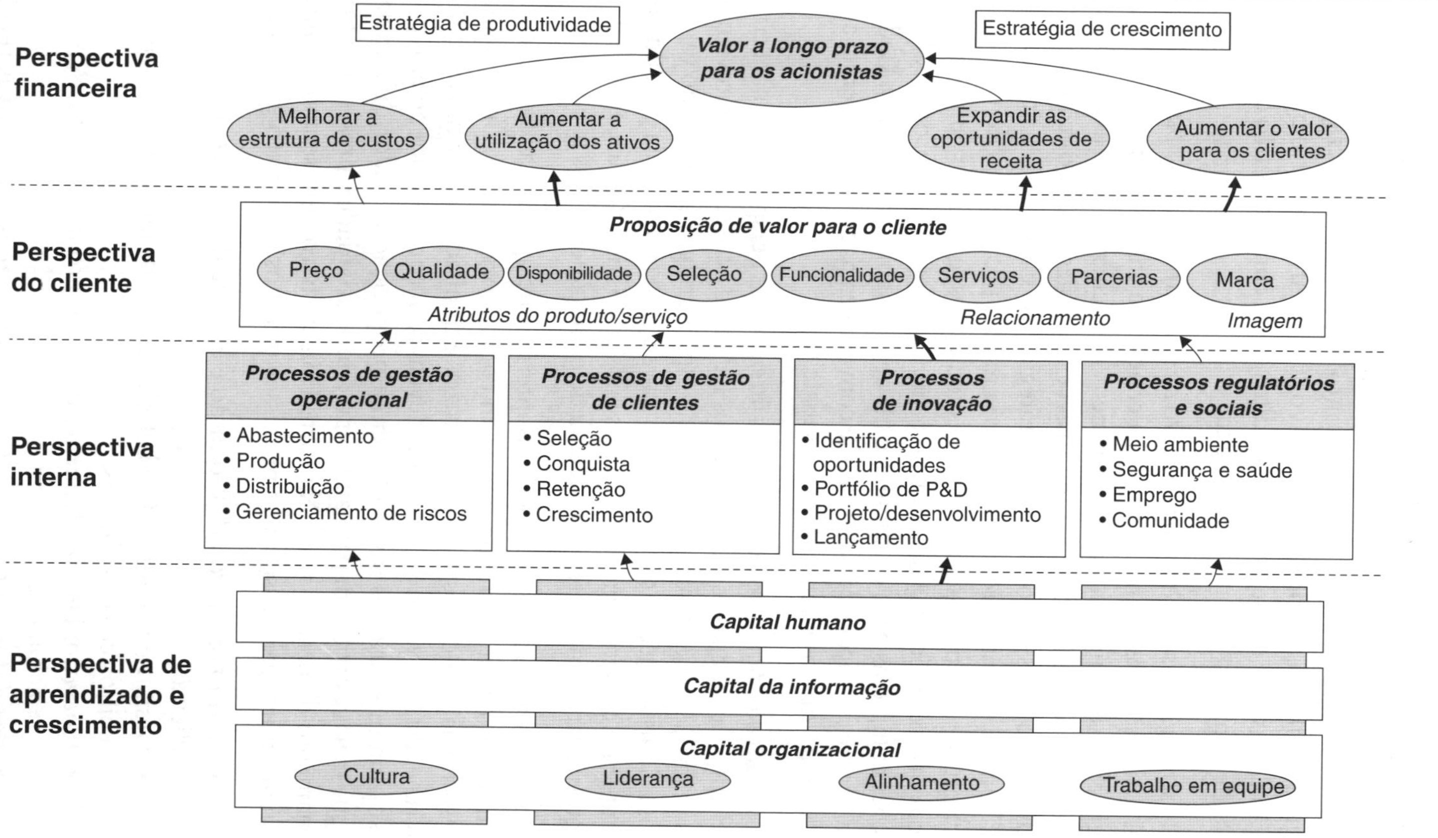

Perspectiva financeira

Estratégia de produtividade | Estratégia de crescimento

- Melhorar a estrutura de custos
- Aumentar a utilização dos ativos
- Expandir as oportunidades de receita
- Aumentar o valor para os clientes

Valor a longo prazo para os acionistas

Perspectiva do cliente

Proposição de valor para o cliente

Atributos do produto/serviço: Preço | Qualidade | Disponibilidade | Seleção | Funcionalidade

Relacionamento: Serviços | Parcerias

Imagem: Marca

Perspectiva interna

Processos de gestão operacional
- Abastecimento
- Produção
- Distribuição
- Gerenciamento de riscos

Processos de gestão de clientes
- Seleção
- Conquista
- Retenção
- Crescimento

Processos de inovação
- Identificação de oportunidades
- Portfólio de P&D
- Projeto/desenvolvimento
- Lançamento

Processos regulatórios e sociais
- Meio ambiente
- Segurança e saúde
- Emprego
- Comunidade

Perspectiva de aprendizado e crescimento

Capital humano

Capital da informação

Capital organizacional: Cultura | Liderança | Alinhamento | Trabalho em equipe sentar melhoria dos resultados no curto prazo, os quais sempre podem ser atingidos com o sacrifício dos investimentos a longo prazo, em geral de maneira imperceptível. Assim, o ponto de partida da descrição da estratégia é equilibrar e articular os objetivos financeiros de curto prazo de redução de custos e de melhoria da produtividade com o objetivo de longo prazo de aumento lucrativo da receita.

A estratégia baseia-se em proposição de valor diferenciada para os clientes. A satisfação dos clientes é fonte da criação de valor sustentável. A estratégia exige definição nítida dos segmentos de clientes-alvo e da proposição de valor necessária para agradá-los. A clareza dessa proposição de valor é a dimensão mais importante da estratégia. No Capítulo 2 e novamente no Capítulo 11 analisaremos as quatro grandes proposições de valor para os clientes e as estratégias a elas correspondentes, que observamos na prática das organizações: (1) baixo custo total, (2) liderança do produto, (3) soluções completas para os clientes e (4) aprisionamento (*lock-in*). Cada uma dessas proposições de valor define com clareza os atributos a serem atendidos para que os clientes fiquem satisfeitos.

Cria-se valor por meio dos processos internos. As perspectivas financeira e de clientes nos mapas estratégicos e nos Balanced Scorecards descrevem os resultados, ou seja, o que a organização espera atingir: aumento no valor para os acionistas mediante crescimento da receita e melhoria da produtividade; aumento da participação da empresa nos gastos dos clientes, através da conquista, satisfação, retenção, fidelidade e crescimento dos clientes.

Os processos das perspectivas interna e de aprendizado e crescimento impulsionam a estratégia; mostram como a organização implementará a estratégia. Processos internos eficazes e alinhados determinam como se cria e sustenta valor. As empresas devem concentrar-se nos poucos processos internos críticos que fornecem a proposição de valor diferenciada e que mais contribuem para aumentar a produtividade e preservar o funcionamento da organização. Na Parte Dois do livro, apresentamos uma nomenclatura que classifica os processos internos em quatro grupamentos:

- *Gestão operacional*: Produção e entrega de produtos e serviços aos clientes.
- *Gestão de clientes*: Estabelecimento e alavancagem dos relacionamentos com os clientes.
- *Inovação*: Desenvolvimento de novos produtos, serviços, processos e relacionamentos.
- *Regulatório e social*: Conformidade com as expectativas reguladoras e sociais e desenvolvimento de comunidades mais fortes.

Cada um desses grupamentos pode conter literalmente centenas de subprocessos que, de alguma maneira, criam valor. Os executivos que praticam a arte da estratégia devem identificar aqueles processos críticos que são mais importantes para a criação e cumprimento de proposição de valor diferenciada aos clientes. Referimo-nos a esses poucos processos críticos como *temas estratégicos*.

A estratégia compõe-se de temas complementares e simultâneos. Cada grupamento de processos internos fornece benefícios em diferentes momentos. Os aprimoramentos nos *processos operacionais* quase sempre geram resultados a curto prazo por meio de reduções de custo e melhorias de qualidade. Os benefícios decorrentes do fortalecimento dos *relacionamentos com os clientes* começam a aparecer de seis a doze meses depois da melhoria inicial nos processos de gestão de clientes. Os processos de *inovação* geralmente levam ainda mais tempo para produzir receitas e margens operacionais mais altas. Já os resultados do aprimoramento dos processos *regulatórios e sociais* podem ocorrer ainda mais longe no futuro, à medida que as empresas evitam litígios e reforçam sua reputação na comunidade. As estratégias devem ser balanceadas, incorporando pelo menos um tema estratégico de cada um de seus quatro grupamentos de processos internos. Ao identificar temas estratégicos para reforçar os processos em todos os quatro grupamentos internos, a organização aufere benefícios que se manifestam com o passar do tempo, gerando crescimento sustentável no valor para os acionistas.

O alinhamento estratégico determina o valor dos ativos intangíveis. A quarta perspectiva do mapa estratégico do Balanced Scorecard, *aprendizado e crescimento,* trata dos ativos intangíveis da organização e de seu papel na estratégia. Os ativos intangíveis podem ser classificados em três categorias:

- *Capital humano:* Habilidades, talento e conhecimento dos empregados.
- *Capital da informação:* Bancos de dados, sistemas de informação, redes e infraestrutura tecnológica.
- *Capital organizacional:* Cultura, liderança, alinhamento dos empregados, trabalho em equipe e gestão do conhecimento.

O valor desses ativos intangíveis, que decorre do grau em que tais recursos contribuem para a realização da estratégia, não pode ser medido de maneira separada e independente. Nossos estudos e pesquisas, contudo, revelam que dois terços das organizações não criam forte alinhamento entre suas estratégias e os programas de RH e de TI.[17] Os vultosos investimentos dessas organizações não alinhadas em RH e TI quase sempre erram o alvo, pois não aumentam a capacidade da organização de executar a estratégia. E é improvável que essas organizações gerem retorno positivo sobre seus investimentos em RH e TI.

Identificamos três abordagens básicas para o alinhamento dos ativos intangíveis à estratégia:

1. *Funções estratégicas,* que alinham o capital humano com os temas estratégicos.
2. *Portfólio estratégico de TI,* que alinha o capital da informação com os temas estratégicos.
3. *Agenda de mudanças organizacionais,* que integra e alinha o capital organizacional para o aprendizado e a melhoria contínua dos temas estratégicos.

Quando todos os três componentes da perspectiva de aprendizado e crescimento – capital humano, capital da informação e capital organizacional – estão alinhados com a estratégia, a empresa desfruta de alto grau de prontidão: ela tem a *capacidade de mobilizar e sustentar o processo de mudança necessário para executar sua estratégia.* A prontidão da organização é grande quando:

- As capacidades do capital humano nas funções estratégicas estão estreitamente alinhadas com os temas estratégicos.
- O capital da informação fornece infraestrutura vital e aplicações estratégicas de TI que complementam o capital humano para a promoção de desempenho notável dos temas estratégicos.
- Cultura, liderança, alinhamento e trabalho em equipe reforçam as mudanças no clima organizacional, necessárias para a execução da estratégia.

Em resumo, o mapa estratégico, ajustado à estratégia específica da organização, descreve como os ativos intangíveis impulsionam melhorias de desempenho nos processos internos da organização que exercem o máximo de alavancagem no fornecimento de valor para os clientes, acionistas e comunidades. Os leitores se familiarizarão melhor com o uso de mapas estratégicos para alinhar ativos intangíveis com os temas estratégicos ao analisarem os dois estudos de casos que se seguem a este capítulo. O caso do

Bank of Tokyo ilustra o desenho de um mapa estratégico e de um scorecard do setor privado. O caso da American Diabetes Association ilustra a abordagem de uma entidade sem fins lucrativos.

ESTRUTURA DO LIVRO

No Capítulo 2, fornecemos uma cartilha sobre mapas estratégicos. Explicamos o modelo do mapa estratégico (Figura 1.3) e descrevemos a seleção de objetivos nas quatro perspectivas do Balanced Scorecard. A Parte Dois do livro contém quatro capítulos que exploram em profundidade os objetivos e os indicadores de processos nos quatro grupamentos da perspectiva interna: gestão operacional, gestão de clientes, inovação e processos regulatórios e sociais. A Parte Três contém quatro capítulos sobre o alinhamento da perspectiva de aprendizado e crescimento com os processos internos estratégicos. O Capítulo 7 oferece uma visão geral da criação de valor por meio de ativos intangíveis. Os Capítulos 8 a 10 tratam em profundidade da seleção de objetivos e indicadores para o capital humano, para o capital da informação e para o capital organizacional. Na Parte Quatro, o Capítulo 11 aplica o material básico das Partes Dois e Três à construção de modelos de mapas estratégicos para as quatro estratégias de diferenciação genéricas: baixo custo total, liderança do produto, soluções totais para os clientes e aprisionamento. O Capítulo 12 fornece o guia de implementação, ao descrever como converter as metas desafiadoras do desempenho organizacional em submetas dos principais temas estratégicos. As submetas norteiam a seleção de iniciativas e programas estratégicos que impulsionam o desempenho notável.

Depois de cada capítulo do livro, e na Parte Cinco, apresentamos breves trechos de nossos arquivos de casos. Cada um desses trechos apresenta o contexto e a estratégia da organização, seu mapa estratégico e alguns resultados da gestão à luz do mapa estratégico. As organizações usam o mapa estratégico para esclarecer a estratégia no nível executivo; comunicar a estratégia aos colaboradores; alinhar as unidades de negócios, departamentos, funções e iniciativas; e focar os processos gerenciais. Dentre as organizações que adotam essa abordagem incluem-se empresas de fabricação e de serviços, grandes empresas com fins lucrativos e pequenas entidades sem fins lucrativos e vários órgãos públicos, desde escolas distritais ao Departamento de Defesa dos Estados Unidos. Esses casos foram extraídos de experiências na América do Norte, na América Central e na América do Sul, na Europa e na Ásia. Em conjunto, esses trechos de casos representam o portfólio mais abrangente de descrição de estratégias que já vimos reunido. Esperamos que esses exemplos dos princípios expostos em nosso texto inspirem muitas outras organizações a explorar o poder dos mapas estratégicos no desenvolvimento e alinhamento de seus ativos intangíveis, com o intuito de se tornarem organizações orientadas para a estratégia.

Este livro destina-se a gestores que liderarão projetos de Balanced Scorecard, oferecendo-lhes os fundamentos conceituais detalhados que os orientarão nas importantes escolhas sobre os poucos processos internos críticos em que devem ser excelentes para garantir o sucesso da estratégia e nos investimentos necessários em recursos humanos, em tecnologia da informação, em cultura e clima organizacional. Para os executivos interessados em aprender como operacionalizar o mapa estratégico e o Balanced Scorecard, talvez seja conveniente estudar nosso livro anterior, *Organização Orientada para a Estratégia*. Nosso objetivo neste livro é fornecer ideias a profissionais e a implementadores – das áreas de planejamento estratégico, qualidade, recursos humanos, tecnologia da informação ou finanças – sobre como construir uma representação visual abrangente e integrada da estratégia, o primeiro passo para transformar-se em uma organização orientada para a estratégia.

NOTAS

1. PIB per capita de alguns países pobres de recursos e ricos de recursos.

Países pobres de recursos	PIB per capita de 1970	PIB per capita de 1998
Coreia do Sul	1.954	12.152
Taiwan	2.987	15.012
Cingapura	4.438	22.643
Hong Kong	2.965	20.193
Israel	8.102	15.152
Dinamarca	12.685	22.123

Países ricos de recursos	PIB per capita de 1970	PIB per capita de 1993
Indonésia	1.194	3.070
Nigéria	1.233	1.232
Antiga URSS	5.569	3.893 (Rússia)
Arábia Saudita	7.624	8.255
Venezuela	10.672	8.965

Fonte: A. Maddison, *The World Economy: A Millennial Perspective* (Paris: OECD, 2000). Os números estão em dólares constantes de 1990.

2. G. Bennett Stewart, *The Quest for Value* (Nova York: HarperBusiness, 1991); A. Rappaport, *Creating Shareholder Value: A Guide for Managers and Investors* (Nova York: Free Press, 1997).
3. Don Peppers e Martha Rogers, *Enterprise One to One: Tools for Competing in the Interactive Age* (Nova York: Currency/Doubleday, 1997).
4. Michael Hammer e James Champy, *Reengineering the Corporation: A Manifesto for Business Revolution* (Nova York: HarperBusiness, 2001); Michael Hammer, *Beyond Reengineering: How the Process-Centered Organization Is Changing Our Work and Our Lives* (Nova York: HarperBusiness, 1996).
5. Peter S. Pande, Robert P. Neuman e Roland R. Cavanagh, *The Six Sigma Way: How GE, Motorola, and Other Top Companies Are Honing Their Performance* (Nova York: McGraw-Hill, 2000); David Garvin, *Managing Quality: The Strategic and Competitive Edge* (Nova York: Free Press, 1988).
6. Gary Hamel e C. K. Prahalad, *Competing for the Future* (Boston: Harvard Business School Press, 1996); D. J. Collis e C. A. Montgomery, "Competing on Resources: Strategy in the 1990s", *Harvard Business Review* (julho-agosto de 1995): 118-128.
7. Gary Hamel, *Leading the Revolution* (Boston: Harvard Business School Press, 2000); Clayton Christensen, *The Innovator's Dilemma: When New Technologies Cause Great Firms to Fail* (Boston: Harvard Business School Press, 1997).
8. Dave Ulrich, *Human Resource Champions: The Next Agenda for Adding Value and Delivering Results* (Boston: Harvard Business School Press, 1996).
9. Peter Weill and Marianne Broadbent, *Leveraging the New Infrastructure: How Market Leaders Capitalize on Information Technology* (Boston: Harvard Business School Press, 1998).
10. Ronald N. Ashkenas, Steve Kerr, Dave Ulrich e Todd Jick, *The Boundaryless Organization: Breaking the Chains of Organizational Structure*, ed. rev. (Nova York: Wiley, 2002); Michael Tushman e Charles A. O'Reilly III, *Winning Through Innovation: A Practical Guide to Leading Organizational Change and Renewal*, ed. rev. (Boston: Harvard Business School Press, 2002).
11. Peter Senge, *The Fifth Discipline: The Art and Practice of the Learning Organization* (Nova York: Doubleday, 1994); David A. Garvin, *Learning in Action: A Guide to Putting the Learning Organization to Work* (Boston: Harvard Business School Press, 2000).
12. M. E. Porter, *Competitive Strategy: Techniques for Analyzing Industries and Competitors* (Nova York: Free Press, 1980): *Competitive Advantage: Creating and Sustaining Superior Performance* (Nova York: Free Press, 1985); e "What Is Strategy?" *Harvard Business Review* (novembro-dezembro de 1996).
13. Louis V. Gerstner Jr., *Who Says Elephants Can't Dance: Inside IBM's Historic Turnaround* (Nova York: HarperCollins, 2002); Jack Welch, *Jack: Straight from the Gut* (Nova York: Warner Books, 2001); Larry Bossidy e Ram Charan, *Execution: The Discipline of Getting Things Done* (Nova York: Crown,

2002); e Richard Teerlink e Lee Ozley, *More Than a Motorcycle: The Leadership Journey at Harley-Davidson* (Boston: Harvard Business School Press, 2000).
14. R. Charan e G. Colvin, "Why CEOs Fail", *Fortune,* 21 de junho de 1999.
15. Chris Zook, *Profit from the Core: Growth Strategy in an Era of Turbulence* (Boston: Harvard Business School Press, 2001).
16. Tiha Von Ghyczy, Bolko Von Oetinger e Christopher Bassford, *Clausewitz on Strategy: Inspiration and Insight from a Master Strategist* (Nova York: Wiley, 2001), 99.
17. SHRM/Balanced Scorecard Collaborative, Aligning HR with Organization Strategy Survey Research Study 62-17052 (Alexandria, VA: Society for Human Resource Management, 2002); "The Alignment Gap", *CIO Insight,* 1 de julho de 2002.

ESTUDOS DE CASOS

BANK OF TOKYO – MITSUBISHI HQA

Antecedentes

Como um dos maiores bancos do mundo, o Bank of Tokyo-Mitsubishi (BTM) gerencia mais de US$608 bilhões em ativos, distribuídos por mais de 700 localidades, no Japão e em todo o mundo. O BTMHQA, que é a do banco em Nova York, define os produtos de suas operações no continente americano. Estes são os produtos e serviços bancários nas áreas comercial, de investimentos e de gestão de recursos que a instituição comercializará para seus clientes multinacionais. A missão do BTMHQA é "Ser o banco estrangeiro de atacado número um nas Américas".

Em 2000, como parte de um programa global, as operações do BTM nas Américas foram organizadas em quatro unidades de negócios com gestão independente (serviços corporativos globais, investimentos, tesouraria e centro corporativo), cada um respondendo diretamente ao respectivo escritório central, em Tóquio. Em razão dessas mudanças e de algumas alterações no ambiente regulador, o BTMHQA constatou que já não era suficiente que a estratégia fosse compreendida implicitamente pela alta gerência. Os líderes precisavam reforçar o intento estratégico em toda a organização.

A situação

As organizações japonesas são conhecidas por competir com sucesso sem estratégias bem articuladas. Isso nunca foi necessário numa sociedade em que as pessoas estão de tal modo sintonizadas culturalmente umas com as outras que as empresas são dirigidas praticamente na base de *ishin-denshin* (telepatia). Mas como o BTMHQA acabou descobrindo, tal prática vinha perdendo a eficácia na economia global, na qual a diversidade da força de trabalho e a própria velocidade dos negócios exigem clara articulação da estratégia para o sucesso organizacional.

A unificação da força de trabalho em torno de um conjunto de objetivos estratégicos comuns é tarefa em si já bastante desafiadora, mas no BTM a dificuldade foi ampliada em face das grandes diferenças culturais. O tradicional estilo japonês de fazer negócios prevalecia; as decisões executivas não eram reveladas de forma rotineira por toda a organização e até há pouco tempo expatriados japoneses enviados por Tóquio ocupavam a maioria das posições de liderança. Outras práticas comuns incluíam o rodízio de empregados por todas as áreas funcionais (para fomentar a coesão cultural) e a estabilidade de emprego. E o BTMHQA ainda se baseava em senioridade na organização e não no desempenho de curto prazo como principal critério para promoções.

A estratégia

Em 2001, com o setor bancário japonês ainda em recessão e com as autoridades reguladoras tornando mais rigorosa a supervisão das instituições financeiras sob o aspecto de risco, o BTMHQA começou a questionar a eficácia de sua governança corporativa, não obstante seu crescimento acima da média.[1]

Takehiko Nagumo, vice-presidente de planejamento corporativo, recorreu ao Balanced Scorecard por julgar que se tratava da ferramenta certa para implementar uma plataforma estratégica comum, uma metodologia de controle de riscos e, eventualmente, um novo sistema de remuneração pelo desempenho, caracterizado pela coerência e sinergia. "Sabíamos que primeiro teríamos de definir a estratégia de cada unidade antes de determinarmos a estratégia regional integrada e, nesse caso, a abordagem 'de baixo para cima' parecia ser um primeiro passo essencial", afirma Hideo Yamamoto, vice-presidente sênior e chefe do grupo de planejamento corporativo. Uma força-tarefa composta de representantes de todas as unidades de negócios desenvolveu uma planilha a ser preenchida por cada grupo e a equipe registrou a estratégia regional integrada, com base nas respostas coletadas.

O mapa estratégico

Ao desenvolver o scorecard da organização nas Américas, o BTM primeiro construiu as "fundações da estratégia", que definiam as grandes categorias e temas dentro das quatro perspectivas do Balanced Scorecard nos quais se alinhariam os diferentes objetivos. Cada objetivo foi classificado em três tipos – *comum, compartilhado* ou *singular*.

   a. *Comum*. Objetivo de adoção compulsória em toda a organização, no total de seis. Por exemplo: "Aumentar a eficiência de custo" era obrigatório na perspectiva financeira de todos os scorecards.
   b. *Compartilhado*. Objetivo interdivisional comum entre unidades que devem cooperar para alcançar resultados específicos. Por exemplo: "Dinamizar o processo de aprovação de crédito" é um objetivo da perspectiva dos processos internos, em busca da excelência operacional, compartilhado pelas unidades de crédito e de empréstimos; "Promover a colaboração ao longo de toda a cadeia de suprimentos", objetivo compartilhado entre unidades de suporte, unidades de avaliação e unidades de interface com clientes; e "Estreita colaboração entre gerentes de relacionamento e

gerentes de produtos", visava a facilitar a oferta de produtos de alto valor aos clientes-alvo.

c. *Singular*. Objetivo intradivisional a ser cumprido de maneira independente por determinado grupo. Por exemplo: "Manter arquivos de dados dos clientes", um objetivo gerencial dos gerentes de riscos da tesouraria.

Esse sistema de classificação tornou-se padrão para o scorecard do banco nas Américas, assim como para o scorecard de cada unidade de negócios. Assim, era fácil para os empregados visualizar a justaposição dos temas, categorias e objetivos comuns.

Como exemplo do tipo de mapa estratégico daí resultante, o da Global Corporate Banking Business Unit (GCBU) – Americas reflete a forte ênfase no aumento da receita, no gerenciamento de riscos e na produtividade, como veremos na Figura 1.4.

A. *Perspectiva financeira*

Ao escolher "Maximizar o lucro líquido depois dos custos de crédito" como objetivo máximo, a GCBU-Americas identificou quatro componentes essenciais na perspectiva financeira:

- Enfatizar receita de taxas e comissões por serviços de investimento, em lugar da tradicional receita financeira.
- Aumentar a receita oriunda de clientes japoneses com operações nas Américas e de multinacionais não japonesas com as quais o BTM mantenha relacionamento global.
- Minimizar custos de crédito, especialmente em grandes empresas americanas e no segmento latino-americano.
- Promover programas drásticos de redução de custos por toda a empresa.

B. *Perspectiva do cliente*

Para ser reconhecido como o melhor banco estrangeiro com operações nas Américas (sobretudo nos Estados Unidos) por seus principais clientes, nos segmentos de clientes japoneses e de clientes não japoneses, a GCBU-Americas tenta diferenciar seus produtos e serviços em vários pontos críticos: competências reconhecidas de concessão de empréstimos, ampla rede global e nível de qualidade dos serviços compatível com altos padrões de precisão e rapidez.

C. *Perspectiva dos processos internos*

Aumentar receita. A estratégia de crescimento da receita da GCBU-Americas consiste em quatro grandes componentes: (1) Gerar receita mediante apoio aos negócios de clientes americanos na Ásia; (2) Fornecer produtos altamente personaliza-

Figura 1.4 Mapa estratégico da Unidade de Negócios Bank of Tokyo-Mitsubishi Global Corporate Banking (Americas)

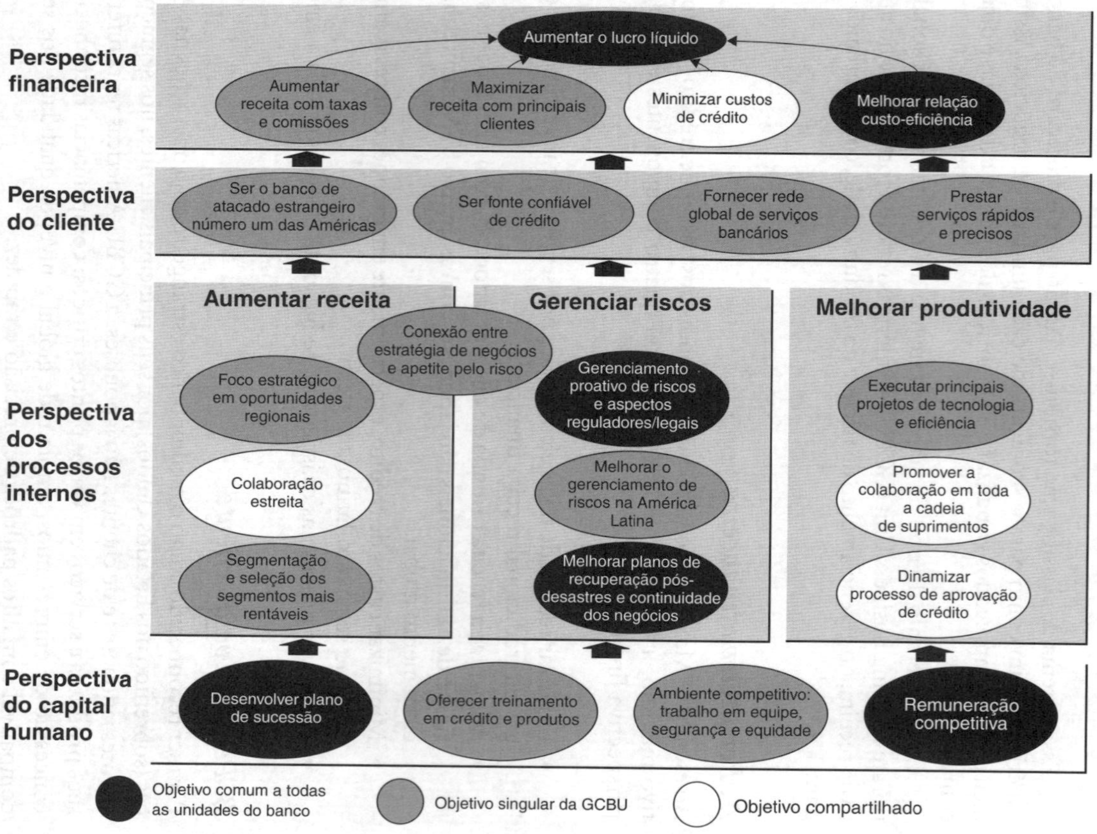

Perspectiva financeira
- Aumentar receita com taxas e comissões
- Maximizar receita com principais clientes
- Minimizar custos de crédito
- Melhorar relação custo-eficiência
- Aumentar o lucro líquido

Perspectiva do cliente
- Ser o banco de atacado estrangeiro número um das Américas
- Ser fonte confiável de crédito
- Fornecer rede global de serviços bancários
- Prestar serviços rápidos e precisos

Perspectiva dos processos internos

Aumentar receita
- Foco estratégico em oportunidades regionais
- Colaboração estreita
- Segmentação e seleção dos segmentos mais rentáveis
- Conexão entre estratégia de negócios e apetite pelo risco

Gerenciar riscos
- Gerenciamento proativo de riscos e aspectos reguladores/legais
- Melhorar o gerenciamento de riscos na América Latina
- Melhorar planos de recuperação pós-desastres e continuidade dos negócios

Melhorar produtividade
- Executar principais projetos de tecnologia e eficiência
- Promover a colaboração em toda a cadeia de suprimentos
- Dinamizar processo de aprovação de crédito

Perspectiva do capital humano
- Desenvolver plano de sucessão
- Oferecer treinamento em crédito e produtos
- Ambiente competitivo: trabalho em equipe, segurança e equidade
- Remuneração competitiva

Legenda:
- ● Objetivo comum a todas as unidades do banco
- ● Objetivo singular da GCBU
- ○ Objetivo compartilhado

dos, por meio de colaboração entre gerentes de relacionamento e gerentes de produtos; (3) Clara segmentação de clientes com base na rentabilidade e no apetite pelo risco e (4) Clara definição do apetite pelo risco e alinhamento com a estratégia de negócios.

Gerenciar riscos: (1) Ênfase na proatividade em vez de na reatividade, ao identificar e mitigar riscos em todas as áreas do banco; (2) Minimização dos riscos de transferência de crédito na América Latina (onde o ambiente de negócios geralmente é difícil); (3) Ênfase na importância – especialmente após o 11 de Setembro – da recuperação depois de desastres e da garantia da continuidade dos negócios, como parte integrante do gerenciamento de riscos em todo o banco.

Melhorar a produtividade: (1) Executar principais projetos de tecnologia e eficiência; por exemplo, garantir que a infraestrutura de TI seja capaz de respaldar a competitividade operacional. (2) Promover a colaboração em toda a cadeia de suprimentos, pois, para fornecer produtos personalizados na velocidade desejada, é fundamental otimizar o entrosamento entre as unidades de suporte, unidades de avaliação e unidades de interface com clientes como objetivo compartilhado por todas essas unidades. (3) Dinamizar processo de aprovação de crédito. A velocidade da aprovação de crédito reforça a satisfação do cliente assim como a vantagem competitiva. Como objetivo compartilhado entre a unidade de interface (que prepara os pedidos de crédito) e a divisão de crédito (que aprova os pedidos de crédito), a GCBU-Americas tenta minimizar a duração do ciclo de concessão de crédito.

D. Perspectiva do capital humano

Em organizações multiculturais, é fundamental definir padrões claros na gestão de recursos humanos. Reconhecendo que as pessoas são o capital que influencia de maneira mais significativa a competitividade do BTM, a GCBU-Americas adotou quatro objetivos que são considerados prioridades na área de recursos humanos em todo o banco. Em conjunto, compõem uma mistura interessante de práticas japonesas e locais.

1. *Planejamento da sucessão.* Manter a estabilidade das operações, mediante a identificação de pessoal-chave e a preparação de planos de sucessão para as respectivas posições, com o máximo de antecedência. Como os expatriados japoneses retornam ao Japão após o período de quatro a seis anos no exterior e os empregados americanos mudam de cargo ou de empregador para melhorar suas perspectivas de carreira (em contraste com a prática japonesa de estabilidade), o desenvolvimento de planos de sucessão para todo o pessoal é requisito importante para a estabilidade das operações.

2. *Treinamento*. Para melhorar as competências de gerenciamento do risco de crédito – competência crítica para todos os profissionais de instituições financeiras.
3. *Ambiente de trabalho*. Manter forte orientação para o *trabalho em equipe* (tradicional ponto forte das organizações japonesas), para a *segurança*, observando todas as normas básicas, e *equidade*, não se admitindo discriminação de qualquer espécie (raça, sexo, idade ou nacionalidade).
4. *Remuneração pelo desempenho*. Balanceando o estilo gerencial japonês, baseado no tempo de serviço, com a arquitetura de RH americana, centrada no desempenho, a GCBU-Americas está empenhada em adotar as melhores práticas nesta área.

Breves relatos

Aproximadamente um ano após a adoção do mapa estratégico, as mudanças já eram visíveis. A estratégia passou a ser o trabalho de todos.

- Quase imediatamente depois do desenvolvimento dos mapas estratégicos, os empregados começaram a conversar pela primeira vez sobre estratégia, pois sabiam o que era aquilo. Os mapas lançaram as bases para as discussões em reuniões. Além disso, os empregados do BTM reconheceram de pronto a necessidade de avaliar o desempenho em comparação com a estratégia – e que aquilo não era mero exercício conceitual.
- Empregados em funções de apoio e supervisão (como RH, auditoria e análise de crédito) familiarizaram-se com abordagens quantitativas de gestão do desempenho. Tornaram-se mais focados no resultado final e a gerência sênior passou a exercer melhor o controle sobre suas atividades.
- Os objetivos compartilhados ajudaram a entrosar as unidades de suporte (processamento), de avaliação (avaliação e análise de risco) e de interface com clientes (transações e interface com os clientes). A unidade do banco em New Jersey promoveu reuniões regulares com as unidades de interface e de avaliação sobre como promover a colaboração ao longo da cadeia de valor e acelerar os resultados para melhorar seus indicadores comuns.
- Os auditores internos do BTM reconheceram explicitamente que o Balanced Scorecard é um meio eficaz de melhorar a governança corporativa.
- Atualmente os gestores de riscos fazem apresentações regulares sobre os indicadores de seus scorecards. Um desses poderosos indicadores no scorecard do BTMHQA é "percentual de riscos pendentes", que mede a porcentagem de questões identificadas por meio de autoavaliação, baseada no Committee of Sponsoring Organizations of the Treadway Commission (COSO), dentre todas as questões identificadas por outras partes, como auditores internos e externos e reguladores.[2] Quanto maior a porcentagem, mais proativas estão sendo as linhas de negócios do banco na identificação

de riscos. Esse indicador surtiu o efeito imediato de fazer com que as linhas de negócios passassem a identificar riscos que até então tinham sido ignorados ou aos quais tinham reagido com mais lentidão. Hoje o indicador correlato "participação nas questões fechadas durante o período" força a que se encontrem soluções mais rápidas para as questões de risco. Esse indicador reflete o esforço do BTMHQA para enfatizar a importância de ser mais sensível ao risco, com base na hipótese de que a empresa tem mais consciência de seus próprios riscos do que qualquer outra parte. Esperar que terceiros identifiquem os riscos alheios é atitude muito reativa, não mais tolerada no banco. A vinculação da autoavaliação baseada no COSO ao BSC é talvez o aspecto mais criativo do programa de Scorecard do BTMHQA.

Mr. Naotaka Otaba, CEO do BTMHQA, comentou:

"Como chefe regional de uma empresa japonesa que opera nas Américas, tenho especial interesse na sinergia entre a cultura de negócios japonesa e as melhores práticas americanas. É nesse contexto que desenvolvemos o programa do Balanced Scorecard, que, além de transformar-se na principal metodologia para gestão da estratégia e mensuração do desempenho em nosso banco nas Américas, também ressaltou a importância do trabalho em equipe na implementação das orientações do Conselho.

Nosso próximo desafio é desenvolver ainda mais a prática de melhoria dos processos de negócios, como as que foram adaptadas com sucesso por muitas empresas industriais japonesas. Pretendemos aprimorar nossa metodologia de Control Self-Assessment – CSA (autoavaliação dos controles internos), de modo a não só melhorar nosso ambiente de controle em vários processos de negócios, mas também identificar e remediar quaisquer defeitos nesses processos. Planejamos integrar a metodologia CSA com o programa do Balanced Scorecard, de modo a fomentar a melhoria da governança.

Depois de totalmente integradas, esperamos que essas metodologias constituam a base da combinação bem-sucedida das melhores práticas de negócios japonesas e americanas. Se a iniciativa der certo nas Américas, gostaríamos de propor que também seja implementada em nossas operações no Japão."

Caso preparado por Barnaby Donlon da Balanced Scorecard Colaborative e Takehiko Nagumo do Bank of Tokyo-Mitsubishi. Nossos agradecimentos ao Sr. Naotaka Otaba, CEO do BTMHQA, por compartilhar suas experiências conosco.

NOTAS

1. O Gramm-Leach Bliley Act, de 2000, e outros acontecimentos do mercado levaram as autoridades reguladoras americanas a se concentrarem cada vez mais na governança corporativa como fator crítico das boas práticas bancárias.
2. O Committee of Sponsoring Organizations of the Treadway Commission (COSO) é uma organização voluntária do setor privado, cujo objetivo é a melhoria da qualidade dos relatórios financeiros, por meio da ética em negócios, controles internos eficazes e governança corporativa. Assim, a autoavaliação do BTM com base no COSO é um programa voluntário de avaliação do risco operacional. Ver http://www.coso.org.

AMERICAN DIABETES ASSOCIATION

Antecedentes

A American Diabetes Association (ADA), uma das maiores organizações sem fins lucrativos da área de saúde nos Estados Unidos, dedica-se a atividades de pesquisa e divulgação de informações sobre diabetes, além da defesa dos interesses dos diabéticos. Sua receita operacional no exercício social de 2002 foi de US$188 milhões. A ADA está sediada em Alexandria, Virgínia, com escritórios em todos os estados. Seu staff é composto de 1.000 empregados, milhares de voluntários e vários milhões de doadores e membros que todos os anos dedicam tempo e energia à causa.

A missão da ADA é "prevenir e curar o diabetes e melhorar a vida de pessoas afetadas por diabetes". Sua visão é "Fazer diferença todos os dias na vida das pessoas que sofrem de diabetes". Sua meta, sob o CEO John H. Graham IV, é: "Em 2007, ser a maior organização na área de diabetes, aumentando a receita anual para US$300 milhões, de modo a melhor respaldar seus esforços e programas de pesquisa, informação e defesa dos interesses dos diabéticos."

A situação

Embora a ADA seja o produto da fusão em 1998 de 57 organizações com propósitos semelhantes, ela ainda não operava como organização única, com uma cultura organizacional definida. Os elementos fundamentais já existiam, como a visão e a estratégia, mas havia pouco consenso sobre como executar a estratégia. A organização precisava definir meios para medir o sucesso, além do levantamento de fundos e do gerenciamento dos índices de despesa, para sustentar o desempenho no futuro. Ao contrário de muitas organizações, a ADA decidiu cuidar da execução da estratégia enquanto ainda apresentava bom desempenho – com crescimento de dois dígitos – em vez de esperar que a base financeira estagnasse ou declinasse.

A ADA usou o Balanced Scorecard para infundir disciplina de negócios na execução da estratégia. Equilibrando "crescimento" com "eficiência operacional", ela criaria maior valor para seus stakeholders e constituintes. Essa abordagem equilibrada permitiu que a ADA se concentrasse numa proposição de valor que promovesse excelência sustentável, em vez de tentar fazer tudo para todos.

O mapa estratégico

Como mostra a Figura 1.5, a missão da ADA era satisfazer as necessidades dos stakeholders e constituintes. Entre os stakeholders incluem-se o Conselho de Administração, a liderança da comunidade dos voluntários e os indivíduos de alto impacto que exercem a supervisão básica sobre o trabalho da ADA. Os constituintes são os doadores, empresas, profissionais de diabetes, diabéticos, indivíduos de alto risco e usuários de informações que recebem valor dos produtos e serviços da ADA. Esses dois grupos compartilham o mesmo resultado básico: *progresso em direção à prevenção e à cura*. Na trajetória em busca da cura, ambos os grupos querem *melhorar a qualidade de vida* para as pessoas afetadas por diabetes. Uma ação importante para melhorar a qualidade de vida é *melhorar a qualidade da assistência*.

A ADA deve ser economicamente viável para atender aos objetivos de seus stakeholders e constituintes. Precisa *ampliar a margem líquida*, mediante o *aumento da receita*, ao mesmo tempo em que melhora a *eficiência operacional*. A ADA espera que essa combinação de objetivos financeiros a ajudará a manter a capacidade de servir a longo prazo aos stakeholders e constituintes.

Os objetivos financeiros, dos stakeholders e dos constituintes serão atingidos por meio de dois temas estratégicos: *gestão do relacionamento com os constituintes* e *execução padronizada*. Motor da gestão eficaz do relacionamento com os constituintes é *compreender e priorizar segmentos, necessidades e estratégias*. A ADA deve escolher os grupos e áreas em que poderá exercer o maior impacto. Esse objetivo de processo também capacitará a ADA a *influenciar os formuladores de políticas* a desenvolver legislação mais favorável aos portadores de diabetes. Definidas as prioridades por segmentos de necessidades a ADA será mais capaz de *desenvolver, fornecer e avaliar produtos e serviços* que atendem às necessidades de seus constituintes e stakeholders. Finalmente, compreender os segmentos também garante a possibilidade de *estabelecer levantamento de fundos focado nos doadores*, de modo que a ADA possa mirar a maneira como os doadores preferem doar em vez do modo que a ADA considera mais adequado.

O segundo tema estratégico, *execução padronizada*, exige *melhorar os processos de ponta a ponta*. A ADA selecionou esse tema porque muitos de seus atuais processos internos não estavam bem integrados ou muito concentrados em fornecer valor interno e externo. Boa parte da melhoria almejada nos processos decorreria da *adotar as melhores práticas*, mediante o aproveitamento das melhores práticas de negócios já existentes na organização. Além disso, *identificar lacunas de recursos* permitiria que a ADA destinasse recursos adicionais a processos importantes, mas subfinanciados.

Figura 1.5 Mapa estratégico da American Diabetes Association

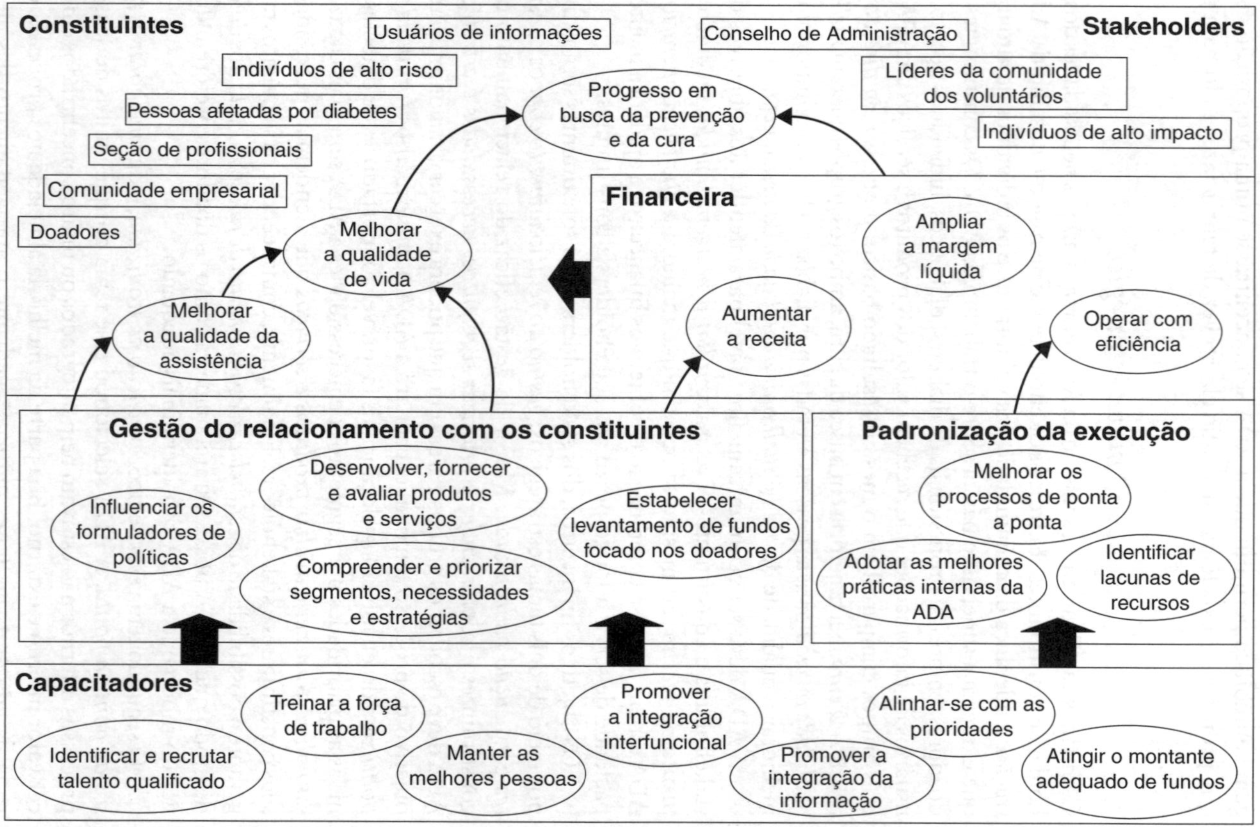

Constituintes
- Usuários de informações
- Indivíduos de alto risco
- Pessoas afetadas por diabetes
- Seção de profissionais
- Comunidade empresarial
- Doadores

Stakeholders
- Conselho de Administração
- Líderes da comunidade dos voluntários
- Indivíduos de alto impacto

Financeira
- Ampliar a margem líquida
- Operar com eficiência
- Aumentar a receita
- Progresso em busca da prevenção e da cura
- Melhorar a qualidade de vida
- Melhorar a qualidade da assistência

Padronização da execução
- Melhorar os processos de ponta a ponta
- Identificar lacunas de recursos
- Adotar as melhores práticas internas da ADA

Gestão do relacionamento com os constituintes
- Estabelecer levantamento de fundos focado nos doadores
- Desenvolver, fornecer e avaliar produtos e serviços
- Compreender e priorizar segmentos, necessidades e estratégias
- Influenciar os formuladores de políticas

Capacitadores
- Atingir o montante adequado de fundos
- Alinhar-se com as prioridades
- Promover a integração da informação
- Promover a integração interfuncional
- Manter as melhores pessoas
- Treinar a força de trabalho
- Identificar e recrutar talento qualificado

O fundamento da estratégia da ADA são seu capital humano e sua arquitetura organizacional. Para contar com força de trabalho talentosa, tanto de voluntários como de empregados, a ADA deve *identificar e recrutar talento qualificado; treinar a força de trabalho; e manter as melhores pessoas.* As pessoas ficarão com a ADA se desfrutarem de um ambiente em que se sintam valorizadas. Os fundamentos desse objetivo são *promover a integração interfuncional, promover a integração da informação* e *alinhar-se com as prioridades.* Dessa maneira, as pessoas apoiarão o trabalho umas das outras e todas trabalharão para objetivos comuns. Um último pilar do sucesso estratégico é *atingir o montante adequado de fundos.* Em resumo, os vínculos estratégicos da ADA consistem em que ao focar os *capacitadores humanos e organizacionais* para respaldar os *recursos internos* críticos, a organização será mais capaz de entregar proposição de valor almejada a *constituintes e stakeholders,* de maneira *financeiramente* responsável.

Breves relatos

A equipe executiva da ADA relatou que o processo de construção do mapa estratégico foi tão valioso quanto o mapa em si. Mas o processo não foi fácil. A construção do mapa estratégico da ADA e, em seguida, do Balanced Scorecard, incutiu disciplina e lógica no processo decisório estratégico da equipe de liderança, até então inexistente. Os objetivos estratégicos do mapa foram debatidos até que se chegasse ao consenso. O diálogo permitiu que a ADA prestasse esclarecimentos aos stakeholders e constituintes, definisse os resultados a serem entregues e descrevesse sua capacidade competitiva. O resultado final foi uma base mais clara para a divulgação interna e externa dos objetivos e da estratégia. Agora, a ADA tinha condições de explicar por que fazia certas coisas e não outras.

Caso preparado por Mario Bognanno, da Balanced Scorecard Collaborative, e Tom Bognanno, da ADA. Nossos agradecimentos a John Graham e colegas por compartilhar a experiência da ADA.

CAPÍTULO 2

MAPAS ESTRATÉGICOS

A estratégia mostra como a organização pretende criar valor sustentável para os acionistas.[1] No Capítulo 1, documentamos como as organizações de hoje devem alavancar seus ativos intangíveis para a criação de valor sustentável. A criação de valor por meio de ativos intangíveis difere sob vários aspectos importantes da criação de valor mediante a gestão de ativos tangíveis, físicos e financeiros:

1. *A criação de valor é indireta.* Os ativos intangíveis, como conhecimento e tecnologia, raramente exercem impacto direto sobre os resultados financeiros, como aumento da receita, redução de custos e maiores lucros. As melhorias nos ativos intangíveis afetam os resultados financeiros por meio de cadeias de relações de causa e efeito. Por exemplo, o treinamento dos empregados em gestão da qualidade total (TQM) e em técnicas de seis sigma pode melhorar diretamente a qualidade dos processos. Espera-se, então, que tais melhorias resultem no aumento da satisfação dos clientes que, por sua vez, deve reforçar a fidelidade dos clientes. Por fim, a fidelidade dos clientes acarreta o aumento das vendas e das margens, em consequência de relacionamentos mais duradouros com os clientes.
2. *O valor é contextual.* O valor de um ativo intangível depende do seu alinhamento com a estratégia. Por exemplo, o treinamento dos empregados em técnicas de TQM e de seis sigma tem maior valor para as organizações que adotam estratégia de baixo custo total do que para as que seguem estratégia de liderança do produto e inovação.
3. *O valor é potencial.* O custo dos investimentos em ativos intangíveis não representa uma boa estimativa de seu valor para a organização. Os ativos intangíveis, como empregados treinados em controle estatístico da qualidade e análise e causalidades, têm valor potencial, mas não valor de mercado. Necessita-se de processos in-

ternos, como projeto, produção, entrega e serviços aos clientes, para transformar o valor potencial dos ativos intangíveis em valor tangível. Se os processos internos não forem direcionados no sentido da proposição de valor para os clientes ou de melhorias financeiras, o valor potencial das competências dos empregados e dos ativos intangíveis em geral não será concretizado.

4. *Os ativos atuam em conjunto.* Os ativos intangíveis sozinhos raramente criam valor. Eles não têm valor se isolados do contexto da organização e da estratégia. O valor dos ativos intangíveis emerge de sua combinação eficaz com outros ativos, tanto tangíveis quanto intangíveis. Por exemplo, o treinamento em qualidade torna-se mais proveitoso quando os empregados têm acesso a dados detalhados e no momento correto, produzidos por sistemas de informação orientados para processos. Cria-se valor máximo quando todos os ativos intangíveis da organização estão alinhados uns com os outros, com os ativos tangíveis e com a estratégia.

O mapa estratégico do Balanced Scorecard (Figura 2.1) fornece um modelo que mostra como a estratégia liga os ativos intangíveis a processos que criam valor. A *perspectiva financeira* descreve os resultados tangíveis da estratégia em termos financeiros tradicionais. Medidas como ROI, valor para os acionistas, rentabilidade, crescimento da receita e custo por unidade são indicadores que mostram se a estratégia da organização está caminhando para o sucesso ou para o fracasso. A *perspectiva do cliente* define a proposição de valor para os clientes-alvo. A proposição de valor fornece o *contexto* para que os ativos intangíveis criem valor. Se os clientes valorizam qualidade consistente e entrega pontual, as habilidades, os sistemas e os processos que produzem e fornecem produtos e serviços de qualidade são altamente valiosos para a organização. Se os clientes valorizam inovação e alto desempenho, as habilidades, os sistemas e os processos que criam novos produtos e serviços com funcionalidade superior revestem-se de alto valor. O alinhamento consistente das ações e habilidades com a proposição de valor para os clientes é a essência da execução da estratégia.

As perspectivas financeira e do cliente descrevem os resultados que se esperam da execução da estratégia. Ambas as perspectivas contêm muitos indicadores de resultado. Como a organização produz os resultados almejados? A *perspectiva dos processos internos* identifica os poucos processos críticos que se espera exerçam o maior impacto sobre a estratégia. Por exemplo, determinada organização pode aumentar seus investimentos em P&D e fazer a reengenharia de seus processos de desenvolvimento de pro-

Figura 2.1 O modelo do Balanced Scorecard

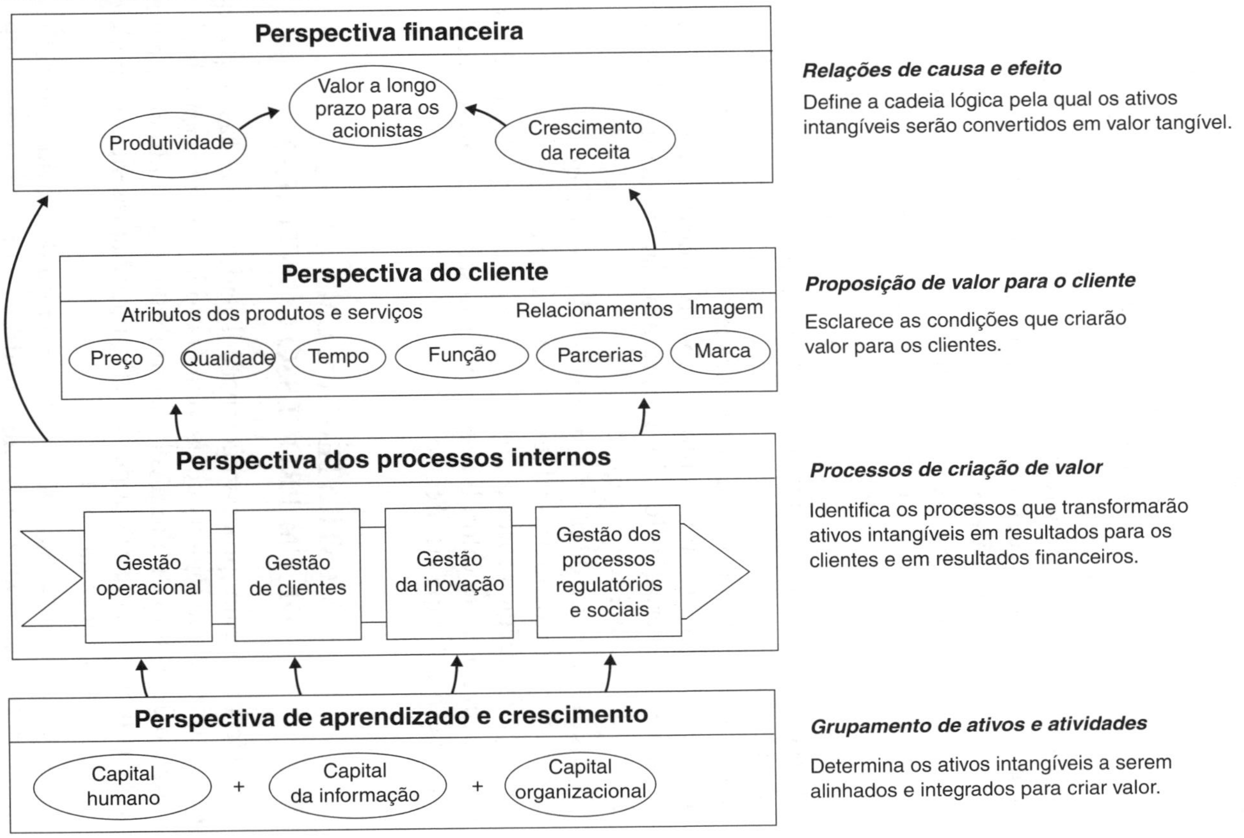

Perspectiva financeira
- Produtividade
- Valor a longo prazo para os acionistas
- Crescimento da receita

Perspectiva do cliente
- Atributos dos produtos e serviços: Preço, Qualidade, Tempo, Função
- Relacionamentos: Parcerias
- Imagem: Marca

Perspectiva dos processos internos
- Gestão operacional
- Gestão de clientes
- Gestão da inovação
- Gestão dos processos regulatórios e sociais

Perspectiva de aprendizado e crescimento
- Capital humano + Capital da informação + Capital organizacional

Relações de causa e efeito
Define a cadeia lógica pela qual os ativos intangíveis serão convertidos em valor tangível.

Proposição de valor para o cliente
Esclarece as condições que criarão valor para os clientes.

Processos de criação de valor
Identifica os processos que transformarão ativos intangíveis em resultados para os clientes e em resultados financeiros.

Grupamento de ativos e atividades
Determina os ativos intangíveis a serem alinhados e integrados para criar valor.

dutos para os clientes. Outra organização, na tentativa de fornecer a mesma proposição de valor, talvez opte por desenvolver novos produtos por meio de joint ventures e parcerias.

A *perspectiva de aprendizado e crescimento* define os ativos intangíveis mais importantes para a estratégia. Os objetivos nessa perspectiva identificam que cargos (o capital humano), que sistemas (o capital da informação) e que tipo de clima (o capital organizacional) são necessários para sustentar os processos internos de criação de valor. Esses ativos devem ser conectados coerentemente uns com os outros e alinhados aos processos internos críticos.

Os objetivos nas quatro perspectivas são conectados uns com os outros por relações de causa e efeito. A partir do topo, parte-se da hipótese de que os resultados financeiros só serão alcançados se os clientes-alvo estiverem satisfeitos. A proposição de valor para os clientes descreve como gerar vendas e aumentar a fidelidade dos clientes-alvo. Os processos internos criam e cumprem a proposição de valor para os clientes. Os ativos intangíveis que respaldam os processos internos sustentam os pilares da estratégia. O alinhamento dos objetivos nessas quatro perspectivas é a chave para a criação de valor e, portanto, para uma estratégia focada e dotada de consistência interna.

Essa arquitetura de causa e efeito, interligando as quatro perspectivas, é a estrutura em torno da qual se desenha o mapa estratégico. A construção do mapa estratégico força a organização a esclarecer a lógica de como e para quem ela criará valor. Neste capítulo, descreveremos os princípios da construção do mapa estratégico.

A ESTRATÉGIA É UMA ETAPA DE UM PROCESSO CONTÍNUO

Estratégia não é um processo gerencial isolado; é uma das etapas de um processo contínuo lógico que movimenta toda a organização desde a declaração de missão de alto nível até o trabalho executado pelos empregados da linha de frente e de suporte. A Figura 2.2 apresenta um modelo que consideramos eficaz na prática.

A *missão* da organização fornece o ponto de partida, ao definir por que a organização existe ou como a unidade de negócios se enquadra dentro das fronteiras da arquitetura organizacional total. A missão e os *valores* essenciais que a acompanham mantêm-se bastante estáveis no tempo. A *visão* da organização pinta um quadro do futuro que ilumina a trajetória da organização e ajuda os indivíduos a compreender por que e como devem

Figura 2.2 O Balanced Scorecard é uma etapa de um processo contínuo, que descreve o que é e como se cria valor

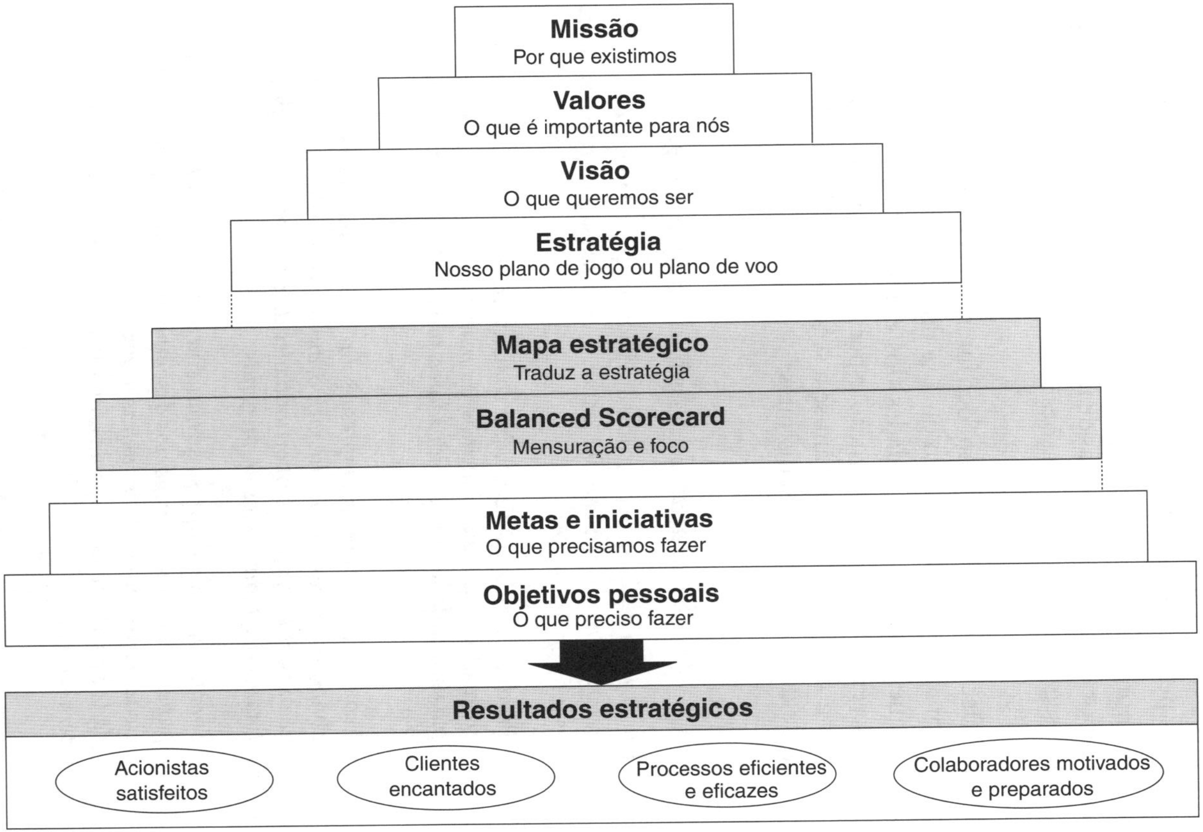

Missão
Por que existimos

Valores
O que é importante para nós

Visão
O que queremos ser

Estratégia
Nosso plano de jogo ou plano de voo

Mapa estratégico
Traduz a estratégia

Balanced Scorecard
Mensuração e foco

Metas e iniciativas
O que precisamos fazer

Objetivos pessoais
O que preciso fazer

Resultados estratégicos

- Acionistas satisfeitos
- Clientes encantados
- Processos eficientes e eficazes
- Colaboradores motivados e preparados

apoiar a organização. Além disso, a visão coloca a organização em movimento, tirando-a da estática da missão e dos valores essenciais para a dinâmica da estratégia, a etapa seguinte do processo contínuo. A *estratégia* desenvolve-se e evolui com o tempo, para atender às condições em mutação impostas pelo ambiente externo e pelas competências internas.

A maioria das organizações já dispõe de declarações de missão e de visão. Embora as definições exatas de missão e visão possam variar, apresentamos a seguir algumas orientações úteis:

Missão. Declaração concisa, com foco interno, da razão de ser da organização, do propósito básico para o qual se direcionam suas atividades e dos valores que orientam as atividades dos empregados. A missão também deve descrever como a organização espera competir no mercado e fornecer valor aos clientes. Encontram-se a seguir exemplos de declarações de missão de duas organizações distintas:

Declaração de Missão da Ben & Jerry

A Ben & Jerry dedica-se à criação e à demonstração de um novo conceito empresarial de prosperidade integrada. Nossa missão compõe-se de três partes inter-relacionadas.

> *Produto. Produzir, distribuir e comercializar sorvetes e produtos correlatos totalmente naturais, da mais fina qualidade, com ampla variedade de sabores inovadores, produzidos com laticínios de Vermont.*
>
> *Econômica. Operar a empresa sobre bases financeiras sólidas, abrangendo crescimento lucrativo, aumento do valor para nossos acionistas e criação de oportunidades de carreira e recompensas financeiras para nossos empregados.*
>
> *Social. Operar a empresa de maneira a reconhecer ativamente o papel central que os negócios desempenham na estrutura da sociedade, promovendo maneiras inovadoras de melhorar a qualidade de vida de uma ampla comunidade – local, nacional e internacional.*

Declaração de Missão da Cidade de Charlotte

A missão da Cidade de Charlotte é garantir a prestação de serviços públicos de qualidade, que promovam a segurança, a saúde e a qualidade de vida de

seus cidadãos. Charlotte procura identificar e responder às necessidades da comunidade, concentrando-se nos clientes, mediante:
- *Criação e preservação de parcerias eficazes.*
- *Atração e retenção de empregados qualificados e motivados.*
- *Adoção de práticas de planejamento estratégico de negócios.*

Visão. Declaração concisa que define as metas a médio e a longo prazos da organização. A visão deve representar a percepção externa, ser orientada para o mercado e deve expressar – geralmente em termos motivadores ou "visionários" – como a organização quer ser percebida pelo mundo.

Visão da Cidade de Charlotte

A Cidade de Charlotte será modelo de excelência que põe em primeiro lugar os seus cidadãos. Funcionários qualificados e motivados se destacarão por fornecer qualidade e valor em todas as modalidades de serviços. Seremos uma plataforma para as atividades econômicas vitais que proporcionem a Charlotte vantagem competitiva no mercado. Formaremos parcerias com os cidadãos e com as empresas para transformar Charlotte na comunidade preferida para se viver, trabalhar e praticar atividades de lazer.

Visão de uma empresa de serviços financeiros

Seremos líderes respeitados em serviços financeiros, cujo foco será o relacionamento e a satisfação dos clientes, obtendo um retorno financeiro no quartil mais alto do setor.

As declarações de missão e visão definem as metas gerais e a trajetória da organização. Também ajudam os acionistas, clientes e empregados a compreender a razão de ser da empresa e o que pretende alcançar. Mas essas declarações são vagas demais para orientar as decisões sobre as rotinas do dia a dia e sobre a alocação de recursos. As empresas operacionalizam suas declarações de missão e de visão ao definirem a estratégia de como convertê-las em realidade.

Estratégia. A literatura sobre estratégia apresenta diversidade incomum. Os acadêmicos e os profissionais adotam modelos muito diferentes sobre estratégia e nem mesmo concordam sobre sua definição.[2] Embora seja possível definir mapas estratégicos e Balanced Scorecards para qualquer enfoque estratégico, baseamos nossa abordagem no modelo geral construído por Michael Porter, pioneiro e líder de destaque na área de estratégia. Porter argumenta que a estratégia consiste em selecionar um conjunto de atividades em que a organização será excelente criando a diferenciação sustentável no mercado. A diferenciação sustentável pode consistir em fornecer aos clientes mais valor do que os concorrentes ou em fornecer valor comparável, porém a custo mais baixo do que os concorrentes. Segundo Porter, "A diferenciação decorre tanto da escolha das atividades, quanto da maneira como são executadas".[3] Apresentaremos exemplos específicos de tais estratégias ao discutirmos a proposição de valor formulada pela organização para fornecer valor aos clientes.

Com esta introdução sobre o delineamento da direção de alto nível da organização – missão, visão e estratégia – estamos em condições, agora, de discorrer sobre o papel do mapa estratégico no estabelecimento das especificidades requeridas para que os objetivos maiores da organização tornem-se mais significativos e factíveis para todos os empregados. Começamos com a perspectiva financeira do mapa estratégico e avançamos sucessivamente para as perspectivas do cliente, dos processos internos e de aprendizado e crescimento.

Perspectiva financeira: a estratégia equilibra forças contraditórias – longo prazo versus *curto prazo*

O BSC retém a perspectiva financeira como objetivo último de maximização do lucro pelas empresas.[4] Os indicadores de desempenho financeiro mostram se a estratégia da empresa, inclusive sua implementação e execução, está contribuindo para a melhoria da última linha da demonstração de resultado. Em geral, os objetivos financeiros têm a ver com rentabilidade – medida, por exemplo, pelo lucro operacional e pelo retorno sobre o investimento. Basicamente, as estratégias financeiras são simples: as empresas ganham mais dinheiro (1) vendendo mais e (2) gastando menos. Todo o resto é música de fundo. Qualquer programa – intimidade com o cliente, seis sigma, gestão do conhecimento, tecnologia disruptiva, just-in-time – cria mais valor para a empresa apenas se resultar em vender mais e gastar menos. Assim, o desempenho financeiro da empresa melhora em consequência de duas abordagens básicas: crescimento da receita e aumento da produtividade (Figura 2.3).

As empresas promovem o crescimento lucrativo da receita aprofundando seus relacionamentos com os clientes existentes. Assim, vendem maiores volumes dos atuais produtos ou serviços ou de novos produtos e serviços. Por exemplo, os bancos tentam induzir seus clientes que apenas

Figura 2.3 A perspectiva financeira fornece a definição tangível de valor

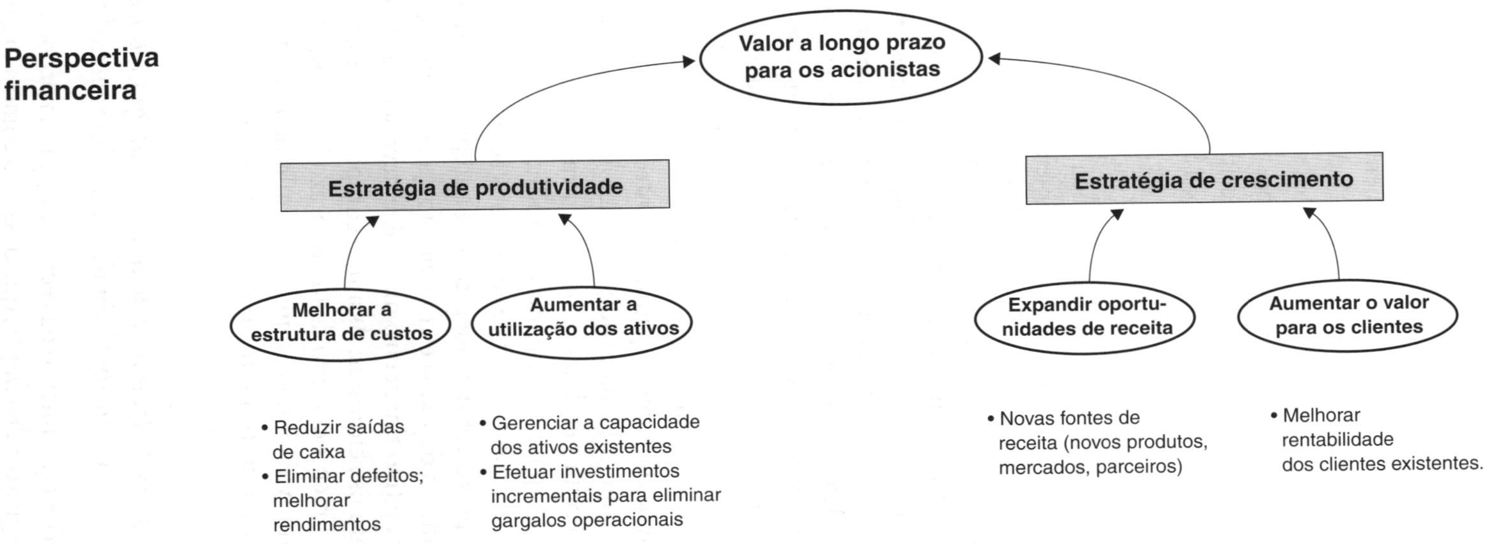

Perspectiva financeira

Valor a longo prazo para os acionistas

Estratégia de produtividade

- Melhorar a estrutura de custos
  - Reduzir saídas de caixa
  - Eliminar defeitos; melhorar rendimentos

- Aumentar a utilização dos ativos
  - Gerenciar a capacidade dos ativos existentes
  - Efetuar investimentos incrementais para eliminar gargalos operacionais

Estratégia de crescimento

- Expandir oportunidades de receita
  - Novas fontes de receita (novos produtos, mercados, parceiros)

- Aumentar o valor para os clientes
  - Melhorar rentabilidade dos clientes existentes.

possuem contas-correntes a usar o cartão de crédito da instituição e a contrair empréstimos para a compra de casa ou carro.

As empresas também geram crescimento da receita mediante o lançamento de novos produtos. Por exemplo, a Amazon.com agora vende CDs e equipamentos eletrônicos, além de livros; a Mobil estimula seus clientes a comprar nas lojas de conveniência dos postos, além de encher o tanque de gasolina. Outra maneira de ampliar a receita é vender para clientes em segmentos totalmente novos – por exemplo, a Staples agora vende para pequenos negócios, assim como para clientes varejistas – e em novos mercados, ao expandir suas atividades de vendas domésticas para vendas internacionais.

O aumento da *produtividade*, a segunda dimensão da estratégia financeira, também ocorre de duas maneiras. Primeiro, as empresas reduzem custos, por meio da diminuição das despesas diretas e indiretas. Essas reduções de custos criam condições para que se produza a mesma quantidade, gastando menos com pessoas, materiais, energia e outros insumos. Segundo, as empresas, ao utilizar seus ativos financeiros e físicos com mais eficiência, reduzem as necessidades de capital circulante e de capital fixo para suportar determinado nível de atividade. Por exemplo, por meio de abordagens just-in-time, as empresas sustentam o mesmo nível de vendas com menos estoques. Ao reduzir as paralisações imprevistas de equipamentos, as fábricas produzem mais sem aumentar seus investimentos em instalações e maquinaria.

Na perspectiva financeira, a conexão com a estratégia ocorre quando as organizações decidem o equilíbrio entre as forças em geral contraditórias do crescimento e da produtividade. As ações para acelerar o crescimento da receita geralmente demoram mais para criar valor do que as ações voltadas para o aumento da produtividade. Sob pressão contínua para apresentar resultados financeiros aos acionistas, a tendência é favorecer o curto prazo em detrimento do longo prazo. O desenvolvimento da primeira camada do mapa estratégico força as organizações a manejar essa tensão. O objetivo financeiro maior é, e deve ser, *sustentar* o crescimento do valor para os acionistas. Assim, o componente financeiro da estratégia abrange as dimensões *tanto* de longo prazo (crescimento) *quanto* de curto prazo (produtividade). O equilíbrio simultâneo dessas duas forças estabelece a estrutura do restante do mapa estratégico.

Perspectiva do cliente: a estratégia é baseada na proposição de valor diferenciada

A estratégia de crescimento da receita exige uma proposta de valor específica, na perspectiva do *cliente*, que descreva como a organização criará valor diferenciado e sustentável para clientes-alvo. No mapa estratégico, na perspectiva do cliente, os diretores identificam os segmentos de clientes almejados, os respectivos objetivos de negócio, e os seus correspondentes indicadores de desempenho. A perspectiva do cliente geralmente inclui vários indicadores para o acompanhamento de resultados de uma estratégia bem formulada e bem implementada (Figura 2.4).

- Satisfação dos clientes
- Retenção dos clientes
- Conquista de clientes
- Rentabilidade dos clientes
- Participação de mercado
- Participação nas compras dos clientes[5]

Esses indicadores orientados para os clientes podem ser vistos em si mesmos como relações de causa e efeito. Por exemplo, a satisfação dos clientes geralmente leva à retenção dos clientes e, por meio da propaganda boca a boca, à conquista de novos clientes. Ao reter clientes, a empresa pode aumentar sua fatia dos negócios – a participação nas compras dos clientes fiéis. Quando se combina conquista de novos clientes com aumento da participação nas compras dos clientes existentes o resultado é uma maior fatia do mercado total. Finalmente, a retenção dos clientes existentes aumenta a rentabilidade do negócio, pois o custo de mantê-los é em geral menor que o custo da conquista ou da reposição de clientes.

Praticamente todas as organizações tentam melhorar esses indicadores referentes aos clientes, mas apenas satisfazer e reter clientes não chega a ser estratégia. Para que se configure a estratégia, é preciso que se identifiquem *segmentos* de clientes específicos para promover o crescimento e a rentabilidade. Por exemplo, a Southwest Airlines oferece preços baixos pra satisfazer e reter clientes sensíveis ao preço. A Neiman Marcus, por outro lado, foca clientes com alta renda disponível, que estejam dispostos a pagar mais por mercadorias sofisticadas. As empresas devem medir o grau de satisfação, os índices de retenção e a fatia de mercado em relação aos clientes-alvo almejados. Dificilmente os clientes sensíveis ao preço, com baixa renda disponível, ficarão satisfeitos com suas experiências de compra na Neiman Marcus, do mesmo modo como viajantes a negócios, com generosas verbas de representação, raramente procuram os voos da Southwest Airlines, por causa de suas longas filas, da falta de reserva de assentos e acomodações de primeira classe.

Figura 2.4 Perspectiva do cliente: Criar uma proposta de valor diferenciada e sustentável é a essência da estratégia.

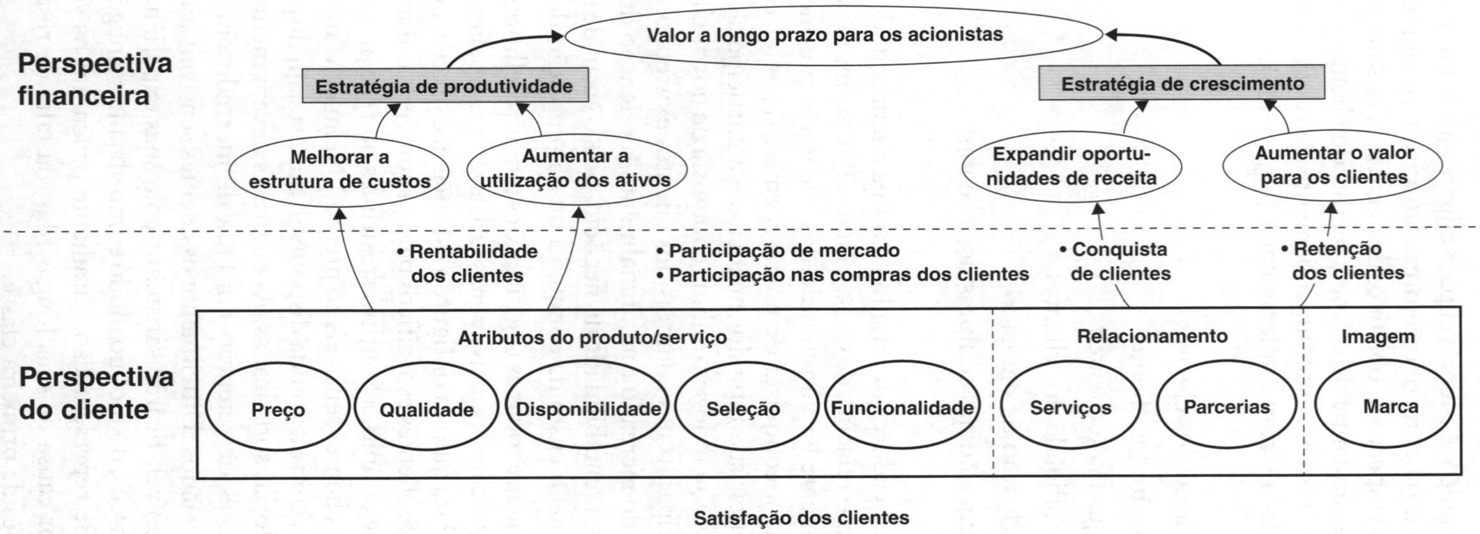

Depois de definir seus clientes-alvo, a empresa está em condições de identificar os objetivos e os indicadores de sua *proposição de valor*. A proposição de valor define a estratégia da empresa em relação aos clientes, descrevendo a combinação singular de produto, preço, serviço, relacionamento e imagem que a empresa oferece ao segmento de mercado selecionado. A proposição de valor deve transmitir o que a empresa espera fazer por seus clientes, de maneira *melhor* ou *diferente* que os concorrentes.

Por exemplo, empresas tão diversas quanto Southwest Airlines, Dell, Wal-Mart, McDonald's e Toyota alcançaram grande sucesso ao oferecerem aos clientes *a melhor compra* ou o *preço total mais baixo* nas respectivas categorias. Os objetivos de uma proposição de valor de baixo custo total devem enfatizar preços atraentes, qualidade excelente e consistente, tempos de entrega curtos, facilidade de compra e boa seleção (ver linha do alto na Figura 2.5).

Outra proposição de valor, adotada por empresas como Sony, Mercedes e Intel, enfatiza a *inovação e a liderança do produto*. Essas empresas conseguem altos preços, acima da média das categorias, pois oferecem produtos com funcionalidade superior. Nesse caso, os objetivos das proposições de valor devem enfatizar as características e funções específicas dos produtos que os clientes de vanguarda valorizam e pelos quais estão dispostos a pagar preços mais altos. Os indicadores típicos para essas proposições de valor são velocidade, tamanho, exatidão, consumo de energia e outras características de desempenho que superam as dos produtos concorrentes e são valorizadas por esse segmento de clientes. Ser pioneira no mercado, com o lançamento de novas características e funções, é outro objetivo das empresas que adotam estratégias de liderança do produto (ver segunda linha da Figura 2.5).

Um terceiro tipo de proposição de valor salienta o fornecimento de *soluções completas para os clientes*. Bom exemplo de empresas bem-sucedidas no cumprimento da proposição de valor são IBM e Goldman Sachs. Quanto à proposição de valor, os clientes devem sentir que a empresa os compreende e que é capaz de oferecer-lhes produtos e serviços personalizados, feitos sob medida para as suas necessidades. A IBM, quando dominava a indústria de computadores, não oferecia os preços mais baixos e apenas raramente era pontual na entrega de seus novos produtos. Tampouco eram os produtos da IBM os de tecnologia mais avançada, os mais poderosos ou os mais rápidos. Mas a IBM oferecia aos executivos de tecnologia da informação, seus clientes-alvo, soluções completas — hardware, software, instalações, serviços de campo, treinamento, educação e consultoria – talhadas sob medida para atender às necessidades de cada organização. As empresas que oferecem proposição de valor do tipo soluções

Figura 2.5 Objetivos da perspectiva do cliente, para diferentes proposições de valor

"Oferecer produtos e serviços consistentes, no momento certo e com baixo custo"

- Fornecedor de mais baixo custo
- Alta qualidade consistente
- Velocidade de compra
- Seleção adequada

"Produtos e serviços que expandam as fronteiras do desempenho atual para o altamente desejável"

- Produtos de alto desempenho: velocidade, tamanho, precisão, peso...
- Pioneirismo no mercado
- Penetração em novos segmentos do mercado

"Fornecer a melhor solução total para nossos clientes"

- Qualidade das soluções oferecidas
- Número de produtos e serviços por cliente
- Retenção de clientes
- Rentabilidade do cliente a longo prazo

"Altos custos de troca para clientes e usuários finais"   **"Oferecer seleção ampla e acesso conveniente"**

- Fornecer padrão amplamente utilizado
- Proporcionar inovação em plataforma estável
- Agregar valor para os produtos complementares
- Fornecer ampla base de clientes
- Oferecer plataformas e padrões de fácil utilização

Melhor custo total

Liderança do produto

Soluções completas para os clientes

Aprisionamento (*lock-in*)

para os clientes enfatizam os objetivos relacionados com a característica de fornecer soluções completas (vender produtos múltiplos como pacote único), com os serviços de pré e pós-venda excepcionais e com a qualidade do relacionamento (ver terceira fileira da Figura 2.5).

Uma quarta estratégia genérica, chamada *aprisionamento* (*lock-in*), consiste na criação de altos custos de troca para os clientes. O ideal é que um produto exclusivo, como um sistema operacional para computadores ou a arquitetura do hardware de um microchip, converta-se no padrão da indústria.[6] Nesse caso, tanto os compradores quanto os vendedores se esforçarão para que seus produtos sejam consistentes com este padrão da indústria para beneficiar-se da ampla rede de usuários e produtos complementares. Converter-se em bolsa de trocas dominante, como a e-Bay ou a Yellow Pages. Estas empresas desenvolveram uma estratégia de aprisionamento bem-sucedida. Os compradores escolherão a marca que reunir a maior quantidade de vendedores, oferecendo produtos e serviços desejados; e os vendedores oferecerão seus produtos e serviços no varejo que os exponha ao maior número de compradores potenciais. Nessa situação, uma ou duas empresas tenderão a ser fornecedores dominantes e irão impor grandes barreiras de entrada a outros provedores e altos custos de mudança aos compradores e vendedores (ver fileira inferior na Figura 2.5).

Os objetivos e indicadores de determinada proposição de valor definem a estratégia da organização. Ao desenvolver objetivos e indicadores específicos para a proposição de valor, a organização traduz a estratégia em indicadores tangíveis, que todos os empregados possam compreender e com os quais sejam capazes de trabalhar para a melhoria da organização.

Perspectiva interna: cria-se valor por meio dos processos de negócios internos

Os objetivos da perspectiva do cliente descrevem a estratégia – os clientes-alvo e a proposição de valor – e os objetivos da perspectiva financeira descrevem as consequências econômicas da estratégia bem-sucedida – crescimento da receita e do lucro e aumento da produtividade. Depois que a organização forma uma imagem clara desses objetivos financeiros e para os clientes, os objetivos da perspectiva interna e da perspectiva de aprendizado e crescimento descrevem como executar a estratégia. A organização gerencia seus processos internos e o desenvolvimento de seu capital humano, da informação e organizacional para cumprir a proposição de valor diferenciada da estratégia. O desempenho excepcional nessas duas perspectivas impulsiona a estratégia.

Os processos internos cumprem dois componentes vitais da estratégia da organização: (1) produzem e fornecem a proposição de valor para os clientes e (2) melhoram os processos e reduzem os custos para a dimensão produtividade da perspectiva financeira. Reunimos os vários processos internos das organizações em quatro grupamentos (Figura 2.6).

1. Processos de gestão operacional
2. Processos de gestão de clientes
3. Processos de inovação
4. Processos regulatórios e sociais

Processos de gestão operacional

Os processos de gestão operacional são os processos básicos do dia a dia através dos quais as empresas produzem os atuais produtos e serviços e os entregam aos clientes. Os processos de gestão operacional de empresas industriais abrangem os seguintes:

- Adquirir materiais dos fornecedores
- Converter os materiais em produtos acabados
- Distribuir os produtos acabados aos clientes
- Gerenciar o risco

Os processos operacionais das empresas de serviços produzem e fornecem os serviços utilizados pelos clientes.

Processos de gestão de clientes

Os processos de gestão de clientes ampliam e aprofundam os relacionamentos com os clientes-alvo. Podemos identificar quatro conjuntos de processos de gestão de clientes:

- Selecionar clientes-alvo
- Conquistar clientes-alvo
- Reter clientes
- Aumentar os negócios com os clientes

A *seleção* de clientes envolve a identificação dos públicos-alvo para os quais a proposta de valor da empresa é mais interessante. O processo de seleção de clientes define um conjunto de características que descrevem um segmento de clientes de interesse para a empresa. Para as empresas de bens

Figura 2.6 Os processos internos criam valor para clientes e acionistas

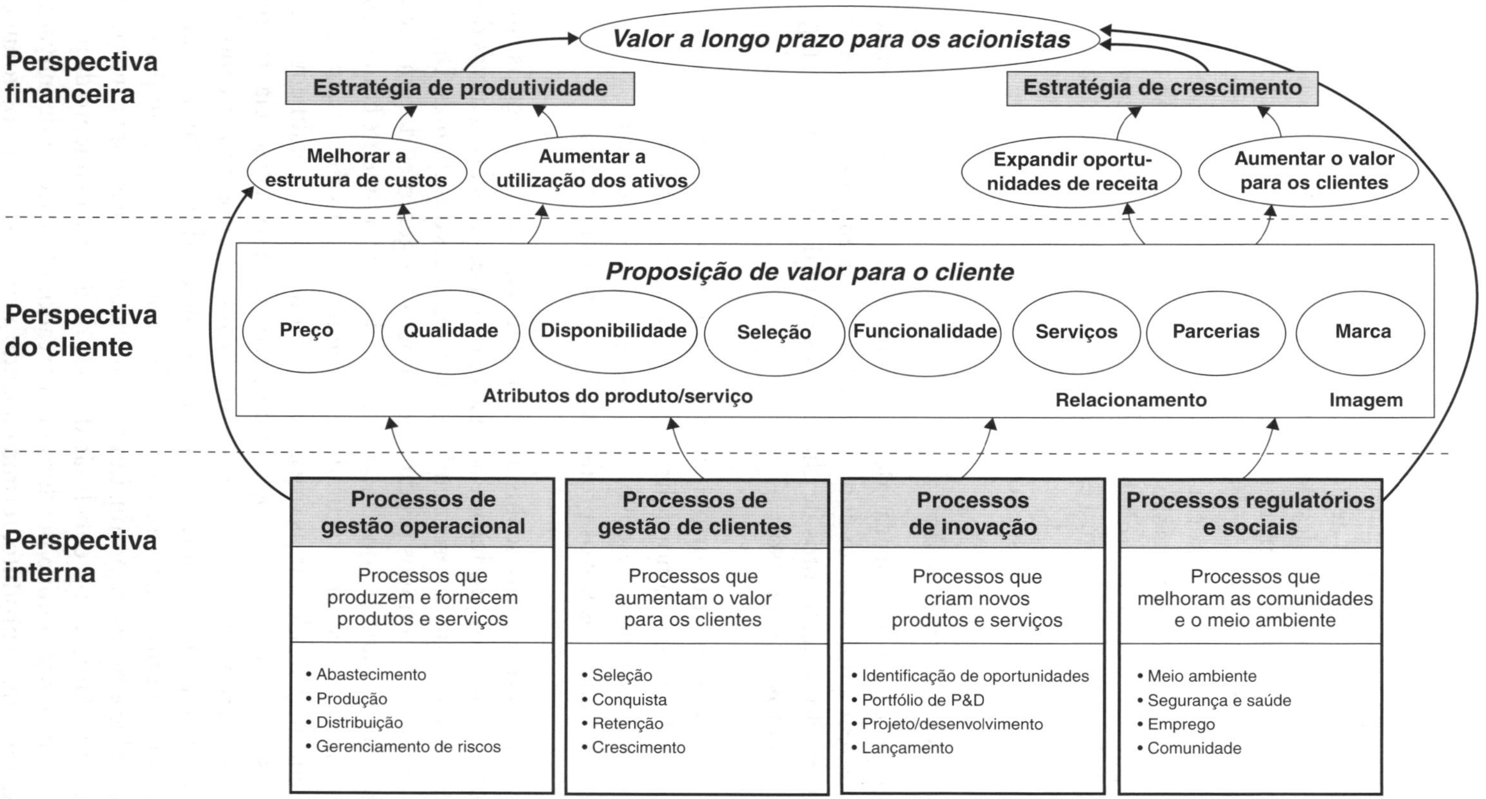

Valor a longo prazo para os acionistas

Perspectiva financeira

Estratégia de produtividade
- Melhorar a estrutura de custos
- Aumentar a utilização dos ativos

Estratégia de crescimento
- Expandir oportunidades de receita
- Aumentar o valor para os clientes

Perspectiva do cliente

Proposição de valor para o cliente

| Preço | Qualidade | Disponibilidade | Seleção | Funcionalidade | Serviços | Parcerias | Marca |

Atributos do produto/serviço — Relacionamento — Imagem

Perspectiva interna

Processos de gestão operacional
Processos que produzem e fornecem produtos e serviços
- Abastecimento
- Produção
- Distribuição
- Gerenciamento de riscos

Processos de gestão de clientes
Processos que aumentam o valor para os clientes
- Seleção
- Conquista
- Retenção
- Crescimento

Processos de inovação
Processos que criam novos produtos e serviços
- Identificação de oportunidades
- Portfólio de P&D
- Projeto/desenvolvimento
- Lançamento

Processos regulatórios e sociais
Processos que melhoram as comunidades e o meio ambiente
- Meio ambiente
- Segurança e saúde
- Emprego
- Comunidade

de consumo, os segmentos podem ser definidos com base nos critérios de renda, riqueza, idade, tamanho da família e estilo de vida; no caso de clientes empresariais, os segmentos típicos são sensíveis ao preço, tecnicamente sofisticados e adeptos de novos conceitos. A *conquista* de clientes consiste em gerar oportunidades de contato, comunicar-se com os novos clientes potenciais, escolher produtos inicialmente interessantes, precificá-los e fechar a venda. A *retenção* de clientes é o resultado de excelência nos serviços e de responsividade às demandas dos clientes. Unidades de serviços pontuais e esclarecidas são fundamentais para a preservação da fidelidade e para a redução da probabilidade de perda dos clientes. *Aumentar* os negócios dos clientes com a empresa exige a gestão eficaz dos relacionamentos, a venda cruzada de vários produtos e serviços e o reconhecimento como fornecedor e assessor de confiança.

Processos de inovação

Os processos de inovação desenvolvem novos produtos, processo e serviços, em geral criando condições para que a empresa penetre em novos mercados e segmentos de clientes. A gestão da inovação abrange quatro conjuntos de processos:

- Identificar oportunidades para novos produtos e serviços
- Gerenciar o portfólio de pesquisa e desenvolvimento
- Desenhar e desenvolver novos produtos e serviços
- Lançar os novos produtos e serviços no mercado

Os gerentes e desenhistas de produtos geram novas ideias ampliando os recursos dos produtos e serviços existentes, aplicando novas descobertas e tecnologias e aprendendo com as sugestões dos clientes. Depois de gerar ideias para novos produtos e serviços, os gerentes devem decidir que produtos financiar, quais serão desenvolvidos totalmente com recursos internos, quais serão executados por meio de joint ventures, quais serão licenciados desde outras organizações e quais serão totalmente terceirizados. Os processos de projeto e desenvolvimento, a essência da criação de novos produtos, procuram lançar novos conceitos no mercado. Um processo de projeto e desenvolvimento bem-sucedido culmina com um produto que apresenta a funcionalidade almejada, é atraente para o mercado-alvo e pode ser produzido com qualidade consistente e margens de lucro satisfatórias. Na conclusão do ciclo de desenvolvimento de produtos, a equipe lança o novo produto no mercado. O processo de inovação, para determinado produto, termina quando a empresa atinge os volumes almejados de produção e vendas com os níveis especificados de funcionalidade, qualidade e custo.

Processos regulatórios e sociais

Os processos regulatórios e sociais ajudam as organizações a reter continuamente o direito de operar nas comunidades e nos países em que produzem e vendem. A regulamentação nacional e local – sobre meio ambiente, segurança, saúde do trabalho e relações de emprego – impõe normas e padrões às práticas das organizações. Muitas delas, contudo, procuram ir além das obrigações mínimas impostas por lei. Seu intuito é apresentar desempenho superior ao determinado pelas leis e regulamentos, de modo a estabelecer a reputação de melhor empregador em todas as comunidades em que executam suas operações.

As empresas gerenciam e divulgam seu desempenho regulatório e social ao longo de várias dimensões críticas:

- Meio ambiente
- Segurança e saúde
- Práticas trabalhistas
- Investimentos na comunidade

Os investimentos em meio ambiente, saúde, segurança, práticas trabalhistas e desenvolvimento da comunidade não precisam basear-se apenas em razões altruísticas. A reputação de excelente desempenho nas dimensões regulatória e social ajudam as empresas a atrair e a reter empregados de alta qualidade, tornando os processos de recursos humanos mais eficazes e eficientes. Além disso, a redução dos acidentes ambientais e a melhoria da segurança e saúde dos empregados aumentam a produtividade e reduzem os custos operacionais. Por fim, as empresas com reputação notável geralmente desfrutam de ótima imagem perante os clientes e os investidores socialmente conscientes. Todas essas conexões – com os objetivos de recursos humanos, de operações, de clientes e de finanças – ilustram como a gestão eficaz do desempenho regulatório e social é capaz de impulsionar a criação de valor para os acionistas no longo prazo.

A ESTRATÉGIA COMPÕE-SE DE TEMAS COMPLEMENTARES SIMULTÂNEOS

Ao desenvolverem a perspectiva interna de seus mapas estratégicos, os gerentes identificam os processos mais importantes para as suas estratégias.

As empresas que adotam a estratégia de liderança do produto enfatizam a excelência em seus processos de inovação; as empresas que seguem a estratégia de baixo custo total destacam-se nos processos de gestão operacional; e as empresas que escolhem a estratégia de soluções para os clientes concentram-se nos processos de gestão de clientes.

Mas mesmo com a ênfase num dos quatro grupamentos de processos internos, as empresas ainda devem seguir uma estratégia "balanceada" e investir na melhoria dos processos dos quatro grupamentos. Tipicamente, os benefícios financeiros decorrentes das melhorias dos processos nos quatro temas da perspectiva interna ocorrem em diferentes períodos de tempo (Figura 2.7). As economias de custo resultantes de melhorias nos processos operacionais geram benefícios rápidos (dentro de seis a doze meses). O aumento da receita decorrente da melhoria do relacionamento com os clientes produz resultados a médio prazo (doze a vinte e quatro meses). Os processos de inovação geralmente demoram mais para produzir receita e melhorar as margens (digamos, vinte e quatro a quarenta e oito meses). Também a captação dos benefícios gerados pelos processos regulatórios e sociais quase sempre leva mais tempo, à medida que as empresas evitam autuações e litígios e melhoram sua imagem como empregador e fornecedor preferido em todas as comunidades em que desenvolvem operações.

As empresas executam literalmente centenas de processos ao mesmo tempo, cada um criando valor de alguma forma. A arte da estratégia consiste em identificar e buscar excelência nos poucos processos críticos que mais reforçam a criação de valor para os clientes. Todos os processos devem ser bem gerenciados, mas os poucos processos estratégicos críticos devem receber especial atenção e foco, pois são fundamentais para a diferenciação da estratégia. Os processos estratégicos selecionados devem ser oriundos de todos os quatro grupamentos, isto é, todas as estratégias precisam identificar pelo menos um ou mais processos em gestão operacional, gestão de clientes, inovação e regulatório e social. Dessa maneira, equilibra-se o processo de criação de valor entre o curto e o longo prazos. Garante-se, assim, o valor sustentável no tempo para os acionistas.

Os poucos processos estratégicos críticos geralmente são agrupados em *temas estratégicos*. Os temas estratégicos permitem que as organizações concentrem a ação e estabeleçam a estrutura de responsabilidade. Os temas estratégicos são os pilares sobre os quais se executa a estratégia.

A Figura 2.8 apresenta os sete temas estratégicos de uma empresa industrial de alta tecnologia. Sua estratégia consistia em ampliar a proposição de valor, abandonando o foco estreito sobre a qualidade dos produtos para concentrar-se na configuração de produtos sob medida, capazes de resolver os problemas dos clientes. No âmago da estratégia, encontra-

Figura 2.7 Os processos internos fornecem valor em diferentes horizontes de tempo

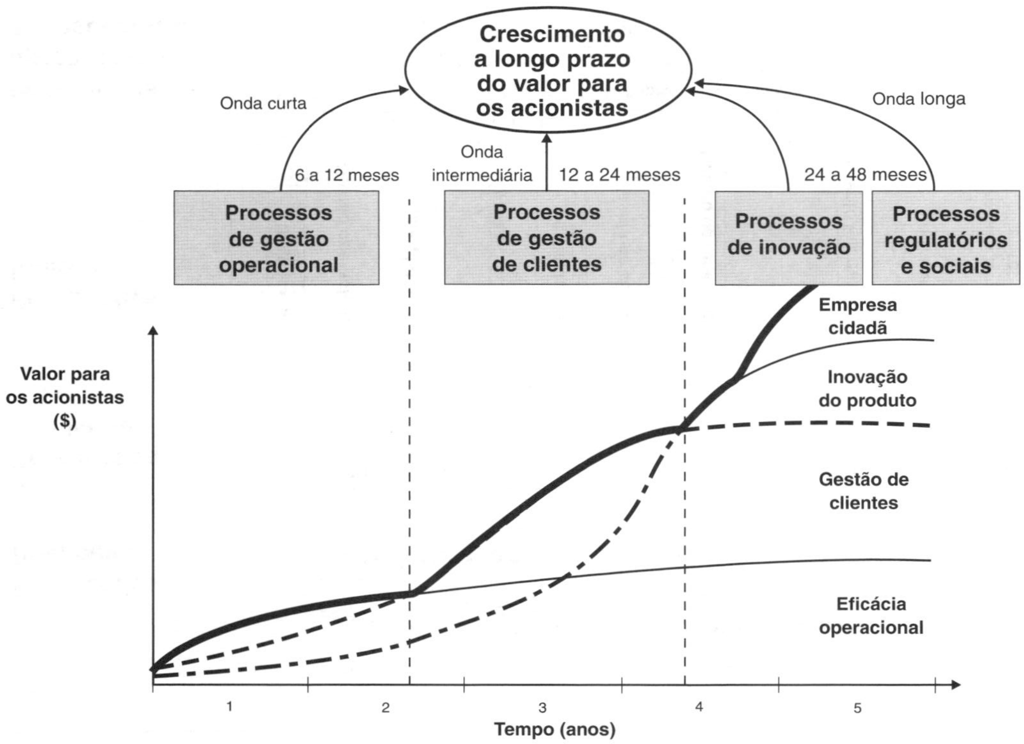

Figura 2.8 A estratégia é composta de um conjunto de temas baseados nos processos de criação de valor

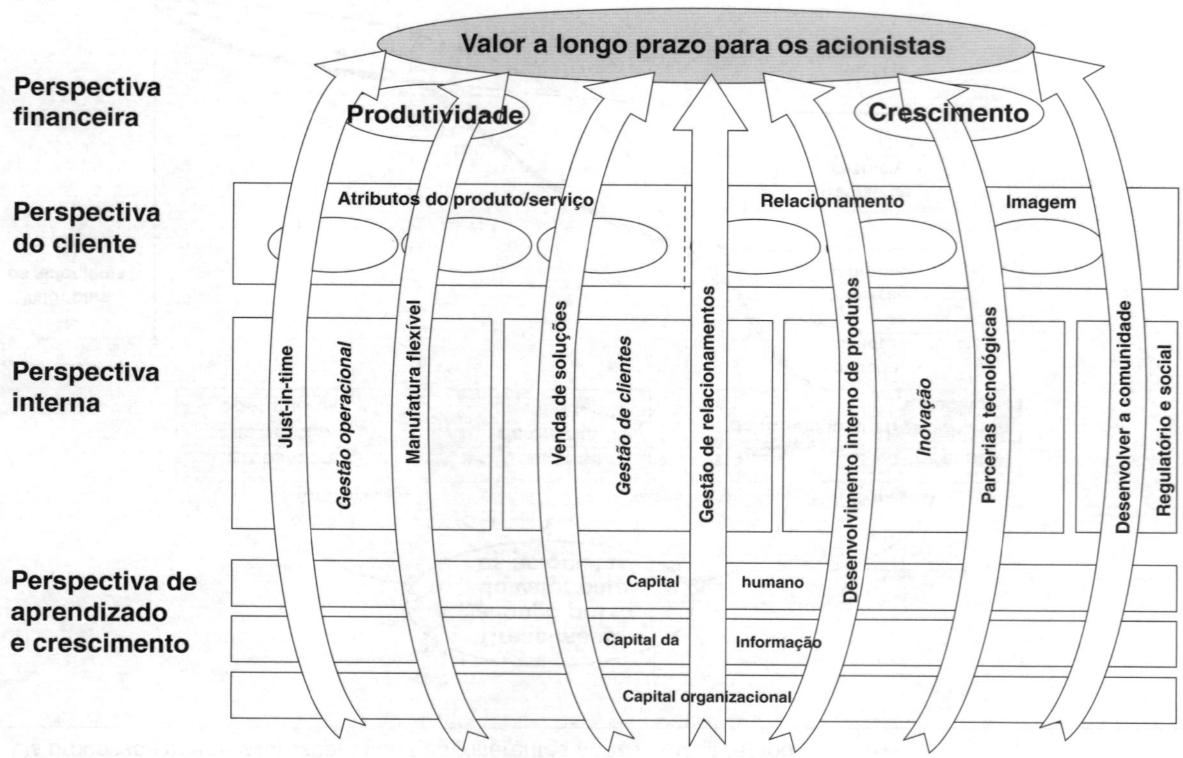

Valor a longo prazo para os acionistas

Produtividade — **Crescimento**

Perspectiva financeira

Perspectiva do cliente: Atributos do produto/serviço — Relacionamento — Imagem

Perspectiva interna:
- Just-in-time
- Gestão operacional
- Manufatura flexível
- Venda de soluções
- Gestão de clientes
- Gestão de relacionamentos
- Desenvolvimento interno de produtos
- Inovação
- Parcerias tecnológicas
- Desenvolver a comunidade
- Regulatório e social

Perspectiva de aprendizado e crescimento: Capital humano — Capital da Informação — Capital organizacional vam-se dois temas referentes à gestão de clientes – *venda de soluções* e *gestão de relacionamentos*. Esses dois temas representavam os alicerces da nova parceria com os clientes. Dois temas de gestão de operações – produção *just-in-time* e *manufatura flexível* – criavam condições para a configuração e a entrega dos produtos nos curtos espaços de tempo exigidos pelos clientes. Dois temas de inovação – *desenvolvimento interno de produtos* e *parcerias tecnológicas* – geravam duas fontes balanceadas de know-how técnico necessário para manter-se na vanguarda. O componente regulatório e social da estratégia – *desenvolver a comunidade* – refletia o desejo da empresa, como maior empregadora da comunidade, de ajudar a fortalecer as instituições que influenciavam a qualidade de vida de seus empregados. Assim, a empresa reduziu a complexidade de sua estratégia a sete temas estratégicos, cada um conectado de forma lógica à proposta de valor e aos resultados financeiros.

Aprendizado e crescimento: alinhamento estratégico de ativos intangíveis

A quarta perspectiva do mapa estratégico do Balanced Scorecard, aprendizado e crescimento, descreve os ativos intangíveis da organização e seu papel na estratégia. Organizamos os ativos intangíveis em três categorias (ver Figura 2.9):

Capital humano: A disponibilidade de habilidades, talento e know-how necessários para sustentar a estratégia.

Capital da informação: A disponibilidade de sistemas, redes e infraestrutura de informação de que se precisa para apoiar a estratégia.

Capital organizacional: A capacidade da organização de mobilizar e sustentar o processo de mudança imprescindível para executar a estratégia.

Embora todas as organizações tentem desenvolver seu pessoal, tecnologia e cultura, a maioria não alinha esses ativos intangíveis com a estratégia. A chave para promover esse alinhamento denomina-se *granularidade* – ou seja, ir além das generalidades, como "desenvolver nosso pessoal" ou "vivenciar nossos valores essenciais" e concentrar-se em capacidades específicas e atributos imprescindíveis para a execução dos processos internos críticos da estratégia. O mapa estratégico do Balanced Scorecard cria con-

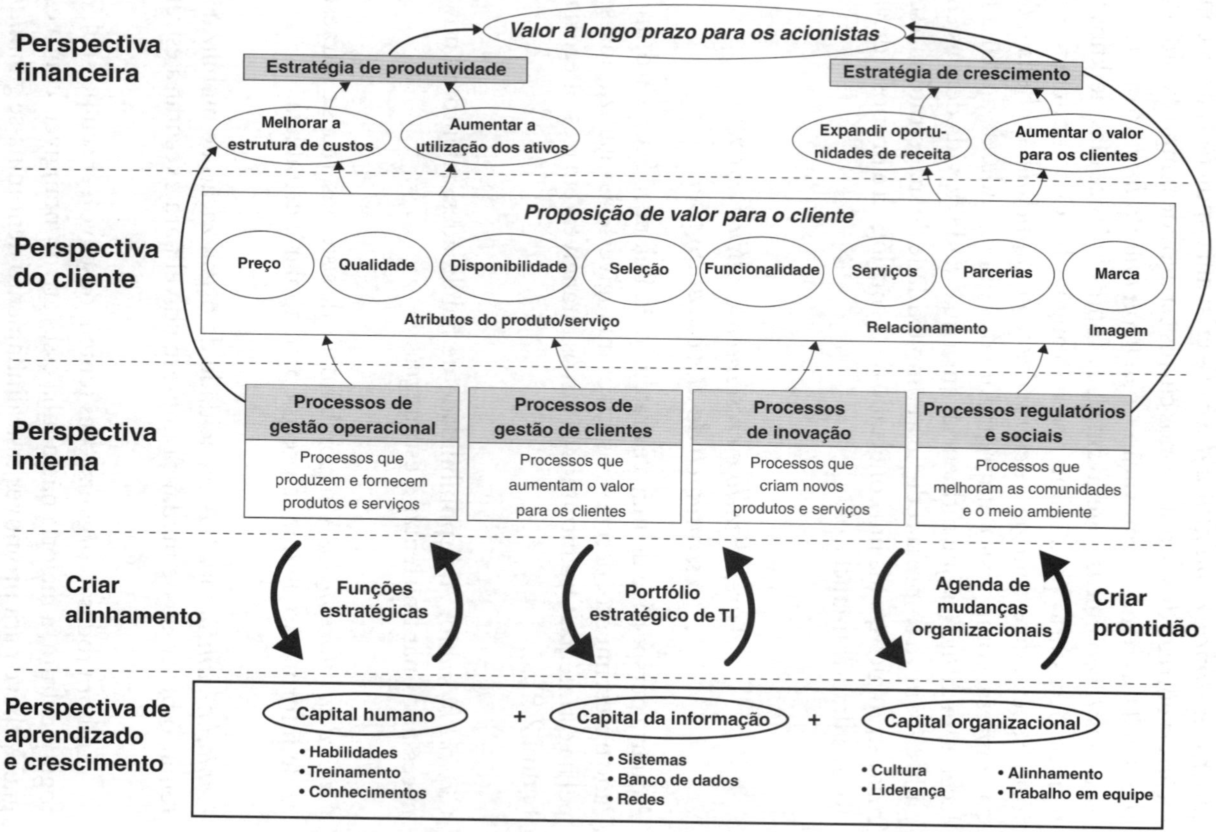

Figura 2.9 Os ativos intangíveis têm de estar alinhados com a estratégia para se criar valor

dições para que os executivos identifiquem os recursos específicos de capital humano, da informação e organizacional exigidos pela estratégia.

BALANCED SCORECARD: INDICADORES, METAS E INICIATIVAS TRADUZEM A ESTRATÉGIA EM AÇÃO

O mapa estratégico descreve a lógica da estratégia, mostrando com clareza os objetivos dos processos internos críticos que criam valor e os ativos intangíveis necessários para respaldá-los. O Balanced Scorecard traduz os objetivos do mapa estratégico em indicadores e metas. Mas os objetivos e metas não serão alcançados apenas porque foram identificados; a organização deve lançar um conjunto de programas que criarão condições para que se realizem as metas de todos os indicadores. A organização também deve fornecer os recursos escassos – pessoas, financiamento e capacidade – para cada programa. Denominamos esses programas de *iniciativas estratégicas*. Para cada indicador do Balanced Scorecard, os gerentes precisam identificar as iniciativas estratégicas necessárias para alcançar a meta. As iniciativas criam resultados e assim a execução da estratégia é gerenciada por meio do acompanhamento das iniciativas estratégicas.

Os planos de ação que definem e fornecem recursos para as iniciativas estratégicas devem ser *alinhados* em torno dos temas estratégicos e visualizados como um pacote *integrado* de investimentos, e não como um grupo de projetos isolados. Para cada tema estratégico deve desenvolver-se um plano de negócio autossuficiente.

A Figura 2.10 ilustra o plano de ação e o plano de negócio para o "reabastecimento rápido no solo", tema estratégico de uma empresa de aviação de baixo custo, essencial na proposição de valor baseada na estratégia de baixo custo total. Ele contribui para chegadas e partidas pontuais, que aumentam a satisfação dos clientes, resultando em futuros aumentos de receita. Também possibilita que a empresa reduza custos ao operar com menos aviões e menor tripulação de bordo do que os concorrentes, oferecendo tarifas mais baixas para atrair clientes sensíveis ao preço, ao mesmo tempo em que gera lucro e retorno sobre o investimento acima do custo de capital.

A figura mostra os ativos intangíveis necessários para habilitar a estratégia: novas competências para o agente de rampa, melhor sistema de informação e alinhamento da operação de solo com a estratégia. O meio da figura mostra o Balanced Scorecard de indicadores e metas referentes aos objetivos do mapa estratégico. O lado direito da figura identifica as iniciativas estratégicas indispensáveis para alcançar as metas estabelecidas no

Figura 2.10 O tema estratégico define processos, ativos intangíveis, metas e iniciativas necessárias para executar parte da estratégia

Processo: Gestão operacional
Tema: Reabastecimento no solo

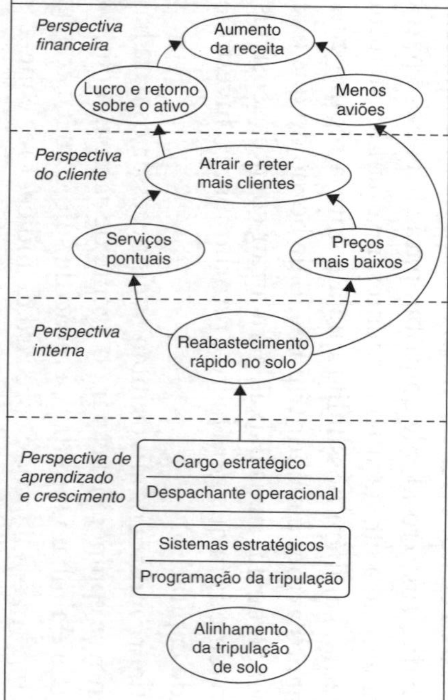

Mapa estratégico	Balanced Scorecard			Plano de ação	
	Objetivos	Perspectiva Financeira	Indicadores	Iniciativa	Investimentos
Perspectiva financeira: Lucro e retorno sobre o ativo → Aumento da receita → Menos aviões	• Rentabilidade • Aumento da receita • Menos aviões	• Valor de mercado • Receita por assento • Custo do leasing do avião	• 30% crescimento anual • 20% crescimento anual • 5% redução anual		
Perspectiva do cliente: Atrair e reter mais clientes, Serviços pontuais, Preços mais baixos	• Atrair e reter mais clientes • Pontualidade dos voos • Preços mais baixos	• Número de clientes habituais • Número de clientes • Posição no ranking de pontualidade da Agência Federal de Aviação – EUA • Avaliação dos clientes	• 70% • Aumentar 12% ao ano • Nº 1 • Nº 1	• Implementar sistema de CRM • Gestão da qualidade • Programa de fidelização dos clientes	• $XXX • $XXX • $XXX
Perspectiva interna: Reabastecimento rápido no solo	• Reabastecimento rápido no solo	• Tempo de permanência no solo • Partidas pontuais	• 30 minutos • 90%	• Otimização do ciclo em solo	• $XXX
Perspectiva de aprendizado e crescimento: Cargo estratégico (Despachante operacional), Sistemas estratégicos (Programação da tripulação), Alinhamento da tripulação de solo	• Desenvolver as habilidades necessárias • Desenvolver sistemas de apoio • Tripulação de solo alinhada com a estratégia	• Prontidão dos cargos estratégicos • Disponibilidade de sistemas de informação • Conscientização estratégica • % de tripulantes de solo que são acionistas	• Ano 1-70% Ano 3-90% Ano 5-100% • 100% • 100% • 100%	• Treinamento da tripulação de solo • Lançamento do sistema de programação da tripulação • Programa de comunicação • Plano de aquisição de ações pelos empregados • Plano	• $XXX • $XXX • $XXX • $XXX • $XXX
				Investimento total	• $XXX

scorecard e os respectivos custos. A empresa identificou oito iniciativas – cada uma afetando um ou dois objetivos – todas necessárias para o êxito da estratégia. Caso se abandone uma delas, deixa-se de realizar algum objetivo crítico e rompe-se a cadeia de relações de causa e efeito. Por exemplo, ainda que se lancem novos programas de treinamento e novos sistemas de programação da operação de solo, se seus membros não compreenderem como se encaixam na nova abordagem (programa de comunicação) e não receberem incentivos para melhorar o desempenho organizacional (plano de aquisição de ações pelos empregados), a estratégia estará condenada ao fracasso. Assim, a figura mostra como o tema estratégico "reabastecimento rápido no solo" exige ativos intangíveis alinhados e um conjunto completo de iniciativas estratégicas.

REUNINDO TUDO: O MAPA ESTRATÉGICO

Agora, já percorremos sistematicamente as quatro perspectivas do Balanced Scorecard para determinar os objetivos e indicadores que descrevem a estratégia. O mapa estratégico (Figura 1.3) é a representação visual da estratégia, mostrando numa única página como os objetivos nas quatro perspectivas se integram e combinam para descrever a estratégia. Cada empresa adapta o mapa estratégico ao seu conjunto específico de objetivos estratégicos.

Em geral, os objetivos nas quatro perspectivas do mapa estratégico geram mais ou menos de vinte a trinta indicadores no correspondente Balanced Scorecard. Algumas pessoas criticaram o Balanced Scorecard, sob o argumento de que não se podem concentrar em vinte e cinco diferentes indicadores. Realmente, se o scorecard for visto como vinte e cinco indicadores independentes, a organização e seus empregados terão dificuldade em absorvê-lo. Mas essa é uma interpretação equivocada. O mapa estratégico mostra como os vários indicadores de um Balanced Scorecard, construído da maneira certa, fornecem a instrumentação para uma estratégia *singular*. As empresas podem formular e divulgar sua estratégia por meio de um sistema integrado de duas a três dúzias de indicadores aproximadamente, que mostram as relações de causa e efeito entre as variáveis críticas, inclusive indicadores de tendência, indicadores de resultados e ciclos de aprendizado que avaliam trajetória, ou plano de voo, da estratégia.

Nos próximos capítulos, focalizaremos nos objetivos e indicadores das perspectivas interna e de aprendizado e crescimento. Os processos na perspectiva interna criam e entregam a proposta de valor para os clientes, os aumentos de produtividade para os acionistas e o desempenho social para as comunidades e países. Esses são os processos a serem executados em nível de excelência e em harmonia uns com os outros, para que se realize a estratégia da empresa. Os objetivos de aprendizado e crescimento descrevem como os ativos intangíveis da organização devem ser aprimorados para executar e melhorar continuamente os processos internos críticos. As organizações capazes de mobilizar e sustentar seus ativos intangíveis em torno dos processos internos de criação de valor serão as líderes setoriais.

RESUMO

O mapa estratégico fornece a representação visual para a integração dos objetivos da organização nas quatro perspectivas do Balanced Scorecard. Ilustra as relações de causa e efeito que conectam os resultados almejados na perspectiva do cliente e na perspectiva financeira ao desempenho notável nos processos internos críticos – gestão de operações, gestão de clientes, inovação e processos regulatórios e sociais. Esses processos críticos criam e cumprem a proposição de valor da organização para os clientes-alvo e também promovem os objetivos de produtividade da organização na perspectiva financeira. Além disso, o mapa estratégico identifica as competências específicas dos ativos intangíveis da organização – capital humano, capital da informação e capital organizacional – necessários para o desempenho excepcional nos processos internos críticos.

No estudo de caso que se segue a este capítulo, analisamos o mapa estratégico da St. Mary's Duluth Clinics (SMDC), uma organização de prestação de assistência médica no Meio-Oeste dos Estados Unidos. A SMDC é exemplo de organização com diferentes tipos de clientes – pacientes, médicos e pagantes. A estratégia é cumprir uma proposição de valor diferente para cada público: intimidade com os pacientes; liderança do produto para os médicos e baixo custo total para os pagantes.

NOTAS

1. As estratégias dos órgãos públicos e das entidades sem fins lucrativos destinam-se a criar valor sustentável para os stakeholders e para os constituintes.
2. Ver, por exemplo, Henry Mintzberg, Bruce Ahlstrand e Joseph Lampel, *Strategy Safari: A Guided Tour Through the Wilds of Strategic Management* (Nova York; Simon & Schuster, 1998), e P. Ghemaat, "Competition and Business Strategy in Historical Perspective", *Business History Review* (primavera de 2002); 37-74.

3. Michael Porter, "What is Strategy?" *Harvard Business Review* (novembro-dezembro de 1996): 61-78.
4. Para organizações sem fins lucrativos e do setor público, o objetivo maior é fornecer valor para os constituintes e cidadãos, não para os acionistas. Discutimos as modificações no mapa estratégico para as organizações sem fins lucrativos e do setor público no Capítulo 5, "Scorecards Estratégicos em Organizações sem Fins Lucrativos, Governamentais e de Assistência Médica", em *Organização Orientada para a Estratégia* (Rio de Janeiro: Campus, 2001).
5. Participação de mercado (*market share*) refere-se à porcentagem das vendas da empresa em relação ao total das vendas setoriais. A participação nas compras dos clientes (*account share*) indica a proporção das vendas da empresa nas compras de determinado cliente ou grupo de clientes, em dada categoria. Por exemplo, uma loja de venda de roupas do varejo pode estimar que fornece aproximadamente 13% das compras de roupas dos clientes. Já uma loja de fast-food talvez forneça 40% das compras de fast-food da família ou 2% de seu consumo total de alimentos.
6. Carl Shapiro e Hal R. Varian, *Information Rules: A Strategic Guide to the Network Economy* (Boston: Harvard Business School Press, 1998); Arnoldo C. Hax e Dean L. Wilde, *The Delta Project: Discovering New Sources of Profitability in a Networket Economy* (Nova York: Palgrave Macmillan, 2001).

ESTUDO DE CASO

ST. MARY'S DULUTH CLINIC HEALTH SYSTEM

Antecedentes

Líder inovador em assistência médica no nordeste de Minnesota e Wisconsin, o St. Mary's Duluth Clinic (SMDC) Health System abrange vinte clínicas, um centro médico terciário de 350 leitos, dois hospitais comunitários e instalações de atendimento especializado. A equipe médica do SMDC, com mais de 380 médicos e 200 provedores de assistência médica trabalham com um staff experiente de mais de 6.000 pessoas, que prestam atendimento básico, serviços especializados e tecnologia médica a famílias nas suas próprias comunidades. A receita anual do SMDC é de US$650 milhões.

O objetivo do SMDC é fornecer aos habitantes do nordeste de Minnesota e Wisconsin ampla variedade de serviços médicos, perto de suas casas. Sua declaração de missão é: "O SMDC é um sistema de assistência médica regional, comprometido em melhorar o estado de saúde das pessoas a quem servimos:

- Promovendo a saúde pessoal e o bem-estar total de todas as pessoas.
- Prestando serviços médicos especializados, reconhecidos pela dedicação e inovação.
- Criando valor para nossos pacientes e clientes por meio do trabalho em equipe e da melhoria contínua.
- Demonstrando liderança na educação e na pesquisa médica.
- Tratando todas as pessoas com dignidade e respeito".

A situação

Em janeiro de 1997, o St. Mary's Hospital fundiu-se com a Duluth Clinic, grande clínica de várias especialidades. Tanto o St. Mary's Hospital quanto a Duluth Clinic desfrutavam de boa situação financeira por ocasião da fusão. Esperava-se que a fusão gerasse força e estabilidade econômica, ao reduzir as redundâncias e ao capacitar a nova entidade a competir melhor em qualidade e variedade de serviços. Mas as mudanças na cobertura médica e no reembolso de despesas, resultantes do

U. S. Balanced Budget Act, de 1997, além de encargos financeiros inesperados decorrentes da fusão, colocaram em déficit o recém-lançado SMDC.

O mapa estratégico

Percebendo que a velha estratégia de "formulação de assistência médica" não produzira resultados, o SMDC estava pronto para uma nova abordagem. Quando o CEO Peter Person leu *Estratégia em Ação*, ele logo percebeu que tinha encontrado uma abordagem que o ajudaria a realizar dois objetivos críticos: fortalecer as margens do SMDC e proporcionar melhor atendimento aos pacientes. Assim, informou ao Conselho de Administração sua intenção de implementar o Balanced Scorecard.

O processo de implementação do BSC – e, em especial, de construção do mapa estratégico – ajudou o SMDC a perceber-se como empresa. A equipe executiva identificou áreas de crescimento que ajudariam a respaldar as áreas sem crescimento. Esses subsídios internos permitiram que o SMDC mantivesse seus serviços necessários para os pacientes embora menos lucrativos. O processo BSC também ajudou o SMDC a definir três conjuntos distintos de clientes e a identificar a proposta de valor adequada para cada um.

O mapa estratégico do SMDC, a exemplo de muitos outros do setor de assistência médica, começa com a definição clara da visão e da missão da organização, proporcionando a visão clara entre os objetivos maiores da organização e os resultados financeiros almejados, em termos tanto de crescimento quanto de eficiência (Figura 2.11).

O mapa estratégico do SMDC define o valor oferecido a seus três conjuntos de *clientes*. A definição da proposição de valor para cada grupo de clientes esclarece a estratégia. Por exemplo, os *pacientes de tratamento básico* demandam uma estratégia de "intimidade com o cliente". "Esses pacientes precisam saber que não terão de repetir toda a sua história sempre que nos visitam ou nos telefonam", observa Mary Johnson, COO do SMDC. Os *pacientes de tratamento especializado* e os *provedores e médicos que encaminham pacientes* são reunidos num mesmo grupo, pois esses provedores e médicos geralmente encaminham ao SMDC os pacientes que demandam tratamento especializado. "Esse grupo valoriza a excelência clínica e a tecnologia de vanguarda", diz Johnson. Por esse motivo, o SMDC adota em relação a esse grupo uma estratégia de "liderança do produto".

O último grupo de clientes do SMDC é o de *pagantes*, os que compram serviços do SMDC. Esse grupo quer serviços de baixo custo e programas inovadores de cobertura de assistência médica. O intuito deles é oferecer aos seus empregados e clientes o máximo de valor pelo dinheiro. Isso se traduz em estratégia de "baixo custo total".

A perspectiva dos processos internos do SMDC articula os processos que entregam a proposta de valor a cada um dos respectivos grupos de clientes. O SMDC concentra-se nos processos que "prestam serviços superiores" aos pacientes de

Figura 2.11 Mapa estratégico do St. Mary's Duluth Clinic Health System

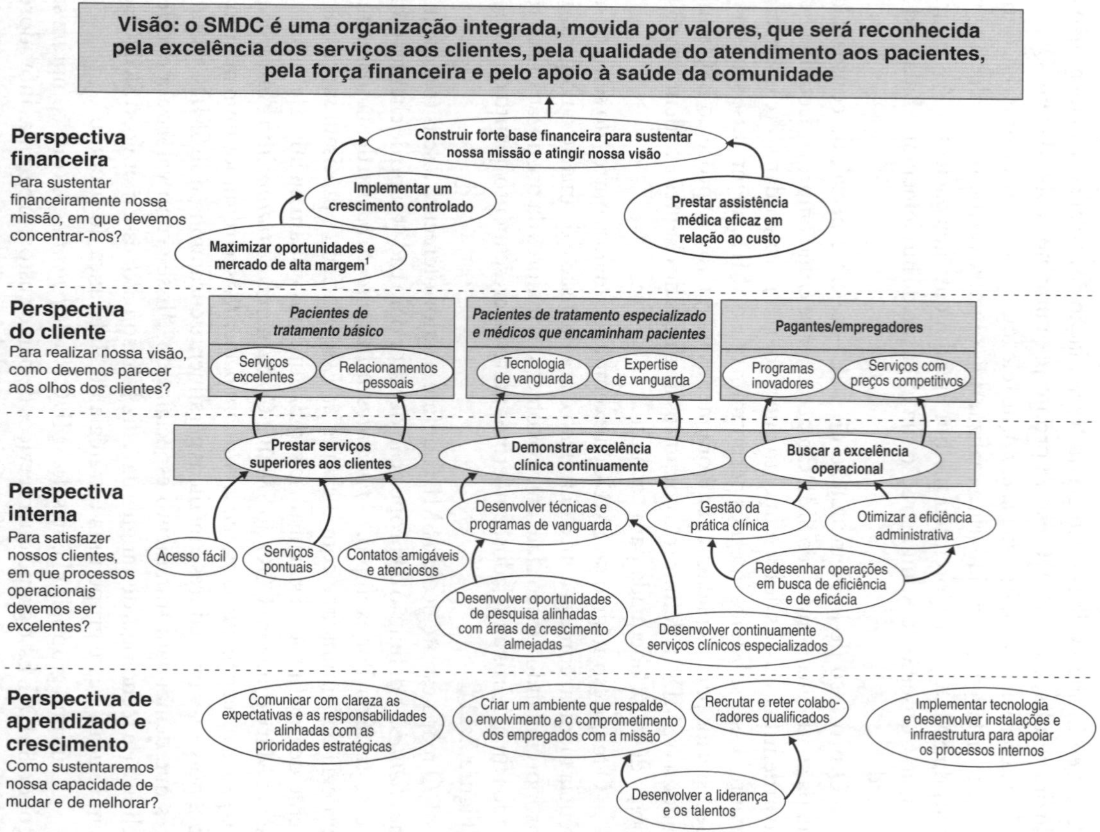

Visão: o SMDC é uma organização integrada, movida por valores, que será reconhecida pela excelência dos serviços aos clientes, pela qualidade do atendimento aos pacientes, pela força financeira e pelo apoio à saúde da comunidade

Perspectiva financeira
Para sustentar financeiramente nossa missão, em que devemos concentrar-nos?

- Maximizar oportunidades e mercado de alta margem[1]
- Implementar um crescimento controlado
- Construir forte base financeira para sustentar nossa missão e atingir nossa visão
- Prestar assistência médica eficaz em relação ao custo

Perspectiva do cliente
Para realizar nossa visão, como devemos parecer aos olhos dos clientes?

Pacientes de tratamento básico
- Serviços excelentes
- Relacionamentos pessoais

Pacientes de tratamento especializado e médicos que encaminham pacientes
- Tecnologia de vanguarda
- Expertise de vanguarda

Pagantes/empregadores
- Programas inovadores
- Serviços com preços competitivos

Perspectiva interna
Para satisfazer nossos clientes, em que processos operacionais devemos ser excelentes?

- Prestar serviços superiores aos clientes
  - Acesso fácil
  - Serviços pontuais
  - Contatos amigáveis e atenciosos
- Demonstrar excelência clínica continuamente
  - Desenvolver técnicas e programas de vanguarda
  - Desenvolver oportunidades de pesquisa alinhadas com áreas de crescimento almejadas
  - Desenvolver continuamente serviços clínicos especializados
- Buscar a excelência operacional
  - Gestão da prática clínica
  - Redesenhar operações em busca de eficiência e de eficácia
  - Otimizar a eficiência administrativa

Perspectiva de aprendizado e crescimento
Como sustentaremos nossa capacidade de mudar e de melhorar?

- Comunicar com clareza as expectativas e as responsabilidades alinhadas com as prioridades estratégicas
- Criar um ambiente que respalde o envolvimento e o comprometimento dos empregados com a missão
- Recrutar e reter colaboradores qualificados
- Desenvolver a liderança e os talentos
- Implementar tecnologia e desenvolver instalações e infraestrutura para apoiar os processos internos

[1] Cardiotorácica, Ortopedia, Neurocirurgia, Câncer, Gastroenterologia, Cirurgia

tratamento básico; nos processos que, "continuamente desenvolvem serviços clínicos subespecializados" para seus pacientes de tratamento especializado e para os médicos que encaminham pacientes; e processos que buscam a "excelência operacional" para seus pagantes e colaboradores de seus clientes. Por exemplo, embora seja agora o maior provedor na área de Duluth, o SMDC parte de sua perspectiva dos processos internos para concentrar-se nos processos que ajudam os pacientes de tratamento básico a se sentirem bem-vindos e geram a percepção de cidade pequena e comunidade local, ao mesmo tempo em que aproveitam os benefícios de escala, como a melhoria das tecnologias de acesso e admissão. Quando se trata de processos que respaldam os pacientes de tratamento especializado e os médicos que encaminham pacientes, o SMDC adota em sua perspectiva dos processos internos para concentrar a sua atenção nas tecnologias clínicas que geram vantagem competitiva e exercem forte apelo aos médicos que usam tecnologia em suas atividades cotidianas. E a parcela de excelência operacional do mapa estratégico força o SMDC a focar com nitidez os processos operacionais que tornam as atividades clínicas e administrativas mais eficientes, como programação do pessoal e gestão do faturamento, reduzindo os custos, ao mesmo tempo em que prestam serviços criativos aos participantes e empregados.

Finalmente, o SMDC concentra-se nos objetivos de aprendizado e crescimento que otimizarão a capacidade dos empregados e da organização de mudar e melhorar. O SMDC acredita que a perspectiva de aprendizado e crescimento permite um "acordo" com todos os empregados. O SMDC empenha-se em proporcionar apoio no desenvolvimento pessoal, esperando em troca maior comprometimento e melhor desempenho. O SMDC acredita que somente comunicando com clareza a estratégia e ajudando o staff a compreender seu papel na execução da estratégia a organização será capaz de otimizar seu desempenho, mantendo-se ao mesmo tempo como ótimo lugar para trabalhar. Os objetivos da perspectiva de aprendizado e crescimento servem como lembretes constantes do que é necessário para viabilizar o "acordo de mão dupla". Os objetivos do restante do mapa estratégico serão factíveis apenas caso se efetuem os investimentos adequados em aprendizado e crescimento. A compreensão clara desses objetivos e o diálogo contínuo sobre eles energizaram toda a organização.

Breves relatos

Depois do desenvolvimento e do lançamento do Balanced Scorecard e do mapa estratégico corporativo, o SMDC promoveu o desdobramento de ambos para toda a organização, alinhando todas as linhas de serviços (áreas de crescimento e de não crescimento), as clínicas comunitárias e os principais departamentos de apoio. A equipe do BSC implementou uma campanha de conscientização estratégica para divulgação do Balanced Scorecard em toda a organização. O SMDC também conectou a estratégia ao processo orçamentário e usou o BSC para concentrar o foco de suas reuniões mensais operacionais de avaliação da estratégia. O SMDC já está no terceiro ano de implementação do BSC, um processo contínuo em evolução constante.

O SMDC revisa e atualiza seu mapa estratégico como parte do processo orçamentário anual. Reajusta as metas e iniciativas para o ano seguinte e assegura-se de estar medindo as coisas certas.

Três anos depois do lançamento do programa BSC, o SMDC auferiu resultados significativos. No ano fiscal de 2001, alcançou o seguinte:

- Aumento de US$23 milhões no lucro, inclusive uma melhora de US$18 milhões no primeiro ano de implementação.
- Estabilização do custo por internação e consulta médica, apesar do aumento nos custos de medicamentos e nos salários.
- Redução de dez dias no prazo médio de contas a receber nas clínicas e de oito dias nos hospitais.
- Melhoria de 13% na disponibilidade de acesso a consultas anteriores para tratamento básico.
- Melhoria de 15% no nível geral de satisfação dos pacientes do hospital.
- Melhoria de 15% no nível geral de satisfação dos pacientes da clínica.

De acordo com o Dr. Peter Person, CEO do SMDC:

A construção do mapa estratégico foi um ponto de mudança para a equipe executiva, que passou a encarar a organização como um negócio, definindo nossos clientes e daí partindo para a elaboração de uma estratégia nítida. O resultado foi uma ferramenta de gestão do desempenho que focaliza todo o sistema de assistência médica. Nossas reuniões mensais de revisão do scorecard são extremamente valiosas para mim como CEO. O scorecard cria condições para que monitoremos e avaliemos todo o desempenho organizacional e identifiquemos as correções de curso necessárias. O tempo que dedicamos às análises deslocou-se definitivamente das operações cotidianas para o processo decisório sobre assuntos estratégicos.

O St. Mary's Duluth Clinic Health System é membro do Hall of Fame do Balanced Scorecard.

Caso preparado por Ann Nevius e Judith Ross, da Balanced Scorecard Collaborative, e Barbara Possin, do SMDC. Nossos agradecimentos ao Dr. Peter Person e colegas por compartilharem conosco sua experiência no SMDC.

PARTE DOIS

PROCESSOS DE CRIAÇÃO DE VALOR

CAPÍTULO 3

PROCESSOS DE GESTÃO OPERACIONAL

Os processos operacionais produzem e entregam bens e serviços para os clientes (Figura 3.1). Durante certo período, em fins do século XX, muitos acadêmicos e empresas entendiam que a gestão operacional era o componente mais importante de qualquer estratégia organizacional. Inspirados pelos resultados notáveis alcançados por alguns fabricantes japoneses, nas indústrias de transporte, eletrônica e óptica, a maioria das empresas atribuiu alta prioridade ao redesenho, reengenharia e melhoria contínua de seus processos operacionais críticos.

Os esforços das empresas para alcançar a excelência operacional foram altamente bem-sucedidos. Muitas desfrutaram de melhorias acentuadas em qualidade, custo e responsividade dos processos de fabricação e de prestação de serviços. Embora a excelência operacional sozinha não seja a base da estratégia sustentável, a gestão operacional ainda é prioridade em todas as organizações.[1] Sem operações excelentes, as empresas terão dificuldade em executar as estratégias, até mesmo aquelas que não dependam de ter a mais baixa estrutura de custos do setor.

QUATRO PROCESSOS DE GESTÃO OPERACIONAL

A gestão operacional pode abranger até quatro importantes processos (Figura 3.2):

1. Desenvolver e sustentar relacionamentos com os fornecedores
2. Produzir produtos e serviços
3. Distribuir e entregar produtos e serviços aos clientes
4. Gerenciar riscos.

Analisaremos cada um desses processos separadamente.

Figura 3.1 Gestão operacional

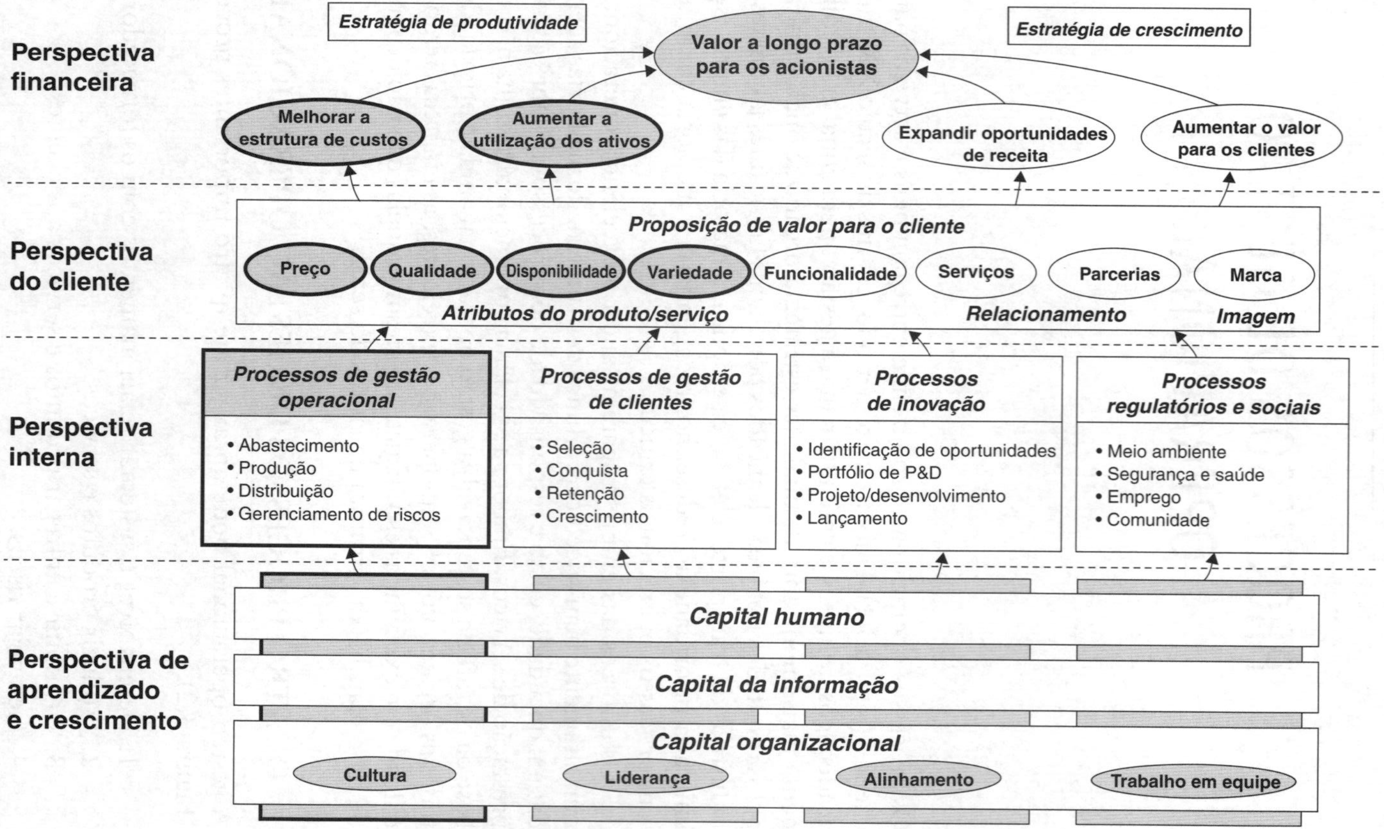

Figura 3.2 Gabarito de mapa estratégico de gestão operacional

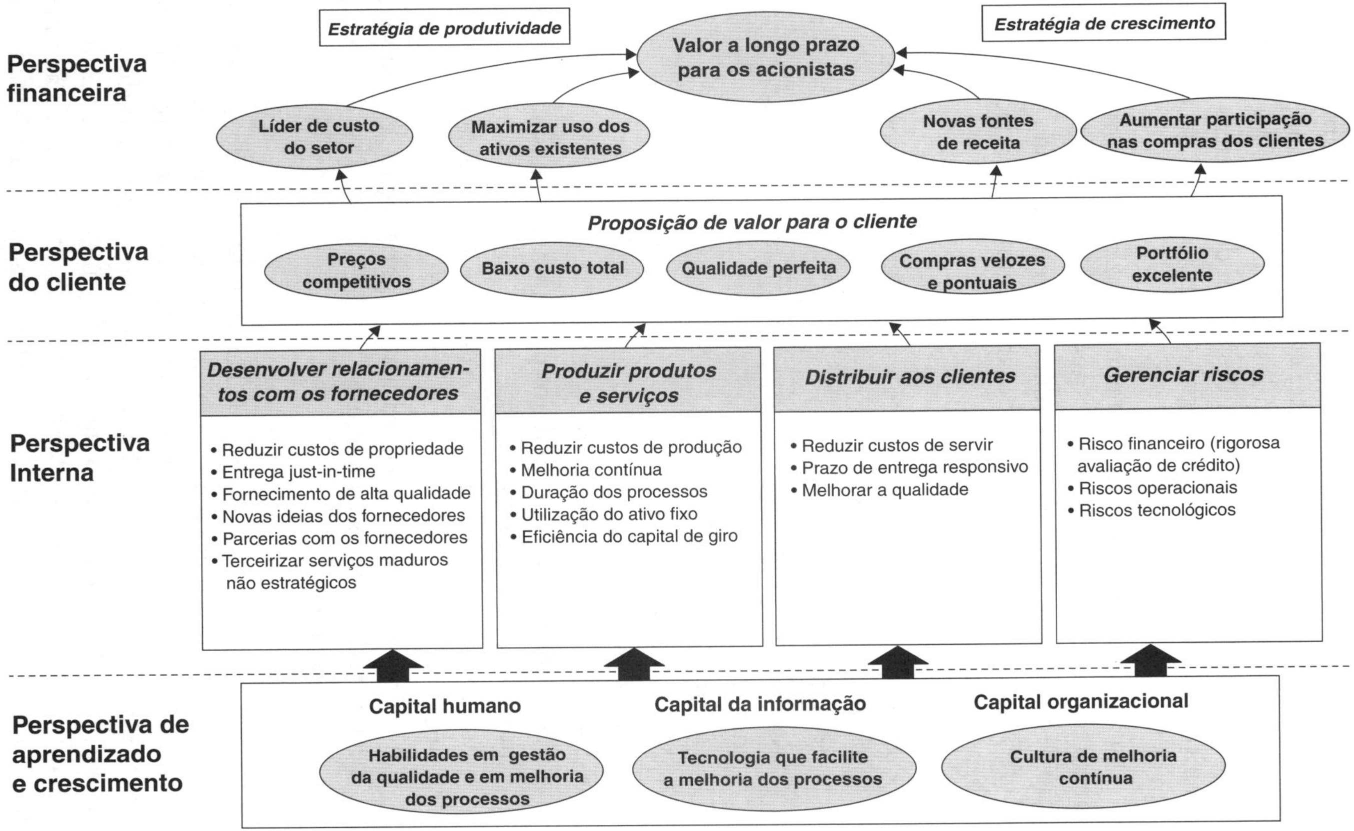

Perspectiva financeira

Estratégia de produtividade *Estratégia de crescimento*

- Líder de custo do setor
- Maximizar uso dos ativos existentes
- Valor a longo prazo para os acionistas
- Novas fontes de receita
- Aumentar participação nas compras dos clientes

Perspectiva do cliente

Proposição de valor para o cliente

- Preços competitivos
- Baixo custo total
- Qualidade perfeita
- Compras velozes e pontuais
- Portfólio excelente

Perspectiva Interna

Desenvolver relacionamentos com os fornecedores
- Reduzir custos de propriedade
- Entrega just-in-time
- Fornecimento de alta qualidade
- Novas ideias dos fornecedores
- Parcerias com os fornecedores
- Terceirizar serviços maduros não estratégicos

Produzir produtos e serviços
- Reduzir custos de produção
- Melhoria contínua
- Duração dos processos
- Utilização do ativo fixo
- Eficiência do capital de giro

Distribuir aos clientes
- Reduzir custos de servir
- Prazo de entrega responsivo
- Melhorar a qualidade

Gerenciar riscos
- Risco financeiro (rigorosa avaliação de crédito)
- Riscos operacionais
- Riscos tecnológicos

Perspectiva de aprendizado e crescimento

- Capital humano: Habilidades em gestão da qualidade e em melhoria dos processos
- Capital da informação: Tecnologia que facilite a melhoria dos processos
- Capital organizacional: Cultura de melhoria contínua

1. Desenvolver e sustentar relacionamentos com os fornecedores

Empresas como Toyota e Wal-Mart dependem de seus fornecedores para produzir produtos de alta qualidade, encomendados com pouca antecedência pelos clientes, e para entregá-los de maneira confiável no respectivo ponto de venda. Essas empresas desfrutam de vantagens competitivas significativas, decorrentes de suas redes tradicionais de relacionamentos com os fornecedores.

Um dos objetivos do relacionamento eficaz com os fornecedores é reduzir o "custo total de propriedade". Aí se incluem todos os custos de aquisição de bens, materiais e serviços. Além do preço de compra, as empresas incorrem em outros custos para executar as seguintes atividades, ao adquirir bens e serviços:

- Executar atividades de projeto e engenharia para determinar as especificações dos materiais
- Solicitar materiais
- Receber materiais
- Inspecionar materiais
- Desenvolver materiais
- Movimentar materiais
- Armazenar materiais
- Sucatear materiais obsoletos
- Sucatear e reprocessar produtos por causa de falhas não detectadas nos materiais recebidos
- Atrasar produção em decorrência da impontualidade na entrega de materiais
- Acelerar fluxo de materiais para evitar paralisações, em consequência de recebimentos com atraso
- Pagar materiais

Os melhores fornecedores são de baixo custo, mais do que apenas de baixo preço. O preço de compra é apenas um dos componentes do custo total de aquisição de materiais. O *custo total de propriedade (total cost ownership – TCO)* na aquisição de bens e serviços de determinado fornecedor inclui o preço de compra mais o custo de executar todas as atividades relacionadas com a compra, listadas acima, referentes aos itens adquiridos junto ao fornecedor em questão. O custeio baseado em atividades (activity-based costing – ABC) permite que as empresas distribuam os custos de compra agregados entre as diferentes atividades de compra e então atribuam esses custos de atividades aos bens e serviços adquiridos de cada fornecedor.[2]

Para reduzir os custos de aquisição de produtos, as empresas se empenham em descobrir fornecedores que aceitem pedidos eletrônicos (Internet ou Electronic Data Interchange – EDI) e que entreguem os produtos sem defeitos, dispensando a necessidade de inspeção no recebimento, pelo sistema just-in-time, diretamente no processo de fabricação ou no ponto de uso. Além disso, os fornecedores de baixo custo não emitem faturas e aceitam pagamentos eletrônicos.

Algumas empresas foram ainda mais longe, eliminando totalmente a função de compra no caso de alguns itens. Os fornecedores postam seus próprios funcionários nas instalações dos clientes, para que mantenham e gerenciem o fluxo de abastecimento (inclusive possíveis estoques locais), liberando os materiais para o processo de produção do cliente na medida de suas necessidades.

Outro objetivo em relação aos fornecedores, além da redução de custos, diz respeito à pontualidade e qualidade dos bens e serviços fornecidos. Muitas empresas agregam aos custos dos fornecedores, os prazos de fornecimento e a qualidade dos bens e serviços num indicador geral do scorecard dos fornecedores. Por exemplo, a Visteon mantém um site na Web em que os fornecedores podem verificar a qualquer momento as respectivas avaliações do desempenho, sob os aspectos de pontualidade da entrega e qualidade dos produtos e serviços.

Nos últimos anos, muitas organizações terceirizaram funções que não são o foco do negócio, como tecnologia da informação, telecomunicações, processamento de transações financeiras e manutenção de instalações fabris, além da própria produção de bens e serviços maduros. Essa terceirização cria condições para que a empresa concentre seus recursos e tempo gerencial nos processos que fornecem diferenciação, singularidade e vantagem competitiva. Quando a terceirização em grande escala é parte da estratégia da organização, a melhoria do desempenho (custo, qualidade e prazo de resposta) dos serviços terceirizados representa importante objetivo estratégico da gestão operacional.

Algumas empresas recorrem aos fornecedores para o projeto e inovação de produtos, liberando seus recursos internos de engenharia para o desenvolvimento de produtos avançados e para a integração de sistemas. Outras integram os produtos e serviços dos fornecedores com os próprios produtos e serviços, com o objetivo de reforçar a própria proposição de valor para os clientes. Por exemplo, empresas de serviços financeiros formam parcerias com os fornecedores para oferecer aos clientes uma única fonte com ampla variedade de produtos financeiros. Nessas situações, a gestão do relacionamento com os fornecedores incluiria o objetivo de induzir estes a inovar seus produtos e serviços ou de prestar serviços que agregam valor diretamente aos clientes do cliente.

Uma vez desenvolvido o relacionamento com os fornecedores, as empresas esforçam-se para reduzir custos e prazos e para eliminar erros na aquisição de bens e serviços. Entre os direcionadores de compras eficientes incluem-se as porcentagens de transações executadas por meio eletrônico e as realizadas de forma descentralizada, como, por exemplo, mediante cartão de crédito com limite superior especificado, em vez de pedidos de compra aprovados por uma unidade central. As empresas podem medir explicitamente o custo do processo de compra, mediante indicadores como custos de transação (baseado em atividades) por pedido de compra ou custo total das transações como porcentagem do valor das compras no período. O tempo necessário para a efetivação das compras corresponde ao tempo decorrido entre o pedido de compra e a entrega do item pronto para uso. Evidentemente, no caso de organizações que conectaram suas operações às dos fornecedores, o reabastecimento pode transformar-se em processo contínuo, na medida em que os fornecedores monitoram eletronicamente a demanda por seus produtos e os embarcam sem necessidade de pedido de compra explícito. A qualidade do processo de compra pode ser medida pela porcentagem de entregas em exata conformidade com o pedido, em termos de volumes, composição, especificações e prazo.

Em resumo, entre os exemplos de objetivos e indicadores para a gestão do relacionamento com os fornecedores incluem-se os seguintes:

Objetivos

Indicadores

Reduzir o custo de propriedade (TCO)

- Custo baseado em atividades da aquisição de materiais e serviços (inclusive custo de pedir, receber, inspecionar, armazenar e lidar com os defeitos)
- Custos de transação como porcentagem do preço total de compra
- Porcentagem das compras efetuadas por meio eletrônico (EDI ou Internet)
- Avaliação dos fornecedores: qualidade, entrega, custo

Desenvolver capacidade de fornecimento just-in-time	• Prazo decorrido entre o pedido e o recebimento • Porcentagem das entregas pontuais • Porcentagem das entregas com atraso • Porcentagem dos pedidos entregues pelos fornecedores diretamente no processo de produção
Desenvolver capacidade de fornecimento de alta qualidade	• Parte por milhão ou porcentagem de defeitos, no recebimento de pedidos • Porcentagem de fornecedores qualificados que dispensam inspeção no recebimento • Porcentagem de pedidos recebidos com perfeição
Adotar novas ideias propostas pelos fornecedores	• Número de inovações introduzidas pelos fornecedores
Formar parcerias com os fornecedores	• Número de fornecedores que prestam serviços diretamente aos clientes
Terceirizar produtos e serviços maduros e não essenciais	• Número de relacionamentos de terceirização • Desempenho comparado dos parceiros de terceirização

2. Produzir produtos e serviços

No âmago do grupamento gestão operacional encontram-se processos operacionais eficientes, de alta qualidade e responsivos, que produzem bens e serviços utilizados pelos clientes da organização. Os livros já escritos sobre a melhoria dos custos, da qualidade e da duração dos tempos dos processos encheriam uma biblioteca.[3] Programas como reengenharia, redesenho dos processos de negócios, melhoria contínua, gestão baseada em atividades, gestão da qualidade total e gestão baseada no tempo são exemplos de programas aplicados no último quarto de século para ajudar os empregados a melhorar o desempenho dos processos. Adiante, neste capítulo, analisaremos a relevância da gestão baseada em atividades e da gestão da qualidade total.

Entre os exemplos de objetivos e indicadores para que os processos sejam mais eficientes na produção de bens e serviços incluem-se os seguintes:

Objetivos

Reduzir os custos de produção

Indicadores

- Custo baseado em atividades dos principais processos operacionais
- Custo por unidade de produção (para as organizações com produtos homogêneos)
- Despesas com marketing, vendas, distribuição e administrativas como porcentagem dos custos totais

Melhorar continuamente os processos

- Número de processos com melhorias substanciais
- Quantidade de processos ineficientes ou não agregadores de valor, que foram eliminados
- Índices de defeitos em partes por milhão
- Porcentagem de rendimento
- Porcentagem de sucata e de resíduos
- Custo de inspeção e testes
- Custo total da qualidade (prevenção, avaliação, falhas internas, falhas externas)

Melhorar a responsividade dos processos

- Duração do ciclo (tempo decorrido do início ao fim da produção)
- Duração do processo (tempo em que o produto é efetivamente processado)[4]
- Eficiência do processo (índice entre duração do ciclo e duração do processo)

Melhorar utilização do ativo fixo[5]

- Porcentagem da capacidade utilizada
- Confiabilidade do equipamento (porcentagem do tempo disponível para produção)
- Número e porcentagem de paralisações
- Flexibilidade (espectro de produtos e serviços que os processos podem produzir e entregar)

Melhorar a eficiência do capital de giro	• Prazo médio dos estoques, giro dos estoques • Prazo médio de contas a receber • Porcentagem de faltas nos estoques • Ciclo financeiro ou de caixa (prazo médio de contas a receber mais prazo médio de estoques menos prazo médio de contas a pagar)

3. Distribuir produtos e serviços aos clientes

O terceiro processo do grupamento gestão operacional é a entrega dos produtos e serviços aos clientes. Este objetivo é realmente a contraparte, na cadeia de valor, da redução do custo total de trabalhar com fornecedores. Como no caso já visto dos processos referentes a fornecedores e produção de bens e serviços, os objetivos típicos dos processos de distribuição abrangem os custos, a qualidade e os prazos de entrega, como se vê a seguir:

Objetivos	*Indicadores*
Reduzir custos de servir	• Custo baseado em atividades de armazenar e entregar aos clientes • Porcentagem de clientes servidos por meio de canais de baixo custo de servir; p. ex., transferir os clientes de transações manuais e por telefone para transações eletrônicas
Entregar com responsividade aos clientes	• Prazo decorrido entre o pedido e a entrega • Prazo de produção do produto e/ou serviço, até que esteja pronto para uso pelos clientes • Porcentagem de entregas pontuais
Aumentar a qualidade	• Porcentagem de itens entregues sem defeito • Número e frequência das reclamações dos clientes

4. Gerenciar riscos

Temos encontrado, sobretudo em empresas de serviços financeiros, importantes objetivos relacionados com o gerenciamento de riscos, como os decorrentes de operações de crédito, movimentos das taxas de juros e flutuações das taxas de câmbio. Por exemplo, o mapa estratégico da Swiss Re (Figura 3.3) inclui na perspectiva do cliente dois objetivos relacionados com o gerenciamento de riscos:

- Atuar como parceiro duradouro no gerenciamento de riscos e de capital.
- Fornecer soluções certas em termos de risco e de capital.

Além disso, também contém vários objetivos de gerenciamento de riscos na perspectiva interna:

- Alavancar a liderança em informações sobre riscos
- Monitorar os processos de gerenciamento de riscos
- Gerenciar nosso conjunto de riscos.

Evidentemente, como empresa que oferece serviços de gerenciamento de riscos e diversificação aos clientes, não surpreende que a Swiss Re inclua vários objetivos de gerenciamento de riscos em seu mapa estratégico.

O gerenciamento de riscos deve ir além de apenas evitar flutuações no lucro e no fluxo de caixa. Os investidores geralmente mantêm portfólios diversificados que minimizam o impacto de variações não sistemáticas nos resultados do desempenho de uma única empresa sobre o retorno total. Lisa Meulbroek descreve cinco maneiras pelas quais o gerenciamento de riscos no nível corporativo pode criar valor para os acionistas de maneira inatingível pelos investidores isoladamente:[6]

1. Reduzir os custos associados a dificuldades financeiras, como insolvência.
2. Moderar os riscos enfrentados por importantes investidores e stakeholders não diversificados.
3. Atenuar a incidência de impostos.
4. Diminuir os custos de monitoramento pelos acionistas.
5. Reduzir o custo de capital.

1. Reduzir os custos associados a dificuldades financeiras

A inadimplência no pagamento das dívidas ou o enfrentamento de processos de falência gera custos consideráveis para os acionistas. A simples perspectiva de dificuldades financeiras pode induzir importantes clientes e fornecedores a restringir seus negócios com a empresa ou a alterar suas condi-

Figura 3.3 Mapa estratégico da Swiss Re

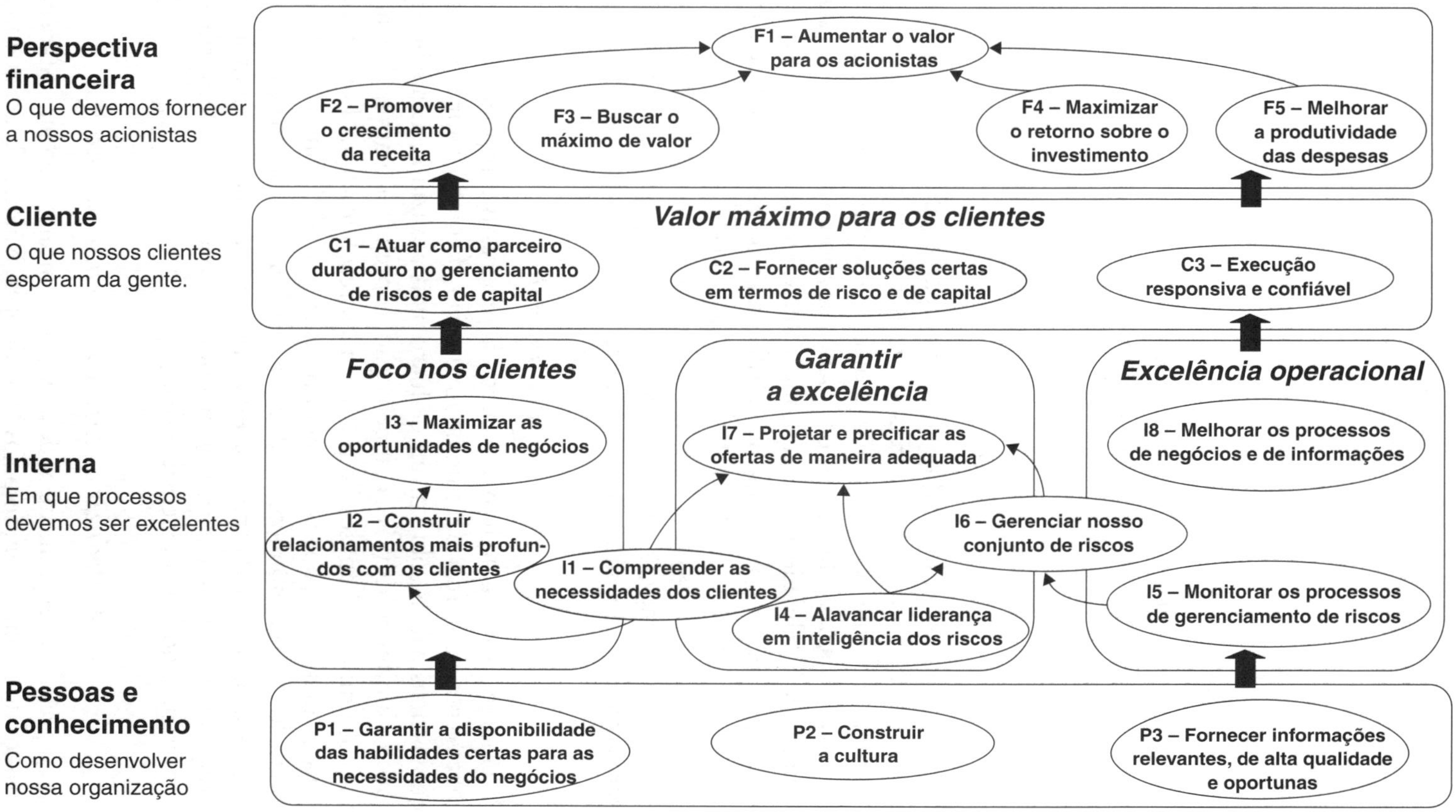

Perspectiva financeira
O que devemos fornecer a nossos acionistas

- F2 – Promover o crescimento da receita
- F3 – Buscar o máximo de valor
- F1 – Aumentar o valor para os acionistas
- F4 – Maximizar o retorno sobre o investimento
- F5 – Melhorar a produtividade das despesas

Cliente
O que nossos clientes esperam da gente.

Valor máximo para os clientes

- C1 – Atuar como parceiro duradouro no gerenciamento de riscos e de capital
- C2 – Fornecer soluções certas em termos de risco e de capital
- C3 – Execução responsiva e confiável

Interna
Em que processos devemos ser excelentes

Foco nos clientes

- I2 – Construir relacionamentos mais profundos com os clientes
- I3 – Maximizar as oportunidades de negócios
- I1 – Compreender as necessidades dos clientes

Garantir a excelência

- I7 – Projetar e precificar as ofertas de maneira adequada
- I4 – Alavancar liderança em inteligência dos riscos
- I6 – Gerenciar nosso conjunto de riscos

Excelência operacional

- I8 – Melhorar os processos de negócios e de informações
- I5 – Monitorar os processos de gerenciamento de riscos

Pessoas e conhecimento
Como desenvolver nossa organização

- P1 – Garantir a disponibilidade das habilidades certas para as necessidades do negócios
- P2 – Construir a cultura
- P3 – Fornecer informações relevantes, de alta qualidade e oportunas

ções, tornando-as mais rigorosas. Os processos de gerenciamento de riscos que reduzem a probabilidade dessas negociações onerosas podem agregar valor. Algumas empresas mantêm elevados saldos de caixa para diminuir a probabilidade de dificuldades financeiras durante os períodos de queda da atividade econômica. Em manifestação um tanto extremada a respeito desse tipo de gerenciamento de riscos, Bill Gates, fundador e chairman da Microsoft, explicou:

> *Queria ter dinheiro suficiente nos bancos para pagar um ano de salários, caso não recebêssemos nenhum pagamento... Hoje, temos cerca de US$10 bilhões, que é o bastante para o próximo ano.*[7]

2. Moderar os riscos enfrentados por importantes investidores e stakeholders não diversificados

Muitos gerentes e empregados concentram parcela desproporcional de sua riqueza, tanto financeira, quanto sob a forma de capital humano, investida na empresa em que trabalham. Essa concentração de riqueza decorre dos esquemas de opções sobre ações, dos planos de aposentadoria e do desenvolvimento de habilidades que se aplicam exclusivamente à empresa e que valeriam muito menos no mercado de trabalho, na hipótese de cessação das relações de emprego. As políticas eficazes de gerenciamento de riscos reduzem os riscos enfrentados por esses empregados não diversificados e talvez diminuam a remuneração total que do contrário seria paga a esses empregados para compensar os altos riscos que enfrentam na relação de emprego.

3. Reduzir impostos

As empresas sujeitas ao imposto de renda progressivo dispõem de forte incentivo para disfarçar o resultado financeiro, de modo a aproveitar as alíquotas mais baixas sobre níveis de lucro mais reduzidos. Também em razão dos limites aplicáveis à compensação de prejuízos, para frente ou para trás, as empresas capazes de transferir os resultados dos bons períodos para os maus períodos conseguem reduzir o total de impostos pagos ao longo do ciclo econômico. Finalmente, se o gerenciamento de riscos reduzir a exposição total da empresa, esta terá condições de aumentar sua capacidade de endividamento e tirar maior proveito das deduções tributárias decorrentes do pagamento de juros.

4. Reduzir os custos de monitoramento

As empresas, especialmente as de serviços financeiros, podem estar sujeitas a riscos de difícil avaliação pelos investidores. Na medida em que tiverem dificuldade para quantificar os riscos da empresa, os investidores e credores externos demandarão retornos mais altos para compensar os custos de monitoramento mais elevados ou a percepção de estarem absorvendo riscos mais significativos. Portanto, a empresa será capaz de reduzir seu custo de capital mediante a implementação de técnicas sofisticadas de gerenciamento de riscos, que reduzam a imprevisibilidade de seus fluxos de caixa e de seus níveis de lucro.

5. Gerar fundos internos para investimento

As empresas devem neutralizar os riscos que as impediriam de ter fundos adequados para investimentos em oportunidades com valor presente líquido positivo. Por exemplo, um grupo de acadêmicos especializados em gerenciamento de riscos conclui:

> O programa de gerenciamento de riscos deve... garantir que a empresa tenha caixa disponível para efetuar investimentos que aumentem o valor... A estratégia adequada de gerenciamento de riscos garante que a empresa tenha dinheiro na hora de aproveitar as oportunidades de investimento, mas não procura isolá-la completamente dos riscos de todas as espécies.[8]

Para cumprir os objetivos do gerenciamento de riscos que agregue valor, as empresas dispõem de três abordagens: modificar suas operações, ajustar sua estrutura de capital e empregar determinados instrumentos financeiros, como derivativos. A Microsoft é exemplo de empresa que adota determinada política operacional – empregar grande quantidade de mão de obra temporária, que pode ser afastada na hipótese de queda no nível de atividade – e certa prática financeira – manter altos níveis de caixa – para reduzir os riscos. A Disney construiu seus grandes parques temáticos em áreas – Anaheim, Califórnia; e Orlando, Flórida – caracterizadas por clima ameno e previsível. Isso reduz a volatilidade das receitas desses empreendimentos, em decorrência das condições climáticas. Além disso, as empresas adotam certas medidas operacionais para reduzir o risco de que seus produtos e serviços sejam condenados à obsolescência tecnológica por iniciativas dos concorrentes ou de que seus empregados pratiquem certas ações capazes de prejudicar a reputação da marca e da organização.

A determinação do grau de endividamento adequado decerto influencia o risco. As empresas com alto nível de capital de terceiros e baixo índice de cobertura dos juros – apurado pela divisão do EBITDA (lucro antes das despesas financeiras, do imposto de renda, da depreciação e da amortização) pelas despesas financeiras – estão mais sujeitas a enfrentar dificuldades financeiras e a não conseguir financiar projetos com valor presente líquido positivo, quando atravessam períodos de desaceleração dos negócios.

No sentido oposto, as empresas com alto nível de endividamento, quando lucrativas, colhem os benefícios da dedutibilidade dos juros no cálculo do imposto de renda e da alavancagem financeira resultante da obtenção de retorno sobre o capital próprio superior ao custo do capital de terceiros. Assim, reduzir o endividamento a níveis que eliminem totalmente o risco não é a melhor política.

Finalmente, ao fazer seguro e ao investir em determinados instrumentos financeiros, como futuros, swaps e opções, as empresas conseguem proteger-se contra o risco de flutuações no preço das commodities, nas taxas de juros, na inflação e no mercado de ações.

Em resumo, todas as empresas devem considerar os objetivos do gerenciamento de riscos. O quadro a seguir apresenta alguns objetivos e indicadores representativos:

Objetivos	*Indicadores*[9]
Gerenciar risco financeiro/ manter alta qualidade de crédito	• Porcentagem de créditos de liquidação duvidosa • Porcentagem de recebíveis incobráveis • Exposição a, ou perdas decorrentes de flutuações nas taxas de juros, nas taxas de câmbio e nos preços das commodities • Obsolescência e perdas nos estoques • Índice de endividamento • Índice de cobertura dos juros • Meses de folha de pagamento cobertos com o dinheiro em caixa
Gerenciar risco operacional	• Carteira de pedidos • Porcentagem da capacidade representada pela carteira de pedidos
Gerenciar risco tecnológico	• Avaliação do conteúdo tecnológico dos produtos e processos em comparação com o dos concorrentes

CONEXÃO COM OS OBJETIVOS DA PERSPECTIVA DO CLIENTE

A eficácia e a eficiência da gestão operacional cria condições para que a organização ofereça aos clientes importantes elementos de uma proposição de valor atraente (Figura 3.2).

1. Preços competitivos e baixo custo total de suprimentos
2. Qualidade perfeita
3. Rapidez e pontualidade
4. Portfólio excelente

Preços competitivos, baixo custo total de suprimentos

A eficiência das operações capacita as empresas a gerar margem sobre as vendas suficiente para recuperar os custos e auferir retorno sobre o capital investido, ainda que oferecendo aos clientes preços atraentes. As empresas que se esforçam para atuarem como produtoras e fornecedoras de baixo custo teriam o objetivo de serem lucrativas com os menores preços do setor. Conforme analisamos no processo de gestão do relacionamento com os fornecedores, estes, quando excelentes, talvez sejam capazes de praticar preços um pouco mais altos do que os concorrentes, e ao mesmo tempo tornar-se o fornecedor de mais baixo custo dos clientes. Essa empresa reduz os custos internos dos clientes, eliminando muitas atividades até então executadas por eles. Assim, o indicador mais adequado do que o preço em si é o custo total incorrido pelos clientes para adquirir os produtos ou serviços da empresa. Evidentemente, os clientes devem dispor de sistema confiável de custeio baseado em atividades para serem capazes de identificar e realizar as economias de custo decorrentes de contar com um fornecedor de tão baixo custo.

Os clientes de algumas empresas são distribuidores, atacadistas ou varejistas, que revendem os produtos sem mudar sua forma básica. Tais fornecedores têm uma proposição de valor ainda mais atraente para os seus clientes. Querem demonstrar que são os fornecedores mais lucrativos para os clientes. Novamente, o cliente precisa ter um bom sistema de custeio baseado em atividades, para efetuar essa avaliação de precisão. No entanto, se tal aferição for possível, dificilmente uma proposição de valor será mais convincente do que demonstrar que os produtos da empresa geram mais lucro para os clientes do que os de qualquer outro fornecedor.

Qualidade perfeita

Em suas operações, a empresa deve empenhar-se para que seus produtos e serviços garantam zero defeitos aos clientes. Esse objetivo é inequívoco. A experiência ideal para os clientes é a proporcionada por um produto que atenda às suas especificações e esteja em condições de ser utilizado imediatamente.

Rapidez e pontualidade

Os clientes valorizam a entrega rápida e confiável de bens e serviços. Entrega confiável significa fornecimento pontual, com base nas expectativas de prazo dos clientes. Infelizmente, quase todos estamos muito familiarizados com a qualidade dos serviços prestados por monopólios locais, como empresas de telefonia ou de TV a cabo. Dizem aos clientes que o técnico da empresa fará a visita em determinado dia ou, um pouco melhor, no intervalo de quatro horas de certa data (digamos, entre 8 e 12 horas ou entre 13 e 17 horas). Para quem trabalha em tempo integral ou tem a agenda muito cheia, ser forçado a ficar em casa durante várias horas esperando a visita do técnico não é uma experiência de alta qualidade. Hoje, muitos fabricantes ou varejistas esperam que as entregas just-in-time dos fornecedores cheguem em suas instalações no intervalo de uma hora, em vez de em determinado dia ou até mesmo em blocos de quatro horas.

Mas o cumprimento do prazo de entrega, em si, pode não ser indicador suficiente de pontualidade. Não raro as empresas melhoram o desempenho em termos de entregas pontuais, pedindo prazos mais longos para o fornecimento do produto ou serviço, garantindo certa folga e uma situação mais confortável para a produção do bem ou serviço. Mas a maioria dos clientes prefere prazos de entrega mais curtos. Assim, além do indicador entregas pontuais, poderia incluir o prazo que a empresa precisa para realizar a entrega do bem ou serviço, ou ainda a diferença entre o prazo de entrega prometido pela empresa e o prazo de entrega solicitado pelo cliente.

Sob a perspectiva do cliente, a empresa deve medir o prazo de entrega experimentado pelo cliente, em vez de quanto tempo a empresa leva para produzir o bem ou prestar o serviço. Jack Welch descreve como, no passado, o negócio de conserto de motores de aviação da GE avaliava seu desempenho com base no tempo necessário para consertar os motores dos clientes. O negócio orgulhava-se de ter reduzido esse prazo de dois dias para um dia. Welch, então, desafiou o negócio, perguntando quanto tempo o motor ficava fora de serviço para o cliente, o prazo "asa a asa", medido do momento em que o motor é retirado do avião até o momento em que é reinstalado. Esse prazo total era de mais ou menos trinta dias. A análise do assunto sob o ponto de vista do cliente levou o negócio de conserto de motores a expandir seu pensamento além de suas próprias fronteiras e incorporar a melhoria dos processos dos parceiros externos, de modo que o processo completo fosse mais rápido e mais responsivo aos usuários finais.

Portfólio excelente

Uma quarta dimensão da proposição de valor para os clientes tem a ver com a variedade de produtos, mercadorias e serviços oferecidos aos clientes. Algumas empresas querem ser como supermercados, oferecendo aos clientes um espectro completo de produtos e serviços. Outras, especialmente aquelas que pretendem oferecer aos clientes alguns dos menores preços do setor, reconhecem que talvez não sejam capazes de fornecer todos os produtos ou serviços possíveis e ainda serem excelentes na execução. Essas empresas exploram a regularidade empírica da Lei de Pareto, pela qual 20% da variedade possível tenderá a satisfazer 80% da demanda dos clientes. Varejistas excelentes, como Wal-Mart e Costco, quase sempre oferecem uma seleção menor do que os varejistas de linhas completas e mais caros. Mas a Wal-Mart e a Costco conhecem os produtos e marcas topo de linha, da preferência da maioria de seus clientes, complementam esse conjunto com uma linha de produtos de marca própria e menor preço e atendem a boa parte das expectativas dos clientes por qualidade consistente e mercadoria de baixo preço. Do mesmo modo, a Southwest Airlines contribui para sua estratégia de baixo custo, evitando aeroportos congestionados e dispendiosos, como Logan Airport, em Boston; La Guardia, em Nova York; e Reagan National, em Washington, D.C. Em vez disso, oferece aos clientes aeroportos nas redondezas – Providence, Rhode Island, e Manchester, New Hampshire, para clientes da Nova Inglaterra; Baltimore, para a área de Washington D.C.; e Islip, Long Island, para os clientes de Nova York – que, embora menos convenientes para muitos clientes, mantêm tão baixos os custos da Southwest que lhe permite cobrar preços mais baixos e atrair viajantes das áreas urbanas de alta densidade. Além disso, a Southwest evita os atrasos típicos dos aeroportos urbanos congestionados, o que lhe permite oferecer aos clientes horários de partida e de chegada mais confiáveis.

Os objetivos e indicadores da perspectiva do cliente, a serem atendidos por processos excelentes de gestão operacional, podem ser extraídos do seguinte quadro:

Objetivos

Reduzir os custos dos clientes; aumentar o lucro dos clientes

Indicadores

- Preço, em comparação com o dos concorrentes
- Custo de propriedade dos clientes
- Rentabilidade dos clientes com os produtos e serviços da empresa

Entregar aos clientes produtos e serviços zero defeitos	• Partes por milhão (PPM) ou porcentagem de defeitos experimentados pelo cliente • Número e porcentagem de queixas dos clientes • Número de consertos sob garantia e em visitas de campo
Entregas pontuais	• Porcentagem das entregas pontuais • Prazo de entrega para o cliente (do pedido à entrega) • Porcentagem de pedidos perfeitos (produtos e serviços sem defeitos, entregues no local certo, na hora certa)
Oferta de portfólio excelente	• Índice de ofertas de produtos e serviços que meça a porcentagem de atendimento das necessidades dos clientes • Porcentagem de faltas nos estoques

CONEXÃO COM OS OBJETIVOS DA PERSPECTIVA FINANCEIRA

A excelência na gestão operacional tem conexão direta com o tema produtividade da perspectiva financeira e conexão indireta com tema crescimento da receita, também da perspectiva financeira (Figura 3.2). Reduções no custo de propriedade e no custo dos processos operacionais e distribuição podem levar diretamente a melhorias na estrutura de custos. As empresas que vendem produtos relativamente homogêneos esforçam-se para alcançar os menores custos por unidade do setor. Em geral, essas empresas comparam seus custos unitários com os dos concorrentes.

À medida que as empresas aprimoram a utilização dos ativos – por meio de melhor planejamento da capacidade, de práticas de manutenção mais eficazes e de melhorias dos processos (possibilitando a produção de mais unidades com os mesmos ativos físicos) – elas colhem benefícios em termos de produtividade do ativo, ou seja, o volume de produção por unidade de capacidade do ativo fixo. O planejamento da produção e a melhoria das abordagens de gerenciamento dos estoques, além da otimização das cadeias de suprimentos e dos canais de distribuição, criam condições para que as empresas melhorem o giro dos estoques e reduzam a necessidade de capital de giro.

A conexão indireta da melhoria das operações com o desempenho financeiro manifesta-se à medida que as empresas melhoram o preço, a qualidade e os prazos de entrega. Tais melhorias devem resultar em aumento da receita oriunda de clientes satisfeitos e da conquista de clientes dos concorrentes, em segmentos do mercado sensíveis ao preço e voltados para o valor. Apresenta-se abaixo um resumo dos objetivos e indicadores financeiros que podem ser influenciados de maneira direta ou indireta pela excelência nas operações:

Objetivos　　　　　　　　　　　　*Indicadores*

Tornar-se líder em custo do setor
- Custo por unidade comparado com o dos concorrentes
- Porcentagem de redução anual no custo por unidade de produto
- Porcentagem de variação no custo orçado
- Despesas gerais, com vendas e administrativas por unidade de produto ou por localidade

Maximizar o uso dos ativos existentes
- Índice vendas/ativo
- Giro dos estoques
- Geração de caixa disponível
- Eficiência dos investimentos (valor presente líquido dos novos projetos dividido pelo investimento total)
- Produtos novos em desenvolvimento, em relação à capacidade disponível
- Porcentagem de faturas pagas no vencimento

Aumentar participação nas compras dos clientes existentes
- Porcentagem de crescimento nas compras dos atuais clientes

Aumentar a receita decorrente de novos clientes
- Receita em dólar oriunda de novos clientes

CONEXÃO COM OS OBJETIVOS DE APRENDIZADO E CRESCIMENTO

Conectando os processos internos com os objetivos de aprendizado e crescimento, podemos identificar as competências, tecnologias e climas organizacionais que fomentam a excelência na gestão operacional.

Capital humano

As competências dos empregados na melhoria dos processos, especialmente em gestão da qualidade total e em seis sigma, são fundamentais para o aprimoramento das operações. Os objetivos abrangem o aumento da porcentagem de empregados que atingiram vários níveis de competência em gestão da qualidade total, inclusive os credenciados como "green belt" e "black belt" em seis sigma.

Capital da informação

A tecnologia desempenha papel crítico na melhoria operacional. Muitos processos repetitivos e intensivos em trabalho podem ser automatizados, de modo a reduzir custos, prover qualidade mais consistente e possibilitar prazos de processamento mais rápidos. Essa é a função tradicional da automação. Mas a tecnologia também desempenha papel crítico na melhoria contínua dos processos. Os funcionários precisam de feedback rápido, inclusive medições ágeis e detalhadas dos bens e serviços que produzem e dos processos sob seu controle. Um painel de informações sobre produtos e processos fornece os fundamentos para o exame mais profundo dos dados, para a análise das causas básicas e para uma vasta gama de ferramentas de qualidade que redundam em aprimoramentos constantes no custo, na qualidade e na duração do processo.[10]

Oferecer aos clientes a capacidade de acompanhar a situação de seu pedido melhora a qualidade da experiência dos clientes com a empresa. A FedEx e a UPS usam a tecnologia para rastrear continuamente a posição do pacote, desde o momento em que deixa as mãos do remetente até quando é recebido pelo destinatário. Os clientes podem acompanhar o percurso do pacote pelo site das distribuidoras. Indicadores sobre a disponibilidade de informações para os empregados de linha de frente sobre processos, produtos, serviços e clientes são de importância crítica para as organizações que pretendem promover a melhoria contínua de seus custos, qualidade, prazo e serviços aos clientes.

A tecnologia também reduz os custos da empresa no relacionamento com os fornecedores e os custos dos clientes no relacionamento com a empresa. Os aplicativos para gestão da cadeia de suprimentos (GCS) podem contribuir para o objetivo *reduzir o custo de relacionamento com os fornecedores* da perspectiva dos processos internos, em gestão operacional, e para o objetivo *reduzir os custos dos clientes na aquisição de produtos e serviços da empresa* da perspectiva do cliente.

Capital organizacional

Trabalho em equipe e aprendizado

As organizações não devem deixar exclusivamente por conta de cada unidade operacional o desenvolvimento de suas próprias maneiras de melhorar os custos, a qualidade, os prazos e os serviços. Não raro, muitas unidades em toda a organização lidam com problemas semelhantes, todos os dias. Portanto, um objetivo crítico de aprendizado e crescimento é identificar as inovações e melhores práticas em qualquer ponto da organização (ou mesmo fora da organização) e disseminá-las rapidamente entre todas as unidades organizacionais. Os sistemas de gestão do conhecimento deveriam ser importantes habilitadores do compartilhamento das melhores práticas em toda a organização. Indicadores como quantidade de novas ideias apresentadas ou compartilhadas e número de novas ideias adotadas, oriundas de outras organizações, atestarão o sucesso da cultura de aprendizado e a capacidade do sistema de gestão do conhecimento da organização.[11]

Cultura

O foco dos empregados deve concentrar-se intensamente na melhoria contínua dos processos e na prestação de serviços consistentes aos clientes. Pesquisas periódicas devem medir a compreensão dos empregados a respeito da importância dos processos de gestão operacional e de como suas atividades diárias contribuem para o desenvolvimento de processos melhores, mais rápidos, mais responsivos e menos dispendiosos. A cultura deve estimular a geração de novas ideias e soluções para o aprimoramento dos processos bem como o compartilhamento dessas ideias com outros grupos de trabalho na organização. E, finalmente, a cultura deve superar a síndrome típica do "não inventado aqui", que aflige a maioria das organizações. Os funcionários devem buscar com entusiasmo novas ideias para a melhoria dos processos e dos serviços aos clientes, onde quer que surjam, dentro e fora da organização.

Os objetivos, indicadores na perspectiva de aprendizado e crescimento que impulsionam as melhorias na gestão operacional, constam da lista a seguir:

Objetivos	*Indicadores*
Desenvolver habilidades em gestão da qualidade e em melhoria dos processos	• Porcentagem de empregados treinados em técnicas de gestão da qualidade • Número e porcentagem de empregados qualificados no nível "black belt" da qualidade seis sigma • Porcentagem de empregados com conhecimento e treinamento em gestão baseada em atividades, just-in-time e teoria das restrições
Adotar tecnologias que promovam a melhoria dos processos e a satisfação dos clientes	• Porcentagem de empregados que recebem feedback imediato das operações • Porcentagem de clientes capazes de monitorar por meio eletrônico a situação de seus pedidos
Infundir cultura de melhoria contínua	• Resultados de pesquisa sobre cultura favorável à melhoria contínua e ao compartilhamento de conhecimentos • Número de novas ideias referentes à melhoria de processos • Índice de adoção de sugestões dos empregados para a melhoria dos processos • Quantidade de ideias referentes à melhoria da qualidade e dos processos que sejam compartilhadas entre várias unidades organizacionais • Casos de melhoria do desempenho resultantes de sugestões e iniciativas dos empregados (economias de custo, redução de defeitos, aumento do rendimento, redução dos prazos dos processos)

INTEGRAÇÃO COM INICIATIVAS PARA IMPULSIONAR A EXCELÊNCIA OPERACIONAL

Já descrevemos como formular objetivos e indicadores para os quatro processos do grupamento gestão operacional, na perspectiva dos processos internos, e mostramos como tais objetivos e indicadores interligam-se, para cima, com os objetivos das perspectivas do cliente e financeira e, para baixo, com os objetivos da perspectiva de aprendizado e crescimento. A gestão baseada em atividades (ABM – actitivity-based management) e a gestão da qualidade total são duas iniciativas importantes, que ajudam os empregados a introduzir melhorias fundamentais nos processos operacionais.

Gestão baseada em atividades

O custeio baseado em atividades (ABC) fornece um modelo analítico que mostra como cada um dos produtos e clientes usa diferentes quantidades dos serviços fornecidos pelos recursos indiretos e de apoio. No primeiro passo do modelo ABC (Figura 3.4), os vetores ou direcionadores dos recursos ligam as despesas resultantes da aquisição de recursos (apuradas pela contabilidade) a diferentes atividades e processos internos. A distribuição das despesas com recursos entre as atividades e processos demonstra o poder da interligação entre ABC e BSC. Custo, qualidade e prazo são os atributos que em geral definem o desempenho de qualquer processo. A quantificação dos indicadores de qualidade e prazo é relativamente fácil, pois depende de medições físicas. Custo, porém, é um modelo analítico, não constituindo algo tangível que possa ser medido por cronômetros e outros instrumentos. Apenas o modelo ABC é capaz de atribuir com exatidão as despesas da organização aos processos de compras, fabricação, distribuição e entrega. Assim, a construção de um modelo ABC adequado é fundamental para a mensuração dos custos na perspectiva interna do BSC.

Porém, conhecer os custos dos processos é apenas o primeiro passo. Em seguida, os gerentes e funcionários devem agir para melhorar o desempenho dos processos. A gestão baseada em atividades (activity-based management – ABM) é um conjunto de ações que aumentam a eficiência, reduzem os custos e intensificam a utilização dos ativos. A ABM tem por objetivo o aumento da capacidade ou a redução das despesas, de modo que menos recursos físicos, humanos e de capital de giro sejam necessários para gerar os produtos e processos da empresa. Os benefícios financeiros da ABM podem ser quantificados em termos de redução de custos, aumento da receita (por meio de melhor utilização dos recursos) e eliminação da necessidade de investimentos (pois o aumento da capacidade dos recursos existentes dispensa novos investimentos em instalações físicas e recursos humanos).

A gestão baseada em atividades gera melhorias operacionais por meio de um processo de cinco etapas:

Figura 3.4 Custeio baseado em atividades: De categorias de despesas para atividades

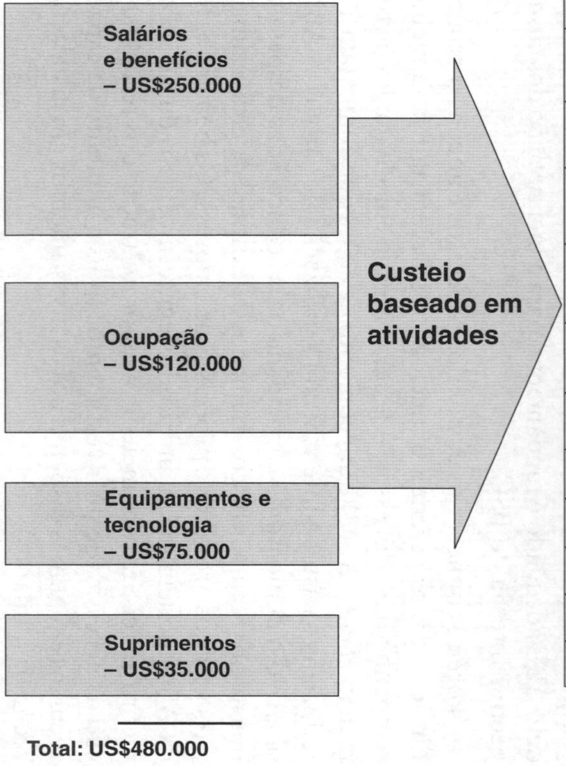

Salários e benefícios – US$250.000

Ocupação – US$120.000

Equipamentos e tecnologia – US$75.000

Suprimentos – US$35.000

Total: US$480.000

Custeio baseado em atividades

Atividades	Salários e benefícios	Ocupação	Equipamentos e tecnologia	Suprimentos	Total
Processar pedidos dos clientes					
Comprar materiais					
Programar produção					
Movimentar materiais					
Ajustar máquinas					
Inspecionar itens					
Manter informações sobre produtos					
Executar mudanças de engenharia					
Entregar pedidos					
Lançar novos produtos					
Resolver problemas de qualidade					

Total: US$480.000

1. Desenvolver o business case (análise de viabilidade)
2. Estabelecer prioridades
3. Justificar custos
4. Acompanhar benefícios
5. Medir desempenho da melhoria em curso

1. Desenvolver o business case

Os gerentes em geral não estão cientes das muitas oportunidades para reduzir custos e melhorar a eficiência das atividades e dos processos. Durante décadas, os engenheiros industriais concentraram-se na melhoria das linhas de frente das operações de fabricação e de serviços, dentro dos departamentos existentes. Mas, até recentemente, não estudavam nem tentavam melhorar as atividades e processos de apoio, como tampouco analisavam as atividades e processos de negócios interfuncionais. Quando os gastos com as atividades e processos de apoio eram pequenos em comparação com os referentes às operações de linha de frente e quando as atividades e processos de negócios eram mais simples e compreensíveis, tal prioridade de esforços era sem dúvida correta. Nas organizações de hoje, contudo, proporção crescente das despesas está associada a funções indiretas ou de apoio e a mesma atividade ou processo de negócio é afetada pelas ações de muitos departamentos e funções diferentes. Até recentemente, tais atividades e processos não estavam sujeitas a iniciativas de melhoria.

Tipicamente, a coleta de informações sobre os custos dos processos pelo ABC revela aos gerentes os gastos reais com atividades ineficientes ou destinadas à detecção e correção de defeitos. Para os gerentes que ainda estão céticos e desconfiados quanto aos benefícios potenciais dos programas de melhoria dos processos, como a gestão da qualidade total e o seis sigma, tais informações podem proporcionar-lhes a motivação para lançar iniciativas de mudança. Os dados sobre as atividades mostrarão que, embora o lançamento e a sustentação do TQM e do seis sigma talvez sejam dispendiosos, a organização já está pagando alto preço, todos os dias, por ineficiências e má qualidade. Parafraseando velho axioma de Henry Ford, "quando se necessita de melhorias nos processos de qualidade e não se as executa, paga-se por elas, sem aproveitá-las".

As informações geradas pelo ABC sobre os custos dos processos também fornecem as bases para o benchmarking, tanto dentro quanto fora da organização. A padronização da terminologia e dos processos de coleta de dados entre fábricas e empresas possibilita que a mesma atividade seja comparada entre várias unidades organizacionais. A conscientização de que os custos das atividades estão desalinhados com os de outras atividades organizacionais esclarece os pontos em que a unidade deve concentrar a melhoria dos processos.

Em resumo, o primeiro benefício da análise das atividades decorre da classificação das respectivas despesas por oportunidades para a redução de custos, seja desenvolvendo processos inteiramente novos, seja melhorando a qualidade e o desempenho dos processos existentes. A classificação das atividades permite que os gerentes quantifiquem as despesas atuais com processos ineficientes ou de baixa qualidade. Usada dessa maneira, as informações do ABC fornecem às linhas de frente ideias e motivação para o lançamento de programas e projetos de melhoria.

2. Estabelecer prioridades

Muitas organizações já implantaram a prática dos programas de melhoria dos processos. Portanto, não precisam de mais informações sobre as atuais despesas com atividades ineficientes ou de baixa qualidade, obtidas na primeira etapa do projeto ABM, para se comprometerem com os programas de melhoria contínua. Mas, sem as informações decorrentes da análise de atividades, os gerentes talvez não direcionem os programas de melhoria para as atividades e processos de negócios com o potencial de retorno maior. Por exemplo, muitas organizações "deram autonomia" a seus empregados e equipes de trabalho para praticar a melhoria contínua ou a reengenharia de seus processos. Essas equipes de trabalho descentralizadas podem promover melhorias marcantes em seus processos locais, mas sem impacto perceptível sobre os gastos totais da organização. Melhorar em 50% ou até em 100%, mediante total eliminação, uma atividade que consome menos de 0,01% das despesas totais exercerá efeito desprezível sobre o resultado final da organização.

O recurso mais escasso das organizações é tempo. Em vez de dispersar as iniciativas de melhoria dos empregados em processos isolados e de baixo impacto, os gerentes podem direcionar os esforços do pessoal para melhorar atividades e processos em que é mais alta a oportunidade para uma redução de custos substancial. O modelo ABC identifica os pontos em que se situam as maiores oportunidades para a redução de custos. Os gerentes, então, podem usar essas informações para definir prioridades entre os programas de melhoria de processos que, se bem-sucedidos, gerarão benefícios financeiros expressivos e quantificáveis para a organização. No entanto, as informações geradas pelo ABC não são a ferramenta operacional de uso contínuo em tais iniciativas de melhoria. Para tanto, os empregados precisam de feedback direto sobre a qualidade, o rendimento e a duração dos processos. O modelo ABC fornece orientação para as decisões sobre onde lançar as iniciativas de melhoria.

3. Justificar custos

Nos primeiros estágios do movimento de Gestão da Qualidade Total, dizia-se aos gerentes que a "qualidade é gratuita".[12] Apesar do ceticismo inicial quanto à possibilidade de produzir menos itens defeituosos sem aumentar os custos, a experiência das empresas japonesas e americanas com os programas TQM logo convenceu os gerentes de que até então vinham operando com altos níveis de ineficiência. Os primeiros anos de implementação da TQM criaram condições para que se colhessem muitos frutos dos galhos mais baixos. As despesas iniciais com TQM, resultantes da maior concentração na melhoria dos processos, nos projetos de aprimoramento de produtos e na solução e prevenção de problemas rotineiros, foram recuperadas com rapidez e generosidade, por meio de menores custos de diagnóstico, conserto, retrabalho e geração de resíduos.

Depois das primeiras vitórias, contudo, quando se colheram os frutos mais acessíveis, é provável que nem sempre as melhorias seguintes saiam de graça. Ou seja, para colher os frutos dos galhos mais altos, talvez seja preciso comprar uma escada. Além disso, a definição original de qualidade para os programas TQM era "conformidade com as especificações". Os gerentes se empenhavam em produzir cada item e prestar cada serviço de acordo com as características definidas pelos clientes. Depois que se estabilizaram os processos de operação e distribuição, de modo a gerarem produção consistente, de acordo com as especificações, aumentou-se o cacife da qualidade. Esta deixou de ser apenas conformidade com as especificações, para também abranger a realização das expectativas dos clientes. Se as expectativas dos clientes-alvo quanto ao desempenho dos produtos ou serviços superava as especificações vigentes, seria necessário reformular as especificações. Até os mais ardentes defensores da TQM não sustentavam que alcançar altos níveis de desempenho, em lugar da mera conformidade, era factível a custo zero.

Tampouco a reengenharia é capaz de cumprir suas promessas de melhorias notáveis em custo e desempenho sem vultosos investimentos iniciais. Os programas de reengenharia não são pouco dispendiosos. Compreende-se que muitas organizações talvez relutem em lançar iniciativas vultosas e dispendiosas apenas na base da fé. Em geral, precisarão analisar exemplos de benefícios alcançados para justificar o alto comprometimento em tempo, energia e recursos financeiros demandado pelos programas de reengenharia bem-sucedidos.

Para resumir o processo ABM, primeiro, os gerentes usam a análise das atividades para identificar grandes gastos em operações ineficientes, como base para a possível proposta de projetos em que a TQM, a melhoria dos processos ou a reengenharia possam exercer maior impacto. Segundo, com base nas oportunidades para economias de custo, os gerentes e funcionários definem prioridades entre os diferentes projetos. Em face da escassez de recursos, devem-se selecionar os projetos com maior impacto e menor consumo de recursos. Terceiro, embora os projetos mais desejáveis geralmente envolvam altos custos, logo se auferem retornos expressivos, resultantes de economias de custo documentadas, como consequência dos projetos de melhoria dos processos.

Essas três primeiras etapas da ABM – identificar oportunidades de melhoria dos processos, definir prioridades para a exploração das oportunidades e alocar recursos para o aproveitamento dos benefícios – podem ser executadas com rapidez, delas resultando vitórias relativamente fáceis, imediatas e visíveis, sem envolver pessoas fora das áreas de produção ou operação (como marketing, vendas ou engenharia).

4. Acompanhar benefícios

Suponha que já se tenham adotado as práticas da ABM – TQM, redesenho dos processos ou reengenharia – com base nas informações iniciais sobre o custo das atividades, conforme descrito acima. Muitas organizações, contudo, nunca auferem plenamente os benefícios dessas práticas. Elas melhoram ou mudam os processos, criando condições para que se atinjam os mesmos níveis de produção com muito menos recursos organizacionais, mas nunca redistribuem ou eliminam os recursos que se tornaram desnecessários. Em consequência, as despesas da organização continuam as mesmas de antes.

O modelo ABC fornece informações sobre os elementos dos recursos – plano de contas da contabilidade, ativos e pessoas expresso em tempo integral equivalente (FTE – full-time equivalent) – atribuídos às atividades. Revisando e atualizando periodicamente o modelo básico do ABC, a organização pode fazer nova estimativa dos recursos (despesas, ativos e FTEs) utilizados para a execução das atividades e processos de negócios. Dessa maneira, é possível verificar se as melhorias operacionais estão realmente gerando benefícios em termos de redução das demandas de recursos: menos ativos, menos pessoas e menos despesas para a execução das atividades. Os modelos ABC fornecem periodicamente feedback tangível e documentado sobre os benefícios resultantes das melhorias operacionais anteriores e sinalizam quando os benefícios esperados ainda não foram alcançados.

5. Medir o desempenho da melhoria continuada

O aspecto final da ABM referente às operações tem a ver com a melhoria contínua. Os gerentes podem definir os vetores ou direcionadores de processos que ajudam a explicar a quantidade de recursos e, em consequência, os custos necessários para executar certa atividade. Por exemplo, o vetor da atividade processamento de material em máquina talvez seja a qualidade do insumo. Se o insumo estiver fora de especificação, talvez se precise de mais tempo e retrabalho para convertê-lo em produtos acabados. Outro vetor pode ser o nível de treinamento e as habilidades dos operadores do processo. Os vetores de processo são indicadores de desempenho operacionais que os empregados devem acompanhar e melhorar todos os dias. Não são os indicadores estratégicos do Balanced Scorecard das unidades; são os indicadores operacionais que medem, motivam e avaliam as atividades rotineiras de melhoria dos processos.

Resumo

A gestão baseada em atividades permite que os gerentes atinjam sucessos altamente visíveis por meio de um sistema simples de custeio baseado em atividades. As oportunidades de transformação, reengenharia e melhoria contínua dos processos são identificadas e quantificadas com rapidez. O aprendizado do custo de cada atividade ou processo direciona a atenção dos funcionários e gerentes e os ajuda a estabelecer prioridades para atacar as atividades mais ineficientes e menos agregadoras de valor. O modelo ABC também fornece a argumentação quanto aos benefícios decorrentes das iniciativas, ao revelar o quanto se gasta por período com a ineficiência das operações. Muitos projetos de melhoria se autofinanciam, mesmo quando os custos iniciais são vultosos, pois estes são rapidamente absorvidos pelos resultados de processos muito mais eficientes e responsivos. Modelos subsequentes do método ABC monitoram a efetiva obtenção dos benefícios que se esperam dos novos processos. Além disso, podem-se definir vetores que direcionem a atenção dos empregados para a melhoria contínua e constante dos processos que já tenham passado por transformação ou reengenharia.

Gestão da Qualidade Total

Muitas organizações já dispõem de programas eficazes de melhoria da qualidade.

Nesse caso, os mapas estratégicos fornecem contexto estratégico de alto nível para essas iniciativas de qualidade em andamento, pois concentram o foco nelas, tornando-as mais eficazes, ao alinhá-las com os objetivos estratégicos da entidade. Vejamos a mutualidade dos benefícios entre a implementação da estratégia e os programas de melhoria da qualidade.

Mensuração da qualidade em mapas estratégicos

Evidentemente, os indicadores de qualidade são importantes em todos os processos de gestão operacional. Os indicadores de qualidade (como defeitos em PPM, rendimento e número de inspeções) são utilizados para o monitoramento de vários objetivos de gestão operacional, como compras, relacionamento com os fornecedores, produção de bens e serviços e distribuição aos clientes. Os indicadores de qualidade também desempenham papel importante na proposição de valor que os processos operacionais excelentes oferecem aos clientes. Defeitos detectados pelos clientes, consertos sob garantia, visitas de campo e entregas pontuais, tudo isso representa qualidade sob o ponto de vista do cliente. Assim, os programas eficazes de mensuração da qualidade fornecem indicadores críticos para os objetivos da perspectiva do cliente e dos processos internos nos mapas estratégicos da maioria das organizações.

O mapa estratégico reforça os programas de qualidade

Pode-se identificar quatro diferentes maneiras de como os mapas estratégicos podem fornecer valor significativo aos programas de qualidade mesmo para as empresas que já estão muito avançadas em seus programas de TQM e de seis sigma.

1. O BSC fornece conexões causais explícitas por meio dos mapas estratégicos e dos objetivos desdobrados. Os resultados dos programas de qualidade geralmente são implícitos e raramente são testados. Para construir o mapa estratégico do Balanced Scorecard, a estratégia da organização deve ser explícita. O processo de construção do mapa estratégico – e dos respectivos objetivos, indicadores, metas e projetos estratégicos – envolve a equipe de líderes em um processo intenso que cria consenso, clareza e comprometimento em relação à estratégia. As hipóteses básicas da estratégia tornam-se explícitas e verificáveis, à medida que se acumulam dados ao longo do tempo e de unidades organizacionais semelhantes.

Algumas organizações, contudo, não vinculam seus programas de qualidade aos objetivos explícitos da perspectiva do cliente e da perspectiva financeira. Como exemplo desse tipo de falha num scorecard de qualidade, veja um precursor ainda grosseiro de nossos scorecards estratégicos e mapas estratégicos, adotado pela Analog Devices, em fins da década de 1980.[13] No scorecard de qualidade da Analog, os indicadores de clientes – entregas pontuais, prazo e defeitos detectados pelos clientes – todos se relacionavam com a qualidade, em vez de uma proposição de valor diferenciadora. O scorecard da Analog também não abrangia critérios de avaliação dos resultados em termos de clientes, como conquista, retenção, participação nas compras e fatia de mercado. Os indicadores referentes a processos internos concentravam-se apenas na área de fabricação, nada havendo em relação à gestão de clientes e aos processos de inovação. A inexistência de conexão no scorecard de qualidade da Analog entre melhorias de qualidade, de um lado, e proposição de valor para os clientes ou resultados para os clientes, de outro, foi uma das causas prováveis da perda de 67% do valor para os acionistas nos três primeiros anos de uso do scorecard pela empresa. Esses resultados iniciais decepcionantes da Analog contrastam fortemente com o avanço no desempenho das empresas que usaram scorecards estratégicos construídos de maneira adequada.[14]

Os modelos de qualidade podem ser locais, táticos e desvinculados. O mapa estratégico, em contraste, capta os objetivos estratégicos e apenas então identifica as iniciativas e melhorias nos processos, necessárias para respaldar os objetivos estratégicos. Como observou um executivo:

> *O BSC fornece unidade e foco às nossas iniciativas de TQM e também ao nosso processo de planejamento anual e a longo prazo. Tínhamos muitas equipes fazendo muitas coisas, mas as iniciativas eram pontuais. O BSC reuniu tudo numa abordagem sistemática unificada. Agora, quando atribuímos responsabilidades aos departamentos, fazemo-lo dentro de um modelo.*

2. *O BSC define metas de desempenho notável, em vez de apenas combinar as melhores práticas.* Muitos programas de qualidade avaliam o desempenho de seus processos internos em comparação com as melhores práticas decorrentes da melhoria contínua, conforme apuradas por meio de benchmarking. Em contraste, a definição de metas no Balanced Scorecard começa com o anseio de promover avanços muito expressivos no desempenho, na perspectiva financeira e na perspectiva do cliente. *As empresas que adotam o Balanced Scorecard esperam converter-se em benchmarks para outras.* As metas de desempenho a curto prazo são determinadas não pelo benchmarking de processos isolados, mas pelo que a organização deve alcançar no curto prazo para manter-se na trajetória rumo a resultados excelentes. As metas de desempenho notável na perspectiva financeira e na perspectiva do cliente são desmembradas em metas desafiadoras, em termos de satisfação e retenção de clientes, desempenho dos processos internos, capacidades em recursos humanos e tecnologia da informação, além de alinhamento organizacional. Assim, as metas para todos os indicadores do BSC estão interligadas para impulsionar o desempenho notável em busca dos objetivos de alto nível. Sem dúvida, a prática disciplinada de benchmarking pelos programas de qualidade será útil para os programas BSC, ao ajudar as organizações a melhorar seus processos que estejam abaixo do padrão, pelo menos até níveis competitivos.

3. O BSC geralmente identifica processos inteiramente novos, de importância crítica para o alcance dos objetivos estratégicos. Os modelos de qualidade empenham-se para melhorar os processos organizacionais existentes, tornando-os melhores, mais rápidos e mais baratos. Mas a aplicação dos princípios do Balanced Scorecard, especialmente na implementação de nova estratégia, não raro revela processos inteiramente novos, em que a organização deve ser excelente. Por exemplo, certa empresa decidiu mudar de uma estratégia de baixo custo para uma estratégia diferenciada, de intimidade com o cliente. Componente crítico da nova estratégia era trabalhar em estreita ligação com os clientes-alvo, de modo a antecipar-se às suas necessidades futuras. A empresa nunca agira assim antes. Com base na estratégia anterior, esperava que o cliente pedisse uma proposta para a execução de um projeto e então respondia. Em outra empresa de serviços financeiros, que estava passando por mudança de estratégia semelhante, os empregados de linha de frente deveriam ser reciclados, para evoluírem de processadores reativos de transações a consultores financeiros proativos. Com base apenas em um modelo de mensuração da qualidade, os empregados teriam atingido alta pontuação em termos de processamento veloz, responsivo e sem defeitos das transações com os clientes. Mas esse processo, que em breve seria automatizado, já não era importante para a nova estratégia de relacionamento com os clientes. Em vez disso, os empregados deveriam ser excelentes num conjunto inteiramente novo de processos: antecipar e compreender as novas necessidades financeiras dos clientes, adquirir conhecimentos profundos sobre produtos e serviços financeiros e desenvolver capacidades para personalizar e vender produtos e serviços financeiros a cada um dos clientes. O processo de alto nível de desenvolvimento da estratégia do BSC identificou com facilidade a importância crítica desses novos processos e a pouca ênfase que deveria ser atribuída ao processamento de transações. Depois da identificação dos processos de importância vital, adotam-se programas de qualidade para melhorar o desempenho desses processos.

4. O BSC define prioridades estratégicas para o aprimoramento dos processos. Mesmo sem a necessidade estratégica de implementar processos inteiramente novos na organização, as empresas ainda precisam avaliar as prioridades. Alguns processos são mais importantes do que outros para o sucesso estratégico. O benchmarking facilita a avaliação de todos os processos da organização, comparando-os com as melhores práticas do setor. Alocam-se recursos para os processos com desempenho aquém das melhores práticas. Esse processo de alocação, contudo, não leva em conta as prioridades estratégicas. O Balanced Scorecard, em contraste, identifica os processos cujo desempenho deve situar-se no nível ou acima das melhores práticas e aqueles menos importantes para o sucesso estratégico. O BSC orienta as organizações na distribuição de seus recursos humanos e financeiros escassos, afastando-os da melhoria de processos não estratégicos e concentrando-os nos processos e iniciativas mais importantes para a implementação da estratégia.

Evidentemente, depois de identificarem seus processos mais críticos e essenciais, as organizações podem melhorá-los, aplicando os princípios da gestão da qualidade. A autoavaliação ajuda a determinar os investimentos requeridos pelos processos e os prazos necessários para que se atinjam as metas de desempenho do Balanced Scorecard.

Reengenharia: melhoria radical e pontual dos processos

Os programas de qualidade geralmente são chamados de "melhoria contínua". Às vezes, contudo, os processos existentes são tão ineficientes ou tecnologicamente obsoletos que a melhoria contínua não será suficiente para alcançar as metas de desempenho. Nesses casos, as organizações serão mais sensatas se abandonarem suas ferramentas tradicionais de gestão da qualidade e embarcarem em programas de *reengenharia* ou de melhoria radical.[15] O Balanced Scorecard reforça os programas de reengenharia, da mesma maneira como aumenta a eficácia dos programas de qualidade, inserindo-os em contexto estratégico relacionado com os resultados organizacionais de alto nível, definindo metas de desempenho (quase sempre não financeiras) para os resultados dos programas de reengenharia e estabelecendo prioridades quanto aos processos cuja reformulação exercerá o maior impacto sobre o desempenho organizacional.

Resumo das conexões entre mapas estratégicos e programas de melhoria

O mapa estratégico desenvolvido de maneira adequada concentra o foco dos programas de gestão baseada em atividades e de gestão da qualidade, embutindo essas iniciativas de melhoria dentro de um modelo estratégico que esclarece com nitidez o impacto decorrente da melhoria dos processos sobre importantes resultados organizacionais. Acreditamos que cada modelo – gestão da qualidade e mapas estratégicos – acrescenta uma dimensão útil ao outro. Ao usar os dois modelos em conjunto, a equipe gerencial alavanca os conhecimentos e insights de cada abordagem.

A melhoria contínua dos programas de ABM e TQM ajuda as organizações a reduzir os custos de seus processos, tornando-os mais conscientes e mais responsivos. Ao evitar defeitos, ineficiências e atrasos, as organizações fazem as coisas da maneira certa. Os mapas estratégicos e o Balanced Scorecard concentram os programas de melhoria da organização nos processos internos que mais contribuem para a execução bem-sucedida da estratégia. A combinação de programas de melhoria com mapas estratégicos permite que as empresas façam "certo as coisas certas" (Figura 3.5). Ambos os conjuntos de ferramentas gerenciais sem dúvida têm seu lugar nas organizações que pretendem promover avanços expressivos no desempenho.

RESUMO

Neste capítulo, examinamos o grupamento dos processos de gestão operacional que produzem e fornecem os produtos e serviços da organização. Identificamos os objetivos e indicadores para a excelência operacional em processos que:

Figura 3.5 Duas etapas da excelência nos negócios: a combinação de excelência nos negócios e gestão orientada para a estratégia permite que as organizações façam certo as coisas certas

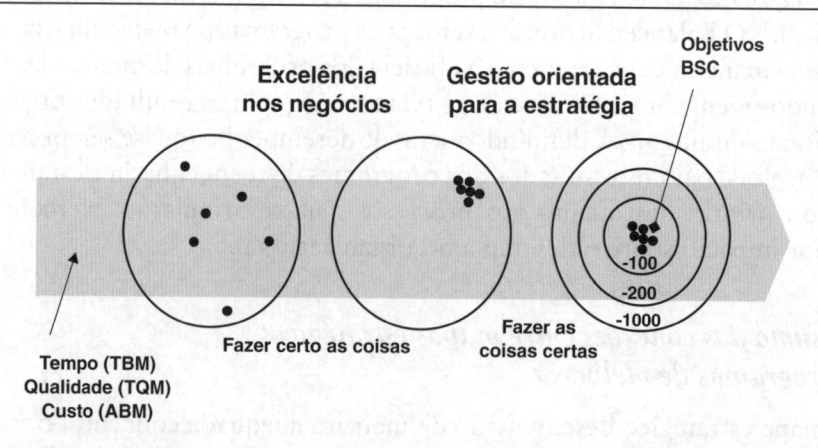

- Desenvolvem excelentes relacionamentos com os fornecedores e reduzem o custo total de compra de bens e serviços.
- Geram os produtos e serviços existentes para os clientes de hoje.
- Distribuem e fornecem produtos e serviços aos clientes.
- Gerenciam os riscos operacionais e de negócios.

Também mostramos que os programas de melhoria organizacional, como gestão baseada em atividades e gestão da qualidade, são fundamentais para ajudar as organizações a melhorar os custos, a qualidade e a responsividade de seus processos críticos de gestão operacional.

No estudo de caso que se segue a este capítulo, discutimos o mapa estratégico da Thornton Oil. A Thornton, que opera uma cadeia de postos de combustível e lojas de conveniência, usou o desenvolvimento do mapa estratégico e do Balanced Scorecard para impulsionar melhorias drásticas nos processos operacionais, de modo a tornar-se mais competitiva em relação a empresas mais novas em seu mercado – como Wal-Mart, Meijer, Costco e Kroger.

NOTAS

1. Michael Porter, "What Is Strategy?" *Harvard Business Review* (novembro-dezembro de 1996): 61-64.
2. Robin S. Kaplan e Robin Cooper, *Cost and Effect: Using Integrated Cost System to Drive Profitability and Performance* (Boston: Harvard Business School Press, 1998), 203-210.
3. Ver o apêndice do Capítulo 5, "Internal Business Process Perspective", in Robert S. Kaplan e David P. Norton, *The Balanced Scorecard: Translating Strategy into Action* (Boston: Harvard Business School Press, 1996), 116-120, para uma análise dos indicadores típicos de custo, qualidade e duração do ciclo nos processos operacionais.
4. Duração do ciclo (*cycle time*) é o tempo total decorrido entre o início e o fim da produção. A duração do processo (*process time*) representa o tempo realmente necessário para o processamento, excluindo o tempo de espera, movimentação e ajuste. Por exemplo, a duração do ciclo de aprovação de empréstimos hipotecários pode ser de 28 dias, mas consumindo apenas 40 minutos de tempo de processamento real, durante o intervalo total de 28 dias.
5. Os objetivos de utilização e confiabilidade dos equipamentos são mais importantes para os recursos que constituem gargalos. Ver Eliyahu M. Goldratt e Jeff Cox, *The Goal: A Process of Ongoing Improvement* (Croton-on-Hudson, NY: North River Press, 1986).
6. L. Meulbroek, "A Senior Manager's Guide to Integrated Risk Management", *Journal of Applied Corporate Finance* (inverno de 2002): 56-70.

7. B. Schlender, "The Bill & Warren Show", *Fortune*, 20 de julho de 1998.
8. K. Froot, D. Scharfstein e J. Stein, "A Framework for Risk Management", *Harvard Business Review* (novembro-dezembro de 1994).
9. Os valores-alvo para os indicadores de gerenciamento de riscos financeiros dificilmente são zero. Algum grau de risco é desejável, pois o hedge é dispendioso e vender apenas aos clientes com ótima qualidade de crédito sacrificará muitas vendas potenciais.
10. Ver Robert S. Kaplan, "Texas Eastman Company", Case 9-190-039 (Boston: Harvard Business School, 1989) para um exemplo inovador de como a tecnologia da informação avançada pode impulsionar melhorias de qualidade e de custo nos processos cotidianos.
11. M. T. Hansen, N. Nohria e T. Tierney, "What's Your Strategy for Managing Knowledge?" *Harvard Business Review* (março-abril de 1999): 106-116.
12. Philip B. Crosby, *Quality is Free* (Nova York: McGraw-Hill, 1979).
13. Robert S. Kaplan, "Analog Devices: The Half-Life System", Case 9-190-061 (Boston: Harvard Business School, 1989).
14. Histórias de sucesso com o uso do Balanced Scoreard aparecem no Capítulo 1 de Kaplan e Norton, *The Strategy-Focused Organization*. Essas experiências e outras estão documentadas em The Balanced Scorecard Hall of Fame, acessada em http://www.bscol.com.
15. Michael Hammer e James A. Champy, *Reengineering the Corporation: A Manifesto for Business Revolution* (Nova York: HarperBusiness, 1993).

ESTUDO DE CASO

THORNTON OIL CORPORATION

Antecedentes

Fundada em 1971 por James H. Thornton, a Thornton Oil Corporation, com sede em Kentucky, desenvolveu uma cadeia de postos de combustível e lojas de conveniência que hoje possui 140 unidades em dezenove estados e atingiu receita de vendas anual superior a US$700 milhões. Ainda familiar, a empresa situa-se entre as 500 maiores de capital fechado dos Estados Unidos.

Mas as coisas nem sempre foram tão fáceis para esse negócio familiar, que se converteu em grande empresa. Em 1998, o presidente e CEO deixou a empresa, devido a um escândalo na comercialização de commodities. Depois, no mesmo outono, a empresa nomeou Rick Claes, veterano de 12 anos na divisão de imóveis e construções da Thornton, como novo CEO. Para realizar seu objetivo – promover o crescimento agressivo do negócio – Claes sabia que precisaria enfrentar alguns grandes problemas: foco na rentabilidade a curto prazo; estilo gerencial sufocante de comando-e-controle; e força de trabalho mal treinada, enfraquecida pela competição interna e pela falta de confiança. Igualmente preocupante, a Thornton defrontava-se com competição externa cada vez mais acirrada, na forma de postos de combustível com lojas de conveniência, lançados por gigantes do varejo de desconto, como Wal-Mart, Kroger e Costco. Com os rivais fechando o cerco, o novo CEO estava bem consciente de que a Thornton teria dificuldade em manter suas margens de lucro já estreitas na venda de gasolina. Era evidente que alguma coisa precisava mudar.

A estratégia

A empresa decidiu começar sua transformação esclarecendo a visão: tornar-se empresa de US$1 bilhão antes de 2005. Em seguida, delineou a estratégia para realizar a visão: expandir o negócio de lojas de conveniência, uma vez que a margem de lucro decorrente da venda de gasolina era notoriamente mais baixa. A expansão do negócio de lojas de conveniência, por sua vez, giraria em torno da intimidade com o cliente: conhecer exatamente quem entrava nas lojas Thornton, o que compravam e o que atrairia novos clientes para o negócio. A empresa fixou-se, então, no tema essencial de alcançar a excelência em marketing e de promover o crescimento do negócio de alimentos.

O mapa estratégico

No mapa estratégico da empresa, a lógica da nova estratégia da Thornton percorreu inexoravelmente as quatro perspectivas (Figura 3.6). Alguns destaques do mapa:

- *Perspectiva do cliente*: O sucesso na promoção do crescimento do negócio de alimentos levaria diretamente ao sucesso em outro tema-chave: facilitar a vida dos clientes. Cinco objetivos tinham a ver com proporcionar aos clientes experiência de compra de baixo custo, inclusive:
  - Gasolina de qualidade a baixo preço.
  - Artigos básicos: limpos, seguros, em estoque.
  - Rapidez de atendimento.
  - Empregados simpáticos e bem informados nas lojas.
  - Lojas em localidades de fácil acesso para os clientes.

  Além de garantir esses aspectos fundamentais, a Thornton adotou o objetivo de selecionar mercadorias que tornassem suas lojas "lugar certo onde encontrar alimentos, produtos e serviços de qualidade". Em termos simples, a empresa queria que os clientes se dirigissem às suas lojas sempre que desejassem intensamente algum tipo de salgadinho, bebida ou outro item essencial. No passado, a empresa fizera uma parceria com a matriz da Dunkin' Donuts's para instalar quiosques de biscoitos e cafés em muitas de suas lojas. Agora, partira para desenvolver seus produtos com marca própria; por exemplo, cafés e folhados da Thornton. Assim, a empresa pretendia ser excelente no fornecimento aos clientes de um portfólio certo e na oferta constante de alimentos, produtos e serviços diferenciados.

- *Perspectiva dos processos internos:* A Thornton tinha dois temas para oferecer aos clientes experiências de compra de baixo custo. O tema *excelência na cadeia de fornecimento de combustível* compunha-se de três objetivos relacionados com a redução do custo de aquisição dos produtos a serem revendidos aos clientes. Um deles era "explorar oportunidades B2B/B2C", o que significava usar a internet para comprar e vender óleo entre postos de combustível menores. O tema de *excelência operacional* enfatizava a necessidade de "superar as expectativas nos cinco Cs do funcionamento das lojas" (como *cleanliness* [limpeza], *customer service* [serviços aos clientes] e *coaching* [apoio de gestão aos gerentes de postos] e melhorar os processos operacionais. Além disso, a busca de novos clientes que valorizassem a experiência de compra na Thornton identificou o tema de *promover o crescimento do negócio de alimentos*. Os processos internos incluíam "conhecer os clientes" – ou seja, identificar segmentos de clientes como "fregueses só de almoço", "fregueses de almoço e jantar" e "fregueses de gasolina e comida", e descobrir maneiras de criar novos segmentos. Finalmente, o tema *crescer intensamente por meio do desenvolvimento* abrangia os objetivos "otimizar as oportunidades nas instalações existentes"; por exemplo, melhorar o portfólio, bolando novos serviços a serem prestados nas atuais lojas.

Figura 3.6 Thornton's: Lugar irresistível para trabalhar, comprar e investir

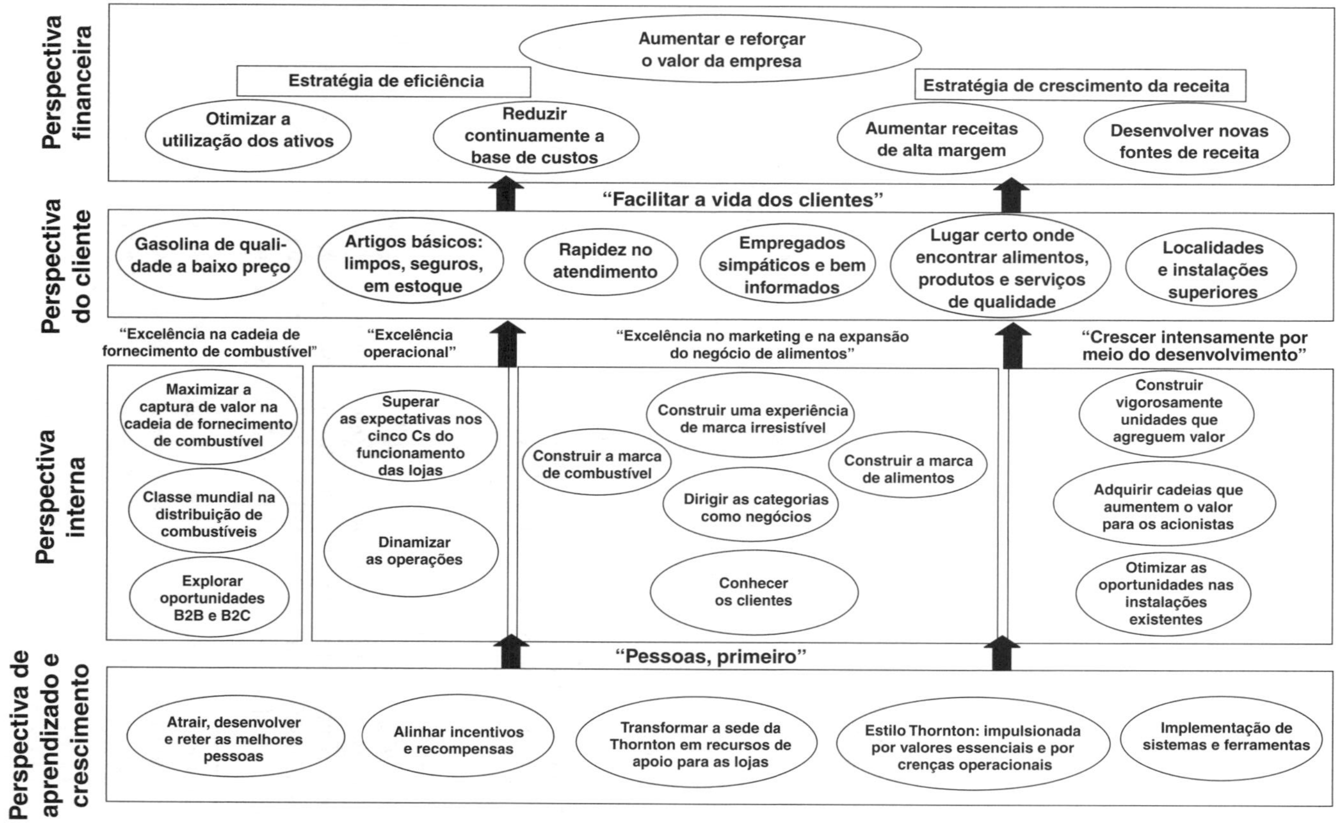

Perspectiva financeira

Estratégia de eficiência

- Otimizar a utilização dos ativos
- Reduzir continuamente a base de custos

Aumentar e reforçar o valor da empresa

Estratégia de crescimento da receita

- Aumentar receitas de alta margem
- Desenvolver novas fontes de receita

Perspectiva do cliente

"Facilitar a vida dos clientes"

- Gasolina de qualidade a baixo preço
- Artigos básicos: limpos, seguros, em estoque
- Rapidez no atendimento
- Empregados simpáticos e bem informados
- Lugar certo onde encontrar alimentos, produtos e serviços de qualidade
- Localidades e instalações superiores

Perspectiva interna

"Excelência na cadeia de fornecimento de combustível"

- Maximizar a captura de valor na cadeia de fornecimento de combustível
- Classe mundial na distribuição de combustíveis
- Explorar oportunidades B2B e B2C

"Excelência operacional"

- Superar as expectativas nos cinco Cs do funcionamento das lojas
- Dinamizar as operações
- Construir a marca de combustível

"Excelência no marketing e na expansão do negócio de alimentos"

- Construir uma experiência de marca irresistível
- Dirigir as categorias como negócios
- Conhecer os clientes
- Construir a marca de alimentos

"Crescer intensamente por meio do desenvolvimento"

- Construir vigorosamente unidades que agreguem valor
- Adquirir cadeias que aumentem o valor para os acionistas
- Otimizar as oportunidades nas instalações existentes

Perspectiva de aprendizado e crescimento

"Pessoas, primeiro"

- Atrair, desenvolver e reter as melhores pessoas
- Alinhar incentivos e recompensas
- Transformar a sede da Thornton em recursos de apoio para as lojas
- Estilo Thornton: impulsionada por valores essenciais e por crenças operacionais
- Implementação de sistemas e ferramentas

- *Perspectiva de aprendizado e crescimento*: Para explorar o ativo intangível representado pelo conhecimento e comprometimento dos empregados, condição essencial para executar a estratégia, a Thornton identificou o tema básico de promover a cultura de "pessoas primeiro". Os objetivos correlatos eram "transformar a sede social de centro de comando-e-controle em retaguarda de apoio" para os gerentes e funcionários das lojas. No passado, a sede social apenas ditava ordens a serem cumpridas pelas lojas. Agora, o foco era concentrar-se no conhecimento e atendimento das necessidades do pessoal das lojas.

  Para respaldar ainda mais o tema "pessoas primeiro", a empresa definiu o objetivo "estilo Thornton" – para garantir que a empresa fosse "impulsionada por valores essenciais e crenças operacionais". Finalmente, para substituir seus antiquados sistemas de comunicação, a Thornton acrescentou o objetivo de "implementar sistemas e ferramentas", que levou à adoção de um novo sistema de e-mail mais eficiente, que facilitava a comunicação entre funcionários e gerentes.
- *Perspectiva financeira*: Se tudo corresse conforme os planos previstos nas perspectivas anteriores, a Thornton contava com resultados financeiros muito tangíveis. Os temas gêmeos dessa perspectiva – eficiência e crescimento da receita – eram apoiados por quatro objetivos financeiros: *otimizar a utilização de ativos, reduzir continuamente a base de custos, maximizar receitas de alta margem* e *desenvolver novas fontes de receita*.

Resultados

Esclarecendo, comunicando e avaliando o progresso na execução da estratégia por meio do Balanced Scorecard, a Thornton alcançou resultados impressionantes.[1] A ênfase da empresa na perspectiva do cliente redundou em aumento de 44% na avaliação dos serviços aos clientes. As avaliações dos *mistery-shoppers* aumentaram em 14% – resultados fornecidos por "clientes ocultos", contratados para fazer perguntas com respostas diretas "sim / não" a outros clientes sobre padrões da loja, como por exemplo, limpeza. As despesas operacionais totais estavam abaixo ou dentro do orçamento mensal de forma continuada. Além disso, os empregados da Thornton estavam nitidamente mais felizes – como se verificava pela redução de 48% na rotatividade de pessoal e pela diminuição de 62% nas despesas com recrutamento.

Caso preparado por Patricia Bush, da Balanced Scorecard Collaborative e Lauren Keller Johnson, colaboradora do Balanced Scorecard Report. Nossos agradecimentos a Rick Claes e colegas por compartilharem conosco a experiência da Thornton Oil Corporation.

NOTA

1. Como empresa de capital fechado, os resultados financeiros da Thornton Oil não estão disponíveis.

CAPÍTULO 4

PROCESSOS DE GESTÃO DE CLIENTES

A gestão de clientes reflete boa parte do que é novo na moderna estratégia de negócios (Figura 4.1). Na Era Industrial, as estratégias eram orientadas a produtos: "Se produzirmos, os clientes comprarão" era a filosofia básica. As empresas alcançavam o sucesso por meio de processos eficientes de gestão operacional e com base na inovação dos produtos. Os processos operacionais, focados no gerenciamento dos custos, nas economias de escala e na qualidade, criavam condições para que os produtos fossem entregues a preços que geravam margens de lucro atraentes, embora ainda acessíveis aos clientes. Os processos de inovação produziam um fluxo contínuo de novos produtos que ajudavam a promover o crescimento da participação de mercado e a impulsionar as receitas. A gestão de clientes concentrava-se nas transações – promover e vender os produtos da empresa. A construção de relacionamentos com os clientes não era prioridade.

A nova economia realçou a importância dos relacionamentos com os clientes. Embora os processos de gestão da inovação e operacional continuem importantes para o sucesso estratégico, a evolução do computador e da tecnologia das comunicações, em especial a internet e os aplicativos de bancos de dados, deslocaram o equilíbrio do poder dos produtores para os clientes. Agora, estes últimos lançam as transações. Tomam as iniciativas, em vez de reagir às campanhas de marketing e às promoções de vendas. Por exemplo, os clientes da Dell e da Levi Strauss podem desenhar a configuração de seus próprios produtos, usando os sites das empresas na internet – Dell.com e IC3D.com (para blue jeans). As compras dos clientes, registradas nos terminais dos pontos de venda da Wal-Mart, disparam o processo de produção dos fornecedores. Os clientes podem encontrar informações válidas sobre os produtos das

Figura 4.1 Gestão de clientes

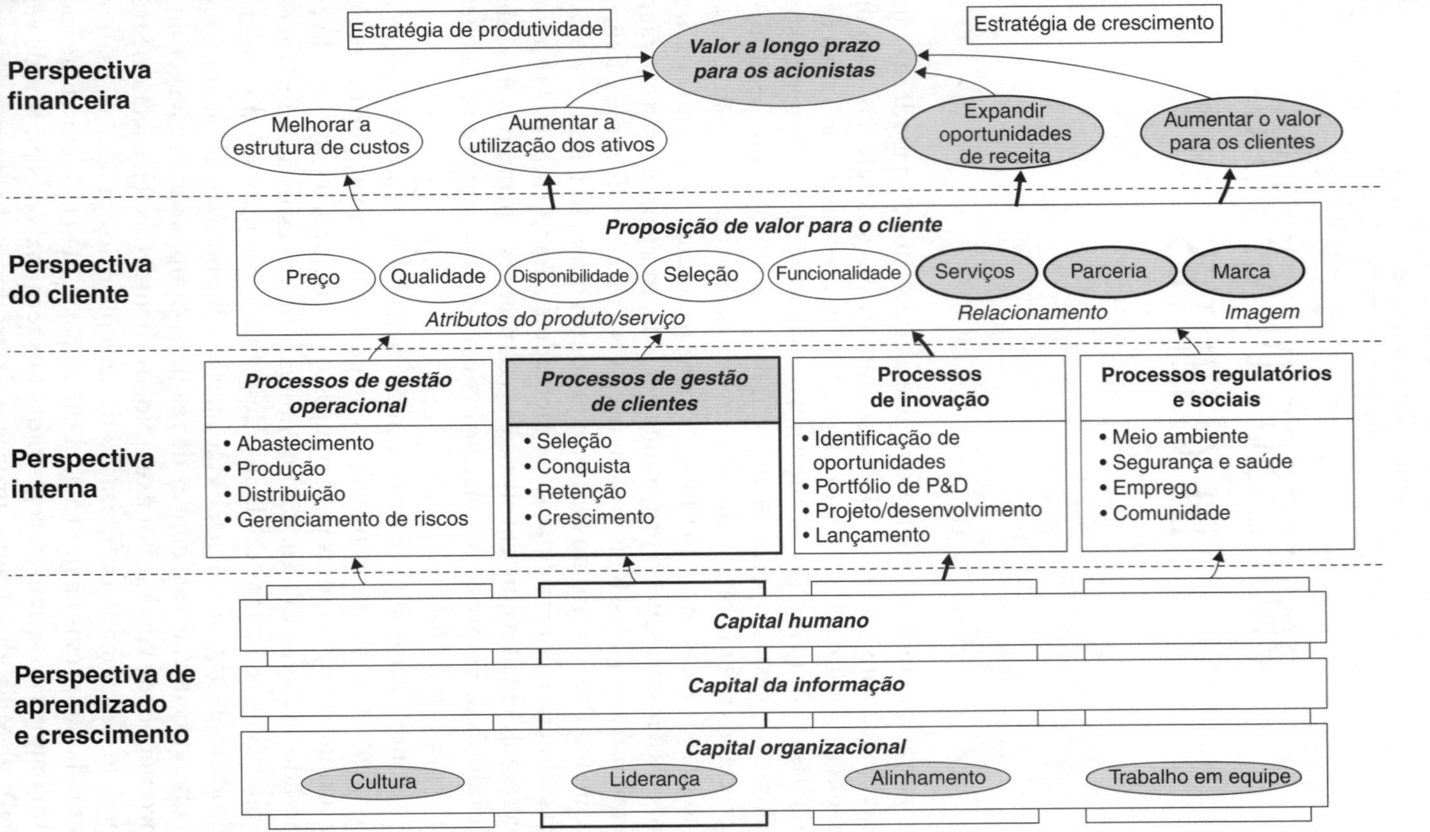

Perspectiva financeira

Estratégia de produtividade | Estratégia de crescimento

- Melhorar a estrutura de custos
- Aumentar a utilização dos ativos
- **Valor a longo prazo para os acionistas**
- Expandir oportunidades de receita
- Aumentar o valor para os clientes

Perspectiva do cliente

Proposição de valor para o cliente

Atributos do produto/serviço: Preço | Qualidade | Disponibilidade | Seleção | Funcionalidade

Relacionamento: Serviços | Parceria

Imagem: Marca

Perspectiva interna

Processos de gestão operacional
- Abastecimento
- Produção
- Distribuição
- Gerenciamento de riscos

Processos de gestão de clientes
- Seleção
- Conquista
- Retenção
- Crescimento

Processos de inovação
- Identificação de oportunidades
- Portfólio de P&D
- Projeto/desenvolvimento
- Lançamento

Processos regulatórios e sociais
- Meio ambiente
- Segurança e saúde
- Emprego
- Comunidade

Perspectiva de aprendizado e crescimento

Capital humano

Capital da informação

Capital organizacional: Cultura | Liderança | Alinhamento | Trabalho em equipe empresas, como preço, disponibilidade, características e prazo de entrega, na web. Salas de bate-papo fornecem testemunhos de clientes satisfeitos e insatisfeitos.

Frequentemente, a proximidade física dos clientes em relação à empresa já não é fator crítico. Empresas de entrega expressa, como FedEx, DHL e UPS, criam condições para que os produtos cheguem à residência ou ao negócio dos clientes de um dia para o outro, em pontos de produção espalhados por todo o mundo. As organizações já não podem mais definir o sucesso de seus processos de gestão de clientes como meramente gerar uma transação, uma venda. Os *processos de gestão de clientes* devem ajudar a empresa a conquistar, sustentar e cultivar relacionamentos rentáveis e duradouros com os clientes-alvo.

QUATRO PROCESSOS DE GESTÃO DE CLIENTES

A gestão de clientes consiste em quatro processos genéricos (Figura 4.2):

1. *Selecionar clientes:* Identificar segmentos de clientes atraentes para a empresa, elaborar proposições de valor específicas a esses segmentos e criar uma imagem de marca que atraia clientes desses segmentos para os produtos e serviços da empresa.
2. *Conquistar clientes:* Comunicar a mensagem ao mercado, atrair clientes potenciais e converter os clientes potenciais em clientes efetivos.
3. *Reter clientes*: Garantir a qualidade, corrigir os problemas e transformar os clientes em "fãs ardorosos", altamente satisfeitos.
4. *Cultivar relacionamentos com os clientes:* Conhecer os clientes, construir relacionamentos com eles, aumentar a participação da empresa nas atividades de compra dos clientes-alvo.

As estratégias de gestão de clientes devem enfatizar a execução ao longo dos quatro processos. A maioria das organizações, atuando sem uma estratégia explícita de gestão de clientes, são ineficientes nos processos de seleção e retenção (números 1 e 3). Por exemplo, a Mobil perseguiu uma estratégia de preços confusa durante tantos anos por não ter segmentado e mirado seu vasto mercado de clientes potenciais. O Chemical Bank (hoje parte do J. P. Morgan Chase) também carecia do direcionamento de uma estratégia nítida de segmentação de mercado. Em consequência, cultivava relacionamentos com muitos clientes não lucrativos. Várias outras empresas ainda dedicam pouca atenção à retenção de clientes. Tratam as vendas

Figura 4.2 Processos de gestão de clientes

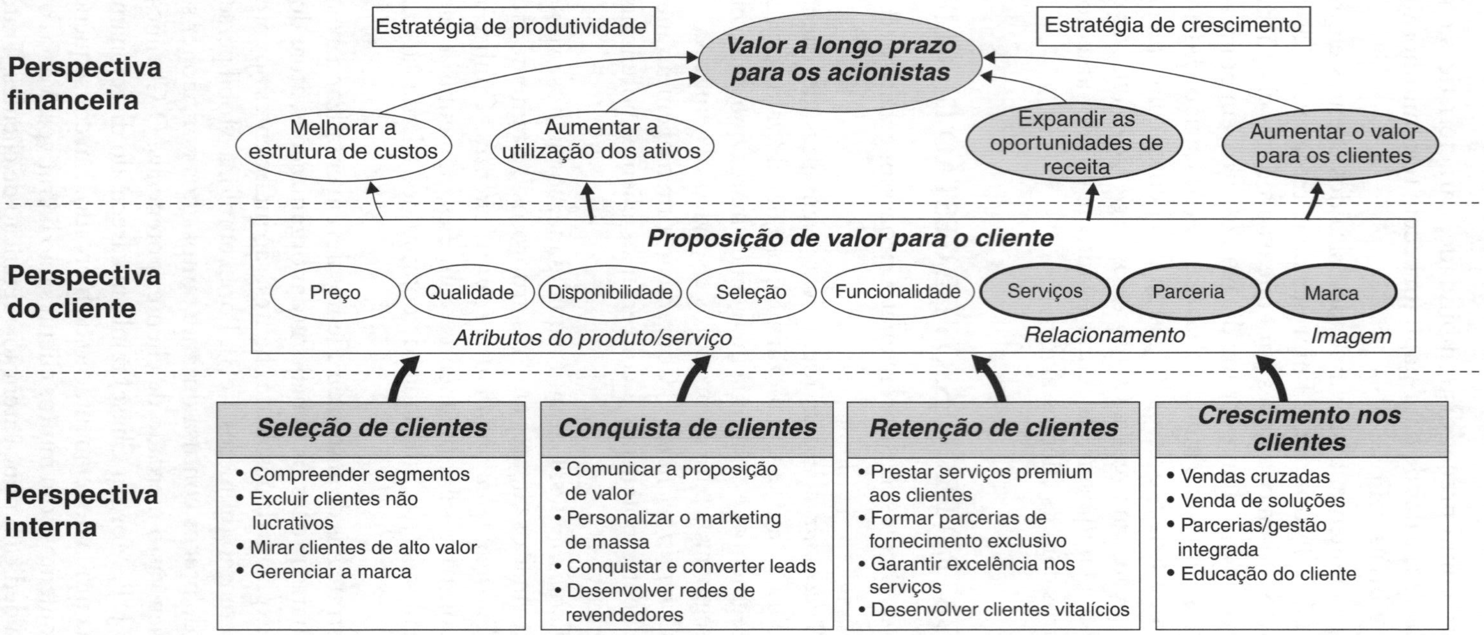

Perspectiva financeira

- Estratégia de produtividade
- Estratégia de crescimento

- Melhorar a estrutura de custos
- Aumentar a utilização dos ativos
- Expandir as oportunidades de receita
- Aumentar o valor para os clientes

Valor a longo prazo para os acionistas

Perspectiva do cliente

Proposição de valor para o cliente

- Preço
- Qualidade
- Disponibilidade
- Seleção
- Funcionalidade
- Serviços
- Parceria
- Marca

Atributos do produto/serviço — Relacionamento — Imagem

Perspectiva interna

Seleção de clientes
- Compreender segmentos
- Excluir clientes não lucrativos
- Mirar clientes de alto valor
- Gerenciar a marca

Conquista de clientes
- Comunicar a proposição de valor
- Personalizar o marketing de massa
- Conquistar e converter leads
- Desenvolver redes de revendedores

Retenção de clientes
- Prestar serviços premium aos clientes
- Formar parcerias de fornecimento exclusivo
- Garantir excelência nos serviços
- Desenvolver clientes vitalícios

Crescimento nos clientes
- Vendas cruzadas
- Venda de soluções
- Parcerias/gestão integrada
- Educação do cliente

como eventos transacionais, evitam contatos com os clientes depois da venda e não verificam se os retiveram para futuros negócios.

1. Seleção de clientes

O processo de seleção de clientes começa com a segmentação do mercado em nichos, cada um com características e preferências distintas.[1] A equipe executiva seleciona os *segmentos-alvo* em que a empresa é capaz de desenvolver proposição de valor singular e defensável. Seleção de clientes não é o mesmo que seleção e precificação de pedidos ("Será que devemos aceitar esse pedido?"; "A que preço?"). Os clientes são muito diferentes quanto à rentabilidade e as empresas quase sempre gastam muito dinheiro na construção e preservação de relacionamentos duradouros com os clientes. Para garantir que seus investimentos em marketing e vendas sejam direcionados para as oportunidades mais lucrativas, os executivos devem dedicar à seleção de clientes-alvo e aos investimentos neles tanto tempo e esforço quanto direcionam à análise dos investimentos em ativos tangíveis. Sobretudo, devem evitar a armadilha de tentar ser o melhor fornecedor para todos os clientes possíveis.

Idealmente, a seleção de clientes deve basear-se na proposição de valor para os clientes, ou seja, os benefícios que os clientes almejam alcançar por meio do produto ou serviço. É possível segmentar os clientes com base nos benefícios que procuram e em seus relacionamentos com a empresa, tais como:

- *Intensidade do uso:* Intenso, leve, moderado.
- *Benefícios almejados:* Preço, serviço, desempenho, relacionamento, identidade da marca.
- *Fidelidade:* Nenhuma, moderada, forte, comprometido.
- *Atitude:* Insatisfeito, satisfeito, encantado.

Na prática, especialmente nos mercados de consumo de massa, às vezes é difícil observar diretamente a preferência dos clientes, razão por que a segmentação não raro baseia-se em características mais facilmente observáveis. Por exemplo, os segmentos de clientes podem ser definidos por:

- *Fatores demográficos:* Idade, renda, riqueza, gênero, ocupação ou identidade étnica.
- *Fatores geográficos:* País, região, contexto urbano ou rural.
- *Fatores de estilo de vida:* Orientado para o valor, orientado para o luxo.

Evidentemente, a segmentação com base em características observáveis é valiosa apenas se tais peculiaridades correlacionarem-se com as preferências básicas dos clientes. Técnicas estatísticas avançadas podem ser usadas para desenvolver a segmentação de uma população heterogênea. Aí se incluem análise de agrupamentos, para a identificação de segmentos de clientes homogêneos; análise conjunta, para a mensuração das preferências e das necessidades dos clientes, e análise discriminante, para segregar os clientes em segmentos distintos.

Depois de identificarem os possíveis segmentos de clientes, as empresas selecionam os segmentos-alvo. A escolha dos clientes pela empresa pode influenciar suas capacidades e, no sentido inverso, os recursos, as capacidades e a estratégia da empresa podem determinar os melhores clientes. Por exemplo, os fabricantes de peças e componentes automotivos para as "três grandes" empresas automobilísticas americanas, que em seguida tornaram-se os primeiros fornecedores de empresas japonesas (Honda, Toyota e Nissan), foram treinados em processos de qualidade total e de produção just-in-time. Em breve, transformaram-se em fornecedores diferenciados, aptos a competir com base em capacidades, em vez de apenas em função do preço. Como outro exemplo, um produtor de especialidades, com baixos volumes, pode receber o pedido de um cliente para fabricar um produto padronizado, em altos volumes. Esse pedido do cliente iniciaria a transformação da empresa, de produtor de nicho para produtor de massa, com uma estrutura de custos muito diferente.

Na situação mais típica, a estratégia da empresa influencia sua escolha de clientes. A Cigna Property and Casualty, como parte de sua virada estratégica para converter-se em provedor especializado, apresentava propostas de negócios apenas quando considerava que seus conhecimentos sobre os riscos específicos eram superiores à média do setor. A Dell Computer concentrou-se de início em clientes empresariais sofisticados, capazes de fornecer apoio técnico local à sua base instalada de computadores pessoais. Esse foco em clientes empresariais educados permitiu que a Dell vendesse e entregasse o produto diretamente ao usuário final, sem necessidade de canais de distribuição varejistas ou atacadistas. A Dell também evitou a necessidade de dispor de ampla base de assistência técnica aos clientes. Dessa maneira tornou-se o fornecedor de computadores pessoais de mais baixo custo do setor e em breve assumiria a posição de líder setorial.

A Harrah's Entertainment, operadora de cassinos de jogo em todo o território americano, mira os "low rollers", ou seja, os jogadores que arriscam pouco, bem à semelhança da Southwest e outras empresas de aviação de desconto, que miram os clientes sensíveis ao preço. A Harrah's quer ser o cassino preferido de casais em suas noites de lazer, ansiosos por experimentar os "sentimentos de antecipação e exuberância" oriundos dos jogos com cacifes baixos, que lhes ofereçam "alívio momentâneo para os problemas e pressões do cotidiano". A empresa estima que 26% dos jogadores fornecem 82% da receita, com os jogadores mais ansiosos gastando até US$2.000 por ano. Esses "ávidos jogadores experientes", dispostos a visitar o cassino da Harrah's em várias localidades, converteram-se nos clientes-alvo da empresa, que procurou afastá-los da competição direta com os cassinos de luxo de alto custo, operados pela Mirage Resorts and Circus Enterprises.[2]

A nova estratégia da Marine Engineering (Figura 4.3) diminuiu a ênfase sobre um grande segmento de clientes altamente sensíveis ao preço. Como principal fonte de crescimento e rentabilidade no futuro, identificou um segmento de mercado de clientes que (1) valorizava as parcerias a longo prazo com os fornecedores, (2) queria terceirizar os serviços que não são foco da empresa e (3) pedia aos fornecedores que participassem dos riscos e recompensas dos grandes projetos. A Marine Engineering receberia maior remuneração se seus projetos rendessem retornos mais elevados para os clientes; mas seus honorários seriam reduzidos, em caso de atraso ou de custo efetivo acima do orçado.

A Marine Engineering escolheu como objetivo em seleção de clientes "concentrar-se apenas em clientes estratégicos", aqueles cujos negócios podiam ser conquistados mediante a oferta de serviços que agregam valor superior ao dos oferecidos pelos concorrentes. Um dos indicadores de sucesso nesse objetivo era o número de clientes estratégicos, ou seja, aqueles mais interessados na qualidade dos serviços e dos relacionamentos do que no preço baixo. Além disso, também se media a frequência com que não se buscavam todos os negócios potenciais, em especial os dos clientes que se importavam apenas com as propostas de preço mais baixo. Assim, o segundo indicador desse objetivo era o número de ausências em concorrências, sinalizando com clareza que nem todas as oportunidades de vendas deviam ser perseguidas.

Algumas empresas, sobretudo as que operam em setores maduros, do tipo commodities, não veem oportunidades significativas de crescimento por meio de serviços que agregam valor. Nessas empresas, o processo de seleção de clientes concentra-se em evitar clientes não lucrativos, ou seja, aqueles que custam mais do que os honorários e receitas por eles gerados. O MetroBank (Figura 4.4) e a Acme Chemicals (Figura 4.5) detinham participações de mercado significativas, mas estáveis. Adotaram como objetivo "identificar e melhorar ou eliminar os clientes não lucrativos". Usando o custeio baseado em atividades para mensurar a rentabilidade de cada cliente, também mediam o sucesso na redução da porcentagem de clientes não lucrativos.

Figura 4.3 Marine Engineering

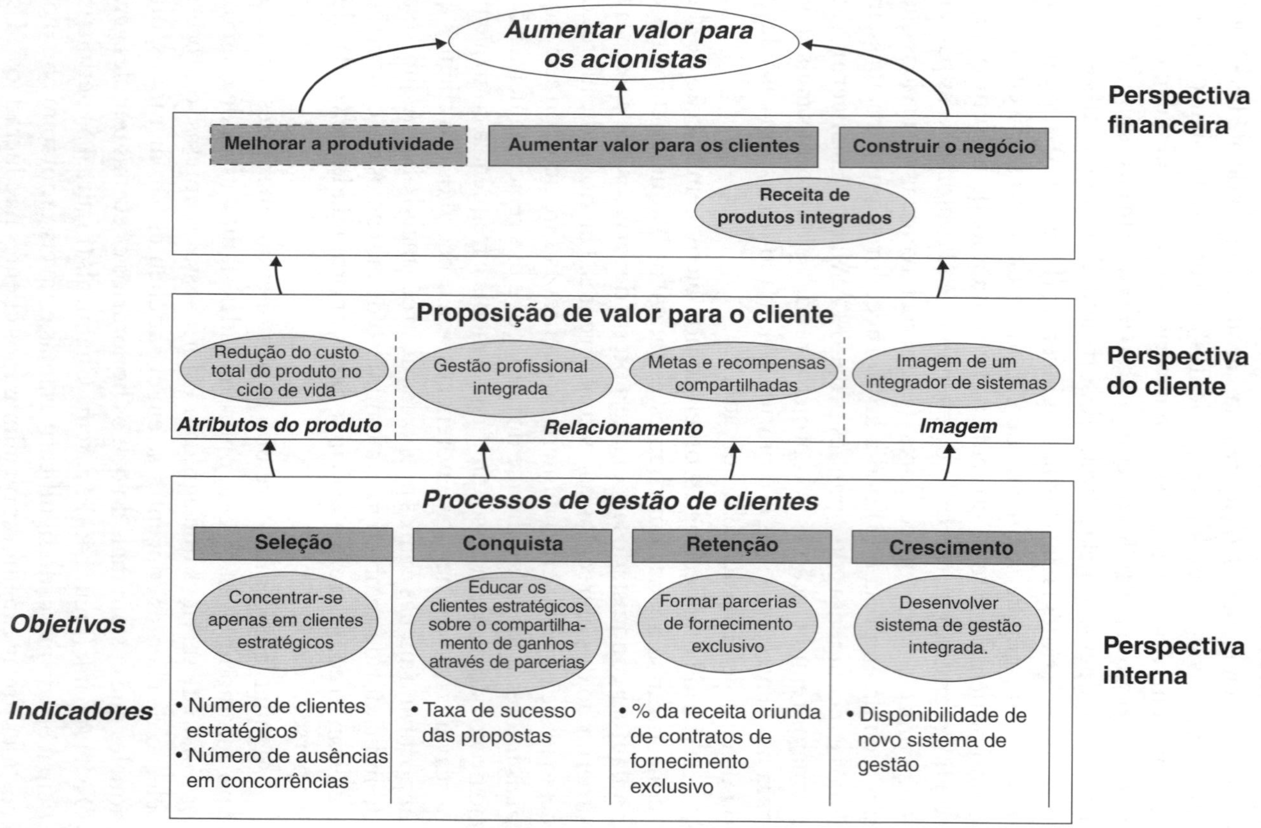

Perspectiva financeira

Aumentar valor para os acionistas

- Melhorar a produtividade
- Aumentar valor para os clientes
- Construir o negócio

Receita de produtos integrados

Perspectiva do cliente

Proposição de valor para o cliente

Atributos do produto | *Relacionamento* | *Imagem*

- Redução do custo total do produto no ciclo de vida
- Gestão profissional integrada
- Metas e recompensas compartilhadas
- Imagem de um integrador de sistemas

Perspectiva interna

Processos de gestão de clientes

Seleção	Conquista	Retenção	Crescimento
Concentrar-se apenas em clientes estratégicos	Educar os clientes estratégicos sobre o compartilhamento de ganhos através de parcerias	Formar parcerias de fornecimento exclusivo	Desenvolver sistema de gestão integrada.

Objetivos

Indicadores

- Número de clientes estratégicos
- Número de ausências em concorrências
- Taxa de sucesso das propostas
- % da receita oriunda de contratos de fornecimento exclusivo
- Disponibilidade de novo sistema de gestão

Figura 4.4 Caso: Metro Bank

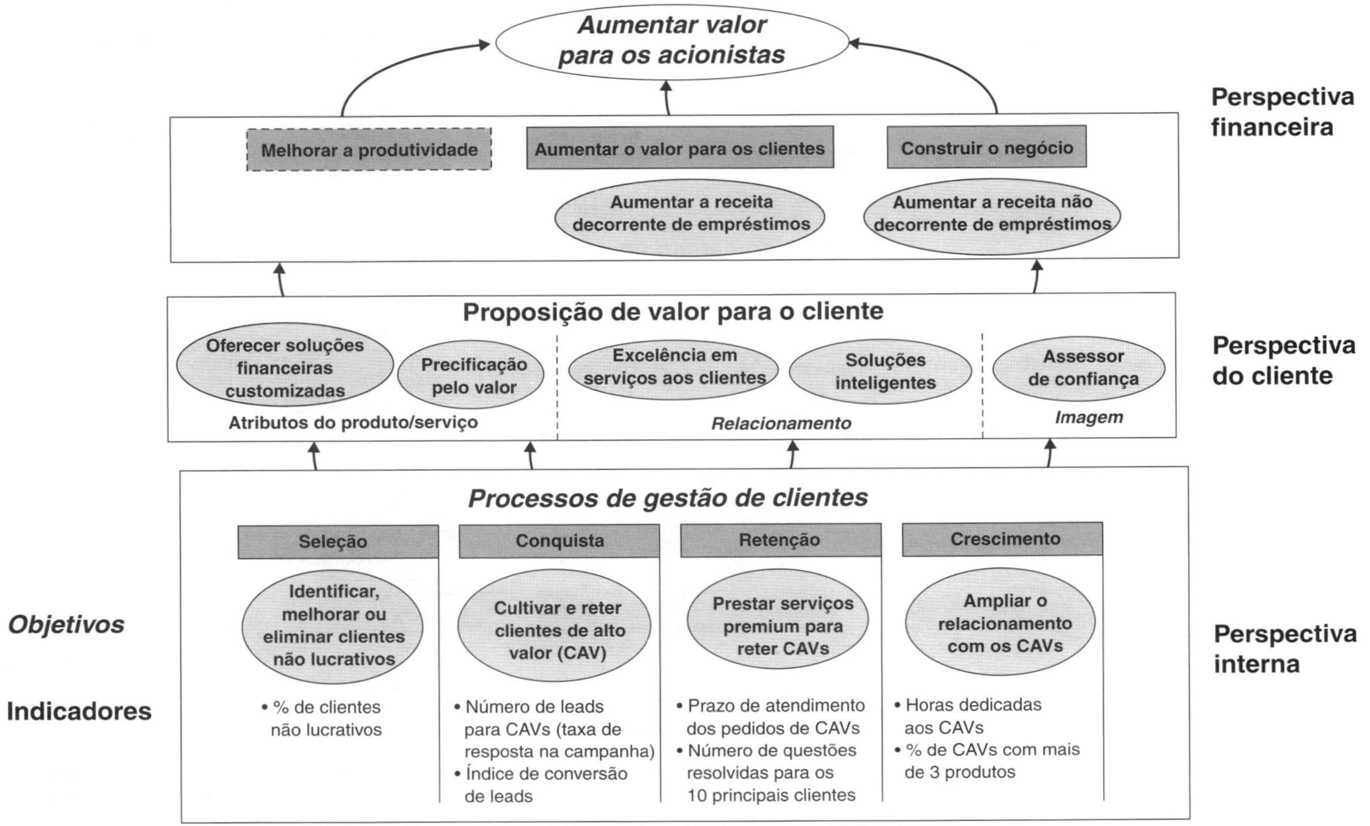

	Perspectiva financeira	Perspectiva do cliente	Perspectiva interna

Aumentar valor para os acionistas

Perspectiva financeira:
- Melhorar a produtividade
  - Oferecer soluções financeiras customizadas
  - Precificação pelo valor
- Aumentar o valor para os clientes
  - Aumentar a receita decorrente de empréstimos
  - Excelência em serviços aos clientes
- Construir o negócio
  - Aumentar a receita não decorrente de empréstimos
  - Assessor de confiança

Proposição de valor para o cliente
- Atributos do produto/serviço
- Relacionamento
  - Soluções inteligentes
- Imagem

Processos de gestão de clientes

Seleção	Conquista	Retenção	Crescimento
Identificar, melhorar ou eliminar clientes não lucrativos	Cultivar e reter clientes de alto valor (CAV)	Prestar serviços premium para reter CAVs	Ampliar o relacionamento com os CAVs
• % de clientes não lucrativos	• Número de leads para CAVs (taxa de resposta na campanha) • Índice de conversão de leads	• Prazo de atendimento dos pedidos de CAVs • Número de questões resolvidas para os 10 principais clientes	• Horas dedicadas aos CAVs • % de CAVs com mais de 3 produtos

Objetivos

Indicadores

Figura 4.5 Caso: Acme Chemicals

Perspectiva financeira

- Melhorar a produtividade
  - Melhorar produtividade das vendas
- Aumentar o valor para os clientes
  - Aumentar receita por cliente
- Construir o negócio
  - Ampliar proporção da receita oriunda de novos produtos e clientes

Aumentar valor para os acionistas

Perspectiva do cliente

Proposição de valor para o cliente

- Portfólio de produtos competitivos
- Precificação de valor negociada
- Serviços de vanguarda
- Parcerias ganha-ganha

Atributos do produto/serviço — Relacionamento

Perspectiva interna

Processos de gestão de clientes

- **Seleção**: Compreender segmentos de mercado
- **Conquista**: Melhores ofertas/equipes de distribuição
- **Retenção**: Excelência na interação com clientes
- **Crescimento**: Integração completa com a cadeia de valor dos clientes

Objetivos

Indicadores
- Participação de mercado
- Rentabilidade dos clientes
- Boletim do distribuidor
- Satisfação do distribuidor
- Boletim do cliente
- Quantidade de projetos envolvendo expertise química e farmacêutica

Apresentamos abaixo alguns objetivos e indicadores típicos dos processos de seleção de clientes:

Objetivos de seleção de clientes	Indicadores
Compreender os segmentos de clientes	• Lucro por segmento • Participação de mercado nos segmentos-alvo
Excluir clientes não lucrativos	• Porcentagem de clientes não lucrativos
Mirar clientes de alto valor Gerenciar a marca	• Número de clientes estratégicos • Pesquisa entre os clientes sobre conhecimento e preferência pela marca

2. Conquista de clientes

A aquisição de novos clientes é o processo de gestão de clientes mais difícil e mais dispendioso. As empresas devem comunicar suas proposições de valor aos novos clientes nos segmentos almejados, conforme definidos pelos processos de seleção de clientes. O relacionamento com os clientes pode começar com um primeiro produto especial, talvez um *loss leader*, oferecido ao custo ou abaixo do custo, de modo a atrair clientes para a empresa e para outros produtos. Idealmente, esse produto em nível de entrada deve ser pouco dispendioso, para que a percepção de risco dos clientes não seja muito alta. O produto deve oferecer uma importante solução para os usuários, de modo a causar forte impressão nos clientes. Também é importante que a qualidade do produto seja perfeita, de modo que os clientes não experimentem defeitos ou falhas logo na primeira compra. Além disso, deve ser possível melhorar ou complementar seu desempenho, por meio de novos produtos e serviços a serem vendidos aos clientes no futuro, mediante o uso de processos que promovam o crescimento nos clientes. Para uma empresa de serviços financeiros, por exemplo, uma conta-corrente ou um cartão de crédito talvez represente esse produto inicial, com todas as suas características. Para uma empresa seguradora, o fornecimento de seguro referente a sinistros mais frequentes, embora envolvendo valores mais baixos, permite que os clientes experimentem com rapidez os processos de liquidação de sinistros e adquiram confiança na empresa como excelente provedora de serviços de seguro.[3] A Harrah's identificou seus clientes "que arriscam pouco, mas são leais" por meio de um amplo sistema de banco de dados de marketing. Enviou ofertas especiais – como US$60 em fichas – que atraíssem seus clientes-alvo para uma primeira visita a um de seus cassinos.[4]

A Marine Engineering, que lida com um número relativamente pequeno de clientes potenciais (vinte a trinta), desenvolveu um programa de educação que mostrasse aos clientes potenciais os benefícios de parcerias de compartilhamento dos ganhos, medindo o índice de sucesso das novas propostas a esses clientes. O Metro Bank lançou importante campanha de vendas direcionada ao segmento de clientes de alto valor (CAV), medindo o número de leads gerados pelo programa e sua eficácia na conversão desses leads em clientes ativos (taxa de conversão de leads).

A Acme Chemicals efetuava cerca de metade de suas vendas por meio de distribuidores, monitorando o desempenho de cada revendedor na conquista de clientes através de um boletim periódico. Também recebia pesquisas com o feedback dos revendedores, que avaliavam entre outros atributos a qualidade dos processos da Acme em construção da marca, propaganda e criação de leads.

Os objetivos e indicadores típicos do processo de conquista de clientes constam do quadro a seguir:

Objetivos de conquista de clientes	*Indicadores*
Divulgar a proposição de valor	• Consciência da marca (pesquisa)
Personalizar o marketing de massa	• Taxa de resposta dos clientes às campanhas • Número de clientes que usam promoções para experimentar o produto
Conquista de novos clientes	• Porcentagem de conversão de leads • Custo por cliente conquistado • Valor vitalício (Lifetime value – LTV) (estimado) dos novos clientes
Desenvolver relacionamentos com revendedores e distribuidores	• Scorecard do revendedor • Pesquisa de feedback do revendedor

3. Retenção de clientes

As empresas reconhecem que é muito menos dispendioso reter clientes do que continuamente conquistar novos clientes para substituir os desertores. Os clientes leais valorizam a qualidade e os serviços dos produtos da empresa e quase sempre estão dispostos a pagar preços um pouco mais altos pelo valor fornecido. Além disso, como é menos provável que busquem alternativas, forçam aumentos significativos nos descontos oferecidos pelos concorrentes para atrair a atenção de clientes potenciais.

Retêm-se os clientes, em parte, cumprindo de maneira consistente a proposição de valor básica, mas também garantindo a qualidade dos serviços. Raramente, os clientes são fiéis a organizações que não são sensíveis a seus pedidos de informação e de solução de problemas. Assim, as organizações devem desenvolver capacidades para responder a perguntas sobre pedidos, entregas e problemas, por meio de unidades de serviços aos clientes e através de call centers. Essas unidades reforçam a fidelidade e reduzem a probabilidade de perda do cliente. Mede-se a fidelidade dos clientes verificando se é crescente a participação na carteira do cliente (*share of wallet*) destinada a gastos com compras repetitivas na empresa.

A chave do sucesso da Harrah's é seu programa de fidelização dos clientes. Um de seus ingredientes é a emissão de cartões de fidelidade para os clientes, chamados Total Gold, que permitem à empresa acompanhar as preferências de jogo, os padrões de aposta, as comidas mais apreciadas, o uso de instalações de hotelaria, a frequência das visitas e a intensidade de jogo por visita. Além disso, a empresa realiza experimentos para descobrir como aumentar a fidelidade e a intensidade do uso de suas instalações. Também adota programas de marketing direto, como o Total Reward, semelhante aos de milhagem das empresas de aviação, que oferece recompensas com base na totalidade de negócios realizados nas unidades da Harrah's. As recompensas ajudam no marketing cruzado, estimulando os clientes fiéis a receber e a resgatar recompensas em qualquer uma das unidades da empresa em todo o país. Como observou o CEO Gary Loveman, "Quanto mais compreendemos nossos clientes, mais aumentamos os custos de mudança e mais nos distanciamos à frente de nossos concorrentes".[5]

Ainda mais valioso do que a fidelidade é o *comprometimento dos clientes*, que se manifesta quando estes comentam uns com os outros como estão satisfeitos com os produtos e serviços da empresa. Os clientes comprometidos também são mais propensos a fornecer feedback à empresa sobre problemas e oportunidades para melhoria, em vez de desertarem para os concorrentes, quando se sentem insatisfeitos. As empresas podem medir o grau de comprometimento dos clientes pelo número de sugestões apresentadas, pela quantidade de indicações da empresa a novos clientes e pelo número de clientes conquistados com base em tais recomendações. Já os *clientes apóstolos* são casos especiais de comprometimento, altamente confiáveis e impositivos. Por exemplo, uma declaração do Wal-Mart de que determinado fornecedor é fidedigno, de alta qualidade e responsivo terá muito mais peso do que a mesma afirmação por parte de um varejista local. Ser fornecedor qualificado da Toyota é testemunho inquestionável da capacidade da empresa de fornecer produtos com baixo custo e zero defeitos e de entregar com pontualidade, em prazos muito curtos. A forma mais alta de fidelidade ocorre quando os clientes assumem comportamentos de proprietário em relação aos produtos e serviços da empresa. Os *clientes proprietários* participam ativamente do projeto de novos produtos e fazem recomendações para a melhoria da prestação de serviços. Por exemplo, a Cisco Systems seguiu recomendações de clientes para adquirir novas capacidades, por meio da compra de outras organizações. Os clientes assíduos da Southwest Airlines podem participar da seleção de novos tripulantes de cabine. Os clientes que atuam como apóstolos ou proprietários geram muito mais valor vitalício do que grande quantidade de clientes fiéis, que mantêm ou mesmo expandem seus volumes de compra, mas não recrutam novos clientes nem fornecem ideias para melhorias nos produtos e serviços.[6]

A Marine Engineering mede a força de sua estratégia de parceria com os clientes pelo número de relacionamentos de fornecimento exclusivo, nos quais conquista e retém negócios sem a necessidade de participar de concorrências. O Metro Bank monitora o nível dos serviços (prazo para o atendimento de solicitações ou perguntas) prestados a seus clientes de alto valor. Também realiza pesquisas entre os principais clientes a cada seis meses, como meio de avaliar a satisfação deles com o desempenho do banco na solução dos principais assuntos de seu interesse. A Acme Chemicals implementou o Boletim dos Clientes para receber feedback dos clientes industriais. Em cada um desses casos, a estratégia de retenção consistia em prestar serviços superiores, pedir e ouvir atentamente o feedback dos clientes e construir relacionamentos que onerem a deserção dos clientes para os concorrentes.

Apresentamos a seguir alguns objetivos e indicadores típicos do processo de retenção de clientes:

Objetivos de retenção de clientes	Indicadores
Oferecer serviços especiais aos clientes	• Quantidade de clientes especiais • Avaliação da qualidade pelos clientes especiais • Tempo dedicado aos clientes para esclarecer dúvidas ou resolver queixas • Porcentagem de perguntas dos clientes não esclarecidas pelo primeiro respondente
Criar parcerias que agregam valor	• Total em dólar e porcentagem da receita oriunda de contratos de fornecimento exclusivo
Garantir excelência nos serviços	• Nível de serviços por canal
Cultivar clientes altamente fiéis	• Participação nas compras dos clientes (porcentagem retida pela empresa dos gastos dos clientes na categoria) • Número de recomendações a novos clientes • Número de novos clientes conquistados com base em recomendações dos clientes existentes • Número de testemunhos de clientes "apóstolos" • Número de sugestões de clientes fiéis para melhorias nos produtos e serviços

4. Crescimento nos clientes

Aumentar o valor dos clientes da empresa é o objetivo final de qualquer processo de gestão de clientes. Como já observamos, a conquista de novos clientes é difícil e dispendiosa e faz sentido apenas se a magnitude do relacionamento subsequente superar o custo de aquisição. A conquista de novos clientes com produtos em nível de entrada significa que as empresas podem expandir sua participação nas compras dos clientes fornecendo-lhes outros produtos e serviços de alta margem. As organizações podem gerenciar ativamente o valor vitalício de seus clientes.

A empresa capaz de efetuar vendas cruzadas e formar parcerias com os clientes expande sua fatia dos gastos dos clientes na categoria. Aumentar a profundidade e a amplitude dos relacionamentos reforça o valor dos clientes e também eleva o custo de mudança dos clientes para outros fornecedores. Uma das maneiras de expandir o relacionamento e também diferenciar produtos e serviços básicos é oferecer recursos e benefícios adicionais depois da venda, como, por exemplo, serviços de monitoramento remoto de equipamentos dispendiosos nas instalações dos clientes e em outros locais de operação. Esse rastreamento permite que a equipe de assistência técnica de campo detecte com antecedência a probabilidade de defeitos e execute manutenção preventiva que evitará falhas e paralisações repentinas. A monitoração diagnóstica e a manutenção preventiva aumentam substancialmente o valor dos produtos e serviços para os clientes. Além de serem fatores importantes para a retenção dos clientes, também geram atraente fluxo de receita de alta margem para a empresa. Outro exemplo, uma empresa de produtos químicos comoditizados conseguiu diferenciar seus produtos básicos, prestando serviços que consistiam em recolher os produtos químicos usados e reprocessá-los para reutilização ou descarte, num processo eficiente de cumprimento das normas ambientais e de segurança. O serviço atenuou os encargos de muitos pequenos clientes quanto a dispendiosos processos ambientais e de supervisão reguladora.

As empresas podem formar parcerias com os clientes, desenvolvendo soluções específicas para os clientes-alvo. Por exemplo, a Marine Engineering tentava "fidelizar" seus principais clientes em parcerias de fornecimento exclusivo, por meio do desenvolvimento conjunto de sistemas gerenciais integrados. O Metro Bank avaliava o sucesso no objetivo de crescimento nos clientes pelo número de clientes de alto valor que usam mais de três serviços bancários. A expectativa era que o desenvolvimento de relacionamentos mais pessoais e transparentes com os clientes, medidos pelo número de horas gastas com os clientes pelo gerente de relacionamentos, era um vetor ou tendência desse resultado almejado. A Acme Chemicals adotou estratégia de aprisionamento (*lock-in*) semelhante, por meio da criação do cargo de gerente de contas, preenchido por pessoas experientes e bem informadas, capazes de trabalhar de maneira confiável e integrada com os principais clientes. O indicador no caso era o número de projetos em que se alavancava a expertise da empresa em relacionamentos de aprisionamento.

Entre os objetivos e indicadores típicos dos processos de crescimento nos clientes destacam-se os seguintes:

Objetivos de crescimento nos clientes	*Indicadores*
Efetuar vendas cruzadas	• Número de produtos por cliente • Receitas de mercados cruzados, receitas geradas por mercados ou produtos que se diferem dos produtos ou mercados de entrada
Vender soluções	• Número de acordos para o desenvolvimento conjunto de serviços • Receita/margem decorrente de serviços pós-venda • Número de serviços que agregam valor oferecidos aos clientes
Formar parcerias com os clientes	• Número de contratos de fornecimento exclusivo • Número de acordos ganha-ganha • Caixa gerado por acordos ganha-ganha • Número de horas gastas com os clientes

CONEXÕES COM A PERSPECTIVA DOS CLIENTES

Os processos de gestão de clientes focam as dimensões de relacionamento e imagem da proposição básica de valor para os clientes (Figura 4.2). A imagem da marca ajuda a selecionar e a conquistar clientes. Os processos de retenção de clientes e de crescimento nos clientes constroem relacionamentos com os clientes-alvo. Nossos três casos ilustram esses pontos.

Os clientes-alvo da Marine Engineering tinham um objetivo maior – desenhos de engenharia e projetos de construção que reduzissem seus custos de recuperação de petróleo. Os processos de *seleção* e *conquista* miravam clientes que desejassem constituir parcerias com os fornecedores, dedicando menos atenção aos clientes cujas decisões de compra baseavam-se principalmente no preço. A Marine também queria desenvolver a imagem de excelente integrador de sistemas, capaz de gerenciar todas as fases do ciclo de vida de projetos de engenharia complexos: concepção, desenvolvimento, compras, fabricação, instalações, logística, operações e manutenção. Seus processos de *retenção e crescimento* forneciam um sistema gerencial integrado e contínuo, ao longo dos diferentes projetos e serviços, com o compartilhamento de metas e recompensas.

A proposição de valor do Metro Bank era o relacionamento estreito entre os gerentes de contas e os clientes, de modo que o banco oferecesse um portfólio de produtos e serviços financeiros, ajustados sob medida às necessidades de cada cliente. O banco esperava que essa proposição de valor para os clientes fosse atraente para os segmentos de clientes de alto valor (CAV). O processo de *seleção* do Metro incutia nos CAVs a imagem do banco como assessor financeiro confiável. Já o processo de *conquista* construía relacionamentos com os clientes em busca de assessoria com profundo conhecimento e conteúdo, que oferecesse soluções financeiras personalizadas. A utilização pelos clientes de maior quantidade de soluções oferecidas pelo banco era a base do processo de *crescimento*. E a excelência dos serviços aos clientes respaldava o processo de *retenção*.

A Acme Chemicals concorria em mercados maduros, com um número limitado de clientes potenciais. A conquista de novos clientes não era o principal objetivo. Mais relevante era aumentar sua participação nas compras dos clientes existentes. A proposição de valor para os clientes consistia em oferecer um portfólio de produtos e serviços, a preços negociados, mas ainda competitivos. Seu processo de retenção concentrava-se no anseio dos clientes por serviços de vanguarda, enquanto seu processo de crescimento focava a constituição de parcerias ganha-ganha.

Apresentamos abaixo um conjunto típico de objetivos e indicadores para a perspectiva do cliente:

Objetivos da perspectiva do cliente	*Indicadores*
Aumentar a satisfação dos clientes por meio de uma proposição de valor atraente	• Porcentagem de clientes altamente satisfeitos
Intensificar fidelidade dos clientes	• Retenção de clientes • Profundidade do relacionamento
Criar fãs ardorosos	• Porcentagem de negócios resultantes de indicações de clientes

CONEXÕES COM A PERSPECTIVA FINANCEIRA

Os resultados financeiros decorrentes de processos eficazes de gestão de clientes manifestam-se basicamente nos objetivos de crescimento da receita (Figura 4.2). A seleção e a conquista de clientes geram *novas fontes de receita*, sobretudo quando as empresas entram em novos mercados e lançam novos produtos e serviços. Os indicadores financeiros incluem *valor das vendas decorrentes de novos produtos* e *mix de receita* versus *meta*. Os processos de retenção de clientes e de crescimento de clientes devem implicar em *aumento do valor do cliente para a empresa*. Os resultados almejados para esses processos abrangiam o aumento da participação da empresa nas compras ou nos gastos dos clientes e a expansão e o aprofundamento dos relacionamentos (valor vitalício dos clientes). Além desses objetivos de aumento da receita, contudo, a gestão eficaz dos clientes pode contribuir para os objetivos de produtividade da organização, por meio da automação da força de vendas e do marketing eletrônico.

Resumem-se abaixo os objetivos e indicadores financeiros típicos dos processos de gestão de clientes:

Objetivos financeiros	*Indicadores*
Criar novas fontes de receita	• Receita oriunda de novos clientes • Receita oriunda de novos produtos e serviços
Aumentar receita por cliente	• Participação nas compras do cliente (fatia da carteira ou share of wallet)
Elevar rentabilidade dos clientes	• Rentabilidade dos clientes (medida pelo sistema ABC) • Porcentagem de clientes não lucrativos
Melhorar produtividade das vendas	• Despesas com vendas/receita total • Custo por venda (por canal) • Porcentagem das transações com os clientes efetuadas eletronicamente

CONEXÕES COM A PERSPECTIVA DE APRENDIZADO E CRESCIMENTO

Os processos eficazes de gestão de clientes exigem forte respaldo de tecnologia da informação, de competências dos empregados e de cultura e clima organizacionais, conforme mostra a Figura 4.6.

Capital humano

Os avanços em tecnologia da informação e em comunicações geraram o potencial e agora a expectativa de níveis mais altos de atividades de marketing e de prestação de serviços aos clientes, o que, por sua vez, passou a exigir novas competências por parte dos empregados. Hoje, o pessoal com conhecimentos sobre banco de dados de marketing, exploração de dados, análise de clientes, call centers, centros de interação com os clientes e desenvolvimento de páginas para a Web desempenha papel crucial nos processos de gestão de clientes. Mesmo o vendedor tradicional transformou-se em parceiro estratégico que ajuda os clientes a planejar o portfólio de soluções para seus problemas e necessidades.

Cada um dos processos estratégicos apresentados na Figura 4.6 exige uma função estratégica, com uma nova configuração de competências (as funções estratégicas serão discutidas com mais detalhes no Capítulo 8). A *seleção* de clientes demanda habilidades analíticas quase sempre associadas à função de marketing. A *conquista* de clientes baseia-se em habilidades de comunicação e negociação. A capacidade de conhecer o contexto dos clientes, compreender as necessidades deles, elaborar proposição de valor compatível e fechar a venda é fundamental para a conquista de clientes. Tais atributos são aplicáveis em encontros pessoais e por meio de canais de telemarketing. O gerenciamento da qualidade dos serviços e o gerenciamento das entregas são competências essenciais para a *retenção* de clientes. A excelência dos serviços exige comunicação em mão dupla e solução rápida de questões e problemas. A gestão de relacionamentos é a base da eficácia na promoção do *crescimento* nos clientes. A construção de parcerias duradouras com os clientes exige conhecimento da organização, do setor e do trabalho específico dos clientes. Habilidades excelentes em consultoria e em solução de problemas são fundamentais.

Capital da informação

A tecnologia da informação cria novas possibilidades de grande impacto para os processos de gestão de clientes. Em conjunto com técnicas analíti-

Figura 4.6 Estratégias de aprendizado e crescimento para a gestão de clientes

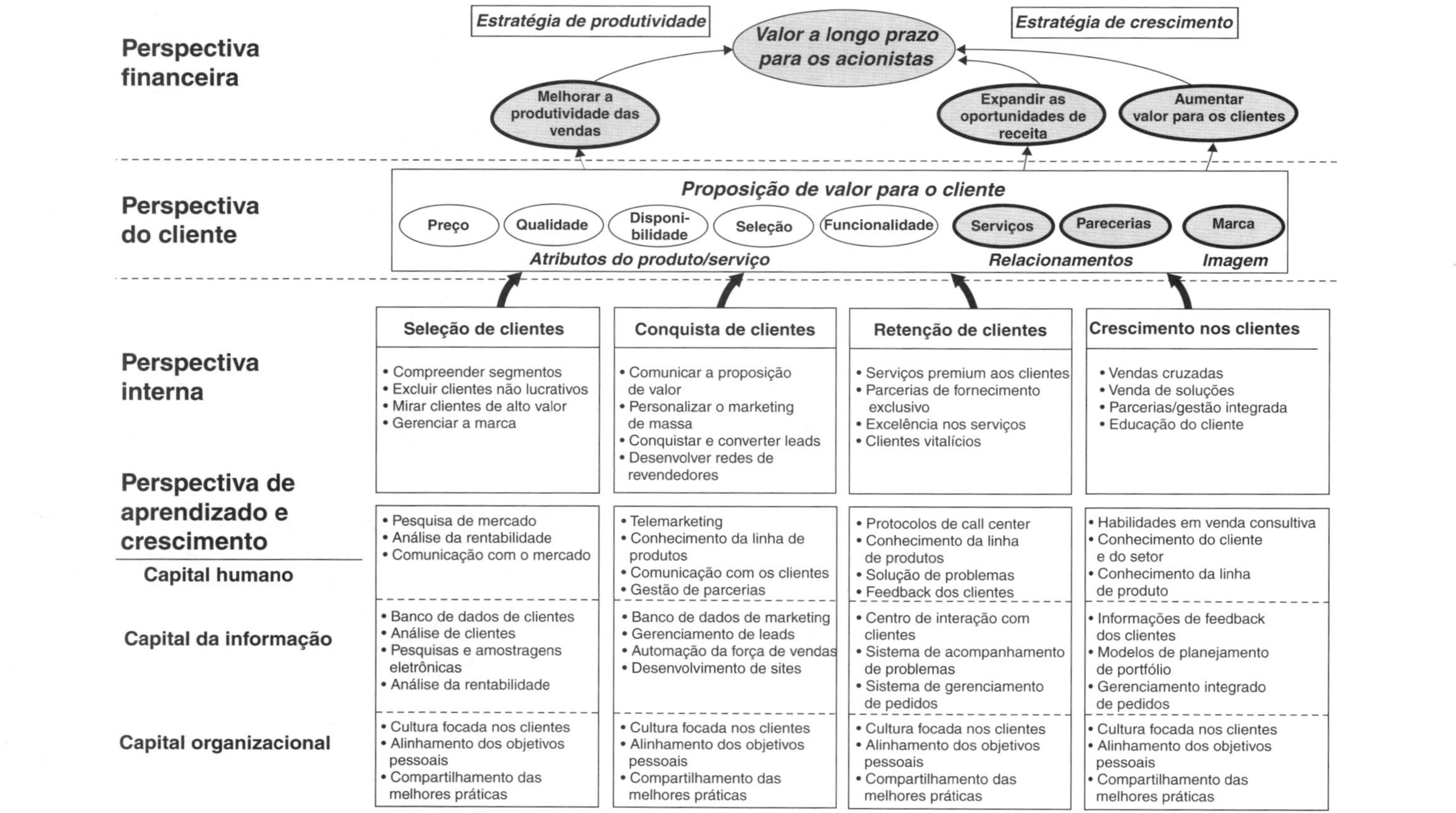

Perspectiva financeira

Estratégia de produtividade: Melhorar a produtividade das vendas

Estratégia de crescimento: Expandir as oportunidades de receita; Aumentar valor para os clientes

Valor a longo prazo para os acionistas

Perspectiva do cliente

Proposição de valor para o cliente

- Atributos do produto/serviço: Preço, Qualidade, Disponibilidade, Seleção, Funcionalidade
- Relacionamentos: Serviços, Parcerias
- Imagem: Marca

Perspectiva interna

Seleção de clientes	Conquista de clientes	Retenção de clientes	Crescimento nos clientes
• Compreender segmentos • Excluir clientes não lucrativos • Mirar clientes de alto valor • Gerenciar a marca	• Comunicar a proposição de valor • Personalizar o marketing de massa • Conquistar e converter leads • Desenvolver redes de revendedores	• Serviços premium aos clientes • Parcerias de fornecimento exclusivo • Excelência nos serviços • Clientes vitalícios	• Vendas cruzadas • Venda de soluções • Parcerias/gestão integrada • Educação do cliente

Perspectiva de aprendizado e crescimento

Capital humano

• Pesquisa de mercado • Análise da rentabilidade • Comunicação com o mercado	• Telemarketing • Conhecimento da linha de produtos • Comunicação com os clientes • Gestão de parcerias	• Protocolos de call center • Conhecimento da linha de produtos • Solução de problemas • Feedback dos clientes	• Habilidades em venda consultiva • Conhecimento do cliente e do setor • Conhecimento da linha de produto

Capital da informação

• Banco de dados de clientes • Análise de clientes • Pesquisas e amostragens eletrônicas • Análise da rentabilidade	• Banco de dados de marketing • Gerenciamento de leads • Automação da força de vendas • Desenvolvimento de sites	• Centro de interação com clientes • Sistema de acompanhamento de problemas • Sistema de gerenciamento de pedidos	• Informações de feedback dos clientes • Modelos de planejamento de portfólio • Gerenciamento integrado de pedidos

Capital organizacional

• Cultura focada nos clientes • Alinhamento dos objetivos pessoais • Compartilhamento das melhores práticas	• Cultura focada nos clientes • Alinhamento dos objetivos pessoais • Compartilhamento das melhores práticas	• Cultura focada nos clientes • Alinhamento dos objetivos pessoais • Compartilhamento das melhores práticas	• Cultura focada nos clientes • Alinhamento dos objetivos pessoais • Compartilhamento das melhores práticas

cas correlatas, como exploração de dados e avaliação da rentabilidade dos clientes, por meio do custeio baseado em atividades, a tecnologia da informação permite que as organizações desenvolvam abordagens customizadas e personalizadas, mesmo em relação a milhões de clientes. A Land's End, por exemplo, envia diferentes catálogos a vários segmentos de clientes. A 1-800-Flowers.com lembra automaticamente os clientes de datas importantes. A Amazon.com monitora cada uma de suas vendas e recomenda aos clientes livros de gênero semelhante ao de sua última compra, assim como os adquiridos por clientes com características parecidas.

Muitas dessas novas capacidades estão embutidas em sistemas integrados de gestão do relacionamento com os clientes (CRM). Os bancos de dados de clientes e ferramentas analíticas semelhantes criam condições para a melhor *seleção* de clientes, por meio da análise de agrupamentos de dados demográficos e da rentabilidade dos clientes. O banco de dados de marketing respalda o processo de telemarketing aumentando a eficácia da conquista de clientes. Os sistemas operacionais de CRM melhoram a eficácia das vendas por meio da automação da força de vendas e do gerenciamento de leads. Os centros de serviços aos clientes e os recursos de autoajuda reforçam a capacidade de *retenção* de clientes. A internet possibilita um novo nível de redes de contatos com os clientes, que intensifica a educação, a colaboração e o crescimento nos clientes.

Capital organizacional

Os processos de gestão de clientes geralmente exigem novo clima organizacional. Um dos aspectos é o desenvolvimento de uma cultura de orientação ao cliente. Veja-se o exemplo de uma grande empresa petrolífera que mantinha antiga política de marketing, segundo a qual seu logotipo devia aparecer em todos os seus produtos. Em meados da década de 1990, esta empresa, a exemplo da Mobil, entrou no negócio de lojas de conveniência e nelas incluiu um quiosque de café como parte de seu processo de varejo. Durante meses, a gerência sênior insistiu em que as xícaras se enquadrassem na política de marketing tradicional, também exibindo o conhecido logotipo de seus produtos. Somente depois que dispendiosas pesquisas de mercado demonstraram que os consumidores de café preferiam que as xícaras mostrassem alguma reconhecida marca de café, como Starbucks, em vez da imagem de uma lata de óleo, a gerência sênior, ainda que com relutância, abriu exceção na velha norma. No caso, a cultura de orientação para produtos está profundamente arraigada na organização, mas deve ser superada.

Os processos de gestão de clientes também exigem muito mais *trabalho em equipe*. O desenvolvimento de clientes vitalícios exige que muitas pessoas lidem com os clientes em diferentes momentos. O vendedor deflagra a transação, os engenheiros de soluções ou os parceiros de relacionamento projetam um portfólio de produtos e serviços e o pessoal de suporte do call center acompanha o pós-venda. Todos esses vários funcionários devem compartilhar a mesma base de informações e trabalhar em busca dos mesmos objetivos. O *alinhamento* com objetivos comuns concentra o esforço dos empregados nas mesmas metas centradas em clientes. *Sistemas de incentivos* baseados em equipes e *redes de compartilhamento de conhecimentos* reforçam o trabalho das equipes orientadas para os clientes e recompensam todos os participantes quando se atingem os objetivos comuns.

O quadro a seguir apresenta um conjunto típico de objetivos e indicadores de aprendizado e crescimento nos processos de gestão de clientes:

Perspectiva de aprendizado e crescimento	*Objetivo*	*Indicadores*
Capital humano	• Desenvolver competências estratégicas • Atrair e reter talentos de alto nível	• Prontidão do capital humano • Rotatividade do pessoal-chave
Capital da informação	• Desenvolver portfólio de sistemas de dados e informações sobre gestão de clientes • Intensificar o compartilhamento de conhecimentos	• Prontidão do portfólio de aplicativos sobre clientes • Extensão do uso do sistema de gestão do conhecimento
Capital organizacional	• Desenvolver cultura de orientação ao cliente • Promover alinhamento com objetivos pessoais	• Resultados de pesquisa sobre cultura dos empregados • Porcentagem dos objetivos dos empregados vinculados aos processos de clientes e respectivos indicadores de resultados do BSC

RESUMO

Os processos de gestão de clientes na perspectiva interna do mapa estratégico fornecem recursos para que a organização selecione, conquiste, retenha e aumente o volume de negócios com os clientes-alvo. A compreensão dos clientes e da proposição de valor que os atrai e retém é fundamental em qualquer estratégia. As organizações em que os objetivos dos processos internos concentram-se exclusivamente na qualidade, na redução de custos e na eficiência tendem a negligenciar os processos que as capacitariam a auferir margens mais altas e a promover o crescimento dos negócios. A Figura 4.7 resume este capítulo, ao apresentar um modelo de objetivos e indicadores representativos do Balanced Scorecard para os processos de gestão de clientes.

No estudo de casos que complementa este capítulo, apresentamos o mapa estratégico da Handleman Company. A Handleman, grande empresa que comercializa e distribui produtos musicais, usou o mapa estratégico para comunicar e implementar sua nova estratégia, baseada na formação de parcerias duradouras, que agregam valor, com seus clientes varejistas, como Wal-Mart e Best Buy.

NOTAS

1. Material útil sobre seleção de clientes foi coligido por D. Narandas, "Note on Customer Management", Nota 9-502-073 (Boston: Harvard Business School, 2002), e R. Dolan, "Note on Marketing Strategy", Nota 9-298-061 (Boston: Harvard Business School, 2000).
2. R. Lal, "Harrah's Entertainment Inc.", Case 502-011 (Boston: Harvard Business School, 2002), 7, 9.
3. Essa análise sobre produtos em nível de entrada foi extraída da estratégia "pé na porta", descrita em D. Narandas, "Note on Customer Management".
4. Lal, "Harrah's Entertainment Inc.", 9.
5. Ibid.
6. A hierarquia da fidelidade dos clientes foi descrita por J. Heskett, "Beyond Customer Loyalty", in *Managing Service Quality*, vol. 12 (Bradford, Reino Unido: MCB Unversity Press, 2002).

ESTUDO DE CASO

HANDLEMAN COMPANY

Antecedentes

A Handleman Company (HDL) é uma das maiores gestoras e distribuidoras de música pré-gravada do mundo. A HDL gerencia esta categoria em mais de 4.000 lojas de varejo em três continentes. Com sede em Troy, Michigan, a HDL gera receita anual de US$1,3 bilhão e emprega aproximadamente 2.400 pessoas em todo o mundo, inclusive 1.000 representantes de vendas. Nos Estados Unidos, a HDL distribui mais de 11% de todas as músicas vendidas. Entre seus clientes incluem-se varejistas do mercado de massa, como Wal-Mart e Kmart, além de outros grandes varejistas, como Best Buy. A HDL também é proprietária da Anchor Bay Entertainment, selo independente de vídeos domésticos, que comercializa ampla coleção de títulos populares em DVD e VHS. O acervo de títulos da Anchor Bay varia desde clássicos infantis até campeões de suspense e terror.

Em 2000, depois de vários anos de crescimento, as vendas na indústria de música começaram a declinar. Entre as razões do declínio destacam-se o compartilhamento ilegal de arquivos pela internet, concorrência pelas despesas de entretenimento dos consumidores com DVDs e jogos de computador e falta de grandes sucessos que vendam milhões de unidades nas primeiras semanas depois do lançamento. Para manter posição de liderança na categoria, a HDL concentra sua estratégia no aumento do valor para os acionistas.

A estratégia

A HDL formulou uma estratégia de três anos a fim de aumentar o valor para os acionistas, mediante o crescimento lucrativo de sua base de clientes, a otimização do capital e a diversificação por meio de transações estratégicas. A base da estratégia era o fornecimento contínuo de valor sem igual à sua base de clientes, por meio do desempenho operacional e disponibilidade de tecnologia de ponta, que se encontrava de dezoito a vinte e quatro meses à frente da dos concorrentes. Ao ser mais eficiente e produtiva do que os demais distribuidores e varejistas que atuavam por contra própria, a HDL se manteria como elo indispensável entre fornecedores de música e comerciantes de massa. A HDL também oferecia a proposição de valor

Figura 4.7 Modelo de scorecard da gestão de clientes

Perspectiva		Objetivo	Indicador
Financeira		• Criar novas fontes de receita • Aumentar a receita por cliente • Aumentar a rentabilidade nos clientes • Melhorar a produtividade das vendas	• Receita oriunda de novos clientes • Participação nas compras do cliente (share of wallet) • Lucro por cliente (ABC) • Custo das vendas (por canal)
Cliente		• Aumentar a satisfação dos clientes (com a proposição de valor) • Aumentar a fidelidade dos clientes • Criar fãs ardorosos	• % de clientes altamente satisfeitos • Retenção de clientes • Profundidade do relacionamento • % de negócios oriundos de indicações de clientes
Processos internos	Seleção	• Compreender segmentos • Excluir clientes não lucrativos • Mirar clientes de alvo valor • Gerenciar a marca	• Contribuição por segmento • % de clientes não lucrativos • Número de clientes estratégicos • Consciência da marca/preferência
	Conquista	• Comunicar proposição de valor • Personalizar o marketing de massa • Conquistar novos clientes • Desenvolver redes de revendedores	• Consciência da marca • Taxa de resposta às campanhas • Número de leads/taxa de conversão • Avaliação da qualidade dos revendedores
	Retenção	• Prestar serviços aos clientes especiais • Formar parcerias de fornecimento exclusivo • Garantir a excelência nos serviços • Cultivar clientes vitalícios	• Número de clientes especiais • % da receita oriunda de fornecimento exclusivo • Nível de serviços (por canal) • Valor vitalício dos clientes
	Crescimento	• Vendas cruzadas • Venda de soluções • Parcerias/gestão integrada • Educação dos clientes	• Número de produtos por clientes • Acordos sobre o desenvolvimento conjunto de serviços • % da receita oriunda de acordos de participação nos ganhos • Número de horas com os clientes
Aprendizado e crescimento	Capital humano	• Desenvolver competências estratégicas • Atrair e reter talento de alto nível	• Prontidão do capital humano • Turnover do pessoal-chave
	Capital da informação	• Desenvolver portfólio estratégico de CRM • Intensificar compartilhamento do conhecimento	• Prontidão do portfólio de aplicativos • Acesso por empregado ao sistema de gestão do conhecimento do cliente
	Capital organizacional	• Promover cultura orientada para os clientes • Promover o alinhamento dos objetivos pessoais	• Pesquisas de clientes • Objetivos dos empregados, conectados ao BSC

de fornecer soluções flexíveis aos clientes, o que aumentava sua participação nos negócios dos clientes, permitindo-lhe atrair e servir maior número de varejistas e, ainda por cima, ampliar suas atividades internacionalmente. As transações estratégicas criavam condições para que a HDL alavancasse suas competências essenciais de gestão e distribuição da categoria em outras linhas de produtos e de mercados.

O mapa estratégico

A HDL identificou vinte e três principais objetivos estratégicos ao longo das quatro perspectivas de seu mapa estratégico corporativo, ou da matriz (Figura 4.8).

Perspectiva financeira

F1: Aumentar o valor a longo prazo para os acionistas, maximizando a geração de caixa disponível, era o principal objetivo financeiro da HDL. A adoção desse objetivo foi motivada por pesquisa externa que indicou alta correlação entre geração de caixa disponível e valorização do preço da ação. A HDL identificou cinco objetivos financeiros secundários que deveriam impulsionar melhorias na geração de caixa disponível:

F2: Aumentar a receita lucrativa. Vetor básico da estratégia da HDL era promover o crescimento de seus negócios existentes. Este objetivo sinalizava que a HDL devia buscar aumentos de receita apenas quando daí resultasse maior rentabilidade.

F3: Gerenciar o custo relativo ao crescimento. A HDL reduziu as despesas com vendas, gerais e administrativas como porcentagem da receita para que o lucro operacional refletisse a variação positiva na receita.

F4: Otimizar o capital. A HDL precisava gerenciar com eficácia seu capital físico e financeiro, de modo que o crescimento da receita e do lucro também redundasse em aumento do valor para os acionistas. Mediante a utilização eficaz dos ativos e o equilíbrio adequado entre capital próprio e capital de terceiros, a HDL aumentava o valor para os acionistas.

F5: Crescimento por meio de transações estratégicas. A HDL entendia que não alcançaria seus objetivos apenas por meio do crescimento interno dos negócios existentes. Também precisava promover novas parcerias estratégicas que se alinhassem com suas competências essenciais de gestão e distribuição da categoria.

F6: Gerenciar o múltiplo. A HDL aumentava seu índice preço-lucro, comunicando com clareza sua estratégia a analistas e investidores, executando com eficácia sua estratégia financeira e operacional e atraindo e retendo clientes prestigiosos.

Figura 4.8 Mapa estratégico da Handleman Corporate

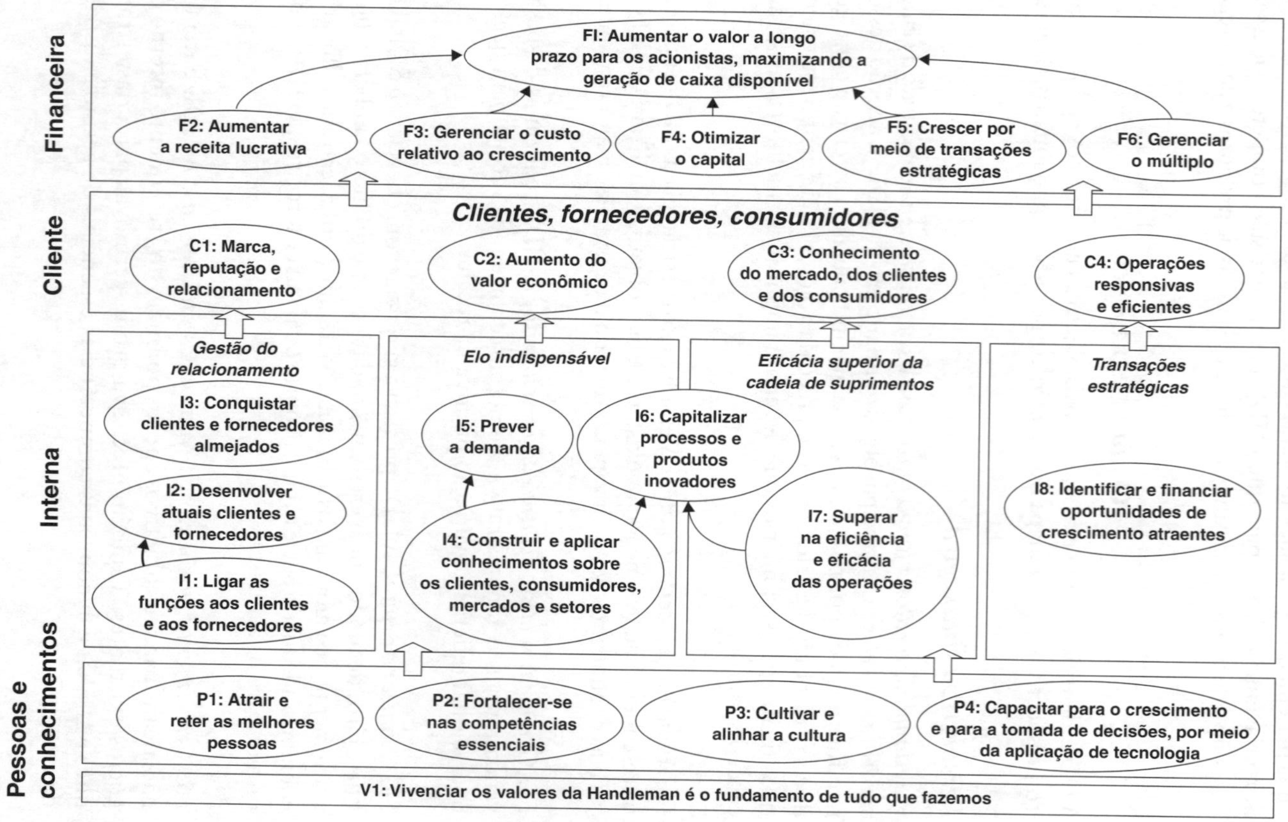

Financeira

- F1: Aumentar o valor a longo prazo para os acionistas, maximizando a geração de caixa disponível
- F2: Aumentar a receita lucrativa
- F3: Gerenciar o custo relativo ao crescimento
- F4: Otimizar o capital
- F5: Crescer por meio de transações estratégicas
- F6: Gerenciar o múltiplo

Cliente

Clientes, fornecedores, consumidores

- C1: Marca, reputação e relacionamento
- C2: Aumento do valor econômico
- C3: Conhecimento do mercado, dos clientes e dos consumidores
- C4: Operações responsivas e eficientes

Transações estratégicas

Interna

Gestão do relacionamento

- I1: Ligar as funções aos clientes e aos fornecedores
- I2: Desenvolver atuais clientes e fornecedores
- I3: Conquistar clientes e fornecedores almejados

Elo indispensável

- I4: Construir e aplicar conhecimentos sobre os clientes, consumidores, mercados e setores
- I5: Prever a demanda
- I6: Capitalizar processos e produtos inovadores

Eficácia superior da cadeia de suprimentos

- I7: Superar na eficiência e eficácia das operações
- I8: Identificar e financiar oportunidades de crescimento atraentes

Pessoas e conhecimentos

- P1: Atrair e reter as melhores pessoas
- P2: Fortalecer-se nas competências essenciais
- P3: Cultivar e alinhar a cultura
- P4: Capacitar para o crescimento e para a tomada de decisões, por meio da aplicação de tecnologia

V1: Vivenciar os valores da Handleman é o fundamento de tudo que fazemos

Perspectiva do cliente

A HDL atingia seus objetivos financeiros oferecendo aos clientes varejistas, aos fornecedores e aos consumidores usuários finais quatro importantes proposições de valor.

C1: Marca, reputação e relacionamento. A expertise da HDL em gestão de categoria e sua reputação de qualidade diferenciavam-na dos concorrentes.

C2: Aumento do valor econômico: Os relacionamentos e capacidades da HDL produziam melhor desempenho operacional para seus clientes varejistas do que eles conseguiriam sozinhos.

C3: Conhecimento do mercado, clientes e dos consumidores. A superioridade de seus conhecimentos sobre mercados e consumidores criava condições para que a HDL impulsionasse o aumento das vendas e do lucro de seus clientes.

C4: Operações responsivas e eficientes. A HDL satisfazia os objetivos dos clientes, sendo sensível às suas necessidades e simplificando para eles a gestão de um negócio completo.

Perspectiva interna

Para cumprir as quatro proposições de valor básicas da perspectiva dos clientes, a HDL identificou oito objetivos estratégicos, distribuídos entre quatro temas básicos:

Tema gestão do relacionamento

I1: Ligar as funções aos clientes e aos fornecedores. Para desenvolver seus relacionamentos com clientes e fornecedores, a HDL conectava suas funções internas a todas as áreas das organizações dos clientes e fornecedores. Tais conexões também contribuíam para o segundo objetivo interno deste tema.

I2: Desenvolver atuais clientes e fornecedores. A HDL maximizava as vendas para seus atuais clientes e fornecedores, identificando oportunidades de crescimento.

I3: Conquistar clientes e fornecedores almejados. A HDL também desenvolvia seus negócios e modelos de negócios para conquistar novos clientes e fornecedores.

Tema do elo indispensável

I4: Construir e aplicar conhecimentos sobre os clientes, consumidores, mercados e setores. A HDL buscava sempre melhorar seu conhecimento a respeito dos consumidores, a fim de fornecer a cada loja a melhor coleção de músicas, com maior potencial de vendas. Essa capacidade permitia que a HDL realizasse outro objetivo desse tema.

I5: Prever a demanda. A HDL previa com exatidão a demanda por seus produtos, por meio de conhecimentos superiores da demografia e de seus mercados, através da identificação de oportunidades de mercado e mediante a avaliação das tendências setoriais e das práticas de compra. A construção e a aplicação desses conhecimentos criava condições para que a HDL atingisse seu próximo objetivo.

I6: Capitalizar processos e produtos inovadores. A HDL diferenciava-se pela criação e uso de processos e produtos inovadores, que os concorrentes não conseguiam imitar de uma hora para a outra.

Tema da eficácia superior da cadeia de suprimentos

I7: Superar na eficiência e eficácia das operações. Para aproveitar os processos e produtos inovadores, além de garantir a contínua satisfação dos clientes, a HDL superava nos processos operacionais básicos.

Tema das transações estratégicas

I8: Identificar e financiar oportunidades de crescimento atraentes. A HDL trabalhava de maneira proativa em busca de oportunidades de transações estratégicas; avaliava-as em profundidade quanto aos benefícios financeiros e estratégicos e financiava as oportunidades certas.

Perspectiva de pessoas e conhecimentos

Para alcançar os objetivos das primeiras três perspectivas, a HDL identificou cinco objetivos para equipar a organização com as pessoas, competências, cultura e tecnologias certas.

P1: Atrair e reter as melhores pessoas. Empregados alinhados com a estratégia, com os valores e com as competências essenciais da HDL impulsionavam os negócios para frente e ajudavam a garantir o sucesso da empresa.

P2: Fortalecer-se nas competências essenciais. A HDL identificava as competências essenciais críticas que impulsionam a estratégia e então treinava ou recrutava empregados que representassem os mais altos níveis dessas competências essenciais.

P3: Cultivar e alinhar a cultura. Toda a organização da HDL estava alinhada com a implementação da estratégia. Os empregados compreendiam como contribuíam para a estratégia e responsabilizavam-se por sua execução.

P4: Capacitar para o crescimento e para a tomada de decisões, por meio da aplicação de tecnologia. A tecnologia da HDL a diferenciava dos concorrentes. A HDL sempre buscava melhores maneiras de aplicar a tecnologia em sua infraestrutura, sistemas e aplicações, para possibilitar o crescimento e melhores processos decisórios, em todos os aspectos de seu negócio.

V1: Vivenciar os valores da Handleman é o fundamento de tudo que fazemos. Cultivar os valores de honestidade e integridade, responsabilidade, aprendizado contínuo e foco nos stakeholders impulsionava a realização de todos os outros objetivos da estratégia da HDL.

Breves relatos

Depois de completar o scorecard corporativo, ou da matriz, a HDL desdobrou scorecards para as suas unidades de serviços compartilhados, subsidiárias e departamentos e desenvolveu scorecards individuais para o pessoal. A conclusão do mapa estratégico corporativo forneceu à HDL os meios necessários para difundir a estratégia em toda a organização, ajudando a garantir a execução bem-sucedida da estratégia.

Caso preparado por Geoff Fenwick, Mike Nagel, Paul Rosenstein e Dana Goldblatt, da Balanced Scorecard Collaborative. Nossos agradecimentos a Steve Strome, Tom Braum, Rozanne Kokko, Gina Drewek e colegas pelo compartilhamento da experiência da Handleman.

CAPÍTULO 5

PROCESSOS DE INOVAÇÃO

A sustentação da vantagem competitiva exige que as organizações inovem continuamente para criar novos produtos, serviços e processos (Figura 5.1). A inovação bem-sucedida impulsiona a conquista, o crescimento e a fidelização dos clientes e o aumento das margens. Sem inovação, a proposição de valor da empresa pode eventualmente ser imitada, resultando em competição apenas com base no preço, por produtos e serviços agora comoditizados.

As empresas criam considerável vantagem competitiva quando são capazes de lançar no mercado produtos inovadores, compatíveis com as necessidades e expectativas dos clientes-alvo, com rapidez e eficiência. A inovação de produtos é pré-requisito para participação em alguns setores dinâmicos, baseados em tecnologia, como de produtos farmacêuticos, semicondutores e telecomunicações. A capacidade de inovação excepcional determina os líderes setoriais.[1]

QUATRO PROCESSOS DE INOVAÇÃO

A gestão da inovação inclui quatro importantes processos:

1. Identificar oportunidades de novos produtos e serviços.
2. Gerenciar o portfólio de pesquisa e desenvolvimento.
3. Projetar e desenvolver novos produtos e serviços.
4. Lançar novos produtos e serviços no mercado.

A Figura 5.2 resume os principais objetivos desses quatro processos de inovação. Analisamos em seguida cada um deles.

Figura 5.1 Gestão da inovação

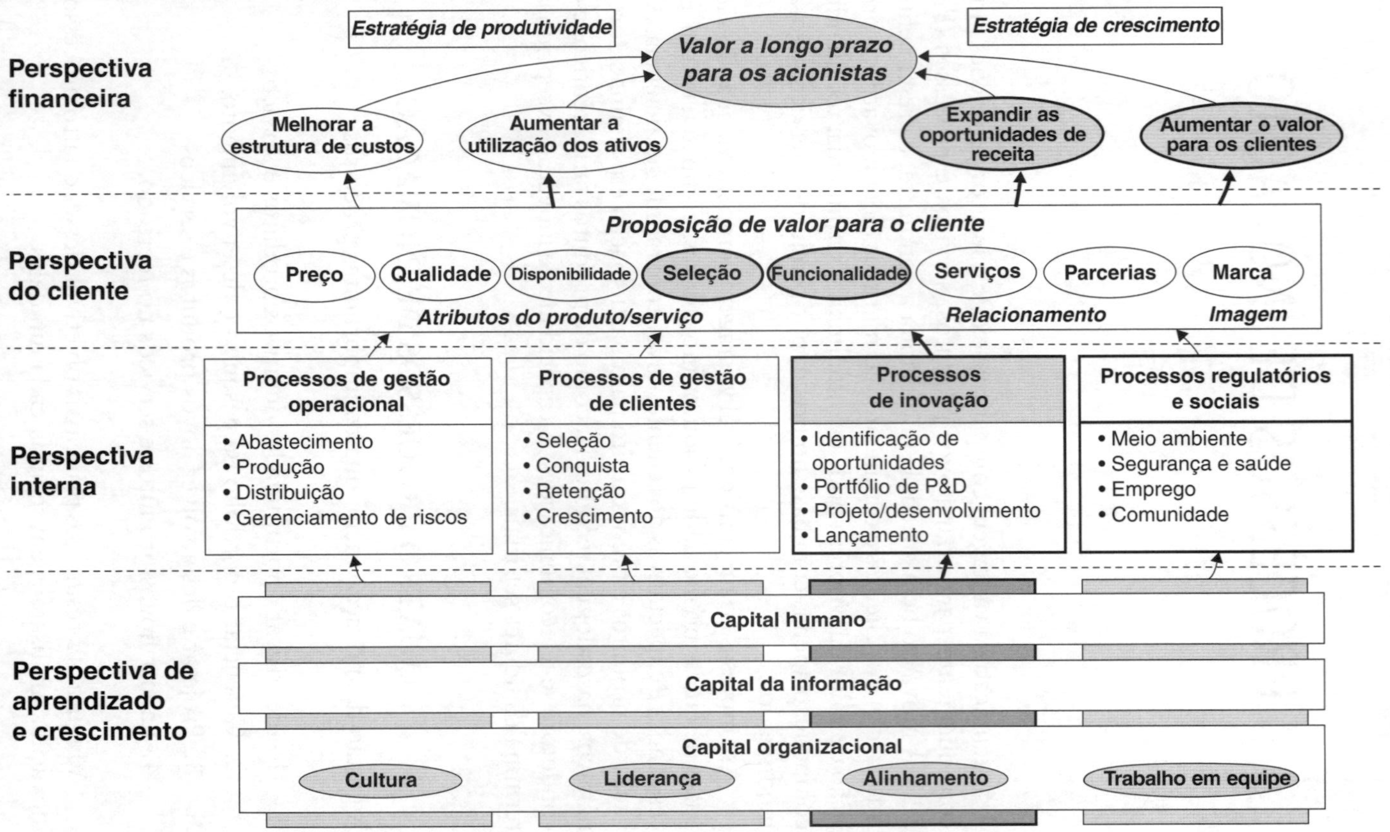

Perspectiva financeira

Estratégia de produtividade — *Estratégia de crescimento*

- Melhorar a estrutura de custos
- Aumentar a utilização dos ativos
- *Valor a longo prazo para os acionistas*
- Expandir as oportunidades de receita
- Aumentar o valor para os clientes

Perspectiva do cliente

Proposição de valor para o cliente

- Preço
- Qualidade
- Disponibilidade
- Seleção
- Funcionalidade
- Serviços
- Parcerias
- Marca

Atributos do produto/serviço — *Relacionamento* — *Imagem*

Perspectiva interna

- **Processos de gestão operacional**
  - Abastecimento
  - Produção
  - Distribuição
  - Gerenciamento de riscos

- **Processos de gestão de clientes**
  - Seleção
  - Conquista
  - Retenção
  - Crescimento

- **Processos de inovação**
  - Identificação de oportunidades
  - Portfólio de P&D
  - Projeto/desenvolvimento
  - Lançamento

- **Processos regulatórios e sociais**
  - Meio ambiente
  - Segurança e saúde
  - Emprego
  - Comunidade

Perspectiva de aprendizado e crescimento

Capital humano

Capital da informação

Capital organizacional

- Cultura
- Liderança
- Alinhamento
- Trabalho em equipe

Figura 5.2 Modelo de mapa estratégico dos processos de gestão da inovação

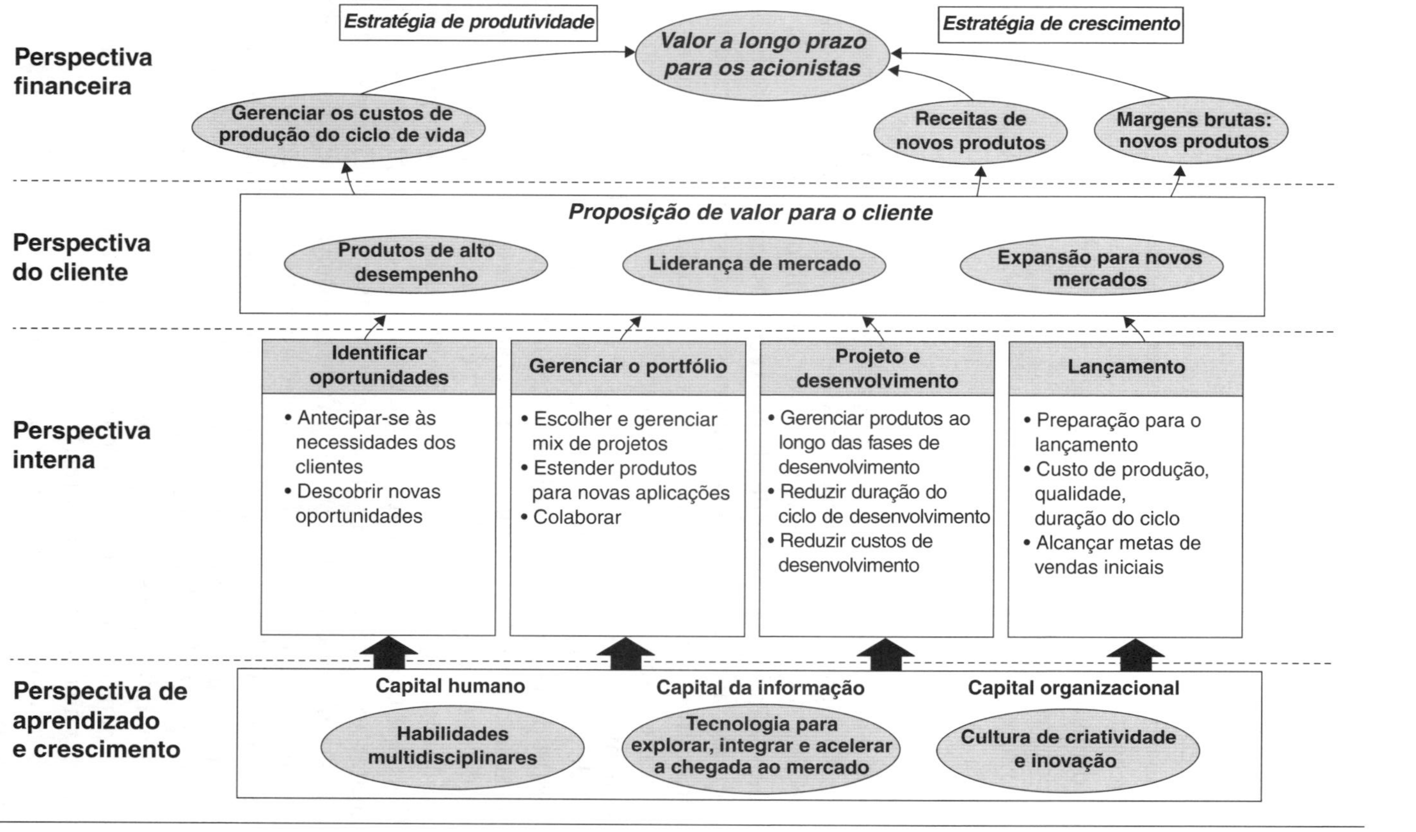

Perspectiva financeira

Estratégia de produtividade | *Estratégia de crescimento*

- Gerenciar os custos de produção do ciclo de vida
- Valor a longo prazo para os acionistas
- Receitas de novos produtos
- Margens brutas: novos produtos

Perspectiva do cliente

Proposição de valor para o cliente

- Produtos de alto desempenho
- Liderança de mercado
- Expansão para novos mercados

Perspectiva interna

Identificar oportunidades	Gerenciar o portfólio	Projeto e desenvolvimento	Lançamento
• Antecipar-se às necessidades dos clientes • Descobrir novas oportunidades	• Escolher e gerenciar mix de projetos • Estender produtos para novas aplicações • Colaborar	• Gerenciar produtos ao longo das fases de desenvolvimento • Reduzir duração do ciclo de desenvolvimento • Reduzir custos de desenvolvimento	• Preparação para o lançamento • Custo de produção, qualidade, duração do ciclo • Alcançar metas de vendas iniciais

Perspectiva de aprendizado e crescimento

- Capital humano — Habilidades multidisciplinares
- Capital da informação — Tecnologia para explorar, integrar e acelerar a chegada ao mercado
- Capital organizacional — Cultura de criatividade e inovação

1. Identificar oportunidades de novos produtos e serviços

As ideias para novos produtos podem emergir de várias fontes. Em geral, a área de pesquisa e desenvolvimento gera ideias com base nas habilidades e nos conhecimentos que acumulou com as inovações de produtos e processos no passado. Por exemplo, os laboratórios de pesquisa das empresas farmacêuticas selecionam e avaliam novos compostos por sua capacidade de combater doenças específicas. Mais recentemente, esses laboratórios estão aplicando a ciência da biologia molecular para determinar as características de medicamentos capazes de atingir alvos biológicos específicos, como receptores de células e enzimas.

Entretanto, as organizações não devem ser introspectivas demais na busca de novas ideias. Também precisam buscar inspiração em fontes externas, como laboratórios de pesquisa, universidades e, especialmente, fornecedores e clientes. As empresas que lidam com os fornecedores como parceiros estratégicos, em vez de apenas como fontes de materiais e componentes a baixo preço, podem beneficiar-se de suas ideias e recursos a respeito de novos produtos. Os clientes de vanguarda quase sempre são fontes básicas de ideias e recursos sobre novos produtos. Por exemplo, as empresas de instrumentos médicos mantêm entendimentos constantes com os médicos mais importantes em todo o mundo, para identificar oportunidades de desenvolvimento de novos recursos que tornem seus produtos mais eficazes. As empresas de produtos eletrônicos de consumo estudam a maneira como os adolescentes usam seus novos produtos, para desenvolver ideias a serem aproveitadas na próxima geração de produtos. Uma vasta literatura (cujo resumo vai bem além do escopo deste livro) descreve os benefícios e limitações de solicitar aos clientes inputs para a inovação de produtos. Por exemplo, Anthony Ulwick e Dorothy Leonard explicam por que as empresas devem perguntar aos clientes os resultados, em vez das características, que esperam dos novos produtos.[2] Clayton Christensen adverte quanto aos perigos de solicitar ideias apenas dos clientes atuais, esquecendo as necessidades básicas de segmentos de mercado de massa, com potencial de rápido crescimento.[3] O trabalho de W. Chan Kim e Renée Mauborgne sobre inovação de valor descreve como as empresas podem personalizar a funcionalidade de seus produtos e serviços, para atender às preferências de seus clientes de mercado de massa a preços substancialmente inferiores aos dos concorrentes.[4]

Entre os objetivos e indicadores típicos do processo de inovação destacam-se os seguintes:

Objetivos dos processos de identificar oportunidades	*Indicadores*
Antecipar-se às futuras necessidades dos clientes	• Tempo gasto com os principais clientes, aprendendo sobre suas futuras oportunidades e necessidades • Número ou porcentagem de novos projetos, baseados em inputs de clientes
Descobrir e desenvolver novos produtos e serviços mais eficazes e/ou mais seguros	• Número de propostas para desenvolvimento de novos projetos ou conceitos • Número de sugestões de novos serviços que agregam valor

2. Gerenciar o portfólio de pesquisa e desenvolvimento

Depois que se geram ideias para novos produtos e serviços, os gestores devem decidir que projetos financiar, adiar ou eliminar. Também lhes compete definir se determinado projeto deve ser executado inteiramente com recursos internos, de maneira colaborativa, em joint ventures, licenciado de outra organização ou, ainda, terceirizado. Mesmo depois da alocação de recursos financeiros ao novo projeto, os gerentes devem reavaliá-lo o tempo todo, identificando novas oportunidades ou restrições, decidindo se devem continuar apoiando o projeto, com o mesmo nível de recursos (dinheiro, equipamentos e pessoas); se seria melhor reduzir o comprometimento de recursos ou se a solução preferível seria parar o projeto, em razão do pouco progresso até a data ou da identificação recente de oportunidades mais atraentes. O resultado do processo de avaliação é um plano mestre de projetos que define o portfólio de projetos em curso, os objetivos específicos a serem atingidos pelo conjunto de projetos e o mix entre fontes internas e externas.

O portfólio de pesquisa e desenvolvimento deve incluir um mix de diferentes tipos de projetos, oriundos das seguintes categorias:[5]

1. *Projetos de pesquisa básica e de desenvolvimento avançado,* que criam novos conhecimentos científicos e tecnológicos, a serem aplicados posteriormente em projetos comerciais. Em geral, essa pesquisa básica é executada em organizações distintas.

2. *Projetos de desenvolvimento inovador,* que criam produtos inteiramente novos, com base em novas formas de aplicação da ciência e da tecnologia. Em geral, esses projetos geram novas categorias de produtos ou uma nova linha de negócios para a empresa. O desenvolvimento de computadores portáteis leves, do tipo laptop, em fins da década de 1980, foi uma grande inovação na indústria de computadores pessoais. Os projetos de desenvolvimento de produtos totalmente inovadores geralmente duram vários anos.
3. *Projetos de desenvolvimento de plataforma,* que lançam a próxima geração de produtos em dada categoria. A nova plataforma define a arquitetura básica de um conjunto ampliado de produtos, a serem desenvolvidos e lançados ao longo de vários anos subsequentes. Tais projetos podem incorporar muitas características tecnológicas da geração anterior, mas também introduzem avanços tecnológicos recentes, que oferecem aprimoramentos significativos nas características e na funcionalidade. Os projetos de plataforma geralmente exigem recursos vultosos, pois geram melhorias fundamentais em custo, qualidade e desempenho, em comparação com a geração anterior de produtos.
4. *Projetos de desenvolvimento derivativo,* que reforçam certas características de determinados produtos da plataforma, orientados para segmentos específicos do mercado. Tais modificações podem reduzir custos ou ampliar a funcionalidade do produto existente. Por exemplo, uma linha de computadores de mesa pode oferecer um modelo com processador mais rápido para usuários finais sofisticados, que trabalhem com gráficos complexos ou joguem videogames interativos, e outro com um processador mais lento, para pessoas que usam o computador apenas para e-mail, planilha simples e processador de texto. Os projetos de desenvolvimento derivativo exigem muito menos recursos do que os projetos de desenvolvimento inovador ou de desenvolvimento de plataforma, pois alavancam as capacidades dos produtos e processos existentes.
5. *Projetos de aliança,* que capacitam a empresa a adquirir novo produto (ou processo) de outra empresa, por meio de licenciamento ou subcontratação. As empresas recorrem a projetos de aliança quando não dispõem de recursos internos suficientes para determinado projeto, quando as iniciativas de desenvolvimento com recursos próprios não geram os resultados almejados ou quando empresas menores já desenvolveram a capacidade básica para um novo produto ou processo e a compra dessa capacidade é menos dispendiosa do que o desenvolvimento interno.

Como exemplo veja-se o portfólio de projetos de uma empresa automobilística: Um projeto de pesquisa básica poderia ser o desenvolvimento de uma célula de combustível, a ser utilizada em substituição aos motores a gasolina. Um projeto de desenvolvimento inovador produziria um carro híbrido, capaz de funcionar com bateria ou gasolina. Já um projeto de desenvolvimento de plataforma seria uma nova linha de carros híbridos a ser comercializada pela empresa nos próximos cinco a sete anos. Os projetos derivativos desenvolveriam os diferentes modelos de carros híbridos – sedan, cupê, conversível – e as opções a serem oferecidas aos consumidores. Os projetos derivativos também incluiriam aprimoramentos anuais na plataforma básica de produtos híbridos. Os projetos de aliança iniciam-se quando a empresa tem recursos insuficientes para projetar e desenvolver todos os modelos de carros a serem lançados no mercado, recorrendo a empresas independentes, como a Porsche, para o projeto e desenvolvimento de determinado modelo e componente.

Os cinco tipos de projetos apresentam exigências de recursos, duração e perfis de risco muito diferentes. O plano mestre de projetos determina a composição entre os cinco tipos de projetos e garante a disponibilidade de recursos adequados para a execução do conjunto. Além disso, liga os vários projetos de desenvolvimento à estratégia de negócios, relaciona cada projeto às linhas de produtos e a mercados específicos, e aloca pessoas, capacidade e recursos financeiros aos diferentes projetos, de modo que cada um disponha de recursos adequados para realizar seus objetivos, e programa a execução dos projetos, com base nos recursos disponíveis.

Os objetivos e indicadores típicos do gerenciamento do portfólio de P&D incluem os seguintes:

Objetivos dos processos de gerenciar o portfólio de P&D	Indicadores
Gerenciar ativamente o portfólio de produtos e ofertas, destacando-se nas inovações e no posicionamento, desempenho e rentabilidade em relação aos clientes	• Mix atual *versus* planejado de projetos (desenvolvimento avançado, plataforma, derivativos e terceirizados) • Gastos atuais *versus* planejados nos projetos de cada tipo • Classificação da tecnologia (análise independente dos atuais recursos tecnológicos) • Valor presente líquido dos produtos no pipeline de projetos

	• Feedback dos clientes e projeções de receita, com base nos protótipos dos produtos no pipeline • Valor das opções do portfólio de projetos
Ampliar a atual plataforma de produtos para mercados novos e existentes	• Número de projetos resultantes das plataformas existentes, orientados para novos mercados • Número de projetos de extensão do ciclo de vida
Estender o portfólio de produtos, por meio de colaboração	• Número de produtos licenciados • Número de projetos conjuntos em mercados novos e emergentes • Número de parceiros de tecnologia ou de produtos

3. Projetar e desenvolver novos produtos e serviços

O processo de projeto e desenvolvimento, a essência do desenvolvimento de produtos, traz novos conceitos ao mercado.[6] O processo bem-sucedido de projeto e desenvolvimento culmina com um produto dotado da funcionalidade almejada, atraente para o mercado-alvo e capaz de ser produzido com qualidade consistente e a custo que proporcione margem de lucro satisfatória. Além dessas especificações rigorosas quanto ao resultado, o processo de desenvolvimento precisa cumprir suas próprias metas, em termos de prazos e custos.

O processo de desenvolvimento de produtos é um conjunto complexo de atividades que envolvem várias funções de um negócio. Em geral, o processo compõe-se de uma série de etapas:

1. *Desenvolvimento do conceito.* A equipe do projeto analisa as pesquisas de mercado, os produtos concorrentes, a tecnologia e os recursos de produção para definir a arquitetura básica do novo produto. Esse estágio começa com o desenho conceitual, inclusive a funcionalidade e os atributos do produto, e com estimativas do mercado-alvo, do preço e dos custos de produção.

2. *Planejamento do produto*. A equipe do projeto testa o conceito do produto, por meio da construção de modelos e mediante testes em escala reduzida, elabora o planejamento financeiro e efetua o investimento inicial.
3. *Engenharia detalhada do produto e do processo*. A equipe do projeto desenha e produz protótipos do produto. Ao mesmo tempo, desenvolve ferramentas e equipamentos para a produção em grande escala. A essa altura, não raro se repetem vários ciclos "projetar-construir-testar", em que se modificam o desenho do produto e o processo de produção, para alcançar as características almejadas de desempenho, em termos de funcionalidade, custo e qualidade.

Alguns autores descreveram o processo de desenvolvimento de produtos como um *funil* (Figura 5.3), em que a ampla abertura, na entrada, indica o máximo de flexibilidade na formulação de conceitos, no projeto do produto e nos processos de fabricação. Com a evolução do projeto, definem-se melhor os conceitos, desenhos e processos e descartam-se alternativas.

Muitas empresas adotam uma ferramenta formal denominada *processo stage-gate*, que identifica especificamente uma série de etapas de desenvolvimento, a serem percorridas pelo novo produto, à medida que avança do conceito inicial à fase final de produto acabado, pronto para o processo de produção em grande escala (Figura. 5.4).

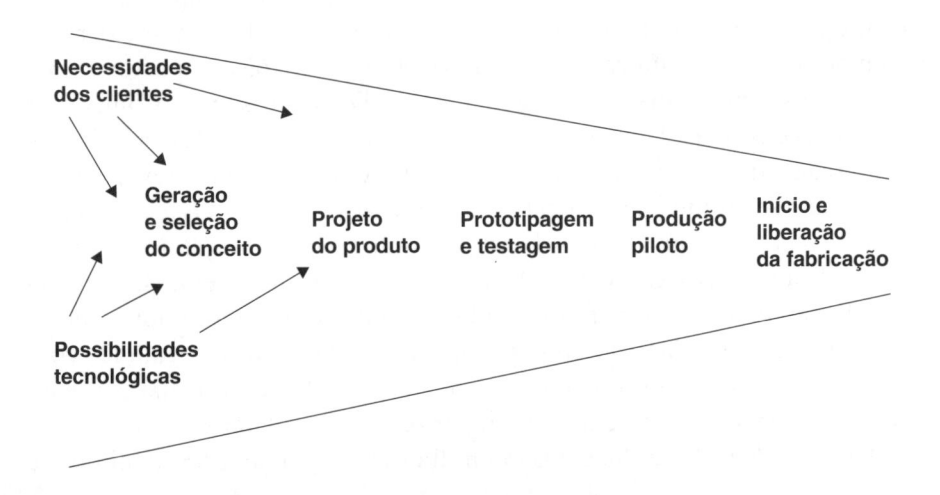

Figura 5.3 O funil do desenvolvimento de produtos

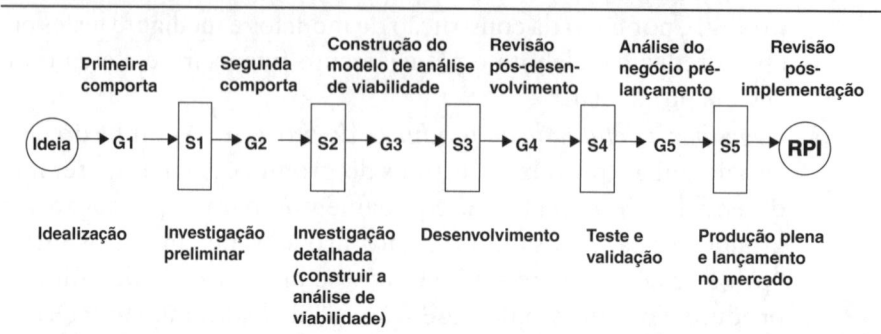

Figura 5.4 Modelo stage-gate do desenvolvimento de novos produtos

```
              Primeira      Segunda     Construção do      Revisão       Análise do      Revisão
              comporta      comporta    modelo de análise  pós-desen-    negócio pré-    pós-
                                        de viabilidade     volvimento    lançamento      implementação

  (Ideia) → G1 → S1 → G2 → S2 → G3 → S3 → G4 → S4 → G5 → S5 → (RPI)

  Idealização  Investigação  Investigação   Desenvolvimento  Teste e      Produção plena
               preliminar    detalhada                       validação    e lançamento
                             (construir a                                 no mercado
                             análise de
                             viabilidade)
```

O funil do desenvolvimento de produtos e o modelo stage-gate fornecem estrutura para que se aloquem recursos entre projetos, com base na experiência do projeto até então e na evolução das tecnologias, das preferências dos clientes, dos concorrentes e das regulamentações. Cada comporta exige uma decisão ir/não ir, em que os engenheiros e gerentes comparam o projeto com outros no funil de novos produtos da empresa, todos competindo entre si por recursos escassos. Um projeto pode ser adiado com base em seu desempenho ou em razão de novas informações sobre clientes, tecnologia e atividades dos concorrentes. O modelo stage-gate disciplina os processos geralmente caóticos de desenvolvimento de produtos, forçando os gerentes a rever periodicamente todos os projetos no pipeline e dando-lhes a oportunidade de puxar a tomada daqueles que não mais parecem promissores, em virtude de novas informações. A priorização dos projetos de desenvolvimento de produtos permite a concentração dos recursos da empresa nas oportunidades mais promissoras.

As atividades de desenvolvimento de produtos das empresas farmacêuticas e de biotecnologia são, evidentemente, diferentes. De início, realizam pesquisas pré-clínicas, envolvendo testes de novos compostos em laboratórios e em animais. Em seguida, os medicamentos mais promissores passam por três fases de testes clínicos em seres humanos. Os testes da fase I são realizados em indivíduos normais e saudáveis (voluntários) para determinar a segurança, tolerância e doses eficazes da droga. Os testes da fase II são executados em pessoas doentes, para determinar os efeitos clínicos do medicamento e explorar os níveis alternativos de dosagem. Os testes da fase III são de longe os mais dispendiosos, envolvendo testes abrangentes da droga, em comparação com grupos de controle que são tratados com placebo ou com as terapias existentes mais avançadas, para avaliar os benefícios do novo medicamento e verificar os efeitos colaterais. O custo dos testes varia de US$1 milhão a US$5 milhões na fase I, de US$10 milhões a

US$20 milhões na fase II e de US$20 milhões a US$70 milhões para cada teste da fase III, que pode prolongar-se por até três anos. No final da fase III, o medicamento é submetido à aprovação reguladora, para ser comercializado e vendido ao público. Mesmo depois de o medicamento ter sido liberado para uso público, as empresas geralmente vão adiante com uma fase IV, na qual buscam reações adversas raras, oportunidades de redução de dosagem e outras situações, não previstas de início, em que a droga poderá ser prescrita. Assim, para as empresas farmacêuticas e de biotecnologia, a gestão do processo de gerenciamento de novas drogas e o custo e o momento de cada fase representam talvez seu conjunto de processos mais importantes.

As empresas de desenvolvimento de software seguem rotina semelhante à utilizada para o desenvolvimento dos tradicionais produtos de hardware. Durante anos, as empresas de software seguiram um estruturado *processo em cascata* (Figura 5.5), em que uma fase derramava-se sobre a seguinte, em progressão sequencial bem definida: projeto do conceito, especificação do produto e das características, codificação e integração, e teste. Utiliza-se esse processo quando as especificações dos clientes e a tecnologia necessária são bem conhecidas.

Recentemente, contudo, as empresas de software vêm desenvolvendo seus produtos de maneira muito mais interativa, criando condições para que os projetistas incorporem em seus projetos as exigências em evolução dos clientes e o surgimento de novas tecnologias ao longo de todo o processo de desenvolvimento de produtos. Seguindo esse modelo de entrega evolucionário, as empresas lançam na internet, em intervalos de poucas semanas, novas versões beta do software, destinadas a usuários selecionados e sofisticados, de modo a reagirem com rapidez ao feedback dos consumidores sobre recursos e bugs, além de responderem a novos produtos concorrentes que tenham aparecido recentemente no mercado. O processo de desenvolvimento envolve muitos ciclos "projetar-construir-testar", cada ciclo incorporando e integrando mais funcionalidade no produto de alto nível.[7]

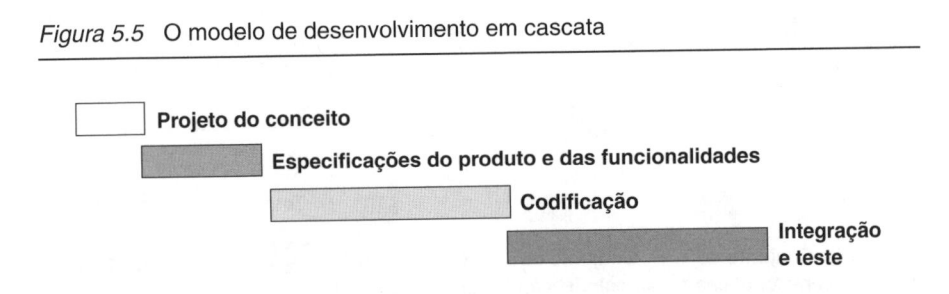

Figura 5.5 O modelo de desenvolvimento em cascata

- Projeto do conceito
- Especificações do produto e das funcionalidades
- Codificação
- Integração e teste

No desenvolvimento do complexo Office 2000, a Microsoft adotou um sistema flexível baseado em dois processos-chave: Milestones (marcos) e Daily Builds (construção diária). Para cada aplicativo do software, a equipe do projeto desmembrou o trabalho de desenvolvimento em vários estágios, cada um abrangendo projeto, codificação e teste de um subconjunto de funções do produto (Figura 5.6). O processo de uso de *milestones* permite que os engenheiros testem a funcionalidade do novo produto ao longo de todo o projeto, em vez de postergar os testes até que todas as funções tenham sido codificadas no produto final, como no modelo em cascata. A equipe do projeto definiu três marcos de desenvolvimento, com intervalos de vários meses, e atribuiu determinadas características a cada marco. Caso se constatasse que seria difícil implementar certas funcionalidades até o marco previsto de início, elas eram diferidas até novo marco ou totalmente eliminadas. No processo milestone, os engenheiros devem comprometer-se com uma data final definitiva e inflexível, dispondo do recurso de reduzir a funcionalidade planejada para cumprir o cronograma. Em contraste, o processo costumeiro de desenvolvimento de produtos permite o adiamento da data de entrega até a integração, teste e validação de todas as características no produto final.

No *processo daily build* (Figura 5.7), os programadores definem as parcelas do programa em que trabalharão a cada dia e apresentam o trabalho no final do dia. Equipes especiais testam e revisam o produto durante a noite, para garantir a boa integração do acréscimo no todo existente até a data e identificando potenciais bugs no código, a serem eliminados pelos programadores no dia seguinte. Não se aceitam revisões no programa até que se alcance nível suficientemente baixo de bugs e

Figura 5.6 Processo milestone

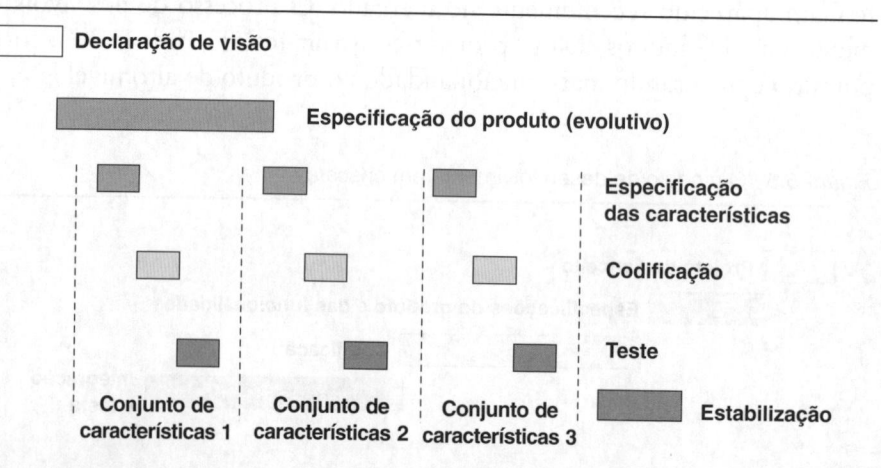

Figura 5.7 Processo milestone com daily build

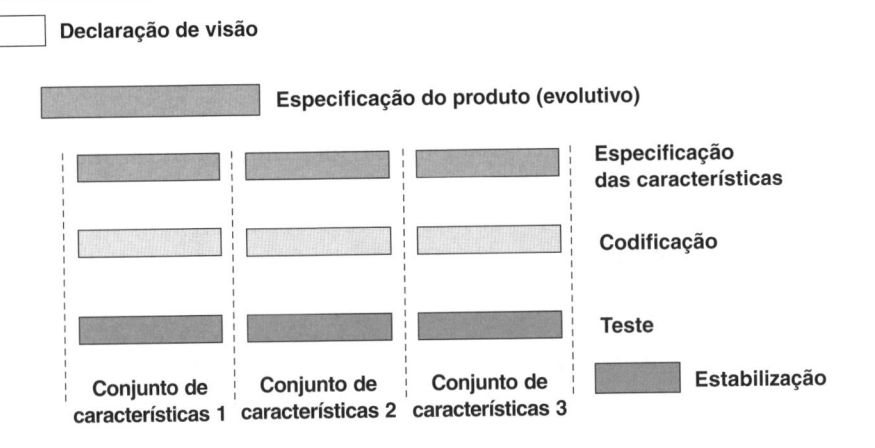

- Declaração de visão
- Especificação do produto (evolutivo)
- Especificação das características
- Codificação
- Teste
- Estabilização

Conjunto de características 1 | Conjunto de características 2 | Conjunto de características 3

que o novo código não crie problemas em outra parte do produto. Em princípio, o processo permite que se disponha todos os dias de uma versão utilizável do produto final, para teste e feedback por usuários sofisticados.[8]

Em face da grande diversidade de processos de gestão de projetos em diferentes setores, as empresas precisam desenvolver seus próprios objetivos e indicadores. Aqui estão algumas ideias para estimular a reflexão.

Objetivos dos processos de projetar e desenvolver novos produtos e serviços	*Indicadores*
Gerenciar o portfólio de projetos	• Número de patentes; número de citações de patentes[9]
	• Rendimento do projeto (porcentagem de projetos que avançam de uma para outra fase)
	• Número de projetos entrando em cada fase do processo de desenvolvimento de produtos
	• Número de projetos revisados por meio da análise do stage-gate ou de outro processo formal

Reduzir a duração do ciclo de desenvolvimento	• Número de projetos concluídos no prazo • Tempo médio gasto pelos projetos nas fases de desenvolvimento, teste e lançamento dos processos de desenvolvimento • Duração total (do conceito ao mercado)
Gerenciar o custo do ciclo de desenvolvimento	• Gastos reais *versus* orçados em cada estágio de desenvolvimento do projeto

4. Lançar os novos produtos e serviços no mercado

Na conclusão do ciclo de desenvolvimento de produtos, a equipe do projeto libera o produto para o início da produção comercial. Neste quarto processo, a equipe do projeto começa a produção piloto para finalizar as especificações do processo de produção. Constroem-se todos os componentes nos protótipos de equipamentos de produção e então monta-se e testa-se o produto acabado. Dessa maneira, verifica-se se os processos de fabricação novos ou modificados são capazes de fabricar os produtos acabados em volumes comerciais, conforme os padrões funcionais e de qualidade. Também se confirma que todos os fornecedores são capazes de entregar seus materiais e componentes dentro das especificações, no prazo e aos custos almejados.

Na fase final, a empresa inicia a produção comercial, com baixos volumes, para ter a certeza de que seus processos de produção e os dos fornecedores são capazes de produzir e entregar o produto de maneira consistente. A área de marketing e vendas também começa a vender o novo produto aos clientes. À medida que crescem os pedidos dos clientes e se estabilizam os processos de fornecimento e produção, aumentam-se os volumes. Por fim, conclui-se o projeto de desenvolvimento quando a empresa atinge os níveis almejados de vendas e produção, conforme os padrões especificados de funcionalidade, qualidade e custo do produto.

Objetivos dos processos de lançar novos produtos e serviços	*Indicadores*
Lançamento rápido de novos produtos	• Tempo decorrido entre o início da produção piloto e a plena capacidade • Quantidade de ciclos de redesenho • Número de novos produtos lançados ou comercializados

Produção eficaz de novos produtos	• Custo de fabricação de novos produtos (real *versus* previsto) • Rendimento do processo de fabricação de novos produtos • Número de falhas de produção ou de devoluções pelos clientes • Custos iniciais de garantia e de serviços de campo • Nível de satisfação ou de insatisfação dos clientes quanto aos novos produtos • Número de incidentes de segurança envolvendo novos produtos • Número de incidentes ambientais envolvendo novos processos
Marketing, distribuição e vendas eficazes de novos produtos	• Receita de novos produtos em seis meses (real *versus* orçado) • Faltas de estoque e pedidos em atraso referentes a novos produtos

CONEXÕES DOS PROCESSOS DE INOVAÇÃO COM OS OBJETIVOS DA PERSPECTIVA DO CLIENTE

Processos de inovação excelentes oferecem aos clientes uma proposição de valor com dois importantes componentes (Figura 5.2). O primeiro componente representa os atributos de desempenho específicos dos produtos e serviços da empresa, que descrevem como o desempenho do novo produto ou serviço supera o desempenho de ofertas concorrentes. Ao descrever e comunicar os aspectos mais importantes da funcionalidade dos recém-lançados produtos e serviços, todos os empregados aprendem as dimensões específicas cujo aprimoramento deve ser perseguido continuamente pela organização.

Por exemplo, em semicondutores, a redução contínua do tamanho da memória básica ou do chip processador gera vantagens na velocidade e na funcionalidade do dispositivo. Em telas e monitores, a luminosidade, brilho e consumo de energia são atributos críticos. Nos produtos farmacêuticos, a segurança e a eficácia relativa do produto para moléstias específicas e categorias terapêuticas são fontes de vantagem competitiva. No caso de aparelhos médicos e produtos eletrônicos portáteis, os clientes desejam tamanho e peso reduzidos. As empresas devem identificar a função específica que seus processos de inovação geram para os clientes. Essa funcionalidade, então, converte-se em critério para medir a proposição de valor da perspectiva do cliente no mapa estratégico.

O segundo componente da proposição de valor é o momento em que o aprimoramento da funcionalidade torna-se disponível para os clientes. Oferecer excelente funcionalidade, mas chegar ao mercado vários meses ou anos depois dos concorrentes não resultará em altas margens. As empresas que são excelentes em inovação e em liderança do produto lançam seus produtos e serviços superiores no mercado antes dos concorrentes. Atrasar-se seis meses em muitas inovações de produtos pode ser muito mais custoso para a empresa do que superar a previsão de custos em 20% ou mais no processo de inovação em si. Portanto, o objetivo de ser o primeiro a chegar ao mercado com novos produtos e serviços é importante fonte de crescimento da receita e da margem para os líderes de produtos.

Um terceiro objetivo da perspectiva do cliente, relacionado com o processo de inovação, é estender os produtos existentes ou novos para novos mercados. As empresas farmacêuticas não raro descobrem que um novo medicamento é eficaz para outras doenças, além da almejada de início. Como a droga já foi aprovada pelo governo quanto à segurança e toxidade, o novo processo de aprovação para o tratamento de outras doenças é menos oneroso. Do mesmo modo, as empresas de produtos químicos agrícolas podem descobrir que seus tratamentos são eficazes para outros tipos de safras, pestes ou moléstias, além das que foram alvo das primeiras pesquisas e receberam aprovação dos órgãos públicos competentes.

A literatura sobre competência essencial enfatiza como a excelência dos produtos em determinada dimensão de funcionalidade geralmente pode ser alavancada em muitas outras aplicações e segmentos de mercado.[10] Por exemplo, a excelência da Honda em desempenho dos motores, desenvolvida de início para motocicletas e automóveis, permitiu que a empresa entrasse em muitos segmentos diversos, como cortadores de grama e motores de apoio para centrais elétricas. A liderança da Canon em componentes ópticos para câmeras foi aproveitada na fabricação de impressoras, copiadoras e aparelhos médicos eletrônicos. E a eBay converteu sua tecnologia de leilões em poderosa ferramenta para a venda de equipamentos comerciais usados e recondicionados. O processo de inovação que descrevemos no início deste capítulo é muito dispendioso. As empresas devem empenhar-se para extrair o máximo de retorno desses investimentos, aplicando seus principais produtos, serviços e processos bem além dos alvos mirados de início.

Portanto, os objetivos e indicadores da perspectiva dos clientes, a serem realizados por meio de processos de inovação, abrangem funcionalidade, oportunidade e ampliação dos mercados, como mostra o quadro a seguir:

Objetivos da perspectiva dos clientes	*Indicadores*
Oferecer aos clientes produtos e serviços mais funcionais	• Atributos de desempenho específicos de novos produtos e serviços (por exemplo, tamanho, exatidão, consumo de energia, geração de calor, velocidade, brilho, facilidade de armazenamento, clareza, durabilidade, simplicidade do uso, tempo de resposta)
Ser o primeiro no mercado com novos produtos e serviços	• *Lead time* em comparação com os concorrentes • Número de novos produtos e serviços que foram os primeiros a chegar no mercado • Porcentagem de lançamentos pontuais
Estender produtos e serviços a novos segmentos	• Número de novas aplicações oriundas da plataforma de produtos • Receita de novos mercados e segmentos

Conexões com a perspectiva financeira

Evidentemente, os objetivos financeiros das inovações se relacionam com o crescimento da receita e com o aumento das margens, por meio de novos produtos e serviços (Figura 5.2). Os produtos e serviços que oferecem vantagens diferenciadas em relação aos dos concorrentes e que são os primeiros a chegar ao mercado devem alcançar preços mais altos ou gerar crescimento das vendas mais rápido do que a média do setor (e não raro ambos os benefícios – preços mais altos *e* crescimento das vendas mais acelerado). O aumento da receita e das margens pode ocorrer com os clientes e mercados existentes, assim como com mercados e clientes inteiramente novos. Portanto, objetivos de receita e margem podem ser desenvolvidos tanto para clientes atuais como novos. Além disso, a empresa deve ter o objetivo de gerar retorno sobre os investimentos em pesquisa e desenvolvimento, já efetuados para lançar novos produtos e serviços.

Geralmente não se associa inovação com produtividade e redução de custos. Talvez o principal benefício decorrente da reflexão sobre as relações entre inovação e gestão de custos decorra da oportunidade de gerenciar custos no âmbito de todo o ciclo de vida dos produtos. Um dos objetivos das empresas talvez seja reduzir os custos de manutenção, consertos e descarte de seus produtos. As questões ambientais referentes aos produtos são especialmente importantes nos países europeus, onde a legislação exige que as empresas internalizem em seus produtos os custos de recuperação.

Objetivos financeiros	*Indicadores*
Retorno sobre investimentos em P&D	• Retorno sobre os gastos em tecnologia • Tempo necessário para atingir o ponto de equilíbrio: real *versus* previsto[11] • Receitas de royalties e licenciamento de patentes
Aumento da receita oriunda dos atuais clientes	• Receitas e margens geradas pelos clientes existentes, decorrentes de produtos lançados nos últimos doze meses • Crescimento percentual das vendas para os atuais clientes
Aumento da receita oriunda de novos clientes	• Receitas e margens decorrentes de novos clientes e de novos produtos
Gerenciamento dos custos do ciclo de vida	• Custos de manutenção como porcentagem do total dos custos de fabricação • Custos de descarte como porcentagem do total dos custos de fabricação

Conexões com a perspectiva de aprendizado e crescimento

Competências, tecnologia e clima organizacional (ver perspectiva de aprendizado e crescimento na Figura 5.2) são vitais para fomentar processos de inovação eficazes.

Capital humano

Sem dúvida, a inovação seria impossível sem profunda expertise na ciência e na tecnologia básicas para novos produtos e processos. As empresas inovadoras precisam de cientistas e engenheiros com educação e experiência adequadas nas tecnologias fundamentais da organização. As competências necessárias podem mudar com o tempo, à medida que se desenvolvem novos conhecimentos científicos e surgem novos segmentos de clientes. Na indústria farmacêutica, por exemplo, as necessidades de conhecimentos científicos em busca de novos medicamentos deslocaram-se da química para a biologia molecular e para a genética computacional. Em software, as habilidades em engenharia de computação, que desenvolveram arquiteturas notáveis, mas altamente proprietárias, talvez se tornem pouco valiosas à medida que as preferências dos clientes migram para software de arquitetura aberta. Assim, as empresas devem manter-se sempre alertas ao mix de habilidades necessárias para desenvolver a próxima geração de produtos e serviços.

Entretanto, apenas a competência profunda em determinado campo da ciência ou da engenharia, como fator isolado, dificilmente será bem-sucedida sozinha. Hoje, a maioria dos avanços importantes exige a integração de ciência e tecnologia em várias disciplinas. Outra competência-chave, portanto, é a capacidade de trabalhar com cientistas e engenheiros de outras disciplinas e com outros antecedentes e de fundir as diversas bases de conhecimento em avanços notáveis no desempenho dos produtos.

Além da integração da expertise técnica, todas as pessoas envolvidas em projetos de desenvolvimento de produtos devem ser capazes de interagir de maneira eficaz com funcionários de outras funções, fora da área de pesquisa e desenvolvimento, como marketing, operações e finanças. Essa integração cria condições para que melhor se realizem as metas de funcionalidade, prazo de lançamento, qualidade e custo de fabricação. Assim, a competência que respalda os processos de inovação exige que se conte com engenheiros dotados de fortes habilidades em todas as disciplinas básicas e a capacidade de trabalhar com eficácia em projetos multidisciplinares, com equipes multifuncionais.

Capital da informação

A tecnologia da informação é componente cada vez mais vital em qualquer processo importante de desenvolvimento de produtos. Hoje, as equipes de projetos usam simulação tridimensional avançada em lugar de maquetes físicas para experimentar e testar desenhos alternativos. A prototipagem virtual é mais rápida, menos onerosa e possibilita mais ciclos de projeto e maior profundidade de aprendizado do que a prototipagem tradicional, com modelos físicos. Na pesquisa farmacêutica, as habilidades e recursos computacionais tornaram-se tão fundamentais para o sucesso quanto a biologia e a química.[12]

A tecnologia da informação também amplia a transmissão de conhecimentos e experiências sobre o projeto entre as múltiplas funções, departamentos e unidades geográficas, fomentando o compartilhamento de melhores práticas.

Além do uso da tecnologia para o processo de inovação em si, as empresas inovadoras podem explorar a tecnologia da informação para iniciar rapidamente a produção comercial dos novos produtos. Equipamentos de fabricação flexíveis possibilitam que se comece logo a fase de produção em níveis comerciais, sem a necessidade de adquirir máquinas inteiramente novas. A transição de projeto para produção é acelerada consideravelmente quando os terminais CAD (computer-aided-design) dos engenheiros projetistas têm interfaces com os equipamentos CAM (computer-aided-manufacturing) do pessoal da fábrica.

Capital organizacional

Trabalho em equipe. Como afirmamos antes, o trabalho em equipe é fundamental para os projetos de inovação bem-sucedidos. Mas, além do trabalho em equipe com o pessoal da própria organização, de outras disciplinas e funções, quem trabalha nos processos de inovação também deve envolver-se ativamente com a comunidade científica e tecnológica do ambiente externo. Nem todas as invenções surgem dentro dos laboratórios de pesquisa da empresa. Os cientistas e engenheiros da empresa sempre devem participar de simpósios científicos, de universidades de ponta e da produção de literatura especializada, de modo a manter-se alertas aos avanços capazes de afetar os produtos e serviços da empresa.

Cultura. A cultura organizacional deve enfatizar como valores essenciais a inovação, a ruptura do convencional e a mudança. Também é importante que a cultura fomente a aquisição de conhecimentos fora da empresa e supere uma tendência natural, a síndrome do não inventado-aqui, que consiste em desprezar as contribuições de cientistas e engenheiros de fora da empresa, sobretudo quando trabalham para os concorrentes.

Apresentamos a seguir um resumo dos objetivos de aprendizado e crescimento.

Objetivos de aprendizado e crescimento	Indicadores
Alcançar profunda expertise funcional	• Cobertura de habilidades estratégicas, nas principais posições de P&D
Desenvolver equipes interdisciplinares e multifuncionais eficazes	• Porcentagem de empregados em P&D que trabalham com eficácia em equipes interdisciplinares e multifuncionais de desenvolvimento de produtos • Porcentagem de empregados em P&D capazes de liderar com eficácia a gestão de projetos de desenvolvimento
Aplicar tecnologia computacional para simulação e prototipagem virtual	• Porcentagem de empregados em P&D que dominam ferramentas avançadas de modelagem
Usar tecnologia para o rápido lançamento de produtos	• Porcentagem de produtos lançados com integração eficaz CAD/CAM
Captar conhecimentos de ponta da comunidade científica e tecnológica	• Número de novas ideias oriundas de fontes externas • Revisão pelos pares das atuais capacidades científicas e tecnológicas
Fomentar cultura de inovação	• Número de sugestões para novos produtos e recursos • Pesquisa da cultura organizacional sob os aspectos de inovação e mudança

RESUMO

Os processos de inovação podem ser os mais importantes da organização para a sustentação da vantagem competitiva. Neste capítulo, identificamos os objetivos macro e os respectivos indicadores de quatro processos de inovação.

- Identificar oportunidades de novos produtos e serviços
- Gerenciar o portfólio de pesquisa e desenvolvimento
- Projetar e desenvolver novos produtos e serviços
- Lançar novos produtos e serviços no mercado

Apesar de sua importância, os processos de inovação geralmente recebem muito menos atenção gerencial do que os processos gerenciais mais visíveis, repetitivos e previsíveis, referentes a gestão de clientes e operações. Todas as organizações, qualquer que seja a estratégia, devem esforçar-se para incluir pelo menos um objetivo de inovação em seus mapas estratégicos. E no caso das empresas que adotam estratégias de liderança do produto e de aprisionamento (*lock-in*) de sistemas, o desempenho nos processos de inovação pode ser o fator mais decisivo para o sucesso.

No estudo de caso que se segue a este capítulo, descrevemos o mapa estratégico da Saatchi & Saatchi, uma empresa global de propaganda. A Saatchi & Saatchi adotara uma nova estratégia, baseada em sua nova visão quanto à inovação: "Ser reverenciada como originadora de ideias criativas que mudem o mundo e transformem os negócios, as marcas e a reputação de nossos clientes." Seu intuito era ser excelente na criação de novas mensagens e veículos publicitários, que promovessem transformações radicais nas imagens dos clientes.

NOTAS

1. Steven C. Wheelwright e Kim B. Clark, *Revolutionizing Product Development: Quantum Leaps in Spped, Efficiency, and Quality* (Nova York: Free Press, 1992), 1.
2. A. W. Ulwick, "Turn Customer Input into Innovation", *Harvard Business Review* (janeiro de 2002): 91-97; D. Leonard, "The Limitations of Listening", *Harvard Business Review* (janeiro de 2002): 93.
3. Clayton Christensen, *The Innovator's Dilemma: When New Technologies Cause Great Firms to Fail* (Boston: Harvard Business School Press, 1997).
4. W. C. Kim e R. Mauborgne, "Value Innovation: The Strategic Logic of High Growth", *Harvard Business Review* (janeiro-fevereiro de 1997); 91-101: e "Creating New Market Space", *Harvard Business Review* (janeiro-fevereiro de 1999): 83-93.
5. O material dessa seção foi extraído de S. C. Wheelwright, "The New Product Development Imperative", nota 9-699-152, Harvard Business School, Boston, 1999.

6. O material dessa seção foi extraído de Wheelwright e Clark, *Revolutionizing Product Development*, e M. Iansiti e T. Kosnik, "Product Development: A Customer-Driven Approach", nota 9-695-016, Harvard Business School, Boston, 1995.
7. M. Iansiti e A. MacCormack, "Developing Products on Internet Time", *Harvard Business Review* (setembro-outubro de 1997): 108-117; Tom Gilb, *Principles of Software Engineering Management* (Reading, MA: Addison-Wesley, 1988); A. MacCormack, "How Internet Companies Build Software", *Sloan Management Review* (inverno de 2001): 75-84.
8. A. MacCormack, "Microsoft Office 2000", Case 9-600-097 (Boston: Harvard Business School, 2000).
9. O número de patentes e de citações de patentes foi identificado em Baruch Lev, *Intangibles: Management, Measurement and Reporting* (Washington, DC: Brookings Institution Press, 2001): 57-61, como importante indicador dos resultados das pesquisas.
10. C. K. Prahalad e Gary Hamel, "The Core Competence of the Corporation", *Harvard Business Review* (maio-junho de 1990); e *Competing for the Future* (Boston: Harvard Business School Press, 1994).
11. O tempo necessário para atingir o ponto de equilíbrio (breakeven time – BET) é o período decorrido desde o início do projeto até a recuperação pela empresa de seus custos de desenvolvimento de produtos por meio das margens geradas pelas vendas comerciais. Ver C. H. House e R. L. Price, "The Return Map: Tracking Product Teams", *Harvard Business Review* (janeiro-fevereiro de 1991): 92-100, e Robert S. Kaplan e David P. Norton, *The Balanced Scorecard: Translating Strategy into Action* (Boston: Harvard Business School Press, 1996), 102-103.
12. S. Thomke, *Experimentation Matters* (Boston: Harvard Business School Press, 2003).

ESTUDO DE CASO

SAATCHI & SAATCHI

Antecedentes

A Saatchi & Saatchi, subsidiária integral do grupo de comunicações francês Publicis Group S. A., é uma das principais redes de agências de propaganda do mundo. Com faturamento anual de US$7 bilhões, produzido por suas 40 agências e 138 escritórios em 82 países, a empresa presta serviços a 60 dos 100 maiores anunciantes do planeta. Fundada na década de 1970, a Saatchi & Saatchi evoluiu de butique londrina a gigante global por meio de uma série de aquisições ambiciosas. Sem estratégia unificadora, cada agência operava seu próprio feudo, sem tomar conhecimento dos resultados da corporação. Em meados da década de 1990, o crescimento explosivo da Saatchi & Saatchi mostrou-se quase fatal; apenas o desmembramento em 1997 e uma nova equipe de liderança salvaram-na da provável falência. Em meio a pressões crescentes dos acionistas, a empresa proclamou sua meta de promover o crescimento competitivo de sua base de receita, gerando margem líquida (sobre o crescimento incremental) de 30% e dobrando o lucro por ação. O novo CEO, Kevin Roberts, elaborou um plano estratégico abrangente, chamado "O caminho adiante". O CFO Bill Cochrane introduziu o BSC para ajudar a empresa a alcançar suas metas ambiciosas. Ambos os executivos consideraram o BSC ferramenta inigualável para o gerenciamento de ativos intangíveis – fonte de criação de valor na Saatchi & Saatchi. Perceberam que a retenção de clientes, não necessariamente as novas vendas, era o melhor indicador de saúde financeira (20% da base de clientes gerava 80% da receita da Saatchi & Saatchi). Daí a nova estratégia: *cativar clientes apaixonados para sempre* (permanently infatuated clients – PICs). Como rede de propaganda global, a maior fonte de retorno seria prestar serviços excelentes à base de clientes globais em todos os mercados.

O mapa estratégico

Como mostra a Figura 5.8, a equipe executiva definiu três temas estratégicos:

- Excelência operacional, que incluía os objetivos de *promover a disciplina financeira* e *trabalhar com mais inteligência em toda a rede mundial de agências*.

- *Gestão de clientes*, cujos objetivos eram ser excelente no gerenciamento de contas e focar o desenvolvimento de negócios.
- *Inovação*, abrangendo os objetivos *identificar e implementar serviços de comunicação adequados* e *conquistar fama global por nossa liderança de ideias*.

A Saatchi & Saatchi escolheu, a bem da simplicidade, não sobrepor esses temas em seu mapa estratégico, observa Paul Melter, diretor de implementação da estratégia. Contudo, a nova visão da empresa – "Ser reverenciada como originadora de ideias criativas que mudem o mundo e transformem os negócios, as marcas e a reputação de nossos clientes" – está evidenciada no alto do mapa.

A Saatchi & Saatchi também se reorganizou, substituindo a estrutura geográfica por outra baseada nas missões locais. Cada agência local era classificada em uma das seguintes três categorias:

- Agência líder: As que apresentavam maior potencial de criação de ideias transformadoras.
- Agência impulsora: As que tinham excelentes oportunidades para crescimento lucrativo no mercado local.
- Agência próspera: As de menor porte, com oportunidades de crescimento limitadas, que se concentravam na otimização do lucro a curto prazo.

Cada tipo de agência desenvolvia sua própria variante do mapa estratégico corporativo.

Perspectiva financeira

Desde dezembro de 1997, quando a Saatchi & Saatchi desmembrou-se da Cordiant Communication, o valor para os acionistas tornou-se sua mais alta prioridade. As metas financeiras da Saatchi & Saatchi continuam agressivas. Contudo, a equipe executiva queria posicionar o desempenho financeiro como resultado da busca de excelência nos principais temas e na estratégia dos clientes, em vez de como propósito explícito. Embora a perspectiva financeira apareça no alto do mapa estratégico, a Saatchi também usa uma equação para enfatizar o impacto das perspectivas não financeiras e sua importância como indicadores de tendência.

A (Pessoas e Cultura) + B (Processos Internos) + C (Clientes) = D (Financeira)

Perspectiva do cliente

O desenvolvimento de *clientes apaixonados para sempre* (PICs) é o objetivo singular da Saatchi & Saatchi na perspectiva do cliente e o propósito predominante do empreendimento como um todo. Essa proposição determinou a necessidade de

Figura 5.8 Mapa estratégico da Saatchi & Saatchi

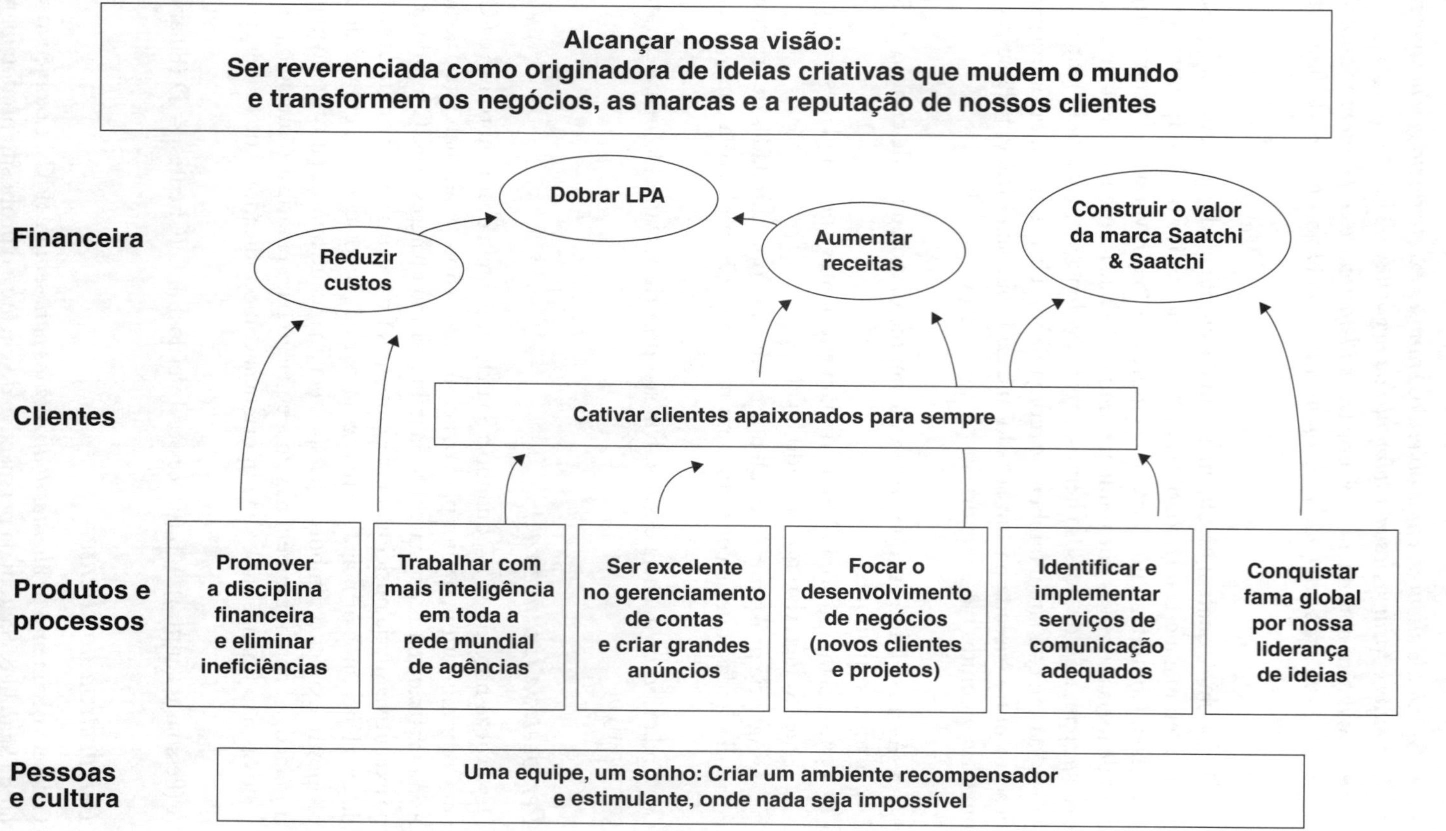

Alcançar nossa visão:
Ser reverenciada como originadora de ideias criativas que mudem o mundo e transformem os negócios, as marcas e a reputação de nossos clientes

Financeira

- Construir o valor da marca Saatchi & Saatchi
- Aumentar receitas
- Dobrar LPA
- Reduzir custos

Clientes

Cativar clientes apaixonados para sempre

Produtos e processos

- Promover a disciplina financeira e eliminar ineficiências
- Trabalhar com mais inteligência em toda a rede mundial de agências
- Ser excelente no gerenciamento de contas e criar grandes anúncios
- Focar o desenvolvimento de negócios (novos clientes e projetos)
- Identificar e implementar serviços de comunicação adequados
- Conquistar fama global por nossa liderança de ideias

Pessoas e cultura

Uma equipe, um sonho: Criar um ambiente recompensador e estimulante, onde nada seja impossível maximizar o valor dos relacionamentos com os clientes globais. O desenvolvimento de PICs respalda diretamente os objetivos de *aumentar receitas* e *construir o valor da marca*.

Produtos e processos (processos internos)

Para ajudar a "promover a disciplina financeira e eliminar ineficiências", Cochrane implementou um exame de saúde financeira anual a que todas as agências devem submeter-se, além dos indicadores do scorecard que ajudam a cumprir a responsabilidade orçamentária.

O principal objetivo, "trabalhar com mais inteligência em toda a rede mundial de agências", exerce amplo impacto sobre a excelência operacional e sobre a gestão do cliente. Por exemplo, compreende-se hoje que utilizar o melhor copywriter (redator de propaganda) em uma conta global ajudará a transformar o cliente em eterno apaixonado. Trabalhar com mais inteligência também ajuda as agências a melhor distribuir os recursos e, conforme explicou Paul Melter, a acessar a vasta expertise organizacional da Saatchi & Saatchi – "conseguir apoio dos diretores de conta regionais, com grande tarimba no setor; obter informações nas agências líderes, com muita experiência em relação a determinado cliente; ou, se necessário, procurar outra empresa do grupo Publicis, em busca de ideias de vanguarda em outra área".

Outros temas dos processos internos eram:

- *Ser excelente no gerenciamento de contas e criar ótimos anúncios*: Neste tema insere-se um dos objetivos essenciais da Saatchi & Saatchi: criar "BFIs" – Big, Fabulous Ideas (ideias ótimas e fabulosas). Mais do que conceito engenhoso em propaganda, um BFI é uma ideia transformacional; por exemplo, uma nova categoria de produto (como analgésico não baseado em aspirina, que a Saatchi & Saatchi criou para o Tylenol) ou o posicionamento de novo produto (a promoção do Pepcid AC como medicamento preventivo, em vez de apenas mitigador).

  Outro objetivo desse tema era revisar o processo de "ideas brief" (síntese das ideias), pelo qual a agência impulsiona um conceito, desde a proposta até o produto final. Para conservar recursos e evitar o desgaste excessivo, as agências hoje começam com apenas quatro líderes de equipe (conta, planejamento, mídia e criação) para identificar e enfrentar os desafios dos clientes. No período de vinte e quatro a quarenta e oito horas, elaboram uma síntese do desafio, definindo as necessidades do cliente. Apenas quando o cliente aprova o resumo, a agência compromete recursos significativos. Essa abordagem dinâmica aguçou o foco dentro da Saatchi, assim como nas próprias organizações dos clientes.

- *Focar o desenvolvimento de negócios:* Agora, os chefes das agências devem identificar novos negócios e novas oportunidades para os clientes – e demonstrar os maiores retornos sobre os investimentos em seus negócios.

Esse objetivo resultou na adoção de abordagem mais estratégica ao planejamento de negócios.
- *Identificar e implementar serviços de comunicação adequados*: Esse objetivo relaciona-se com o tema inovação. "A melhor maneira de chegar ao mercado nem sempre são mídias tradicionais, como TV ou mídia impressa", observa Melter. "Às vezes são promoções de eventos ou encartes de resposta direta na conta de telefone."

Pessoas e cultura

O único objetivo articulado de forma inspiradora dessa perspectiva – "Uma equipe, um sonho" – reflete a liderança inspiradora do CEO Roberts. Nenhuma seta parte dessa perspectiva, pois a empresa considera esse objetivo fundamental para todas as outras perspectivas.

A cadeia de valor descrita pelo mapa estratégico ajudou os executivos da Saatchi a convergir o foco e a tomar decisões, de acordo com seu destino estratégico. Esse objetivo talvez seja mais bem exemplificado pela nova abordagem ao que Melter considera a questão mais importante: Como fornecer conteúdo de primeira classe aos clientes, usando os recursos existentes?

Atribuindo vantagens e desvantagens a cada perspectiva, o chefe de cada agência tem condições de perceber o valor a longo prazo de investir em, digamos, outro redator, em vez de arranjar-se com alguém menos experiente ou gastar dinheiro com profissionais autônomos. O custo do salário é mais do que compensado pelos ganhos de utilização ("trabalhar com mais inteligência") e pelo aumento da velocidade de chegada ao mercado (deixar o cliente mais feliz) – ambos os fatores capazes de gerar mais pedidos dos clientes, impulsionando a receita.

Resultados

Entre o lançamento da nova estratégia e do Balanced Scorecard (que a Saatchi & Saatchi rebatizou de "Compass"), em 1997 e a aquisição da Saatchi pela Publicis, em setembro de 2000, o valor para os acionistas quintuplicou, representando um aumento de US$2 bilhões. Esse desempenho extraordinário justificou a inclusão da Saatchi & Saatchi no Balanced Scorecard Hall of Fame.

Caso preparado por Patricia Bush e Jan Koch, da Balanced Scorecard Collaborative e Paul Melter, da Saatchi & Saatchi. Nossos agradecimentos a Bill Cochrane por compartilhar conosco a experiência da Saatchi & Saatchi.

CAPÍTULO 6

PROCESSOS REGULATÓRIOS E SOCIAIS

As empresas devem conquistar continuamente o direito de operar nas comunidades e países em que produzem e vendem (Figura 6.1). As legislações nacional e local – sobre meio ambiente, sobre segurança e saúde e sobre práticas trabalhistas – impõem normas às operações das empresas. No mínimo, para evitar paralisações ou litígios dispendiosos, as empresas devem observar toda a regulamentação sobre práticas de negócios.

Muitas empresas, contudo, buscam ir além do simples cumprimento dos padrões mínimos estabelecidos pela legislação. O intuito dessas organizações é superar o desempenho imposto pelas restrições reguladoras, de modo a construir a reputação de empregador preferido em todas as comunidades em que mantêm operações. Marc Epstein e Bill Birchard salientaram a importância de integrar a contabilidade social e ambiental nos relatórios de prestação de contas da empresa aos stakeholders.[1]

Por exemplo, veja-se a seguinte declaração da Nova Chemicals:

Em cada uma de nossas fábricas, desenvolvemos programas de atendimento específicos para a comunidade (Responsible Care), com o intuito de influenciar a filosofia da NOVA Chemicals de ser o melhor vizinho. Esse compromisso significa demonstrar desempenho notável quanto à observância das normas de segurança, saúde e meio ambiente nas comunidades em que operamos.

Nosso compromisso com a comunidade é reforçado ainda mais por patrocínios e doações da matriz. Estamos muito orgulhosos de nosso comprometimento com programas de desenvolvimento sustentável em todas as nossas localidades.

Figura 6.1 Processos regulatórios e sociais

Perspectiva financeira

Estratégia de produtividade — *Estratégia de crescimento*

- Melhorar a estrutura de custos
- Aumentar a utilização dos ativos
- **Valor a longo prazo para os acionistas**
- Expandir as oportunidades de receita
- Aumentar o valor para os clientes

Perspectiva do cliente

Proposição de valor para o cliente

- Preço
- Qualidade
- Disponibilidade
- Seleção
- Funcionalidade
- Serviços
- Parcerias
- Marca

Atributos do produto/serviço — *Relacionamento* — *Imagem*

Perspectiva interna

- **Processos de gestão operacional**
  - Abastecimento
  - Produção
  - Distribuição
  - Gerenciamento de riscos

- **Processos de gestão de clientes**
  - Seleção
  - Conquista
  - Retenção
  - Crescimento

- **Processos de Inovação**
  - Identificação de oportunidades
  - Portfólio de P&D
  - Projeto/desenvolvimento
  - Lançamento

- **Processos regulatórios e sociais**
  - Meio ambiente
  - Segurança e saúde
  - Emprego
  - Comunidade

Perspectiva de aprendizado e crescimento

- Capital humano
- Capital da informação
- Capital organizacional

Cultura — Liderança — Alinhamento — Trabalho em equipe

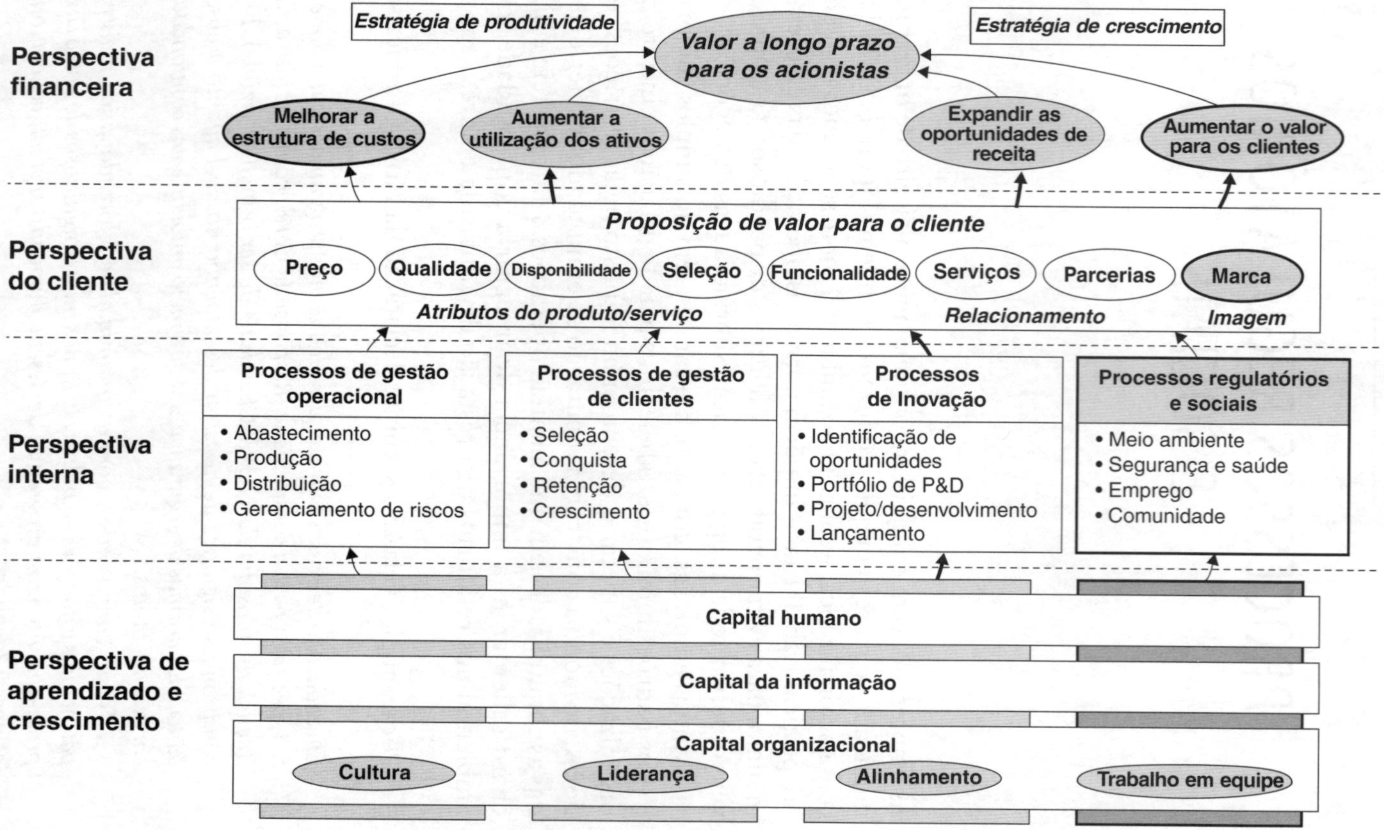

A ênfase no desempenho regulatório e social no mapa estratégico e no Balanced Scorecard não é uma nova versão para a tradicional abordagem dos stakeholders.[2] Reconhecemos a responsabilidade das empresas perante os empregados, os cidadãos e as comunidades, pois a incapacidade de apresentar desempenho satisfatório nos processos regulatórios e sociais põe em risco a própria capacidade da empresa de operar, crescer e fornecer valor futuro para os acionistas. Ainda mais importante, muitas empresas acreditam que a excelência em tais processos aumenta o valor a longo prazo para os acionistas.

A reputação de excelente desempenho ao longo das dimensões reguladoras e sociais ajuda as empresas a atrair e a reter funcionários talentosos, tornando seus processos de recursos humanos mais eficazes e eficientes. Por exemplo, depois de fazer o benchmarking de suas práticas de RH com as de empresas como Apple Computer e Microsoft, a BellSouth aumentou os benefícios para os seus colaboradores. A iniciativa resultou da constatação da empresa de que o pessoal jovem que pretendia recrutar queria trabalhar para uma empresa considerada "progressista". Também incluiu um indicador de diversidade no scorecard do departamento de RH, para estimular a atração e retenção de um bom mix de empregados das comunidades em que operava e servia.[3]

A redução dos acidentes ambientais e a melhoria da segurança e saúde dos empregados também aumentaram a produtividade e diminuíram os custos operacionais. E finalmente, as empresas com excelente reputação geralmente reforçam sua imagem perante os clientes e os investidores imbuídos de consciência social. Todas essas conexões – que melhoram os processos de recursos humanos, operacionais, de clientes e financeiros – mostram como a gestão eficaz do desempenho regulatório e social impulsiona a criação de valor a longo prazo para os acionistas (Figura 6.2).

A Novartis, empresa farmacêutica com sede na Suíça, divulga anualmente seu Relatório sobre Saúde, Segurança e Meio Ambiente. O chairman e CEO, Dr. Daniel Vasella, afirma:

> *Em face da total integração entre nossas atividades de negócios e nosso desempenho social e ambiental, estamos publicando neste ano o nosso Relatório sobre Saúde, Segurança e Meio Ambiente ao mesmo tempo em que divulgamos nossa Avaliação Operacional. Também em resposta ao escopo cada vez mais amplo da responsabilidade social na economia global de hoje, estamos expandindo nosso relatório para também abranger, além das questões tradicionais de saúde, segurança e meio ambiente, temas referentes a desenvolvimento sustentável e seus três princípios de progresso econômico, social e ambiental.*

Figura 6.2 Modelo de mapa estratégico regulatório e social

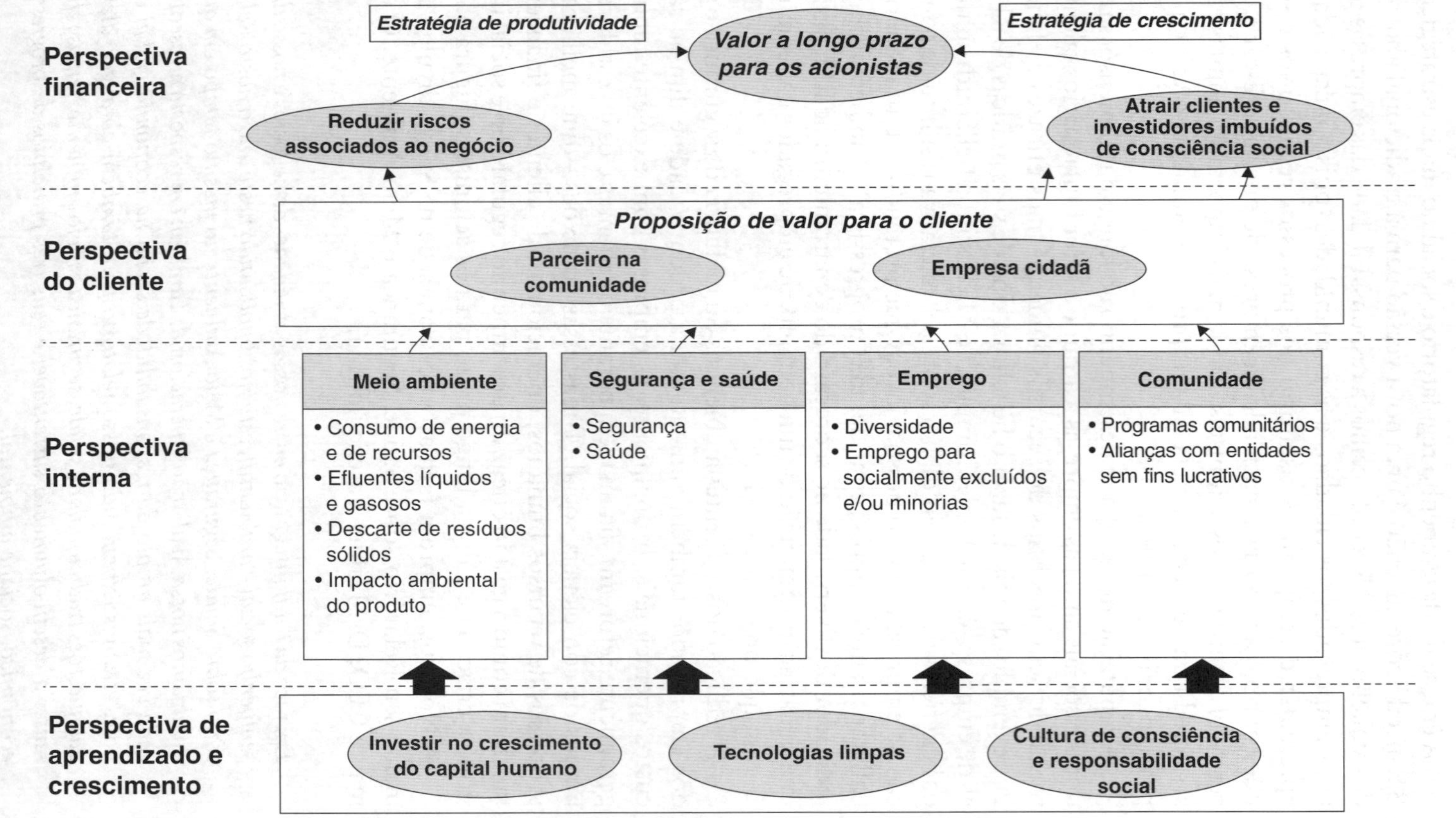

Perspectiva financeira

Estratégia de crescimento

- Atrair clientes e investidores imbuídos de consciência social
- Valor a longo prazo para os acionistas

Estratégia de produtividade

- Reduzir riscos associados ao negócio

Perspectiva do cliente

Proposição de valor para o cliente

- Empresa cidadã
- Parceiro na comunidade

Perspectiva interna

Meio ambiente
- Consumo de energia e de recursos
- Efluentes líquidos e gasosos
- Descarte de resíduos sólidos
- Impacto ambiental do produto

Segurança e saúde
- Segurança
- Saúde

Emprego
- Diversidade
- Emprego para socialmente excluídos e/ou minorias

Comunidade
- Programas comunitários
- Alianças com entidades sem fins lucrativos

Perspectiva de aprendizado e crescimento

- Investir no crescimento do capital humano
- Tecnologias limpas
- Cultura de consciência e responsabilidade social

Ferramenta eficaz de que dispomos para garantir o desempenho nas áreas de saúde, segurança e meio ambiente são nossas Avaliações Setoriais pela alta administração. O objetivo delas é a melhoria contínua: coletamos importantes dados e informações (p. ex., dados sobre emissões, resíduos, acidentes etc.) e os utilizamos para identificar áreas de melhoria e para definir novas prioridades e metas.[4]

A Coca-Cola afirma:

O nosso código de conduta gerencial não se limita à mera observância de leis e regulamentos e sim para constituir alianças com aqueles que buscam soluções para os desafios ambientais... Exploramos e investimos em iniciativas de governança cujo escopo é mais amplo do que nossas necessidades empresariais imediatas.... o eKO system (Environmental Knowledge Organizer) da Coca-Cola exige que examinemos continuamente todos os aspectos de nossa empresa, em busca de oportunidades para reduzir nosso consumo de recursos e geração de resíduos, ao mesmo tempo em que aumentamos a quantidade de material reciclado em nossas embalagens e outros suprimentos.[5]

A DuPont publica anualmente bem documentado e amplo Global Progress Report. A empresa reafirma seu compromisso de "conduzir nossos negócios de maneira cuidadosa e respeitosa em relação ao meio ambiente":

Observaremos os mais altos padrões para a operação segura de nossas instalações e para a proteção do meio ambiente, de nossos empregados, de nossos clientes e das pessoas e das comunidades em que fazemos negócios.

Fortaleceremos nossos negócios, transformando as questões de segurança, saúde e meio ambiente em parte integrante de todas as nossas atividades e empenhando-nos sempre em alinhar nossos negócios com as expectativas dos nossos públicos.[6]

Esses são apenas uns poucos exemplos de como algumas empresas importantes em todo o mundo buscam a excelência nos processos regulatórios e sociais, como parte integrante de suas estratégias de criação de valor a longo prazo.

GESTÃO DOS PROCESSOS REGULATÓRIOS E SOCIAIS

As empresas gerenciam e divulgam seu desempenho regulatório e social ao longo de várias dimensões:

1. Meio ambiente
2. Segurança e saúde
3. Práticas trabalhistas
4. Investimentos na comunidade

Apresentamos a seguir alguns exemplos de indicadores e relatórios utilizados pelas empresas em cada uma dessas dimensões. Analisamos depois os elos entre estratégia, de um lado, e desempenho regulatório e social, de outro.

1. Desempenho ambiental

Nos países desenvolvidos, em virtude da ampla regulamentação, o desempenho ambiental é o que dispõe de sistemas de indicadores mais avançados dentre os processos regulatórios e sociais. Em geral, vários são os componentes do relatório de desempenho ambiental das empresas:

A. Consumo de energia e outros recursos
B. Efluentes líquidos
C. Efluentes gasosos
D. Produção e descarte de resíduos sólidos
E. Desempenho do produto
F. Indicadores ambientais agregados

A. Consumo de energia e outros recursos

O consumo de energia pode ser medido em relação a todas as fontes de energia (total do consumo de energia em joules) ou por tipo de energia, como eletricidade e combustíveis. Em geral, as empresas divulgam o consumo total de energia em comparação com o do ano anterior ou expresso por unidade de produção (quilowatts ou joules por quilo ou barril produzido). Quando não se dispõe de indicador consolidado da produção, em face da diversidade de produtos e serviços, as empresas apresentam o resultado por receita de vendas ou por custo dos produtos vendidos (por exemplo, joules por $1.000 de custo das vendas). Veja na Figura 6.3 um exemplo da divulgação do consumo de energia pela Bristol-Myers.

Além de medir o consumo de energia, as empresas também medem o consumo total ou relativo de outros recursos, principalmente de água e insumos de produção. Por exemplo, a Nokia consegue redução considerável no uso de componentes por unidade, tornando seu produto básico – o telefone celular – cada vez menor e mais leve.

Figura 6.3 Consumo de energia na Bristol-Myers Squibb, 1999-2001

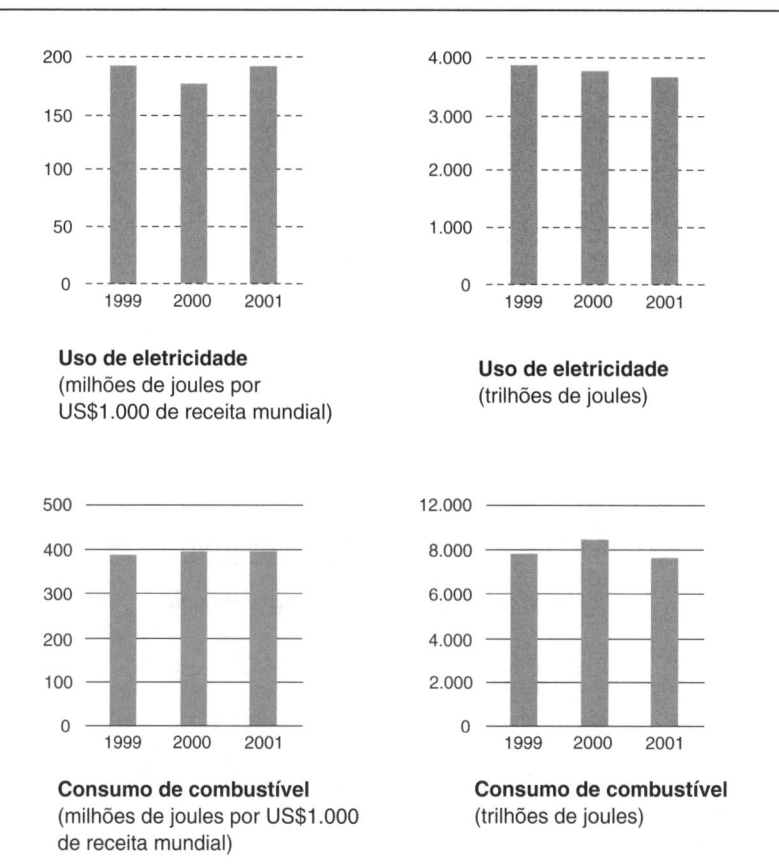

Uso de eletricidade
(milhões de joules por US$1.000 de receita mundial)

Uso de eletricidade
(trilhões de joules)

Consumo de combustível
(milhões de joules por US$1.000 de receita mundial)

Consumo de combustível
(trilhões de joules)

B. Efluentes líquidos

A água potável é um recurso escasso. As empresas são sensíveis ao uso de água potável e seu despejo de volta aos mananciais. Assim, medem a quantidade de água potável utilizada e o descarte de efluentes líquidos. Veja, por exemplo, as informações divulgadas pela Novartis, em seu relatório de Cidadania Empresarial de 2001/2002, apresentado na Figura 6.4.

C. Efluentes gasosos

A poluição atmosférica é problema em todo o mundo. As empresas divulgam suas emissões de gases tóxicos e de carcinógenos aéreos. Por exemplo, a DuPont fornece dados sobre seus despejos atmosféricos em seu Relatório Global, como mostra a Figura 6.5.

Figura 6.4 Relatório de Cidadania Empresarial da Novartis – 2001-2002

Efluentes líquidos	2001	2000	Variação
Despejo de efluentes (milhares de metros cúbicos)	2.100	1.960	7%
Sólidos em suspensão	627	609	3%
Demanda química de oxigênio	4.220	4.110	3%
Total de nitrogênio	403	505	–20%
Fosfato	61,4	97,0	–37%
Sais solúveis	20.200	20.800	–3%
Soma de metais pesados	0,46	0,32	43%

Figura 6.5 Relatório anual da DuPont (dados sobre despejos na atmosfera)

Efluentes gasosos tóxicos e carcinógenos

	1987	1991	1995	1997	1998	1999	2000
Geração total de resíduos	–	890	639	542	619	673	550
Despejo de resíduos tóxicos em poços profundos	237	187	61	50	45	38	38
Emissões para o ar, água e solo	71	57	41	34	37	41	37

Milhões de libras. Dados fornecidos à EPA dos Estados Unidos. Em 1995, incluíram-se 286 novas substâncias químicas. Geração total de resíduos reportada pela primeira vez em 1991. Reflete redução de 38% na geração total de resíduos, de 84% no despejo em poços profundos e de 48% nas emissões para o ar, água e solo. O aumento na geração total de resíduos em 1998 e 1999 reflete 143 MM lbs.lyr. reciclados no local por duas novas instalações.

Efluentes gasosos tóxicos e carcinógenos

	1987	1991	1992	1993	1995	1997	1998	1999	2000
Tóxicos gasosos	68	53	41	29	32	26	24,5	18,8	16,1
Carcinógenos gasosos	9,1	5,7	4,7	3,6	2,0	1,6	1,2	1,4	1,2

PROCESSOS REGULATÓRIOS E SOCIAIS 175

Em face da preocupação com os gases do efeito estufa, como possível causa do aquecimento global, muitas empresas divulgam suas emissões de dióxido de carbono (CO_2). Do mesmo modo, a preocupação com a chuva ácida resulta em relatórios empresariais sobre óxido nitroso (NO) e dióxido de enxofre (SO_2). Os fabricantes de produtos químicos e outras empresas industriais geralmente divulgam suas emissões de substâncias destruidoras da camada de ozônio, como clorofluorcarbonos (HCFCs). As emissões atmosféricas geralmente são medidas em quilos de gases liberados e expressas sob a forma de geração (quilos por dólar de vendas ou quilos por dólar de custo dos produtos vendidos).

D. Produção e descarte de resíduos sólidos

As empresas também divulgam a produção e o descarte de resíduos sólidos perigosos e não perigosos. A Bristol-Myers Squibb, por exemplo, fornece amplas informações e descrições sobre os resíduos sólidos em seus relatórios (Figura 6.6).

A IBM informou que, em 2000, apesar do aumento da produção, a geração de resíduos diminuiu em 15.703 toneladas (41,6%). Da geração total de resíduos tóxicos, 61% foram reciclados. A IBM também reduziu em 12,5% a geração total de sucata na produção, enviada para aterros sanitários. Em 2000, apenas 3,2% do material processado foi enviado para aterros sanitários.

E. Desempenho do produto

As empresas estão cada vez mais sensíveis ao que acontece com seus produtos, depois que são vendidos ao consumidor final. Organizações que adotam estratégias de liderança de produto, como Hewlett-Packard e Sony, sempre lançam novos produtos e, portanto, preocupam-se com o descarte e reciclagem dos produtos de gerações anteriores. A Hewlett-Packard desenvolve explicitamente soluções para o fim da vida dos produtos, como tecnologias e infraestruturas de reciclagem, de modo a desencadear fluxos confiáveis de materiais reciclados. Seus engenheiros adotam uma perspectiva de projeto para o meio ambiente, a fim de otimizar as características dos produtos, processos e instalações orientadas para o meio ambiente. As diretrizes daí resultantes induzem os projetistas de produtos a considerar os seguintes aspectos, ao conceber novos produtos:

- Identificar mudanças de projeto que reduzam o impacto ambiental ao longo de todo o ciclo de vida do produto.

Figura 6.6 Relatório da Bristol-Myers Squibb

Geração de subprodutos reutilizáveis ou vendidos ao mercado

Cada uma de nossas instalações em todo o mundo deve monitorar a reciclagem de resíduos não tóxicos. Como indica o gráfico, a reciclagem de resíduos não tóxicos diminuiu em 37% desde 1997, com queda significativa em 2000, em face, sobretudo, dos custos crescentes da reciclagem em comparação com os do descarte. A Bristol-Myers Squibb continua a promover a reciclagem como alternativa preferível ao descarte, embora nosso objetivo final seja reduzir a geração de resíduos não tóxicos por meio da diminuição das fontes. Uma de nossas metas de sustentabilidade para 2010 é diminuir a geração de resíduos não tóxicos, contribuindo para impulsionar a mudança e o aumento da reciclagem destes resíduos.

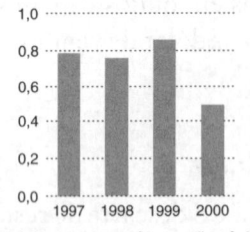

Reciclagem de resíduos não tóxicos
(quilos por US$1.000 de vendas mundiais)

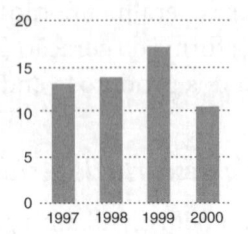

Reciclagem de resíduos não tóxicos
(milhões de quilos)

Geração de subprodutos despejados no solo

Descarte de resíduos não tóxicos inclui plásticos, papelão, papel, alumínio, produtos fora de especificação ou fora do prazo de validade, produtos químicos não regulamentados como resíduos tóxicos, lixo em geral e resíduos médicos. O descarte de resíduos não tóxicos diminuiu em 20% desde 1997, em boa parte por causa da diminuição das fontes.

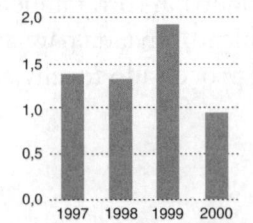

Reciclagem de resíduos tóxicos
(quilos por US$1.000 de vendas mundiais)

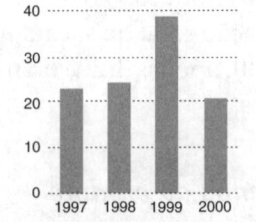

Reciclagem de resíduos tóxicos
(milhões de quilos)

Resíduos tóxicos

Monitoramos a remoção de resíduos tóxicos de nossas instalações em todo o mundo. O gráfico mostra a quantidade de resíduos tóxicos (definidos com base nas especificações locais) expedidos para descarte fora da localidade. Os dados não incluem resíduos tóxicos resultantes de atividades de recuperação da localidade. A ampla maioria dos resíduos não tóxicos é incinerada, despejando-se no solo apenas as cinzas residuais. Como indica o gráfico, o descarte de resíduos tóxicos diminuiu em 30% desde 1997. A redução de 1999 para 2000 resultou em parte da eliminação numa das instalações de um processo que gerava volumes expressivos de resíduos perigosos, além de aumentar a necessidade de tratamento de resíduos na localidade.

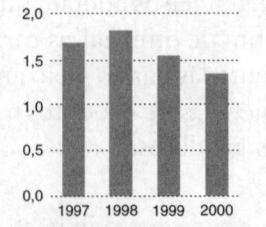

Reciclagem de resíduos não tóxicos
(quilos por US$1.000 de vendas mundiais)

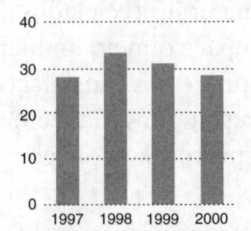

Reciclagem de resíduos não tóxicos
(milhões de quilos)

- Eliminar plásticos e produtos químicos perigosos ou tóxicos, sempre que possível.
- Reduzir o número e tipos de materiais usados e padronizar as espécies de resinas plásticas.
- Usar cores e acabamentos moldados, em vez de tintas e revestimentos, sempre que possível.
- Ajudar os clientes a usar os recursos de maneira responsável, minimizando o consumo de energia dos produtos de impressão, imagem e computação.
- Aumentar o uso de materiais reciclados antes e depois do consumo em produtos de embalagem.
- Minimizar a carga de resíduos para os clientes, reduzindo o consumo de materiais nos produtos e nas embalagens.
- Projetar tendo em vista a maior facilidade de desmontagem, e reciclagem.

Cada produto da HP possui certificação ambiental, atestando a ausência de materiais tóxicos, como cádmio e mercúrio, e de materiais de uso restrito (retardantes halogenados de chamas, plásticos halogenados e trióxido de antimônio) por iniciativa da própria empresa, além da indicação de características que conservam a energia e outros recursos.

Também a Sony divulga informações sobre o impacto ambiental de seus produtos:

> *Quando se leva em conta todo o ciclo de vida do produto, a maior parte do consumo de energia resulta do uso de eletricidade pelos clientes, ao operar os produtos da Sony. Estima-se que o CO_2 gerado durante toda a vida útil dos produtos entregues em 2000, por exemplo, chegará ao total de 8,1 milhões de toneladas. A Sony tem reagido a essa realidade por meio de iniciativas para reduzir o nível de consumo de energia de seus produtos e para minimizar as emissões de CO_2, que consistem basicamente na melhoria do projeto do produto e no lançamento de novos tipos de produtos e serviços.*

F. Indicadores ambientais agregados

Algumas empresas fornecem um quadro abrangente de seu impacto ambiental total; ver, por exemplo, o diagrama simplificado da Sony (Figura 6.7), que é complementado com dados detalhados sobre cada um dos indicadores agregados.

Figura 6.7 Impacto ambiental total do Grupo Sony

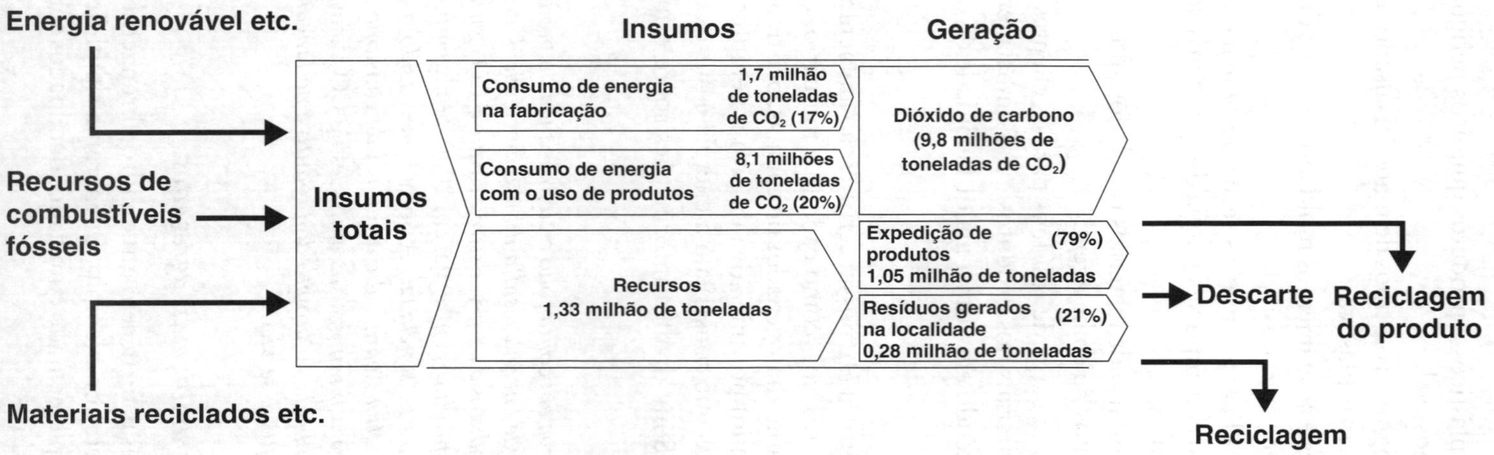

Insumos

- Consumo de energia na fabricação — 1,7 milhão de toneladas de CO_2 (17%)
- Consumo de energia com o uso de produtos — 8,1 milhões de toneladas de CO_2 (20%)
- Recursos — 1,33 milhão de toneladas

Geração

- Dióxido de carbono (9,8 milhões de toneladas de CO_2)
- Expedição de produtos (79%) — 1,05 milhão de toneladas
- Resíduos gerados na localidade (21%) — 0,28 milhão de toneladas

Insumos totais

- Energia renovável etc.
- Recursos de combustíveis fósseis
- Materiais reciclados etc.

Descarte → **Reciclagem do produto**

Reciclagem

As empresas geralmente criam índices de acidentes ambientais para seus Balanced Scorecards. Para tanto, os especialistas em meio ambiente desenvolvem definições rigorosas do que constitui acidente ambiental, como a emissão inesperada de resíduos gasosos, líquidos ou sólidos. Por exemplo, a Nova Chemicals, preocupada em evitar incêndios, iniciou um programa, em 2000, para enfatizar os eventos deflagradores de fogo nos processos – perda da contenção dos processos (loss of process containment – LOPC). A equipe desenvolveu a seguinte definição de LOPC:

> *Vazamento, derrame ou emissão imprevistos de material do processo, em quantidade ou concentração suficientes, para o ar, água, solo ou ambiente de trabalho, que tenha resultado ou que poderia afetar a segurança do processo ou redundado em incidente ambiental.*

A Nova Chemicals também se preocupava com emissões durante o transporte do produto por ferrovias, rodovias, hidrovias ou tubulações. Em consequência, desenvolveu um indicador – emissões não acidentais (ENA) – para monitorar qualquer emissão pelos produtos, em quantidades tão pequenas quanto 250 mililitros, considerada evitável por meio de manutenção ou inspeção.

Depois da definição dos indicadores ambientais, do estabelecimento das metas e da instalação dos sistemas para monitoramento dos dados, os gerentes operacionais tornam-se responsáveis pela divulgação de todos os incidentes, competindo ao grupo ambiental a realização de auditorias. Os indicadores ambientais alertam os empregados quanto à natureza dos incidentes a serem evitados, como forma de afetar seus comportamentos. Serve como indicador de tendência no scorecard para impulsionar melhorias no desempenho ambiental da empresa.

A International Organization for Standardization (ISO) desenvolve normas técnicas de observância voluntária pelas empresas em todo o mundo, ajudando a tornar "o desenvolvimento, a fabricação e o fornecimento de produtos e serviços mais eficiente, seguro e limpo". A partir de 1996, a ISO desenvolveu a família 14000 de normas sobre gestão ambiental. Hoje, ela abrange mais de 350 normas específicas para o monitoramento da qualidade do ar, da água e do solo, além de padrões para o desenvolvimento de sistemas de gestão ambiental. As empresas estão começando a divulgar informações sobre a observância das normas internacionais da família ISO 14000 sobre meio ambiente em seus scorecards ambientais.

Desde então, surgiram outras normas ambientais de avaliação voluntária. No Reino Unido, um grupo de empresas desenvolveu o Índice de Envolvimento Ambiental Corporativo de Negócios no Meio Ambiente

(Business in the Environment [BiE] Index of Corporate Environmental Engagement). A pesquisa BiE compara a extensão em que as empresas participantes praticam a gestão ambiental e como avaliam e gerenciam o desempenho ambiental. Por exemplo, a Diageo, empresa de vinho e licores com sede no Reino Unido, incluiu a seguinte informação em seu relatório ambiental de 2001:

	Índice BiE	
	1999	2000
Escore da Diageo	63,8%	73,9%
Classificação geral da Diageo (184 empresas participantes)	n/a	74
Classificação da Diageo (segmento setorial)	10ª/17	10ª/23
Classificação da Diageo (FT100)	56	48

Reconhecendo a necessidade de superar seus pontos fracos nas áreas de fornecedores, sistemas de gestão ambiental, transporte e biodiversidade, a Diageo comprometeu-se a melhorar os processos ambientais que contribuiriam para aprimorar seu desempenho no futuro.

A BT também participa da pesquisa BiE. Em seu relatório de 2001, "Por um mundo melhor: Nosso compromisso com a sociedade", a empresa informa:

> No índice BiE de Envolvimento Ambiental Corporativo, a BT obteve a melhor classificação entre as empresas de telecomunicações e ficou em oitavo lugar dentre as 78 empresas do FTSE 100 (Financial Times/Stock Exchange Index) das 100 principais ações que participaram da pesquisa. Nosso escore geral foi de 96%, em comparação com a média setorial de 47% e a média geral de 68% das empresas do FTSE100.
>
> Em fins de 1999, o Lloyds Register Quality Assurance outorgou o certificado ISO 14001 ao sistema de gestão ambiental da BT, abrangendo todas as nossas operações no Reino Unido.

Também a Câmara Internacional do Comércio instituiu o Estatuto Empresarial para o Desenvolvimento Sustentável (Business Charter for Sustainable Development). O estatuto define dezesseis princípios para a gestão ambiental, incentivando as empresas a adotá-los e a apoiá-los em público. Mas, até agora, o estatuto não oferece meios quantitativos consistentes para que as empresas divulguem seu desempenho em relação a cada um dos princípios.

Em resumo, muitas empresas já fornecem amplas informações quantitativas sobre seu desempenho ambiental. É provável que a maioria delas já disponha de dados para desenvolver relatórios sobre os processos regulatórios. Assim, reorganizam os dados reguladores em relatórios suplementares, geralmente chamados relatórios de cidadania empresarial ou sustentabilidade. A fim de que os indicadores assim reunidos sejam relevantes para o Balanced Scorecard, os executivos devem identificar as mensurações acerca do tema meio ambiente que realmente sejam importantes para a estratégia de criação de valor a longo prazo. Na seção seguinte, analisaremos como os executivos podem pensar de maneira estratégica sobre o desempenho ambiental.

Relação dos indicadores ambientais com a estratégia

Forest Reinhardt identificou cinco maneiras pelas quais as empresas são capazes de alavancar seu desempenho ambiental para criar valor para os acionistas:[7]

1. Reduzir custos
2. Diferenciar produtos
3. Gerenciar a concorrência
4. Redefinir o modelo de negócios
5. Gerenciar o risco ambiental

1. Reduzir custos. Para algumas empresas, a melhoria do desempenho ambiental pode ser uma boa surpresa, muito à semelhança da experiência "qualidade é gratuita" dos primeiros adeptos da gestão da qualidade total.[8] Michael Porter popularizou a ideia de que as empresas poderiam ao mesmo tempo reduzir custos e melhorar o desempenho ambiental.[9] Embora esse não seja um fenômeno universal, empresas como a Xerox, com seu Programa de Liderança Ambiental, descobriram que poderiam fazer economias substanciais em gestão de resíduos (transporte de resíduos para aterros sanitários) e em compras de matéria-prima, prestando mais atenção ao impacto ambiental durante a fase de projeto do produto e mediante a operação de programas eficazes de recolhimento de produtos após sua utilização ou fora de uso por parte dos usuários.

Os sistemas de custeio baseado em atividades (*activity-based cost systems*) podem revelar os custos totais durante a vida útil do produto, atribuindo os custos com resíduos e descarte a diferentes processos e produtos. Essas análises revelam os processos e produtos que incorrem em custos ambientais mais elevados e identificam oportunidades de melhoria nos projetos e processos, que reduzirão os custos totais de fabricação e reciclagem dos produtos. Tais reduções de custos serão acompanhadas da atenuação das marcas deixadas pela empresa no meio ambiente.

2. Diferenciar produtos. Nas circunstâncias mais comuns, em que a melhoria do desempenho ambiental não gera grandes reduções de custos, as empresas podem esforçar-se para compensar custos ambientais mais altos através da diferenciação de seus produtos. Alguns clientes estão dispostos a pagar preços mais altos ou a comprar maiores volumes quando os fornecedores são reconhecidos por seus produtos e processos responsáveis em relação ao meio ambiente. Em alguns casos, os clientes não estão sendo altruístas; é bem possível que consigam aproveitar alguns benefícios dos produtos responsáveis em relação ao meio ambiente, em consequência da redução de seus próprios custos.

Reinhardt aponta as três condições necessárias para o sucesso da diferenciação de produtos sob o ponto de vista ambiental.

1. Os clientes estão dispostos a pagar mais por produtos responsáveis em relação ao ambiente.
2. A empresa é capaz de comunicar de maneira fidedigna o aumento dos benefícios ou a redução dos custos ambientais de seus produtos.
3. A empresa consegue proteger dos concorrentes suas vantagens ambientais.

A Shell e a BP estão experimentando ativamente essas estratégias de diferenciação na indústria do petróleo. Também a Patagônia, fabricante de roupas de recreação, desenvolveu uma base leal de clientes que compram suas roupas para esportes ao ar livre, em virtude do bem divulgado compromisso da empresa com a conservação do meio ambiente.

3. Gerenciar a concorrência. As empresas de produtos químicos, por meio de suas associações industriais, desenvolveram normas ambientais e de segurança, de avaliação voluntária, para todas as empresas do setor. Dessa maneira, passam a dispor de normas eficazes e viáveis e com custos eficientes em vez de submeter-se a exigências reguladoras punitivas e ineficazes em relação ao custo, imposta por autoridades governamentais. Além disso, quando as principais empresas concordam em adotar as normas voluntárias, o setor diminui seus custos para o público, em consequência da redução da poluição, mas não deixa nenhuma empresa isolada em desvantagem competitiva. Todas as empresas do setor dispõem-se a observar as novas normas.

As empresas que já superam as atuais exigências reguladoras com seus produtos e processos, ao contrário dos concorrentes, que se limitam a cumprir as normas obrigatórias, podem adotar uma variante dessa estratégia, e pressionar os órgãos reguladores para que tornem mais rigorosas as normas ambientais, até o nível de seu atual desempenho. Em consequência, todos os concorrentes ficarão aquém dos novos padrões, precisando incorrer em custos mais ou menos elevados para adaptar-se às exigências reguladoras.

4. Redefinir o modelo de negócios. Algumas empresas redefiniram seus modelos de negócio, de modo a reduzir seus custos, aumentar a propensão dos clientes a pagar preços mais elevados e reduzir o impacto ambiental. Os fabricantes de aparelhos eletrônicos de preço elevado, como Xerox, HP, Canon e IBM, não raro exigem que os clientes devolvam o equipamento usado, ao comprarem ou alugarem novo equipamento. Os clientes evitam os custos – tanto desembolsáveis quanto ambientais – resultantes do descarte de seus equipamentos obsoletos e o fabricante pode desmontar e reciclar muitos componentes do equipamento usado, aproveitando-os nas novas máquinas. Em 1995, a Xerox estimou que essa nova abordagem contribuía para vários objetivos ao mesmo tempo:

- Economia de vários milhões de dólares em compras de matérias-primas, mediante a reciclagem de componentes usados.
- Consumo muito mais baixo de recursos naturais na fabricação de seus produtos.
- Redução dos custos dos clientes com o descarte de equipamentos usados.

5. Gerenciar o risco ambiental. Além dos benefícios decorrentes do aumento da receita e da redução dos custos, as empresas podem melhorar seus programas de gerenciamento dos riscos totais, ao aprimorar o gerenciamento dos riscos ambientais. Os acidentes ambientais podem resultar em altos custos com despoluição, processos judiciais, boicote de consumidores e prejuízos à reputação e imagem. A exemplo do gerenciamento dos riscos cambiais, das taxas de juros e dos preços das commodities, as empresas talvez precisem ser excelentes no gerenciamento dos riscos de acidentes ambientais. Para tanto, dispõem de várias alternativas para reduzir a exposição aos riscos ambientais:

- Fornecer aos gerentes e empregados melhores informações sobre como evitar e mitigar os acidentes ambientais.
- Reduzir a probabilidade de acidentes ambientais, por meio de atividades de prevenção explícitas.
- Reduzir os custos totais dos acidentes ambientais, caso ocorram, garantindo a rapidez das reações.
- Transferir parte dos riscos, mediante contratação de seguro.

Para resumir, as empresas devem tratar o desempenho ambiental da mesma maneira como lidam com qualquer processo importante. Nenhuma empresa pode esperar ser a melhor em vasta gama de indicadores ambientais. Ao contrário, precisam identificar os pontos em que a melhoria do desempenho ambiental gera as melhores oportunidades para redução de custos, diferenciação de produtos e redução de riscos. Parte das atividades de monitoramento e dos relatórios ambientais será mais para efeitos diagnósticos do que estratégicos, garantindo a observância dos regulamentos, mas não aproveitando o desempenho ambiental como base de diferenciação. Os objetivos e indicadores ambientais selecionados para o Balanced Scorecard da empresa devem representar as áreas em que a excelência ambiental é capaz de gerar sinergias, ao mesmo tempo aumentando o valor para os acionistas *e* atenuando as marcas deixadas pela empresa no meio ambiente.

2. Desempenho em segurança e saúde

Ao contrário da grande diversidade de indicadores ambientais, os indicadores nas áreas de segurança e saúde tendem a ser menos numerosos e mais padronizados. Como no caso dos indicadores ambientais, os relatórios sobre segurança e saúde resultam principalmente das exigências reguladoras. Nos Estados Unidos, as normas sobre o assunto são impostas pela Occupational Safety and Health Administration (OSHA). Indicador comum sobre a ocorrência de acidentes de trabalho é o número de casos registráveis, segundo as normas da OSHA, para cada 100 empregados.[10] Os efeitos dos acidentes e das doenças são resumidos em termos de perda de dias de trabalho para cada 100 empregados ou para cada 100.000 horas de trabalho (a Figura 6.8 mostra o relatório da DuPont sobre acidentes e doenças, como parte de seu Relatório de Progresso Global de 2001). O quadro a seguir mostra as estatísticas apresentadas anualmente pela Hewlett-Packard:

Região	Taxa de Frequência (casos registráveis para cada 100 empregados)			Taxa de casos com dias perdidos (casos para cada 100 empregados)		
	1999	2000	2001	1999	2000	2001
Estados Unidos	2,53	1,71	1,54	0,47	0,25	0,24
Europa, Oriente Médio e África	0,61	0,67	**	0,42	0,41	**
Pacífico Asiático	0,36	0,37	0,1	0,23	0,14	0,06
Canadá	1,36	1,41	2,19	0,16	0,41	0,51
América Latina	0,26	0,11	0,23	0,17	0,09	0,16

**Não se dispõe de dados referentes a Europa, Oriente Médio e África em 2001.

Figura 6.8 Total de doenças e acidentes registráveis da DuPont (por 200.000 horas trabalhadas)

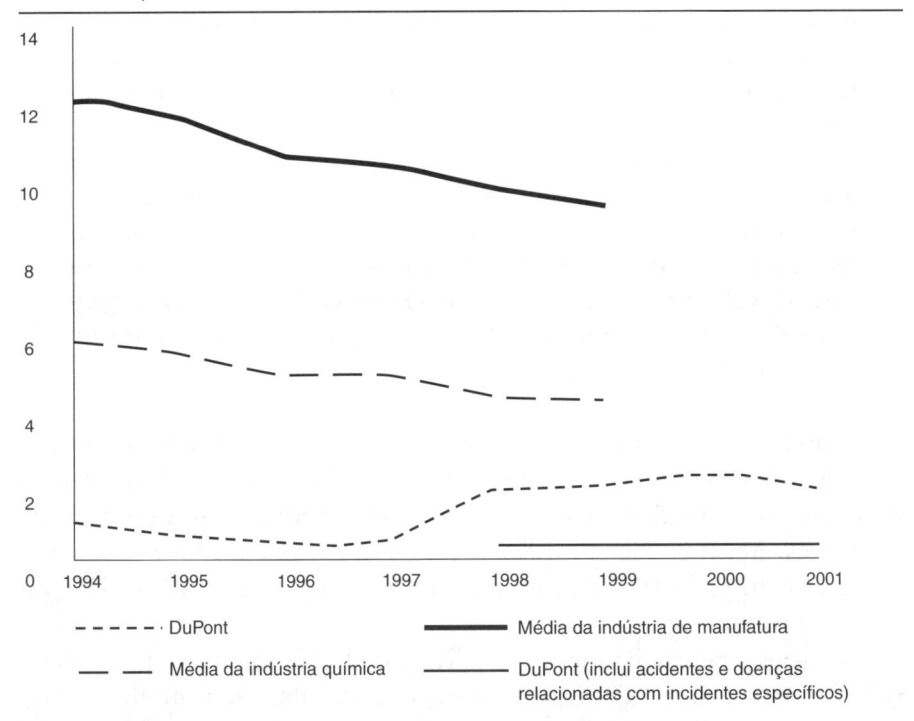

- - - - - DuPont
——— Média da indústria química
——— Média da indústria de manufatura
——— DuPont (inclui acidentes e doenças relacionadas com incidentes específicos)

A Royal Dutch/Shell divulga seu desempenho em saúde e segurança por meio dos indicadores Frequência Total de Doenças Ocupacionais Reportáveis, que mostra a incidência de doenças por milhões de horas trabalhadas, e Frequência Total de Casos Reportáveis, para acidentes e doenças por milhão de horas trabalhadas. A DuPont vai um passo adiante e inclui em seus indicadores a ocorrência de acidentes fora do local de trabalho, deixando claro que todos os acidentes que envolvam empregados, relacionados ou não com o trabalho, são onerosos para o indivíduo, para a família e para a organização. A Bristol-Myers Squibb mede a exposição dos empregados a compostos perigosos.

A exemplo dos indicadores ambientais, algumas empresas desenvolvem definições de acidentes relacionados com segurança do trabalho e acompanham a frequência dessas ocorrências.

3. Práticas trabalhistas

Boa parte dos relatórios quantitativos sobre práticas trabalhistas trata do aumento da diversidade dos empregados. As empresas são testemunhas da maneira como o aumento da diversidade contribui para o sucesso dos negócios. Por exemplo, a Siemens garante:

> *A diversidade é para nós fonte inestimável de talento, criatividade e experiência. Abarca todas as diferenças em cultura, religião, nacionalidade, raça, etnia, gênero, idade e origem social – em suma, tudo que torna o indivíduo singular e único.*
>
> *A diversidade melhora a competitividade, ao ampliar o potencial para ideias e inovações. As equipes diversificadas que abordam os problemas sob várias perspectivas serão mais produtivas e desenvolverão melhores soluções. Aproveitaremos o potencial da diversidade não só nos contextos globais, mas também no âmbito de países, localidades e equipes. A diversidade é imperativo dos negócios e parte de nossa responsabilidade social.*

Como exemplo específico, a Siemens, na África do Sul, determina que 70% de todos os novos estagiários sejam oriundos de comunidades carentes e que tais indivíduos tenham cada vez mais representantes nos níveis gerenciais. A meta inicial de 30% de representação na média e na alta gerências foi atingida 18 meses antes do prazo e hoje o alvo já é de 46% ao fim dos próximos cinco anos.

A representação quantitativa da diversidade geralmente é apresentada pelas empresas em quadros que resumem a porcentagem de mulheres e de representantes de minorias por tipo de atividade: diretores e gerentes, profissionais, técnicos, marketing e vendas, funções de escritório e burocráticas, artesãos, operadores, operários e pessoal de serviços. Uma empresa global, como a Royal/Dutch Shell, inclui em seus relatórios a porcentagem de posições de direção no país exercidas por pessoas do próprio país.

As organizações benchmarks criam oportunidades para que as empresas demonstrem desempenho superior em seus programas de diversidade. Por exemplo, a Race for Opportunity, rede nacional de organizações de negócios do Reino Unido, concentra-se em questões de raça e diversidade como agenda de negócios. Em 2002, realizou um estudo de benchmarking entre organizações inglesas, abrangendo 2,75 milhões de empregados em 99 entidades dos setores público e privado (inclusive 18 da FTSE 100). A BT pôde divulgar que se classificou em primeiro lugar entre as organizações do setor privado no emprego de gerentes negros e asiáticos. A Opportunity Now, outro braço da organização inglesa Business in the Community, avalia a relação percentual entre homens e mulheres. Em 2001, a BT recebeu o prêmio Gold Standard, pela maneira como tratava de tais temas.

A decisão sobre os indicadores referentes a segurança, saúde e práticas trabalhistas a serem incorporados no Balanced Scorecard da empresa deve seguir a mesma orientação já descrita para o desempenho ambiental. A observância das normas reguladoras sobre divulgação de informações não é razão suficiente para a adoção dos mesmos indicadores. Além do Balanced Scorecard, a empresa pode precisar de outros sistemas de avaliação de desempenho e de elaboração de relatórios. O BSC deve conter os indicadores cuja melhoria impulsionará a execução da estratégia da empresa, de alguma maneira explícita, e acabará resultando em aumento do valor para os acionistas. Os executivos devem determinar os indicadores de segurança, saúde e práticas trabalhistas que reforçam outros aspectos da estratégia da empresa, por meio de reduções de custo, ampliação da receita e das margens e gerenciamento de riscos.

4. Investimentos comunitários

Muitas empresas divulgam descrições detalhadas de suas contribuições financeiras para organizações sem fins lucrativos locais e do amplo trabalho de voluntariado dos empregados da empresa na comunidade. A maioria das grandes empresas constituiu fundações pelas quais distribuem verba a organizações que desenvolvem atividades valiosas na comunidade.

Por exemplo, a Coca-Cola adota como um de seus quatro valores essenciais:

Comunidade

Contribuiremos com tempo, expertise e recursos para ajudar a desenvolver comunidades sustentáveis em parceria com os líderes locais. Procuraremos melhorar a qualidade de vida por meio de iniciativas locais relevantes, onde quer que façamos negócios.

Em seu Relatório de Cidadania, a Coca-Cola informa:

As comunidades mais fortes são aquelas que reúnem pessoas em torno de causas comuns. Capacitamos os empregados para apoiar causas cívicas por meio de programas de voluntariado, planejados com parceiros da comunidade. Ampliamos os esforços de cada um, encaminhando as doações às organizações filantrópicas mais adequadas. Os gerentes da Coca-Cola desempenham importantes papéis de liderança nos Conselhos da United Way, Big Brothers and Big Sisters, Boys & Girls Clubs of America, Special Olympics e outras organizações sem fins lucrativos locais, nacionais e internacionais.

Algumas empresas fornecem informações quantitativas específicas sobre seus investimentos nas comunidades. A Bristol-Myers Squibb desenvolveu o programa "Secure the Future", iniciativa com a duração de cinco anos, envolvendo US$115 milhões, em parceria com os países africanos África do Sul, Botsuana, Namíbia, Lesoto e Suazilândia, Costa do Marfim, Mali e Burkina Fasso, com os objetivos de encontrar soluções sustentáveis e relevantes para o gerenciamento do HIV/AIDs em mulheres e crianças e de fornecer recursos para melhorar a educação da comunidade e o apoio aos pacientes. A Fundação Briston-Myers Squibb oferece amplo apoio em questões relacionadas com saúde das mulheres, com infraestrutura de assistência médica para países em desenvolvimento e em transição, e com pesquisas e educação científica.

A Novartis constituiu a Fundação para o Desenvolvimento Sustentável, que patrocina projetos nas áreas de saúde, desenvolvimento social e ajuda de emergência, com o propósito de melhorar a qualidade de vida de pessoas que vivem na pobreza. Seu Dia de Parceria com a Comunidade dá a seus empregados em todo o mundo a oportunidade para participar de atividades sociais nas comunidades em que vivem e trabalham.

A IBM converteu a educação como alta prioridade de suas iniciativas filantrópicas. Por meio de seu programa Reinventando a Educação, a IBM trabalha com escolas parceiras em todo o mundo para desenvolver e implementar soluções tecnológicas inovadoras, destinadas a melhorar a educação de crianças carentes. Em cada uma das comunidades beneficiadas, a

IBM contribui com verba, pesquisadores, consultores educacionais e tecnologia. Em seu programa KidSmart Early Learning, a IBM doa dezenas de milhares de computadores Young Explorer a pré-escolas nos Estados Unidos e em todo o mundo, de modo a garantir o acesso de milhões de crianças à informática, a maioria delas oriunda de famílias de baixa renda, sem acesso a computadores em casa.

Em abril de 2000, a Nokia inaugurou o programa Make a Connection, iniciativa global com a International Youth Foundation, destinada a ajudar os jovens a reforçar seus relacionamentos com colegas, famílias e comunidades. O programa melhora as oportunidades educacionais dos jovens e lhes ensina habilidades da vida, por meio de treinamento direto, orientação, voluntariado e mediante o treinamento de adultos (professores e trabalhadores jovens). Nos Estados Unidos, a Nokia instituiu o ClassLink, projeto que equipa milhares de salas de aula com tecnologia sem fio, capacitando estudantes, professores e pais a conectar-se, e o VisionOne, que fornece telefones sem fio a milhares de descendentes dos povos indígenas americanos.

Investimentos de empresas na comunidade: o lado oculto

As descrições apresentadas até agora são apenas pequena fração dos grandes investimentos das empresas nas comunidades em que mantêm operações e em vários outros países carentes do mundo. A extensão da filantropia empresarial é notável. Infelizmente, esse quadro tem um lado oculto. As empresas que divulgam seus investimentos comunitários descrevem apenas os recursos que fornecem – dinheiro, pessoas, equipamentos e expertise. Encontram-se muitas informações sobre esses investimentos nos relatórios anuais detalhados das fundações empresariais. No entanto, esses relatórios não contêm qualquer indicador sobre os resultados alcançados por tais atividades filantrópicas.

Considerem-se os padrões que as empresas adotam em seus relatórios sobre meio ambiente, saúde e segurança, em comparação com os utilizados nas informações sobre investimentos comunitários. Os primeiros, já analisados neste capítulo, oferecem evidências quantitativas da eficácia dos investimentos da empresa, por meio de análises detalhadas de estatísticas e tendências sobre a redução da poluição da água, do ar e do solo, sobre a diminuição do consumo de energia e materiais por unidade do produto e sobre a menor quantidade de dias perdidos em decorrência de acidentes e doenças. Em relação às políticas de admissão e promoção de empregados, as empresas também fornecem informações detalhadas sobre a quantidade de mulheres e de representantes de minorias que alcançaram posições de destaque em carreiras técnicas e gerenciais.

Já quando se referem aos investimentos comunitários, contudo, as empresas revelam apenas o quanto gastaram nesses programas, quantos empregados participam de atividades comunitárias e que programas estão recebendo as suas contribuições. Embora os relatórios quase sempre mostrem fotografias de empregados voluntários e de beneficiários agradecidos por tanta benevolência, não aprendemos nada de sistemático sobre o impacto desses investimentos substanciais. A seguinte declaração da Nokia, melhor do que a maioria, pelo menos tenta apresentar indicadores de resultados:

No todo, o programa Make a Connection já fez diferença tangível na vida de 20.000 jovens, treinou cerca de 400 adultos no relacionamento com jovens e beneficiou indiretamente mais de 1.000.000 de jovens e adultos. A Nokia destinou mais de US$11 milhões ao programa.

No entanto, mesmo esse tipo de divulgação fica muito aquém do que se espera que os executivos da empresa saibam sobre os resultados do investimento de US$11 milhões. Que diferenças tangíveis se obtiveram nas habilidades, capacidades, motivação e sucesso de 20.000 jovens beneficiados pelo Make a Connection? Que retornos sociais a Nokia conseguiu com tal investimento?

Os executivos exigem justificativa detalhada para os investimentos de capital e esperam retornos tangíveis sobre os investimentos em pesquisa e desenvolvimento, propaganda, treinamento de pessoal e qualidade. Porém, esses mesmos executivos deixam adormecer seu lado analítico quando destinam vultosos recursos financeiros, humanos e materiais a programas comunitários. Em vez de serem agentes de mudança construtivos, os executivos da corporação concordam passivamente com a falta generalizada de prestação de contas e de informações sobre o desempenho por parte de entidades sem fins lucrativos e organizações não governamentais.

Talvez os investimentos de empresas na comunidade ainda se encontrem nos primeiros estágios do processo evolucionário e os executivos das empresas ainda não estejam exigindo dados quantitativos sobre o desempenho desses programas. Contudo, essa complacência não deve perdurar por muito tempo. Os gestores devem esperar e exigir dados sobre o desempenho de qualquer programa que receba seus investimentos. Os resultados não precisam nem devem ser expressos em dólares, euros ou ienes, mas é importante que se traduzam em melhorias quantificáveis no desempenho educacional, nas oportunidades para as mulheres, na saúde ou em qualquer resultado que se espere do programa comunitário. Na verdade, dispõe-se de mecanismos para a avaliação dos investimentos sociais com base no desempenho. O inovador fundo de empreendimentos filantrópicos New Profit Inc., com sede em Cambridge, Massachusetts, exige que os programas sociais em que investe seus recursos disponham de um modelo de desempenho minucioso, baseado no Balanced Scorecard, para descrever a estratégia e fornecer feedback sobre os resultados alcançados.[11] As empresas precisam exigir dos executivos das fundações e dos gestores dos programas comunitários, o fornecimento de informações sobre produção e resultados. A qualidade dos relatórios das organizações sobre seus investimentos comunitários precisa ser compatível com a de seus programas de meio ambiente, saúde e segurança do trabalho.

Extraindo vantagem competitiva dos investimentos comunitários

Michael Porter e Mark Kramer compartilham nossa visão sobre a necessidade de as empresas raciocinarem de maneira muito mais estratégica sobre suas atividades filantrópicas.[12] Argumentam que as empresas devem utilizar suas iniciativas nessa área "para melhorar o contexto *competitivo* – a qualidade do ambiente de negócios" em que operam. Por exemplo, a Cisco Systems investe em programas educacionais que treinam administradores de rede de computadores. Destinados a pessoal de nível médio, tais iniciativas desenvolvem habilidades capazes de gerar boas oportunidades de emprego, ao mesmo tempo em que atenuam possíveis restrições à expansão do uso de produtos Cisco. Porter e Kramer identificam quatro elementos de um contexto competitivo suscetíveis de serem influenciados pelas empresas, por meio de atividades filantrópicas:

1. *Condições dos inputs.* A produtividade e a posição competitiva da empresa podem ser reforçadas pelo aumento na oferta de trabalhadores treinados, de instituições científicas e tecnológicas de alta qualidade, de boa infraestrutura física (como estradas e telecomunicações nos países em desenvolvimento e excelentes organizações artísticas nas regiões e países desenvolvidos, capazes de atrair empregados talentosos, de alta mobilidade), e processos governamentais transparentes e honestos.
2. *Condições da demanda.* Algumas empresas, como a Digital Equipment Corporation, nas décadas de 1960 e 1970, e a Apple Computer, doam seus produtos para universidades e escolas. Ao se formarem, os estudantes que se alfabetizaram em computação por meio dos equipamentos doados preferem comprar equipamentos das mesmas empresas para seus negócios e para seu uso pessoal.

3. *Regras de competição e rivalidade.* As empresas que competem com base em produtos, processos e serviços superiores não querem que sua vantagem seja ultrapassada pelas atividades desonestas de seus concorrentes menos competentes, como roubo de propriedade intelectual, suborno e corrupção. É do maior interesse das empresas de alto desempenho competir em condições leais. Outro alvo de doações empresariais são organizações que melhoram o estado de direito nos países em que as doadoras exercem suas atividades de produção e vendas.
4. *Setores correlatos e de apoio.* Porter já descreveu os benefícios competitivos de regiões geográficas de fornecedores, produtores e consumidores sofisticados.[13] As empresas podem investir em fornecedores e em infraestrutura que apoiem seu setor de atuação.

Porter e Kramer concluem:

Quanto mais estreito for o alinhamento da filantropia com a estratégia da empresa – melhorar as habilidades, a tecnologia ou a infraestrutura de que a empresa é especialmente dependente, por exemplo, ou aumentar a demanda dentro do segmento especializado em que a empresa é mais forte – maiores serão os benefícios que a empresa desfrutará com a melhoria de todo o contexto.[14]

Eles concordam conosco que as empresas devem "acompanhar e avaliar os resultados. O monitoramento das realizações é fundamental para a melhoria contínua do desenvolvimento e execução da estratégia filantrópica".[15]

Alianças estratégicas da empresa

Muitas empresas ultrapassaram a fase da pura "filantropia sem resultados" em seus investimentos comunitários, para desenvolver parcerias ativas com as organizações comunitárias que recebem seu apoio. Pesquisa de Jim Austin, da Harvard Business School, documenta como a colaboração das empresas com entidades sem fins lucrativos gera importantes benefícios, sob a forma de:[16]

- *Enriquecimento da estratégia.* Gerar oportunidades de negócios e promover imagem positiva e confiável entre os clientes (especialmente importante para organizações de serviços de varejo), regulatórios e legisladores.

- *Gestão de recursos humanos*. Atrair e reter pessoas de talento; reforçar a motivação e o moral dos empregados; desenvolver habilidades de liderança.
- *Construção da cultura*. Definir e reforçar os valores essenciais que promovem os comportamentos almejados entre os empregados.
- *Geração de negócios*. Melhorar a reputação da empresa, construir relacionamentos colaborativos, expandir redes de relacionamentos, ampliar o acesso aos principais consumidores e fornecer meios para o teste de inovações.

A parceria entre a Timberland, fornecedora de calçados e roupas para lazer, e a City Year, organização comunitária voltada para a juventude, oferece excelente exemplo desse relacionamento estratégico colaborativo. Foram necessários vários anos para que o relacionamento evoluísse do estágio filantrópico – doações em dinheiro e em espécie (botas da Timberland para membros da City Year), passando pelo estágio transacional – eventos conjuntos, como marketing relacionado a causas sociais, patrocínio de eventos, licenciamento e organização de serviços pagos, para finalmente chegar ao estágio integrado – a empresa e a organização comunitária tornam-se joint ventures coesas, de importância fundamental para as estratégias de ambas as organizações. A criação de valor transforma-se em processo conjunto, em lugar de dois processos diferentes, um para a empresa e outro para a organização comunitária.

A Georgia-Pacific e The Nature Conservancy (TNC) fornecem exemplo de relacionamento que evoluiu da confrontação para a colaboração. A TNC queria manter intocados os recursos naturais, enquanto a Georgia-Pacific pretendia usar a terra de maneira intensiva, na plantação de árvores. As duas organizações chegaram a um consenso para gerenciar conjuntamente os recursos florestais, de maneira a preservar a biodiversidade e permitir o desenvolvimento comercial. Outros desses relacionamentos integrados envolvem Starbucks e CARE; Bayer North America e Bidwell Training Center, em Pittsburgh; Reading is Fun e Visa, International; The College Fund (a maior organização de educação de minorias nos Estados Unidos) e Merck; The National Science Resource Center (para melhorar o ensino de ciências em escolas de ensino fundamental e de ensino médio) e Hewlett-Packard; Time to Read e Time Warner.

As iniciativas de colaboração bem-sucedidas geralmente ocorrem quando o parceiro da comunidade complementa o negócio principal ou a estratégia básica da empresa. Conforme enfatizou um executivo sênior da Bayer:

> *É preciso investir em algo que tenha a ver com o seu negócio... É preciso ser capaz de dar e receber. Somos uma empresa baseada na ciência. Sob o ponto de vista de negócios, faz sentido para nós apoiar iniciativas de educação científica... Além de conseguir com esse envolvimento melhorar as relações públicas, ainda temos uma razão básica para participarmos do programa.*[17]

Ao desenvolverem relacionamentos estratégicos colaborativos, as empresas podem ajudar a moldar a criação de valor e os critérios de avaliação de desempenho. A geração de valor social decorrerá da missão da entidade comunitária sem fins lucrativos. O desafio da empresa consiste em estimar o valor social incremental ou particular resultante da colaboração. A empresa precisa medir as melhorias sociais decorrentes de seu investimento e de seu esforço conjunto com a organização comunitária.

À medida que deslocam seus investimentos comunitários do estágio de filantropia para o estágio integrado ou colaborativo, as empresas, a exemplo do fundo de empreendimentos filantrópicos New Profit, Inc., são capazes de obter mais informações sobre o desempenho mensurável das organizações comunitárias em que efetuam investimentos. Mesmo quanto a seus investimentos passivos, no estágio filantrópico, as empresas podem direcionar seus recursos às organizações que documentam resultados bem-sucedidos, utilizando essas informações em seus relatórios, em vez de simplesmente relacionar suas contribuições para diferentes entidades.

Por meio desse modelo de investimentos comunitários baseados no desempenho, as organizações comunitárias e as organizações sem fins lucrativos mais bem-sucedidas na geração de resultados superiores atrairão financiamentos mais vultosos e mais estáveis. As organizações incapazes de demonstrar melhorias quantificáveis em seu desempenho receberão cada vez menos recursos e não terão condições de sobrevivência. Essa dinâmica competitiva baseada no desempenho tornará o "terceiro setor", composto por entidades sem fins lucrativos e por organizações não governamentais, muito mais eficaz e muito mais eficiente, gerando grandes benefícios para a sociedade. Nesse sentido, as empresas podem assumir papel de liderança – através de suas fundações e de suas contribuições voluntárias – na definição de padrões que exijam avaliação da produção e dos resultados decorrentes de seus investimentos comunitários. Os relatórios simplistas que apenas informam o dinheiro gasto e os programas apoiados, com fotografias de beneficiários alegres e gratos, não devem ser o modelo preferido para a divulgação dos investimentos comunitários das empresas, da mesma maneira como informar apenas o dinheiro gasto em limpeza ambiental, ao lado de imagens de chaminés sem fumaça e de peixes nadando num lago próximo não seria o melhor exemplo de relatório sobre o desempenho ambiental.

RESUMO

Hoje, muitas empresas reconhecem que a excelência nas práticas referentes a meio ambiente, segurança, saúde, emprego e comunidade é um dos componentes da estratégia de criação de valor duradouro. No mínimo, apresentar bom desempenho regulatório e social é objetivo de longo prazo que capacita as empresas a preservar o privilégio de operar em todas as comunidades onde pretendem fabricar, comercializar, vender e distribuir seus produtos e serviços. Além de apenas cumprir as normas e realizar as expectativas locais, as empresas excelentes nos processos críticos regulatórios e sociais conseguem melhorar sua reputação perante os clientes e investidores, além de atrair e reter empregados valiosos que se orgulham do papel de suas empresas na melhoria do meio ambiente, do local de trabalho e da comunidade.

As empresas precisam esforçar-se para identificar os objetivos dos processos regulatórios e sociais que mais contribuirão para atrair e reter empregados, melhorar a proposição de valor para os clientes e reforçar os resultados financeiros. Em seus investimentos em comunidades espalhadas por todo o mundo, as empresas devem buscar oportunidades para alavancar suas competências e reforçar seus objetivos financeiros. É importante que sejam tão diligentes e rigorosas na avaliação do retorno sobre os investimentos comunitários como o são na análise da eficácia de seus investimentos em ativos tangíveis e intangíveis.

Em seguida a esse capítulo, encontra-se o estudo de caso e o mapa estratégico da Amanco, empresa da América Latina que está usando o Balanced Scorecard para descrever e implementar sua estratégia de triplo resultado, com o intuito de ao mesmo tempo criar valor econômico, social e ambiental.

NOTAS

1. M. Epstein e B. Birchard, *Counting What Counts: Turning Corporate Accountability to Competitive Advantage* (Reading, MA: Perseus Books, 1999), especialmente "The Figures of Social Responsibility", 130-140, e "A Social Accounting", 216-242.
2. Essa crítica inexata não é inédita; ver, por exemplo, a afirmação "O Balanced Scorecard é o equivalente gerencial da teoria dos stakeholders", in M. Jensen, "Value Maximization, Stakeholder Theory, and the Corporate Objective Function", *Journal of Applied Corporate Finance* (outono de 2001): 17.
3. "Diversity Lives at BellSouth", *Workforce* (janeiro de 2002): 18.

4. Novartis, "Innovation and Accountability: Health, Safety and Environment Report 2000".
5. Coca-Cola, "Keeping our Promise: Citizenship at Coca-Cola", 27.
6. DuPont, Global Progress Report, <http:www.dupont.com/corp/social/SHE/usa/us3.html>.
7. Forest Reinhardt, *Down to Earth: Applying Business Principles to Environmental Management* (Boston: Harvard Business School Press, 2000), e "Bridging the Gap: How Improved Information Can Help Companies Integrate Shareholder Value and Environmental Quality", in *Environmental Performance Measurement: The Global Report 2001-2002*, ed. D. Esty e P. Cornelius (Nova York: Oxford University Press, 2002).
8. Ver Philip B. Crosby, *Quality Is Free* (Nova York: McGraw Hill, 1979).
9. Michael E. Porter, "America's Green Strategy", *Scientific American* (abril de 1991): 168; e Michael E. Porter e C. van der Linde, "Green and Competitive: Ending the Stalemate", *Harvard Business Review* (setembro-outubro de 1995).
10. A norma OSHA 1904.7 determina: *"Exigência básica.* Considera-se que uma lesão ou doença se enquadra nos critérios gerais de registro e, portanto, é registrável se resultar em qualquer uma das seguintes ocorrências: morte, afastamento do trabalho, restrições ao trabalho habitual ou transferência para outras funções, tratamento médico além dos primeiros socorros ou perda de consciência. Também deve considerar-se que a situação se enquadra nos critérios de registro obrigatório se envolver lesão ou doença grave, se diagnosticada por médico ou por outro profissional de saúde credenciado, ainda que não resulte em morte, afastamento do trabalho, restrições ao trabalho habitual ou transferência para outras funções, tratamento médico além dos primeiros socorros ou perda de consciência."
11. Ver Robert S. Kaplan, "New Profit, Inc.: Governing the Nonprofit Enterprise", case 9-100-052 (Boston: Harvard Business School, 2000).
12. Michael E. Porter e Mark R. Kramer, "The Competitive Advantage of Corporate Philanthropy", *Harvard Business Review* (dezembro de 2002): 57-78.
13. Michael E. Porter, *The Competitive Advantage of Nations* (Nova York: Free Press, 1990).
14. Porter e Kramer, "The Competitive Adantage of Corporate Philanthropy", 63.
15. Ibid., 68.
16. James E. Austin, *The Collaboration Challenge: How Nonprofits and Businesses Suceed Through Strategic Alliances* (San Francisco: Jossey-Bass, 2000).
17. Ibid., 67.

ESTUDO DE CASO

AMANCO

Panorama geral

A Amanco é importante empresa da América Latina, na produção e comercialização de tubos e conexões para o transporte de fluidos, com soluções para prédios, infraestrutura, irrigação e engenharia ambiental. A missão da Amanco é produzir e vender com rentabilidade soluções inovadoras, de classe mundial, para o transporte e controle de fluidos. A visão corporativa é "ser reconhecida como importante grupo industrial da América Latina, operando com ética, ecoeficiência e responsabilidade social, que gere valor econômico e melhore a qualidade de vida de nossos vizinhos e de nossas regiões".

A Amanco é parte do Grupo Nueva, de capital fechado, composto de várias divisões de negócios e supervisionado por um Conselho de Administração. A Amanco está presente nos principais países e regiões da América Latina, como México, América Central, Panamá e região andina e do Mercosul.

A situação atual

A empresa introduziu um scorecard de sustentabilidade em 2000, como sistema integrado de gestão e como sistema de informação de suas atividades, com base no programa de relatórios globais. Julio Moura, presidente e CEO do GrupoNuevo, afirmou que: "Os clientes querem produtos que melhorem a sociedade em que vivem, que protejam o meio ambiente e que apoiem seu pessoal." Em 2002, revisou seu scorecard de sustentabilidade, para melhor alinhá-lo com a metodologia do Balanced Scorecard. O processo de revisão terminou em princípios de 2002. Reuniões estratégicas, com o objetivo de gerenciar a eficácia e os resultados do Balanced Scorecard, passaram a ser realizadas a partir de então. A empresa também está revisando o scorecard de sustentabilidade de suas unidades operacionais regionais.

O mapa estratégico

O mapa estratégico da Amanco mostra o triplo resultado ou *triple bottom-line* e a estratégia que está seguindo para alcançar tal desempenho (Figura 6.9).

A parte superior do mapa estratégico mostra o compromisso da Amanco com o desempenho de triplo resultado:

1. Criar valor econômico sustentável a longo prazo
2. Gerar valor por meio de um sistema de responsabilidade social empresarial
3. Gerar valor por meio da gestão ambiental

Um dos objetivos da dimensão financeira é o crescimento lucrativo e sustentável, com metas de crescimento anual das vendas de 10% e retorno sobre o ativo líquido de 24%. A Amanco também quer "operar com eficiência" e inclui outro objetivo de reduzir o capital circulante.

A dimensão do cliente abrange três objetivos. O objetivo de gestão da marca descreve os quatro atributos da marca Amanco – integridade, inovação, soluções e credibilidade – que levariam a empresa a ser vista como o fornecedor número um de sistemas de tubulação na América Latina. A inovação e os produtos de alta margem criam condições para que ofereça soluções diferenciadas a seus clientes. Os indicadores de satisfação dos clientes abrangem entrega pontual, entregas completas e exatas para seus mais de 35.000 clientes, lead time do pedido à entrega e percepção total de satisfação dos clientes.

A dimensão de processos e tecnologia enfatiza a eficácia dos processos de criação de produtos, que gerem produtos inovadores, amigáveis ao ambiente, confiáveis e duradouros. O processo de desenvolvimento de produtos inclui uma fase de triagem, que avalia os efeitos potenciais de todos os novos produtos sobre a saúde e o meio ambiente. Para tanto, adota-se uma estratégia envolvendo matérias-primas, processos de produção e equipamentos, uso de produtos acabados, embalagem e descarte final. Esta dimensão também inclui iniciativas de gestão do relacionamento com os clientes (CRM) e de e-business, para promover a compreensão mais profunda das necessidades e expectativas dos clientes. Um projeto piloto de CRM no México concentra-se na melhoria dos processos de logística, envolvendo pedidos mais exatos, observância dos compromissos de prazo e qualidade e redução do custo do frete.

A ênfase especial da Amanco em responsabilidade social e ecoeficiência levou a uma quinta dimensão: ambiental e social. Nessa dimensão, a Amanco avalia o desempenho em saúde e segurança com base na frequência de acidentes com afastamento. Seu objetivo de desempenho ambiental, à luz dos conceitos de ecoeficiência, é reduzir os insumos e resíduos por unidade de produtos e processos. Para tanto, mede o consumo de energia e de água e a geração de resíduos e sucata por unidade. A Amanco acredita que a ecoeficiência, além de contribuir para a redução de custos, agregará valor a seus produtos. A empresa espera atrair mais clientes por meio da responsabilidade ambiental e social incutida na marca e no logotipo da empresa. Seus objetivos de impacto social relacionam-se com projetos de desenvolvimento comunitário em toda a América Latina. Cada empresa operacional deve implementar pelo menos um projeto na comunidade local, em colabora-

Figura 6.9 Mapa estratégico de triplo resultado da Amanco

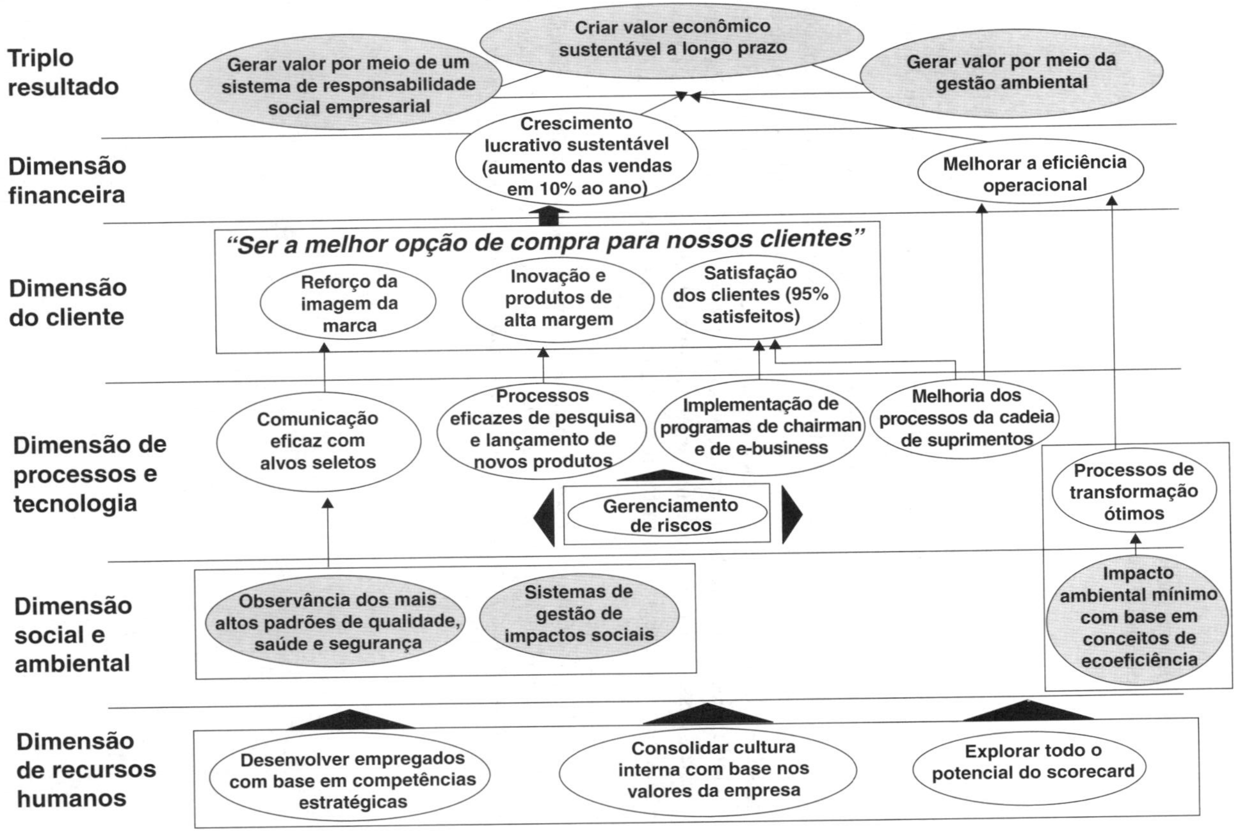

Triplo resultado
- Gerar valor por meio de um sistema de responsabilidade social empresarial
- Criar valor econômico sustentável a longo prazo
- Gerar valor por meio da gestão ambiental

Dimensão financeira
- Crescimento lucrativo sustentável (aumento das vendas em 10% ao ano)
- Melhorar a eficiência operacional

Dimensão do cliente

"Ser a melhor opção de compra para nossos clientes"

- Reforço da imagem da marca
- Inovação e produtos de alta margem
- Satisfação dos clientes (95% satisfeitos)
- Melhoria dos processos da cadeia de suprimentos
- Processos de transformação ótimos
- Impacto ambiental mínimo com base em conceitos de ecoeficiência

Dimensão de processos e tecnologia
- Comunicação eficaz com alvos seletos
- Processos eficazes de pesquisa e lançamento de novos produtos
- Implementação de programas de chairman e de e-business
- Gerenciamento de riscos

Dimensão social e ambiental
- Observância dos mais altos padrões de qualidade, saúde e segurança
- Sistemas de gestão de impactos sociais

Dimensão de recursos humanos
- Desenvolver empregados com base em competências estratégicas
- Consolidar cultura interna com base nos valores da empresa
- Explorar todo o potencial do scorecard

ção com organizações não governamentais. A Amanco pretende agregar valor onde outras empresas não estão fazendo nada, sobretudo em áreas relacionadas com seu negócio, como habitação, abastecimento e saneamento.

A dimensão de recursos humanos inclui indicadores de satisfação do pessoal com o ambiente de trabalho, índices de turnover, habilidades e competências. Também abrange indicadores de um mix saudável de experiência e juventude, além da disponibilidade de boas oportunidades de emprego para os jovens.

Considerações finais

A empresa foi capaz de comunicar a estratégia com mais objetividade e clareza, ajudando os executivos e funcionários a compreender as metas e iniciativas estratégicas. O efeito de sustentabilidade, com seu desempenho de triplo resultado, foi mais bem compreendido e gerenciado.

A Amanco programou e realizou reuniões trimestrais, para gerenciar a estratégia em curso e aprender com a sua implementação. Constituiu-se um comitê de gestão da estratégia para a execução dessas atividades e implementou-se um processo de planejamento estratégico anual que garantirá atualizações da estratégia, quando necessárias. Roberto Salas, CEO da Amanco, afirma que "o Balanced Scorecard, nessa nova versão, é ferramenta muito poderosa para alinhar nosso pessoal com a estratégia e monitorar os avanços em nossas metas estratégicas".

Mathias Mangels e Carlos Graham, da Symnetics, empresa latino-americana afiliada à Balanced Scorecard Collaborative, ajudaram a preparar este estudo de caso. Nossos agradecimentos ao Sr. Roberto Salas, CEO, por compartilhar conosco a experiência da Amanco.

PARTE TRÊS

ATIVOS INTANGÍVEIS

CAPÍTULO 7

ALINHAMENTO DOS ATIVOS INTANGÍVEIS COM A ESTRATÉGIA DA EMPRESA

Discutimos no Capítulo 1 como os ativos intangíveis tornaram-se decisivos para a criação de valor sustentável. A definição dos dicionários para intangível, "que não pode ser percebido ou definido", mostra a dificuldade das organizações em gerenciar esses ativos. Como gerenciar aquilo que não pode ser definido?

A perspectiva de aprendizado e crescimento do Balanced Scorecard enfatiza a importância de alinhar os ativos intangíveis com a estratégia da organização (Figura 7.1). Essa perspectiva contém os objetivos e indicadores dos três componentes dos ativos intangíveis, essenciais para a implementação da estratégia:

1. Capital humano
2. Capital da informação
3. Capital organizacional

Os objetivos desses três componentes devem estar *alinhados* com os objetivos dos processos internos e *integrados* uns aos outros. Os ativos intangíveis devem basear-se nas capacidades criadas por outros ativos intangíveis e tangíveis, em vez de desenvolverem capacidades independentes, sem sinergias entre si.

Figura 7.1 Os ativos intangíveis devem estar alinhados com a estratégia para criar valor

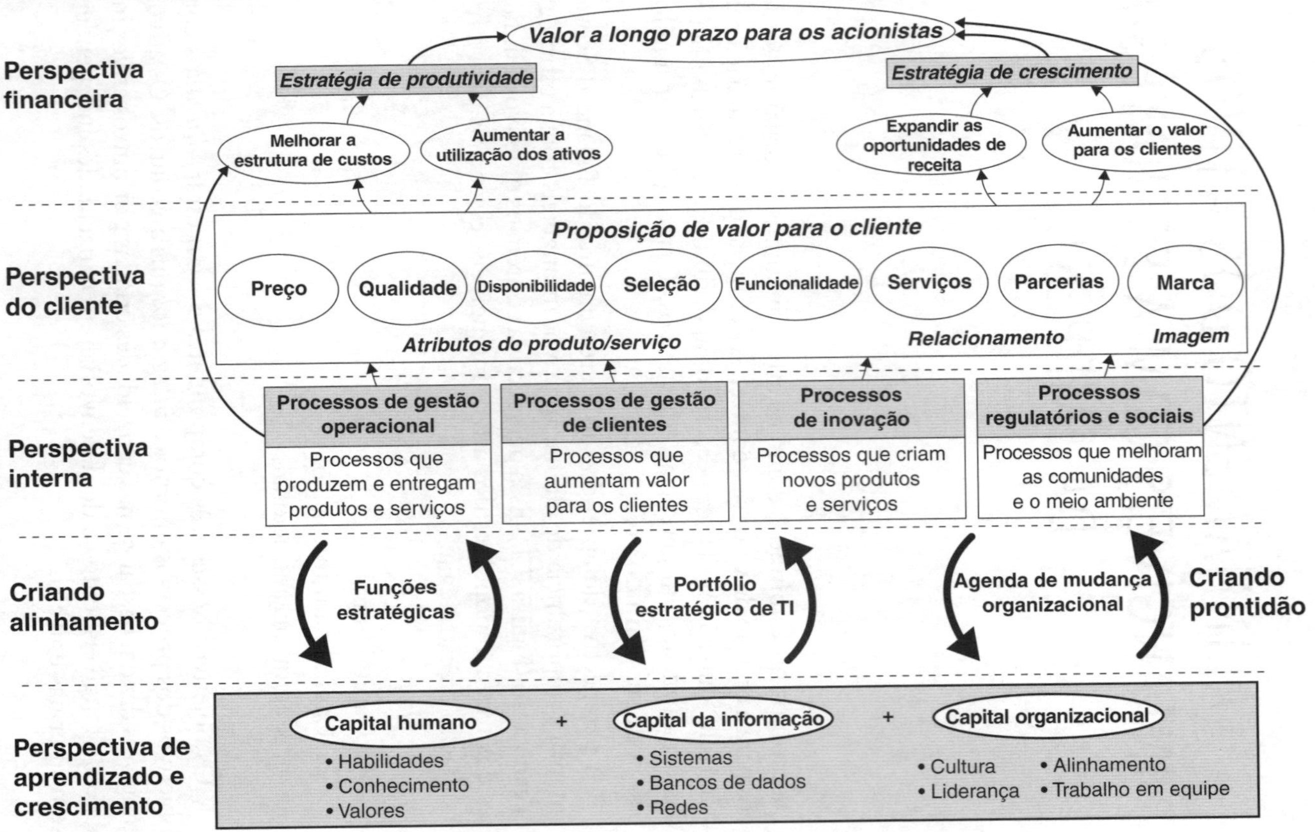

Perspectiva financeira

Valor a longo prazo para os acionistas

Estratégia de produtividade
- Melhorar a estrutura de custos
- Aumentar a utilização dos ativos

Estratégia de crescimento
- Expandir as oportunidades de receita
- Aumentar o valor para os clientes

Perspectiva do cliente

Proposição de valor para o cliente

Atributos do produto/serviço	Relacionamento	Imagem
Preço · Qualidade · Disponibilidade · Seleção · Funcionalidade	Serviços · Parcerias	Marca

Perspectiva interna

- **Processos de gestão operacional**: Processos que produzem e entregam produtos e serviços
- **Processos de gestão de clientes**: Processos que aumentam valor para os clientes
- **Processos de inovação**: Processos que criam novos produtos e serviços
- **Processos regulatórios e sociais**: Processos que melhoram as comunidades e o meio ambiente

Perspectiva de aprendizado e crescimento

Criando alinhamento — Funções estratégicas — Portfólio estratégico de TI — Agenda de mudança organizacional — Criando prontidão

- **Capital humano**
  - Habilidades
  - Conhecimento
  - Valores

+

- **Capital da informação**
  - Sistemas
  - Bancos de dados
  - Redes

+

- **Capital organizacional**
  - Cultura · Alinhamento
  - Liderança · Trabalho em equipe

I. ALINHAMENTO

*Os ativos intangíveis devem ser alinhados
com a estratégia, a fim de criar valor.*

Os ativos intangíveis adquirem valor apenas no contexto da estratégia, para cuja execução devem contribuir. Por exemplo, imagine que uma organização queira investir em treinamento de pessoal. Imagine ainda que ela tenha duas escolhas: um programa de treinamento sobre gestão da qualidade total (TQM) ou um programa sobre gestão do relacionamento com os clientes (CRM). Qual dos dois programas têm maior valor? Obviamente, a resposta à pergunta depende da estratégia da organização. A empresa que adote uma estratégia de menor custo total, como a Dell e o McDonald's, precisando melhorar continuamente seus processos operacionais, deverá extrair maior valor do treinamento em TQM. Entretanto, a empresa que siga uma estratégia de solução total para os clientes, como a Goldman Sachs ou a IBM Consulting, obterá maior benefício com o treinamento em CRM. O mesmo investimento em treinamento gera retornos muito mais altos quando estiver alinhado com a estratégia da organização. O *alinhamento estratégico* é o princípio dominante na criação de valor pelos ativos intangíveis.

2. INTEGRAÇÃO

*O papel estratégico dos ativos intangíveis não pode ser abordado
de maneira isolada. É necessário um programa integrado
para suportar o aprimoramento de todos os ativos
intangíveis da organização.*

Quando uma organização agrupa suas atividades em torno de funções, como RH e TI, ela geralmente cria silos de especialização. As pessoas nos departamentos funcionais separados recorrem aos modelos funcionais dentro de suas especialidades como pontos de referência ou *benchmark*. Evidentemente, tal especialização é benéfica para a promoção de excelência funcional em cada departamento. Mas, na prática, as diferentes unidades funcionais buscam a excelência sem se integrarem umas com as outras. Cada departamento compete pelos recursos escassos da organização; um busca melhorar o treinamento dos empregados, enquanto o outro procura expandir os recursos tecnológicos. Desenvolvem-se soluções isoladas e os resultados geralmente são decepcionantes.

Os investimentos em TI não têm valor, a não ser que sejam complementados por programas de treinamento e incentivo desenvolvidos pela área de RH. Os programas de treinamento têm pouco valor se não forem complementados por modernas ferramentas tecnológicas. Os investimentos em RH e TI devem ser integrados se a organização quiser realizar todos os seus benefícios potenciais.

O alinhamento e a integração fornecem os elementos básicos conceituais para o desenvolvimento de objetivos de capital humano, de capital da informação e de capital organizacional, na perspectiva de aprendizado e crescimento. No entanto, poucas organizações exploram as vantagens competitivas potenciais resultantes do alinhamento e da integração de seus ativos intangíveis. Realizamos duas pesquisas com executivos de RH e TI para melhor compreender suas abordagens para com o alinhamento estratégico (Figura 7.2). Apenas um terço das organizações apresentaram forte alinhamento entre as prioridades de RH e TI e a estratégia da empresa. Por que o desalinhamento? Constatou-se que processos gerenciais fundamentais, destinados a promover o alinhamento, não estavam sendo usados conforme o desejado. Poucas unidades de RH e TI integravam planejamento com estratégia, nomeavam gerentes de relacionamento ou conectavam seus orçamentos com a estratégia.

Os executivos não questionam a necessidade de alinhar e integrar seus ativos intangíveis. Até agora, no entanto, carecem de um método para promover esse alinhamento e integração. Nesta parte do livro, partimos dos objetivos dos processos internos desenvolvidos na Parte Dois para descrever como o mapa estratégico e o Balanced Scorecard permitem que as organizações realizem o seguinte:

Figura 7.2 Resumo das práticas de alinhamento dos grupos de RH e TI

A pesquisa diz...	Pesquisa de Ti[1]	Pesquisa de RH[2]
Sobre o alinhamento de RH/TI com a estratégia da empresa		
1 Alinhamento das prioridades funcionais com a estratégia da empresa	34%	33%
2 Vista como "parceiro estratégico"	28%	34%
Sobre as técnicas de alinhamento		
3 Processo de planejamento integrado usado para determinar as prioridades estratégicas de RH/TI	32%	23%
4 Gerentes de relacionamento nomeados para unidades de negócios	33%	43%
5 Alinhamento das prioridades funcionais com o orçamento	29%	17%

[1] Conduzida pela Balanced Scorecard Collaborative e *CIO Insight*, 2002 (634 participantes).
[2] Conduzida pela Balanced Scorecard Collaborative e Society for HR Management (1.266 participantes).

- Descrever os ativos intangíveis
- Alinhar e integrar os ativos intangíveis com a estratégia
- Avaliar os ativos intangíveis e seu alinhamento

DESCRIÇÃO DOS ATIVOS INTANGÍVEIS

Os ativos intangíveis foram definidos como "conhecimento existente na organização para criar vantagem diferencial"[1] ou "capacidades dos empregados da empresa para satisfazerem as necessidades dos clientes".[2] Os ativos intangíveis abrangem itens diversos como patentes, direitos autorais, conhecimentos da força de trabalho, liderança, sistemas de informação e processos de trabalho. Analisamos a perspectiva de aprendizado e crescimento de várias centenas de mapas estratégicos e Balanced Scorecards. Seis objetivos aparecem de forma recorrente:

Capital humano

1. *Competências estratégicas:* A disponibilidade de habilidades, talento e conhecimento para executar as atividades requeridas pela estratégia. (Cerca de 80% dos scorecards incluem esse objetivo.)

Capital da informação

2. *Informações estratégicas:* Disponibilidade de sistemas de informação, de infraestrutura e de aplicativos de gestão do conhecimento necessários para suportar a estratégia (presente em 80% dos scorecards).

Capital organizacional

3. *Cultura:* Conscientização e internalização da missão, da visão e dos valores comuns, necessários para executar a estratégia (presente em 90% dos scorecards).
4. *Liderança:* Disponibilidade de líderes qualificados, em todos os níveis hierárquicos, para impulsionar as organizações na execução da estratégia (presente em 90% dos scorecards).
5. *Alinhamento:* Alinhamento das metas e incentivos com a estratégia em todos os níveis hierárquicos (presente em 70% dos scorecards).
6. *Trabalho em equipe:* Compartilhamento dos conhecimentos e recursos das pessoas com potencial estratégico (presente em 60% dos scorecards).

Esses objetivos descrevem importantes ativos intangíveis e fornecem poderoso arcabouço para alinhá-los e integrá-los com a estratégia da organização.

Considerem-se, por exemplo, os objetivos de aprendizado e crescimento no mapa estratégico da Datex-Ohmeda (Figura 7.3). Maior divisão da Instrumentarium Corporation, a Datex-Ohmeda está sediada em Helsinque, Finlândia, com fábricas na Finlândia, Suécia e Estados Unidos. Desde 1900, produz ampla variedade de equipamentos médicos para unidades de tratamento intensivo. A empresa tem uma história de pioneirismo mundial, começando com o desenvolvimento em 1924 da primeira máquina de anestesia de quatro gases, em colaboração com a Clínica Mayo. A empresa também criou o primeiro pulmão artificial fabricado com outros materiais que não o ferro. Hoje, a linha de produtos da Datex-Ohmeda inclui monitores de pacientes e sistemas em rede para anestesia, unidades de tratamento intensivo, unidades de tratamento subintensivo, além de máquinas de anestesia, pulmões artificiais, equipamentos para administrar e monitorar a dosagem de medicamentos (*drug delivery systems*) oxímetros de pulso, suprimentos e acessórios.

O legado de inovação de produtos funcionou bem para a Datex-Ohmeda, mas, nos últimos anos, à medida que enfrentava competição cada vez mas árdua por parte de empresas como Philips, Siemens e Drager, ela precisava oferecer algo mais aos clientes. A Datex-Ohmeda percebeu que o desenvolvimento e a preservação de relacionamentos duradouros com os clientes – algo em que espontaneamente sempre fora excelente – devia se converter em fator crítico para o seu sucesso futuro.

O alinhamento organizacional, sempre difícil numa empresa global, era desafio ainda maior para a Datex-Ohmeda, pois a maioria das fábricas e unidades de negócios da empresa havia sido adquirida através de fusões, já dispondo, portanto, de maneiras arraigadas de fazer as coisas. Historicamente, a Datex-Ohmeda operava um conjunto bastante independente de unidades de negócios e de canais de vendas. Os objetivos dessas diferentes unidades não raro eram conflitantes ou divergentes. No verão de 2001, os executivos da Datex-Ohmeda concluíram a elaboração da estratégia, usando o mapa estratégico para cristalizar seu pensamento. As sessões de planejamento confirmaram a sabedoria em fazer a transição da antiga estratégia baseada em inovação para a nova estratégia focada no relacionamento com os clientes. A nova proposição de valor da Datex-Ohmeda consistia em fornecer as soluções certas para os clientes, com base no conhecimento em profundidade de suas necessidades. Isso também significava concentrar-se no apoio contínuo e na facilidade de fazer negócios, por meio de processos orientados para os clientes. O mapa estratégico descreve essas novas direções.

Figura 7.3 Mapa estratégico da Datex-Ohmeda

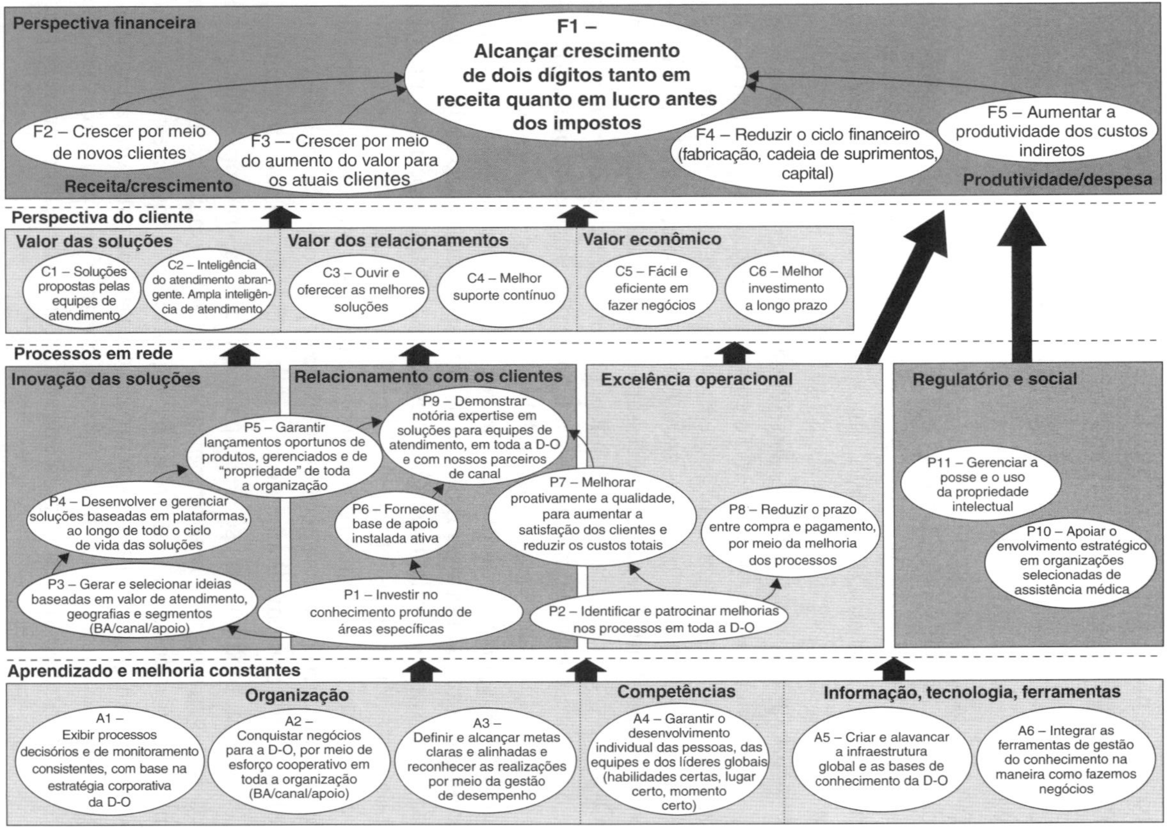

A perspectiva *financeira* da Figura 7.3 mostra dois objetivos de crescimento da receita: conquista de novos clientes (F2) e expansão dos relacionamentos com os atuais clientes (F3). A Datex-Ohmeda atingiria o objetivo F3 por meio de "soluções propostas pelas equipes de atendimento" (C1), baseadas na abrangência de sua linha de produtos. Os objetivos de dois processos internos descrevem como essa proposição de valor será criada e oferecida. O objetivo referente à gestão de clientes (P9) define o processo de trabalho em equipe em toda a Datex-Ohmeda, assim como com seus parceiros de distribuição; o objetivo P4 identifica a inovação necessária para "desenvolver e gerenciar soluções baseadas em plataformas, ao longo de todo o ciclo de vida das soluções". Esses dois objetivos dos processos internos, por sua vez, criam demanda por capacidade e cultura organizacional, que promovam o desenvolvimento de capital humano e organizacional, além de reforçar as redes de contato e o trabalho em equipe entre as linhas de negócios e fronteiras nacionais.

Os objetivos de aprendizado e crescimento da Datex-Ohmeda, organizados sob o título "Aprendizado e melhoria constantes", alinham os ativos intangíveis com as prioridades estratégicas. Os objetivos L1, L2 e L3 descrevem o capital organizacional necessário para implementar a nova estratégia. O objetivo L1 salienta a importância de consistência nos processos decisórios, imprescindível para uma estratégia de plataforma de produtos. O objetivo L2 define a necessidade de trabalho em equipe, exigida por uma estratégia de soluções em equipe. O objetivo L3 foca o processo de alinhamento com a estratégia no nível individual. O mapa estratégico aborda as necessidades de capital humano (habilidades certas, lugar certo, momento certo) da nova estratégia no objetivo L4. As particularidades dessas necessidades serão descritas nos detalhes dos planos de recursos humanos. Os objetivos L5 e L6 concentram-se nas necessidades do capital organizacional, com ênfase especial no compartilhamento do conhecimento em toda a organização.

Assim, mediante o uso de mapas estratégicos, os grupos que gerenciam os ativos intangíveis mais importantes da organização tornam-se estreitamente alinhados com a estratégia da organização. O mapa estratégico fornece o arcabouço para o alinhamento do capital humano, do capital da informação e do capital organizacional com a estratégia, proporcionando detalhes específicos suficientes para que seja significativo, mensurável e factível.

ALINHAR E INTEGRAR ATIVOS INTANGÍVEIS

No livro *Organização Orientada para a Estratégia,* descrevemos o caso de um banco global que tentou implementar uma nova estratégia.[3] A estratégia de diferenciação do banco consistia em oferecer produtos e serviços financeiros inovadores e sofisticados para clientes globais (empresas), a serem acessados de forma integrada em qualquer lugar do mundo. A estratégia fracassou quando não se implementou na hora certa e de maneira eficaz a complexa tecnologia da informação necessária para a execução da estratégia. No entanto, quando questionado sobre o desempenho da unidade de negócios responsável pelos serviços de informação (SI), o CEO respondeu que, de acordo com o Balanced Scorecard, a unidade de negócios vinha apresentando bom desempenho. Mas a unidade de SI construíra seu scorecard com base no desempenho de outras unidades de SI consideradas as melhores do mundo, adotando os mesmos critérios de avaliação de grupos de serviços de informação de alto desempenho. De acordo com tais métricas, a unidade de SI do banco era agora de "classe mundial", com desempenho comparável ao das empresas melhor posicionadas pelo benchmarking. Entretanto, a unidade de SI, embora apresentasse ótimo desempenho com base em critérios externos, falhara consideravelmente na prestação de serviços vitais para a nova estratégia do banco. Em face dessa falta de alinhamento da unidade de negócios a estratégia do banco não pôde ser implementada, redundando em fracasso. Essa experiência do banco encerra uma lição clássica sobre as consequências de não alinhar a estratégia e o scorecard de uma unidade funcional com os objetivos mais amplos da organização.

O mapa estratégico (Figura 7.1) promove o alinhamento e a integração ao fornecer um ponto de referência comum para a estratégia da empresa. A perspectiva interna do mapa identifica os poucos processos críticos que criam os resultados almejados para os clientes e acionistas. Os ativos intangíveis devem estar alinhados com esses processos internos que criam valor. Usamos três técnicas de alinhamento para construir uma ponte entre o mapa estratégico e os ativos intangíveis.

- *Funções estratégicas*: Para cada processo estratégico, uma ou duas funções estratégicas exercerão maior impacto sobre a estratégia. Ao identificar essas funções, definir suas competências e promover seu desenvolvimento, acelera-se a realização dos resultados estratégicos.

- *Portfólio estratégico de TI*: Sistemas e infraestrutura específicos de TI suportam a implementação de cada processo estratégico. Esses sistemas representam um portfólio de investimentos em tecnologia que devem receber prioridade na alocação de financiamentos e de outros recursos.

- *Agenda de mudança organizacional:* A estratégia exige mudanças nos valores culturais, orientadas tanto para dentro (por exemplo, trabalho em equipe), quanto para fora (por exemplo, foco nos clientes). A agenda de mudança cultural, extraída da estratégia, ajuda a nortear o desenvolvimento de nova cultura e clima.

Ao desenvolver, alinhar e integrar seus capitais humano, da informação e organizacional, compatibilizando-os com os poucos processos críticos, as empresas geram maior retorno para os seus ativos intangíveis.

Considere-se o exemplo do Consumer Bank (Figura 7.4). Seu mapa estratégico define sete temas estratégicos, um dos quais é "Promover vendas cruzadas da linha de produtos". O executivo de recursos humanos do Consumer Bank é o dono do processo de desenvolvimento do *capital humano*, necessário para suportar a estratégia. O executivo de recursos humanos e os executivos de linha, num workshop de planejamento, consideraram "consultor financeiro" o cargo mais importante para o processo de vendas cruzadas. O workshop também identificou quatro competências como fundamentais para esse cargo – habilidades em venda de soluções, gestão de relacionamentos, conhecimento da linha de produtos e certificação profissional.

Trabalho semelhante envolvendo o executivo de tecnologia da informação do Consumer Bank gerou benefícios específicos para o *capital da informação* (redes, dados e conhecimentos) no apoio à estratégia. O executivo de tecnologia da informação e os executivos de linha identificaram quatro prioridades estratégicas – modelo de autoplanejamento financeiro, sistema de rentabilidade por clientes, base integrada de clientes e acesso pelos clientes via Web.

Finalmente, a equipe executiva do Consumer Bank definiu três prioridades para o *capital organizacional*: cultura baseada em parcerias com os clientes, alinhamento dos objetivos pessoais dos empregados com a estratégia e reforço do trabalho em equipe para promover o compartilhamento das melhores práticas.

Usando o mapa estratégico como ponto de referência, os executivos de RH e de TI do Consumer Bank convergiram o foco de suas atividades em um pequeno número de processos (sete) que eram decisivos para o sucesso da estratégia. Cada um deles constitui um *tema estratégico*. Com isso, tinham condições de identificar um conjunto focado de funções estratégicas e de sistemas de informação que impulsionariam o desempenho dos processos críticos. Este foco tornou-se o elo entre as responsabilidades funcionais e a estratégia da empresa. Além disso, a clareza do foco e o alinhamen-

Figura 7.4 Conexão de ativos intangíveis com a estratégia no Consumer Bank

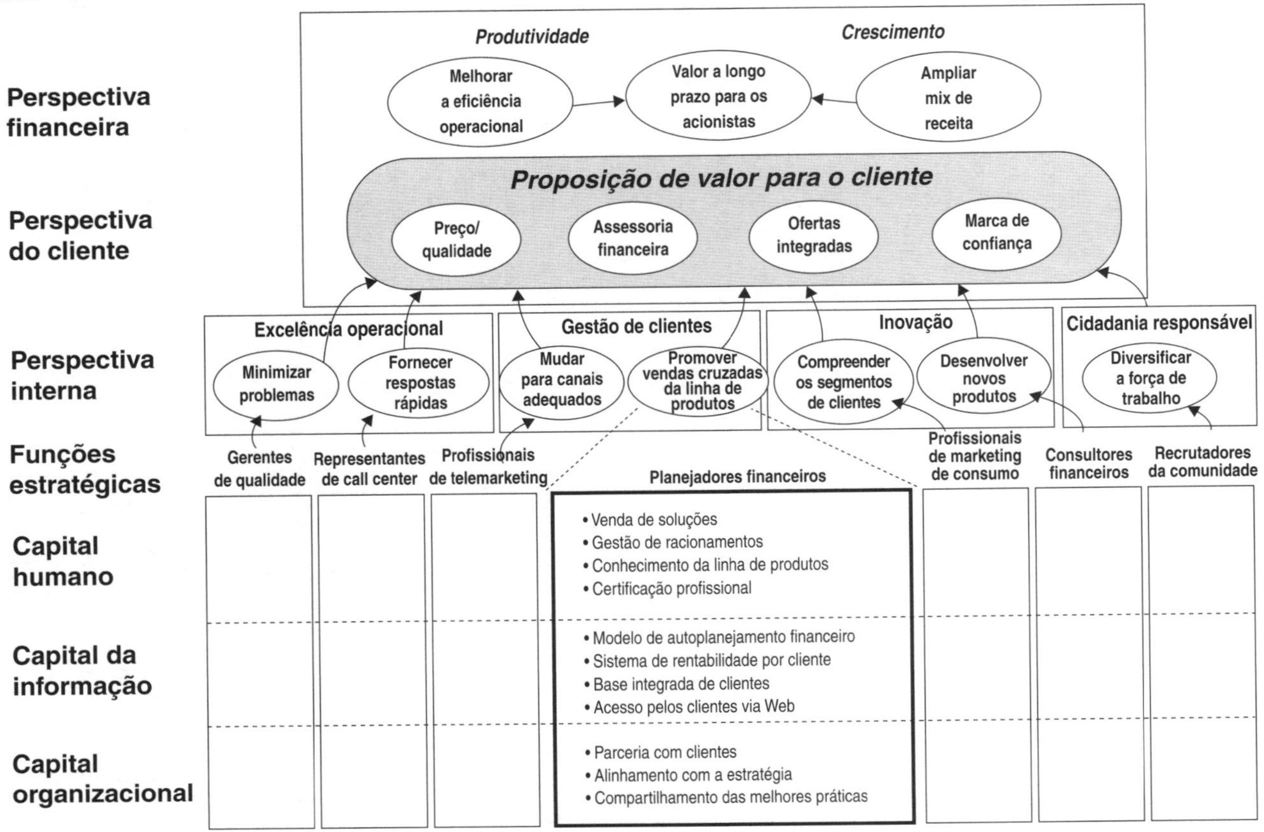

Perspectiva financeira

Produtividade
- Melhorar a eficiência operacional
- Valor a longo prazo para os acionistas

Crescimento
- Ampliar mix de receita

Perspectiva do cliente

Proposição de valor para o cliente
- Preço/qualidade
- Assessoria financeira
- Ofertas integradas
- Marca de confiança

Perspectiva interna

Excelência operacional
- Minimizar problemas
- Fornecer respostas rápidas

Gestão de clientes
- Mudar para canais adequados
- Promover vendas cruzadas da linha de produtos

Inovação
- Compreender os segmentos de clientes
- Desenvolver novos produtos

Cidadania responsável
- Diversificar a força de trabalho

Funções estratégicas
- Gerentes de qualidade
- Representantes de call center
- Profissionais de telemarketing
- Planejadores financeiros
- Profissionais de marketing de consumo
- Consultores financeiros
- Recrutadores da comunidade

Capital humano

Capital da informação
- Venda de soluções
- Gestão de racionamentos
- Conhecimento da linha de produtos
- Certificação profissional
- Modelo de autoplanejamento financeiro
- Sistema de rentabilidade por cliente
- Base integrada de clientes
- Acesso pelos clientes via Web

Capital organizacional
- Parceria com clientes
- Alinhamento com a estratégia
- Compartilhamento das melhores práticas

to com a estratégia simplificaram suas atribuições. Agora, eram capazes de concentrar-se intensamente nas "poucas questões críticas", em vez de reagir de maneira ampla e difusa à multiplicidade de questões genéricas que os bombardeavam todos os dias.

Os sete *temas estratégicos* fornecem os elementos básicos da estratégia e descrevem como a estratégia será implementada. Se conseguir executar cada um desses temas, o banco criará valor sustentável para os seus acionistas. Daí resultará o desenvolvimento de uma nova base de clientes, o lançamento de novos produtos, a instalação de uma interface de venda de soluções, o aperfeiçoamento da qualidade e a diversificação da força de trabalho, de modo a refletir os valores da comunidade. Os sete temas estratégicos transpõem as fronteiras organizacionais e forçam a adoção de uma abordagem integrada à estratégia. A responsabilidade e a prestação de contas em relação à estratégia organizam-se em torno desses temas estratégicos, e não nos dos tradicionais objetivos departamentais ou funcionais.

A Figura 7.5 descreve o plano referente ao tema "vendas cruzadas". A promoção bem-sucedida de vendas cruzadas exige que se aumente o nível da confiança dos clientes na assessoria financeira do banco. Com o aumento da confiança dos clientes, o banco consegue maior parcela nos negócios dos clientes, o que por sua vez acelera o crescimento da receita e proporciona a ampliação do mix de vendas. O processo de vendas cruzadas depende de ativos intangíveis – habilidades estratégicas, informação e alinhamento. Para cada um desses objetivos inter-relacionados, o plano identifica o indicador, a meta, as iniciativas necessárias para atingir a meta e os investimentos requeridos para executar as iniciativas.

Este plano tem todas as informações necessárias para a execução do tema estratégico. Mais importante, ele define a combinação dos ativos intangíveis necessários para suportar a estratégia e criar valor. Dessa maneira, alinham-se com a estratégia recursos humanos, tecnologia da informação e programas de incentivos organizacionais e especifica-se a almejada integração entre esses componentes. Pode-se elaborar uma justificativa econômica desses investimentos estratégicos, mas não da maneira tradicional. A abordagem comum é feita em bases isoladas: "Calcule o ROI do novo aplicativo de TI" ou "Demonstre o período de retorno desse programa de treinamento de RH". O plano estratégico da Figura 7.5 mostra como todos os programas de TI e RH se combinam para gerar um resultado financeiro conjunto – aumento de 25% na receita – por meio da execução da estratégia. Iniciativas específicas de capital humano, de capital da informação e de capital organizacional, cada um deles exigindo investimentos em pessoas e dinheiro, são necessários para alcançar esse crescimento da receita. Mas cada investimento ou iniciativa é apenas um ingre-

Figura 7.5 Plano de ação para um tema estratégico do Consumer Bank

Tema estratégico: venda cruzada da linha de produtos

Objetivos estratégicos	Indicadores	Metas	Iniciativas	Verba
Perspectiva financeira — Ampliar mix de receita	• Mix de receita • Crescimento da receita	• Novo = +10% • +25%		
Perspectiva do cliente — Aumentar a confiança dos clientes em nossa assessoria financeira	• Participação no segmento • Participação nas compras do cliente • Satisfação dos clientes	• 25% • 50% • 90%	• Segmentação • Pesquisa de satisfação	$ XXX $ XXX
Perspectiva interna — Promover vendas cruzadas da linha de produtos	• Índice de vendas cruzadas • Horas com os clientes	• 2,5 • 1 hora por trimestre	• Planejamento financeiro • Oferta integrada de produtos	$ XXX $ XXX
Perspectiva de aprendizado e crescimento — Desenvolver habilidades estratégicas / Acessar informações estratégicas / Alinhar objetivos pessoais	• Prontidão do capital humano • Prontidão dos aplicativos estratégicos • Objetivos pessoais conectados ao BSC	• 100% • 100% • 100%	• Gestão de relacionamentos • Consultores financeiros certificados • Base integrada de clientes • Planejamento do portfólio de aplicativos • Atualização da gestão por objetivos • Remuneração por incentivos	$ XXX $ XXX $ XXX $ XXX $ XXX $ XXX
			Verba total	**$ XXX**

diente da fórmula geral. Isoladamente, todos são necessários, mas não suficientes. A justificativa econômica é determinada pela avaliação do retorno de todo o portfólio de investimentos em ativos intangíveis que gerarão o ROI do processo de vendas cruzadas.

MEDIÇÃO DOS ATIVOS INTANGÍVEIS

À primeira vista, parece assustador mensurar ativos – capacidades e alinhamento dos empregados, tecnologia da informação, clima e cultura organizacional – cuja principal característica é a intangibilidade, mas alguns critérios de medição destacam-se com clareza. Os ativos intangíveis não deveriam ser medidos pelo dinheiro gasto em seu desenvolvimento nem por análises independentes sobre capacidades e contribuições de ativos de RH e de TI. O valor desses itens decorre da efetividade do seu alinhamento com as prioridades da organização e não do quanto valem isoladamente. Quanto mais estreito for o alinhamento dos ativos intangíveis com a estratégia, maior será o seu valor para a organização. A recíproca também é verdadeira; os ativos intangíveis que não estiverem alinhados com a estratégia não criarão muito valor, por maior que tenha sido seu custo.

Para medir os ativos intangíveis, talvez se tenha algo a aprender com os princípios contábeis usados na avaliação dos ativos tangíveis e financeiros da organização. Os contadores classificam o lado do ativo do balanço patrimonial em categorias, como caixa, contas a receber, estoques, imobilizado e investimentos a longo prazo. Os ativos são ordenados hierarquicamente pelo grau de *liquidez*, ou a facilidade com que são convertidos em caixa (Figura 7.6). Contas a receber é mais líquido (converte-se em caixa com mais rapidez) do que estoques, e ambos são classificados no ativo circulante, pois quase sempre se transformam em dinheiro em menos de doze meses. Os ativos de longo prazo (ou permanentes), como sugere o nome, levam mais tempo para se converterem em caixa. Por exemplo, o ativo imobilizado fornece capacidade para a transformação de matérias-primas em estoques de produtos acabados, que, depois de vendidos, viram contas a receber e, finalmente, geram caixa. Mas são necessários muitos ciclos de conversão para que se recupere o investimento inicial em imobilizado.

O arcabouço do mapa estratégico cria condições para que os capitais humano, da informação e organizacional sejam representados como ativos, que acabarão sendo convertidos em caixa, o mais líquido dos ativos, por meio do aumento da receita e da redução das despesas. Introduzimos o conceito de *prontidão estratégica* como meio de descrever o grau de preparação dos ativos intangíveis para suportar a estratégia da organização.

Figura 7.6 Modelo para a mensuração de ativos intangíveis

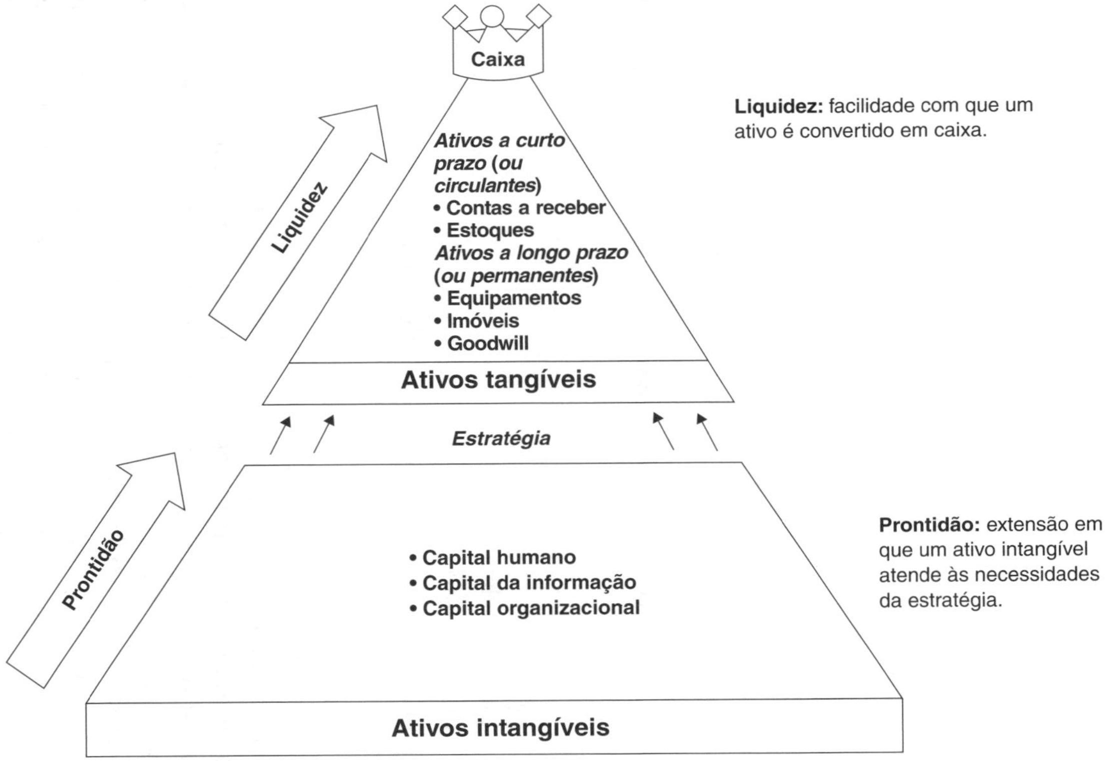

Liquidez: facilidade com que um ativo é convertido em caixa.

Prontidão: extensão em que um ativo intangível atende às necessidades da estratégia.

Caixa

Ativos a curto prazo (ou circulantes)
- Contas a receber
- Estoques

Ativos a longo prazo (ou permanentes)
- Equipamentos
- Imóveis
- Goodwill

Ativos tangíveis

Estratégia

- Capital humano
- Capital da informação
- Capital organizacional

Ativos intangíveis

Liquidez

Prontidão

Os ativos intangíveis convertem-se em resultados tangíveis (aumento da receita ou redução de custos) quando apoiam diretamente a estratégia.

A prontidão estratégica é semelhante à liquidez – quanto mais alto o nível de prontidão estratégica, maior a rapidez com que os ativos intangíveis contribuirão para gerar caixa.

A prontidão estratégica converte-se em valor tangível apenas quando os processos internos criam níveis cada vez mais elevados de receita e lucro. As organizações não são capazes de atribuir valor financeiro significativo a fatores intangíveis, como "força de trabalho motivada e preparada", pois eles só geram valor tangível no contexto da estratégia. Sob a perspectiva financeira do mapa estratégico, é possível afirmar que a execução bem-sucedida da estratégia gera crescimento da receita e aumento do valor para os acionistas. A força de trabalho que alcançou níveis satisfatórios de prontidão estratégica é um, mas apenas um, dos fatores que possibilitam o aumento da receita ou a criação de valor para os acionistas. Assim, a prontidão do ativo intangível capital humano é condição necessária, mas não suficiente, para o sucesso da estratégia.

Por exemplo, na Figura 7.4, o Consumer Bank identificou quatro competências específicas para que seus consultores financeiros apoiassem o processo interno estratégico "Promover vendas cruzadas da linha de produtos":

- Venda de soluções
- Gestão de relacionamentos
- Conhecimento da linha de produtos
- Certificação profissional do consultor financeiro

O Consumer Bank precisava medir a prontidão de seus consultores financeiros para esse processo interno. Imagine-se que 100 consultores financeiros sejam necessários para executar essa estratégia. O Consumer Bank aplicou testes rigorosos para determinar que, como resultado de seus programas de recrutamento, seleção, treinamento e desenvolvimento, 40 de seus planejadores financeiros alcançaram nível de proficiência suficiente para realizar o objetivo de vendas cruzadas (Figura 7.7). Como se precisa de 100 indivíduos para executar a estratégia, a prontidão do capital humano do banco em relação a esse componente da estratégia é de apenas 40%.

A mensuração dos ativos intangíveis pode usar um modelo de desdobramento semelhante ao adotado no balanço patrimonial dos ativos tangíveis e financeiros da organização. O nível mais alto, o balanço patrimonial (nível 1), descreve as diferentes classes de ativos, ordenadas por liquidez; por exemplo, caixa, contas a receber, estoques, imobilizado. O nível seguinte (nível 2) descreve o portfólio de ativos dentro de

Figura 7.7 Mensuração da prontidão estratégica do capital humano

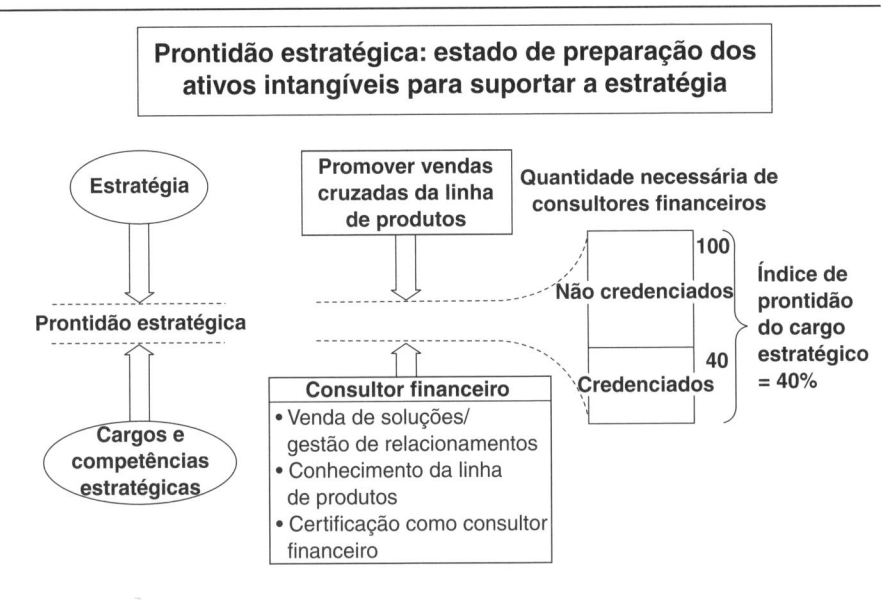

Prontidão estratégica: estado de preparação dos ativos intangíveis para suportar a estratégia

- Estratégia
- Prontidão estratégica
- Cargos e competências estratégicas
- Promover vendas cruzadas da linha de produtos
- Consultor financeiro
  - Venda de soluções/gestão de relacionamentos
  - Conhecimento da linha de produtos
  - Certificação como consultor financeiro
- Quantidade necessária de consultores financeiros: 100 Não credenciados, 40 Credenciados
- Índice de prontidão do cargo estratégico = 40%

uma classe específica. Por exemplo, contas a receber compõe-se de várias subcategorias, como:

- Circulante (menos de trinta dias)
- Vencido (trinta a sessenta dias)
- Vencido (sessenta a noventa dias)
- Vencido (mais de noventa dias)

Do mesmo modo, a conta estoque pode ser desmembrada em subcategorias de matérias-primas, produtos em elaboração, produtos acabados. Os ativos em cada uma dessas categorias apresentam diferentes graus de risco. Finalmente, um terceiro nível descreve ativos específicos (por exemplo, John Smith deve US$5.290 e está atrasado de 30 a 60 dias; a empresa deve US$6.000 pela compra de determinado item ou tipo de aço).

Estendendo esse modelo de balanço patrimonial aos ativos intangíveis, o nível 1 fornece informações agregadas sobre três categorias: capital humano, capital da informação e capital organizacional. O nível 2 contém informações sobre como cada ativo intangível relaciona-se com os respectivos processos internos e o nível 3 detalha as características de cada ativo intangível.

Essas ideias são ilustradas na Figura 7.8, que mostra os detalhes de nível 2 dos ativos de capital humano no Consumer Bank. A figura fornece uma visão abrangente do estado de prontidão dos recursos humanos da organização, para atender às necessidades da nova e complexa estratégia. A empresa identificou as funções estratégicas que devem impulsionar o desempenho em cada processo interno estratégico. Por exemplo, consultor financeiro é o cargo mais importante para o processo de vendas cruzadas, enquanto o representante de call center é o cargo mais relevante para o processo de respostas rápidas. O Consumer Bank precisa ter a certeza de que dispõe de quantidade suficiente de pessoas em cada uma das sete funções estratégicas, com habilidades certas para respaldar os respectivos processos internos. Como mostra a Figura 7.8, o banco está em boa forma em seus dois processos de gestão de operações (prontidão de 100% e 90%), mas encontra-se em situação deficiente em suas capacidades de capital humano para os dois processos de gestão de clientes (prontidão de apenas 40% e 50%) e para um dos processos de inovação (prontidão de 20%). O indicador agregado de 65% de prontidão do capital humano no nível 1 (na zona vermelha) é a média ponderada da prontidão nas sete funções estratégicas.

Os indicadores do nível 3 identificam as capacidades de indivíduos específicos – suas qualificações para o exercício de funções estratégicas. As capacidades individuais, em comparação com as especificações da categoria, são os elementos básicos para a mensuração dos ativos de recursos humanos da organização. As capacidades individuais são agregadas nas descrições do nível 2 e do nível 1, para produzir uma ampla visão de conjunto da prontidão estratégica de todos os ativos de recursos humanos da organização.

Decomposição semelhante também é possível em relação aos três níveis do capital da informação e do capital organizacional. A Figura 7.9 é uma amostra de Relatório de Prontidão Estratégica, que oferece um instantâneo consolidado da capacidade de cada classe de ativo intangível de exercer sua função estratégica. Da mesma maneira como as organizações militares avaliam constantemente a disponibilidade de pessoal treinado, equipamento, munição, inteligência e logística, em relação às necessidades, como indicador do estado de prontidão das tropas, as organizações também devem avaliar o status dos seis ativos intangíveis da Figura 7.9, como indicadores de prontidão estratégica. A organização ilustrada na figura apresenta sérias deficiências na prontidão de seus sistemas de TI para respaldar a estratégia. A mão de obra também carece de educação e incentivos para que se oriente a cultura em nova direção. Ambas as deficiências podem significar barreiras formidáveis à execução da estratégia.

Figura 7.8 Prontidão do capital humano: uma visão de conjunto

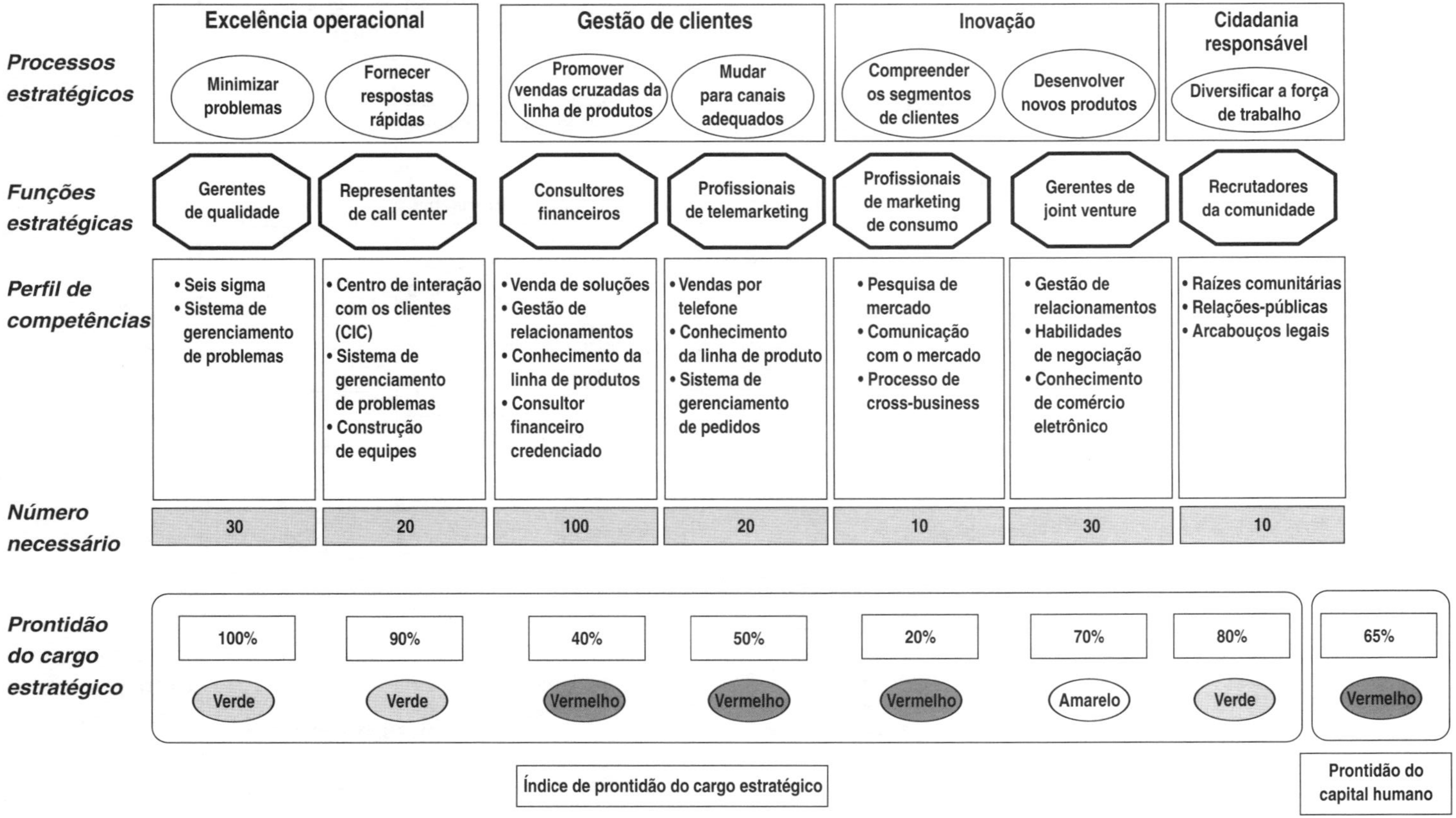

	Excelência operacional		Gestão de clientes		Inovação		Cidadania responsável
Processos estratégicos	Minimizar problemas	Fornecer respostas rápidas	Promover vendas cruzadas da linha de produtos	Mudar para canais adequados	Compreender os segmentos de clientes	Desenvolver novos produtos	Diversificar a força de trabalho
Funções estratégicas	Gerentes de qualidade	Representantes de call center	Consultores financeiros	Profissionais de telemarketing	Profissionais de marketing de consumo	Gerentes de joint venture	Recrutadores da comunidade
Perfil de competências	• Seis sigma • Sistema de gerenciamento de problemas	• Centro de interação com os clientes (CIC) • Sistema de gerenciamento de problemas • Construção de equipes	• Venda de soluções • Gestão de relacionamentos • Conhecimento da linha de produtos • Consultor financeiro credenciado	• Vendas por telefone • Conhecimento da linha de produto • Sistema de gerenciamento de pedidos	• Pesquisa de mercado • Comunicação com o mercado • Processo de cross-business	• Gestão de relacionamentos • Habilidades de negociação • Conhecimento de comércio eletrônico	• Raízes comunitárias • Relações-públicas • Arcabouços legais
Número necessário	30	20	100	20	10	30	10
Prontidão do cargo estratégico	100% / Verde	90% / Verde	40% / Vermelho	50% / Vermelho	20% / Vermelho	70% / Amarelo	80% / Verde

Índice de prontidão do cargo estratégico

Prontidão do capital humano: 65% / Vermelho

Figura 7.9 Relatório de Prontidão Estratégica

Perspectiva de aprendizado e crescimento	Capital humano	Capital organizacional			Capital da informação
	Portfólio de capital humano	Cultura	Liderança	Alinhamento	Trabalho em equipe	Portfólio do capital da informação

Relatório de Prontidão Estratégica

Ativo	Objetivos	Indicadores				
Capital humano	**Portfólio de capital humano:** Compreender e eliminar as lacunas entre competências disponíveis e competências necessárias nas funções estratégicas	• Prontidão dos cargos estratégicos	75%		65%	Amarelo
Capital organizacional	**Liderança:** Construir um quadro de líderes em todos os níveis hierárquicos, de modo a impulsionar a organização na realização da estratégia	• Lacuna de liderança	90%	Verde	92%	Verde
	Cultura: Desenvolver a conscientização e a internalização da missão, da visão e dos valores comuns, necessários para executar a estratégia	• Alcance de valores essenciais	80%	Vermelho	52%	Vermelho
	Alinhamento: Garantir o entrosamento das metas e incentivos com a estratégia, em todos os níveis hierárquicos	• Consciência estratégica	80%	Amarelo	75%	Amarelo
	Trabalho em equipe: Promover o compartilhamento dos conhecimentos e recursos do pessoal com potencial estratégico	• Compartilhamento das melhores práticas	75%	Verde	80%	Verde
Capital da informação	**Portfólio do capital da informação:** Implementar todo o portfólio de aplicativos de TI necessários para a execução da estratégia	• Prontidão do portfólio da informação	95%	Vermelho	70%	Vermelho

RESUMO

O Relatório de Prontidão Estratégica consolida os elementos essenciais de nossa abordagem à gestão dos ativos intangíveis:

- Define o ativo
- Alinha-o com a estratégia
- Avalia o nível de prontidão

Nos demais capítulos desta parte do livro, descrevemos abordagens para a definição e mensuração da prontidão dos três conjuntos de ativos intangíveis – capital humano, capital da informação e capital organizacional. O estudo de caso que se segue a este capítulo descreve a situação enfrentada pela Crown Castle, em que a empresa teve de mudar a cultura, passando de um conjunto de empresas independentes recém-adquiridas para uma organização integrada, capaz de gerar sinergia mediante a alavancagem de capacidades de suas várias propriedades.

NOTAS

1. Thomas A. Stewart, "Brainpower", *Fortune*, 3 de junho de 1991, 44.
2. Thomas A. Stewart, *Intellectual Capital: The New Wealth of Organizations* (Nova York: Doubleday, 1998), 67.
3. Robert S. Kaplan e David P. Norton, *The Strategy-Focused Organization: How Balanced Scorecard Companies Thrive in the New Business Environment* (Boston: Harvard Business School Press, 2001), 163, 165.

ESTUDO DE CASO

CROWN CASTLE INTERNATIONAL, INC.

Antecedentes

A Crown Castle International é uma das principais provedoras globais de infraestrutura compartilhada de comunicações e broadcast. A empresa aluga torres, arrenda espaço para antenas e presta serviços de transmissão broadcast e correlatos aos mais importantes provedores de comunicação sem fio e de broadcast, dentre os quais se incluem British Telecom, Verizon, Cingular, Vodafone, T Mobile (Deutsche Telekom), e o British Broadcast Service (BBC), à qual a empresa presta serviços completos de transmissão de televisão. A Crown Castle atende a mais de dois terços dos mercados americanos e a mais de 90% da população britânica e australiana. A receita total em 2002 foi de US$901,5 milhões.

A situação

O crescimento da Crown Castle acompanhou o boom da comunicação digital sem fio de meados da década de 1990; com 127 torres e 700 empregados, em 1995, a empresa hoje tem mais de 15.000 torres e 2.000 empregados. Quando a Crown Castle abriu o capital, em 1998, sua estratégia era simples: adquirir "terras" em ritmo acelerado. Adquirindo torres para aluguel em locais estratégicos e oferecendo serviços terceirizados, a empresa era capaz de ajudar seus clientes de telecom a acelerar a velocidade de chegada ao mercado. Depois de cobrir seus custos fixos, a receita seria pura geração de caixa. De início, a estratégia produziu bons resultados, mas quando o mercado de capitais endureceu e as margens previstas de 75% não se concretizaram, a equipe executiva percebeu que a estratégia de crescimento por meio de aquisições perdera o curso.

A estratégia

Em junho de 2001, a Crown Castle lançou nova estratégia – excelência operacional – com seu programa de Balanced Scorecard. A empresa agora buscava maximizar o retorno sobre os ativos existentes, aumentar a eficiência e alcançar economias de escala, oferecendo serviços com valor agregado, como manutenção de equipamentos. John Kelly, que se tornou CEO em agosto de 2001, liderou a empresa no processo de transformação consciente de que, num setor tão fluido quanto o de telecomunicações, a Crown Castle teria de adaptar sua estratégia, e, portanto, seu scorecard, de tempos em tempos. Em 2002, a empresa descentralizou sua estrutura gerencial para produzir mais dados e conhecimentos detalhados sobre seus principais ativos, ou seja, torres de transmissão. O aumento do conhecimento seria a chave para alcançar excelência operacional nos três continentes.

O mapa estratégico

Embora a excelência operacional já estivesse presente no primeiro mapa estratégico da Crown Castle, esse documento ainda representava a antiga estratégia de aquisições. Em princípios de 2003, a empresa já havia revisado o mapa, com base em inputs dos empregados em nível de distrito, para melhor refletir sua estratégia de excelência operacional e a nova abordagem descentralizada. A empresa reforçou os objetivos na perspectiva interna, eliminou o jargão gerencial vago e reconfigurou as relações de causa e efeito. Resultado: um mapa estratégico mais claro e objetivo, capaz de orientar a força de trabalho da Crown Castle na execução da estratégia (Figura 7.10).

Perspectiva financeira

A Crown Castle conseguiria aumentar a receita por meio de dois objetivos voltados para o reforço dos retornos oriundos dos ativos existentes: *aumentar as receitas recorrentes*, a renda constante gerada por arrendamentos, e *aumentar a margem das instalações*, fonte de receita com margem mais elevada. No lado da produtividade, a empresa empenhou-se em melhorar a utilização dos ativos, por meio do objetivo *reduzir contas a receber (CAR), receitas não faturadas e projetos em andamento (PEA)*.

Perspectiva do cliente

A Crown Castle tem dois tipos de clientes: Operadoras sem fio e broadcasters. Prevendo que não surgiriam novos segmentos de clientes nem novos entrantes no mercado, a empresa identificou a formação de parcerias como sua proposição de valor para os clientes. "Se determinado cliente quiser lançar 1.000 sites este ano, será importante para ele ter a certeza de contar com um parceiro de negócios com os recursos certos de infraestrutura e velocidade certa de chegada ao mercado", observa Robert Paladino, vice-presidente sênior de desempenho global. As pesquisas entre clientes revelaram que a *velocidade de chegada ao mercado* deveria substituir um objetivo anterior *fácil de fazer negócios*. *Qualidade*, outro objetivo novo, referia-se não só ao conceito geral, mas também ao cumprimento dos regulamentos (por exemplo, número de minutos pontuais do tempo do transmissor).

Figura 7.10 Mapa estratégico da Crown Castle

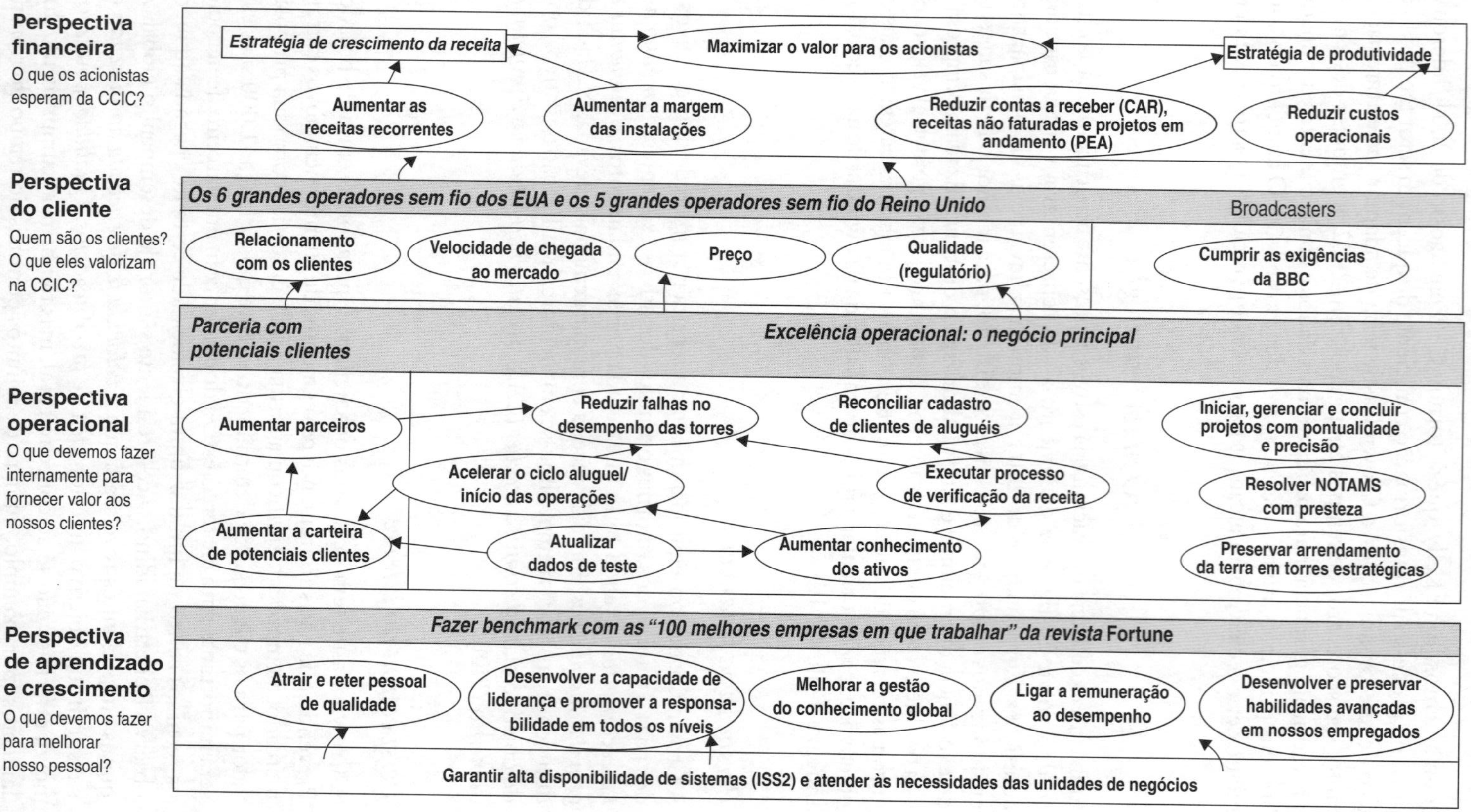

Perspectiva financeira
O que os acionistas esperam da CCIC?

Estratégia de crescimento da receita — Maximizar o valor para os acionistas — *Estratégia de produtividade*

- Aumentar as receitas recorrentes
- Aumentar a margem das instalações
- Reduzir contas a receber (CAR), receitas não faturadas e projetos em andamento (PEA)
- Reduzir custos operacionais

Perspectiva do cliente
Quem são os clientes? O que eles valorizam na CCIC?

Os 6 grandes operadores sem fio dos EUA e os 5 grandes operadores sem fio do Reino Unido | Broadcasters

- Relacionamento com os clientes
- Velocidade de chegada ao mercado
- Preço
- Qualidade (regulatório)
- Cumprir as exigências da BBC

Perspectiva operacional
O que devemos fazer internamente para fornecer valor aos nossos clientes?

Parceria com potenciais clientes | *Excelência operacional: o negócio principal*

- Aumentar parceiros
- Aumentar a carteira de potenciais clientes
- Reduzir falhas no desempenho das torres
- Acelerar o ciclo aluguel/início das operações
- Atualizar dados de teste
- Reconciliar cadastro de clientes de aluguéis
- Executar processo de verificação da receita
- Aumentar conhecimento dos ativos
- Iniciar, gerenciar e concluir projetos com pontualidade e precisão
- Resolver NOTAMS com presteza
- Preservar arrendamento da terra em torres estratégicas

Perspectiva de aprendizado e crescimento
O que devemos fazer para melhorar nosso pessoal?

Fazer benchmark com as "100 melhores empresas em que trabalhar" da revista Fortune

- Atrair e reter pessoal de qualidade
- Desenvolver a capacidade de liderança e promover responsabilidade em todos os níveis
- Melhorar a gestão do conhecimento global
- Ligar a remuneração ao desempenho
- Desenvolver e preservar habilidades avançadas em nossos empregados

Garantir alta disponibilidade de sistemas (ISS2) e atender às necessidades das unidades de negócios

Para a BBC, principal cliente de broadcast, o objetivo de atender às necessidades dos clientes passou a ser *cumprir as exigências dos acordos de licença das instalações (Acordo de Nível de Serviço)*.

Perspectiva operacional (processos internos)

"Conhecendo melhor nossos ativos e aprimorando nossos processos, seremos capazes de servir melhor aos nossos clientes", diz Paladino, explicando o ponto crucial da estratégia de excelência operacional da empresa e o fundamento lógico do tema básico dessa perspectiva, parceria com os clientes. *Conhecer melhor os ativos* era uma das bases da nova estratégia. A empresa seria capaz de prestar melhores serviços aos clientes e maximizar o desempenho das torres, caso dispusesse de mais e melhores informações sobre suas instalações, como espaço disponível, especificações de engenharia e uso pelos clientes. Vários objetivos dentro dessa perspectiva foram modificados, em substituição a declarações genéricas (como *constituir e aprimorar as capacidades essenciais e os processos de apoio, para maximizar as eficiências*), adotando-se objetivos mais pragmáticos, como *resolver NOTAMS (aviso de problemas técnicos) com eficiência*. Paladino observou que "os poucos processos específicos a serem mensurados agora constam do mapa estratégico". Essa maior especificidade ajudou a padronizar os procedimentos operacionais em toda a empresa, tornando o mapa estratégico mais útil para os gerentes distritais. Do mesmo modo, o antigo objetivo de *surpreender os clientes em cada interação* tornou-se mais claro ao ser expresso como *acelerar o ciclo aluguel/início das operações*. Esse novo objetivo era mais específico e tratava do principal interesse dos clientes, além de reforçar os objetivos de *reduzir falhas no desempenho das torres* e *aumentar o funil de potenciais clientes* (número de novos pedidos de aluguel de instalações).

Perspectiva de aprendizado e crescimento

No tema *fazer benchmark com as "100 melhores empresas em que trabalhar" da revista* Fortune, a Crown Castle procurava criar um ambiente de trabalho superior para seus empregados. O mais notável dos objetivos de aprendizado e crescimento era o propósito básico de *melhorar a gestão do conhecimento global*. Em princípios de 2003, a Crown Castle deu um grande passo ao implementar um sistema de gestão do conhecimento que se converteria em repositório das melhores práticas e de padrões de desempenho para os processos-chave. Para tanto, delineou processos, como inspeções locais, no nível de tarefas, por meio de vídeos e outras formas de documentação. O sistema de gestão do conhecimento foi resultado direto da adoção do BSC pela empresa. Paladino observou, "evoluímos da coleta de dados para a compreensão das informações, desenvolvendo conhecimentos que serviam de base para a ação". Respaldando toda a perspectiva de aprendizado e crescimento, destacava-se o objetivo *sistemas e serviços de informação*; em vez de concentrar-se apenas no mais recente sistema de e-business, a empresa agora atribuía igual peso aos aspectos de serviços e soluções das tecnologias de capacitação.

Resultados

Paladino reconhece que o scorecard e o mapa estratégico da Crown Castle ajudaram a empresa a prosperar num ambiente de mercado tão hostil que dois de seus quatro concorrentes declararam falência. Com efeito, sua gestão agressiva das despesas e do capital – a essência de sua estratégia de produtividade – converteu o fluxo de caixa de negativo para positivo, uma virada de várias centenas de milhões de dólares. Esses ganhos financeiros permitiram que a Crown Castle empreendesse grandes iniciativas com confiança: cumprir o mandado do governo inglês de conversão das transmissões de televisão para o padrão digital e constituir a Freeview, que oferece televisão digital gratuita com trinta novos canais em todo o Reino Unido. A Crown Castle é membro do Balanced Scorecard Hall of Fame.

Caso preparado por Janice Koch, da Balanced Scorecard Collaborative, e Robert Paladino, da Crown Castle. Nossos agradecimentos a John Kelly, por compartilhar a experiência da Crown Castle.

CAPÍTULO 8

PRONTIDÃO DO CAPITAL HUMANO

Neste capítulo, mostramos como as organizações desenvolvem um indicador da prontidão do capital humano – CH (Figura 8.1). Esse indicador representa a disponibilidade de habilidades, talento e know-how entre os empregados, tornando-os capazes de executar os processos internos críticos para o sucesso da estratégia. Apresentamos um modelo que capacita as organizações a identificar as necessidades de CH para a execução da estratégia, analisar a lacuna entre as necessidades de CH e o atual estado de prontidão dos empregados e desenvolver programas para fechar a lacuna entre demanda e disponibilidade.

O processo de avaliar o grau de prontidão do capital humano começa com a identificação das competências necessárias para que se execute cada um dos processos críticos do mapa estratégico da organização (Figura 8.2). As *funções estratégicas* são as posições em que os empregados dotados dessas competências são capazes de exercer o maior impacto sobre a melhoria desses processos internos críticos. Os *perfis de competência* descrevem essas especificações de cargos com um nível de detalhes considerável. O processo de *avaliação* define as atuais capacidades da organização em cada uma das funções estratégicas ao longo das dimensões definidas no perfil de competências. As diferenças entre as especificações e as capacidades disponíveis constituem uma "lacuna de competência", que define a prontidão do capital humano da organização. Em consequência, a organização implementa programas de desenvolvimento do capital humano para eliminar a lacuna.

Figura 8.1 Modelo para a avaliação da prontidão do capital humano

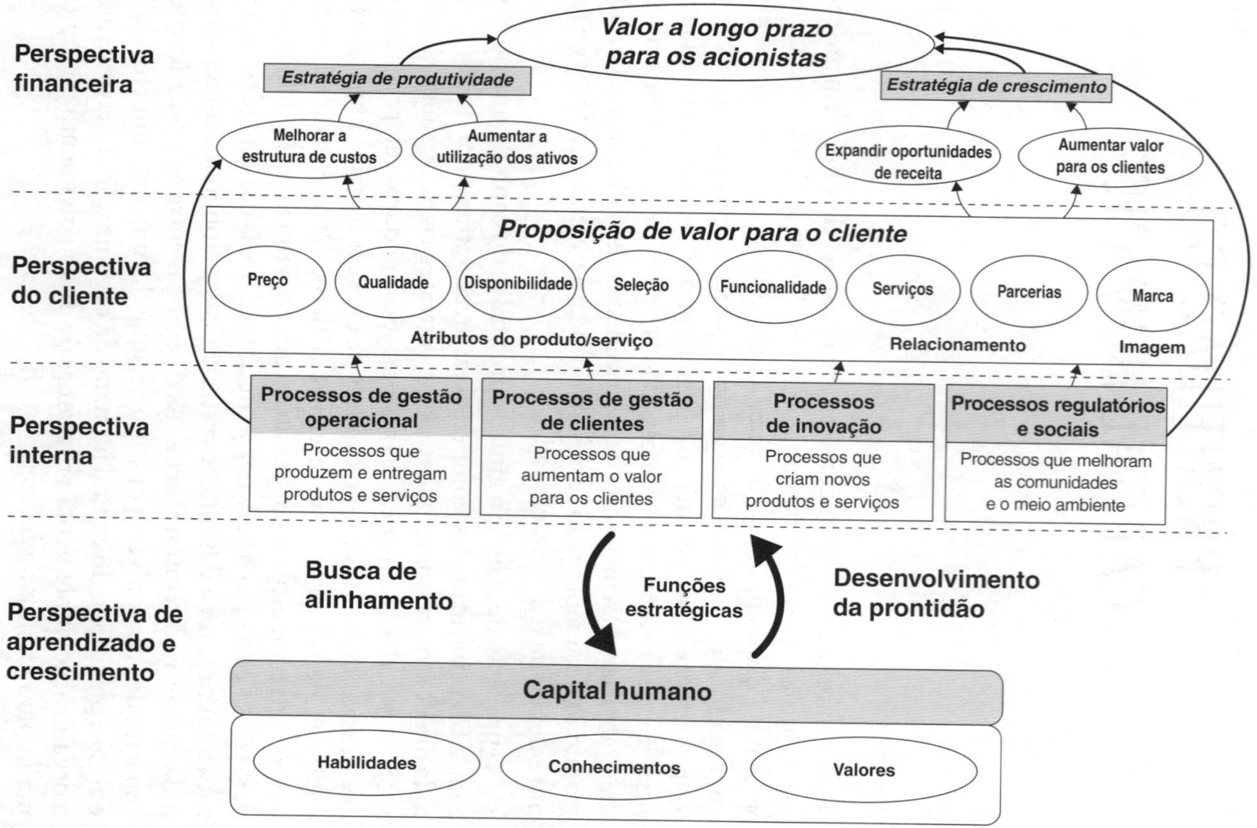

Perspectiva financeira

Valor a longo prazo para os acionistas

Estratégia de produtividade — Melhorar a estrutura de custos — Aumentar a utilização dos ativos

Estratégia de crescimento — Expandir oportunidades de receita — Aumentar valor para os clientes

Perspectiva do cliente

Proposição de valor para o cliente

Atributos do produto/serviço: Preço · Qualidade · Disponibilidade · Seleção · Funcionalidade

Relacionamento: Serviços · Parcerias

Imagem: Marca

Perspectiva interna

- **Processos de gestão operacional** — Processos que produzem e entregam produtos e serviços
- **Processos de gestão de clientes** — Processos que aumentam o valor para os clientes
- **Processos de inovação** — Processos que criam novos produtos e serviços
- **Processos regulatórios e sociais** — Processos que melhoram as comunidades e o meio ambiente

Busca de alinhamento ⇄ Funções estratégicas ⇄ Desenvolvimento da prontidão

Perspectiva de aprendizado e crescimento

Capital humano: Habilidades · Conhecimentos · Valores

Figura 8.2 Modelo da prontidão do capital humano

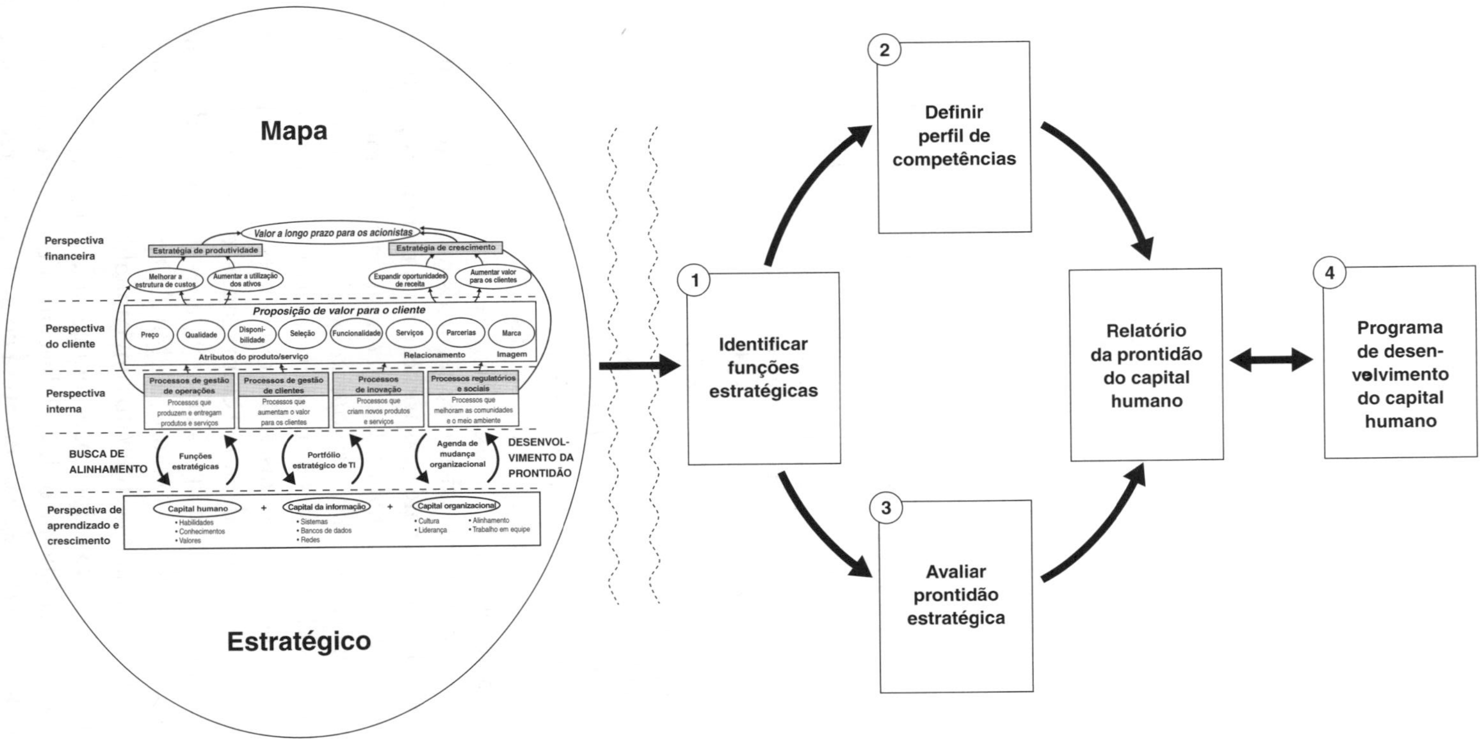

ETAPA 1: IDENTIFICAR FUNÇÕES ESTRATÉGICAS

Todas as funções são importantes para a organização, do contrário, não se contratariam e remunerariam pessoas para executá-las. Muitas delas, contudo, referem-se apenas às necessidades e recursos básicos de uma empresas sem envolver atividades que de fato criem diferenciação. Motoristas de caminhão, auxiliares de escritório, guardas de segurança, recepcionistas e telefonistas são certamente necessários, e suas contribuições afetam o desempenho organizacional. Contudo, embora se reconheça a importância de desenvolver o potencial de todos os empregados – e se saiba que a contribuição de cada um pode realmente melhorar os resultados – algumas funções exercem impacto muito mais intenso do que outras sobre a estratégia. Compete à gestão estratégica identificar e focalizar as poucas funções críticas que exercem maior impacto sobre a estratégia. John Bronson, vice-presidente de recursos humanos da Williams-Sonoma, estimou que os responsáveis por apenas 5 funções estratégicas determinam cerca de 80% das prioridades estratégicas de sua empresa.[1]

O trabalho com várias organizações em nossos programas de pesquisas sobre recursos humanos corrobora as observações de Bronson. Considere-se o caso da UNICCO, grande empresa integrada de gerenciamento de serviços em indústrias, cujas atividades abrangem desde simples limpeza até a manutenção de máquinas complexas. Sua estratégia de soluções para os clientes busca o crescimento por meio da customização e da ampliação da variedade de serviços que presta a cada um dos clientes. A UNICCO, logo de início, garante nível extraordinário de qualidade, consistência e credibilidade nos primeiros serviços básicos aos novos clientes. Em seguida, alavanca a confiança assim conquistada, de modo a expandir seus serviços para novas áreas. A UNICCO emprega mais de 6.000 pessoas. Kimberlee Williams, vice-presidente de recursos humanos da UNICCO, observa que três funções estratégicas fornecem os principais pontos de alavancagem da estratégia: *gerentes de projeto*, que supervisionam as operações de clientes específicos; *diretores operacionais*, que ampliam os relacionamentos com os clientes existentes; e *executivos de desenvolvimento de negócios*, que ajudam a conquistar novos clientes. Essas três funções abrangem apenas 215 dos mais de 6.000 empregados, ou menos de 4% de sua força de trabalho. Ao concentrar suas atividades de desenvolvimento de recursos humanos nesses indivíduos, a UNICCO promove a focalização e a alavancagem de seus investimentos em capital humano.[2]

Como outro exemplo mais abrangente, a Figura 8.3 mostra as funções estratégicas da Chemico, Inc., fabricante de produtos químicos especiais avançados. A estratégia da empresa consiste em oferecer soluções para os

Figura 8.3 Mapa estratégico da Chemico, Inc.

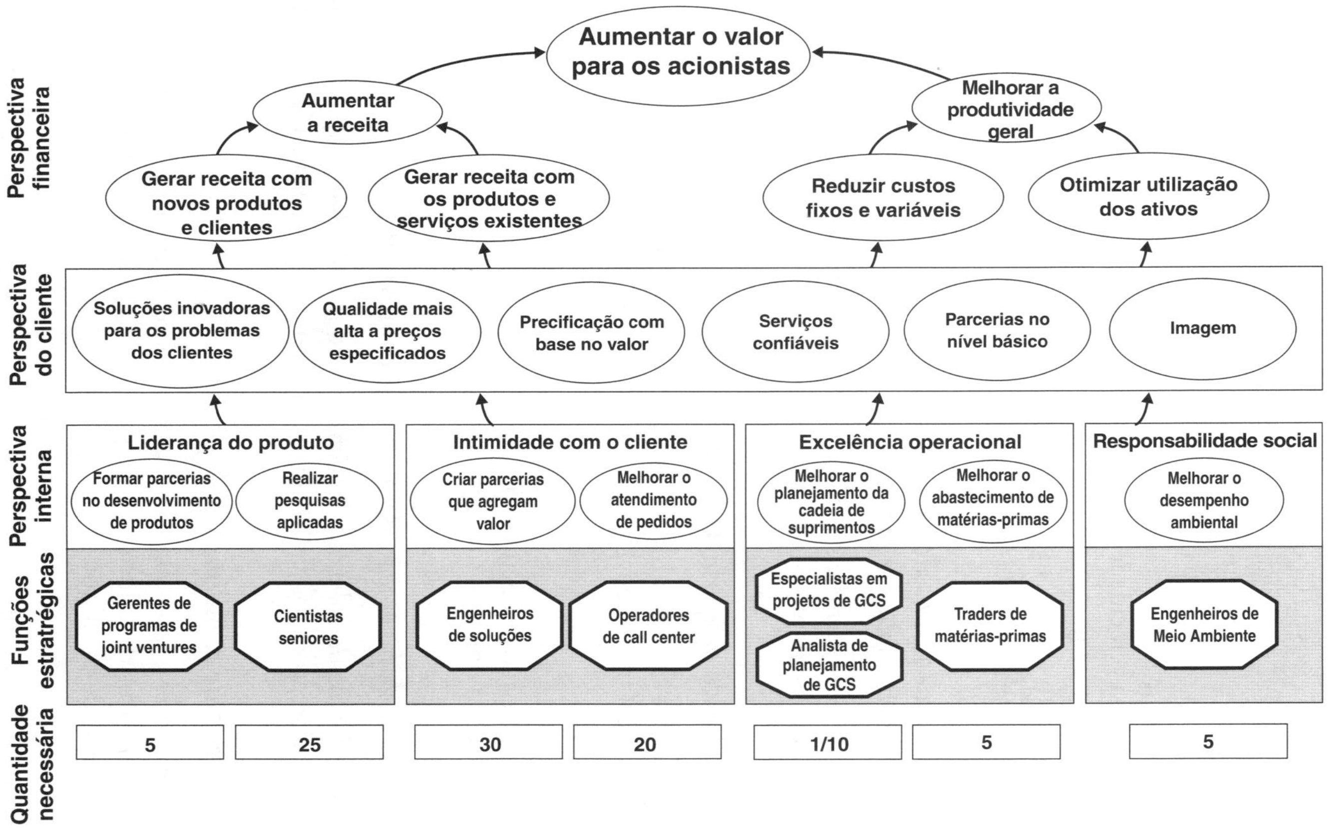

Perspectiva financeira	\multicolumn{4}{l}{Aumentar o valor para os acionistas — Aumentar a receita (Gerar receita com novos produtos e clientes; Gerar receita com os produtos e serviços existentes) — Melhorar a produtividade geral (Reduzir custos fixos e variáveis; Otimizar utilização dos ativos)}
Perspectiva do cliente	Soluções inovadoras para os problemas dos clientes; Qualidade mais alta a preços especificados	Precificação com base no valor; Criar parcerias que agregam valor	Serviços confiáveis; Parcerias no nível básico	Imagem
Perspectiva interna	Liderança do produto (Formar parcerias no desenvolvimento de produtos; Realizar pesquisas aplicadas)	Intimidade com o cliente (Melhorar o atendimento de pedidos)	Excelência operacional (Melhorar o planejamento da cadeia de suprimentos; Melhorar o abastecimento de matérias-primas)	Responsabilidade social (Melhorar o desempenho ambiental)
Funções estratégicas	Gerentes de programas de joint ventures / Cientistas seniores	Engenheiros de soluções / Operadores de call center	Especialistas em projetos de GCS / Analista de planejamento de GCS / Traders de matérias-primas	Engenheiros de Meio Ambiente
Quantidade necessária	5 / 25	30 / 20	1/10 / 5	5

clientes por meio do desenvolvimento de relacionamentos pessoais e profissionais de seus engenheiros com os profissionais dos principais clientes. Os engenheiros da Chemico geram soluções inovadoras para os problemas dos clientes, interligando estreitamente as atividades de engenharia e de desenvolvimento de novos produtos.

O tema inovação da Chemico compõe-se de dois processos estratégicos: *formação de parcerias* (joint ventures), para ampliar a diversidade e aumentar a velocidade do desenvolvimento de novos produtos; e *pesquisa aplicada*, para garantir o fluxo constante de novos produtos patenteados. Os executivos da Chemico identificaram funções estratégicas para cada processo de inovação estratégica:

Processo de formação de parcerias no desenvolvimento de produtos

Gerentes de programas de joint ventures: Indivíduos que efetivamente gerenciam as complexidades das joint ventures entre várias empresas.[3]

Processo de pesquisa aplicada

Cientistas seniores: Indivíduos que dominam profundamente áreas técnicas bastante específicas e que desenvolvem aplicações para novos produtos.

O tema gestão de clientes da chemico compõe-se de dois processos estratégicos, cada um com suas funções estratégicas.

Processo de formação de parcerias com clientes

Engenheiros de soluções: Engenheiros que trabalham como consultores, aplicando produtos da Chemico para atender as necessidades dos clientes.

Processo de atendimento de pedidos

Operadores de call center: Especialistas que trabalham em parceria com os engenheiros de soluções, para garantir a qualidade e a pontualidade das entregas de produtos.

O tema gestão operacional consiste de dois processos estratégicos, com um total de três funções estratégicas.

Processo de planejamento da cadeia de suprimentos

Especialistas em projetos de gestão da cadeia de suprimentos: Indivíduos capazes de liderar a reengenharia dos processos de gestão da cadeia de suprimentos (GCS).

Analista de Planejamento GCS: Indivíduos que trabalham com os fornecedores e com os clientes para coordenar a programação ao longo de toda a cadeia de suprimentos.

Programa de aquisição de matéria-prima

Traders de matérias-primas. Especialistas em negociação de matérias-primas críticas como, por exemplo, energia, buscando sempre obter reduções de custo significativas e trabalhando continuamente no mercado spot, para garantir o suprimento necessário.

O tema responsabilidade social envolve um processo estratégico e uma função estratégica.

Programa de desempenho ambiental

Engenheiros de meio ambiente: Conjunto de especialistas que conhecem profundamente as especificações de atmosfera limpa e águas limpas e os procedimentos para atender a tais especificações.

Em resumo, com base no mapa estratégico da Chemico, a equipe executiva identificou oito funções estratégicas que juntas empregam 100 pessoas, ou 7% da força de trabalho total de 1.500 indivíduos. Assim, o sucesso da estratégia da organização é determinado pela eficácia com que a empresa desenvolve competências em menos de 10% de seu efetivo de pessoal. Esta é a essência do foco estratégico.

ETAPA 2: DEFINIR O PERFIL DE COMPETÊNCIAS

Na etapa 1, identificam-se as funções que determinam o sucesso estratégico. Na etapa 2, definem-se as especificações dessas funções, com nível de detalhes considerável, tarefa geralmente chamada de *formação do perfil da função* ou *formação do perfil de competências*. O perfil de competências descreve o conhecimento, as habilidades e os valores de que o empregado necessita para ser bem-sucedido em determinada posição. Os departamentos de recursos humanos dispõem de várias metodologias para desenvolver tais perfis, como, por exemplo, entrevistar a pessoa que melhor compreende as especificações da função. O perfil de competências fornece o ponto de referência a ser utilizado pelo departamento de RH ao recrutar, contratar, treinar e desenvolver pessoas para determinada posição.

A Chemico, Inc. adotou um diagrama simples (Figura 8.4) para ilustrar os três componentes do seu perfil de competências.

Conhecimentos: A base de conhecimentos necessária para o exercício do cargo. Aí se incluem conhecimentos específicos (p. ex., expertise em determinado assunto), assim como conhecimentos circunstanciais (p. ex., conhecer o cliente) que permitem ao empregado adaptar seus conhecimentos gerais ao contexto do cargo e ao ambiente de trabalho.

Habilidades: Aquelas necessárias para suplementar a base de conhecimentos gerais, como habilidade em negociação, habilidade em consultoria ou habilidade em gestão de projetos.

Valores: O conjunto de características ou comportamentos que possibilitam o alcance do desempenho requerido em cada função. Algumas funções, por exemplo, exigem trabalho em equipe, enquanto outras se desenvolvem em torno do foco nos clientes. A compatibilização entre valores e função é essencial.

A Figura 8.5 mostra um perfil de competências simplificado para as sete funções estratégicas da Chemico. Por exemplo, os engenheiros de soluções atuam como consultores em seu trabalho direto com os clientes.

Figura 8.4 Modelo de perfil de competência usado na Chemico, Inc.

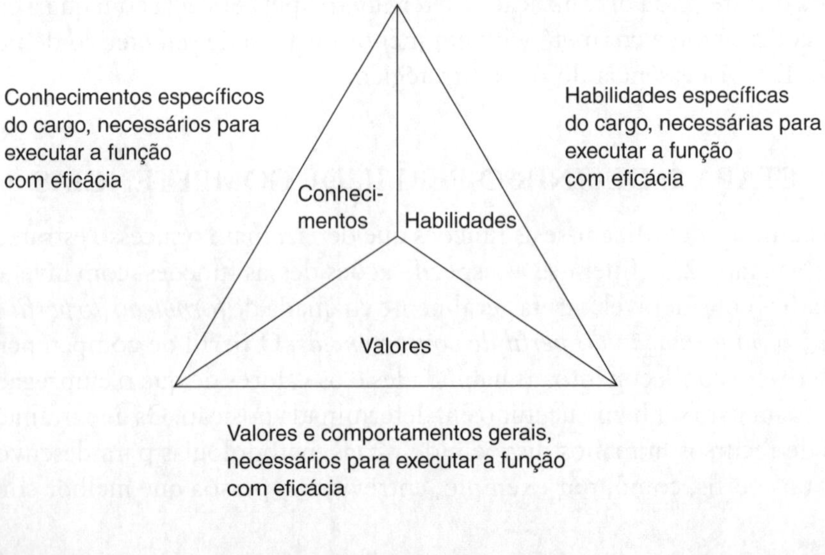

Conhecimentos específicos do cargo, necessários para executar a função com eficácia

Habilidades específicas do cargo, necessárias para executar a função com eficácia

Conhecimentos

Habilidades

Valores

Valores e comportamentos gerais, necessários para executar a função com eficácia

Figura 8.5 Funções e competências estratégicas na Chemico, Inc.

Processos estratégicos	Inovação		Gestão de clientes		Gestão operacional		Responsabilidade social
	Formar parcerias no desenvolvimento de produtos	Realizar pesquisas aplicadas	Criar parcerias que agregam valor	Melhorar o atendimento de pedidos	Melhorar o projeto e o planejamento da cadeia de suprimentos	Melhorar a aquisição de matérias-primas	Melhorar o desempenho ambiental
Funções estratégicas	Gerentes de programas de joint ventures	Cientistas seniores	Engenheiros de soluções	Operadores de call center	Especialistas em projetos de GCS	Traders de matérias-primas	Engenheiros de Meio Ambiente
Perfil de competências							
Conhecimentos	• Conhecimento do setor	• Expertise no assunto • Conhecimento do cliente	• Conhecimento do produto • Conhecimento do cliente	• Conhecimento do cliente	• Especialista reconhecido em GCS	• Expertise no assunto • Conhecimento da empresa	• Expertise no assunto • Conhecimento da empresa
Habilidades	• Habilidades em contratação • Habilidades em negociação • Habilidades em gestão de relacionamentos	• Foco em negócios • Habilidades em gestão de projetos	• Habilidades em consultoria • Habilidades em gestão de relacionamentos	• Domínio de sistemas de CRM	• Habilidades em consultoria • Habilidades em gestão de projetos • Habilidades em gestão da mudança	• Habilidades em negociação	• Habilidades em gestão de projetos • Habilidades em gestão da mudança
Valores	• Orientação para resultados	• Trabalho em equipe	• Parceria com os clientes	• Orientação a resultados	• Orientado para resultados	• Orientado para resultados	• Trabalho em equipe
Quantidade necessária	5	25	30	20	1	5	5
Quantidade qualificada	2	15	15	15	0	1	2
Prontidão do capital humano	40% VML	60% AML	50% VML	75% AML	0% VML	20% VML	40% VML

* VML = vermelho; AML = amarelo.

Eles aplicam seus conhecimentos sobre os produtos da Chemico para resolver os problemas dos clientes. As especificações da função em termos de conhecimentos gerais incluem boa compreensão do setor e do modelo de negócios dos clientes, assim como dos produtos da Chemico e do melhor uso que os clientes podem fazer destes produtos. A posição de engenheiro de soluções exige habilidades em consultoria, como solução de problemas, gestão de projetos e gestão da mudança, e habilidades em gestão de relacionamentos. Dentre os valores do engenheiro de soluções, o principal é a importância que atribui à criação de parcerias duradouras e seguras com os clientes.

ETAPA 3: AVALIAR A PRONTIDÃO DO CAPITAL HUMANO

Na etapa 3, as organizações devem avaliar as atuais capacidades e competências dos empregados em funções estratégicas. Os avaliadores dispõem de ampla gama de abordagens para mensurar o desempenho e o potencial de cada indivíduo. Em um extremo, cada empregado faz a própria autoavaliação, com base nas especificações do cargo, para posterior discussão com o líder ou com o gerente de carreiras. Alternativamente, pode ser realizado o feedback de 360° com os pares, abrangendo vários aspectos relacionados com o desempenho do empregado. Novamente, o feedback serve como base para o diálogo sobre o desenvolvimento da carreira. Essas avaliações proporcionam aos indivíduos compreensão mais nítida de seus objetivos e feedback amplo sobre suas atuais competências e desempenho, além de um plano de ação para o futuro desenvolvimento pessoal. Em face de sua importância, a avaliação do estado de prontidão dos empregados em funções estratégicas deve ser tratada de maneira diferenciada da gestão do desempenho de natureza rotineira, utilizada para outras finalidades.

Para muitas organizações, a articulação da estratégia por meio do método estruturado dos mapas estratégicos é uma experiência inédita. A estratégia da organização, ao concentrar-se em grandes áreas de mudança e desenvolvimento interno, geralmente revela a falta de várias funções essenciais. Na Chemico, por exemplo, quatro das oito funções estratégicas eram efetivamente novas para a organização. Os cargos gerente de programas de joint ventures e engenheiro de Meio Ambiente haviam sido criados apenas no ano anterior, e a empresa mal começara a contratar pessoas para os processos de cadeia de suprimentos e aquisição de matérias-primas.[4]

O executivo de RH da Chemico nomeou uma gerente para liderar o programa de preenchimento de vagas nessas duas funções. Essa gerente criou perfis de cargos baseados nas competências requeridas pelos novos processos. Com o executivo de recursos humanos, também avaliou o atual nível de prontidão das pessoas internas para preencher essas funções recém-definidas. Como mostra a parte inferior da Figura 8.5, a prontidão estratégica nesses cargos (cientistas seniores, engenheiros de soluções e operadores de call centers) situava-se entre 40% e 75%. A gerente lançou um programa de desenvolvimento de capital humano para fechar a lacuna. Além disso, interligou esse programa ao de gestão do desempenho, integrando os novos perfis de competência nos planos de definição de objetivos e de desenvolvimento pessoal dos empregados.

ETAPA 4: INSTITUIR PROGRAMA DE DESENVOLVIMENTO DO CAPITAL HUMANO

O mapa estratégico provê foco aos programas de recursos humanos da organização – recrutamento, treinamento e planejamento de carreiras – que desenvolvem o capital humano. Sem a orientação de um mapa estratégico, a maioria dos programas de desenvolvimento de RH tenta atender às necessidades de todos os empregados e, portanto, investe pouco nos cargos que realmente fazem diferença. Ao concentrar os investimentos no capital humano e desenvolver programas para uma quantidade relativamente pequena de empregados (geralmente menos de 10%) que exercem funções "estratégicas", as organizações atingem desempenho superior com mais rapidez e menos despesas do que diluindo os gastos com RH.

Dispõe-se de duas diferentes abordagens, resumidas na Figura 8.6, para promover o alinhamento estratégico. No *modelo de funções estratégicas*, a organização concentra seus programas de RH nos poucos cargos-chave que são fundamentais para a estratégia. Esse foco contribui para acelerar a ação e para aumentar a eficiência das despesas. Mas essa abordagem implica que 90% da força de trabalho seja considerada como não estratégica e que a empresa poderia ignorar suas legítimas necessidades de desenvolvimento. O *modelo dos valores estratégicos* parte da premissa de que a estratégia é tarefa de todos – que a estratégia envolve um conjunto de valores e prioridades a serem incorporados nos objetivos e ações de todos os empregados. Evidentemente, ambos os modelos são legítimos e são necessários para o sucesso. Os dois encaixam-se em nossa definição de foco e foram usados com êxito na prática. Mas, com base em nossa experiência, eles não podem ser dirigidos como programas integrados. Os programas para desenvolver as competências dos indivíduos em funções estratégicas devem ser segregados e financiados separadamente, da mesma maneira

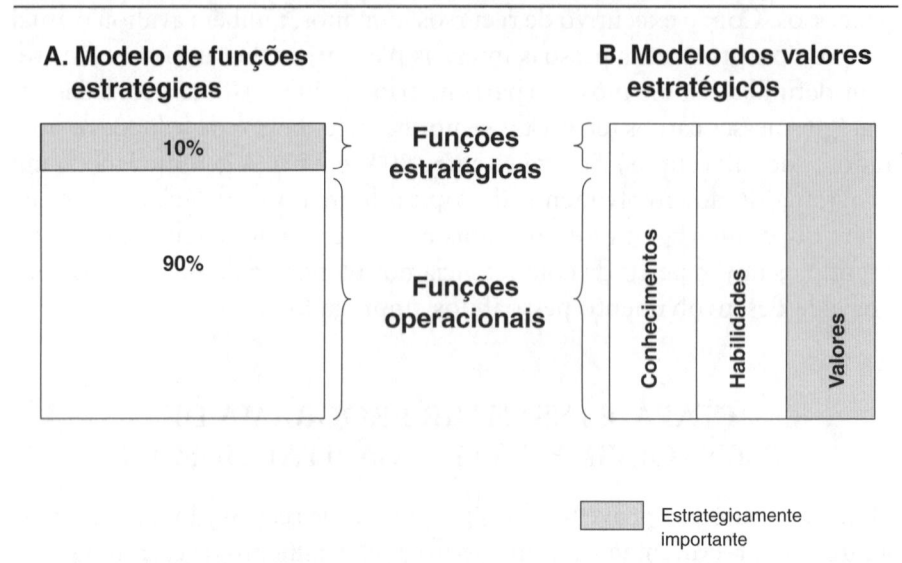

Figura 8.6 Modelo para o desenvolvimento do capital humano estratégico

A. Modelo de funções estratégicas

- 10% — Funções estratégicas
- 90% — Funções operacionais

B. Modelo dos valores estratégicos

- Conhecimentos
- Habilidades
- Valores

▢ Estrategicamente importante

como os investimentos de capital são financiados e gerenciados à parte das despesas operacionais anuais. O progresso da empresa em fechar as lacunas de competências nas funções estratégicas é a base dos relatórios sobre a prontidão do capital humano. Por outro lado, o modelo de valores estratégicos fornece a base para um novo programa de gestão do desempenho, em que se definem objetivos para toda a força de trabalho.

A Figura 8.7 ilustra o programa de desenvolvimento do capital humano da Chemico, Inc. Com base no modelo das funções estratégicas, a empresa pretendia alcançar nível de prontidão do capital humano acima de 90% em todas as suas oito funções estratégicas. A área de recursos humanos desenvolveu e gerenciou as iniciativas necessárias para alcançar esse objetivo. A equipe estratégica de recursos humanos da Chemico, constituída para respaldar esse processo, selecionou quatro iniciativas estratégicas – um novo programa de recrutamento, um programa formal de treinamento, um programa de desenvolvimento no trabalho e uma rede de grupos de pares para trocar experiências sobre as melhores práticas. A equipe estratégica de RH customizou cada uma dessas iniciativas, de modo a alcançar a meta de prontidão estratégica de cada uma das funções estratégicas. Os executivos responsáveis por cada um dos temas estratégicos (ver a coluna à esquerda, na parte inferior da Figura 8.7) atuavam como clientes dos programas, fornecendo financiamento e avaliando o desempenho. O programa de desenvolvimento do capital humano da Chemico agora estava focado e alinhado com a estratégia da empresa.

Figura 8.7 Programa de desenvolvimento do capital humano na Chemico, Inc.

Relatório da prontidão do capital humano

Objetivo quanto ao capital humano	Indicador
Desenvolver competências estratégicas	• Prontidão do capital humano

Prontidão do capital humano (detalhes)

Tema estratégico	Função estratégica	Quantidade necessária	Prontidão do capital humano
Parcerias no produto	• Gerentes de programas de joint ventures	5	40%
Pesquisa aplicada	• Cientistas seniores	25	60%
Parcerias com clientes	• Engenheiros de soluções	30	50%
Atendimento de pedidos	• Operadores de call center	20	75%
Cadeia de suprimentos	• Especialistas em projetos de GCS	1	0
Aquisição de matéria-prima	• Analistas de planejamento GCS	10	70%
	• Traders de matérias-primas	5	20%
Desempenho ambiental	• Engenheiros de meio ambiente	5	40%

Programa de desenvolvimento do capital humano

Meta	Iniciativas estratégicas	Orçamento estratégico	Indicadores de resultado
>90%	• Recrutamento • Treinamento • Desenvolvimento • Comunidades de pares	$XXX $XXX $XXX $XXX	• Índice de cobertura • Horas de treinamento (foco estratégico) • Envolvimento na comunidade de pares

Iniciativas estratégicas (detalhes)

Recrutamento	Treinamento	Desenvolvimento no trabalho	Comunidades de pares
R1	T1		PC1
R2		OJ1	PC2
	T2	OJ2	PC3
R3			PC4
	T3	OJ3	PC5
R4			
R5		OJ4	PC6
R6		OJ5	PC7

Funções estratégicas na Gray-Syracuse

A Gray-Syracuse (GS), empresa que produz moldes de precisão descrita no Capítulo 1, fornece outro exemplo de programa de desenvolvimento do capital humano, com base na abordagem das funções estratégicas. Seus empregados desenham moldes e selecionam ligas para atender às especificações de desempenho cada vez mais rigorosas dos clientes. Outros componentes da proposição de valor são produtos de precisão de alta qualidade, entregas pontuais e preços competitivos. As competências da força de trabalho abrangem modelagem por computador, utilizando software de integração dimensional, especialidades metalúrgicas e operações de fundição. Um de seus processos de gestão operacional concentrava-se no fornecimento de alta qualidade aos clientes, reduzindo o retrabalho (Figura 8.8). A GS utilizava, historicamente, manufatura flexível na etapa final de seus processos de produção, onde as partes moldadas eram acabadas. A nova estratégia identificou a etapa inicial do processo como a principal oportunidade para a redução do retrabalho. Isso significava estender as abordagens de gestão flexível aos processos de montagem de moldes, em que os empregados montavam modelos de cera produzidos por máquinas injetoras, antes de convertê-los em ligas metálicas. A análise do mapa estratégico identificou o operador de montagem de moldes, posição inicial na estrutura, como a *função estratégica* para esse processo. Trinta indivíduos, selecionados com base em sua destreza manual no processo de montagem, trabalhavam na época nessa posição.

A estratégia de levar a manufatura flexível para a etapa inicial do processo de montagem exigiria um amplo conjunto de novas competências. Conforme delineado no boxe 2 da Figura 8.8, o processo abrangia oito diferentes conjuntos de atividades (conhecidas como células) para produzir diferentes tipos de produtos. Por exemplo, uma célula podia exigir o uso de equipamento de solda, tanque de ácido, aparelho de raios X e uma faca quente, enquanto a outra célula envolvia laqueação e calibração, além de solda e raios X. A célula mais simples envolvia onze atividades diferentes, enquanto a mais complexa exigia vinte e sete. Utilizando uma ferramenta de gestão japonesa conhecida como Training Within Industry (TWI), especialistas experientes da GS desenvolveram perfis de atividades e competências para cada célula, resumidos num gabarito TWI. Todos os trinta montadores teriam de dominar as atividades necessárias em cada célula. O gabarito orientaria os processos de treinamento e avaliação. O boxe 3 da figura descreve a escala de cinco níveis usada para medir a prontidão estratégica dos montadores.

Figura 8.8 Programa de prontidão do capital humano da Gray-Syracuse

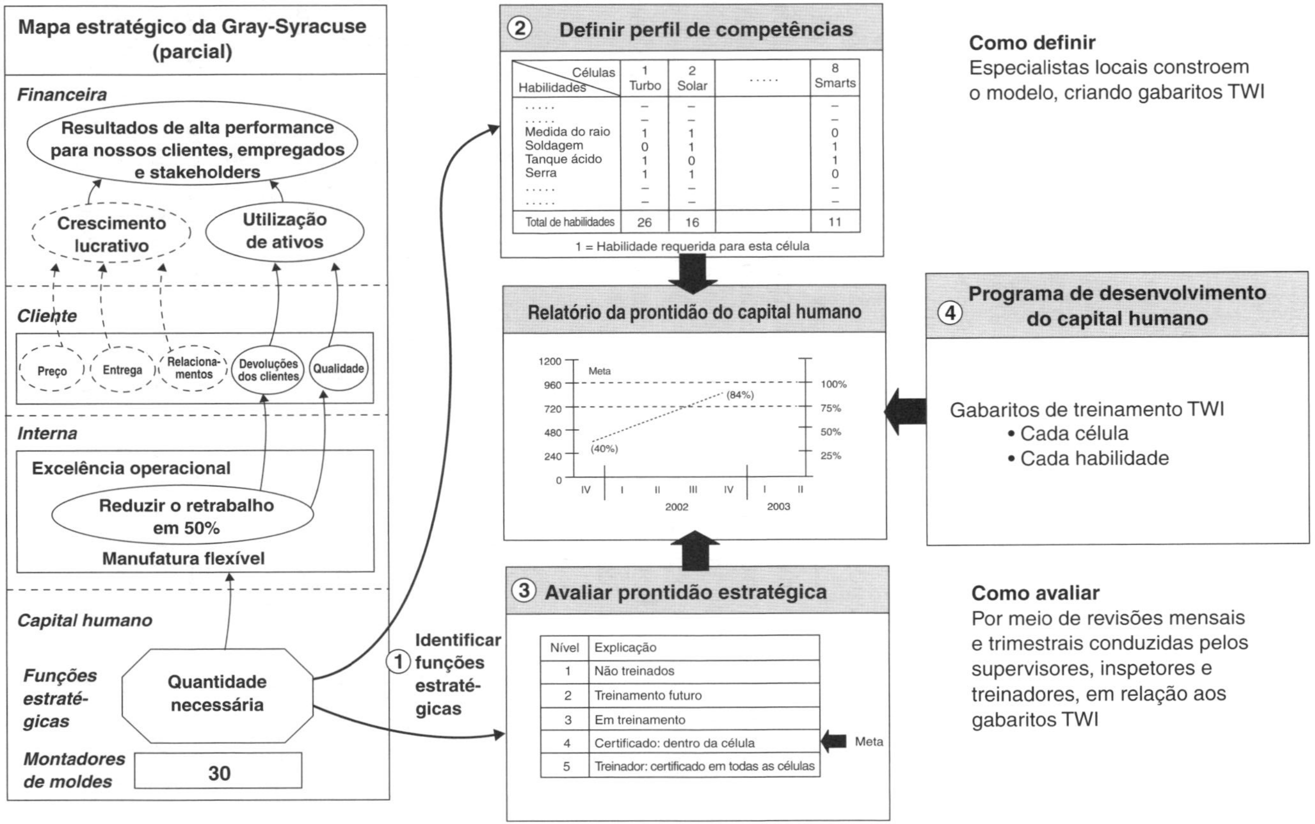

Como definir

Especialistas locais constroem o modelo, criando gabaritos TWI

④ Programa de desenvolvimento do capital humano

Gabaritos de treinamento TWI
- Cada célula
- Cada habilidade

Como avaliar

Por meio de revisões mensais e trimestrais conduzidas pelos supervisores, inspetores e treinadores, em relação aos gabaritos TWI

② Definir perfil de competências

Células Habilidades	1 Turbo	2 Solar	.....	8 Smarts
.....	–	–		–
Medida do raio	1	1		1
Soldagem	0	1		0
Tanque ácido	1	0		1
Serra	1	1		0
.....	–	–		–
Total de habilidades	26	16		11

1 = Habilidade requerida para esta célula

Relatório da prontidão do capital humano

(gráfico: Meta 1200, 960, 720, 480, 240, 0; 84%, 40%; 100%, 75%, 50%, 25%; 2002–2003)

③ Avaliar prontidão estratégica

Nível	Explicação
1	Não treinados
2	Treinamento futuro
3	Em treinamento
4	Certificado: dentro da célula
5	Treinador: certificado em todas as células

Meta

Mapa estratégico da Gray-Syracuse (parcial)

Financeira

Resultados de alta performance para nossos clientes, empregados e stakeholders

- Crescimento lucrativo
- Utilização de ativos

Cliente

- Preço
- Entrega
- Relacionamentos
- Devoluções dos clientes
- Qualidade

Interna

Excelência operacional

Reduzir o retrabalho em 50%

Manufatura flexível

Capital humano

Funções estratégicas	Quantidade necessária
Montadores de moldes	30

① Identificar funções estratégicas

O supervisor, o inspetor de qualidade e/ou o treinador usavam o gabarito do TWI para a avaliação mensal e trimestral de cada um dos trinta montadores. A meta era levar os trinta montadores para o nível 3 ("em treinamento") assim que possível e então, rapidamente, para o nível 4 ("certificado: na célula").

A GS desenvolveu seu indicador de prontidão estratégica, reunindo as avaliações de cada montador em cada célula:

$$\text{Nível de prontidão} = \Sigma \text{ [avaliação pessoal} \\ \text{(para cada montador em cada célula)]}$$

Como mostra o relatório da prontidão do capital humano, o nível de prontidão quando o programa foi implementado em 2001 era 400, nível médio de 1,6 por pessoa, por célula. Esse nível correspondia a apenas 40% do objetivo da fase 2. Um ano mais tarde, o nível de prontidão já subira para 810, significando nível médio de 3,3 e 84% do objetivo da fase 2. Paul Smith, diretor de recursos humanos da Gray-Syracuse, atribuiu a velocidade do aumento do nível de competência ao programa TWI. Smith afirmou que a Gray foi a primeira empresa americana a importar com sucesso o programa TWI* do Japão. Segundo suas estimativas, o programa TWI reduziu pela metade o prazo necessário para alcançar a prontidão estratégica. O retrabalho diminuiu em 76% durante o período, gerando enormes benefícios econômicos.

Modelo de valores estratégicos na BAS

O grupo de Serviços Administrativos de Berkeley, da Universidade da Califórnia (BAS), é um bom exemplo do modelo de valores estratégicos (Figura 8.9).[5] O BAS presta todo o espectro de serviços administrativos que apoiam a missão acadêmica e as prioridades do *campus* da universidade. Os departamentos da BAS abrangem instalações físicas, segurança pública, saúde e aconselhamento, recursos humanos, gráfica e recreação. Na verdade, o BAS gerencia o equivalente a uma pequena cidade.

Como organização de apoio, a BAS adota uma estratégia de soluções para os clientes. A proposição de valor para os clientes enfatiza características de parcerias eficazes, como "antecipar-se às necessidades dos clientes", "criar soluções eficazes" e "demonstrar expertise que inspire confian-

---

Nota da Revisão Técnica: O TWI foi muito difundido no Brasil pelo Senai. Ver: "TWI – A New Generation of Success", de Robert Wrona. (http://www.tdo.org/twi/article1.asp), e também http://www.senai.br/Sb58_encarte/capa_decadas50.htm

Figura 8.9 Mapa estratégico do Grupo de Serviços Administrativos de Berkeley, da Universidade da Califórnia (BAS)

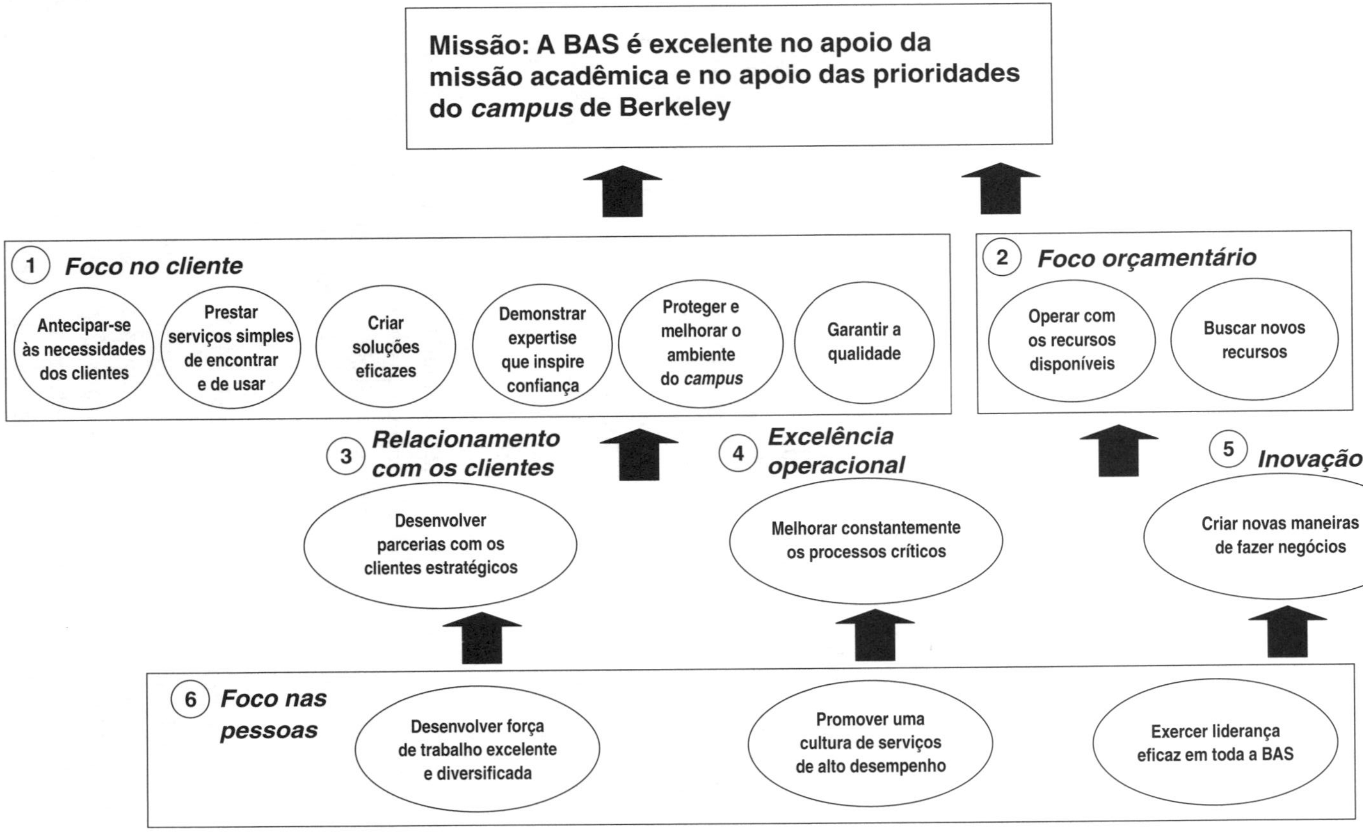

Missão: A BAS é excelente no apoio da missão acadêmica e no apoio das prioridades do *campus* de Berkeley

① Foco no cliente
- Antecipar-se às necessidades dos clientes
- Prestar serviços simples de encontrar e de usar
- Criar soluções eficazes
- Demonstrar expertise que inspire confiança
- Proteger e melhorar o ambiente do *campus*
- Garantir a qualidade

② Foco orçamentário
- Operar com os recursos disponíveis
- Buscar novos recursos

③ Relacionamento com os clientes
- Desenvolver parcerias com os clientes estratégicos

④ Excelência operacional
- Melhorar constantemente os processos críticos

⑤ Inovação
- Criar novas maneiras de fazer negócios

⑥ Foco nas pessoas
- Desenvolver força de trabalho excelente e diversificada
- Promover uma cultura de serviços de alto desempenho
- Exercer liderança eficaz em toda a BAS

ça". Os objetivos financeiros refletem as realidades do desempenho dentro das limitações dos orçamentos acadêmicos. A BAS selecionou três temas estratégicos para a sua perspectiva interna:

Tema estratégico	*Processos*
Desenvolver parcerias com os clientes	Relacionamento com os clientes
Melhorar constantemente os processos críticos	Excelência nas operações
Criar novas maneiras de fazer negócios	Inovação

A perspectiva de aprendizado e crescimento da BAS, definida como "foco nas pessoas" tinha três objetivos estratégicos:

- Desenvolver força de trabalho excelente e diversificada.
- Promover uma cultura de serviços de alto desempenho.
- Exercer liderança eficaz em todo o BAS.

A equipe de recursos humanos do BAS traduziu os seis objetivos de foco no cliente de seu mapa estratégico em perfis dos valores estratégicos necessários para respaldar cada objetivo (Figura 8.10). Para cada valor, a equipe do projeto definiu um conjunto de objetivos mais detalhado. "Garantir qualidade", por exemplo, implica "acompanhar a execução dos compromissos", "manter-se responsável perante si próprio", "concentrar-se na solução de problemas – não na busca de culpados" e "garantir a mais alta qualidade". Definidos esses valores estratégicos no nível executivo, o BAS usou o processo de desdobramento para transmiti-los ao nível gerencial seguinte. A discussão, o esclarecimento e a internalização dos novos valores iniciaram o processo de transformação da tradicional abordagem administrativa do BAS em cultura de serviços. Uma vez assimilados nos níveis gerenciais, os valores estratégicos serão convertidos e incorporados em metas e em planos de desempenho individuais em todos os níveis, proporcionando pontos de referência para o feedback 360° e para os relatórios de prontidão estratégica.

RESUMO

O capital humano deve ser alinhado com a estratégia, para que a organização extraia valor das competências dos empregados. O mapa estratégico identifica os poucos processos internos críticos que imprimem diferenciação na estratégia. Esses processos determinam o conjunto de funções estratégicas que criam condições para o desempenho excepcional dos processos internos críticos. Então, os executivos de RH podem desenvolver per-

Figura 8.10 Relatório de prontidão estratégica do BAS

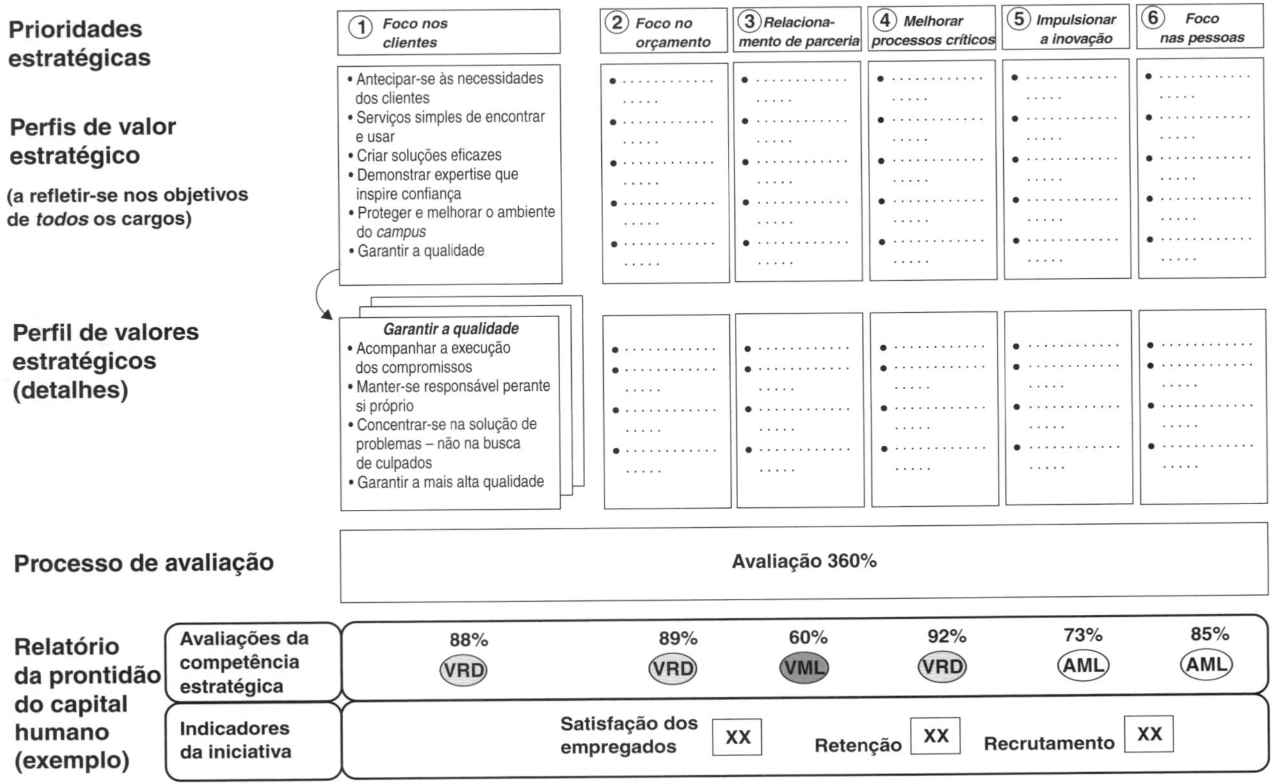

Prioridades estratégicas

| ① *Foco nos clientes* | ② *Foco no orçamento* | ③ *Relaciona-mento de parceria* | ④ *Melhorar processos críticos* | ⑤ *Impulsionar a inovação* | ⑥ *Foco nas pessoas* |

Perfis de valor estratégico

(a refletir-se nos objetivos de *todos* os cargos)

- Antecipar-se às necessidades dos clientes
- Serviços simples de encontrar e usar
- Criar soluções eficazes
- Demonstrar expertise que inspire confiança
- Proteger e melhorar o ambiente do *campus*
- Garantir a qualidade

Perfil de valores estratégicos (detalhes)

Garantir a qualidade
- Acompanhar a execução dos compromissos
- Manter-se responsável perante si próprio
- Concentrar-se na solução de problemas – não na busca de culpados
- Garantir a mais alta qualidade

Processo de avaliação

Avaliação 360%

Relatório da prontidão do capital humano (exemplo)

Avaliações da competência estratégica	88% VRD	89% VRD	60% VML	92% VRD	73% AML	85% AML
Indicadores da iniciativa		Satisfação dos empregados XX	Retenção XX		Recrutamento XX	

* VRD = verde; VML = vermelho; AML = amarelo.

fis de competências para as funções estratégicas e aplicar métodos de avaliação padronizados para medir a prontidão do capital humano e as lacunas de competências estratégicas, as quais, por sua vez, determinam a agenda dos programas de desenvolvimento de capital humano, que aumentarão a prontidão estratégica do capital humano da organização.

As abordagens utilizadas pela Gray-Syracuse e pela Chemico concentraram-se nos investimentos em empregados que ocupam as poucas e críticas funções estratégicas. Várias dessas funções eram inteiramente novas para as empresas, tendo sido identificadas enquanto se desenvolvia a perspectiva de aprendizado e crescimento para o mapa estratégico. A abordagem dos valores estratégicos utilizada pelo Grupo de Serviços Administrativos de Berkeley incutiu em toda a força de trabalho a nova estratégia focada nos clientes, esclareceu os novos valores necessários para a execução da estratégia e integrou os novos valores no processo de gestão do desempenho usado em toda a organização. As organizações devem tentar desenvolver seus programas de desenvolvimento do capital humano com base não só na abordagem das funções estratégicas, para gerenciar os programas estratégicos de desenvolvimento de capital humano de maneira focada e urgente, mas também na abordagem dos valores estratégicos, para converter a estratégia em tarefa de todos.

O estudo de caso que se segue a este capítulo analisa o National City Corporation, instituição financeira que precisava transformar e alinhar seus empregados, convertendo-os em "customer champions", como condição para que a nova estratégia de foco no cliente fosse bem-sucedida.

NOTAS

1. John Bronson, palestra na Balanced Scorecard Collaborative Conference on Human Capital, Naples, Flórida, 27 de fevereiro de 2002.
2. Relatado por Kimberlee Williams, Balanced Scorecard Collaborative, Grupo de Trabalho sobre Capital Humano, 10 de setembro de 2002.
3. Várias outras funções estratégicas respaldavam esse processo, mas o gerente de programas de joint ventures exercia o maior impacto sobre seu sucesso ou fracasso.
4. Os três outros programas (pesquisa aplicada, parcerias que agregam valor para os clientes e atendimento de pedidos) eram extensões de processos maduros que estavam sendo redefinidos e redirecionados.
5. Com a evolução do mapa estratégico do BAS, o "foco nas pessoas" também mudará, de modo a garantir que o capital humano continue alinhado com a estratégia geral. Para ver o mapa estratégico mais atualizado do BAS, ver http://bas.change.berkeley.edu/BASexcels/index.htm.

ESTUDO DE CASO

NATIONAL CITY CORPORATION

Antecedentes

Fundado em 1845, o National City é o nono maior banco dos Estados Unidos, empregando mais de 33.000 pessoas. A empresa está sediada em Cleveland, Ohio, e opera em Ohio, Pensilvânia, Indiana, Kentucky, Illinois e Michigan. Com mais de 1.200 agências, seus principais negócios incluem atividades de banco comercial e de varejo, financiamento ao consumidor, gestão de ativos, empréstimos e serviços hipotecários e processamento de cartões. Trata-se de holding financeira de US$100 bilhões. Em 2001, o lucro por ação da empresa foi o mais alto de sua história. O National City tem sido lucrativo todos os anos, não raro apresentando retorno de dois dígitos sobre o patrimônio líquido.

A estratégia

O National City mudou sua cultura organizacional, atribuindo mais ênfase às necessidades dos clientes. Também concentrou o foco na qualidade dos serviços, na geração de receita e no controle de custos. Para concentrar ainda mais o foco nos clientes, o National City lançou a marca "customer champions", em que declara: "Para o National City, o importante é fazer o que é certo para os clientes".

A área de recursos humanos teve a oportunidade única de tratar da marca em termos tanto de suporte corporativo quanto de definição de padrões para os clientes internos. Além disso, enfrentou o desafio com que se defrontam muitas das áreas de RH: como alinhar a estratégia da área de RH com a estratégia do negócio como um todo. O Balanced Scorecard foi selecionado como a ferramenta que o RH usaria para articular sua estratégia e para medir seu desempenho. A empresa quis iniciar o seu Balanced Scorecard na área de RH, em face da prioridade de garantir a prontidão da força de trabalho para cumprir a promessa da marca.

O mapa estratégico

Constituiu-se uma equipe central para trabalhar em parceria com a equipe de liderança de RH na tradução do plano estratégico em mapa estratégico (Figura 8.11).

Figura 8.11 Mapa estratégico de RH do National City

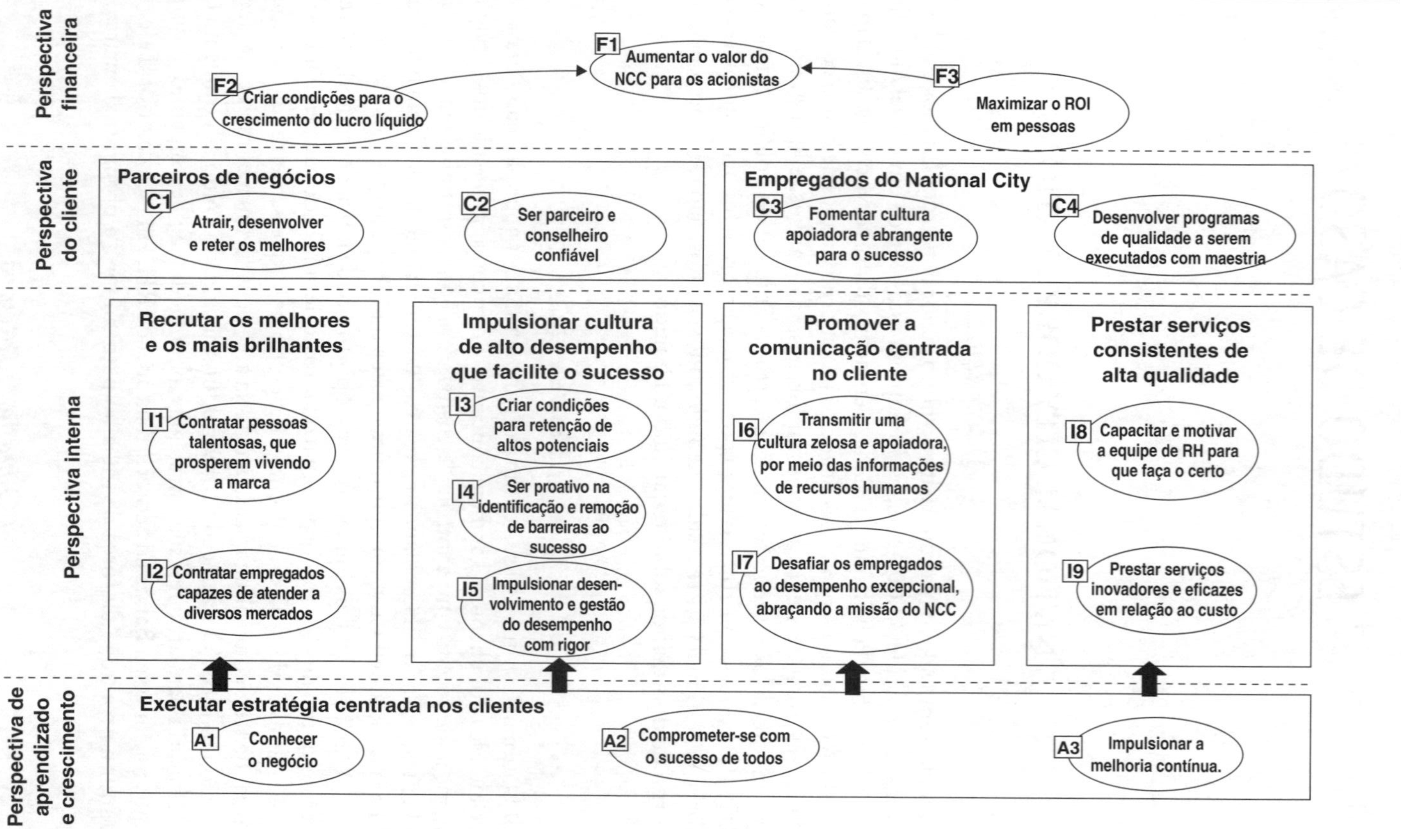

Perspectiva financeira

- [F2] Criar condições para o crescimento do lucro líquido
- [F1] Aumentar o valor do NCC para os acionistas
- [F3] Maximizar o ROI em pessoas

Perspectiva do cliente

Parceiros de negócios
- [C1] Atrair, desenvolver e reter os melhores
- [C2] Ser parceiro e conselheiro confiável

Empregados do National City
- [C3] Fomentar cultura apoiadora e abrangente para o sucesso
- [C4] Desenvolver programas de qualidade a serem executados com maestria

Perspectiva interna

Recrutar os melhores e os mais brilhantes
- [I1] Contratar pessoas talentosas, que prosperem vivendo a marca
- [I2] Contratar empregados capazes de atender a diversos mercados

Impulsionar cultura de alto desempenho que facilite o sucesso
- [I3] Criar condições para a retenção de altos potenciais
- [I4] Ser proativo na identificação e remoção de barreiras ao sucesso
- [I5] Impulsionar desenvolvimento e gestão do desempenho com rigor

Promover a comunicação centrada no cliente
- [I6] Transmitir uma cultura zelosa e apoiadora, por meio das informações de recursos humanos
- [I7] Desafiar os empregados ao desempenho excepcional, abraçando a missão do NCC

Prestar serviços consistentes de alta qualidade
- [I8] Capacitar e motivar a equipe de RH para que faça o certo
- [I9] Prestar serviços inovadores e eficazes em relação ao custo

Perspectiva de aprendizado e crescimento

- Executar estratégia centrada nos clientes
  - [A1] Conhecer o negócio
- Comprometer-se com o sucesso de todos
  - [A2]
- Impulsionar a melhoria contínua.
  - [A3]

A equipe encontrou muitas percepções e expectativas diferentes em relação à estratégia de RH. Com mais de 300 pessoas em RH, era fundamental dispor de uma maneira consistente para descrever a estratégia da organização de recursos humanos. Para que o RH atuasse como parceiro estratégico das unidades de negócios, era necessário que adotasse abordagens proativas para atender às necessidades das unidades de negócios. Shelley Seifert, vice-presidente executiva de recursos humanos, afirmou que o RH estava evoluindo de um modelo reativo orientado à transação para um modelo proativo, orientado a valor.

Historicamente, o RH nem sempre esteve na vanguarda do pensamento a respeito dos *resultados financeiros* da empresa. No topo do mapa estratégico do RH do National City, destaca-se o objetivo de aumentar o valor para os acionistas. RH é apenas uma das muitas partes que constroem o valor para os acionistas, mas Seifert queria que todos os profissionais do RH fixassem com clareza esse objetivo em suas mentes. A fim de atingir tal propósito, o RH precisava ser mais eficiente e eficaz na produção de resultados financeiros. Os objetivos de apoio são criar condições para o crescimento do lucro líquido e para a maximização do retorno sobre os investimentos em pessoas. A filosofia é que investindo-se estrategicamente em capital humano, os retornos financeiros serão consequência.

Sob a *perspectiva dos clientes,* a equipe queria alcançar os clientes internos do RH. A proposição de valor para os clientes, traduzida no mapa estratégico, reflete as visões dos clientes, desde o caixa até o vice-presidente sênior. A perspectiva do cliente divide-se em dois segmentos de clientes: parceiros de negócio e empregados. Esses dois clientes têm necessidades diferentes e o RH precisa prestar serviços diferentes a cada um. Por exemplo, os parceiros de negócios precisam que o RH seja um parceiro e conselheiro confiável, enquanto os empregados estão em busca de serviços de qualidade.

Os objetivos dos *processos internos* estão organizados em quatro temas estratégicos:

- Recrutar os melhores e mais brilhantes
- Impulsionar cultura de alto desempenho que facilite o sucesso
- Promover a comunicação centrada no cliente
- Prestar serviços consistentes de alta qualidade

"Recrutar os melhores e mais brilhantes" é parte essencial da promessa da marca "customer champions". Objetivo crítico do RH é contratar pessoas talentosas, que prosperem vivendo a marca. RH está assumindo o papel de guardião de que se esteja contratando as pessoas adequadas para uma cultura orientada para os clientes. O segundo tema, "Impulsionar cultura de alto desempenho que facilite o sucesso", é fundamental para reforçar a retenção dos empregados. Esse tema estratégico também envolve a necessidade de gestão rigorosa do desempenho e de foco no desenvolvimento das pessoas. Promover comunicação centrada nos clientes será um diferenciador crítico para o RH. A comunicação da empresa com seus funcionários, uma parte da função do RH, deve moldar a maneira como os empregados encaram a cultura do National City. A equipe de comunicação ajuda a transmitir a direção da organização e o papel do RH na execução da estratégia do National City. O último tema trata da necessidade de prestar serviços consistentes de alta qualidade, que é o centro de qualquer boa estratégia do RH. Muitas organizações de RH percebem que fazer o básico de maneira certa já é um longo caminho quando se está empenhado em transformar-se em parceiro estratégico. Os parceiros de negócios e os empregados esperam do RH serviços de alta qualidade.

A *perspectiva de aprendizado e crescimento* gira em torno do tema central para o pessoal do RH: "Executar estratégia centrada nos clientes". Os três principais objetivos são conhecer o negócio, comprometer-se com o sucesso de todos e impulsionar a melhoria contínua.

Breves relatos

Depois do desenvolvimento do mapa estratégico, o National City passou a levantar os dados dos indicadores que refletem o desempenho de seu Balanced Scorecard. O National City emite relatórios mensais sobre o desempenho do Balanced Scorecard de RH; então, a equipe de liderança reúne-se para analisar os resultados e tomar decisões estratégicas, com base nesses resultados.

O processo do Balanced Scorecard também proporcionou nova plataforma de comunicação dentro da área de RH. O National City implementou uma estratégia de comunicação com várias frentes, com base na qual a equipe executiva realizava reuniões coletivas com os empregados e videoconferências trimestrais, além do desenvolvimento de uma intranet. Chamavam essa comunicação de "Road to Bestville" (Estrada para Terra dos Melhores). Durante esse tempo, não só divulgaram os programas do Balanced Scorecard de RH, mas também envolveram os 350 empregados de RH na identificação de seus objetivos pessoais que se relacionam com o mapa estratégico.

De acordo com Seifert:

Todos os empregados de RH agora têm uma linha de visão direta entre suas atribuições e os objetivos da empresa. Essa maior clareza gera um foco unificador que fortalece a capacidade da organização de RH de agregar valor mensurável à corporação. Acreditamos que RH desempenha papel crítico na maximização do valor do capital humano no National City e que o Balanced Scorecard fornece-nos uma ferramenta útil para exercer essa missão.

Ampliando ainda mais a experiência do National City, Paul Clark, vice-presidente executivo de gestão institucional, afirma:

Ingrediente crítico desse esforço foi o desenvolvimento de critérios de avaliação, o Scorecard, para identificar temas a resolver e medir o progresso de nosso esforço de RH. O Scorecard fornece números que criam uma linguagem comum como ferramenta de comunicação da liderança. O Scorecard ajuda-nos a medir os resultados, o que, afinal de contas, é o propósito definitivo de tudo. O Scorecard de RH é muito parecido com a demonstração do resultado das empresas – não se pode gerenciar RH sem um Scorecard.

Caso preparado por Cassandra Frangos, da Balanced Scorecard Collaborative. Nossos agradecimentos a Shelley Seifert, por compartilhar conosco a experiência do National City.

CAPÍTULO 9

PRONTIDÃO DO CAPITAL DA INFORMAÇÃO

O capital da informação (CI) é a matéria-prima para a criação de valor na nova economia (Figura 9.1). O capital da informação, composto de sistemas, bancos de dados, bibliotecas e redes fornece informações e conhecimentos à organização. Contudo, a exemplo do capital humano, só possui valor no contexto da estratégia. A organização que persegue uma estratégia de menor custo total obtém os maiores retornos com sistemas de informação que se concentrem na qualidade, na melhoria dos processos e na produtividade da força de trabalho. Já a estratégia de soluções para os clientes beneficia-se mais com sistemas de informação que proporcionem conhecimentos sobre as preferências e comportamentos dos clientes e promovam o relacionamento com estes, facilitando a prestação de serviços e, em última instância, a retenção dos clientes. Por fim, a estratégia de liderança de produto exige capital da informação que aprimore o projeto e o desenvolvimento de novos produtos, por meio de ferramentas como modelagem tridimensional, prototipagem virtual e sistemas de CAD/CAM. Assim, o capital da informação, como o capital humano, deve ser gerenciado para *alinhar-se com a estratégia*. Organizamos este capítulo com base na mesma estrutura já apresentada para os ativos intangíveis em geral:

1. Descrever o capital da informação
2. Alinhar o capital da informação à estratégia
3. Medir a prontidão do capital da informação

DESCREVER O CAPITAL DA INFORMAÇÃO

O arcabouço de quatro níveis, resumido na Figura 9.2, proporciona uma taxonomia útil para descrever o capital da informação.[1] Este consiste de

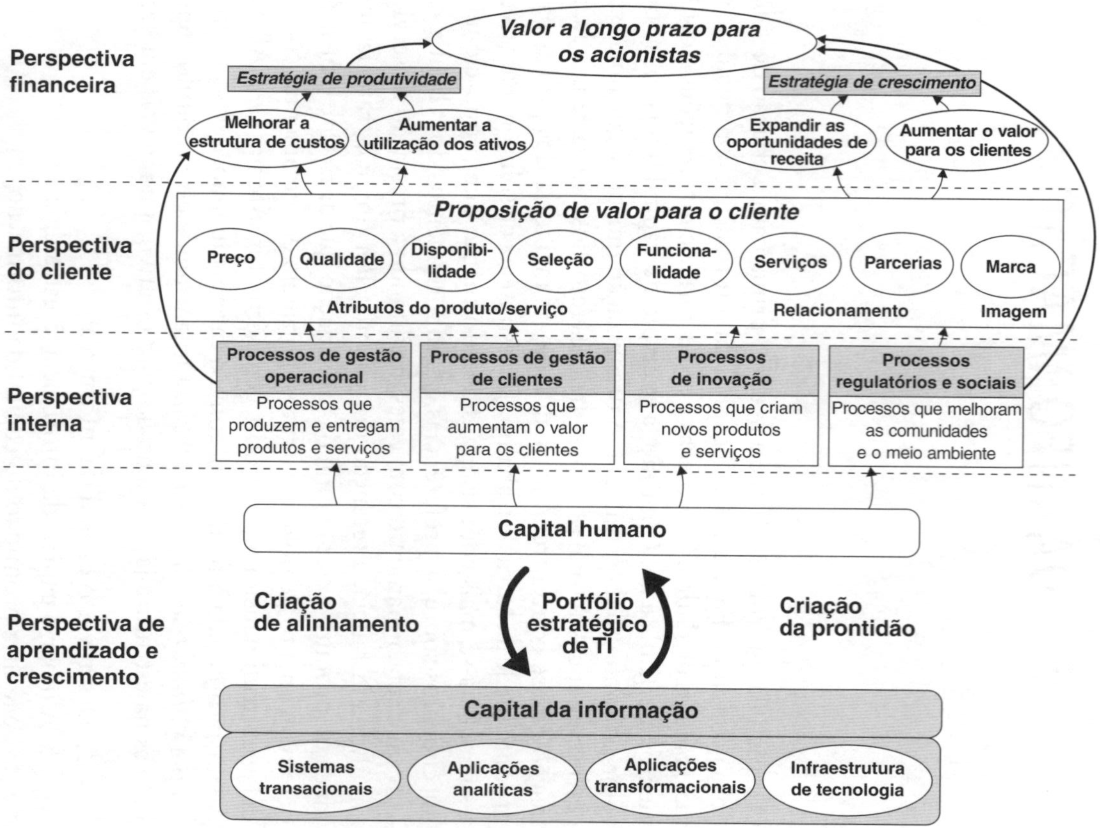

Figura 9.1 Arcabouço para descrever a prontidão do capital da informação

dois componentes: infraestrutura de tecnologia e aplicações de capital da informação. A infraestrutura de tecnologia abrange não só a tecnologia em si, como mainframes centrais e redes de comunicação, mas também a expertise gerencial, como padrões, planejamento de desastres e segurança, necessária para possibilitar o fornecimento e o uso eficazes das aplicações de capital da informação. Estas aplicações são pacotes de informação, conhecimento e tecnologia, desenvolvidos com base na infraestrutura de informação, que sustentam os principais processos internos da organização para inovação, gestão de clientes, gestão operacionais e de aspectos regulatórios e sociais.

Identificamos três categorias de aplicações de capital da informação: Os sistemas *transacionais*, como os sistemas ERP, automatizam as transações repetitivas básicas da empresa. As *aplicações analíticas* promovem a análise, a interpretação e o compartilhamento de informações e conhecimento. As *aplicações transformacionais* mudam o modelo de negócios predominante da empresa. Estas, por sua vez, também podem ser transacionais, como os sistemas interativos usados pela Levi Strauss para personalizar sob medida os jeans de cada cliente, ou analíticas, como os sistemas em tempo real usados pela Home Shopping Network para medir o "lucro por segundo" gerado pelas promoções. As aplicações transformacionais distinguem-se por seu impacto potencial significativo sobre os objetivos estratégicos e pelo grau de mudança organizacional necessário para que se gerem os benefícios.

Em conjunto, a infraestrutura de tecnologia e as aplicações de capital da informação compõem o *portfólio de capital da informação*. Os executi-

Figura 9.2 Descrição do capital da Informação

Categoria de capital da informação	Descrição
Aplicações transformacionais	Sistemas e redes que mudam o modelo de negócios predominante da empresa
Aplicações analíticas	Sistemas e redes que promovem a análise, a interpretação e o compartilhamento de informações e conhecimentos
Infraestrutura de tecnologia	Tecnologia compartilhada e expertise gerencial necessárias para o fornecimento e o uso eficazes das aplicações de capital da informação
Aplicações transacionais	Sistemas que automatizam as transações repetitivas básicas da empresa

vos precisam aprender a planejar, definir prioridades e gerenciar o portfólio de capital da informação que sustenta sua estratégia.

Como em relação aos objetivos do capital humano, o mapa estratégico fornece o ponto de referência para os objetivos do capital da informação. Veja o exemplo apresentado na Figura 9.3. A perspectiva interna do mapa estratégico identifica os objetivos estratégicos dos processos de inovação, gestão de clientes e gestão operacional.[2]

O portfólio de capital da informação que respalda os processos de *inovação* pode incluir: (1) sistemas de gestão do processo de desenvolvimento de produtos e de CAD/CAM em nível transacional, (2) sistema de gestão do conhecimento (KMS) em nível analítico para o compartilhamento de informações sobre as melhores práticas entre projetistas de produtos e (3) sistema interativo em nível transformacional que permita aos clientes projetar seus próprios produtos (por exemplo, a interface com os clientes da Dell). Todo esse portfólio de aplicações de tecnologia suporta os processos de inovação.

O portfólio de capital da informação que respalda os processos de gestão de clientes começa no nível transacional, com um sistema de gestão do relacionamento com os clientes (CRM). Os softwares de CRM fornecem ampla variedade de aplicações, como automação da força de vendas, processamento de pedidos e gerenciamento de call center. As aplicações em nível analítico geram recursos de análise da rentabilidade e de exploração de dados dos clientes (*data mining*), para a sua segmentação. As aplicações transformacionais podem ser protocolos de apoio às vendas por call center, como os usados pela Lands' End para identificar os padrões de compra dos clientes e para ajudar os operadores de call center em seus processos de venda.

Os softwares de gestão da cadeia de suprimentos (GCS) e de planejamento das necessidades de fabricação (MRP) são exemplos típicos de sistemas transacionais que suportam os *processos de gestão operacional*. Essas aplicações integram um espectro de sistemas, como controle de estoques, processamento de pedidos, compras e planejamento das capacidades, que eram até então fragmentados. As aplicações em nível analítico incluem sistemas para analisar a qualidade dos produtos e processos, os custos das atividades e dos produtos, a duração dos processos e dos ciclos e a análise das reclamações. As aplicações de rastreamento de pacotes, como as adotadas pela UPS e pela FedEx, são do tipo transformacional.

Os grupos de staff que gerenciam a prontidão estratégica de outros ativos intangíveis, assim como os dos ativos tangíveis e financeiros da organização, também necessitam de capital da informação. Dentre esses grupos in-

Figura 9.3 Aplicações típicas do portfólio de capital da informação

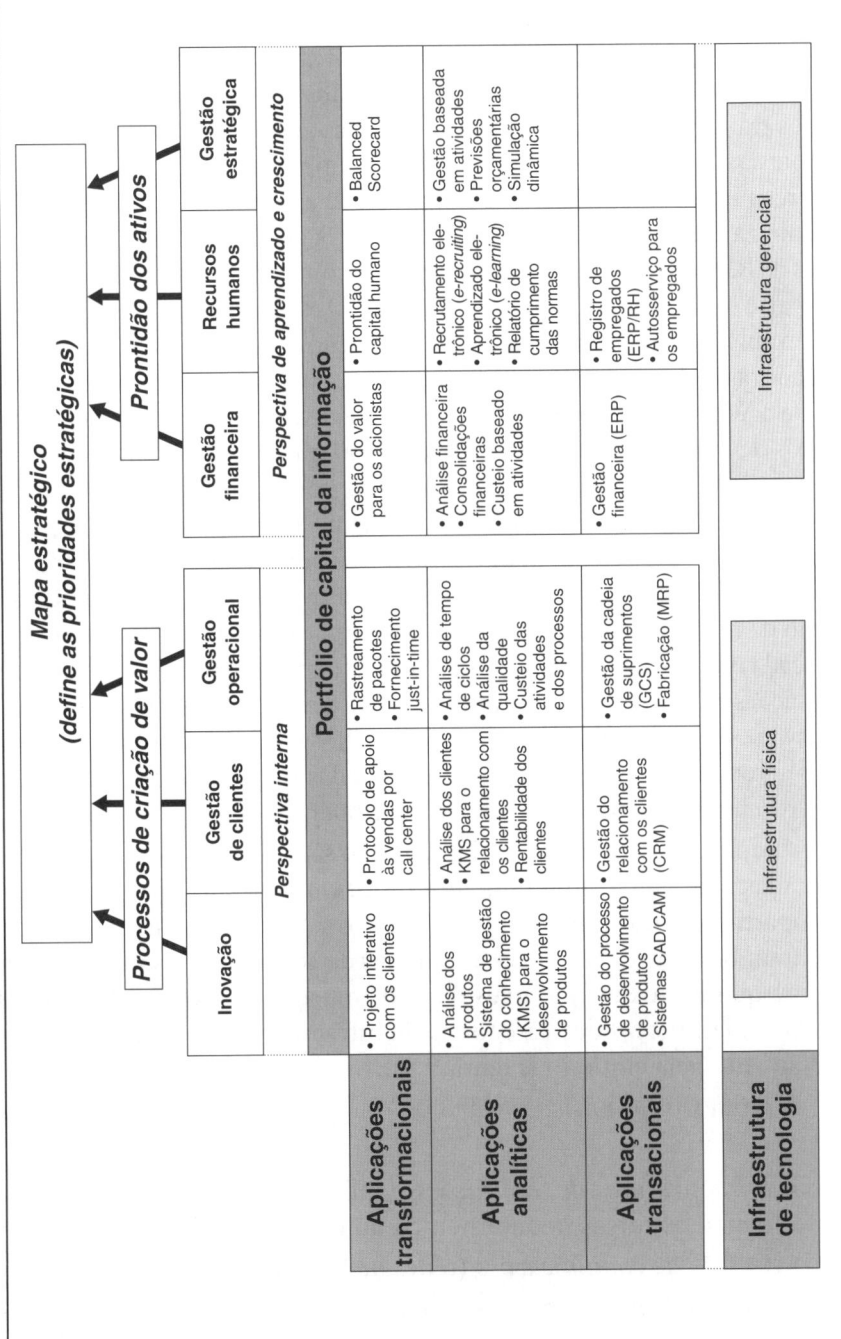

Mapa estratégico
(define as prioridades estratégicas)

Processos de criação de valor → Inovação | Gestão de clientes | Gestão operacional
Perspectiva interna

Prontidão dos ativos → Gestão financeira | Recursos humanos | Gestão estratégica
Perspectiva de aprendizado e crescimento

Portfólio de capital da informação

	Inovação	Gestão de clientes	Gestão operacional	Gestão financeira	Recursos humanos	Gestão estratégica
Aplicações transformacionais	• Projeto interativo com os clientes	• Protocolo de apoio às vendas por call center	• Rastreamento de pacotes • Fornecimento just-in-time	• Gestão do valor para os acionistas	• Prontidão do capital humano	• Balanced Scorecard
Aplicações analíticas	• Análise dos produtos • Sistema de gestão do conhecimento (KMS) para o desenvolvimento de produtos	• Análise dos clientes • KMS para o relacionamento com os clientes • Rentabilidade dos clientes	• Análise de tempo de ciclos • Análise da qualidade • Custeio das atividades e dos processos	• Análise financeira • Consolidações financeiras • Custeio baseado em atividades	• Recrutamento eletrônico (*e-recruiting*) • Aprendizado eletrônico (*e-learning*) • Relatório de cumprimento das normas	• Gestão baseada em atividades • Previsões orçamentárias • Simulação dinâmica
Aplicações transacionais	• Gestão do processo de desenvolvimento de produtos • Sistemas CAD/CAM	• Gestão do relacionamento com os clientes (CRM)	• Gestão da cadeia de suprimentos (GCS) • Fabricação (MRP)	• Gestão financeira (ERP)	• Registro de empregados (ERP/RH) • Autosserviço para os empregados	

Infraestrutura de tecnologia — Infraestrutura física | Infraestrutura gerencial cluem-se finanças, recursos humanos e planejamento estratégico. Na década de 1990, a maioria das organizações desenvolveu novos níveis de eficácia potencial na gestão financeira, por meio de sistemas ERP em nível transacional. Esses sistemas em nível transacional respaldam aplicações analíticas, como custeio baseado em atividades e análise financeira, assim como modelos transformacionais de gestão financeira, como gestão de valor para os acionistas e gestão baseada em valor. A implementação de sistemas ERP exerceu impacto igualmente positivo sobre a gestão de recursos humanos, dinamizando os registros de empregados e a gestão de benefícios. Os sistemas de RH baseados em Web permitem o controle direto pelos empregados de parte de seus programas de benefícios. Os sistemas ERP também possibilitam aplicações analíticas, como a elaboração de relatórios para agências reguladoras, sobre o cumprimento das normas vigentes, além de recrutamento pela Web. Importante aplicação estratégica são os programas personalizados de aprendizagem eletrônica (*e-learning*), para o desenvolvimento de competências nas funções estratégicas, conforme analisado no Capítulo 8. Entre as aplicações transformacionais inclui-se o programa para a gestão da prontidão do capital humano. Os processos de planejamento estratégico baseiam-se nos sistemas transacionais de outros processos, integrados por meio de um repositório de dados. Várias aplicações analíticas, como gestão baseada em atividades, modelos de previsão, planejamento de cenários e simulações dinâmicas, melhoram muito os processos de planejamento. Os softwares de Balanced Scorecard, embutidos nos novos sistemas de relatórios gerenciais, capazes de gerar a agenda das reuniões sobre estratégia, estão revelando sua natureza transformacional.

As aplicações de capital da informação são eficazes apenas quando sustentadas pelos pilares de uma *infraestrutura de tecnologia* quase sempre compartilhada por muitas aplicações. Peter Weill e Marianne Broadbent geraram boa parte das ideias de vanguarda sobre esse assunto. Com base em pesquisas envolvendo mais de 100 empresas em todo o mundo, esses autores identificam dez categorias de infraestrutura a serem gerenciadas ativamente pela empresa (Figura 9.4).[3]

A *infraestrutura física* inclui:

- *Infraestrutura de aplicações* (aplicações compartilhadas, como e-mail, recursos de internet, computação móvel).
- *Gestão de comunicações* (redes de banda larga, intranets).
- *Gestão de dados* (bancos de dados centralizados).
- *Segurança e risco* (políticas de segurança, planejamento de desastres, firewalls).

Figura 9.4 Componentes da infraestrutura de TI: modelo Weill/Broadbent

Infraestrutura de TI	Infraestrutura física	Infraestrutura de aplicações
	• Gestão de comunicações • Gestão de dados • Segurança e risco • Gestão do canal • Gestão de instalações • Infraestrutura gerencial	• Gestão de TI • Arquitetura e padrões • Educação em TI • P&D em TI

- *Gestão de canais* (sites na Web, call centers).
- *Gestão de instalações* (mainframes de grande porte, sala dos servidores, LANs).

A *infraestrutura gerencial* inclui:

- *Gestão de TI* (planejamento de sistemas de informação; acordos em nível de serviço, negociações com fornecedores).
- *Arquitetura e padrões* (para dados, comunicação, tecnologia e assim por diante).
- *Educação em TI* (treinamento, educação gerencial).
- *P&D em TI* (tecnologias emergentes).

Os investimentos em infraestrutura de tecnologia geralmente consomem quase 60% das despesas com TI. Mas raramente é possível associar esses gastos diretamente com benefícios tangíveis. Os benefícios decorrem das aplicações que se erguem sobre a infraestrutura de TI (ou da prevenção de perdas resultantes de furtos, desastres e violações de segurança). Compete aos executivos avaliar como os investimentos em infraestrutura capacitam o portfólio de aplicações de TI e também como diferentes infraestruturas impõem limites ou criam opções para as aplicações de TI. Por exemplo, sem recursos de rede global, as empresas talvez não sejam capazes de desenvolver sistemas de gestão do conhecimento que permitam a profissionais em todo o mundo compartilhar experiências e expertise.

ALINHAMENTO DO CAPITAL DA INFORMAÇÃO À ESTRATÉGIA

Os executivos devem garantir que seu portfólio de aplicações de capital da informação alinha-se com os processos internos estratégicos nos mapas estratégicos da organização. Várias organizações garantiram o sucesso por meio de uma série de workshops depois do desenvolvimento dos primeiros mapas estratégicos. Em cada workshop, os participantes elaboraram um plano integrado de capital da informação para um dos temas estratégicos do mapa estratégico, como *garantir respostas rápidas* ou *conhecer os segmentos de clientes*. Os participantes desses workshops são oriundos de unidades da organização de linha, assim como das áreas de RH e de TI. Dessa maneira, a expertise dos profissionais de TI, assim como as de outros especialistas, contribui para a formação do capital da informação necessário à execução de cada componente da estratégia. Os resultados desses workshops são transmitidos às várias unidades organizacionais responsáveis pela implementação do plano.

Lembre-se de que o Consumer Bank, apresentado no Capítulo 7 (Figura 7.4), perseguia uma estratégia de solução para os clientes, baseada no desenvolvimento de relacionamentos pessoais entre os clientes e seus consultores financeiros (Figura 9.5). Para o processo de *vendas cruzadas*, no tema gestão do cliente, a equipe do workshop identificou um sistema de autogestão do portfólio do cliente como aplicação transformacional que capacitaria os clientes a analisar e a manejar seus próprios planos financeiros. A equipe do workshop também descobriu uma aplicação analítica para vendas cruzadas – um sistema de rentabilidade do cliente – e uma aplicação transacional – um arquivo integrado de clientes. O processo *compreender os segmentos de clientes* compartilhava a necessidade de um sistema de rentabilidade do cliente, assim como um sistema próprio de feedback do cliente, para pesquisas de mercado diretas. O workshop não foi capaz de identificar nenhuma aplicação transformacional para esse processo.

O processo *mudar para canais adequados* exigiu bases sólidas em sistemas transacionais, inclusive um pacote integrado de software CRM, com módulos referentes a gerenciamento do funil de vendas, gerenciamento de pedidos e automação da força de vendas. Para o processo *fornecer respostas rápidas*, no tema gestão de operações, os participantes identificaram uma aplicação transformacional, autoajuda dos clientes, e uma aplicação analítica, um sistema de gestão do conhecimento, baseado em comunidade de melhores práticas, para o compartilhamento de técnicas de vendas bem-sucedidas entre profissionais de telemarketing. O processo *minimizar problemas* exigiu uma aplicação analítica para a avaliação da qualidade

Figura 9.5 Portfólio estratégico do capital da informação: Consumer Bank

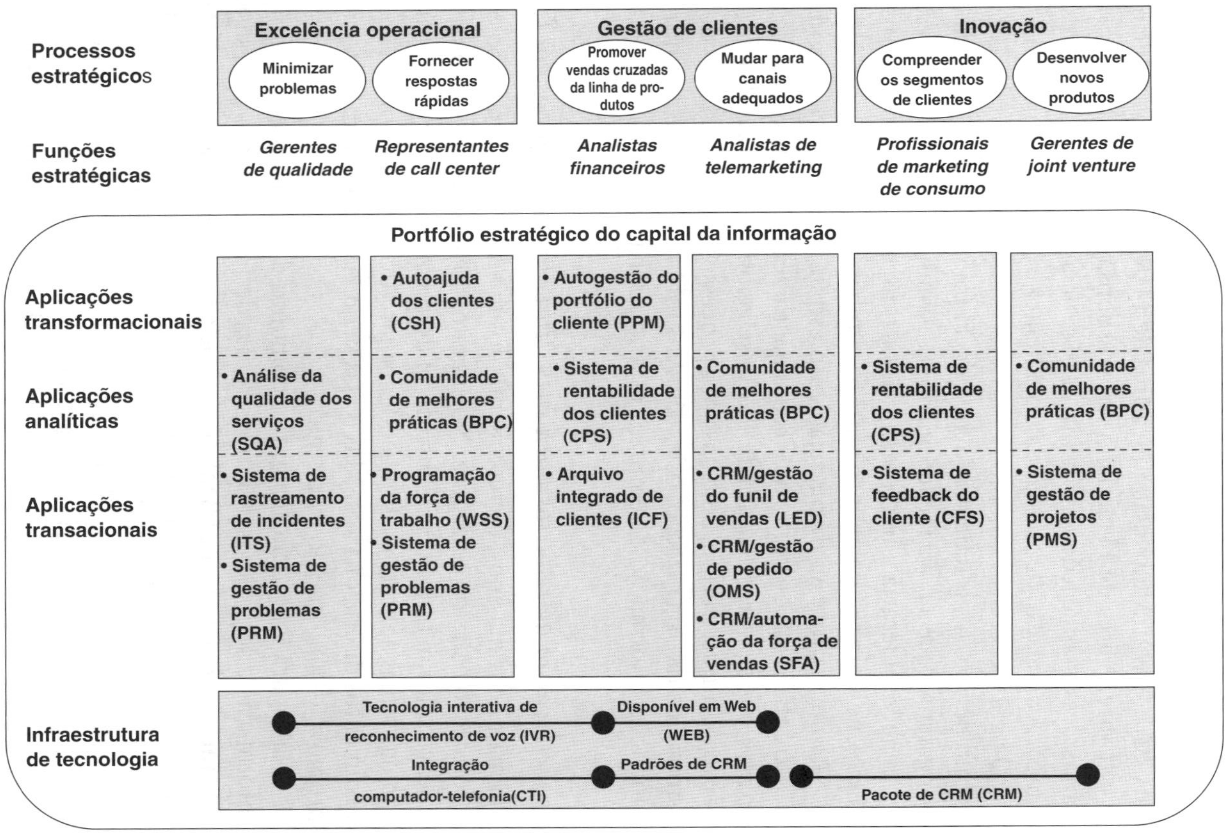

Processos estratégicos	**Excelência operacional**		**Gestão de clientes**		**Inovação**	
	Minimizar problemas	Fornecer respostas rápidas	Promover vendas cruzadas da linha de produtos	Mudar para canais adequados	Compreender os segmentos de clientes	Desenvolver novos produtos
Funções estratégicas	*Gerentes de qualidade*	*Representantes de call center*	*Analistas financeiros*	*Analistas de telemarketing*	*Profissionais de marketing de consumo*	*Gerentes de joint venture*

Portfólio estratégico do capital da informação

Aplicações transformacionais		• Autoajuda dos clientes (CSH)	• Autogestão do portfólio (PPM)			
Aplicações analíticas	• Análise da qualidade dos serviços (SQA)	• Comunidade de melhores práticas (BPC)	• Sistema de rentabilidade dos clientes (CPS)	• Comunidade de melhores práticas (BPC)	• Sistema de rentabilidade dos clientes (CPS)	• Comunidade de melhores práticas (BPC)
Aplicações transacionais	• Sistema de rastreamento de incidentes (ITS) • Sistema de gestão de problemas (PRM)	• Programação da força de trabalho (WSS) • Sistema de gestão de problemas (PRM)	• Arquivo integrado de clientes (ICF)	• CRM/gestão do funil de vendas (LED) • CRM/gestão de pedido (OMS) • CRM/automação da força de vendas (SFA)	• Sistema de feedback do cliente (CFS)	• Sistema de gestão de projetos (PMS)

Infraestrutura de tecnologia

- Tecnologia interativa de reconhecimento de voz (IVR)
- Integração computador-telefonia (CTI)
- Disponível em Web (WEB)
- Padrões de CRM
- Pacote de CRM (CRM)

dos serviços, como ferramenta para a identificação de problemas, além de dois sistemas correlatos no nível transacional, um de rastreamento de incidentes e outro de gerenciamento de problemas.

Esse portfólio de aplicações exigiu vários componentes de infraestrutura de TI. Muitos deles foram módulos acessórios a um pacote integrado de CRM. O workshop incumbiu a área de TI de adquirir, instalar e manter o software. A área de TI também seria responsável por adaptar para a Web várias dessas aplicações e por integrá-las na arquitetura geral do site do banco. A aplicação de autoajuda dos clientes exigiu um projeto interno de P&D para o desenvolvimento de nova tecnologia interativa de reconhecimento de voz. Mais uma vez, a área de TI foi indicada como responsável por garantir que a nova tecnologia fosse assimilada com sucesso. A área de TI também lideraria a implementação da integração computador-telefonia, tecnologia relativamente nova para o banco.

Assim, o processo de planejamento estratégico do CI conduzido pelo banco definiu um portfólio de CI com quatorze aplicações exclusivas e cinco projetos de infraestrutura de TI. Ao selecionar este portfólio de aplicações e de infraestrutura, com base nos processos internos críticos do mapa estratégico da organização, os executivos foram capazes de garantir que o capital da informação da empresa estaria alinhado com a estratégia.

Alocação de recursos para investimentos estratégicos em CI

Há mais de trinta anos, o crescimento dos investimentos em tecnologia da informação tem sido constante. No entanto, 90% das despesas anuais identificáveis de um típico orçamento de TI destinam-se à operação e manutenção das atuais aplicações. Em geral, apenas 10% estão disponíveis para investimentos discricionários. Mas é essa pequena parcela remanescente que promove o alinhamento estratégico.

Na Figura 9.5, identificamos o conjunto das aplicações de capital da informação e de projetos de infraestrutura de TI necessários para sustentar a estratégia do Consumer Bank. A lista de projetos é plausível e defensável, mas cada um exige investimentos explícitos em dinheiro e pessoas para adquirir, desenvolver e instalar o software. A criatividade do processo de planejamento estratégico de TI deve coexistir com as realidades da economia da organização. As diretrizes para o desenvolvimento de uma estratégia de investimento em capital organizacional, ilustradas na Figura 9.6, devem envolver os seguintes aspectos:

- O nível geral de investimentos em novos projetos de capital da informação.

Figura 9.6 Desenvolvimento da estratégia de investimentos em capital da informação

Portfólio de capital da informação

	Gestão do produto	Gestão do cliente	Gestão operacional	Gestão financeira	Gestão de RH	Gestão da estratégia
Transformacional						
Analítico		① Quais aplicações				
Transacional						
Infraestrutura						

Estratégia de investimento em capital da informação

② Nível de investimento

③ Mix (por processo estratégico)

④ Mix (por categoria de capital da informação)

Informações aprovadas, plano de investimento de capital

⑤ Quais aplicações

⑥ Quanto Investir

⑦ Quando Investir

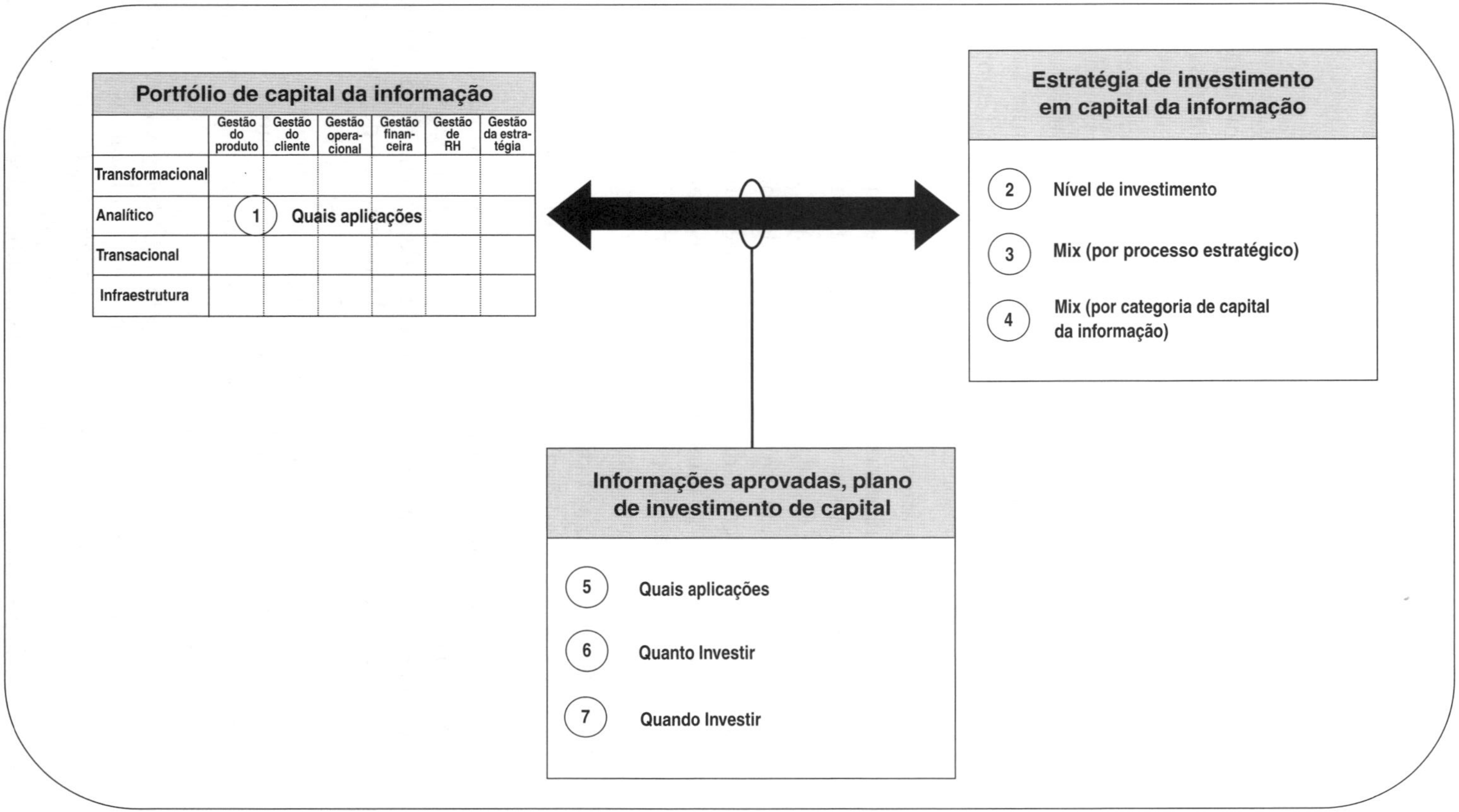

- O mix almejado de investimentos por processo estratégico.
- O mix almejado de investimentos por categoria de capital da informação.

Estudos de benchmark recentes indicam que a organização típica gasta cerca de 4% de sua receita em atividades de capital da informação.[4] Este número apresenta variações significativas por setor. As empresas de serviços financeiros gastam 7%; as empresas industriais, 1,7%; e as empresas de varejo, 1% das vendas em capital da informação. Deste total, já observamos que aproximadamente 90% é não discricionário, pois destina-se a respaldar a operação e a manutenção das aplicações e da infraestrutura instalada no passado. No entanto, as empresas devem manter-se em alerta para preservar a eficiência dos sistemas existentes e para remover aplicações que se tornaram obsoletas.

Os gastos discricionários sustentam as novas aplicações e projetos em capital da informação necessários para a execução da estratégia. Sem dúvida, as empresas podem gastar muito pouco em capital da informação e pôr em risco a organização. Os avanços da tecnologia da informação ainda são a força motriz da nova economia. Com a queda contínua dos custos de produção de chips em cerca de 50% a cada vinte e um meses, a toda hora surgem novas aplicações e usos.[5] Por exemplo, os avanços tecnológicos em computação móvel e sem fio provavelmente exercerão grande impacto em todos os setores da economia no futuro próximo.

No outro extremo, as organizações podem gastar demais em aplicações e projetos de capital da informação. Para captar todos os benefícios potenciais, cada investimento em software deve ser acompanhado por mudanças organizacionais significativas e pelo desenvolvimento de novas competências em capital humano. Como as organizações são capazes de absorver apenas um volume limitado de mudança em dado período de tempo, a tentativa de desenvolver capital da informação demais em muito pouco tempo redundará em desperdício de boa parte dos novos investimentos. Pesquisas mostram que 70% das organizações que implementam pacotes dispendiosos e abrangentes de CRM não conseguem mostrar resultados, basicamente porque os investimentos em software não estavam ligados a programas de gestão da mudança.[6]

Os gastos em novas aplicações de capital da informação refletem dois fenômenos subjacentes: a substituição de sistemas obsoletos por tecnologia no estado da arte (como os sistemas integrados de gestão empresarial – ERP) e o uso de novas tecnologias em novas aplicações (como comércio eletrônico). É possível prever que tanto as substituições como as novas aplicações continuarão a crescer no futuro, desta forma as empresas precisarão de diretrizes estratégicas de cima para baixo para orientar seus investimentos em novas aplicações de capital da informação. Por meio de analogia, os investidores quase sempre avaliam a capacidade de inovação de uma empresa comparando seus investimentos em P&D através de benchmarking em grupos de empresas. Empresas como a Intel, que atuam em setores em rápida evolução, sob o impulso da tecnologia, gastam de 12% a 15% das vendas anuais em P&D, enquanto as empresas industriais tradicionais, como a Ingersoll-Rand, que atuam em setores relativamente mais estáveis e mais lentos, gastam apenas 2% das vendas anuais em P&D. Nossa experiência com investimentos em capital organizacional sugere que gastos inferiores a 5% (dos gastos totais com capital da informação) em P&D provavelmente ficam aquém da massa crítica e que 15% é provavelmente o limite superior do que pode ser absorvido pela organização. Assim, os novos investimentos em capital da informação devem representar entre 5% e 15% do total dos gastos com capital da informação.

A segunda diretriz para o planejamento dos investimentos em capital da informação determina o mix de investimentos entre infraestrutura de tecnologia e aplicações de capital da informação. A Figura 9.7 identifica os benchmarks desenvolvidos por Weill e Broaden em sua pesquisa entre várias empresas. A média das empresas destina 58% de seus gastos com capital organizacional à infraestrutura de TI, com porcentagens mais ou menos iguais (12%, 16% e 14%) nas três categorias de aplicação. Em comparação com a média, a organização que persegue uma *estratégia de redução de custos* investirá muito menos em infraestrutura (42%), bem mais em aplicações transacionais (40%) e menos em aplicações transformacionais (5%). Já a organização cuja estratégia exija *flexibilidade e agilidade* – para acelerar o lançamento de novos produtos no mercado ou para promover vendas cruzadas – desloca os recursos de aplicações transacionais (11%) e os concentra em infraestrutura (58%). Em geral, as empresas voltadas para a agilidade gastam acima da média setorial com capital da informação, ao passo que as empresas orientadas para a redução de custos destinam ao capital organizacional, não surpreendentemente, de 10% a 20% menos do que a média setorial. Esses benchmarks representam pontos de referência para o desenvolvimento de uma estratégia de investimento em capital da informação.

A título de exemplo, retornemos ao portfólio de capital da informação almejado pelo Consumer Bank, como mostra a Figura 9.8, parte A (ver na Figura 9.5 a descrição completa das abreviaturas de três letras desta figura). O financiamento de todas as propostas do portfólio de projetos consumiria 20% do total dos gastos com capital da informação, acima do limite

Figura 9.7 Economia típica do portfólio de capital da informação: pesquisa de Weill/Broadbent

Capital da informação	Fonte de valor típica	Mix orçamentário típico	Foco na redução de custos	Equilíbrio custo e agilidade	Foco na flexibilidade e na agilidade
Aplicações transformacionais	O aumento da velocidade de chegada ao mercado ou a cobrança de preços mais altos resulta em maior receita por empregado	14%	5%	15%	17%
Aplicações analíticas	Fornecem informações para a gestão da empresa. Particularmente importante para setores intensivos em informação (informações sobre clientes, qualidade do produto)	16%	13%	20%	14%
Aplicações transacionais	O foco primário concentra-se na redução de custos	12%	40%	15%	11%
Infraestrutura de TI	Promove a flexibilidade e a integração dos negócios, fomenta as vendas cruzadas e o lançamento de novos produtos	58%	42%	50%	58%
Gastos totais com o capital da informação	Nível de gastos (TI/receita) Todos os setores 4,1% Serviços financeiros 7,0% Indústria 1,7% Varejo 1,0%		Gastos totais com o capital da informação 10 a 20% abaixo da média setorial	Na média setorial	Gastos totais com o capital da informação 10 a 25% acima da média setorial

superior da faixa de investimentos recomendada. O quadro de investimentos (Figura 9.8, parte B) analisa três alternativas: investimento baixo (5% do total dos gastos com capital da informação), investimento médio (10%) e investimento alto (15%). O investimento médio exige a eliminação de metade da lista das propostas de aplicação, com a outra metade postergada para o ano seguinte. Nesse caso, a restrição dos gastos impõe a disciplina de gerenciar de maneira conservadora a velocidade da mudança. O cenário de investimento médio caracteriza-se por investimentos expressivos em aplicações transacionais (50%) e em infraestrutura (30%), refletindo a ênfase na construção do conjunto de aplicações de CRM. Muitos dos processos estratégicos demandam diferentes módulos de sofware de CRM. Caso se dispusesse de mais recursos, efetuar-se-iam mais investimentos em aplicações transformacionais e analíticas. Embora as diretrizes e os *benchmarks* não sejam absolutos, a interação da estratégia de investimentos em capital da informação com o portfólio de capital da informação permite que os executivos examinem os *trade-offs* de custo – benefício, chegando afinal a uma estratégia economicamente viável de investimentos em capital da informação.

MEDIDA DA PRONTIDÃO DO CAPITAL DA INFORMAÇÃO

A prontidão estratégica das aplicações e da infraestrutura de capital da informação é o indicador mais significativo do valor do capital da informação da organização. Como na prontidão estratégica do capital humano, a prontidão estratégica do capital da informação mede a extensão em que o capital da informação respalda a estratégia da empresa.

Pode-se contemplar um espectro de abordagens de mensuração do portfólio de capital da informação. A abordagem mais fácil e mais frequente é um simples indicador numérico que identifica o status de cada aplicação. A Figura 9.9 ilustra um esquema de seis níveis. Os níveis 1 e 2 são considerados normais e operacionais. Os níveis 3 e 4 representam novas aplicações já identificadas e financiadas, que se encontram em execução. As funcionalidades ainda não existem, mas já se dispõe de programas de desenvolvimento para fechar a lacuna. Os níveis 5 e 6 representam as áreas problemáticas. Necessitam-se das aplicações para sustentar a estratégia, mas ainda não se tomou nenhuma providência para criar e fornecer a funcionalidade.

Os gerentes responsáveis pelos programas de desenvolvimento do capital da informação fornecem os julgamentos subjetivos para o sistema de

Figura 9.8 Portfólio de capital da informação/estratégia de investimentos do Consumer Bank

A. Portfólio de investimentos em capital da informação (candidatos)

Portfólio estratégico de capital da informação							Total de investimentos em capital da informação
Categoria	**Gestão de produtos**	**Gestão de clientes**	**Gestão operacional**	**Gestão financeira**	**Gestão de RH**	**Gestão da estratégia**	
Aplicações transformacionais		PPM	CSH	SVA	HCR	BSC	$WWW
Aplicações analíticas	CPS BPC	CPS BPC	SQA BPC			ABC	$XXX
Aplicações transacionais	CRM/CFS PMS	CRM/ICF CRM/LED CRM/SFA CRM/OMS	ITS WSS PRM				$YYY
Infraestrutura de TI	**Físico**: CRM WEB CTI			**Gerencial**: IVR (R & D) CRM Standards			$ZZZ
Total dos investimentos em novo capital da informação							$XYZ
Investimentos em novo capital da informação (% do total)							20%
Despesas totais (capital da informação/receita)							6,6%

B. Estratégia de investimentos em capital da informação

	Investimento baixo	Investimento médio	Investimento alto	Padrão (mix de despesas)
Aplicações transformacionais		10%	+	14%
Aplicações analíticas		10%	+	16%
Aplicações transacionais		50%		12%
Infraestrutura de TI		30%	+	58%
Total dos investimentos em novo capital da informação	0,25XYZ	0,5XYZ	0,75XYZ	
Investimentos em novo capital da informação (% do total)	5%	10%	15%	
Despesas totais (capital da informação/receita)	5,7%	6,0%	6,3%	6,0%

Figura 9.9 Mensuração da prontidão estratégica do capital da informação

Prontidão estratégica: estado de preparação dos ativos intangíveis para respaldar a estratégia

Situação das aplicações estratégicas

Nível	Status
1	OK como está
2	Necessita de pequenas melhorias
3	Desenvolvimento em andamento (no prazo)
4	Desenvolvimento em andamento (atrasado)
5	Necessidade de grandes melhorias (sem ação)
6	Necessidade de nova aplicação (sem ação)

(VRD) (AML) (VML)

Vendas cruzadas da linha de produtos

	Nível
• Planejamento do portfólio (PPM)	4
• Sistema de rentabilidade dos clientes (CPS)	3
• Arquivo integrado dos clientes (ICF)	2
• Disponibilidade para a Web (WEB)	3
• Padrões CRM	2

Estratégia → Prontidão estratégica ← Aplicações estratégicas do capital da informação

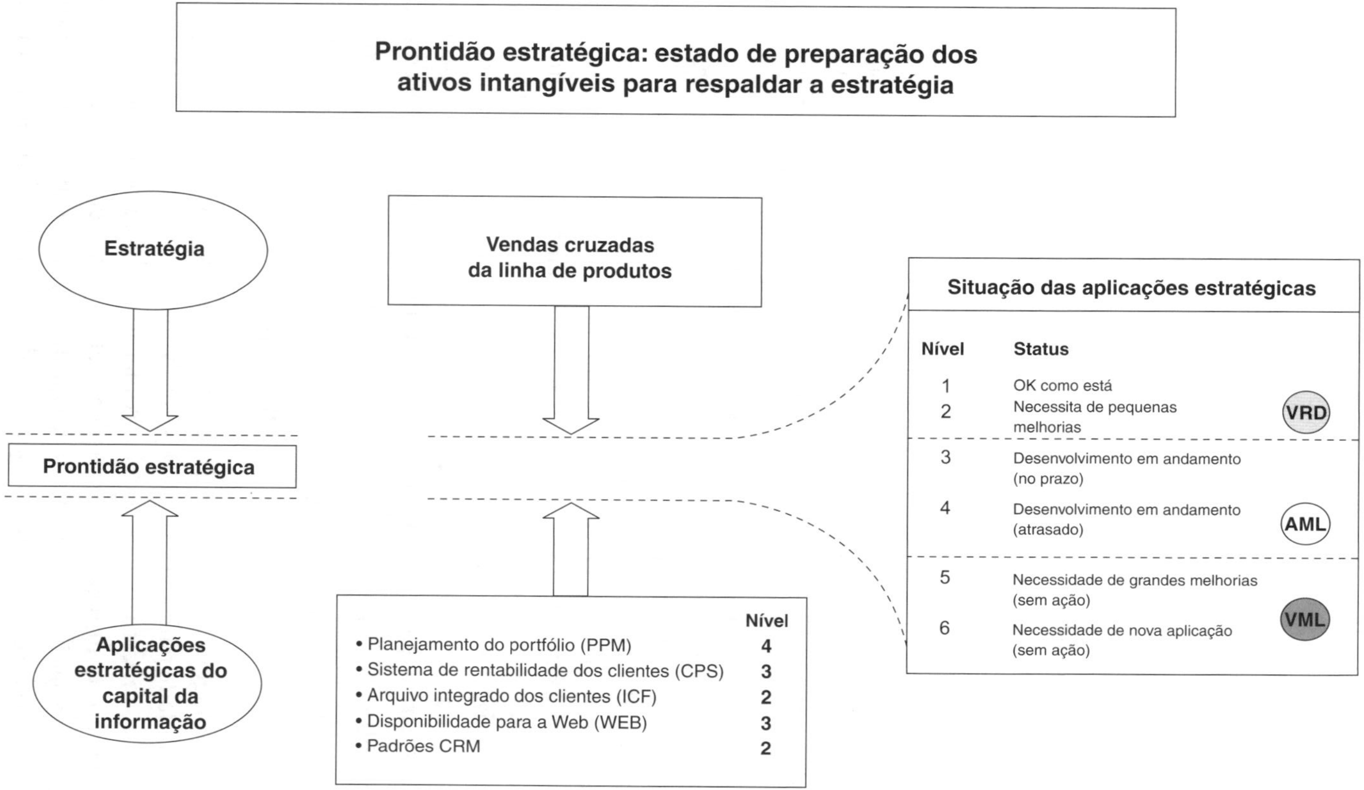

* VRD = verde; AML = amarelo e VML = vermelho.

mensuração simples apresentado na Figura 9.9. O CIO é o responsável final pela integridade dos números apresentados. O sistema de mensuração concentra a atenção no processo de desenvolvimento para garantir que se estão empreendendo os melhores esforços para criar a prontidão estratégica. A Figura 9.10 mostra como os indicadores de prontidão referentes a cada programa de aplicações e de infraestrutura do Consumer Bank se agregam num relatório sobre a situação do portfólio. Os gerentes que veem esse relatório podem determinar, num relance, a prontidão estratégica do capital da informação da organização, assim como as áreas em que se necessita de mais foco. O relatório oferece excelente ferramenta para o monitoramento do portfólio dos programas de desenvolvimento do capital organizacional.

Na outra ponta do espectro, muitas organizações de TI mais sofisticadas adotam avaliações mais quantitativas e objetivas de seus portfólios de aplicações. Assim, dentre outros recursos, podem realizar pesquisas entre os usuários para avaliar o grau de satisfação com cada aplicação. Também dispõem da alternativa de realizar análises financeiras para determinar os custos de operação e manutenção de cada aplicação. Algumas realizam auditorias técnicas para avaliar a qualidade dos códigos, assim como a operabilidade, a documentação e a frequência de falhas de cada aplicação. Com base nesse perfil, a organização desenvolve estratégias para a gestão do portfólio dos atuais componentes do capital da informação, da mesma maneira como se gerenciaria um portfólio de ativos físicos, como máquinas ou automóveis. Por exemplo, aplicações com altos níveis de manutenção podem ser aprimoradas; aplicações com altos custos operacionais podem ser otimizadas e aplicações com altos níveis de insatisfação dos usuários podem ser substituídas. Essa abordagem mais abrangente é especialmente eficaz para a gestão de um portfólio de aplicações que já esteja em funcionamento.

RESUMO

As abordagens de mensuração propostas neste capítulo criam uma nova mentalidade para a gestão do desenvolvimento e da utilização do capital da informação. O foco se desloca da avaliação do desempenho do capital da informação, com base em estatísticas referentes a custos e confiabilidade, para a avaliação fundamentada no alinhamento estratégico: a mensuração de como o capital da informação contribui para os objetivos estratégicos da organização, sobretudo para os processos diferenciadores críticos, identificados na perspectiva interna do mapa estratégico da organização. O capi-

Figura 9.10 Prontidão do capital da informação no Consumer Bank

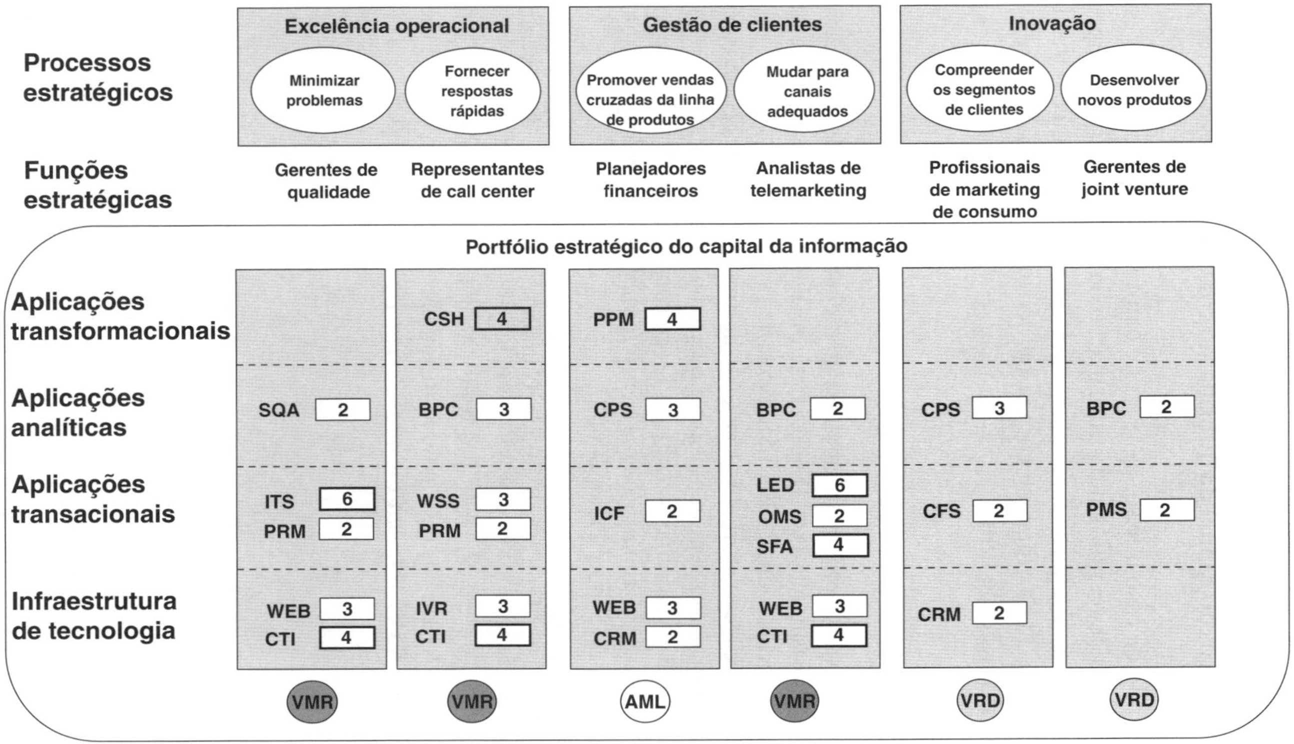

	Excelência operacional		Gestão de clientes			Inovação	
Processos estratégicos	Minimizar problemas	Fornecer respostas rápidas	Promover vendas cruzadas da linha de produtos	Mudar para canais adequados		Compreender os segmentos de clientes	Desenvolver novos produtos
Funções estratégicas	Gerentes de qualidade	Representantes de call center	Planejadores financeiros	Analistas de telemarketing		Profissionais de marketing de consumo	Gerentes de joint venture

Portfólio estratégico do capital da informação

Aplicações transformacionais	SQA 2	CSH 4	PPM 4	BPC 2		CPS 3	BPC 2
Aplicações analíticas	ITS 6 / PRM 2	BPC 3	CPS 3	LED 6 / OMS 2 / SFA 4		CFS 2	PMS 2
Aplicações transacionais		WSS 3 / PRM 2	ICF 2				
Infraestrutura de tecnologia	WEB 3 / CTI 4	IVR 3 / CTI 4	WEB 3 / CRM 2	WEB 3 / CTI 4		CRM 2	
	VMR	VMR	AML	VMR		VRD	VRD

1. OK
2. Pequenas melhorias
3. Desenvolvimento em andamento (no prazo)
4. Desenvolvimento em andamento (atrasado)
5. Necessidade de grandes melhorias (sem ação)
6. Necessidade de nova aplicação (sem ação)

* VMR = vermelho; AML = amarelo e VRD = verde.

tal da informação deve ser gerenciado como um ativo, cujo valor seja mensurado pela maneira como contribui para a estratégia da organização, com vistas à criação de vantagem competitiva. As técnicas de alinhamento do portfólio descritas neste capítulo fornecem uma abordagem prática para alinhar os ativos do capital da informação com os objetivos estratégicos da corporação.

O estudo de caso que se segue a este capítulo descreve o mapa estratégico do grupo de tecnologia da informação da T. Rowe Price, empresa de gestão de ativos. A equipe do projeto usou o mapa estratégico para alinhar a estratégia de TI da empresa, com vistas ao fornecimento de novos recursos à organização de linha.

NOTAS

1. Para uma visão geral de taxonomias úteis em tecnologia da informação, ver "Using Measurements to Demonstrate the Business Value of IT" (Stanford, CT: Gartner Group, 2000), ESR # 5610.
2. Os processos regulatórios e sociais, não ilustrados aqui, também exigem capital da informação para impulsionar o desempenho.
3. Peter Weill e Marianne Broadbent, *Leveraging the New Infrastructure: How Market Leaders Capitalize on the New Information Technology* (Boston: Harvard Business School Press, 2000).
4. Ibid., 38
5. B. Schendler, "Intel's $10 Billion Gamble", *Fortune*, 11 de novembro de 2002, 98.
6. Scott Nelson, "Seven Reasons Why CRM Fails", Gartner Group Report 0702-0117-103570; D. Rigby, F. Reichheld e P. Schefter, "Avoid the Four Perils of CRM", *Harvard Business Review* (fevereiro de 2002).

ESTUDO DE CASO

T. ROWE PRICE

Antecedentes

A T. Rowe Price (TRPA), empresa de gestão de ativos com sede em Baltimore, é uma importante prestadora de serviços de investimentos para pessoas físicas e programas de aposentadoria de empresas, que tinha sob sua gestão, no final de 2001, US$156,3 bilhões. A TRPA atua como assessora de investimentos de mais de oito milhões de clientes individuais e institucionais, por meio de seu conjunto de fundos mútuos e de outros portfólios de investimentos. Com mais de 600 empregados e prestadores de serviços e com despesas anuais acima de US$100 milhões, a T. Rowe Price Investment Technologies, Inc. (TRPIT), subsidiária integral da TRPA, presta serviços de gestão de informações e de tecnologia de missão crítica às unidades de negócios da T. Rowe Price.

A situação

Em fins de 2000, a TRPA definiu o objetivo para toda a empresa de prestar "serviços de classe mundial". Embora a TRPA já ostentasse uma longa história de desempenho notável em seus fundos de investimento, a saturação crescente do mercado de gestão de recursos para pessoas físicas e jurídicas impunha exigências cada vez mais rigorosas. Players de grande porte, como a Fidelity Investments e a Vanguard, conquistaram enorme participação de mercado ao oferecerem ampla constelação de opções de fundos de investimento e ao prestarem serviços de alto nível aos clientes, por meio de poderosa infraestrutura de tecnologia. Os gestores da TRPA estavam determinados a defender e a aumentar sua participação de mercado.

Além de respaldar essa meta da empresa, a TRPIT ainda enfrentava os desafios comuns com que se deparam as organizações de TI: fornecer e demonstrar o valor da tecnologia para seus clientes, as unidades de negócios, e priorizar e aplicar com eficácia e eficiência os recursos escassos de TI em toda a empresa. Em resposta a essas pressões conflitantes, a gerência sênior da TRPIT empenhou-se em melhorar os processos pelos quais seus próprios indicadores de desempenho eram selecionados, consolidados e divulgados para os stakeholders, além de servirem de base para seu próprio processo decisório. Para tanto, selecionou-se o modelo de gestão baseado no Balanced Scorecard.

A estratégia

Uma equipe de facilitadores de BSC trabalhou com um pequeno grupo de líderes da TRPIT para desenvolver e selecionar uma lista de objetivos estratégicos:

- Demonstrar valor para as unidades de negócios.
- Promover a compreensão compartilhada da estratégia da TRPIT em todos os níveis.
- Garantir mais rapidez e intensidade no alinhamento e na execução da estratégia, dentro e entre as diferentes unidades de negócios.
- Avaliar o desempenho e comunicar os resultados em bases regulares.
- Promover maior prestação de contas.
- Avaliar e priorizar as iniciativas com mais rapidez e eficácia.
- Criar condições para a prestação de serviços de classe mundial.

Esses objetivos foram transmitidos reiteradamente aos stakeholders para explicar o programa, à medida que tomava forma o BSC da TRPIT. Para promover a compreensão de sua estratégia implícita, os facilitadores entrevistaram os principais líderes da TRPIT, assim como nas unidades de negócios. A lista das principais mudanças necessárias ao sucesso da TRPIT tornou-se a base para o desenvolvimento do mapa estratégico.

Agenda de mudança da TRPIT

	De	Para
Proposição de valor da T. Rowe Price	Desempenho dos fundos	Desempenho dos fundos e serviços aos clientes
Papel da TRPIT	Suporte tático	Parceiro estratégico
Estratégia da TRPIT	Implícita	Divulgada explicitamente
Conhecimento da TRPIT	Competência técnica	Competência técnica e conhecimento do negócio
Ênfase no fornecimento	TRPIT como principal fornecedor	TRPIT como corretora de soluções
Ênfase no custo de TI	TRPIT recupera os custos	TRPIT demonstra valor para o negócio

Cultura TRPIT	Análise e discussão do problema	Identificação e execução de soluções
Gestão de projetos	Não realização de estimativas e metas	Compartilhamento de riscos e implicações com as unidades de negócios
Gestão da carga de trabalho	Muitos projetos	Prioridades estratégicas e alocação de recursos

O mapa estratégico

Embora a TRPIT seja apenas uma das várias partes que contribuem para o *desempenho financeiro* geral da TRPA, o lucro da organização (EBITDA) é apresentado como o principal objetivo financeiro da TRPIT em seu mapa estratégico (Figura 9.11). O gerenciamento das despesas com TI ajuda os gestores a gerenciar o desempenho dos fundos, gerando resultados que dependem em parte das despesas incorridas pelos fundos. A maximização da criação de valor para as unidades de negócios percorre todo um espectro de fatores, desde a atração de recursos para os fundos até a criação de condições para o melhor desempenho dos investimentos, passando pela prestação de serviços superiores aos clientes, por meio do fornecimento de informações oportunas e pontuais aos gerentes dos fundos.

Os quatro *objetivos do cliente, ou parceiros,* redigidos pela mão imaginária desses destinatários (gerentes das unidades de negócios), expressam a necessidade de que a TRPIT gerencie e corresponda às expectativas de desempenho, sob o aspecto de custo e qualidade dos serviços, antes que seja vista como parceira confiável no uso de tecnologia de maneira inovadora para executar a estratégia das unidades de negócios.

Os *objetivos dos processos internos* organizam a execução dos objetivos dos clientes em torno de três temas: *excelência operacional, aliança com as unidades de negócios e liderança de soluções.* O objetivo de fornecer sistemas confiáveis e funcionais é respaldado pelo desafio contínuo de desenvolver e gerenciar soluções com base num conjunto definido de maneira centralizada de aplicações e arquiteturas de dados, plataformas de hardware e processos de negócios. Outro objetivo crítico reflete a mudança fundamental do papel da TRPIT de fornecedor preferido para o de corretor eficaz, integrador completo e gestor de soluções geradas por fontes internas e externas. Melhorar a compreensão da TRPIT a respeito das operações das unidades de negócios é o fundamento mais importante para a gestão dos relacionamentos com as unidades de negócios e para a eficácia de suas contribuições para o sucesso delas. Dotada de tal conhecimento, a

Figura 9.11 Mapa estratégico da T. Rowe Price Investment Technologies Inc.

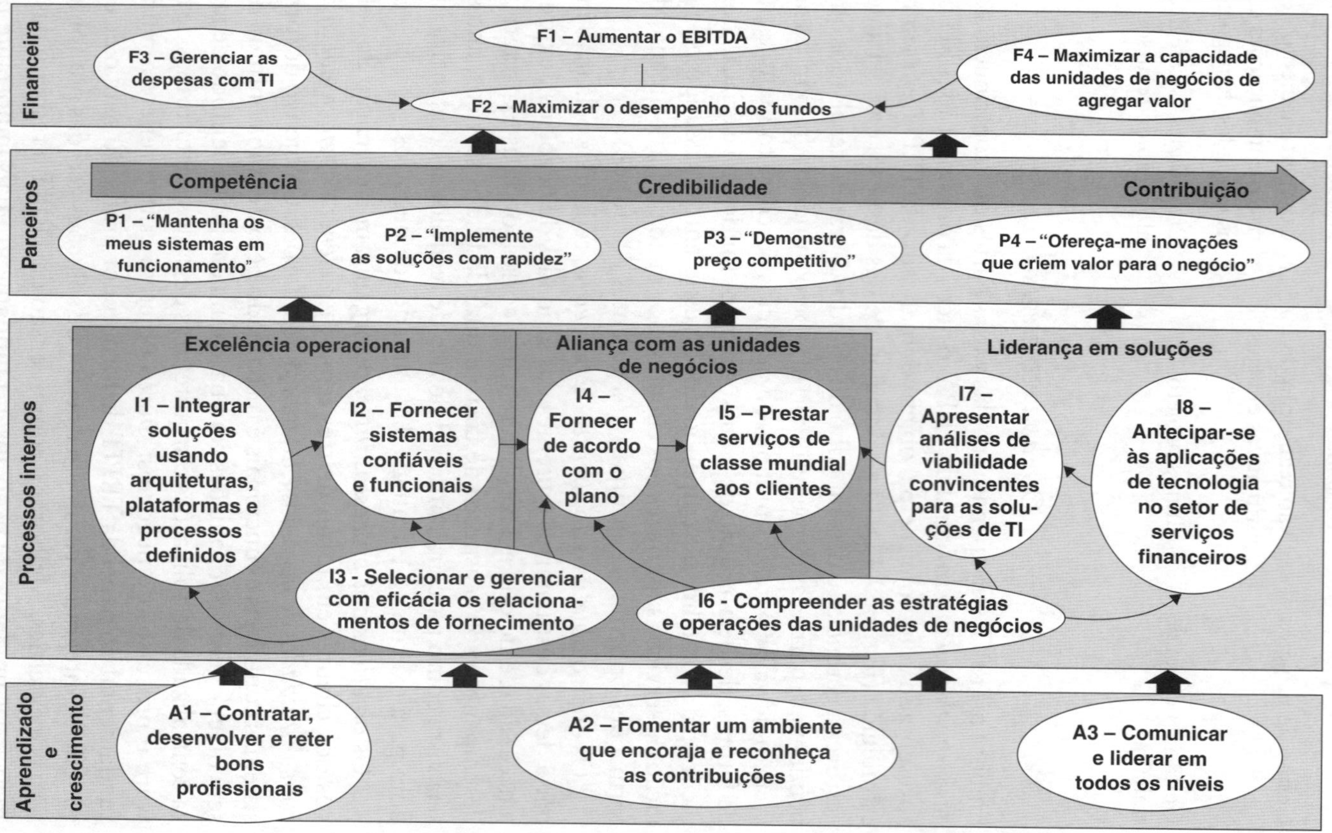

Financeira
- F3 – Gerenciar as despesas com TI
- F1 – Aumentar o EBITDA
- F2 – Maximizar o desempenho dos fundos
- F4 – Maximizar a capacidade das unidades de negócios de agregar valor

Parceiros
- P1 – "Mantenha os meus sistemas em funcionamento"
- P2 – "Implemente as soluções com rapidez"
- P3 – "Demonstre preço competitivo"
- P4 – "Ofereça-me inovações que criem valor para o negócio"

Competência → Credibilidade → Contribuição

Processos internos

Excelência operacional
- I1 – Integrar soluções usando arquiteturas, plataformas e processos definidos
- I2 – Fornecer sistemas confiáveis e funcionais
- I3 – Selecionar e gerenciar com eficácia os relacionamentos de fornecimento

Aliança com as unidades de negócios
- I4 – Fornecer de acordo com o plano
- I5 – Prestar serviços de classe mundial aos clientes
- I6 – Compreender as estratégias e operações das unidades de negócios

Liderança em soluções
- I7 – Apresentar análises de viabilidade convincentes para as soluções de TI
- I8 – Antecipar-se às aplicações de tecnologia no setor de serviços financeiros

Aprendizado e crescimento
- A1 – Contratar, desenvolver e reter bons profissionais
- A2 – Fomentar um ambiente que encoraja e reconheça as contribuições
- A3 – Comunicar e liderar em todos os níveis

TRPIT torna-se capaz de exercer novas funções de maneira mais pontual e de identificar e implementar soluções que criam valor, usando a tecnologia de maneira inovadora para prestar serviços superiores aos clientes.

A inovação é a força subjacente dos três objetivos de aprendizado e crescimento da TRPIT. As pessoas talentosas da TRPIT são estimuladas a inovar, quando a cultura deixa de valorizar a simples análise dos problemas e passa a reconhecer e a recompensar a identificação de soluções. Outro objetivo importante é o compromisso da TRPIT de criar um ambiente que encoraje e capacite todos os empregados, esperando que se comuniquem e liderem de maneira adequada, qualquer que seja o nível de autoridade e de responsabilidade formal. Finalmente, os três objetivos de aprendizado e crescimento tratam da necessidade de dispor de pessoas talentosas, que se tornam ainda mais capazes em virtude da liderança e da comunicação, numa cultura orientada para a contribuição mútua.

Depois do desenvolvimento do mapa estratégico, a TRPIT rapidamente começou a coletar dados e a comunicar resultados. Numa reunião de um dia inteiro, com a participação de quarenta gerentes seniores e de nível médio, os líderes seniores e o CEO da empresa lançaram um programa de comunicação cuidadosamente estruturado, cujo propósito era garantir que todos os membros da TRPIT compreendessem o mapa estratégico e soubessem como sua contribuição se encaixava no todo.

Breves relatos

Usando uma planilha de Excel conectada a uma apresentação em PowerPoint, a TRPIT desenvolveu rapidamente um relatório trimestral interativo no qual os gerentes e demais usuários podem clicar em cada objetivo para ver os indicadores de desempenho, metas e textos de análise. Embora os ataques de 11 de setembro tenham forçado a organização a deixar de emitir uma de suas edições, o relatório tornou-se parte importante do processo de gestão estratégica da TRPIT. Institucionalizou-se um processo formal para avaliar e priorizar as iniciativas estratégicas e o BSC concentrou o foco nas análises de custo-benefício, observância de normas, prestação de contas pela gestão de projetos e as contribuições da TRPIT. Passou-se a realizar pesquisas de satisfação dos clientes como parte do programa de scorecard, fornecendo aos gerentes feedback periódico sobre os progressos da TRPIT na capacitação do desempenho das unidades de negócios.

Para realizar o espírito do objetivo P4, "Ofereça-me soluções que criem valor para o negócio", o grupo representativo dos clientes da TRPIT empenhou-se em trabalhar com o pessoal da TRPA em áreas como finanças, jurídico e recursos humanos, para identificar os principais processos de negócios do mapa estratégico, compreender e priorizar as oportunidades de melhoria e desenvolver soluções de tecnologia.

Finalmente, adotou-se um método e uma ferramenta para a análise de custo-benefício, desenvolvida pela TRPIT e patrocinada pelo CFO da empresa em apoio ao BSC, que se converteu em parte integrante do processo orçamentário.

Caso preparado por Robert S. Gold da Balanced Scorecard Collaborative e Pam McGinnis, da T. Rowe Price. Nossos agradecimentos a Pam McGinnis e colegas por compartilharem conosco a experiência da T. Rowe Price.

CAPÍTULO 10

PRONTIDÃO DO CAPITAL ORGANIZACIONAL

Os capítulos anteriores analisaram o desenvolvimento e o alinhamento de dois ativos intangíveis de importância vital – o capital humano e o capital da informação – para os processos internos estratégicos. A fim de complementar este alinhamento de competências e tecnologias, os executivos também devem desenvolver o capital organizacional (Figura 10.1), definido como a *capacidade da organização de mobilizar e sustentar o processo de mudança necessário para executar a estratégia.* O capital organizacional potencializa a integração, de modo que cada ativo intangível humano e da informação, assim como os ativos tangíveis físicos e financeiros, não só se alinhem com a estratégia, mas também se integrem e atuem juntos para alcançarem os objetivos estratégicos da organização. Uma empresa com alto capital organizacional desenvolve uma compreensão comum da visão, da missão, dos valores e da estratégia, é fortemente guiada, cria uma cultura de desempenho acerca da estratégia, além de compartilhar conhecimentos para cima, para baixo, para os lados, em toda a organização, de modo que todos trabalhem juntos e na mesma direção. Por outro lado, uma empresa com baixo capital organizacional não consegue comunicar com sucesso suas prioridades e estabelecer nova cultura. A capacidade de criar capital organizacional positivo é um dos melhores sinais de sucesso na execução da estratégia.

A maioria das organizações de nosso banco de dados de pesquisas de mapas estratégicos e de Balanced Scorecards identifica de três a cinco objetivos para o capital organizacional na perspectiva de aprendizado e crescimento. Os objetivos típicos são "desenvolver líderes", "alinhar a força de trabalho", "compartilhar conhecimentos" e "focar o cliente". Mas a definição desses objetivos quase sempre é um esforço improvisado e intuitivo. Os executivos geralmente não dispõem de um modelo geral para concen-

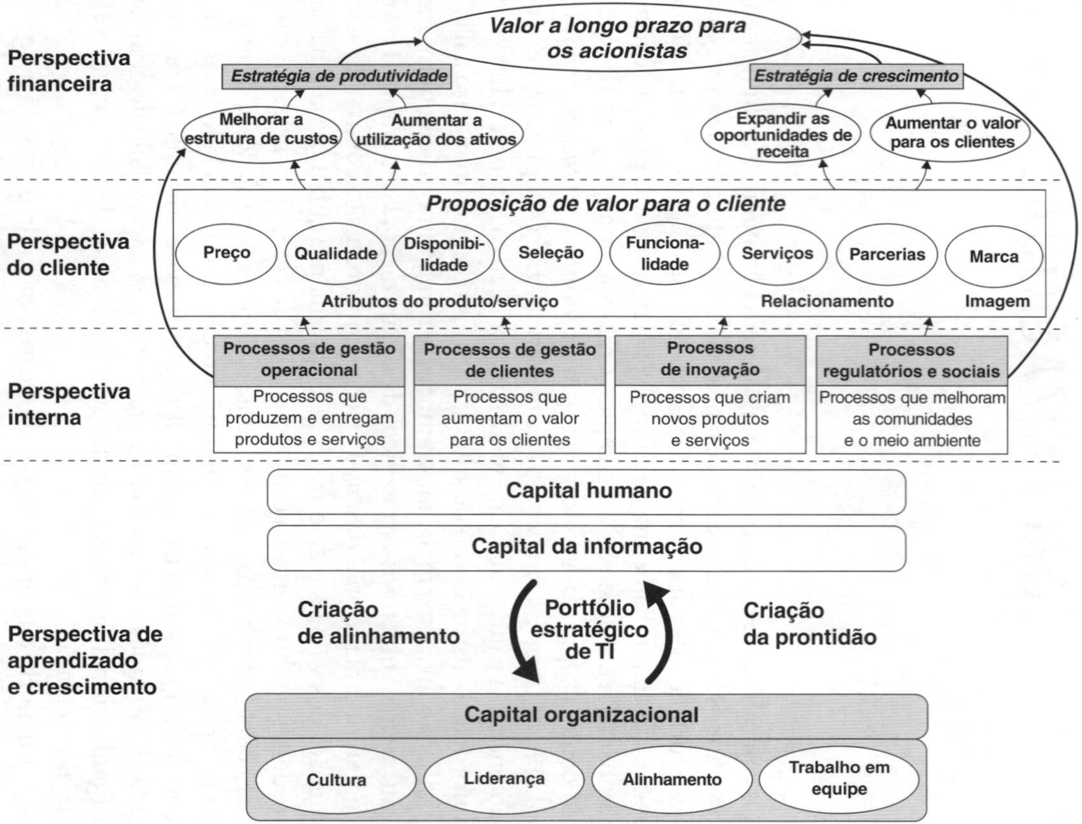

Figura 10.1 Modelo para descrever a prontidão da organização

trar o pensamento no clima e na cultura organizacional e, em especial, para alinhá-lo com a estratégia. Contudo, não obstante a falta desse modelo e a considerável diversidade entre as diferentes abordagens, identificamos importantes elementos comuns utilizados pela maioria. Sintetizamos esses elementos num novo modelo, ainda exploratório, para descrever e mensurar o capital organizacional.

O capital organizacional quase sempre é constituído por quatro componentes:

1. *Cultura:* Consciência e internalização da missão, visão e valores essenciais necessários para executar a estratégia.
2. *Liderança:* Disponibilidade de líderes qualificados em todos os níveis, para mobilizar a organização rumo à sua estratégia.
3. *Alinhamento:* Interligação dos objetivos e dos incentivos individuais, de equipes e departamentais para a realização dos objetivos estratégicos.
4. *Trabalho em equipe:* Compartilhamento em toda a organização do conhecimento com potencial estratégico.

O mapa estratégico descreve as mudanças exigidas pela estratégia, como novos produtos, novos processos e novos clientes. Essas mudanças, por sua vez, definem *novos comportamentos e valores* a serem incorporados pela força de trabalho. O primeiro passo no desenvolvimento de uma estratégia de capital organizacional é definir a *agenda de mudança* decorrente da estratégia mais ampla. Essa agenda de mudança identifica as transformações no clima organizacional requeridas pela estratégia. A Figura 10.2 resume a agenda de mudança típica que emerge das organizações de nosso banco de dados. Os objetivos se enquadram em duas categorias: mudanças comportamentais necessárias à criação de valor para os clientes e acionistas e mudanças comportamentais necessárias à execução da estratégia. Três diferentes tipos de mudanças comportamentais sempre se destacam para a *criação de valor:*

1. Concentrar o foco no cliente
2. Ser criativo e inovador
3. Produzir resultados

Quatro outras mudanças de comportamento se associam à *execução da estratégia*:

1. Compreender a missão, a estratégia e os valores
2. Promover o senso de responsabilidade

Figura 10.2 Agenda de mudança organizacional

Agenda de mudança organizacional: definir os novos comportamentos exigidos pela estratégia

Criação de valor
1. Orientado para os clientes: Compreender os clientes; resolver os problemas dos clientes
2. Inovador: Questionar os pressupostos; propor novas maneiras
3. Conquistador de resultados: Produzir resultados para os clientes e acionistas

Execução da estratégia
4. Compreende a estratégia: Compreender a missão, a visão, os valores e a estratégia
5. Assume sua responsabilidade: Define a direção, as metas e presta contas
6. Comunica abertamente: Promove a clareza da comunicação e do feedback
7. Trabalho em equipe: Trabalha entre fronteiras; compartilha o conhecimento

Capital organizacional
A habilidade da organização de mobilizar e sustentar o processo de mudança necessário para suportar a estratégia

- Cultura
- Liderança
- Alinhamento
- Trabalho em equipe

Criando alinhamento

Criando prontidão

Perspectiva financeira
Valor a longo prazo para os acionistas
- Estratégia de produtividade
  - Melhorar a estrutura de custos
  - Aumentar a utilização dos ativos
- Estratégia de crescimento
  - Expandir as oportunidades de receita
  - Reforçar o valor para os clientes

Perspectiva do cliente
Proposição de valor para o cliente

Atributos do produto / serviço				Relacionamentos		Imagem
Preço	Qualidade	Disponibilidade	Seleção	Funcionalidade	Serviços	Parceria	Marca

Perspectiva interna
- Processos de gestão de operações: Processos que produzem e entregam produtos e serviços
- Processos de gestão de clientes: Processos que aumentam o valor para os clientes
- Processos de inovação: Processos que criam novos produtos e serviços
- Processos regulatórios e sociais: Processos que melhoram as comunidades e o meio ambiente

Capital humano
Capital da informação

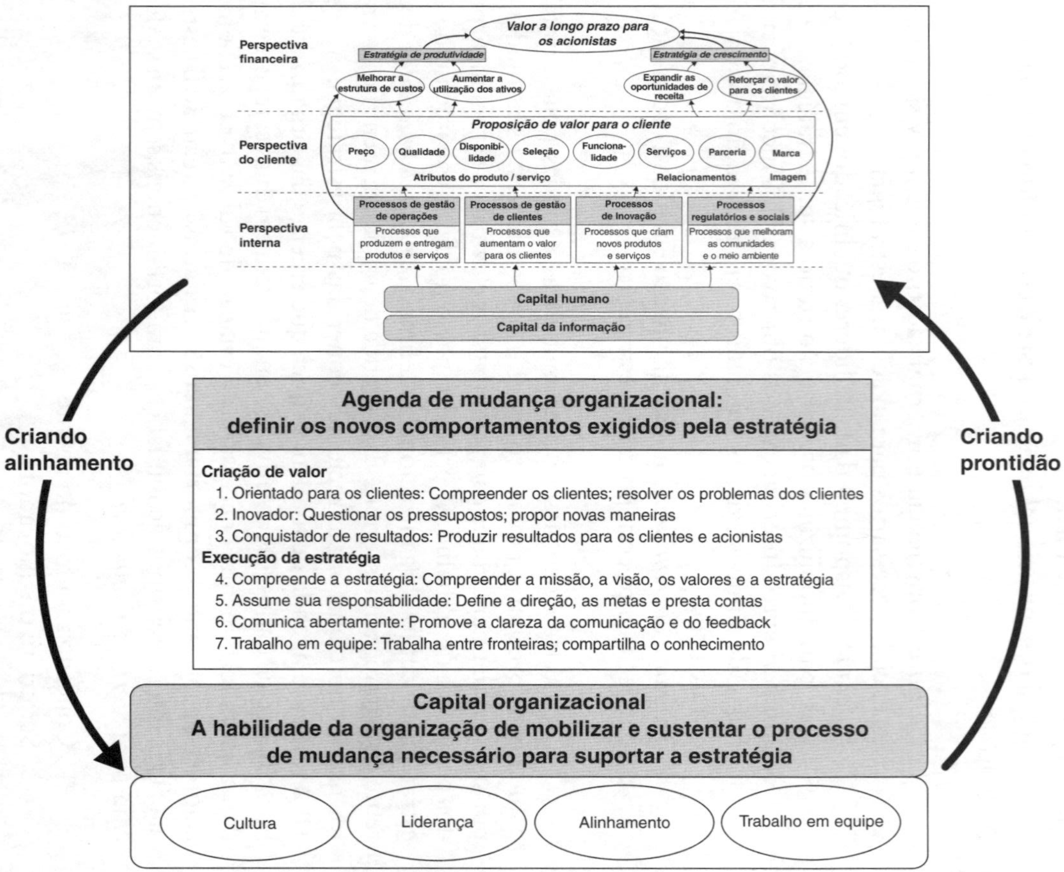

3. Comunicar-se com abertura
4. Trabalhar como equipe

Nenhuma organização inclui todos esses sete comportamentos em sua agenda de mudança. Quase sempre, cada organização identifica de duas a quatro dessas mudanças em seu scorecard. Por exemplo, as empresas de setores desregulamentados, como os de serviços públicos e telecomunicações, atribuem forte ênfase à orientação para os clientes e à inovação, pois para tais organizações esses são comportamentos totalmente novos. Até então, sua cultura era a de operar com eficiência, evitar riscos e negociar de maneira eficaz com os reguladores, de modo que as receitas de sua posição monopolista cobrissem seus custos. As empresas farmacêuticas, durante muito tempo impulsionadas pelas capacidades funcionais e disciplinares que respaldavam suas estratégias de inovação, agora se concentram em se tornarem mais orientadas para os clientes, em promover o trabalho em equipe e em compartilhar conhecimentos por toda a organização. A agenda de mudança deve identificar as três ou quatro mudanças comportamentais mais importantes, necessárias para a implementação da nova estratégia.

Na Figura 10.3 apresentamos os objetivos do capital organizacional de três empresas. A Crown Castle International (CCI) crescera rapidamente por meio de aquisições. Sua nova estratégia consistia em deslocar a ênfase para o crescimento interno, promovendo o fornecimento de valor aos clientes. Essa transformação exigia amplas mudanças em toda a organização. A CCI destacou os quatro objetivos do capital organizacional:

- Comunicar novas estratégias aos empregados (Cultura).
- Desenvolver a liderança e a responsabilidade (Liderança).
- Atrelar remuneração a desempenho (Alinhamento).
- Melhorar a gestão do conhecimento global (Trabalho em equipe).

A Ingersoll-Rand (IR), empresa industrial diversificada, com amplo espectro de produtos e marcas, queria criar uma nova cultura – "uma só empresa", capaz de alavancar o poder de cada uma das marcas para criar sinergia por toda a organização. Seu objetivo geral para o capital organizacional era expresso como: "Alavancar o poder de nossa empresa por meio da dupla cidadania" A "dupla cidadania" consistia em prestar lealdade tanto à marca individual, quanto à IR como empresa. Tal propósito seria operacionalizado mediante três objetivos do capital organizacional:

Figura 10.3 Perfis de estratégias típicas de capital organizacional

Crown Castle

Clima para a ação

Capital humano
- Desenvolver e manter habilidades de vanguarda em nossos empregados
- Atrelar remuneração a desempenho

Capital organizacional
- Desenvolver capacidade de liderança e responsabilidade em todos os níveis
- Melhorar a gestão do conhecimento global e a comunicação das melhores práticas

Capital da informação
- Atrair e reter pessoal de qualidade
- Fornecer alta disponibilidade de sistemas

Otimizar a infraestrutura de tecnologia e o e-business

Ingersoll-Rand

Expertise das pessoas: alavancar o poder da nossa empresa por meio da dupla cidadania

Capital humano
- Desenvolver competências estratégicas nos empregados
- Alavancar sinergias entre os negócios

Capital organizacional
- Exemplificar os princípios norteadores da IR
- Compartilhar as melhores práticas

Capital da informação
- Expandir as potencialidades com tecnologia

Media General

Capital humano
- Atrair e reter empregados de alta qualidade
- Concentrar o foco na carreira e no desenvolvimento de habilidades

Capital organizacional
- Melhorar a comunicação com os empregados
- Promover cultura de mudança e empowerment dos empregados

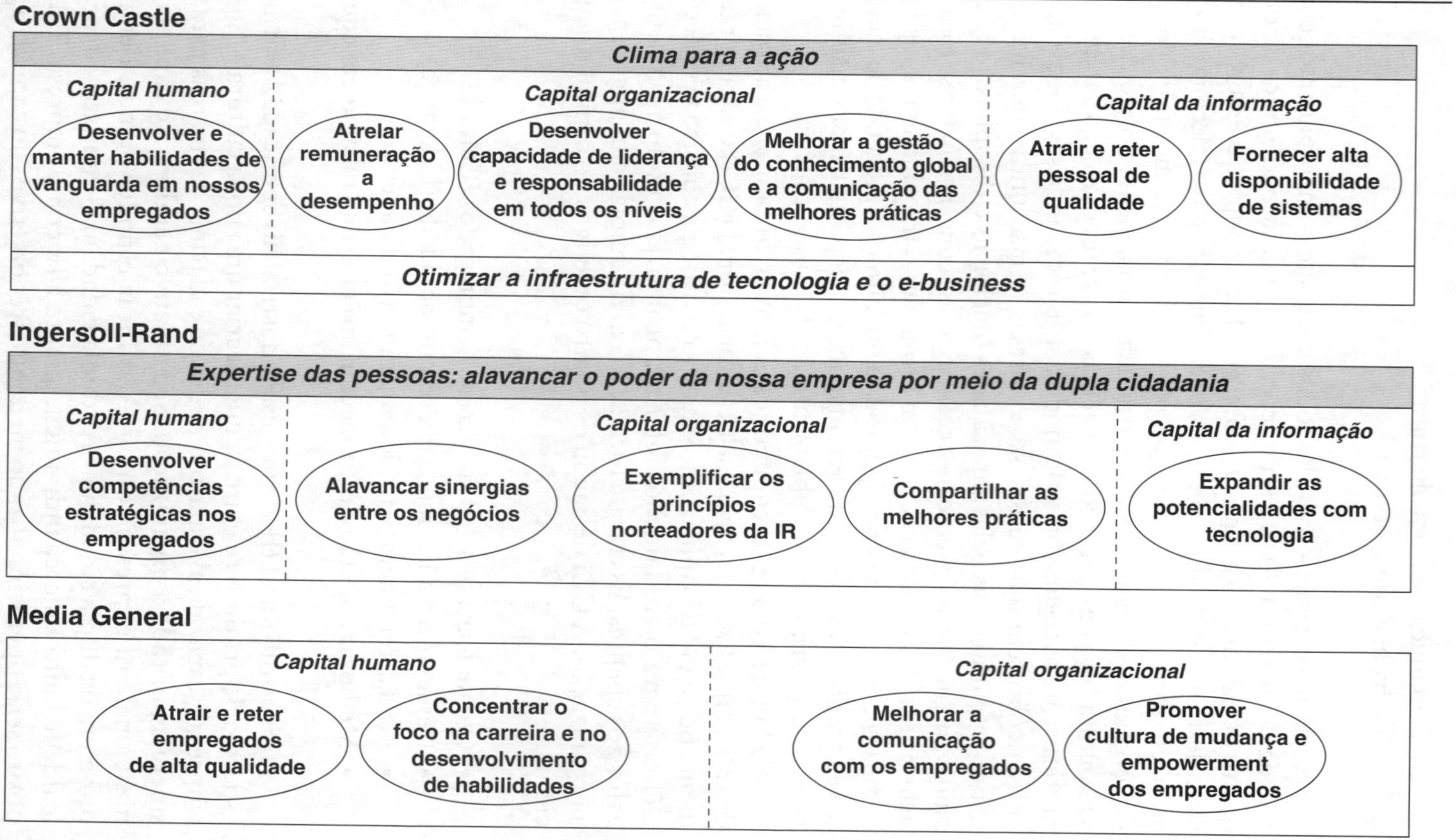

- Exemplificar os princípios norteadores da IR (Cultura).
- Alavancar sinergias entre os negócios (Alinhamento).
- Compartilhar as melhores práticas (Trabalho em equipe).

A Media General, empresa de comunicações multimídia, adotou a estratégia de gerar sinergia em seu mercado regional (sudeste dos Estados Unidos) mediante a gestão da convergência da mídia impressa, da televisão e da mídia on-line. Para tanto, expressou o papel do capital organizacional através de dois objetivos:

- Promover cultura de mudança e de autonomia (Cultura).
- Melhorar a comunicação com os empregados (alinhamento).

Com este modelo para o capital organizacional e com base em exemplos de sua aplicação na prática, podemos agora examinar os quatro componentes – cultura, liderança, alinhamento e trabalho em equipe – com mais detalhes.

CULTURA

A cultura reflete as atitudes e os comportamentos predominantes que caracterizam o funcionamento de um grupo ou organização. "Moldar a cultura" é em geral a prioridade mais citada na seção de aprendizado e crescimento de nosso banco de dados do Balanced Scorecard. Os executivos geralmente acreditam que (1) a estratégia exige mudanças básicas na maneira como conduzimos os negócios, (2) a estratégia deve ser executada pelos indivíduos em todos os níveis da organização e (3) como pré-requisito para tais mudanças, novas atitudes e comportamentos – cultura – serão necessários em toda a força de trabalho.

A cultura pode ser fator de inibição ou um habilitador. Estudos demonstram que boa parte das fusões e aquisições não gera sinergias,[1] basicamente em razão de "incompatibilidade cultural".[2] Entretanto, certas empresas, como a Cisco, são conhecidas pela capacidade de integrar empresas recém-adquiridas em sua cultura. A IBM Services e a EDS construíram grandes negócios de terceirização, assimilando o staff das unidades terceirizadas em sua cultura. Será que a cultura dita a estratégia ou é a estratégia que dita a cultura? Acreditamos na segunda alternativa. No caso de empresas como IBM, EDS e Cisco, a capacidade de assimilar novas organizações na cultura da empresa é sem dúvida um recurso valioso para as suas estratégias de crescimento. A maioria das estratégias, contudo, não trata da assimilação de organizações recém-adquiridas na cultura vigente. A equipe de liderança deve incutir novas atitudes e comportamentos em todos os empregados para que a nova estratégia seja bem-sucedida.

Veja-se a experiência da Information Management Services (IMS), o departamento de tecnologia de uma grande empresa de telecomunicações, em princípios da década de 1990. Numa época em que se desregulamentava a indústria de telecomunicações, a matriz convertera a IMS de centro de custos em centro de lucro. Agora, a IMS teria de competir pelos clientes internos e externos. Da noite para o dia, a IMS precisou transformar-se de fornecedor cativo de um cliente monopolista num setor regulamentado – em que os aumentos de custo podiam ser recuperados por meio de tarifas mais altas – em uma unidade independente, orientada aos clientes e competitiva no mercado. Anos de cultura, valores e abordagens gerenciais ficaram obsoletos de uma hora para a outra. Além disso, essa metamorfose cultural drástica ainda ocorreu em meio a uma descontinuidade tecnológica, que deslocara a plataforma de tecnologia da informação dos serviços centralizados baseados em mainframes para a computação distribuída e móvel, do tipo cliente-servidor. E também os clientes mudaram: agora recorriam aos fornecedores de TI em busca de soluções, não de tecnologia.

A Figura 10.4 apresenta um resumo das mudanças enfrentadas pela IMS em seu modelo de negócios. No passado, a IMS conseguia recuperar seus custos por meio da distribuição dos custos indiretos imposta pela matriz às divisões operacionais. Agora, a IMS tinha de gerar lucro e conquistar negócios com base em preços competitivos, responsividade e serviços que agregassem valor para os clientes. Para tanto, era preciso desenvolver uma nova cultura de resultados. As implicações em termos de mudança cultural eram óbvias e dramáticas. A nova IMS não mais podia ver os clientes como "cativos". Ela tinha de competir com empresas como EDS, Accenture e IBM, convencendo os clientes, internos e externos, de que seria o melhor parceiro. O pessoal da IMS precisava deixar de mensurar o sucesso com base na entrega pontual de melhorias nos sistemas, no prazo e ao custo previsto, e imbuir-se de espírito empreendedor, voltado para a ação, atuando como parceiro confiável dos clientes, ajudando-os a extrair benefícios das soluções de TI, com impacto direto sobre o lucro líquido. Essas novas atitudes e comportamentos eram fundamentais para o sucesso da estratégia. A IMS teria de efetuar muitas mudanças para executar com êxito sua estratégia. Eram necessárias novas tecnologias, novos processos e novas habilidades. Porém, a não ser que tais mudanças fossem complementadas por transformações culturais, de fornecedor cativo para empreendedor em busca de lucro, a estratégia estaria condenada ao fracasso.

Figura 10.4 Mudanças requeridas pela estratégia da IMS

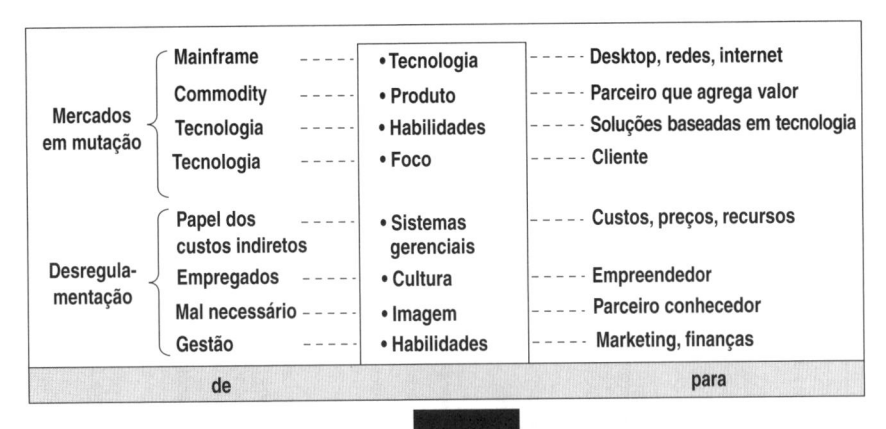

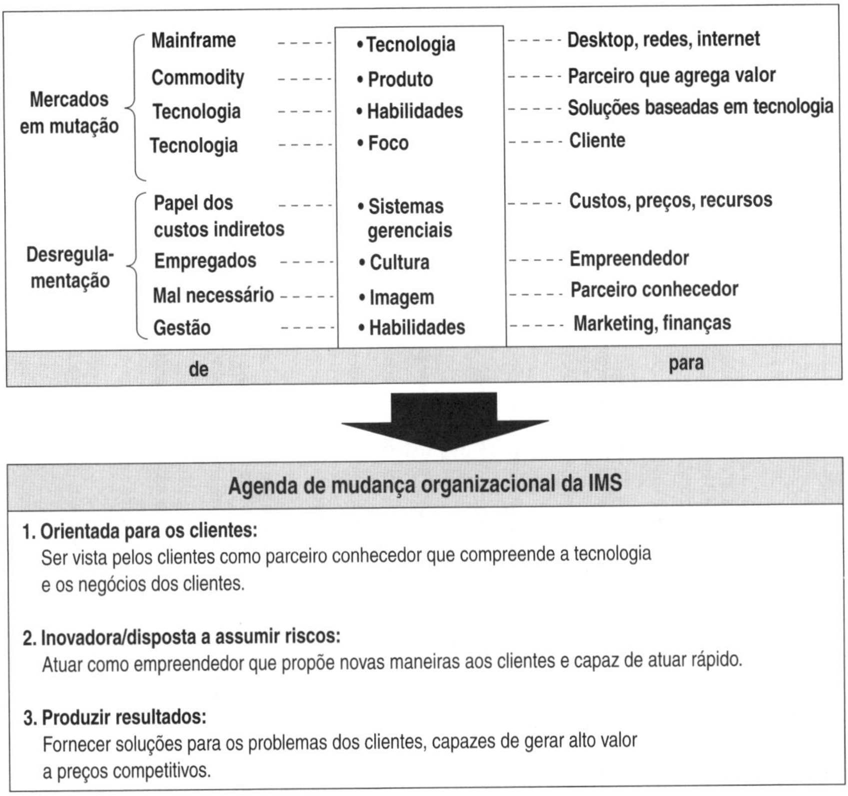

		de		para
Mercados em mutação	Mainframe	• Tecnologia	Desktop, redes, internet
	Commodity	• Produto	Parceiro que agrega valor
	Tecnologia	• Habilidades	Soluções baseadas em tecnologia
	Tecnologia	• Foco	Cliente
Desregulamentação	Papel dos custos indiretos	• Sistemas gerenciais	Custos, preços, recursos
	Empregados	• Cultura	Empreendedor
	Mal necessário	• Imagem	Parceiro conhecedor
	Gestão	• Habilidades	Marketing, finanças

Agenda de mudança organizacional da IMS

1. **Orientada para os clientes:**
   Ser vista pelos clientes como parceiro conhecedor que compreende a tecnologia e os negócios dos clientes.

2. **Inovadora/disposta a assumir riscos:**
   Atuar como empreendedor que propõe novas maneiras aos clientes e capaz de atuar rápido.

3. **Produzir resultados:**
   Fornecer soluções para os problemas dos clientes, capazes de gerar alto valor a preços competitivos.

Vimos muitas organizações embarcarem em transformações culturais tão drásticas quanto as enfrentadas pela IMS. A Figura 10.5 oferece uma visão geral dos objetivos de mudança cultural mais comuns adotados por essas organizações. O *foco nos clientes* era a necessidade de mudança identificada com mais frequência, sobretudo em muitas empresas de serviços – como nos setores de telecomunicações, serviços financeiros, assistência médica, transportes, energia e serviços públicos – que agora competiam em ambientes desregulamentados. Os empregados precisavam conscientizar-se de que os clientes, não os reguladores, criavam valor. A organização A, um plano de saúde regional, tentou infundir nos executivos uma cultura centrada nos clientes, enfatizando o "tempo gasto pelos líderes com os clientes". Os empregados de linha de frente já estavam próximos dos clientes, mas os executivos também precisavam passar algum tempo com os clientes, para que se tornassem líderes mais eficazes. A organização B, um banco regional, queria que seus empregados deixas-

Figura 10.5 Definição e mensuração dos valores culturais: alguns exemplos

Agenda de mudança organizacional	Objetivos estratégicos	Indicadores estratégicos	Organização
Criação de valor			
1. Orientação para os clientes	(A) Desenvolver cultura centrada nos clientes	• Pesquisa entre os empregados • Pesquisa da percepção dos clientes • Tempo gasto pelos líderes com os clientes	Assistência médica
	(B) Construir cultura de autonomia, orientada para soluções e voltada para a comunidade	• Pesquisa entre os empregados	Banco regional
	(C) Fomentar comportamentos centrados nos clientes	• Avaliação dos empregados (comprador corporativo)	Seguradora
2. Inovação e disposição para o risco	(D) Promover cultura de melhoria contínua, inovação e criatividade	• Pesquisa da prontidão para a mudança	Serviços públicos
	(E) Estimular cultura empreendedora	• Treinamento para a prestação de novo serviço (% do staff)	Serviços públicos
	(F) Encorajar a tomada de riscos, embora preservando a responsabilidade e a prestação de contas	• "Aprendizado compartilhado" publicado	Indústria farmacêutica
3. Produção de resultados	(G) Desenvolver clima voltado para resultados	• Pesquisa de clima (componente da liderança)	Indústria química
	(H) Produzir resultados	• Realização dos objetivos do BSC	Serviços públicos
Execução da estratégia			
4. Compreensão da missão, da visão e dos valores	(I) Garantir que todos os empregados conheçam a direção estratégica	• Pesquisa entre os empregados	Assistência médica
	(J) Compreender nosso modelo de negócios singular e nossas contribuições diferenciadas	• Consciência estratégica (pesquisa)	Serviços profissionais
	(K) Definir com clareza as expectativas e atribuições, alinhando-as com as prioridades estratégicas	• Porcentagem dos empregados capazes de identificar as áreas de foco da organização	Assistência médica
5. Senso de responsabilidade	(L) Promover o alto desempenho, por meio da responsabilidade por resultados e estímulo ao risco atrelado à recompensas, associando-o à recompensas	• Número de empregados no "President's Club"	Manufatura
	(M) Desenvolver cultura de alto desempenho, movida a valores	• Pesquisa entre os empregados	Serviços
6. Comunicação aberta	(N) Alinhar o pensamento, por meio da comunicação e da educação em mão dupla	• Número de empregados com foco interdepartamental	Indústria farmacêutica
	(O) Criar comprometimento por meio de comunicação constante em mão dupla	• Pesquisa de clima (comunicação)	Banco
7. Trabalho em equipe	(P) Alavancar o poder da empresa, por meio da dupla cidadania	• Intensidade de compartilhamento das melhores práticas	Manufatura
	(Q) Uma equipe, um sonho	• Percentual de pessoas que fazem rodízio de função	Serviços

sem de concentrar-se nas transações para focarem as soluções, de modo a desenvolver relacionamentos de consultoria mais estreitos com os clientes-alvo.

Embora o foco nos clientes pareça muito apropriado para as empresas que passam a adotar uma estratégia de solução total para os clientes, também vimos objetivos que se relacionam com outras estratégias. Por exemplo, as empresas que competem com base na consistência e na confiabilidade provavelmente optarão por uma cultura de *qualidade* e *melhoria contínua*. Já a cultura de *redução de custos contínua* é relevante apenas para as empresas que competem na base do baixo custo total, especialmente com produtos não diferenciados. E as empresas que se esforçam para manter liderança de produto preferirão desenvolver uma cultura de *criatividade* e *inovação de produto*. Mesmo com essas culturas alternativas, contudo, os empregados ainda devem continuar focados nos clientes e em como a proposição de valor criada e entregue por eles agrega valor para os clientes-alvo.

Os *objetivos de inovação e assunção de riscos* enviam a mensagem para a força de trabalho de que não há problema em desafiar o *status quo*. As organizações D e E, ambas empresas de serviços públicos desregulamentadas, usam palavras como "empreendedor", "inovação" e "criatividade" para enfatizar os comportamentos necessários em seu novo mundo. As organizações que lançam programas de valor para os acionistas querem uma *cultura orientada a resultados*. A organização G, uma empresa de produtos químicos, pretendia mudar a mentalidade dos empregados de uma cultura de engenharia para outra capaz de aplicar a tecnologia em busca de resultados financeiros. A organização H, outra empresa de serviços públicos recém-desregulamentada, usou a frase "produzir resultados" para sinalizar que o indicador de sucesso já não era o mesmo.

Compreender a missão e a estratégia é importante para as organizações de especialistas funcionais, que devem alcançar o equilíbrio entre manter a excelência dentro dos silos e, ao mesmo tempo, integrar-se com outras partes da empresa. A organização I, um plano de saúde, queria melhorar o desempenho, integrando de maneira mais próxima o staff médico com o administrativo. A organização J, uma empresa de serviços profissionais, implementou, por meio de seu grupo de tecnologia, um programa inovador de serviços de consultoria pela Web, que à primeira vista ameaçava os consultores da empresa, que estavam acostumados a produzir resultados apenas por meio de contatos face a face com os clientes.

O *senso de responsabilidade* desempenha papel importante em organizações que, historicamente, orientavam-se para dentro e eram altamente reguladas, e agora se voltaram para os clientes e para o mercado. A organização L era uma empresa industrial com clientes internacionais e uma rede global de fábricas e fornecedores. No passado, L definia a responsabilidade por função e usava preços de transferência baseados no custo para medir o sucesso das unidades de manufatura ao longo da cadeia de suprimentos. Ninguém era responsável e respondia pela rentabilidade e pelo desempenho do todo. A nova estratégia da L simplificou a organização, proporcionou maior liberdade no abastecimento e compras e passou a avaliar o desempenho de cada unidade por meio de preços de mercado para os insumos e produtos.

A *comunicação aberta* é importante para estratégias que exijam alto grau de integração. A organização N, empresa farmacêutica, estava tentando acelerar a transferência de conhecimentos e de experiências sobre o mercado, da divisão comercial para o grupo de desenvolvimento de produtos. O *trabalho em equipe* ocupa lugar de destaque na agenda de mudança quando a estratégia redefine o papel de diferentes unidades. A organização P, empresa industrial multidivisional, com muitas marcas isoladas, pretendia criar sinergia entre essas marcas, por meio de mais integração no mercado. A *dupla cidadania* transmite a ideia de que marcas distintas também exercem a função de serem parte da imagem corporativa. A empresa Q usou o mantra "uma equipe, um sonho" para mostrar como diferentes unidades locais, com objetivos também diversos, ainda contribuíam para o sucesso da estratégia corporativa global.

Medindo a cultura

A mensuração dos valores culturais baseia-se intensamente nas pesquisas com empregados. A elegância, mas também a complexidade do Balanced Scorecard, é que a mensuração em si faz com que conceitos um tanto vagos e ambíguos, como cultura e clima, sejam definidos com mais precisão. Embora não raro usados um no lugar do outro, os acadêmicos definem esses dois conceitos de maneira muito diferente. O conceito de *clima* tem suas raízes na psicologia social. Chris Argyris, num estudo de clima num banco, definiu-o como "as políticas da organização formal e as necessidades, valores e personalidades dos empregados que operam num sistema autoperpetuante de complexidade viva".[3]

O conceito de clima continuou a evoluir na década de 1960 e atualmente é entendido como o conjunto de influências da organização sobre a motivação e o comportamento dos empregados. Inclui dimensões como estrutura organizacional, sistema de recompensas e a percepção do zelo e apoio transmitidos pelos superiores e pares. Assim, clima é a percepção compartilhada das políticas, práticas e procedimentos organizacionais, tanto formais quanto informais. Aí se inclui a clareza das metas organizacionais e dos meios utilizados para a sua implementação.

Um livro recente lista doze perguntas que identificam um ambiente de trabalho produtivo:[4]

1. Sei o que esperam de mim no trabalho?
2. Tenho os materiais e equipamentos de que preciso para fazer o meu trabalho da maneira certa?
3. No trabalho, tenho a oportunidade de fazer o que faço melhor todos os dias?
4. Nos últimos sete dias, reconheceram ou elogiaram meu bom trabalho?
5. Meu supervisor, ou alguma outra pessoa no trabalho, parece importar-se comigo como pessoa?
6. Alguém no trabalho estimula meu desenvolvimento?
7. No trabalho, minhas opiniões parecem ter alguma importância?
8. Será que a missão/propósito de minha empresa transmite-me a sensação de que meu trabalho é importante?
9. Meus colegas estão empenhados em fazer um trabalho de qualidade?
10. Tenho um bom amigo no trabalho?
11. Nos últimos seis meses, alguém no trabalho conversou comigo sobre o meu desenvolvimento?
12. No ano passado, tive oportunidades de aprender e de crescer no trabalho?

As respostas a essas perguntas podem dar uma boa ideia de quão saudável é o clima organizacional.[5]

O conceito de cultura é originário da antropologia. Identifica os símbolos, os mitos, as histórias e os rituais impregnados na consciência (ou subconsciência) da organização.[6] A cultura tenta captar os sistemas de significados compartilhados, premissas e valores da organização. A cultura é em geral descritiva, ao passo que o clima é tipicamente um constructo – baseado em instrumento desenvolvido pelos psicólogos – para explicar por que algumas organizações são mais eficazes do que outras. Embora os dois conceitos sem dúvida estejam inter-relacionados, o clima se refere mais às políticas e rotinas da organização, conforme percebidas pelos empregados, enquanto a cultura tem a ver com o conjunto comum de significados compartilhados pelos empregados sobre os objetivos, problemas e práticas da organização. Há quem entenda que clima é a manifestação observável da cultura, mas outros sustentam que cultura é um sistema de significados algo mais profundo e menos consciente.[7] Como exemplo, a cultura pode referir-se a pressupostos mantidos na organização sobre os fatores que impulsionam a motivação dos empregados, enquanto o clima está relacionado ao desempenho efetivo e o sistema de recompensas adotado pela organização.

Os antropólogos, que desenvolveram o conceito de cultura, tornam-no operacional por meio de amplas descrições e histórias. Sem dúvida, a prática de contar histórias é muito genérica para as mensurações e metas do Balanced Scorecard. Os acadêmicos do comportamento organizacional, contudo, estão agora tentando mensurar a cultura. Mas, antes de medi-la, as organizações devem distinguir valores de costumes. Os valores são as crenças explicitadas pelos executivos seniores, como comunicação, respeito, integridade e excelência.[8] A cultura se reflete nos costumes compartilhados pelas pessoas, que podem estar ou não interligados com os valores. Essa distinção obriga os executivos a aprofundar-se mais um nível na decisão sobre como deve ser a cultura. Obriga-os a serem mais claros sobre atitudes e comportamentos específicos necessários para executar a estratégia. Os valores em si são muito vagos para revelar as verdadeiras crenças dos empregados sobre a organização e sobre quais devem ser seus comportamentos. Todos os empregados talvez concordem que a integridade e os serviços aos clientes são importantes, mas não conhecem o significado prático desses valores em seu comportamento cotidiano. É preferível tentar medir e gerenciar atitudes e comportamentos específicos, em vez de valores.[9]

Charles O'Reilly e colegas desenvolveram uma ferramenta de mensuração, o Perfil de Cultura Organizacional (Organizational Culture Profile – OCP), composta de um conjunto de afirmações que descrevem possíveis valores da organização.[10] Pede-se, então, aos empregados que classifiquem 54 afirmações, com base em sua percepção da importância e relevância de cada uma delas na organização. As posições relativas das 54 afirmações permitem o mapeamento da cultura organizacional, com razoável grau de confiabilidade e validade, em oito fatores independentes:

1. Inovação e tomada de riscos
2. Atenção a detalhes
3. Orientação para resultados
4. Agressividade e competitividade
5. Solidariedade
6. Crescimento e recompensas
7. Colaboração e trabalho em equipe
8. Assertividade

As afirmações do OCP são baseadas em costumes, nas expectativas das pessoas sobre atitudes e comportamentos específicos. Pede-se aos participantes que respondam a perguntas tais como: "O que é realmente necessário para progredir?" e "Quais são as normas não escritas por aqui?" O consenso na resposta dentro de determinada área da organização indica a cultura daquela unidade. Em seguida, a organização tem condições de avaliar se a cultura é compatível com a estratégia. A falta de consenso reflete a ausência de uma cultura comum.

Às vezes, diferentes partes da organização devem apresentar culturas diversas. A cultura de um grupo de P&D deve ser diferente da de uma unidade de manufatura; a cultura de uma nova unidade de negócios deve ser diferente da de outra madura. Assim, a organização deve almejar alguma variação nos costumes, dependendo da função e da respectiva estratégia. Mas os executivos certamente anseiam pelo consenso em toda a organização em torno de valores como integridade, respeito e bom relacionamento entre os colegas. Essas são as marcas comuns da cultura organizacional em toda a organização.

A existência de instrumentos como o OCP indica que a cultura agora tornou-se um constructo mensurável. Mas esses mesmos instrumentos foram influenciados pela literatura sobre psicologia, que enfatiza constructos como motivação e clima. Como a literatura sobre estratégia não encara a cultura como essencial para a implementação eficaz, os instrumentos existentes para a mensuração da cultura não captam as crenças e os entendimentos dos indivíduos sobre a estratégia. Para alinhar a dimensão cultural de maneira mais estreita com a estratégia organizacional, em vez de considerá-la apenas como modo de conduzir o dia a dia dos negócios, as afirmações dos instrumentos tipo OCP devem ser modificadas para permitir que os empregados avaliem a organização nas dimensões identificadas neste capítulo, inclusive a proposição de valor subjacente à estratégia. Sugerimos possibilidades como verificar se a cultura volta-se basicamente para a melhoria contínua e para programas de qualidade ou se enfatiza a criatividade e a inovação ou, ainda, se valoriza a compreensão mais profunda das preferências e necessidades de cada um dos clientes. O desenvolvimento de melhores instrumentos para a mensuração da cultura ao longo de dimensões relevantes para a estratégia é sem dúvida uma oportunidade para outros trabalhos.[11] Alternativamente, as organizações terão de desenvolver questionários específicos para seu próprio uso para avaliar essa importante dimensão.

LIDERANÇA

A capacidade de liderança, sobretudo na gestão da mudança de transformação, é requisito fundamental para converter-se em organização orientada para a estratégia. A mobilização e o foco de toda a força de trabalho são imprescindíveis para a mudança bem-sucedida. Um quadro de líderes eficazes energiza e sustenta o programa transformacional.

Constatamos que as organizações adotam duas abordagens para definir o papel da liderança: um *processo* para desenvolver líderes e um *modelo de competências* de liderança, que define as características dos líderes. Como exemplo da primeira abordagem, a Figura 10.6 descreve os objetivos e indicadores estratégicos usados por várias organizações para gerenciar o *processo de desenvolvimento de liderança*. A empresa A, um banco regional, foca o programa de sucessão dos líderes. A empresa B, organização manufatureira em rápido crescimento, monitorava sua capacidade de atrair bons gerentes no mercado de trabalho para suplementar o crescimento interno de seu próprio pessoal. A empresa C, organização militar de assistência médica, como já dispunha de programa altamente estruturado de desenvolvimento de líderes, monitorava a penetração e a aceitação dessa iniciativa em toda a organização. A empresa D, do setor farmacêutico, queria desenvolver líderes nos níveis mais baixos da organização e, portanto, concentrava-se na formação de equipes de trabalho autodirigidas. Esses exemplos, assim como outros da Figura 10.6, descrevem objetivos e indicadores relacionados com o processo de desenvolvimento de líderes.

A segunda abordagem, o *modelo de competências de liderança*, concentra-se nas competências específicas almejadas para os líderes. Em vez de monitorar *como* se desenvolvem os líderes, essa abordagem tenta descrever *o que* é o líder. Identifica as características de liderança que contribuem para o desempenho superior. Com base em nosso banco de dados do Balanced Scorecard, podemos classificar as competências almejadas em três categorias gerais (Figura 10.7):

- *Criação de valor:* O líder produz resultados que afetam o desempenho financeiro da empresa.
- *Execução da estratégia:* O líder mobiliza e orienta o processo de mudança.
- *Desenvolvimento do capital humano*: O líder constrói competências e define altos padrões para a organização.

O líder que cria valor e executa a estratégia, as duas primeiras categorias, aumenta o capital organizacional ao reforçar a agenda de mudança cultural já discutida. A terceira função, desenvolver o capital humano, respalda objetivos que aprimoram as potencialidades da organização e reforçam seus valores. Ilustramos a aplicação desses três conjuntos

Figura 10.6 Modelo de liderança: foco no processo

Objetivo estratégico	Indicador estratégico	Organização
(A) Aumentar a profundidade da liderança	<ul><li>Porcentagem de posições-chave sem sucessor identificado</li><li>Progresso do plano de desenvolvimento de liderança</li></ul>	Banco regional
(B) Desenvolver nosso perfil de liderança exclusivo	<ul><li>Contratações internas *versus* externas para posições gerenciais</li></ul>	Manufatura
(C) Desenvolver líderes	<ul><li>Porcentagem de adesão do pessoal ao ciclo de desenvolvimento de líderes</li></ul>	Assistência médica a militares
(D) Tornar a liderança um processo participativo	<ul><li>Número de projetos gerenciados por equipes de trabalho autodirigidas</li></ul>	Farmacêutico
(E) Desenvolver liderança eficaz	<ul><li>Taxa de vacância</li><li>Pesquisa entre empregados</li></ul>	Assistência médica
(F) Fomentar ambiente de liderança em todos os níveis	<ul><li>Número de aprovações necessárias nas decisões</li></ul>	Assistência médica
(G) Aumentar as habilidades de liderança da gerência sênior	<ul><li>Porcentagem de pontuações favoráveis à liderança nas pesquisas entre empregados</li></ul>	Telecomunicações
(H) Assumir a propriedade e executar a estratégia	<ul><li>Avaliação do desenvolvimento de liderança (feedback de 360°)</li></ul>	Banco regional

Figura 10.7 Modelo de liderança: foco na competência

Atributos gerais	Descrição	Papel
Criação de valor ■ Foco nos clientes ■ Inovação/tomada de riscos ■ Produção de resultados	■ Compreender os clientes; resolver os problemas dos clientes ■ Questionar os pressupostos; propor novas maneiras ■ Produzir resultados para os clientes e acionistas	Construir a prontidão da organização
Execução da estratégia ■ Compreensão da estratégia ■ Senso de responsabilidade ■ Comunicações ■ Trabalho em equipe	■ Definir com clareza a missão, a visão, os valores e a estratégia ■ Determinar a direção e as metas; promover o senso de responsabilidade ■ Comunicar-se com abertura; fornecer feedback ■ Trabalhar entre as fronteiras; compartilhar conhecimentos	
Desenvolvimento do capital humano ■ Aprendizado ■ Coaching/desenvolvimento ■ Contribuição pessoal	■ Aprender com os outros; aprender consigo mesmo ■ Investir tempo no desenvolvimento dos outros ■ Liderar por meio de exemplos; estabelecer altos padrões pessoais	Construir a prontidão do capital humano

de objetivos de liderança com exemplos de perfis de liderança desenvolvidos por três empresas (disfarçadas): Hi-Tek, empresa de fabricação e serviços (Figura 10.8); Finco, empresa global de serviços financeiros (Figura 10.9); e Risk Management, Inc., seguradora especializada em imóveis e acidentes (Figura 10.10).

Criar valor

Quase todos os modelos de liderança de nosso banco de dados começam com o foco no cliente. A Hi-Tek exorta seus líderes a ver o mundo com os olhos dos clientes. Os líderes gastam tempo com os clientes de modo a antecipar-se às futuras necessidades e oportunidades de novas soluções. A Finco, além de fornecer valor aos clientes diretos, quer que seus líderes construam relacionamentos com outros grupos externos que criam novas maneiras de agregar valor. Aí se incluem clientes usuários finais (compradores de seguros) dos produtos dos clientes da Finco e empresas que desenvolvem novos produtos e serviços de seguro. A Risk Management salienta a natureza em mutação de seus mercados e a necessidade de que os líderes se antecipem a essas mudanças.

Inovação e tomada de riscos é outra prioridade na criação de valor. Cada empresa reconhece a importância de estar aberta à mudança e a novas maneiras de pensar. Uma terceira prioridade é a orientação para os efeitos sobre o lucro, ou seja, orientação para *produzir resultados*. A Hi-Tek salienta trabalhar melhor, com mais rapidez e a custo mais baixo. A Finco empenha-se em produzir resultados superiores para todos os stakeholders.

Executar a estratégia

Os líderes motivam e guiam os esforços de outros, por meio de quatro comportamentos característicos. Primeiro, devem *esclarecer a missão, a estratégia e os valores da organização*. Os líderes da Hi-Tek determinam a direção, estabelecem as metas e promovem o senso de responsabilidade. Do mesmo modo, os líderes da Risk Management desenvolvem um ambiente de alto desempenho. Os líderes da Finco compreendem o contexto dinâmico em que opera a empresa e adaptam as operações e estratégias de suas unidades às mudanças no ambiente externo.

Senso de responsabilidade e alinhamento liga a estratégia da empresa ao desempenho pessoal. Na Risk Management, os líderes mantêm-se responsáveis e infundem responsabilidade nos outros pela produção de resultados. Para tanto, definem metas ousadas e fornecem feedback que

Figura 10.8 Perfil de competências em liderança: Hi-Tek (empresa de manufatura e serviços)

Atributos gerais	Competências de liderança na Hi-Tek
Criação de valor ■ Foco nos clientes ■ Inovação/tomada de riscos ■ Produção de resultados	■ *Insights sobre os clientes*: Os líderes notáveis compreendem os clientes. Colocam-se no lugar dos clientes e gastam tempo com eles para compreender suas necessidades básicas presentes e futuras e para antecipar soluções. ■ *Pensamento desbravador*: Os líderes notáveis questionam o pensamento convencional e concentram-se nas possibilidades. Progridem na complexidade, identificam e desenvolvem novas soluções e fomentam a criatividade e a inovação. ■ *Impulso para realizar*: Os líderes notáveis buscam maneiras de realizar o trabalho com mais rapidez, a custos mais baixos e com melhor qualidade. Fixam metas desafiadoras para si mesmos e para os outros e assumem riscos calculados para melhorar o desempenho.
Execução da estratégia ■ Compreensão da estratégia ■ Senso de responsabilidade ■ Comunicações ■ Trabalho em equipe	■ *Liderança da equipe*: Os líderes notáveis conectam sua visão com a da empresa. Lideram a mudança e criam senso de urgência para enfrentar os desafios e implementar estratégias. Determinam a direção, estabelecendo as metas e mantendo senso de responsabilidade. ■ *Comunicação aberta*: Os líderes notáveis dizem a verdade. Compartilham abertamente as informações com os pares, gerentes e subordinados e contam "toda" a história, em vez de apenas a sua versão. Servem como modelos para fazer o que é certo. ■ *Trabalho em equipe*: Os líderes notáveis trabalham de maneira colaborativa com as próprias equipes e além das fronteiras organizacionais e geográficas. Criam condições para que as equipes alcancem a excelência.
Desenvolvimento do capital humano ■ Aprendizado ■ Coaching/desenvolvimento ■ Contribuição pessoal	■ *Construção de potencialidades*: Os líderes notáveis empenham-se em construir as potencialidades duradouras da organização para produzir e sustentar resultados excelentes. Concentram-se no aprendizado. ■ *Talento para coaching e desenvolvimento*: Os líderes notáveis desenvolvem ativamente outras pessoas, no intuito de construir equipes fortes agora e no futuro. Praticam o coaching, expressando alternativas, fornecendo feedback e buscando oportunidades de aprendizado. ■ *Dedicação pessoal*: Os líderes notáveis agem de maneira a respaldar os objetivos e estratégias da empresa. Alinham suas necessidades pessoais com as necessidades da empresa e apoiam decisões difíceis para o benefício geral da empresa. ■ *Capacidade decisória*: Os líderes notáveis tomam e implementam decisões difíceis com velocidade, senso de urgência e tenacidade. Buscam inputs para o processo decisório na medida de suas necessidades, para garantir a excelência das decisões. ■ *Paixão pelo negócio*: Os líderes notáveis são extrovertidamente apaixonados pelo nosso negócio, ganhando no mercado e promovendo novas tecnologias e serviços.

Figura 10.9 Perfil de competências em liderança: Finco (serviços financeiros)

Atributos gerais	Competências de liderança na Finco
Criação de valor ■ Foco nos clientes ■ Inovação/tomada de riscos ■ Produção de resultados	■ *Foco no valor para os clientes:* Fornece soluções de alta qualidade que atendem às necessidades dos clientes; mantém relacionamentos fortes com os clientes. ■ *Cultivo de relacionamentos chaves:* Constrói e mantém relacionamentos que promovem a presença e o impacto da Finco no mercado. ■ *Fomento à inovação:* Promove inovações; é aberto a mudanças. ■ *Produção de resultados:* Gera e fornece resultados superiores para todos os stakeholders.
Execução da estratégia ■ Compreensão da estratégia ■ Senso de responsabilidade ■ Comunicações ■ Trabalho em equipe	■ *Visão global:* Tem visão ampla do ambiente de negócios da Finco e está atualizado sobre os acontecimentos globais em sua própria área de expertise. ■ *Formulação da estratégia:* Compreende a maneira como se implementa a visão, por meio de estratégias relacionadas com a função e de planos de ação que geram vantagens competitivas sustentáveis. ■ *Inspiração e promoção do comprometimento:* Comunica-se com abertura e eficácia, conquistando o apoio dos outros no compartilhamento e reforço da visão e dos valores essenciais da Finco. ■ *Estímulo à integração e ao trabalho em equipe:* Promove com eficácia o trabalho em equipe entre indivíduos, organizações e culturas – demonstra competência intercultural.
Desenvolvimento do capital humano ■ Aprendizado ■ Coaching/desenvolvimento ■ Contribuição pessoal	■ *Promoção do aprendizado organizacional:* Garante a continuidade do negócio, por meio da transferência de conhecimentos e do aumento do capital intelectual. ■ *Acuidade em finanças e negócios:* Compreende os fatores básicos do desempenho financeiro da própria área de negócios – foco na criação de valor para a Finco.

Figura 10.10 Perfil de competências em liderança: Risk Management, Inc. (RMI) (seguro de imóveis e de acidentes)

Atributos gerais	Competências de liderança na RMI
Criação de valor	
■ Foco nos clientes	■ *Pensamento estratégico sobre os mercados em mutação:* Prevê e reconhece as oportunidades e as principais tendências do mercado, que contribuiriam para os objetivos de negócios da RMI. Desenvolve cursos de ação para o futuro, sob condições de incerteza, que se alinham com a visão e os objetivos da organização.
■ Inovação/tomada de riscos	■ *Questionamento e tomada de riscos:* Questiona diretamente os pressupostos e crenças das pessoas em todos os níveis. Mostra-se disposto a assumir posições que podem criar conflito ou gerar impopularidade. Estimula esses comportamentos em outras pessoas.
■ Produção de resultados	■ *Liderança da mudança e da inovação:* Lidera a mudança em pessoas, estruturas e processos, impulsionando a organização de onde se encontra agora para onde almeja estar amanhã. Prevê e reage a oportunidades resultantes da mudança. Produz resultados excepcionais, buscando, gerando e estimulando novas maneiras de fazer as coisas.
Execução da estratégia	
■ Compreensão da estratégia	■ *Desenvolvimento de um ambiente de alto desempenho:* Cria um ambiente em que a visão e a missão são definidas com clareza, onde as metas de desempenho são agressivas, onde se espera e utiliza feedback para melhorar o desempenho e onde as recompensas para o alto desempenho e as consequências para o mau desempenho são visíveis e reais.
■ Senso de responsabilidade ■ Comunicações	■ *Manter-se responsável e infundir responsabilidade nos outros pelo cumprimento dos compromissos:* Torna-se responsável por iniciativas com impacto significativo sobre a empresa. Assume compromissos específicos e acompanha sua execução para garantir sua plena implementação. Certifica-se de que seus subordinados diretos também cumprem seus compromissos. Esclarece os papéis de si próprio e dos outros.
■ Trabalho em equipe	■ *Atuação além das fronteiras:* Forma parcerias em todos os níveis e além dos limites departamentais e funcionais para alcançar ótimos resultados de negócios.
Desenvolvimento do capital humano	
■ Aprendizado	■ *Prática do benchmarking externo e interno:* Mede e compara produtos, serviços, estratégias e processos com os de entidades externas ou de outras unidades de negócios.
■ Coaching/desenvolvimento ■ Contribuição pessoal	■ *Desenvolvimento de si próprio e dos outros:* Cria ambiente que fomenta e reforça a importância do desenvolvimento e do aprendizado como prioridade da empresa. É o modelo de autoavaliação e de melhoria contínua. Busca de maneira proativa oportunidades desafiadoras de desenvolvimento e crescimento. Apoia os subordinados diretos no mesmo processo.

recompensa o bom desempenho e penaliza o mau desempenho. Os líderes da Finco alinham a excelência funcional à implementação eficaz da estratégia.

Os líderes *comunicam-se* com eficácia. Transmitem a mensagem e dão o tom que influenciam outras pessoas a tomar as decisões cotidianas que aumentam o valor duradouro da organização. A comunicação honesta possibilita o controle por meio da socialização, dos benefícios compartilhados, dos costumes e dos valores. Os líderes da Finco divulgam a visão e os valores essenciais. Os líderes da Hi-Tek dizem a verdade, contam "toda a história, em vez de apenas sua versão; são os modelos para fazer o certo".

Os líderes promovem o *trabalho em equipe*. Os líderes da Finco trabalham com eficácia em equipes caracterizadas pela ampla diversidade de indivíduos, organizações e culturas. Os líderes da Risk Management e da Hi-Tek atuam através das fronteiras organizacionais, geográficas e funcionais.

Desenvolver o capital humano

Muitas organizações de nosso banco de dados esperam que seus líderes aprimorem o capital humano de suas organizações. Para tanto, *treinam e desenvolvem* as capacidades dos empregados. Os líderes da Hi-Tek e da Risk Management criam ambientes que geram oportunidades de desenvolvimento, com o apoio de atividades de coaching e feedback. Também desenvolvem contextos de aprendizado. A Finco foca especificamente o desenvolvimento do capital intelectual, por meio do compartilhamento do conhecimento em toda a organização. A Risk Management promove o benchmarking interno e externo para facilitar o aprendizado das melhores práticas.

Os líderes também atuam como modelos de *excelência pessoal*. A Hi-Tek enfatiza os traços pessoais de dedicação, capacidade de decisão e paixão pelo negócio. A Finco salienta como a expertise em diferentes assuntos fornece os elementos básicos da criação de valor para os acionistas.

Medindo a liderança

A mensuração do processo de desenvolvimento de liderança é mais direta do que a mensuração das competências de liderança. A Figura 10.6 identifica um conjunto de indicadores típicos para o processo de desenvolvimento de liderança. Esses indicadores, em sua maioria, são observáveis e verificáveis, como o número de posições-chave sem sucessor para o atual ocupante, o número de contratações de pessoal fora da empresa e a porcentagem de unidades que aderem ao ciclo de desenvolvimento de líderes. O modelo de competências de liderança, em contraste, exige julgamento sobre um conjunto mais amplo de temas "soft", como a qualidade da comunicação e a capacidade do líder de preparar e estimular o pessoal para o trabalho em equipe. Geralmente, as organizações medem esses traços em seus líderes por meio de *pesquisas entre os empregados*. As três empresas apresentadas nas Figuras 10.8, 10.9 e 10.10 recorrem a programas de feedback de 360 graus para quantificar seus perfis de competências. Um membro do staff ou um consultor externo solicita informações aos subordinados, pares e superiores sobre a destreza do líder nas competências críticas. Embora esse feedback pessoal seja usado principalmente para o treinamento e desenvolvimento dos indivíduos, a unidade organizacional também agrega os dados minuciosos (e confidenciais) resultantes das diferentes avaliações para criar um relatório da situação para todo o âmbito da organização sobre as mais importantes competências de liderança.

A Bonneville Power Administration (BPA) oferece excelente exemplo do processo de mensuração da liderança (Figura 10.11). A BPA avalia a liderança em função de duas dimensões:

a. Os empregados, os clientes e os constituintes compreendem a missão e as metas da BPA.
b. O líder produz os resultados almejados.

A Pesquisa de Avaliação da Organização pelo pessoal interno, ou OAS (Organization Assessment Survey), mostra que os empregados em geral compreendem a missão da entidade. As respostas superam o alto padrão estabelecido para este indicador. O padrão de uma segunda pesquisa – "Ótimo Lugar para Trabalhar" (Great Place to Work – GPTW) compara os resultados com os de pesquisa idêntica, aplicada aos empregados de empresas de vanguarda na América do Norte. Nesse indicador, a BPA encontra-se abaixo do padrão – situar-se entre as 100 melhores – mas está fechando a lacuna com rapidez. A BPA também realiza outra pesquisa anual entre os clientes e constituintes, monitorando a extensão em que compreendem sua missão e suas metas. Qualquer deficiência de desempenho sob esse indicador leva os líderes da BPA a aumentar seus esforços para comunicar-se de maneira mais eficaz com esses importantes stakeholders. Finalmente, a BPA avalia a capacidade dos líderes de produzir os resultados almejados, monitorando seu desempenho em comparação com as metas do Balanced Scorecard. Tanto o Success Share quanto o Team Share (mostrados na parte inferior da figura) são programas de premiação de grupos que

Figura 10.11 Perfil de competências de liderança: Bonneville Power Administration

Objetivos estratégicos: a liderança exige a definição de uma direção clara, concentrando os esforços dos empregados e motivando comportamentos de alto desempenho. O sucesso organizacional depende da capacidade de liderança em todos os níveis. Os líderes da BPA devem promover a consciência estratégica e o alinhamento, de modo que a BPA esteja bem posicionada para o futuro; os líderes da BPA ligam as pessoas com a estratégia de negócios, tanto dentro quanto fora da organização. Também se espera que produzam resultados para a organização e para o grupo de trabalho.
Propósito da mensuração: determinar a extensão em que os líderes, os constituintes e os empregados compreendem a missão e a direção da organização. Determinar a extensão em que os líderes da BPA são bem-sucedidos na produção dos resultados almejados.
Resultados:

Índice OAS de liderança e qualidade

BPA - 64

75 — 64 ◇ Alto padrão
50 — 61
25 — 34 ○ Baixo padrão

Principais perguntas da pesquisa OAS:
- "Os empregados compreendem a missão, a visão e os valores da organização." *77% favoráveis*
- "Os gerentes deixam claro para os empregados como o trabalho de cada um contribui para a missão e para os objetivos da organização." *66% favoráveis*

Pesquisa Ótimo Lugar para Trabalhar (GPTW)

■ 2000
■ 2001
□ 2002
□ 100 melhor padrão

P.7   P.20

Principais perguntas da pesquisa GPTW (escores da organização):
P7: "A gerência deixa claras as suas expectativas."
52% favoráveis em 2002 (versus 42% em 2001)
P20: "A gerência tem uma visão clara do rumo da organização e de como chegar ao seu destino."
49% favoráveis em 2002 (versus 41% em 2001)

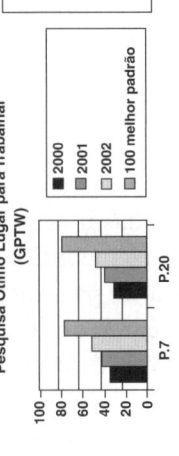

Pesquisas de satisfação dos clientes e dos constituintes

■ 1999
■ 2000
□ 2001
□ 2002

PBL   TBL   Constituintes
Clientes Clientes

Principais perguntas das pesquisas anuais entre clientes e constituintes:
P5: "[A PBL/TBL] comunica-se com você de maneira direta."
7,5 PBL; 7,6 TBL em 2002
P8: "A BPA divulga com clareza sua missão e políticas."
7 em 2002 *versus* 6,5 em 2001

Realização dos Resultados:
Média da realização das metas de contribuição para o sucesso da agência em 2001: 75%.
Média da realização das metas de contribuição para o sucesso da equipe em 2001: *88% da meta básica; 67% da meta distendida (stretch)*.

definem metas (em geral, de seis a dez) no começo de cada ano, em função das quatro dimensões do Balanced Scorecard. A superação dessas metas acima de determinado limite resultará no pagamento de bônus no fim do ano, de acordo com fórmula predeterminada. A recompensa por essas realizações em equipe consiste em quantia igual para todos os membros da agência ou do grupo de trabalho.

Em resumo, esta seção descreve dois modelos de liderança usados pelas organizações: o modelo do processo de desenvolvimento de liderança concentra-se em *como* os líderes desenvolvem as competências necessárias; o modelo de competências de liderança mostra *o que* a organização espera de seus líderes. Evidentemente, na prática, cada abordagem contém o "o quê" e o "como". As empresas que focam o processo de desenvolvimento dispõem de um modelo de competências de liderança para nortear o processo de desenvolvimento e as empresas que focam as competências de liderança devem dispor de programas de desenvolvimento de liderança.

ALINHAMENTO

"Alinhamento é a condição necessária antes do empowerment... assim o indivíduo capacitará toda a equipe."[12] Peter Senge, em *The Fifth Discipline*, salienta que a mudança organizacional efetuada sobre bases amplas exige alinhamento, situação em que todos os membros da equipe têm propósitos comuns, visão compartilhada e compreensão de como suas funções pessoais suportam a estratégia geral. A organização alinhada estimula o empowerment dos empregados, a inovação e a tomada de riscos, pois as ações individuais são orientadas para a consecução de objetivos de alto nível. O estímulo e a capacitação das iniciativas individuais nas organizações não alinhadas levam ao caos, na medida em que os indivíduos que assumem riscos empurram a organização para direções contraditórias. O efeito será semelhante à descrição de cargo que o novo reitor de uma escola de negócios atribuiu a si mesmo: "Levar seis cachorrinhos para passear, sem coleira".

O alinhamento geralmente exige duas etapas sequenciais: (1) Promover a conscientização e (2) Instituir incentivos. Primeiro, os líderes devem divulgar os objetivos estratégicos de alto nível de maneira compreensível para todos os empregados. Segundo, os líderes devem garantir que os indivíduos e equipes se empenhem em busca de objetivos e recompensas locais que, se atingidos, contribuam para a realização de metas vinculadas aos objetivos de alto nível. Os líderes promovem a *consciência estratégica*, por meio de programas de comunicação multifacetados, envolvendo ampla gama de mecanismos: folhetos, boletins informativos, reuniões coletivas com os empregados, programas de orientação e treinamento, reuniões entre os executivos, intranets e bulletin boards.[13] As organizações sempre recorrem a pesquisas entre os empregados para determinar a extensão em que estes estão conscientes e compreendem os objetivos estratégicos de alto nível (ver atributo 4, "Compreensão da missão, da visão e dos valores", na Figura 10.5). As organizações alcançam o *alinhamento estratégico* ao interligar a definição de objetivos pessoais e o sistema de remuneração e recompensas com objetivos da unidade de negócios e da corporação.[14]

A Figura 10.12 apresenta os objetivos e indicadores típicos da consciência estratégica e do alinhamento estratégico. Como esses exemplos foram extraídos de organizações que implementaram o Balanced Scorecard, não surpreende que a consciência e o alinhamento estejam definidos em função de objetivos e indicadores do BSC. Por exemplo, as organizações definiram alinhamento como "a porcentagem dos empregados com objetivos pessoais conectados ao Balanced Scorecard".

A Figura 10.13 mostra como o representante de uma empresa, First Community Bank (FCB), descreve sua estratégia de alinhamento. A perspectiva de aprendizado e crescimento do FCB tem quatro objetivos: dois (A1 e A2) concentram-se no desenvolvimento do capital humano; um (A4), no capital da informação; e um (A3) na criação do capital organizacional. O FCB identifica o "alinhamento estratégico" como seu principal objetivo de capital organizacional. A empresa pretende desdobrar o scorecard corporativo para o grupo comunitário (GC), em seguida para as divisões dentro do GC e, por fim, para as equipes e indivíduos. O programa desdobrado tem três componentes:

- *Compreensão estratégica*: Todos os indivíduos compreendem os principais componentes do FCB, do GC e das divisões.
- *Alinhamento organizacional*: Os objetivos do FCB, do GC e das divisões estão alinhados entre si.
- *Alinhamento pessoal*: Todos os indivíduos definem objetivos pessoais alinhados com os do GC e da área.

A equipe de implementação do FCB projetou um instrumento de pesquisa entre os empregados para medir esses três objetivos. A equipe formulou dezessete perguntas sobre alinhamento organizacional (apresentadas nos três boxes na parte inferior da Figura 10.13) a aproximadamente 300 gerentes seniores e de nível médio. A equipe usou o mesmo instrumento para novas pesquisas periódicas, no intuito de verificar o status e o progresso do programa de alinhamento estratégico.

Figura 10.12 Definição e mensuração da consciência e do alinhamento estratégico

Atributo	Objetivo estratégico	Indicador estratégico	Organização
Consciência estratégica	(A) Garantir que todos os empregados compreendam a estratégia	■ Porcentagem dos empregados capazes de identificar as prioridades estratégicas da organização (pesquisa)	Assistência médica
Alinhamento estratégico	(A) Reforçar a direção estratégica e fortalecer o senso de urgência e propósito	■ Porcentagem do staff com objetivos ligados ao BSC	Fundos mútuos
	(B) Alinhar esforços por meio de mensurações e recompensas	■ Porcentagem dos empregados (diretores e acima) cujos objetivos estejam mapeados na estratégia	Assistência médica
	(C) Desenvolver força de trabalho motivada e preparada	■ Porcentagem do staff com BSC pessoal	Setor de processos
	(D) Alinhar objetivos pessoais	■ Porcentagem do staff com objetivos ligados ao BSC	Banco nacional
	(E) Capacitar empregados	■ Porcentagem do staff cujo treinamento e desenvolvimento estejam ligados ao BSC	Governo municipal (transportes)

Figura 10.13 Mensuração da consciência e do alinhamento estratégicos no First Community Bank (FCB)

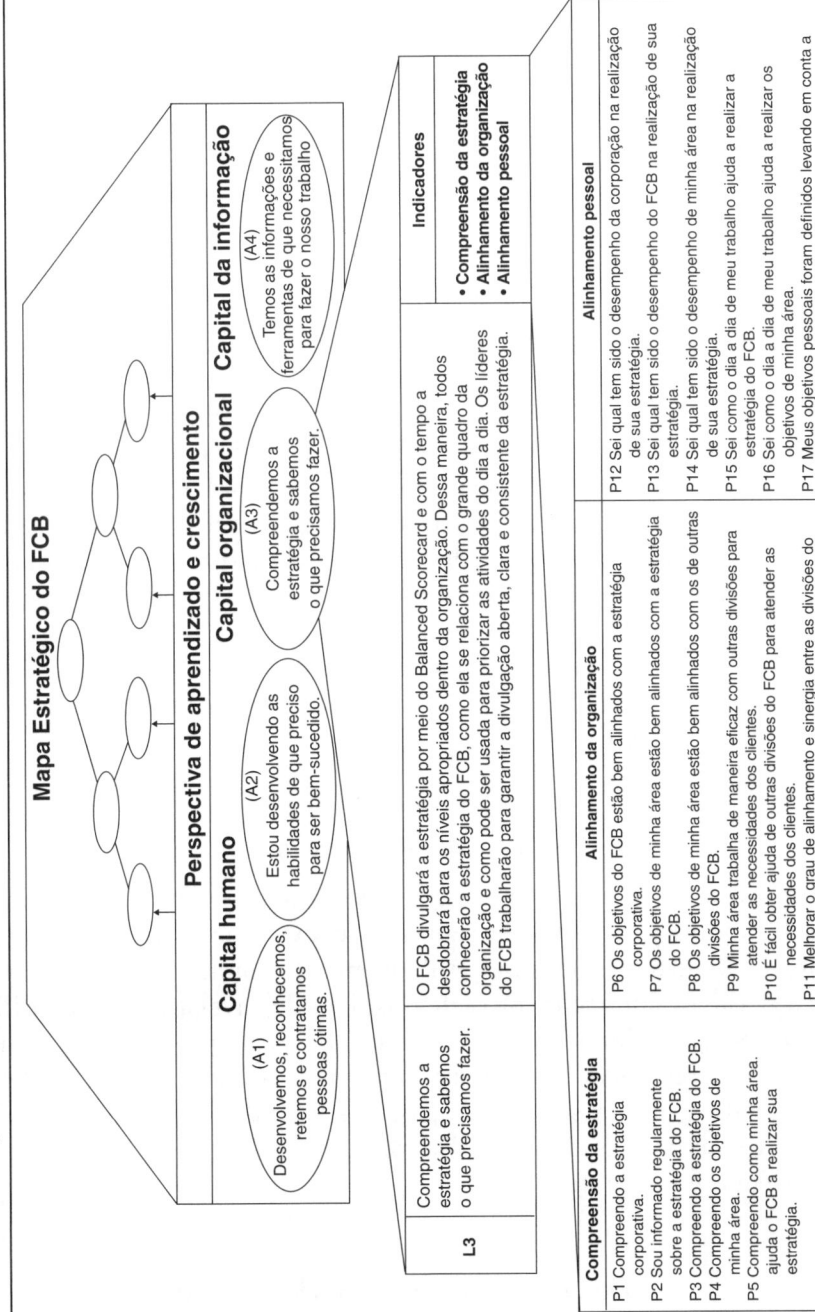

Mapa Estratégico do FCB

Perspectiva de aprendizado e crescimento

Capital humano

(A1) Desenvolvemos, reconhecemos, retemos e contratamos pessoas ótimas.

(A2) Estou desenvolvendo as habilidades de que preciso para ser bem-sucedido.

Capital organizacional

(A3) Compreendemos a estratégia e sabemos o que precisamos fazer.

Capital da informação

(A4) Temos as informações e ferramentas de que necessitamos para fazer o nosso trabalho.

L3	Compreendemos a estratégia e sabemos o que precisamos fazer.	O FCB divulgará a estratégia por meio do Balanced Scorecard e com o tempo a desdobrará para os níveis apropriados dentro da organização. Dessa maneira, todos conhecerão a estratégia do FCB, como ela se relaciona com o grande quadro da organização e como pode ser usada para priorizar as atividades do dia a dia. Os líderes do FCB trabalharão para garantir a divulgação aberta, clara e consistente da estratégia.	

Indicadores

- Compreensão da estratégia
- Alinhamento da organização
- Alinhamento pessoal

Compreensão da estratégia	Alinhamento da organização	Alinhamento pessoal
P1 Compreendo a estratégia corporativa.	P6 Os objetivos do FCB estão bem alinhados com a estratégia corporativa.	P12 Sei qual tem sido o desempenho da corporação na realização de sua estratégia.
P2 Sou informado regularmente sobre a estratégia do FCB.	P7 Os objetivos de minha área estão bem alinhados com a estratégia do FCB.	P13 Sei qual tem sido o desempenho do FCB na realização de sua estratégia.
P3 Compreendo a estratégia do FCB.	P8 Os objetivos de minha área estão bem alinhados com os de outras divisões do FCB.	P14 Sei qual tem sido o desempenho de minha área na realização de sua estratégia.
P4 Compreendo os objetivos de minha área.	P9 Minha área trabalha de maneira eficaz com outras divisões para atender as necessidades dos clientes.	P15 Sei como o dia a dia de meu trabalho ajuda a realizar a estratégia do FCB.
P5 Compreendo como minha área ajuda o FCB a realizar sua estratégia.	P10 É fácil obter ajuda de outras divisões do FCB para atender as necessidades dos clientes.	P16 Sei como o dia a dia de meu trabalho ajuda a realizar os objetivos de minha área.
	P11 Melhorar o grau de alinhamento e sinergia entre as divisões do FCB é de alta prioridade.	P17 Meus objetivos pessoais foram definidos levando em conta a estratégia e os objetivos de minha área.

TRABALHO EM EQUIPE E COMPARTILHAMENTO DO CONHECIMENTO

Não existe maior desperdício do que usar uma ideia apenas uma vez. Nenhum ativo tem maior potencial para as organizações do que o conhecimento coletivo acumulado por todos os empregados. Muitas empresas hoje usam sistemas gerenciais de gestão do conhecimento para gerar, organizar, desenvolver e distribuir novos conhecimentos em toda a organização.[15]

Geração de conhecimento

A geração de conhecimento envolve a identificação de conteúdo que poderia ser relevante para outros na organização e a inclusão do material relevante no banco de dados eletrônico. A maioria das organizações deve empreender profunda mudança cultural a fim de evoluir do entesouramento de conhecimentos para o compartilhamento de ideias. Steve Kerr, ex-CEO de aprendizado da General Electric, observou que um dos principais componentes do sistema gerencial de Jack Welch era romper as barreiras em toda a organização – nos sentidos vertical e horizontal – de modo a promover o livre fluxo da transferência de conhecimentos.[16] Welch perguntava aos executivos nas avaliações anuais: "Que ideias você adquiriu de outras pessoas nas unidades da GE? Com que ideias você contribuiu para as outras unidades da GE?"

Organização do conhecimento

As informações, para serem acessíveis aos usuários, devem ser organizadas de modo a possibilitar sua representação e recuperação por meio eletrônico. Os sistemas de compartilhamento do conhecimento – compostos de bases de conhecimentos, dispositivos de navegação, como utilitários de pesquisa, interface com o usuário e taxonomias – proporcionam maneiras sistemáticas de organizar informações valiosas. As bases de conhecimentos devem ser peneiradas, destiladas, filtradas por assunto, além de conservadas e revigoradas continuamente, de modo a manter-se atualizadas e relevantes.

Desenvolvimento do conhecimento

Especialistas em diferentes assuntos devem selecionar e aprovar as informações apresentadas por outras pessoas. Essa revisão aumenta a validade do material publicado pelo sistema, certifica que o conhecimento é importante e que representa a melhor prática, e recomenda que seja usado em toda a organização.

Distribuição do conhecimento

Os sistemas de gestão do conhecimento devem garantir acesso fácil pelos usuários ao banco de conhecimentos. As organizações usam dois métodos para distribuir conhecimentos. O primeiro, um "sistema push", cataloga as necessidades dos usuários e distribui seletivamente a informação, geralmente via e-mail, quando reconhece o potencial de uso da informação por algum usuário. Embora essa abordagem proativa seja um pouco intrusiva, o projetista de um sistema push reconhece que a maioria dos usuários está muito preocupada e ocupada com suas tarefas imediatas para dar-se o trabalho de usar o segundo método, um "sistema pull", ou seja, a busca pelo usuário de determinada informação, quando esta for relevante e valiosa para as suas necessidades imediatas.

Os sistemas de gestão do conhecimento geralmente compõem-se de:

- Bancos de dados e sistemas de gerenciamento de bancos de dados que coletam e armazenam as bases de conhecimentos.
- Sistemas de comunicação e mensagens, que recuperam e transmitem os conhecimentos, qualquer que seja a sua procedência.
- Navegadores (browsers) seguros que permitam aos empregados a pesquisa remota de bancos de dados, mesmo de instalações de acesso público, ainda que protegidas contra uso não autorizado.

O desafio é encontrar maneiras de motivar os indivíduos a documentar suas ideias e conhecimentos, de modo que estejam disponíveis para outros. A simplicidade dessa afirmação é ilusória, ante a dificuldade de implementação. Os entraves, contudo, não dissuadiram a maioria das organizações de nosso banco de dados do BSC de definir *trabalho em equipe e compartilhamento do conhecimento* como prioridades estratégicas na perspectiva de aprendizado e crescimento. A Figura 10.14 mostra exemplos representativos de objetivos e indicadores das melhores práticas de compartilhamento do conhecimento. A organização A, empresa química, monitora a quantidade das ideias sobre melhores práticas que foram identificadas e usadas pelos participantes do sistema. A organização B, empresa internacional de seguros, recorre à sua universidade corporativa para transferir conhecimentos. Ela mede o número de horas de treinamento recebidas por

Figura 10.14 Definição e mensuração do trabalho em equipe e do compartilhamento do conhecimento

Atributo	Objetivo estratégico	Indicador estratégico	Organização
	(A) Desenvolver uma organização que aprende	■ Número de melhores práticas identificadas ■ Produção por empregado	Química
	(B) Desenvolver e transferir conhecimentos como processo contínuo	■ Horas de treinamento por pessoa	Seguradora internacional
Compartilhamento do conhecimento	(C) Garantir a difusão de ideias sobre melhores práticas	■ Porcentagem de empregados que participam de processos de work-out	Serviços financeiros
	(D) Melhorar a comunicação transversal na empresa	■ Porcentagem do staff que usa os canais de compartilhamento do conhecimento	Farmacêutica
	(E) Desenvolver e utilizar sistemas e processos globais comuns para o compartilhamento do conhecimento	■ Quantidade de projetos no banco de conhecimentos (KB) ■ Número de acessos ao KB	Software
	(F) Garantir a disponibilidade de informações exatas e consistentes em toda a organização	■ Porcentagem de indicadores, dados e estatísticas acessíveis em toda a organização	Serviços financeiros
Integração da organização	(G) Integra empregados	■ Número de movimentações entre áreas	Manufatura

cada indivíduo. A empresa C, de serviços financeiros, monitora a quantidade de empregados que transferem conhecimentos em processos de work-out, cujo padrão foi popularizado pela General Electric.* A empresa D, do setor farmacêutico, e a empresa E, de software, usam sistemas formais de gestão do desempenho para transferir conhecimentos e medir o nível de uso do sistema. A empresa de serviços financeiros F concentra-se na abrangência e na atualização das informações em seus bancos de dados de desempenho.

Todas as organizações da Figura 10.14, à exceção de A, medem o compartilhamento do conhecimento com indicadores de input ou processos, em vez dos indicadores preferidos de output ou resultados. Ou acham muito difícil medir as consequências do compartilhamento do conhecimento ou acreditam que este seja um processo cujos efeitos se manifestam sob a forma de melhoria do desempenho, em outros pontos dos mapas estratégicos. Parece, contudo, que as organizações agirão melhor se medirem os outputs, como número de novas ideias transferidas e adotadas ou número de novas ideias e práticas compartilhadas com outras equipes e unidades organizacionais.

RELATÓRIO DA PRONTIDÃO DO CAPITAL ORGANIZACIONAL

No começo do capítulo, definimos capital organizacional como a capacidade da organização de mobilizar e sustentar o processo de mudança necessário à execução da estratégia. Já analisamos como todos os mapas estratégicos e Balanced Scorecards devem conter objetivos referentes a cultura, liderança, alinhamento e trabalho em equipe, baseados na agenda de mudança. Ilustra-se o quadro completo por meio de um relatório sobre a prontidão estratégica do capital organizacional, conforme exposto na Figura 10.15.

O indicador de liderança, nesse exemplo, parte do modelo de competências de liderança e mostra a porcentagem de realização dos principais atribu-

---

*Nota do Tradutor: A origem do termo *work-out* reflete a própria essência da iniciativa: eliminar o trabalho desnecessário (taking unnecessary *work-out* of the system). "A partir de 1988, Welch passou a exigir que os gerentes de linha realizassem reuniões do tipo *town hall* (coletivas), como sessões de ensino e aprendizado. Essas reuniões, das quais participavam de 40 a 100 empregados, duravam de dois a três dias e nelas se analisavam problemas reais, cuja solução, na opinião dos participantes, melhoraria a organização e as condições de trabalho. A grande novidade era que o chefe devia decidir sobre as propostas na hora" (Noel M. Tichy. *Feitas para o Sucesso*. Rio de Janeiro, Campus, 2003).

Figura 10.15 Relatório da prontidão do capital organizacional

Atributo	Objetivo estratégico	Indicador estratégico	Meta	Real
Liderança	Desenvolver a disponibilidade de líderes em todos os níveis, para impulsionar a organização em busca da estratégia	• *Lacuna de liderança* (porcentagem de atributos do modelo de competências, avaliados acima do limite mínimo)	90%	92% VRD
Cultura	Promover a conscientização e a internalização da missão, da visão e dos valores essenciais necessários à execução da estratégia	• *Foco nos clientes* (pesquisa entre clientes; porcentagem dos que compreendem nossa missão) • *Outros valores essenciais* (pesquisa da prontidão dos empregados para a mudança)	80% 80%	68% VML 52% VML
Alinhamento	Garantir o alinhamento de metas e incentivos com a estratégia, em todos os níveis da organização	• *Consciência estratégica* (porcentagem do staff capaz de identificar as prioridades estratégicas da organização) • *Alinhamento estratégico* (porcentagem do staff com objetivos e incentivos ligados ao Balanced Scorecard)	80% 100%	75% VML 60% VML
Trabalho em equipe	Garantir o compartilhamento do conhecimento e dos recursos do staff com potencial estratégico	• *Compartilhamento das melhores práticas* (número de acessos ao KMS por empregado)	5,0	6,1 VRD

* VRD = verde; VML = vermelho.

tos de liderança. O relatório prossegue com dois indicadores de cultura. Com o foco nos clientes como dimensão dominante, o relatório recorre a pesquisas para medir o grau de compreensão e de alinhamento dos clientes em relação à missão da empresa. Um segundo indicador da cultura baseia-se em pesquisa entre os empregados sobre os valores essenciais da empresa, abrangendo aspectos como "inovação", "tomada de riscos", "senso de responsabilidade" e "trabalho em equipe". O alinhamento envolve duas dimensões: compreensão da estratégia pelos empregados e alinhamento dos objetivos e incentivos dos empregados com a estratégia. A primeira dimensão, consciência estratégica, é medida por meio de pesquisas entre os empregados, por meio das quais se determina a porcentagem dos empregados que compreendem a estratégia. A segunda dimensão, alinhamento estratégico, monitora a extensão em que os objetivos e incentivos pessoais dos empregados estão conectados com os objetivos e indicadores estratégicos do Balanced Scorecard. Finalmente, o trabalho em equipe é medido pela intensidade do uso do sistema de gestão do conhecimento da organização para o compartilhamento das informações sobre melhores práticas.

Nem todos os mapas estratégicos que desenvolvemos ou observamos na prática – a maioria dos quais foi elaborada antes da articulação do modelo deste capítulo – usam indicadores de todos os quatro componentes do capital organizacional. Acreditamos que são fortes os argumentos em favor da inclusão nos mapas estratégicos de pelo menos um indicador para *cada* um dos quatro componentes. O capital organizacional cria o clima propício à mudança necessária para a implementação da estratégia. É difícil imaginar um programa de mudança abrangente que não se baseie em valores culturais, liderança eficaz, força de trabalho alinhada, trabalho em equipe e compartilhamento do conhecimento. O que é medido é gerenciado. O que não é medido se esquece ou se perde. Cada um dos componentes do capital organizacional é necessário à execução bem-sucedida da estratégia.

A contribuição de RH para o capital organizacional

Depois que se desenvolve o relatório da prontidão do capital organizacional, a equipe de liderança executiva deve estabelecer metas para cada um dos indicadores. As metas, que devem representar melhorias significativas em comparação com o desempenho atual, estimulam a análise das iniciativas necessárias para alcançar o desempenho almejado em cada indicador. Tipicamente, cada grupo funcional dentro de RH (como recrutamento) examinará os objetivos, indicadores e metas para determinar os programas específicos. Depois de reunir as sugestões dos grupos funcionais, a equipe de liderança de RH discute com os executivos de linha as escolhas e trade-offs do plano, determinando por fim as iniciativas que serão mais eficazes e econômicas no apoio da estratégia. Por exemplo, para desenvolver um atributo específico, a empresa pode escolher entre treinar os atuais empregados, recrutar novos empregados ou promover o compartilhamento do conhecimento. O resultado dessa atividade é um programa abrangente para o desenvolvimento do capital organizacional, conforme demonstrado na Figura 10.16. O programa de desenvolvimento alinha os investimentos em RH com a estratégia da empresa, convertendo-se no contrato entre a organização de RH e as linhas de negócios. O processo também permite que vários departamentos dentro da organização de RH compreendam seus papéis no apoio de iniciativas que ajudam as unidades operacionais a alcançar os objetivos estratégicos da empresa. Embora muito procurado, raramente se consegue o alinhamento de RH com o sucesso da estratégia. Neste capítulo, introduzimos um novo processo que liga os objetivos e indicadores da perspectiva de aprendizado e crescimento do Balanced Scorecard com o sucesso da organização.

RESUMO

A perspectiva de aprendizado e crescimento é o fundamento de toda a estratégia da organização. O desempenho nessa área oferece os indicadores de tendência definitivos, pois representam os ativos intangíveis que criam valor por seu alinhamento com a estratégia da organização. Eis por que apenas o Balanced Scorecard, não os indicadores financeiros, é capaz de quantificar o valor oriundo dos ativos intangíveis. Alavancam-se os efeitos do capital humano quando este se concentra nas poucas funções estratégicas que implementam os processos mais importantes para a estratégia da organização. O capital da informação é mais valioso quando fornece a infraestrutura vital e as aplicações estratégicas que complementam o capital humano para a promoção do desempenho notável nos processos internos estratégicos. Os fatores organizacionais ainda mais intangíveis – cultura, liderança, alinhamento e trabalho em equipe – também são vitais para o sucesso na implementação da estratégia. As organizações que lançam nova proposição de valor devem criar uma cultura centrada nos clientes. A transformação organizacional para a adoção dessa nova estratégia requer excepcional capacidade de liderança em toda a organização. As novas trajetórias da organização exigem que os sistemas de gestão da comunicação e do desempenho estejam alinhados com as realizações almejadas pela organização. E o foco no desempenho notável em poucos processos críticos exige trabalho e aprendizado em equipe.

Figura 10.16 Programa estratégico de desenvolvimento da prontidão do capital organizacional

Relatório da prontidão do capital organizacional		Programa de desenvolvimento do capital organizacional				
Atributo	Indicador de prontidão estratégica	→	Metas (amostra)	Iniciativas estratégicas	Indicadores de tendência	Orçamento do programa estratégico
Liderança	• Lacuna de liderança (atributos-chave)	→	90%	• Desenvolvimento de liderança • Planejamento da sucessão • Processo de governança • Gestão da estratégia	• Porcentagem de contratações de pessoal internas *versus* externas • Porcentagem de participação nos cursos de liderança	$XXX
Cultura	• Foco nos clientes • Valores essenciais	→	80% 80%	• Comunicações • Gestão da mudança • Desenvolvimento de liderança	• Porcentagem de empregados pesquisados com regularidade • Avaliação da cultura	$XXX
Alinhamento	• Consciência estratégica • Alinhamento estratégico	→	80% 100%	• Gestão do desempenho • Total de remuneração e recompensas • Ambiente de trabalho positivo	• Porcentagem dos objetivos pessoais ligados ao BSC • Porcentagem do pessoal que recebe remuneração de incentivo	$XXX
Trabalho em equipe	• Compartilhamento entre fronteiras • Melhores práticas • Pessoal-chave • Equipes • Recompensas	→	100% (versus plano)	• Gestão do conhecimento • Eficácia da organização • Rodízio do pessoal	• Porcentagem do pessoal que usa canais de compartilhamento do conhecimento	$XXX

Por vezes, reluta-se em mensurar esses ativos intangíveis – capital humano, capital da informação e capital organizacional – pois, por sua própria natureza, os indicadores daí decorrentes serão "mais abstratos", ou mais subjetivos, do que os indicadores financeiros geralmente utilizados para avaliar o desempenho organizacional. O movimento do Balanced Scorecard encorajou as organizações a enfrentar esse desafio de mensuração. Hoje, as empresas têm condições de medir o que almejarem, em vez de almejarem apenas o que forem capazes de medir. As organizações aprenderam que apenas o simples ato de tentar mensurar as potencialidades dos empregados, os sistemas de conhecimento e o capital organizacional, não importa o grau de precisão, enfatiza a importância desses vetores para a criação de valor. As abordagens descritas neste capítulo mostram como as organizações desenvolveram novas maneiras de medir e, em seguida, criar capital organizacional. Os indicadores de aprendizado e crescimento estimulam as mudanças comportamentais nos ativos intangíveis que constroem os pilares necessários para que se desenvolvam organizações bem-sucedidas, orientadas para a estratégia.

O estudo de caso a seguir, da Ingersoll-Rand, oferece um exemplo contundente do papel do capital organizacional na estratégia de negócios.

NOTAS

1. S. Chadturi e B. Tabrizi, "Capturing the Real Value in High-Tech Acquisitions", *Harvard Business Review* (setembro-outubro de 1999).
2. Jeffrey A. Schmidt, *Making Mergers Work* (Alexandria, VA: Towers Perrin/SHRM, 2002).
3. C. Argyris, "Some Problems in Conceptualizing Organizational Climate: A Case Study of a Bank", *Administrative Science Quarterly* 2 (1958): 501-520
4. Marcus Buckingham e Curt Coffman, *First, Break All the Rules: What the World's Greatest Managers Do Differently* (Nova York: Simon & Chuster, 1999).
5. Para mais trabalhos sobre a mensuração de um clima organizacional saudável, ver D. Pratt, *The Healthy Scorecard: Delivering Breakthrough Results That Employees and Investors Will Love!* (Victoria, BC: Trafford Publishing, 2001).
6. A descrição de clima e cultura foi extraída de Aaron Reichers e Ben Schneider, "Climate and Culture: An Evolution of Constructs", in *Organizational Climate and Culture*, ed. Ben Schneider (San Francisco: Jossey-Bass, 1990).
7. Edgar Schein, *Organizational Culture and Leadership: A Dynamic View* (San Francisco: Jossey-Bass, 1985).
8. Estes eram os valores efetivamente esposados pelos executivos seniores da Enron.

9. Somos gratos a Charles O'Reilly, da Stanford Graduate School of Business, por essa análise sobre a distinção entre valores e costumes.
10. C. O'Reilly, J. Chatman e D. Caldwell, "People and Organizational Culture: A Profile Comparison to Assessing Person-Organization Fit", *Academy of Management Journal* (setembro de 1991): 487-516.
11. Por exemplo, ver as abordagens disponíveis em Thinkshed, http://www.thinkshed.com, que se baseiam no trabalho acadêmico de O'Reilly, Caldwell e Chatman.
12. Peter Senge, *The Fifth Discipline: The Art and Practice of the Learning Organization* (Nova York: Doubleday, 1990), 235.
13. Os métodos de comunicação estão descritos no Capítulo 8 de Robert S. Kaplan e David P. Norton, *The Strategy-Focused Organization: How Balanced Scorecard Companies Thrive in the New Business Environment* (Boston: Harvard Business School Press, 2001).
14. Detalhes das conexões da estratégia com os objetivos e recompensas pessoais estão descritos nos Capítulos 9 e 10 de *The Strategy-Focused Organization*.
15. O conteúdo dos processos de gestão do conhecimento foram extraídos de D. Garvin e A. March, "A Note on Knowledge Management", Nota 396-031, Harvard Business School, Boston, novembro de 1997.
16. S. Kerr, "Transformational Leadership: Lessons in Mastering Change at General Electric", palestra proferida no Balanced Scorecard Collaborative North American Summit (outubro de 2002).

ESTUDO DE CASO

INGERSOLL-RAND

Antecedentes

A Ingersoll-Rand (IR) é fabricante internacional diversificado de equipamentos industriais e comerciais, com especialização no grande mercado global de segurança, controle de clima, soluções industriais e infraestrutura.

A Ingersoll-Rand tem uma história fecunda, que remonta a 1871, com raízes nos setores de construção e mineração. Ao longo dos anos, a empresa desenvolveu-se sobre sua orgulhosa reputação e hoje é um conjunto diversificado de negócios multinacionais, com marcas que lideram os respectivos mercados. Seu portfólio de produtos abrange marcas como fechaduras e soluções de segurança Schlage, equipamentos Thermo King para o controle de temperatura em meios de transporte, equipamentos Hussmann de refrigeração em estabelecimentos comerciais e de varejo, equipamentos compactos Bobcat, carros de golfe e veículos utilitários Club Car, microturbinas PowerWorks, além de equipamentos industriais e de construção Ingersoll-Rand. Hoje, a IR é uma empresa industrial com receita anual de US$10 bilhões, 56.000 empregados e 130 unidades industriais em todo o mundo.

Situação

Em meados da década de 1990, cerca de dois terços da receita da Ingersoll-Rand provinham de outras áreas fora de seus negócios tradicionais de equipamentos de fabricação, construção e mineração. Mas a perspectiva de Wall Street era diferente. As ações da IR marchavam no mesmo ritmo das de empresas como Caterpillar e John Deere, na medida em que a comunidade de investimentos continuava incerta sobre como a IR pretendia alavancar seu vasto sortimento de marcas díspares que acumulara ao longo dos anos.

Em outubro de 1999, Herb Henkel tornou-se presidente e CEO da Ingersoll-Rand. Ao chegar à IR, sua visão era transformar o negócio em "empreendimento industrial global", mas logo percebeu que, para realizar essa visão, precisaria primeiro transformar a IR de empresa holding orientada para produtos em empresa operacional voltada para soluções, com negócios sinérgicos e com um portfólio integrado de soluções.

A estratégia

Henkel implementou um processo de planejamento estratégico, comum em toda a organização, que, em si, não produziu os resultados almejados. A nova orientação básica em relação a "crescimento" e "soluções" não se firmava com rapidez suficiente, provocando sérios aborrecimentos para a equipe gerencial. Implementou-se, então, um sistema integrado de gestão da estratégia e do desempenho, para concentrar a organização na execução da estratégia. Assim, o mapa estratégico e o Balanced Scorecard passaram a ser as principais ferramentas para articular e comunicar a estratégia em todo o empreendimento.

O mapa estratégico

A missão da Ingersoll-Rand de tornar-se "grupo industrial global com marcas líderes de mercado" destaca-se no alto do mapa estratégico corporativo (Figura 10.17). Sob a *perspectiva financeira*, a IR aumentaria o valor para os acionistas por meio do crescimento acelerado, impulsionado pelos recursos internos e por aquisições sinérgicas, ao mesmo tempo em que reduziria continuamente a base de custos. Mediante a gestão ativa do equilíbrio entre crescimento da receita e produtividade, a IR procura melhorar a utilização dos ativos e impulsionar a geração de caixa.

A Ingersoll-Rand alcançaria seus objetivos financeiros transformando-se de fabricante orientado para produtos em provedor de soluções focado nos clientes. Sob a perspectiva da *experiência dos clientes*, a proposição de valor da IR contém três temas: (1) fornecer as melhores soluções para os clientes, embalando produtos inovadores com produtos agregadores de valor, que se destaquem como os melhores do mercado; (2) constituir parcerias realmente ganha-ganha com os clientes, que capacitem a IR a fornecer o melhor valor total, alcançando o equilíbrio certo entre preço, desempenho e serviços; e (3) promover a fidelidade duradoura dos clientes, por meio da excelência em qualidade, serviços e entrega, além da execução impecável, dissuadindo os clientes de levar seus negócios para os concorrentes.

A fim de cumprir essa proposição de valor para os clientes, a IR reforçará vários processos internos, capazes de gerar vantagens competitivas para a empresa. A perspectiva de *excelência nos processos* desenvolve-se em torno de três temas estratégicos básicos:

- *Impulsionar a excelência operacional*, buscando a melhoria contínua em todas as operações. Esse tema foca os processos essenciais capacitadores do grupo. Embutidos nele, encontram-se importantes objetivos estratégicos, que poderiam ser considerados elementares. Contudo, os líderes da IR os consideram fatores críticos da estratégia geral, que não podem ser ignorados. Além disso, o tema impulsionar a excelência operacional enfatiza processos-chave, como segurança, saúde, meio ambiente, fabricação, desenvolvimento de produtos, TI e serviços compartilhados em toda a empresa.

Figura 10.17 Mapa estratégico da Ingersoll-Rand

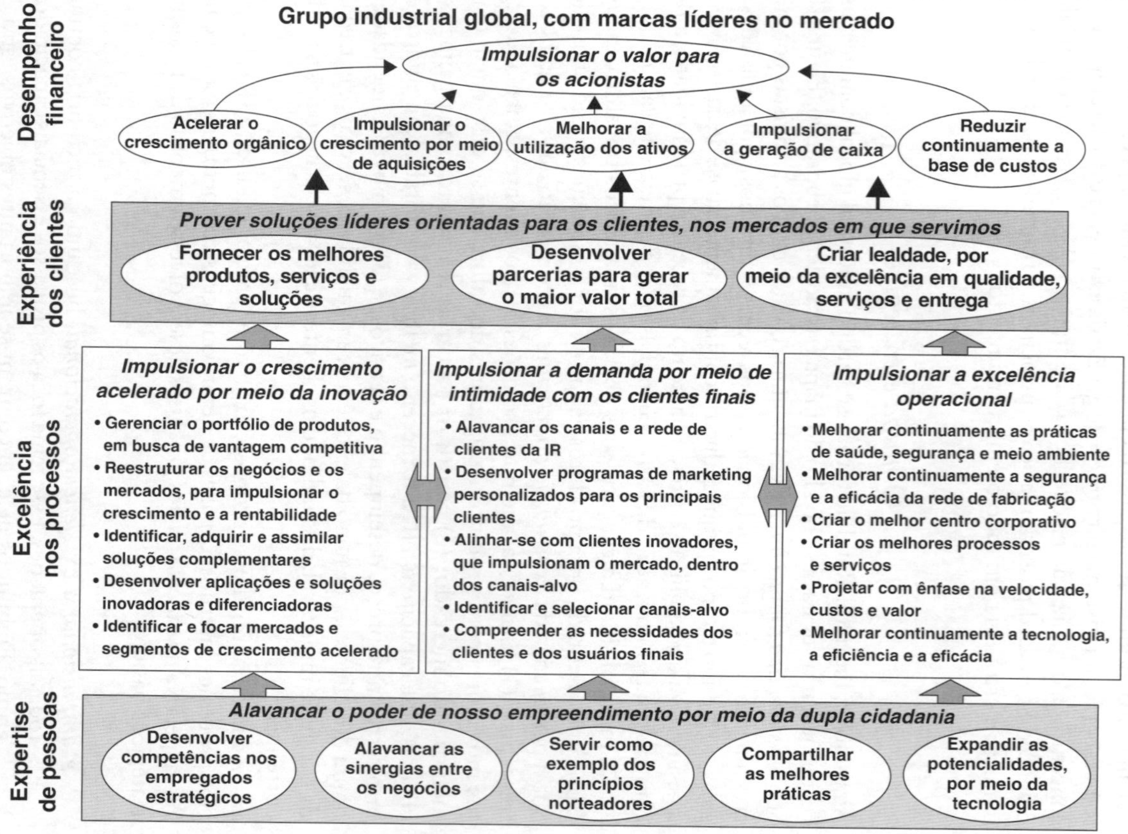

Grupo industrial global, com marcas líderes no mercado

Impulsionar o valor para os acionistas

- Acelerar o crescimento orgânico
- Impulsionar o crescimento por meio de aquisições
- Melhorar a utilização dos ativos
- Impulsionar a geração de caixa
- Reduzir continuamente a base de custos

Prover soluções líderes orientadas para os clientes, nos mercados em que servimos

- Fornecer os melhores produtos, serviços e soluções
- Desenvolver parcerias para gerar o maior valor total
- Criar lealdade, por meio da excelência em qualidade, serviços e entrega

Impulsionar o crescimento acelerado por meio da inovação
- Gerenciar o portfólio de produtos, em busca de vantagem competitiva
- Reestruturar os negócios e os mercados, para impulsionar o crescimento e a rentabilidade
- Identificar, adquirir e assimilar soluções complementares
- Desenvolver aplicações e soluções inovadoras e diferenciadoras
- Identificar e focar mercados e segmentos de crescimento acelerado

Impulsionar a demanda por meio de intimidade com os clientes finais
- Alavancar os canais e a rede de clientes da IR
- Desenvolver programas de marketing personalizados para os principais clientes
- Alinhar-se com clientes inovadores, que impulsionam o mercado, dentro dos canais-alvo
- Identificar e selecionar canais-alvo
- Compreender as necessidades dos clientes e dos usuários finais

Impulsionar a excelência operacional
- Melhorar continuamente as práticas de saúde, segurança e meio ambiente
- Melhorar continuamente a segurança e a eficácia da rede de fabricação
- Criar o melhor centro corporativo
- Criar os melhores processos e serviços
- Projetar com ênfase na velocidade, custos e valor
- Melhorar continuamente a tecnologia, a eficiência e a eficácia

Alavancar o poder de nosso empreendimento por meio da dupla cidadania

- Desenvolver competências nos empregados estratégicos
- Alavancar as sinergias entre os negócios
- Servir como exemplo dos princípios norteadores
- Compartilhar as melhores práticas
- Expandir as potencialidades, por meio da tecnologia

Desempenho financeiro

Experiência dos clientes

Excelência nos processos

Expertise de pessoas

- *Impulsionar a demanda por meio da intimidade com o cliente e com o usuário final,* formando parcerias com os clientes-chave, gerenciando a cadeia de valor e expandindo os serviços. Esse tema concentra-se na segmentação e foco, na gestão de canais e na gestão do relacionamento com os clientes.
- *Impulsionar o crescimento acelerado por meio da inovação,* concentrando-se em soluções inovadoras para os clientes. Esse tema desenvolve e gerencia o portfólio de produtos e serviços da IR, de modo a possibilitar a criação de vantagem competitiva duradoura.

Para suportar essas capacidades dos processos internos, a IR incluiu o tema *expertise das pessoas* em seu mapa estratégico, de modo a esclarecer as prioridades culturais, gerenciar as habilidades e competências do pessoal-chave e cuidar das necessidades de infraestrutura capacitadora. Sob a perspectiva de expertise das pessoas, a IR alavancará o poder do empreendimento por meio de dupla cidadania: a unidade de negócios e a corporação. A dupla cidadania, reunindo os talentos, a energia e o entusiasmo de todo pessoal da organização, diferenciará a IR como empresa, tornando o empreendimento mais forte, em consequência do poderio coletivo dos negócios individuais.

Breves relatos

A IR não se limitou a adotar o Balanced Scorecard; também desenvolveu e implementou um Sistema de Gestão da Estratégia (SGE) abrangendo todo o empreendimento, que hoje é parte do calendário corporativo. O SGE da Ingersoll-Rand abrange o seguinte conjunto de processos gerenciais integrados:

- Planejamento estratégico.
- Planejamento e orçamento de operações.
- Gerenciamento de iniciativas estratégicas.
- Análises operacionais trimestrais e mensais.
- Comunicações internas e externas.
- Gestão do desempenho.
- Planejamento do desenvolvimento de carreiras.
- Planejamento da sucessão.

Como exemplo de comunicação externa, a Ingersoll-Rand elaborou boa parte de seu relatório anual de 2001 em torno dos elementos básicos do Sistema de Gestão da Estratégia. Como parte do relatório anual, explicam-se o modelo do Balanced Scorecard e o mapa estratégico. Dessa explicação, extraiu-se o seguinte trecho:

> *O sistema de gestão da estratégia compõe-se de três elementos básicos: o mapa estratégico, o Balanced Scorecard e o processo de gestão do desempe-*

nho. Todas as unidades de negócios da IR criaram um mapa estratégico exclusivo e cada mapa estratégico está alinhado com outro na hierarquia organizacional, de modo a garantir que o empreendimento avance de maneira mais coordenada, no esforço de realização da visão.

Caso preparado por Michael A. Clark, da Balanced Scorecard Collaborative, e Don Rice, vice-presidente sênior de Recursos Humanos da Ingersoll-Rand. Nossos agradecimentos a Herb Henkel e colegas por compartilharem conosco a experiência da IR.

PARTE QUATRO

Construção de Estratégias e de Mapas Estratégicos

CAPÍTULO 11

AJUSTAMENTO DO MAPA ESTRATÉGICO À ESTRATÉGIA

Já identificamos todo o conjunto de objetivos de processos internos e de aprendizado e crescimento que são os fundamentos de qualquer estratégia. Nenhuma organização tem condições de ser excelente em todos e em cada um dos objetivos analisados nos capítulos anteriores. Além disso, os processos internos diferem em grau de prioridade, dependendo da estratégia. Por exemplo, uma empresa cuja estratégia seja a de liderança do produto enfatizará os processos de inovação, ao passo que outra organização que se baseie no baixo custo destacará os processos de gestão operacional. Mas, mesmo além da ênfase relativa em determinado conjunto de processos internos para a execução de uma estratégia específica, todos os processos organizacionais devem ser alinhados para cumprir a proposição de valor diferenciadora. Michael Porter argumenta que "a essência da estratégia está nas atividades – a opção por executar certas atividades de maneira diferente ou de executar atividades diferentes das dos concorrentes".[1] E continua:

> O encaixe estratégico entre muitas atividades é fundamental não só para gerar, mas também para sustentar a vantagem competitiva. É mais difícil para os concorrentes enfrentar um conjunto de atividades entrelaçadas do que simplesmente imitar determinada abordagem da força de vendas, emular uma tecnologia de processo ou replicar algumas características dos produtos. As posições baseadas em sistemas de atividades são muito mais sustentáveis do que aquelas construídas sobre atividades individuais.[2]

Os mapas estratégicos das organizações devem seguir essa recomendação. Os objetivos estratégicos das perspectivas dos processos internos e de aprendizado e crescimento não podem ser otimizados individualmente. É preciso que sejam integrados e alinhados para cumprir a proposição de valor subjacente à estratégia da organização. Neste capítulo, apresentamos os processos de várias estratégias genéricas. Evidentemente para qualquer aplicação específica, a organização deve adaptar e ajustar esses mapas estratégicos à sua situação exclusiva.

Em seu trabalho inicial, Porter articulou duas estratégias sustentáveis básicas: baixo custo ou diferenciação.[3] Essa classificação, de um modo geral, resistiu ao teste do tempo, embora trabalhos subsequentes tenham identificado várias subcategorias de diferenciação. Michael Treacy e Fred Wiersema propuseram três tipos genéricos de estratégias: excelência operacional (a interpretação deles da estratégia de "baixo custo" de Porter) e duas estratégias de diferenciação, intimidade com os clientes e liderança do produto. Em livro anterior,[4] adotamos e ilustramos essas três estratégias genéricas. Arnoldo Hax e Dean Wilde definiram uma quarta estratégia genérica, "aprisionamento de sistemas" (*system lock-in*), pela qual as empresas atraem complementadores de seus padrões – outras empresas cujos produtos e serviços aprimoram as próprias ofertas de produtos e serviços da organização.[5] O exemplo mais óbvio de empresa bem-sucedida por meio do aprisionamento de sistemas é a Microsoft, embora outras empresas como a Intel, a Visa e a eBay também desfrutem de vantagem competitiva por conseguirem que muitas outras organizações aceitem seus padrões. A "inovação de valor", conceito lançado por W. Chan Kim e Renée Mauborgne, oferece outra perspectiva quanto à formulação da estratégia.[6] Sob essa abordagem, as empresas alcançam desempenho superior e sustentável ao se empenharem na obtenção de resultados notáveis ao longo de um conjunto selecionado de atributos do produto ou serviço, que são especialmente valorizados por grandes segmentos de clientes, ao mesmo tempo em que mantêm os custos e os preços baixos, apesar desse desempenho superior, por ficarem abaixo do padrão em certas características não essenciais para a satisfação dos clientes. Em qualquer dessas abordagens estratégicas, as empresas devem desenvolver mapas estratégicos específicos, que representam suas proposições de valor, assim como o alinhamento dos processos internos e das capacidades de aprendizado e crescimento, capazes de gerar benefícios financeiros superiores.

Em geral, qualquer estratégia é a aplicação de um dos princípios fundamentais apresentados na Figura 11.1. Ao observar toda a cadeia de valor, os fornecedores a montante, até a empresa, e os clientes, a jusante, conseguimos identificar a criação de valor: o preço máximo que os clientes estão dispostos a pagar menos o custo dos produtos e serviços produzidos pelos fornecedores (inclusive empregados). O total dessa criação de valor pode ser dividido em três segmentos:

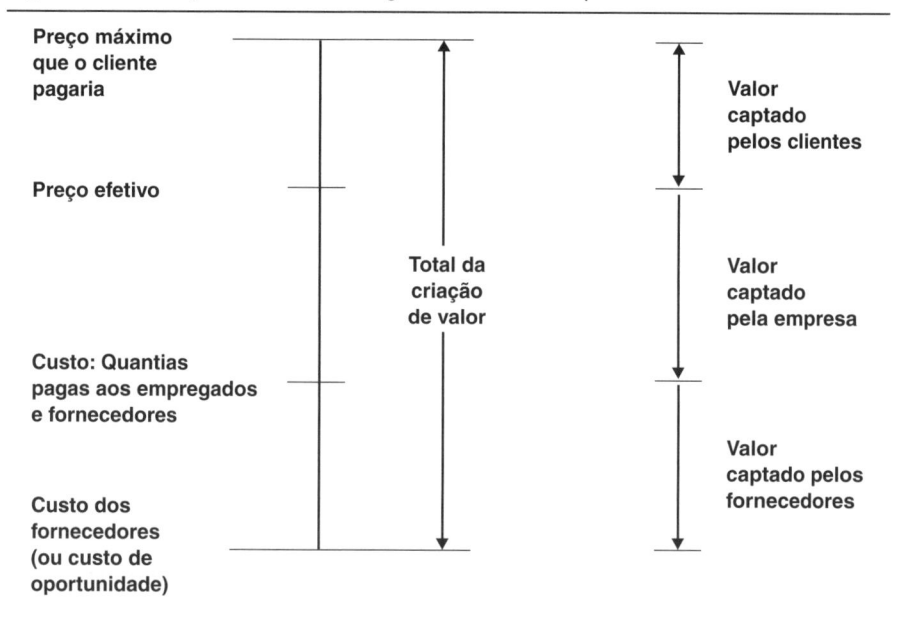

Figura 11.1 Criação de valor ao longo da cadeia de suprimentos

```
Preço máximo
que o cliente
pagaria                                    Valor
                                           captado
                                           pelos clientes

Preço efetivo

                         Total da          Valor
                         criação           captado
                         de valor          pela empresa

Custo: Quantias
pagas aos empregados
e fornecedores
                                           Valor
                                           captado pelos
Custo dos                                  fornecedores
fornecedores
(ou custo de
oportunidade)
```

- *Valor captado pelos fornecedores*: Os preços pagos aos empregados e fornecedores menos os respectivos custos de oportunidade (despesas efetivas mais margens a que renunciaram, resultantes de vendas a outros clientes) pelo fornecimento de produtos e serviços à empresa.
- *Valor captado pela empresa*: Preço líquido recebido dos clientes menos os preços pagos aos empregados e fornecedores, pelos produtos e serviços vendidos.
- *Valor captado pelos clientes*: A diferença entre o preço máximo que estão dispostos a pagar pelos produtos ou serviços e os preços efetivamente pagos.

As parcelas da criação de valor total que se distribuem entre esses três participantes da cadeia de valor dependem da força relativa e do poder de barganha de cada um. Essa dinâmica foi sintetizada no famoso modelo das "cinco forças" de Porter.[7] Por exemplo, a Microsoft e a Intel, como fornecedores dos fabricantes de computadores pessoais, captam fatia considerável do total da criação de valor, por causa da posição de quase monopólio de cada uma em sistemas operacionais e em microprocessadores, componentes críticos dos PCs. Os clientes também ficam com parcela do valor, em razão da competição feroz entre os fabricantes, que fornecem produtos em boa parte não diferenciados. No varejo, a Wal-Mart conduz duras negociações com os fornecedores, de modo a adquirir produtos quase que ao custo de oportunidade, criando condições para que seus preços sejam mais baixos do que os dos concorrentes (e assim criando valor para os clientes), ao mesmo tempo em que mantém margem atraente entre os preços recebidos dos clientes e os preços pagos aos fornecedores – empregados, vendedores de produtos e serviços e incorporadores imobiliários.

Os vários tipos de estratégia – baixo custo, liderança do produto, soluções para os clientes, aprisionamento de sistemas, ou uma combinação única de atributos do produto ou serviço numa estratégia de inovação de valor – são maneiras alternativas de estruturar a posição da empresa na cadeia de valor – de modo a auferir lucro atraente entre os preços cobrados aos clientes e o custo dos produtos e serviços adquiridos dos fornecedores. Se as ofertas das empresas não forem singulares em comparação com as dos concorrentes, o poder se deslocará para os clientes, que ficarão com boa parte da criação de valor. A empresa não diferenciada opera com baixas margens entre o preço líquido recebido dos clientes e as quantias pagas aos fornecedores e empregados.

Por fim, a estratégia de uma unidade de negócios bem-sucedida posiciona a empresa no panorama competitivo, de modo a captar parcela significativa da criação de valor. Quando se identifica esse posicionamento, a empresa pode traduzir essa estratégia em mapa estratégico e em Balanced Scorecard. Ilustramos esse processo para as diferentes estratégias genéricas.

ESTRATÉGIA DE BAIXO CUSTO TOTAL

Empresas como Southwest Airlines, Toyota, Dell Computer, Vanguard Mutual Funds, McDonald's e Wal-Mart proporcionam aos clientes uma experiência de compra de "baixo custo total".[8] Oferecem preços altamente competitivos, além de qualidade consistente, facilidade e velocidade de compra e excelente seleção de produtos, ainda que não abrangente. Os preços competitivos são um aspecto óbvio da estratégia de baixo custo total. Porém, apenas o baixo preço não é mais suficiente para o sucesso competitivo. O Yugo foi o carro mais barato dos Estados Unidos durante a década de 1980, mas saiu do mercado porque a qualidade era tão ruim que os consumidores não estavam dispostos a comprar o carro, por menor que fosse o preço. Para o cliente, o custo total de adquirir e utilizar o produto ou serviço inclui o custo das falhas e o custo de detectar e reparar defeitos. As empresas que adotam uma estratégia de baixo custo total devem produzir qualidade consistente para minimizar os custos dos clientes na detecção e correção dos erros. Outro componente do custo dos clientes é o tempo necessário para comprar e receber o produto ou serviço. As empresas de baixo custo total reduzem o tempo gasto pelos clientes para encomendar e adquirir os produtos e serviços, assim como o prazo decorrido entre o pedido e o recebimento do produto ou serviço.

Finalmente, as empresas de baixo custo total mantêm seus custos baixos oferecendo uma variedade de produtos um pouco limitada, mas que atende às necessidades da maioria dos clientes-alvo. A Wal-Mart mantém menos unidades em estoque do que os supermercados ou lojas de departamentos de serviços integrais. A Southwest Airlines serve um conjunto restrito de cidades menores nos Estados Unidos, evitando, assim, os altos custos e o intenso congestionamento dos aeroportos maiores e mais procurados. A Toyota, na sua ascensão à proeminência, oferecia aos clientes pacotes limitados de opções e cores. A McDonald's vende apenas poucos tipos diferentes de hambúrgueres. Ao reduzir a variedade de itens e serviços, a empresa também diminui seus próprios custos de fabricação de produtos e de prestação de serviços, permitindo-lhes oferecer atraente proposição de baixo custo total para os clientes.[9]

A Figura 11.2 mostra o mapa estratégico genérico da estratégia de baixo custo total. Os principais processos internos situam-se dentro do grupamento de gestão operacional. As empresas que seguem as melhores estratégias de baixo custo total, como Wal-Mart, Costco, Toyota e McDonald's, devem manter relacionamentos duradouros com fornecedores excelentes. Além disso, essas empresas precisam desenvolver processos operacionais altamente eficientes, que convertam os *inputs* dos fornecedores em *outputs* – produtos e serviços – para os clientes. Esses processos de conversão devem não só ser os de mais baixo custo do setor, mas também sobressair pela consistência, pela alta qualidade e pela extrema responsividade, além da curta duração do ciclo de conversão dos *inputs*, ou especificações dos clientes, em *outputs*. Os processos de distribuição para os clientes também devem ser de baixo custo, pontuais e isentos de erros. Essas empresas gerenciam seus riscos operacionais para maximizar a disponibilidade e minimizar as rupturas para os clientes.

Os processos de gestão de clientes nas estratégias de baixo custo total empenham-se em fornecer conveniência e facilidade de acesso aos clientes. Dentre seus objetivos destacam-se processos de pedido acessíveis, como pedido e faturamento pela internet (por exemplo, Dell e Amazon.com), e check-in rápidos em empresas de aviação, hotéis e agências de aluguel de carros. As empresas de baixo custo total prestam excelentes serviços pós-venda em questões operacionais relacionadas com faturamento, situação da entrega, defeitos e devoluções. Essas organizações também devem ser excelentes na definição da variedade de produtos e serviços mais desejados pelos maiores segmentos de clientes. Por exemplo, a Wal-Mart

Figura 11.2 Modelo de mapa estratégico: Baixo custo total

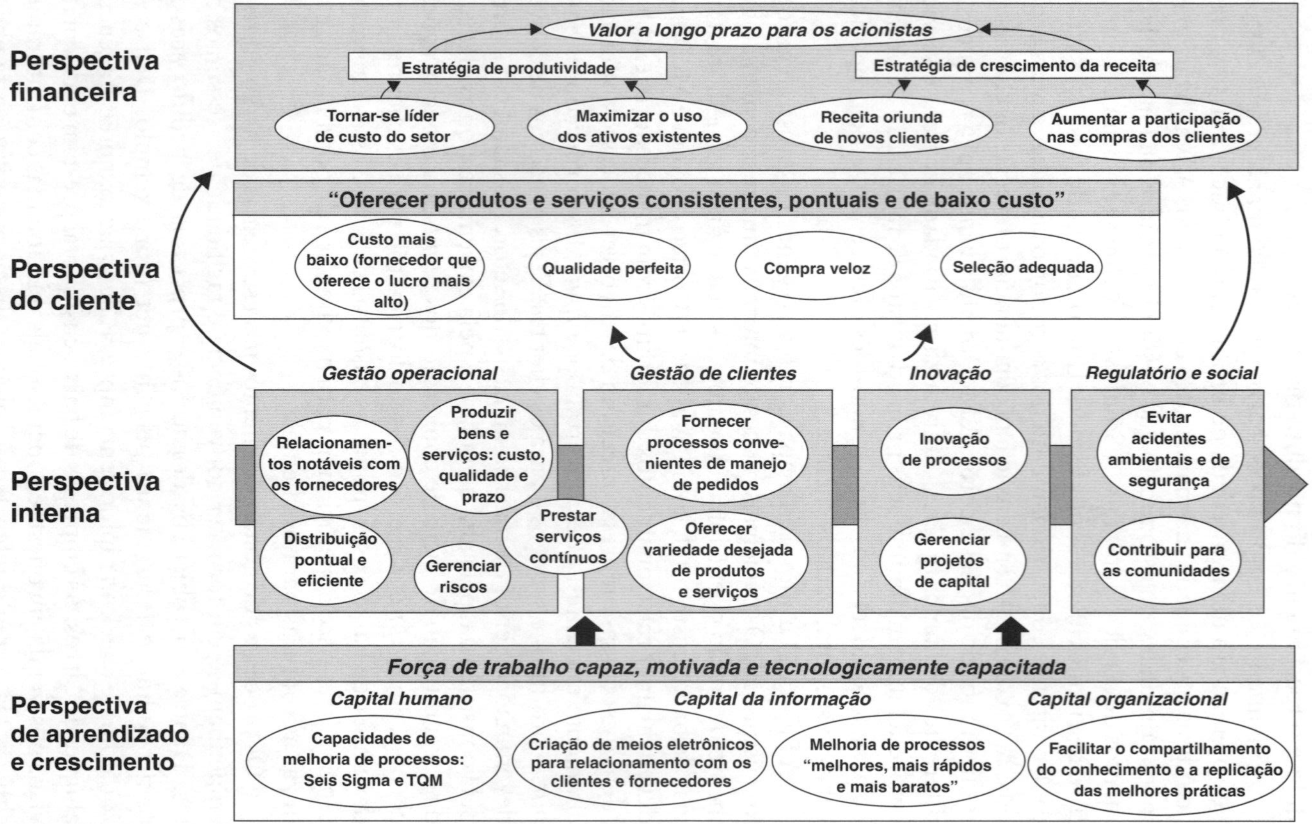

Perspectiva financeira

Estratégia de produtividade — *Valor a longo prazo para os acionistas* — *Estratégia de crescimento da receita*

- Tornar-se líder de custo do setor
- Maximizar o uso dos ativos existentes
- Receita oriunda de novos clientes
- Aumentar a participação nas compras dos clientes

Perspectiva do cliente

"Oferecer produtos e serviços consistentes, pontuais e de baixo custo"

- Custo mais baixo (fornecedor que oferece o lucro mais alto)
- Qualidade perfeita
- Compra veloz
- Seleção adequada

Perspectiva interna

Gestão operacional
- Relacionamentos notáveis com os fornecedores
- Produzir bens e serviços: custo, qualidade e prazo
- Distribuição pontual e eficiente
- Gerenciar riscos

Gestão de clientes
- Prestar serviços contínuos
- Fornecer processos convenientes de manejo de pedidos
- Oferecer variedade desejada de produtos e serviços

Inovação
- Inovação de processos
- Gerenciar projetos de capital

Regulatório e social
- Evitar acidentes ambientais e de segurança
- Contribuir para as comunidades

Perspectiva de aprendizado e crescimento

Força de trabalho capaz, motivada e tecnologicamente capacitada

Capital humano
- Capacidades de melhoria de processos: Seis Sigma e TQM

Capital da informação
- Criação de meios eletrônicos para relacionamento com os clientes e fornecedores
- Melhoria de processos "melhores, mais rápidos e mais baratos"

Capital organizacional
- Facilitar o compartilhamento do conhecimento e a replicação das melhores práticas

geralmente mantém em estoque apenas as duas principais marcas de cada categoria, além dos produtos com sua própria marca. A Dell oferece um número limitado de opções (processadores, teclados e monitores) para cada componente do computador. A Toyota reúne as opções em amplos pacotes e oferece menos escolhas de cores para reduzir a variedade de itens a serem produzidos pelas fábricas e estocados pelos distribuidores. Essas empresas são excelentes em pesquisa de mercado – compreendendo o conjunto limitado de produtos e escolhas mais desejadas pelos maiores segmentos de clientes – e mantêm seus custos operacionais baixos, produzindo uma linha restrita de produtos e serviços.

As empresas de baixo custo total são seguidoras, em vez de líderes de produto. Não investem muito em *inovação* do produto e serviço. Precisam de capacidades para reproduzir as inovações efetuadas pelos líderes de produto, de modo que seus produtos e serviços não se tornem obsoletos; afinal, os consumidores um dia se cansaram de ter automóveis pretos, Modelo-T, da Ford, embora fossem mais baratos do que as ofertas mais coloridas da General Motors, na década de 1920. Quando lançam novos produtos, as empresas de baixo custo total enfatizam as opções de *design-for-manufacturing* (projeto voltado para a manufatura), para que sejam capazes de oferecer os novos produtos aos preços mais baixos do setor, e ainda auferir lucro. O principal foco da inovação converge para os processos, não para os produtos. As empresas buscam constantemente inovações nos processos, que reduzam os custos e melhorem a qualidade e responsividade de seus processos de pedido, fabricação, distribuição e gestão de clientes. À medida que se expandem, as empresas também se tornam excelentes em aumentar a capacidade com rapidez e eficiência para ganhar economias de escala em seus processos de compras, operações e distribuição.

O desempenho nos *processos regulatórios e sociais* também é fundamental, não só para reduzir os riscos para os empregados e para as comunidades, mas também para evitar acidentes e incidentes ambientais altamente dispendiosos para a empresa. Os executivos seniores geralmente analisam os índices de acidentes como indicadores do desempenho operacional futuro, na crença de que "se os empregados não estão cuidando de si próprios, decerto não estão cuidando dos equipamentos e processos da empresa".

Os *processos de aprendizado e crescimento*, analisados no Capítulo 3, enfatizam as *competências dos empregados* para a melhoria dos processos. Aí se incluem conhecimentos sobre gestão da qualidade total, seis sigma, just-in-time e gestão baseada em atividades, de modo que os empregados disponham de capacidades e habilidades para continuamente baixar os custos, reduzir a duração dos ciclos e melhorar a qualidade. Os objetivos da empresa em *tecnologia da informação* voltam-se para aprimorar a experiência de compra dos clientes (facilidade de encomendar) e para diminuir os custos da empresa e dos clientes com o pedido e a aquisição de produtos e serviços. Os relacionamentos por meios eletrônicos com fornecedores e clientes são primordiais para esse esforço de redução de custos. Os intercâmbios por via eletrônica também tornam os processos de pedido e distribuição isentos de erros, acessíveis, convenientes e pontuais. Outro objetivo em tecnologia da informação é o de fornecer dados exatos e pontuais aos empregados sobre os custos, qualidade e prazos de seus processos e sobre os clientes da empresa. Esses dados capacitam os empregados em suas atividades de melhoria contínua. Os sistemas de informação também devem executar os processos internos de benchmarking, de modo que os gerentes sejam capazes de identificar e compartilhar as melhores práticas, assim como as inovações dos processos, em todas as áreas da organização.

O capital organizacional na estratégia de baixo custo total deve salientar os processos locais de aprendizado e compartilhamento das melhores práticas em toda a organização. O objetivo não deve ser o de manter em segredo as práticas que fazem de determinada unidade a mais eficiente da empresa, mas o de ter implementado a maioria das inovações nos processos e ter alcançado os maiores índices de adoção de tais inovações por outras unidades. A cultura deve reforçar a mensagem estratégica da empresa de "melhor, mais rápido, mais barato".[10]

ESTRATÉGIA DE LIDERANÇA DO PRODUTO

Empresas como Sony, Mercedes e Intel enfatizam a inovação e a liderança do produto. As empresas farmacêuticas também competem quanto à funcionalidade do produto, desenvolvendo novos produtos que ofereçam terapias mais eficazes para determinadas categorias de doenças e conseguindo que sejam aprovados com rapidez pelas autoridades reguladoras. A proposição de valor das empresas de liderança do produto enfatiza certas características e funções valorizadas pelos clientes de vanguarda, que se mostram dispostos a pagar preços mais altos para dispor desses recursos. Dentre os objetivos estratégicos dessa proposição de valor inclui-se desempenho notável no que se refere a velocidade, exatidão, tamanho ou consumo de energia, em nível superior ao oferecido pelos produtos dos concorrentes.

As empresas que cultivam a liderança do produto querem ser as primeiras a chegar ao mercado com suas características e funções inovadoras e aprimoradas. Ao serem pioneiras, conseguem impor preços mais altos aos primeiros adeptos, que mais valorizam as funções singulares dos produtos, ou conquistam maior participação de mercado, em situações caracterizadas por altos custos de mudança ou por aprisionamento de sistemas, que lhe permite defender as vantagens do pioneirismo, sem redução de preços. Além disso, como analisamos no Capítulo 5, as empresas de liderança do produto também se esforçam para estender a funcionalidade superior de seus produtos para vários segmentos do mercado.

A Figura 11.3 mostra o mapa estratégico genérico para empresas de liderança do produto. Os principais processos internos pertencem ao grupamento *gestão da inovação*. As empresas devem ser excelentes na antecipação das necessidades dos clientes e na descoberta de novas oportunidades para o desenvolvimento de produtos e serviços superiores. Também devem alcançar e manter equilíbrio ótimo entre (1) pesquisa básica que promove novos avanços científicos e tecnológicos, (2) lançamento desses avanços por meio de novas plataformas de produtos e (3) aprimoramento da atual plataforma de produtos, por meio de incremento e também da inovação dos produtos. Além disso, precisam dispor de processos excelentes de desenvolvimento de produtos, capazes de garantir a rapidez do lançamento de novos produtos. Outro aspecto importante é assegurar a proteção de seus produtos inovadores, via excelência na obtenção de patentes, na observância dos regulamentos e branding.

Os processos de *gestão operacional* em empresas de liderança do produto não são os de mais baixo custo do setor. No entanto, os processos operacionais devem ser suficientemente robustos para acomodar o lançamento contínuo de novos produtos. As empresas de liderança do produto almejam processos operacionais que possam ser expandidos com rapidez, para que restrições na capacidade de fabricação não inibam o aumento da participação de mercado. Os processos operacionais também devem ser flexíveis para permitir pequenas mudanças nas características dos produtos, com base em feedback do mercado. Além disso, devem admitir experimentação em linha, para reduzir os custos de fabricação, depois que se estabilizam as características do produto. Todos esses aspectos indicam que a flexibilidade e a melhoria dos processos operacionais são mais importantes para as empresas de liderança do produto do que a produção a baixo custo de produtos altamente estáveis. As margens oriundas das novas características dos produtos inovadores mais do que cobrem seus custos de produção um pouco mais altos. Mas a existência de processos operacionais inflexíveis que atrasam o lançamento no mercado ou o aumento da produção de produtos inovadores será muito custosa para as empresas de liderança do produto, sob a forma de perda de receita de alta margem ou de encolhimento da participação de mercado.

Figura 11.3 Modelo de mapa estratégico: Liderança do produto

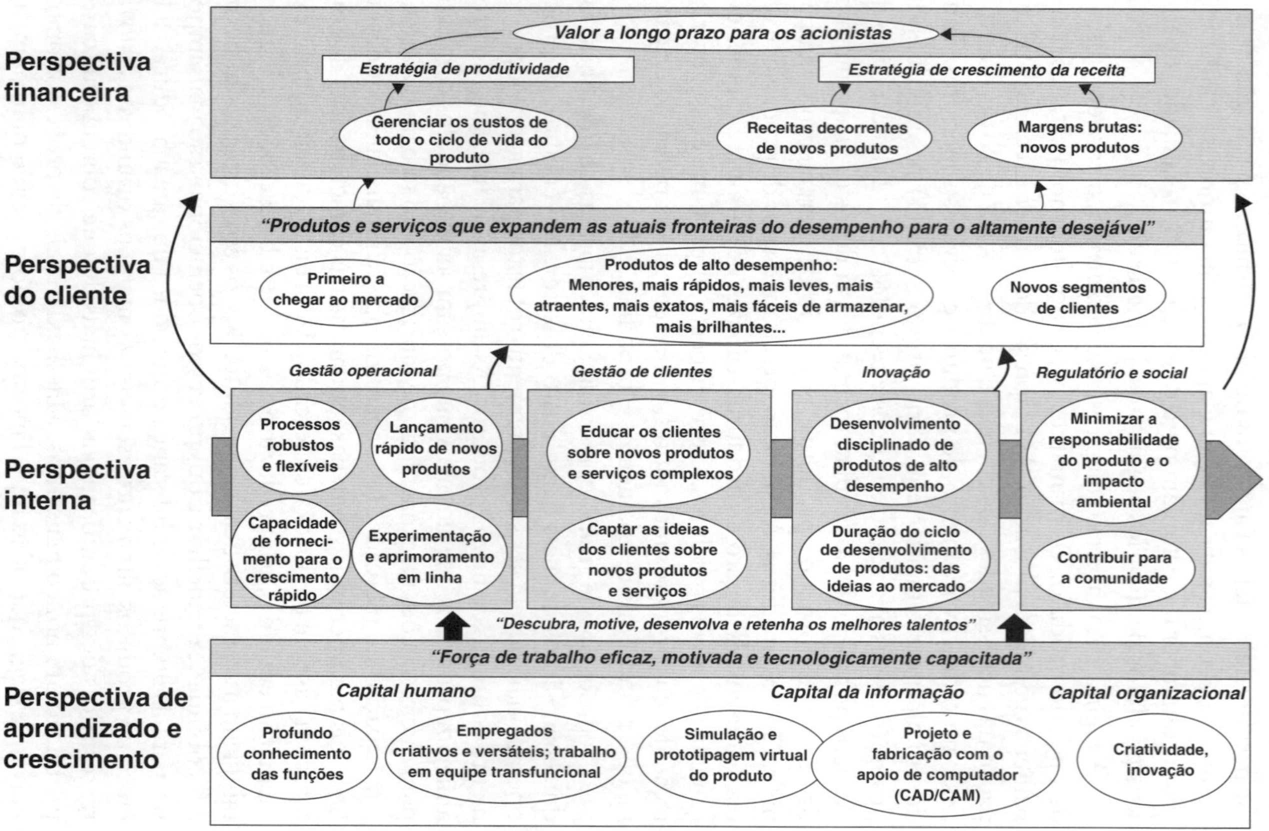

Perspectiva financeira

Valor a longo prazo para os acionistas

Estratégia de produtividade
- Gerenciar os custos de todo o ciclo de vida do produto

Estratégia de crescimento da receita
- Receitas decorrentes de novos produtos
- Margens brutas: novos produtos

Perspectiva do cliente

"Produtos e serviços que expandem as atuais fronteiras do desempenho para o altamente desejável"

- Primeiro a chegar ao mercado
- Produtos de alto desempenho: Menores, mais rápidos, mais leves, mais atraentes, mais exatos, mais fáceis de armazenar, mais brilhantes...
- Novos segmentos de clientes

Perspectiva interna

Gestão operacional
- Processos robustos e flexíveis
- Lançamento rápido de novos produtos
- Capacidade de fornecimento para o crescimento rápido
- Experimentação e aprimoramento em linha

Gestão de clientes
- Educar os clientes sobre novos produtos e serviços complexos
- Captar as ideias dos clientes sobre novos produtos e serviços

Inovação
- Desenvolvimento disciplinado de produtos de alto desempenho
- Duração do ciclo de desenvolvimento de produtos: das ideias ao mercado

Regulatório e social
- Minimizar a responsabilidade do produto e o impacto ambiental
- Contribuir para a comunidade

Perspectiva de aprendizado e crescimento

"Força de trabalho eficaz, motivada e tecnologicamente capacitada"

"Descubra, motive, desenvolva e retenha os melhores talentos"

Capital humano
- Profundo conhecimento das funções
- Empregados criativos e versáteis; trabalho em equipe transfuncional

Capital da informação
- Simulação e prototipagem virtual do produto
- Projeto e fabricação com o apoio de computador (CAD/CAM)

Capital organizacional
- Criatividade, inovação

Os objetivos de *gestão de clientes* concentram-se em dois processos críticos. Primeiro, as empresas de liderança do produto empenham-se para identificar seus clientes de vanguarda e para aprender com eles. Esses clientes geralmente têm excelentes ideias sobre as novas características e funções que serão mais valiosas. As empresas que mantêm estreito relacionamento com os clientes mais exigentes são capazes de gerar muitas ideias sobre novos recursos a serem lançados no mercado. Mas os atuais clientes nem sempre são as melhores fontes de novas ideias. Não raro, os recursos inovadores dos produtos são tão inéditos e diferentes dos existentes que até os clientes mais avançados são incapazes de avaliar os benefícios resultantes da melhoria da funcionalidade. Assim, as empresas de liderança do produto também devem ser capazes de educar os clientes sobre os benefícios decorrentes da incorporação de novas funções. Representantes dos clientes, por sua vez, precisam demonstrar como os usuários captarão o valor das novas características ofertadas. Os objetivos que reflitam mudanças nos próprios processos dos clientes podem indicar o sucesso das novas funções do produto.

As empresas que sempre lançam produtos radicalmente inovadores devem manter-se em alerta na gestão dos processos regulatórios e sociais referentes aos novos produtos. Sem muita experiência nos próprios processos de produção e nas formas de utilização pelos clientes, as empresas de liderança do produto devem esforçar-se para evitar os efeitos colaterais adversos de suas sucessivas investidas com novas ofertas. Assim, é preciso que tenham objetivos referentes à melhoria da segurança do produto, à saúde dos empregados e dos clientes e ao impacto ambiental das corridas de produção curtas desses novos produtos. Como, em geral, seus produtos terão ciclos de vida mais curtos, essas empresas baseadas em inovação deverão ser altamente sensíveis aos custos ambientais totais, inclusive os referentes à retirada e descarte, ao fim de sua vida útil. Ademais, as empresas devem manter excelentes relações com o governo, de modo que os novos produtos e serviços recebam a necessária aprovação das autoridades reguladoras, minimizando os custos decorrentes de demoras imprevistas.

Os objetivos de aprendizado e crescimento das empresas de liderança do produto, para o *capital humano*, para o *capital da informação* e para o *capital organizacional*, foram abordados no Capítulo 5 e estão resumidos na parte inferior da Figura 11.3.

SOLUÇÕES COMPLETAS PARA OS CLIENTES

Um terceiro tipo de proposição de valor enfatiza a construção de relacionamentos duradouros com os clientes. Com essa proposição de valor, os clientes sentem que a empresa compreende seus negócios ou particularidades e confiam em que ela desenvolva soluções customizadas, sob medida para as suas demandas. Considere-se a IBM de 1960 a 1980, quando dominava a indústria de computadores. A empresa não oferecia os preços mais baixos nem era pontual nas entregas. Seus produtos também não incorporavam a tecnologia mais avançada, não eram os mais poderosos nem eram os mais rápidos. Mas a IBM oferecia aos clientes, os chefes de tecnologia da informação das empresas, soluções completas – hardware, software, instalações, serviços de campo, treinamento, educação e consultoria – que eram adaptados às necessidades específicas dos usuários. Esses vínculos com os clientes permitiram que a IBM gerasse retornos excepcionais durante muito tempo, até que as mudanças tecnológicas, às quais reagiu com morosidade, erodiram sua vantagem competitiva.

Dentre outras empresas excelentes nos laços com os clientes destacam-se Goldman Sachs, em serviços financeiros, e Mobil, nos Estados Unidos, que oferece aos clientes experiência de compra superior, por meio de grandes postos de serviço, com muitas bombas de gasolina para acesso rápido; o Speedpass, para pagamentos convenientes e rápidos; lojas de conveniência ótimas; banheiros limpos e seguros; instalações bem iluminadas e empregados amigáveis.

As empresas que oferecem proposição de valor do tipo "soluções para os clientes" salientam objetivos relacionados com a completitude da solução (venda de pacotes com vários produtos e serviços), serviços excepcionais (tanto antes quanto depois da venda) e qualidade do relacionamento. Em geral, a conquista de novos clientes é dispendiosa e começa com um único produto, em nível de entrada. Depois de incorrer nos custos de conquista, as empresas precisam reter o cliente (tipicamente, os custos de retenção por ano são muito mais baixos do que os custos de conquista), aprofundar os relacionamentos e ampliar o escopo das transações, de modo a abranger a venda de muitos produtos e serviços correlatos. O lucro com o cliente no ano da conquista pode ser negativo, em face da magnitude dos custos iniciais. O objetivo, contudo, é capturar e reter clientes que produzam alta rentabilidade total no longo prazo.

A Figura 11.4 mostra o mapa estratégico genérico de empresas que seguem a estratégia de soluções para os clientes. Os principais processos internos estão no grupamento de gestão de clientes. As empresas desenvolvem profunda compreensão do que representa valor para os clientes, constroem fortes relacionamentos de confiança com eles, reúnem os produtos e serviços em soluções personalizadas e os ajudam a alcançar o sucesso. Os processos de gestão operacional respaldam os processos de gestão de clientes, ao oferecer-lhes ampla linha de produtos e serviços. Isso geralmente

Figura 11.4 Modelo de mapa estratégico: Soluções completas para os clientes

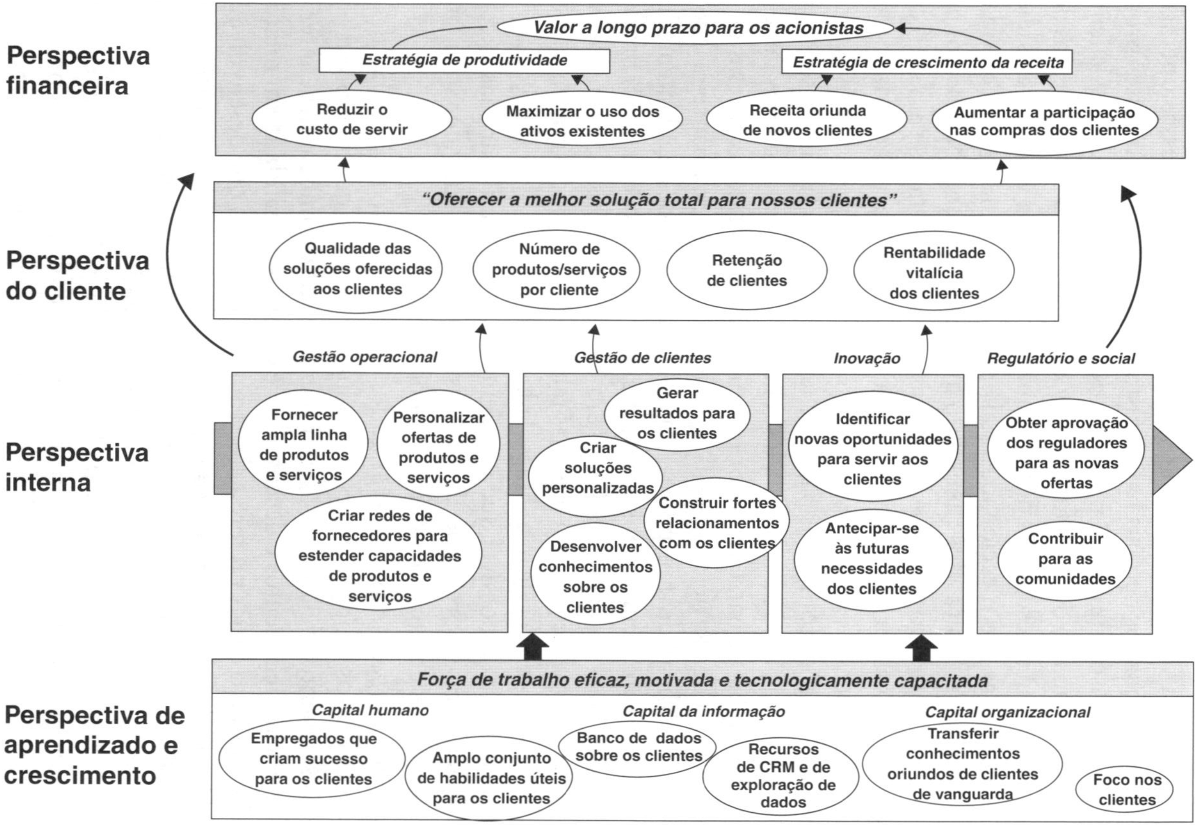

Perspectiva financeira

Estratégia de produtividade — *Estratégia de crescimento da receita*

Valor a longo prazo para os acionistas

- Reduzir o custo de servir
- Maximizar o uso dos ativos existentes
- Receita oriunda de novos clientes
- Aumentar a participação nas compras dos clientes

Perspectiva do cliente

"Oferecer a melhor solução total para nossos clientes"

- Qualidade das soluções oferecidas aos clientes
- Número de produtos/serviços por cliente
- Retenção de clientes
- Rentabilidade vitalícia dos clientes

Perspectiva interna

Gestão operacional
- Fornecer ampla linha de produtos e serviços
- Personalizar ofertas de produtos e serviços
- Criar redes de fornecedores para estender capacidades de produtos e serviços

Gestão de clientes
- Criar soluções personalizadas
- Gerar resultados para os clientes
- Construir fortes relacionamentos com os clientes
- Desenvolver conhecimentos sobre os clientes

Inovação
- Identificar novas oportunidades para servir aos clientes
- Antecipar-se às futuras necessidades dos clientes

Regulatório e social
- Obter aprovação dos reguladores para as novas ofertas
- Contribuir para as comunidades

Perspectiva de aprendizado e crescimento

Força de trabalho eficaz, motivada e tecnologicamente capacitada

Capital humano
- Empregados que criam sucesso para os clientes
- Amplo conjunto de habilidades úteis para os clientes

Capital da informação
- Banco de dados sobre os clientes
- Recursos de CRM e de exploração de dados

Capital organizacional
- Transferir conhecimentos oriundos de clientes de vanguarda
- Foco nos clientes

envolve o enfardamento de produtos e serviços dos fornecedores com os próprios produtos e serviços da empresa, fornecendo o conjunto total aos clientes por meio de canais de distribuição integrados e ininterruptos. Como no caso da estratégia de liderança do produto, a empresa que segue a estratégia de soluções para os clientes pode ter processos operacionais que não sejam os de mais baixo custo do setor, desde que esses processos mais onerosos contribuam para enriquecer a experiência dos clientes na compra e no uso dos produtos e serviços da empresa. Os processos de inovação focam a descoberta de novas maneiras de criar valor para os clientes. As pesquisas são direcionadas mais para compreender as necessidades e preferências futuras dos clientes do que para inovações básicas nos produtos. Também é possível que as pesquisas sejam orientadas para oferecer aos clientes novas formas de acessar e usar os produtos e serviços da empresa.

Os processos *regulatórios e sociais* das empresas que adotam a estratégia de soluções completas para os clientes podem concentrar-se em garantir a aprovação pelas autoridades reguladoras de novas ofertas de serviços que rompem as barreiras setoriais tradicionais. Muitas empresas de serviços, como de eletricidade e gás, de telecomunicações, financeiras, de assistência médica e de transportes, cujos setores foram desregulamentados nos últimos vinte e cinco anos, querem expandir suas ofertas com produtos e serviços não regulamentados. Com alguns vestígios de regulamentação ainda remanescentes, as empresas talvez necessitem de aprovação reguladora para oferecer de maneira isolada ou conjunta novos serviços aos clientes. Também é possível que essas empresas queiram usar suas excelentes capacidades em prestação de serviços para gerar maior valor social nas comunidades em que mantêm operações.

As *competências dos empregados* concentram-se nas habilidades e conhecimentos sobre os diversos produtos e serviços que a empresa oferece aos segmentos de clientes-alvo. Os empregados também devem ter excelentes conhecimentos e desenvolver extrema sensibilidade em relação aos clientes-alvo e suas preferências. Também é preciso que desenvolvam ampla base de habilidades para que os clientes que solicitem ou recebam serviços sejam atendidos por um único representante da empresa, em vez de serem empurrados de um para outro empregado.

A *tecnologia da informação* foca os dados sobre os clientes e reforça as capacidades analíticas para promover o aprendizado sobre as preferências e padrões de compra dos clientes. Amplos bancos de dados sobre os clientes, de preferência exclusivos, podem representar fonte duradoura de vantagem competitiva para as empresas orientadas para os clientes. Os softwares de CRM criam condições para que as empresas tenham uma visão integrada e abrangente de todas as transações de cada cliente com a organização. Combinando os aplicativos de CRM com sistemas de custeio baseado em atividades, as empresas tornam-se capazes de medir com exatidão a lucratividade de cada cliente para a organização, gerando informações valiosas que as capacitam a transformar relacionamentos não lucrativos em relacionamentos lucrativos. Os recursos de exploração de dados oferecem às empresas insights singulares para a construção de segmentos de clientes e para o desenvolvimento de atividades de marketing para cada um desses grupos de clientes, com base em suas preferências e comportamentos de compra específicos. Os sistemas de gestão do conhecimento podem focar a transferência de conhecimentos oriundos dos clientes de vanguarda, seja para a criação de novas ofertas e serviços, seja para melhor servir a outros clientes.

Os objetivos do *capital organizacional* dizem respeito a fomentar entre os empregados clima e cultura organizacionais centrados nos clientes. Os empregados devem compreender o primado dos clientes e o valor auferido pela empresa mediante o desenvolvimento e preservação de relacionamentos duradouros com os clientes.

ESTRATÉGIAS DE APRISIONAMENTO

Na década de 1990, a importância crescente dos setores da nova economia, baseados em componentes da tecnologia da informação, como software, hardware de computadores, internet e telecomunicações, aumentaram a popularidade do *aprisionamento* (*lock-in*), um quarto tipo de estratégia genérica. Sob essa estratégia, as empresas geram valor sustentável duradouro, mediante a criação de altos custos de mudança para seus clientes. Os custos de mudança se manifestam sob várias formas. Os clientes que pensam em mudar de um computador compatível com o Microsoft Windows para, digamos, um Apple Macintosh perdem acesso a muitos programas aplicativos que rodam apenas sob o sistema operacional Windows. Os clientes que optam por comprar ou vender produtos por meio de algum serviço de leilão que não seja a eBay deixam de contar com a grande comunidade de compradores e vendedores que usam apenas o site de leilão eBay. Os clientes com extensos bancos de dados que rodam em pacote de software disponível apenas num computador IBM enfrentarão altos custos e considerável incerteza se comprarem um novo computador de outro fabricante, com diferentes sistemas de software de banco de dados. E os clientes que quiserem usar outro cartão de crédito que não sejam os dominantes Visa ou MasterCard enfrentam o risco de não conseguirem fazer compras em muitos estabelecimentos. Em todos esses exemplos, as empresas erigiram altas barreiras para impedir a mudança de seus atuais clientes para os produtos dos concorrentes.

As estratégias de aprisionamento podem não ser viáveis em todas as circunstâncias. Em geral, as oportunidades para aprisionamento surgem apenas em certas ocasiões e em certos segmentos de um setor. Mas as empresas devem ficar alertas para as situações em que tal estratégia talvez seja viável, pois suas recompensas nos casos de sucesso podem ser enormes. A Microsoft e a Cisco desfrutam de capitalizações de mercado centenas de bilhões de dólares acima do valor contábil de seus ativos tangíveis, sobretudo porque seus complexos software e hardware transformaram-se em padrões setoriais, são de difícil replicação pelos concorrentes e impõem altos custos de mudança aos clientes.

Evidentemente, as estratégias de aprisionamento surgiram muito antes da invenção do computador pessoal ou da internet. A Gillette, durante décadas, vendeu seus barbeadores a baixo preço, para que os consumidores comprassem repetidamente suas lâminas de barbear, que funcionavam melhor com o barbeador patenteado Gillette. A Polaroid ganhou dinheiro com a venda recorrente de seus filmes, não da câmera, que era a primeira compra do consumidor. As empresas de elevadores, de telecomunicações e de aparelhos médicos geralmente ganham mais dinheiro com a venda de serviços de consertos, de manutenção e de software pós-venda do que com a venda do equipamento inicial. A eficácia dessas estratégias de aprisionamento exige que patentes, acordos de licenciamento ou conhecimentos especializados impeçam os concorrentes de oferecer os produtos e serviços pós-venda que proporcionam para o fabricante grandes lucros contínuos. Para que esse tipo de estratégia de aprisionamento seja bem-sucedido, a empresa fabricante deve ser provedora exclusiva dos produtos e serviços subsequentes.

Hax e Wilde, em seu trabalho sobre o modelo de estratégia Delta, descreveram uma poderosa forma de aprisionamento, que chamaram de "aprisionamento de sistemas". Essa variante surge quando o produto principal e exclusivo da empresa passa a ser o padrão setorial. Hax e Wilde citam o sistema operacional Windows e as redes da Cisco como exemplos de estratégia de aprisionamento de sistemas, segundo as quais os clientes efetuam investimentos significativos em capacidades e recursos específicos para os produtos da empresa. Por exemplo, os clientes podem desenvolver programas aplicativos e criar grandes e complexos bancos de dados que rodam apenas sob determinado sistema operacional. Em outro exemplo, as empresas de telecomunicações podem desenvolver, comprar e instalar software compatível apenas com os computadores analógicos e digitais de um único fabricante. Nesses casos, os clientes continuam com o fornecedor original e mantêm suas compras de serviços de manutenção e de upgrades dos produtos, para evitar as interrupções de serviços, demoras e custos desembolsáveis em que incorreriam se mudassem para outros fornecedores de hardware e software básicos.

O aprisionamento de sistemas exige que os concorrentes não sejam capazes de imitar o produto essencial, por força de proteção legal ou em razão do segredo em torno da construção complexa e da atualização constante do produto básico. O aprisionamento de sistemas por meio de padrões exclusivos cria valor que aumenta mais do que proporcionalmente à maior participação dos clientes. Este é um exemplo de competição "o vencedor leva tudo", em que o vitorioso desfruta de retornos crescentes e de proteção contra os concorrentes.

Hax e Wilde, com base no trabalho de Adam Brandenburger e Barry Nalebuff, destacam a importância das atividades dos *complementadores* para reforçar as estratégias de aprisionamento de sistemas.[13] Os complementadores não são nem fornecedores nem clientes da empresa, mas criam enorme valor por meio da venda de produtos compatíveis e relevantes para os clientes da empresa ou mediante a compra de outros produtos ou serviços aos atuais fornecedores da empresa. Por exemplo, as mais de 20.000 empresas e cinco milhões de programadores que escrevem programas aplicativos para o sistema operacional da Microsoft são complementadores da Microsoft. Outros exemplos são as empresas que melhoram as capacidades do sistema operacional Palm, produzindo programas e recursos que se tornam disponíveis para os donos de dispositivos Palm, e os produtores de hardware e software baseados na plataforma de processamento do Pentium da Intel. A United Airlines e a American Airlines, não obstante a competição feroz por passageiros, são na verdade complementadores dos fornecedores de aviões, como a Boeing. Ao coordenarem seus compromissos de compra, permitem que o fabricante de aviões alcance economia de escala suficiente para desenvolver novas gerações de aeronaves.

Os complementadores, como os milhões de programadores que escrevem programas aplicativos compatíveis com os sistemas operacionais da Microsoft, maximizam seus próprios lucros e também criam situações de aprisionamento de sistemas quando optam por escrever programas para o sistema operacional usado pelo maior número de clientes. Estes, por sua vez, preferem um sistema operacional para o qual a maioria dos complementadores esteja sempre desenvolvendo novos programas aplicativos. Assim, a situação de equilíbrio envolve um único sistema operacional que se torna dominante e cada vez mais difícil de desalojar. Evidentemente, a competição um dia será possível se concorrentes inovadores forem capazes de descobrir maneiras criativas de reduzir os custos de mudança dos clientes e dos complementadores. Por exemplo, o Linux tornou-se concorrente de peso da Microsoft ao oferecer um sistema operacional aberto que atrai seu próprio exército de programadores empreendedores, os quais desenvolvem e aprimoram novas aplicações para o Linux.

Outra forma de aprisionamento de sistemas surge quando a empresa fornece um padrão dominante para transações entre compradores e vendedores, transformando-se, assim, em câmara de compensação única para a transferência de informações, dinheiro e mercadorias físicas. O exemplo mais comum na internet é o sucesso da eBay. As pessoas que compram itens em leilões querem usar um padrão que tenha o maior número de vendedores. Do mesmo modo, as pessoas que oferecem suas mercadorias para venda também querem contar com uma bolsa que proporcione o maior número de compradores potenciais. No caso de cartões de crédito, os consumidores almejam um cartão que seja aceito no maior número de lojas e os comerciantes preferem trabalhar com os poucos cartões que são utilizados pelo maior número de consumidores. A situação de equilíbrio resulta na sobrevivência de uma variedade muito limitada de cartões de crédito (como Visa e MasterCard). As listas telefônicas (Páginas Amarelas) oferecem outro exemplo. Não obstante a competição na era de telecomunicações desregulamentadas, os comerciantes querem anunciar no catálogo telefônico usado pela maioria dos consumidores e estes farão suas buscas naquele que incluir o maior número de comerciantes locais.

Eventos como a conferência anual do World Economic Forum, em Davos, Suíça, é outro exemplo da situação "o vencedor leva tudo" para a bolsa dominante. Pessoas de negócios, políticos e jornalistas querem participar de uma conferência internacional por ano e escolherão aquela onde esperam ter a oportunidade de trocar informações com as pessoas mais importantes e influentes. Depois que certa massa crítica de pessoas almejadas começam a participar do evento, muitas outras fazem questão de comparecer, excluindo outros semelhantes.

O domínio do inglês como segunda língua é outro exemplo de padrão dominante. À medida que se globalizam os negócios, finlandeses precisam comunicar-se com chineses, japoneses querem falar com holandeses e suecos devem entender-se com suíços. Muitas pessoas de negócios que não são falantes nativos de inglês já haviam decidido aprender inglês como idioma-padrão, para conversarem com pessoas de outras terras, mesmo que não se trate de americanos. À medida que todo mundo, de fato, começou a encarar o inglês como segundo idioma, até mesmo na ausência de americanos e britânicos, o inglês tornou-se a língua natural de intercâmbio. Em todas essas circunstâncias, determinado padrão emergirá como vitorioso.

Fator crítico de sucesso para converter-se em padrão dominante é explorar as vantagens do pioneirismo, angariando massa crítica de vendedores e compradores, com mais rapidez do que os concorrentes. Dessa maneira, o próximo comprador ou vendedor passa a contar com benefício incremental muito mais alto para transacionar (acessar a base já existente de compradores e vendedores), do que se recorresse a outro padrão, com muito menos participantes. O valor do padrão aumenta de maneira exponencial com a participação e uso crescentes. Para manter as vantagens do pioneirismo e rechaçar a competição, o provedor do padrão deve esforçar-se continuamente para melhorar a facilidade e o valor do uso, ou seja, para tornar os custos de mudança cada vez mais altos. Isso porque, se esse provedor não continuar a melhorar suas ofertas, algum concorrente poderá oferecer maiores oportunidades, com facilidade e valor de uso bem melhores para compensar os custos de mudança dos usuários para o padrão menor.

Com essa base sobre estratégias de aprisionamento, podemos definir os objetivos e indicadores de um *mapa estratégico de aprisionamento* (Figura 11.5).

Perspectiva financeira

Na perspectiva financeira, a estratégia de aprisionamento enfatiza o crescimento da receita mais do que a produtividade. As oportunidades para altas margens e grandes fatias de mercado, resultantes da implementação de uma estratégia de aprisionamento bem-sucedida, superam de longe os benefícios do foco na redução de custos. Contudo, uma vez que um dos elementos de sucesso é construir com rapidez a participação de mercado, as empresas usam preços baixos para atrair clientes e complementadores. Assim, empresas que adotam estratégias de aprisionamento possuem o objetivo de produtividade, de reduzir o custo de fornecer produtos nos momentos de entrada no mercado. Entre os objetivos de crescimento da receita destacam-se:

- Receitas de clientes recém-conquistados.
- Receitas de alta margem, decorrentes da venda de produtos e serviços secundários (como lâminas de barbear) para usuários do produto básico.
- Receitas oriundas de fornecimento a terceiros de acesso à grande base de clientes fiéis da empresa.

Figura 11.5 Gabarito de mapa estratégico para a estratégia de aprisionamento

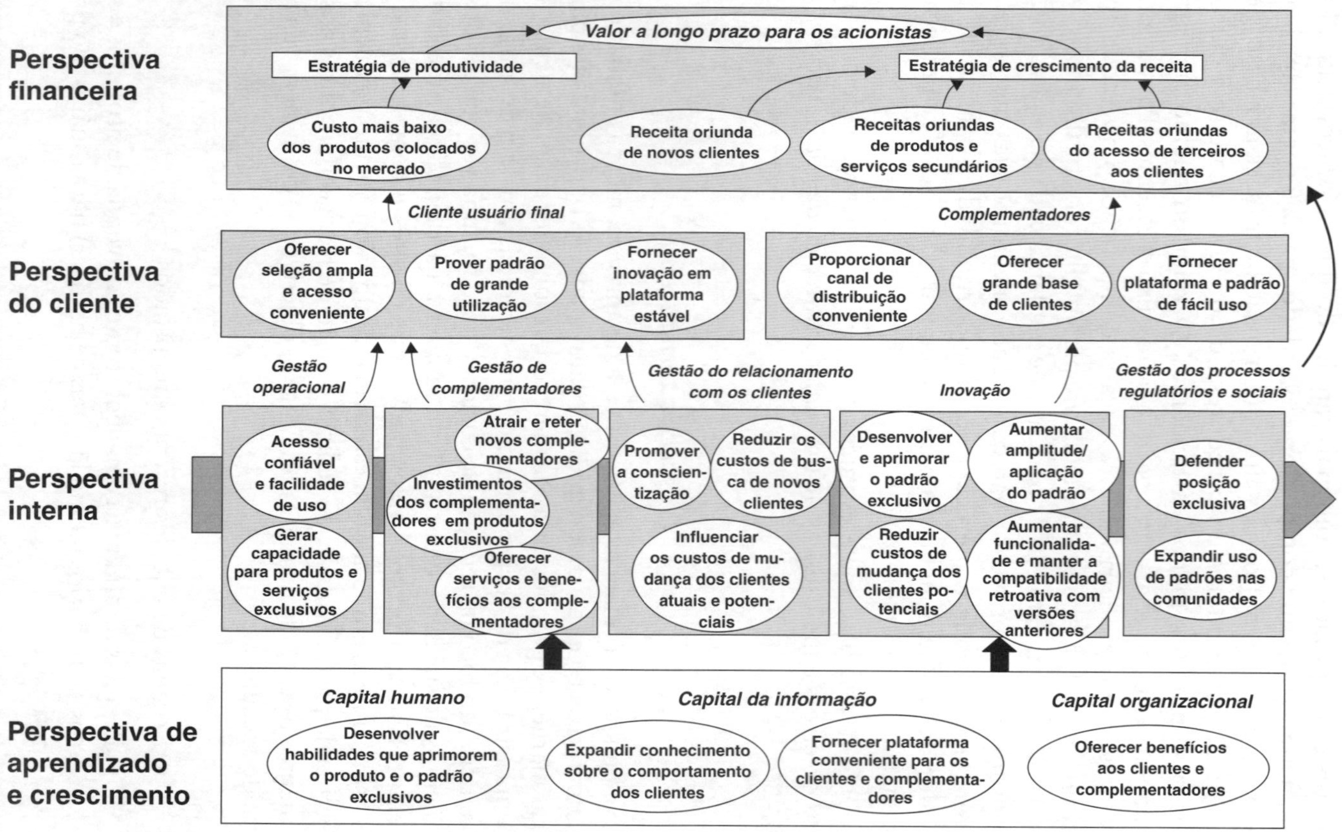

Perspectiva financeira

Estratégia de produtividade — Valor a longo prazo para os acionistas — Estratégia de crescimento da receita

- Custo mais baixo dos produtos colocados no mercado
- Receita oriunda de novos clientes
- Receitas oriundas de produtos e serviços secundários
- Receitas oriundas do acesso de terceiros aos clientes

Perspectiva do cliente

Cliente usuário final / Complementadores

- Oferecer seleção ampla e acesso conveniente
- Prover padrão de grande utilização
- Fornecer inovação em plataforma estável
- Proporcionar canal de distribuição conveniente
- Oferecer grande base de clientes
- Fornecer plataforma e padrão de fácil uso

Perspectiva interna

Gestão operacional / Gestão de complementadores / Gestão do relacionamento com os clientes / Inovação / Gestão dos processos regulatórios e sociais

- Acesso confiável e facilidade de uso
- Gerar capacidade para produtos e serviços exclusivos
- Atrair e reter novos complementadores
- Investimentos dos complementadores em produtos exclusivos
- Oferecer serviços e benefícios aos complementadores
- Promover a conscientização
- Reduzir os custos de busca de novos clientes
- Influenciar os custos de mudança dos clientes atuais e potenciais
- Desenvolver e aprimorar o padrão exclusivo
- Reduzir custos de mudança dos clientes potenciais
- Aumentar amplitude/aplicação do padrão
- Aumentar funcionalidade e manter a compatibilidade retroativa com versões anteriores
- Defender posição exclusiva
- Expandir uso de padrões nas comunidades

Perspectiva de aprendizado e crescimento

Capital humano
- Desenvolver habilidades que aprimorem o produto e o padrão exclusivos

Capital da informação
- Expandir conhecimento sobre o comportamento dos clientes
- Fornecer plataforma conveniente para os clientes e complementadores

Capital organizacional
- Oferecer benefícios aos clientes e complementadores

Perspectiva dos clientes

Todas as empresas que seguem estratégias de aprisionamento terão objetivos semelhantes em termos de resultados para os clientes, referentes à conquista, retenção e aprofundamento dos relacionamentos. A conquista rápida de clientes constrói e sustenta as vantagens do aprisionamento. As empresas podem medir a porcentagem e o aumento da quantidade de clientes que usam o produto ou o seu padrão exclusivo. Além de medir o número de novos clientes ou a porcentagem de aumento na base de clientes, as empresas precisam apurar o valor presente líquido de longo prazo dos novos clientes. A conquista de clientes pode ser dispendiosa e as empresas que perseguem estratégias de aprisionamento lucrativas devem esforçar-se para conquistar clientes por um custo inferior ao valor a ser gerado ao longo da expectativa de vida do relacionamento com o cliente.

Um segundo objetivo de resultado para os clientes, e que visa reforçar o aprisionamento, consiste em reter e ampliar o alcance da empresa em relação aos clientes existentes. A empresa pode aumentar sua participação nos negócios dos clientes por meio de programas de fidelização que ofereçam recompensas com base no volume de compras acumuladas. Dentre os indicadores incluem-se porcentagem de clientes em programas de fidelização, vendas a clientes inscritos em programas de fidelização e porcentagem de clientes que se qualificaram para situação privilegiada em tais programas. Outros indicadores são o número médio de produtos por cliente e a receita por cliente oriunda de produtos e serviços secundários. A participação nas compras dos clientes – a porcentagem dos gastos totais do cliente conquistada pela empresa em determinada categoria – é outro indicador poderoso de entrincheiramento. Para garantir que a empresa esteja capturando os benefícios de sua base instalada de clientes, pode-se comparar a participação nas vendas de novos serviços com sua participação na base instalada. Se a sua participação nas vendas de produtos e serviços suplementares estiver abaixo da participação na base instalada, então os concorrentes estão captando maior parcela dos benefícios e a empresa não está explorando as vantagens de sua base instalada.

A retenção de clientes ocorre quando as empresas aumentam os custos de mudança para os atuais clientes. A empresa pode mensurar o número (ou a porcentagem) dos empregados dos clientes que estão treinados sobre os produtos e serviços da empresa. Também se pode medir a magnitude dos investimentos efetuados pelos clientes em ativos complementares, como softwares e bancos de dados, para uso dos produtos exclusivos da empresa. Ao medir o turnover dos clientes (a porcentagem de clientes perdidos), a empresa identifica os clientes para os quais os custos de mudança não foram bastante altos.

Além desses objetivos comuns de resultados para os clientes, a empresa deve identificar a proposição de valor que atrai e retém os clientes para seus produtos exclusivos. Primeiro, o padrão deve ser de uso e acesso fácil pelos clientes. Segundo, os clientes devem acreditar que o padrão é amplamente utilizado por outros, de modo a ter a oportunidade de trocar arquivos (no caso de padrão de software) ou de encontrar outros usuários do mesmo padrão (como comprar e vender pela eBay, participar da conferência anual do World Economic Forum ou falar inglês). E, na hipótese de padrões exclusivos, os clientes geralmente esperarão inovações contínuas, que aumentem seu poder ou sua facilidade de uso, ao mesmo tempo em que almejam compatibilidade retroativa com versões anteriores, para que seus investimentos nos padrões exclusivos não fiquem obsoletos.

As empresas também devem tratar seus complementadores como clientes. Como no caso de clientes usuários finais, é possível medir a capacidade de conquista, retenção e relacionamento profundo com os complementadores. A proposição de valor para os complementadores também é semelhante à oferecida aos clientes. Os complementadores valorizam uma grande base instalada de clientes usuários finais, que também são seus clientes potenciais. Almejam um canal de distribuição conveniente para alcançar esses clientes usuários finais e consideram importante uma plataforma de padrão amplamente utilizada, que facilite o uso, o desenvolvimento e a distribuição de seus produtos.

Perspectiva interna

Processos de inovação

As estratégias de aprisionamento requerem vigorosos processos de inovação. A empresa deve de início desenvolver o produto exclusivo ou o padrão protegido, que serve de base para o aprisionamento. Também precisa oferecer uma interface para o produto ou serviço que possa ser usada com facilidade pelos complementadores e por seus próprios produtos subsequentes. O objetivo é fornecer uma interface que facilite interações poderosas entre clientes e complementadores, mas que não seja muito onerosa para o trabalho dos clientes e complementadores. Depois que a empresa estabelece seu produto ou serviço como padrão exclusivo ou padrão dominante, seu processo de inovação deve continuar a ampliar a funcionalidade do produto principal – de modo a manter o fornecimento de valor e o aumento dos custos de mudança para os clientes – ao mesmo tempo em que preserva a compatibilidade com gerações anteriores do produto, para que os investimentos vultosos dos clientes em pessoal e em ativos complementares não sejam destruídos, ao adquirirem novas versões do produto. Do contrário, os custos de mudança dos clientes seriam baixos e sujeitos a competição, sempre que se introduzisse nova geração de produtos.

O processo de inovação também deve buscar maneiras de ampliar o escopo de aplicações do produto principal, a fim de atrair mais complementadores e clientes, além de afastar os concorrentes. Por exemplo, a Real Player começou com um produto capaz de reproduzir áudio pela internet, mas logo ampliou a funcionalidade de suas aplicações, com outro produto que também reproduzia vídeo digital. O processo de inovação deve desenvolver recursos que diminuam os custos de mudança para os clientes potenciais, que estejam usando produtos concorrentes, possibilitando que acessem o produto principal da empresa sem sucatear seus investimentos anteriores em produtos concorrentes. Por exemplo, o Microsoft Word acabou superando o WordPerfect não só por integrar-se no conjunto Microsoft Office, mas também por permitir aos usuários do WordPerfect continuar acessando seus arquivos antigos e usar os comandos já familiares do software anterior, enquanto se acostumavam com o Microsoft Word e começavam a trabalhar com ele.

Finalmente, sobretudo no caso de software, o processo de inovação deve gerar meios de evitar o uso não autorizado do produto por clientes ou complementadores não pagantes. Embora a proteção legal seja capaz de inibir o uso sem autorização, os litígios judiciais geralmente envolvem altos custos e raramente são de todo eficazes. Muito melhor é desenvolver métodos pelos quais a empresa tenha condições de restringir a utilização de seus produtos apenas aos usuários autorizados, como por meio de códigos-chave para o software. Indicadores como prejuízo decorrente de pirataria e estimativas de uso não autorizado sem pagamento revelam a falta de sucesso da empresa nessa dimensão.

Gestão dos complementadores

Os complementadores são uma fonte crítica de sustentabilidade para as estratégias de aprisionamento, ao fornecerem produtos e serviços valiosos que impõem aos clientes o uso do produto ou do padrão exclusivo da empresa. Indicadores como quantidade de complementadores e vendas de produtos e serviços dos complementadores quantificam esse objetivo. Para serem bem-sucedidas nas estratégias de aprisionamento, as empresas devem desenvolver a capacidade de influenciar pessoas que não sejam empregados e ativos de que não sejam proprietários.

Um dos vetores da retenção de complementadores é a extensão dos investimentos efetuados por estes nos produtos e tecnologias exclusivas da empresa. Tais investimentos podem incluir o treinamento dos empregados dos complementadores na tecnologia exclusiva, assim como gastos específicos em software, em equipamentos e em pesquisa e desenvolvimento. Os fatores que contribuem para atrair e reter os complementadores são os serviços e benefícios oferecidos pela empresa. Um exemplo seriam as receitas auferidas pelos complementadores decorrentes do uso do produto principal e da tecnologia básica da empresa; como, no caso da adoção do cartão Visa, a receita e os juros auferidos por um banco com os recebíveis de cartão de crédito ou a receita gerada por um complementador oriundas de produtos de software baseados no sistema operacional exclusivo da Microsoft.

Gestão de clientes

A empresa que adota a estratégia de aprisionamento pretende atrair novos clientes mediante a redução de seus custos de mudança para os concorrentes, ao mesmo tempo em que se esforça para criar altos custos de mudança para a sua atual base de clientes. A fim de reduzir os custos de mudança para os clientes potenciais, o objetivo da gestão de clientes seria reduzir os custos de pesquisa e promover a conscientização sobre os produtos da empresa. Indicadores como número de citações, número de acessos à internet e classificação nos utilitários de busca mais populares oferecem indícios sobre a facilidade de acesso e sobre o nível de interesse em relação aos produtos da empresa. Esta deve esforçar-se para atrair clientes influentes e altamente visíveis de modo a gerar credibilidade e reforçar a conscientização quanto a seus produtos e tecnologia exclusiva. Empresas como a Apple Computer, à semelhança da Digital Equipment Corporation nas décadas de 1960 e 1970, promoveram o conhecimento e as vendas iniciais de seus produtos exclusivos, oferecendo computadores a universidades e a escolas elementares. Os jovens, que passavam a sentir-se mais à vontade com a nova tecnologia, familiarizavam-se com os produtos da empresa e mais tarde os escolhiam como ferramenta de trabalho, depois da graduação. Para que a empresa não invista excessivamente na conquista de novos clientes (por exemplo, a ampla distribuição de disquetes gratuitos pela AOL, na década de 1990, contendo seu software de acesso à internet e a oferta de serviços gratuitos durante os primeiros trinta dias) talvez seja conveniente incluir algum indicador do custo de conquista de clientes nos processos internos de gestão de clientes.

Aumentam-se os custos de mudança treinando os empregados dos clientes no uso de seus produtos e tecnologia ou subsidiando os próprios investimentos dos clientes para o desenvolvimento de conhecimentos e habilidades em seus recursos humanos. A quantidade de empregados dos clientes treinados na tecnologia exclusiva da empresa indica a extensão dos investimentos específicos dos clientes nos produtos e serviços da empresa.

Gestão operacional

As altas margens produzidas pelas estratégias de aprisionamento bem-sucedidas diminuem a pressão para que os processos operacionais sejam os mais eficientes do setor. É mais importante que os processos operacionais gerem *capacidade* para produzir os produtos e serviços exclusivos, sem a necessidade de transferir a tecnologia essencial para fornecedores. Quando se libera a tecnologia exclusiva para fornecedores, torna-se vulnerável a imitação e a apropriação pelos concorrentes. A Coca-Cola aprisiona sua ampla rede de engarrafadores e distribuidores atuando como provedor único da fórmula secreta. Será que o segredo e a inimitabilidade desse produto teria sido sustentada durante um século se os engarrafadores também produzissem o xarope sob contrato com a Coca-Cola?

As operações também devem gerar uma plataforma de produtos ou serviços que seja fácil de usar e acessar pelos clientes e complementadores. Se o produto da empresa for difícil de acessar e usar, os clientes e complementadores incorrerão em altos custos para trabalhar com a empresa, o que reduz seus custos de mudança para os concorrentes. Por exemplo, um grande colapso do sistema de computadores de empresas como eBay e AOL poderia ser fatal para a fidelidade dos clientes. Essas empresas precisam responder com rapidez e eficácia a qualquer degradação do acesso e do uso pelos clientes, para que estes não se tornem propensos a mudar para os concorrentes. A confiabilidade dos sistemas, os tempos de espera e a velocidade de acesso são indicadores valiosos da facilidade de acesso. Por fim, como a empresa pretende atrair constantemente novos clientes, com seus produtos e serviços essenciais, a melhoria contínua da qualidade e dos custos cria condições para que mantenha os preços de entrada baixos (ou seja, reduza os custos de mudança para os clientes potenciais) e ao mesmo tempo preserve a rentabilidade, ou pelo menos limite os prejuízos nas vendas iniciais aos novos clientes.

Gestão dos processos regulatórios e sociais

A empresa que persegue uma estratégia de aprisionamento tem dois importantes objetivos reguladores. Primeiro, deve proteger seus produtos exclusivos da imitação e utilização pelos concorrentes, assim como do uso não autorizado por clientes, complementadores e fornecedores. Para tanto, precisa de forte proteção legal para evitar que os concorrentes copiem o produto ou a tecnologia essencial e os clientes usem o produto sem o pagamento devido, como se vê nos problemas de pirataria enfrentados por muitas empresas de software. A empresa deve resguardar com vigor a singularidade de suas ofertas, para que continue a desfrutar os benefícios de uma estratégia de aprisionamento bem-sucedida. Também é importante que execute os contratos e penalize os infratores para garantir que os clientes, os fornecedores e os complementadores não transgridam os padrões exclusivos nem as regras de intercâmbio.

Segundo, o aspecto "o vencedor leva tudo" das estratégias bem-sucedidas de aprisionamento de sistemas gera grandes fatias de mercado que sempre atraem a atenção dos órgãos de defesa da concorrência, além de ações judiciais por parte dos concorrentes. Não é ilegal deter grande participação de mercado, mas as empresas com amplas fatias de mercado devem ser extremamente cautelosas em relação às suas práticas de negócios. Uma das exigências, por exemplo, é acertar na precificação exata de seu produto principal, sem excessos nem para cima nem para baixo: se o preço for muito alto, pode ser interpretado como extorsivo contra os clientes, em decorrência da posição monopolista (quer dizer, elimina todo o valor obtido pelos clientes, conforme mostra a Figura 11.1); se for muito baixo, pode ser considerado predatório contra os concorrentes. Portanto, é fundamental definir o "preço certo". Ademais, deve-se evitar o enfardamento compulsório de produtos e serviços para os clientes e, em geral, quaisquer práticas que transgridam as leis em defesa da concorrência. Como a Microsoft descobriu na década de 1990, a exemplo da IBM e da AT&T nas décadas de 1970 e 1980, os litígios referentes à legislação antitruste são extremamente dispendiosos, comprometem a reputação da empresa e dispersam sua atenção do esforço de preservar e ampliar oriundas do aprisionamento de sistemas. As empresas com grande participação de mercado devem ser diligentes em esclarecer para todos os empregados as práticas de negócios que as tornam vulneráveis a processos judiciais em defesa da concorrência. Os indicadores de incidentes que sujeitam a empresa a litígios por infração à legislação antitruste devem ser desenvolvidos por meio de esforço conjunto com o pessoal do departamento jurídico. Esses indicadores do *potencial de incidentes passíveis de ação judicial* seriam análogos aos indicadores de incidentes ambientais e de segurança adotados por muitas empresas.

Na gestão dos processos sociais, a empresa deve direcionar seus investimentos comunitários para atividades que respaldem sua tecnologia exclusiva. Já mencionamos, neste capítulo, como a Apple doa computadores para escolas de ensino fundamental e, no Capítulo 6, como a Cisco recorre à "filantropia ajustada ao contexto" para desenvolver a Cisco Networking Academy, que treina administradores de redes de computação. Tais investimentos em comunidades geram oportunidades de emprego atraentes para jovens formados por escolas urbanas de ensino médio, ao mesmo tempo em que aliviam a escassez de empregados qualificados para gerenciar e manter redes complexas que, a propósito, por acaso são construídas com roteadores da Cisco. As empresas podem medir a extensão de seus investimentos sociais que reforçam seu modelo de negócios de aprisionamento. A meta dessa "filantropia ajustada ao contexto" não precisa ser de 100% dos investimentos sociais, mas é improvável que o nível almejado de gastos com tais atividades seja zero.

Aprendizado e crescimento

Capital humano

As necessidades de capital humano nas estratégias de aprisionamento, como em qualquer estratégia, devem estar alinhadas com os processos internos críticos do mapa estratégico. Para inovar, a empresa precisa de cientistas e engenheiros que sejam líderes na tecnologia exclusiva. Para gerenciar os clientes e os complementadores, a empresa necessita de empregados que conheçam os negócios e as demandas desses stakeholders, de modo a prestar-lhes serviços atraentes. Para gerenciar as operações, os empregados devem ser fortemente orientados para os clientes, prestando serviços excelentes e responsivos, que fomentem a fidelidade entre os clientes e complementadores. Tais iniciativas mantêm altos os custos de mudança percebidos entre esses stakeholders críticos.

Para gerenciar os processos regulatórios, os empregados de empresas com grande participação de mercado, que adotam estratégias de aprisionamento, devem estar bem informados sobre as iniciativas e atitudes que podem resultar em processos judiciais e em autuação pelos órgãos governamentais. Além disso, é importante que estejam comprometidos em sempre agir dentro da lei em seus relacionamentos com os clientes e com os complementadores. Mesmo os empregados nos níveis mais baixos da hierarquia organizacional podem tomar iniciativas ou fazer afirmações em e-mails, por exemplo, que se mostrem extremamente prejudiciais se reveladas durante procedimentos legais ou reguladores.

Capital da informação

O capital da informação geralmente situa-se no núcleo das estratégias de aprisionamento. Os recursos de informação fornecem a plataforma utilizada pelos clientes, complementadores e concorrentes. Idealmente, a plataforma de informação deve ser complexa para que os concorrentes não possam imitá-la com facilidade, mas que os clientes e complementadores considerem de fácil acesso e uso. Fornecer recursos de informação complexos com interface fácil de usar é um desafio para a tecnologia da informação da empresa.

As vantagens do aprisionamento de sistemas são reforçadas quando a empresa possui amplos conhecimentos sobre o comportamento dos clientes e complementadores. Os sistemas de gestão do relacionamento com os clientes e os bancos de dados sobre os clientes, que também monitoram as atividades dos complementadores, são recursos valiosos para as empresas que adotam estratégias de aprisionamento.

Capital organizacional

A cultura das empresas que adotam a estratégia de aprisionamento deve orientar-se intensamente para os clientes e para os complementadores. Fator crítico de sucesso é prestar serviços excepcionais e responsivos, de modo que os clientes e complementadores atuais sempre percebam que a mudança para outro provedor envolveria muita incerteza sobre se continuariam recebendo dos concorrentes o mesmo nível de serviços excelentes. Toda a organização deve manter-se focada em aumentar os custos de mudança de seus clientes e complementadores atuais e em reduzir os custos de mudança dos clientes e complementadores potenciais que hoje são atendidos pelos concorrentes. Tal cultura deve ser difusa entre todos os empregados, pois afeta os processos de gestão da inovação, os processos de gestão de clientes e de complementadores, os processos de gestão de operações e os processos regulatórios e sociais.

RESUMO

Um mapa estratégico bem construído deve mostrar os inter-relacionamentos entre os processos internos da organização e os ativos intangíveis que criam vantagem competitiva sustentável. A estratégia, conforme a teoria de Michael Porter, será mais bem-sucedida quando um conjunto de atividades integradas e alinhadas crie condições para que a empresa ofereça proposição de valor – seja ela de baixo custo total, de liderança do produto, de soluções completas para os clientes ou de aprisionamento de sistemas – superior à dos concorrentes. Neste capítulo, mostramos como a proposição de valor na perspectiva do cliente, os processos internos críticos e os ativos intangíveis na perspectiva de aprendizado e crescimento dos mapas estratégicos serão completamente diferentes para empresas que adotam diferentes estratégias. Este capítulo operacionaliza nossa afirmação de que o mapa estratégico e o Balanced Scorecard devem contar a história da estratégia, uma história que diferencia a organização em relação aos concorrentes.

Os estudos de casos que se seguem a este capítulo mostram exemplos de quatro empresas que adotam estratégias muito diferentes. A Tata Auto Plastics segue uma estratégia de baixo custo total, embora com a peculiaridade interessante de esforçar-se para ser excelente na gestão de seu processo de desenvolvimento de produtos, de modo a oferecer soluções de longo prazo completas para seus clientes automotivos. A MDS é uma empresa diversificada de saúde e ciências da vida, cuja estratégia destaca o crescimento e a inovação em novos mercados. A Boise Office Solutions quer competir com base não no fornecimento de produtos de escritório padronizados de baixo custo, mas por meio de uma estratégia de CRM, que consolidaria e integraria suas unidades de negócios e alavancaria uma rede de distribuição básica para oferecer aos clientes acesso integrado e ininterrupto a todos os produtos e serviços. A Thomson Financial fornece informações e soluções integradas a seus principais clientes do setor financeiro por meio de uma interface de computador que garante aos clientes acesso imediato e completo à vasta gama de seus produtos e serviços financeiros.

NOTAS

1. Michael Porter, "What is Strategy?" *Harvard Business Review* (novembro-dezembro de 1996): 64.
2. Ibid, 73.
3. Michael Porter, *Competitive Advantage: Creating and Sustaining Superior Performance* (Nova York: Free Press, 1985).
4. Michael Treacy e Fred Wiersema, *The Discipline of Market Leaders* (Reading, MA: Addison-Wesley, 1995); Robert S. Kaplan e David P. Norton, *The Strategy-Focused Organization: How Balanced Scorecard Companies Thrive in the New Business Environment* (Boston: Harvard Business School Press, 2001), Capítulo 3, especialmente 83-89.
5. A. Hax e D. Wilde, *The Delta Project: Discovering New Sources of Profitability in a Networked Economy* (Nova York: Palgrave, 2001), 81-104.
6. W. C. Kim e R. A. Mauborgne, "Value Innovation: The Strategic Logic of High Growth", *Harvard Business Review* (janeiro de 1997): 103-112; "Creating Market Space", *Harvard Business Review* (janeiro de 1999): 83-93; e

"Strategy, Value Innovation, and the Knowledge Economy", *Sloan Management Review* (primavera de 1999): 41-53.
7. M. Porter, *Competitive Strategy: Techniques for Analyzing Industries and Competitors* (Nova York: Free Press, 1980).
8. Treacy e Wiersema referiram-se a essa estratégia como "excelência operacional". Agora, concordamos com Porter que excelência operacional não é estratégia. Qualquer organização deve cultivar a excelência operacional para implementar sua estratégia específica. A proposição de valor deve representar o que a organização oferece a seus clientes, não como a organização gerencia seus processos internos. Agora, reinterpretamos ou renomeamos a estratégia de "excelência operacional" de Treacy e Wiersema como estratégia de *baixo custo total*.
9. O custeio baseado em atividades revela com exatidão o custo do excesso de variedade, ônus que muitas organizações não reconhecem por causa das distorções introduzidas por seus sistemas de custeio tradicionais. Ver Robert S. Kaplan e Robin Cooper, *Cost & Effect: Using Integrated Cost Systems to Drive Profitability and Performance* (Boston: Harvard Business School Press, 1998).
10. "Melhor" nessa mensagem refere-se à qualidade mais alta (conformidade com as especificações), não "melhor" no sentido de "melhor desempenho", oferecido pelas empresas de liderança do produto, ou no sentido de "mais personalizado" às necessidades de cada cliente.
11. As estratégias de aprisionamento estão descritas nos Capítulos 5 e 6 de Carl Shapiro e Hal Varian, *Information Rules: A Strategic Guide to the Network Economy* (Boston: Harvard Business School Press, 1999).
12. Hax e Wilde, *The Delta Project*, particularmente o Capítulo 5.
13. Barry Nalebuff e Adam Brandenburger, *Co-Opetition: The Game Theory Strategy That's Changing the Game of Business* (Nova York: Doubleday, 1996).

ESTUDOS DE CASOS

TATA AUTO PLASTICS SYSTEMS

Antecedentes

O Tata Group, da Índia, é líder de um conjunto diversificado de indústrias, tanto de fabricação (materiais, energia, engenharia, química e produtos de consumo) quanto de serviços (telecomunicações, computação, comunicações, serviços financeiros e hotelaria). A Tata Auto Plastic Systems (TAPS), subsidiária operacional do Tata Group, foi constituída em colaboração com o Faurecia Group, da França, e o Foggini Group, da Itália. Entre seus clientes incluem-se algumas das maiores empresas do mundo, como Ford, Faurecia, MG Rover e, na Índia, empresas automobilísticas como Tata Engineering, Fiat Índia, General Motors e Bajaj Auto.

A TAPS oferece produtos de interior e exterior de classe mundial, como painéis, almofadas de portas, respiradouros, para-choques e acessórios, com estilo e acabamento europeus. Seus clientes exigem qualidade consistente e de alto nível, entrega just-in-time e reduções de custo constantes. A TAPS adotou uma estratégia de liderança no custo total.

Mapa estratégico e Balanced Scorecard

A perspectiva financeira da TAPS é direta, abrangendo o objetivo de alto nível de aumentar o *retorno sobre o capital empregado* (ROCE), de modo a superar custo médio ponderado de capital (WACC). A empresa respalda esse objetivo de alto nível com dois outros objetivos de aumentar os negócios (lucro acima do WACC) com clientes novos e atuais e expandir os negócios de exportação para aumentar a receita e a rentabilidade. O componente de produtividade enfatiza a liderança de custo no setor e a maximização da utilização dos ativos (Figura 11.6).

A perspectiva do cliente mostra como a TAPS deve atender às expectativas do cliente em qualidade, custo e entrega, para realizar os objetivos de receita, crescimento e rentabilidade. Os objetivos da TAPS são reter a atual posição de fornecedor significativo de Nível I na Índia e tornar-se fornecedor de Nível II no mercado global. O foco na perspectiva do cliente concentra-se em serviços integrais de baixo custo, desde a fase de conceito, passando pelas fases de desenvolvimento e en-

Figura 11.6 Mapa estratégico da Tata Auto Plastic Systems

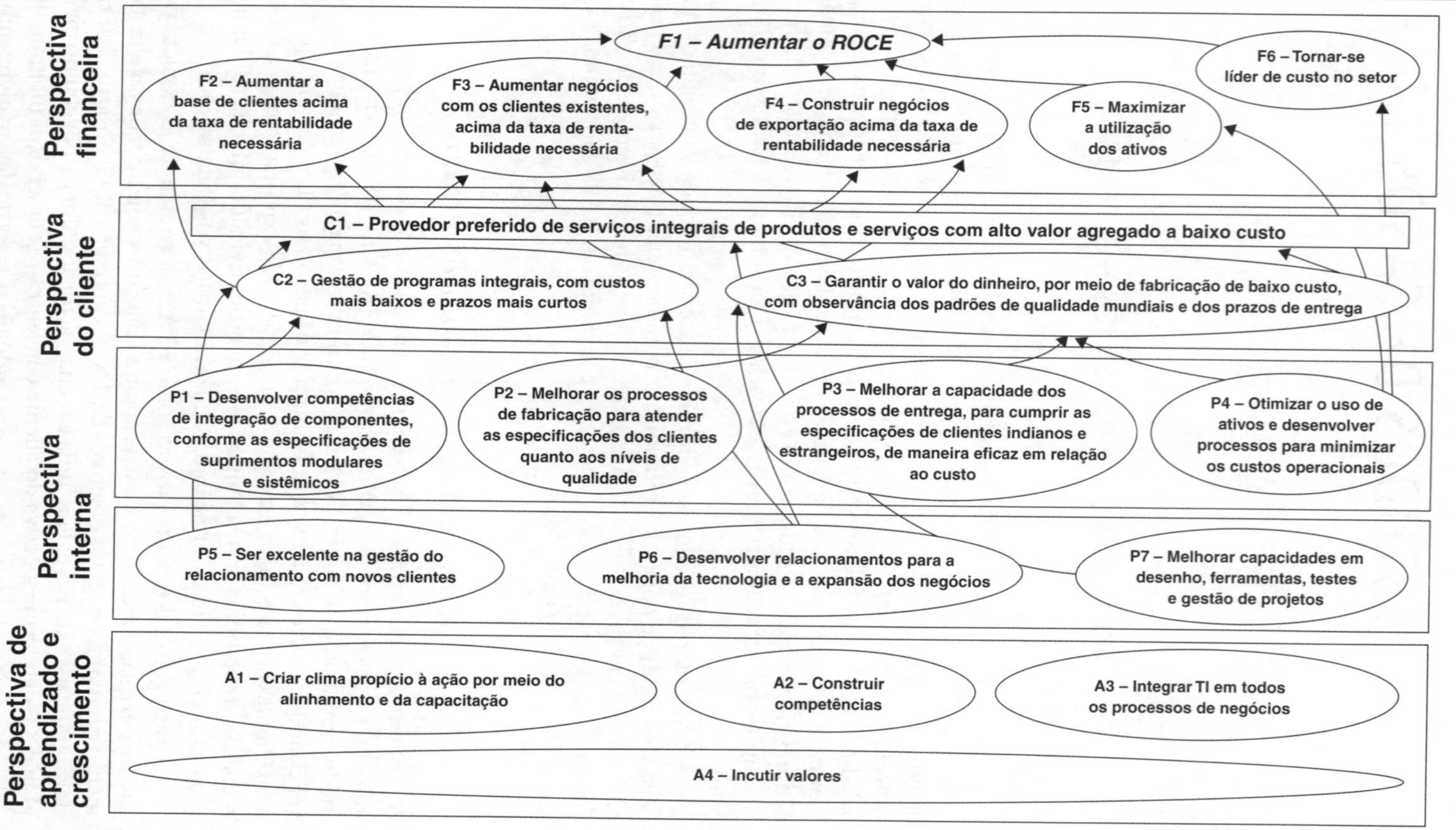

Perspectiva financeira

- F1 – Aumentar o ROCE
- F2 – Aumentar a base de clientes acima da taxa de rentabilidade necessária
- F3 – Aumentar negócios com os clientes existentes, acima da taxa de rentabilidade necessária
- F4 – Construir negócios de exportação acima da taxa de rentabilidade necessária
- F5 – Maximizar a utilização dos ativos
- F6 – Tornar-se líder de custo no setor

Perspectiva do cliente

- C1 – Provedor preferido de serviços integrais de produtos e serviços com alto valor agregado a baixo custo
- C2 – Gestão de programas integrais, com custos mais baixos e prazos mais curtos
- C3 – Garantir o valor do dinheiro, por meio de fabricação de baixo custo, com observância dos padrões de qualidade mundiais e dos prazos de entrega

Perspectiva interna

- P1 – Desenvolver competências de integração de componentes, conforme as especificações de suprimentos modulares e sistêmicos
- P2 – Melhorar os processos de fabricação para atender as especificações dos clientes quanto aos níveis de qualidade
- P3 – Melhorar a capacidade dos processos de entrega, para cumprir as especificações de clientes indianos e estrangeiros, de maneira eficaz em relação ao custo
- P4 – Otimizar o uso de ativos e desenvolver processos para minimizar os custos operacionais
- P5 – Ser excelente na gestão do relacionamento com novos clientes
- P6 – Desenvolver relacionamentos para a melhoria da tecnologia e a expansão dos negócios
- P7 – Melhorar capacidades em desenho, ferramentas, testes e gestão de projetos

Perspectiva de aprendizado e crescimento

- A1 – Criar clima propício à ação por meio do alinhamento e da capacitação
- A2 – Construir competências
- A3 – Integrar TI em todos os processos de negócios
- A4 – Incutir valores

genharia, até a fase de entrega do produto acabado. A TAPS empenha-se para assumir responsabilidade total pelos produtos fornecidos aos clientes, proporcionando-lhes alto valor pelo dinheiro, mediante qualidade, custo e entrega de produtos e/ou serviços de classe mundial.

Os objetivos da perspectiva interna focam a criação de processos e a construção de competências necessárias a respaldar os objetivos dos clientes. Suas competências internas desenvolvem-se em torno de dois temas estratégicos: liderança de custo, para penetrar nos mercados indianos e mundiais, e inovação, para fomentar as competências em projeto e engenharia, capazes de atender aos padrões globais, de modo a escalar a cadeia de valor nos próximos anos.

A perspectiva de aprendizado e crescimento respalda a criação de clima organizacional propício à consecução dos objetivos das demais perspectivas, embutindo competências e integrando tecnologia da informação em todos os processos.

Os atuais objetivos e indicadores do mapa estratégico da Tata Auto Plastics constam da Figura 11.7. Dos trinta e cinco indicadores da empresa, onze já existiam (todos nas perspectivas financeira e interna) e vinte e quatro são inteiramente novos para a organização.

Perspectiva	Indicadores já existentes	Indicadores novos
Financeira	7	2
Clientes	0	6
Interna	4	10
Aprendizado e crescimento	0	6

Os indicadores tradicionais da TAPS concentravam-se estreitamente sobre os objetivos financeiros e operacionais de curto prazo. Os indicadores da nova estratégia focam oportunidades para o aumento da receita, por meio de novos relacionamentos com os clientes, superando não apenas nos custos, qualidade e prazos, mas também construindo novas interações, alcançando a excelência no desenvolvimento de produtos e na gestão de projetos e aprimorando as capacidades dos empregados, sistemas e processos de alinhamento organizacional.

Resultados

Os executivos da TAPS estão usando o Balanced Scorecard para equilibrar as expectativas entre os vários stakeholders (Figura 11.7). O mapa estratégico e o scorecard trouxeram clareza e alinhamento, de modo que a organização está hoje concentrada nas principais áreas de desempenho estratégico. Várias iniciativas relacionadas com os objetivos do scorecard tornaram-se mais focadas e propiciaram a obtenção de resultados muito melhores pelas equipes. Apresentam-se a seguir dois exemplos:

Figura 11.7 Balanced Scorecard da Tata Auto Plastic Systems

	Objetivos	Indicadores
Perspectiva financeira	F1 – Aumentar o ROCE	- Retorno sobre o capital empregado
	F2 – Aumentar a base de clientes acima da taxa de rentabilidade necessária	- Número de novos clientes - Vendas a novos clientes
	F3 – Aumentar negócios com os clientes existentes, acima da taxa de rentabilidade necessária	- Vendas a clientes tradicionais - Vendas de novos produtos a clientes tradicionais
	F4 – Construir negócios de exportação acima da taxa de rentabilidade necessária	- Receita de exportação
	F5 – Maximizar a utilização dos ativos	- Giro dos ativos
	F6 – Tornar-se líder de custo no setor.	- Custos operacionais/vendas - Redução de custo em comparação com o custo-padrão, por família de produtos.
Perspectiva do cliente	C1 – Provedor preferido de serviços integrais de produtos e serviços com alto valor agregado a baixo custo	- Valor dos pedidos de cotação (RFQ) recebidos como fornecedor de serviços integrais (FSS) de módulos e sistemas - Valor das encomendas como FSS
	C2 – Programa de gestão completo, com custos mais baixos e prazos mais curtos	- Valor dos RFQs obtidos para programas integrais - Valor de encomendas obtidas para programas integrais
	C3 – Garantir o valor do dinheiro, por meio de fabricação de baixo custo, com observância dos padrões de qualidade mundiais e dos prazos de entrega.	- Índice de satisfação dos clientes - Número de questões de qualidade levantadas no relatório J. D. Power.
Perspectiva interna	P1 – Desenvolver competências de integração de componentes, conforme as especificações de suprimentos modulares e sistêmicos	- Índice de capacidade
	P2 – Melhorar os processos de fabricação para atender as especificações dos clientes quanto aos níveis de qualidade	- Rejeições dos clientes em partes por milhão
	P3 – Melhorar a capacidade dos processos de entrega, para cumprir as especificações de clientes indianos e estrangeiros, de maneira eficaz em relação ao custo	- Porcentagem das entregas conformes – no prazo e completas - Índice de capacidade - Redução dos custos de logística em comparação com os custos-padrão
	P4 – Otimizar o uso de ativos e desenvolver processos para minimizar os custos operacionais	- Eficácia geral do equipamento - Custos de materiais *versus* custos-padrão - Custos de energia como porcentagem das vendas - Custos da mão de obra direta como porcentagem das vendas
	P5 – Ser excelente na gestão do relacionamento com novos clientes	- Índice de relacionamento
	P6 – Desenvolver relacionamentos para a melhoria da tecnologia e a expansão dos negócios	- Número de novas tecnologias adquiridas por meio de relacionamentos - Aumento da receita por meio de relacionamentos com parceiros
	P7 – Melhorar capacidades em desenho, ferramentas, testes e gestão de projetos.	- Índice de capacidade - Redução anual no prazo para o desenvolvimento de produtos.
Perspectiva de aprendizado e crescimento	A1 – Criar clima propício à ação por meio do alinhamento e da capacitação	- Número de empregados cuja avaliação de desempenho está conectada aos objetivos estratégicos - Índice de capacitação
	A2 – Construir competências	- Número de processos de negócios críticos transferidos para níveis inferiores capacitados
	A3 – Integrar TI em todos os processos de negócios	- Porcentagem de processos cobertos por TI - Pesquisa de satisfação com a eficácia da TI.

1. O objetivo da perspectiva financeira da TAPS de liderança de custo no setor ajudou a identificar vários indicadores para o controle de custos, como o índice custos operacionais/vendas e reduções de custo em comparação com o custo-padrão. A análise atenta do desempenho mensal desses indicadores identificou áreas de melhoria, implementando-se vários programas, como projetos seis sigma para reduzir o consumo de energia e de materiais, diminuição do desperdício de materiais e melhoria dos sistemas de informação. Além dos benefícios tangíveis significativos gerados por essas iniciativas, o foco aumentou o senso de responsabilidade pelos custos nos níveis departamental e funcional.
2. O objetivo de *construir competências* na perspectiva de aprendizado e crescimento redundou na identificação de lacunas de conhecimentos e habilidades nas principais áreas funcionais. A empresa desenvolveu programas para fechar as lacunas.

Agradecemos a Rajiv Bakshi, da Tata Auto Plastics, e Muhamed Muneer, CEO da Innovative Media, pela assistência e apoio no desenvolvimento do caso da TAPS.

MDS

Antecedentes

Com sede em Toronto, Canadá, a MDS é uma empresa internacional de saúde e ciências da vida que fornece produtos e serviços para a prevenção, diagnóstico e tratamento de doenças. De capital aberto, suas ações são negociadas nas bolsas de valores de Nova York e Toronto. Com unidades em vinte e três países, a MDS emprega mais de 10.000 pessoas e gerou receita de CAN $1,8 bilhão em 2002. Trata-se de empresa diversificada que opera por meio de três negócios principais: a MDS Isotopes fornece agentes de imagem para medicina nuclear, materiais para sistemas de esterilização e sistemas de terapia para o planejamento e execução de tratamentos de câncer; a MDS Diagnostics fornece informações e serviços de laboratório para prevenir, diagnosticar e tratar doenças; e a MDS Drug Discovery and Development presta serviços de pesquisa, mediante contrato, à indústria farmacêutica, desenvolve instrumentos analíticos para apoiar o lançamento de novos medicamentos no mercado e lidera o desenvolvimento da protenômica funcional na busca de maneiras completamente novas de criar medicamentos.

A MDS tinha uma longa história de crescimento consistente tanto da receita quanto do lucro. A gerência executiva sentia, contudo, que a empresa devia melhorar muito na execução da estratégia. Para a MDS, o sucesso na execução da estratégia significava duas coisas: Primeiro, ela precisava gerar sucesso financeiro, definido como taxa anual composta de crescimento (CAGR) do lucro de 15% em períodos móveis de cinco anos, sustentando ao mesmo tempo a CAGR histórica de 15% de crescimento da receita. Segundo, a MDS precisava transformar-se. Os executivos acreditavam que os mercados e o posicionamento da empresa geravam enormes oportunidades de mudança, criando condições para que o negócio superasse o estágio de empresa muito boa para converter-se em empresa ótima (*great company*, nas palavras de Jim Collins). Para transformar-se em empresa ótima, a MDS deveria concentrar-se intensamente no que era estrategicamente importante, descontinuar várias atividades e alinhar-se com mais clareza – de alto a baixo – como organização.

O mapa estratégico

Como empresa de gestão de muitos negócios, cada unidade de negócios da MDS tinha sua própria proposição de valor para os clientes e sua própria maneira de criar valor para os clientes. Portanto, a MDS tinha um conjunto de estratégias (intimidade com os clientes, excelência operacional, inovação) dependendo das características da unidade de negócios e de sua base de clientes. O mapa estratégico do empreendimento como um todo era propositadamente amplo, pois representava um portfólio de estratégias. Os componentes do mapa estratégico em retângulos – os valores essenciais e o destino estratégico comum – eram compartilhados e imutáveis (Figura 11.8). O mapa transmitia o equilíbrio entre valor para os acionistas e cultura apaixonada. Embora cada unidade de negócios da MDS percorresse caminho diferente para a criação de valor, a estratégia corporativa garantia que as prioridades das perspectivas financeira, do cliente, dos processos internos e das pessoas seriam impulsionadas de maneira conjunta.

Construir uma empresa mundial duradoura de saúde e ciências da vida: A visão sobrejacente da MDS era construir uma ótima empresa mundial de saúde e ciências da vida. Para tornar-se mundial, a empresa precisava expandir-se muito além de sua base natural na América do Norte.

Apaixonar-se pelo tipo de empresa que estamos construindo juntos: A paixão profissional compartilhada pelos empregados da MDS tornaria a empresa diferenciada e competitivamente vital. A paixão persistente construiria valor superior para os acionistas e contribuiria para o objetivo de criar uma empresa duradoura.

Construir valor superior para os acionistas: A MDS construiria valor superior duradouro para os acionistas alcançando taxa anual composta de crescimento do LPA de 15% durante períodos móveis de cinco anos.

F1: Aumentar a receita: O crescimento da receita era o principal objetivo de sucesso financeiro para impulsionar o valor para os acionistas. A MDS mirava uma taxa anual composta de crescimento da receita de 15% em períodos móveis de cinco anos.

Figura 11.8 Mapa estratégico da MDS

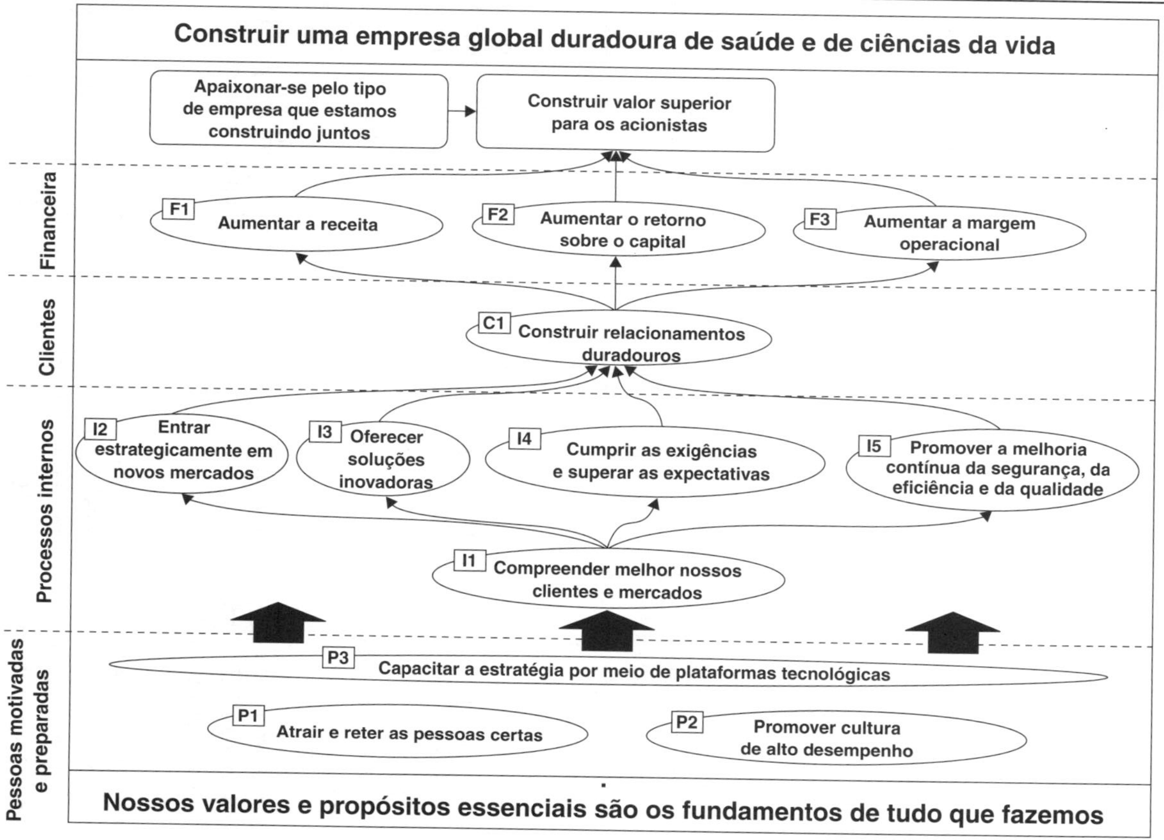

Construir uma empresa global duradoura de saúde e de ciências da vida

Financeira
- Apaixonar-se pelo tipo de empresa que estamos construindo juntos
- Construir valor superior para os acionistas
- F1 Aumentar a receita
- F2 Aumentar o retorno sobre o capital
- F3 Aumentar a margem operacional

Clientes
- C1 Construir relacionamentos duradouros

Processos internos
- I2 Entrar estrategicamente em novos mercados
- I3 Oferecer soluções inovadoras
- I4 Cumprir as exigências e superar as expectativas
- I1 Compreender melhor nossos clientes e mercados
- I5 Promover a melhoria contínua da segurança, da eficiência e da qualidade

Pessoas motivadas e preparadas
- P1 Atrair e reter as pessoas certas
- P3 Capacitar a estratégia por meio de plataformas tecnológicas
- P2 Promover cultura de alto desempenho

Nossos valores e propósitos essenciais são os fundamentos de tudo que fazemos

F2: Aumentar o retorno sobre o capital: Como a MDS transformava-se em negócio muito mais intensivo em capital, também precisava tornar-se muito mais disciplinada e rigorosa na alocação de capital. Para tanto, precisava abandonar os negócios não produtivos e alavancar a tecnologia para gerar altos retornos.

F3: Aumentar a margem operacional: A MDS gerenciaria as despesas operacionais ao mesmo tempo em que se manteria preparada para gastar se os dispêndios contribuíssem para impulsionar a receita. A prioridade era a eliminação de atividades ineficientes, que não agregassem valor.

C1: Construir relacionamentos duradouros: Todas as unidades de negócios, não obstante as diferenças em clientes e proposições de valor, se concentrariam em atrair, cultivar e reter clientes. Para tanto, apresentariam proposições de valor que enfatizassem relacionamentos de intimidade com os clientes, soluções inovadoras e prestação de serviços superiores.

I1: Compreender melhor nossos clientes e mercados: O conhecimento profundo dos clientes e do mercado impulsionaria todos os processos da MDS. O conceito de mercado abrange concorrentes, fornecedores, reguladores, clientes atuais e clientes potenciais. Municiada com esse conhecimento, a MDS seria mais capaz de entrar em novos mercados, oferecer soluções inovadoras, atender às expectativas e melhorar continuamente.

I2: Entrar estrategicamente em novos mercados: Esse objetivo era a chave para o crescimento potencial futuro à medida que a MDS alocava às novas oportunidades de mercado recursos valiosos de capital, conhecimento e redes. O momento certo para entrar nesses novos mercados era importante, da mesma maneira como era preciso equilibrar os efeitos da diluição com o ciclo de vida das oportunidades de mercado.

I3: Oferecer soluções inovadoras: Por meio de programas internos e de parcerias externas, a MDS integraria ciência, pesquisa e tecnologia para fornecer soluções inovadoras que agregassem valor.

I4: Cumprir as exigências e superar as expectativas: O cumprimento dos compromissos com os clientes é essencial para a construção de relacionamentos duradouros. A MDS atende às exigências dos clientes em termos de especificações e desempenho e sempre almeja proporcionar aos clientes experiências que superem suas expectativas.

I5: Promover a melhoria contínua da segurança, da eficiência e da qualidade: Para tornar-se uma empresa ótima, a MDS deve buscar maneiras de melhorar constantemente a segurança, a produtividade e a qualidade de suas operações.

P1: Atrair e reter as pessoas certas: A chave para o sucesso contínuo da MDS é a capacidade de cultivar e desenvolver seu fluxo de talentos. A "pessoa certa" teria competências e valores consistentes com a cultura e os objetivos estratégicos da MDS.

P2: Promover cultura de alto desempenho: Vital para o futuro da MDS é fomentar uma cultura movida a valores, de altas realizações e orientada para equipes, na qual as pessoas tivessem condições para realizar seu potencial.

P3: Capacitar a estratégia por meio de plataformas tecnológicas: A tecnologia é essencial para capacitar a estratégia. As plataformas tecnológicas certas melhorariam o retorno sobre o capital e concentrariam o foco sobre a construção de relacionamentos mais duradouros.

Nossos valores e propósitos essenciais são os fundamentos de tudo que fazemos: Os valores essenciais da MDS eram comuns e compartilhados em toda a empresa. Tudo que a MDS faz está alinhado com os valores essenciais e com a estratégia.

Resultados

Em 1998, quando alcançou o nível de receita de US$1 bilhão, a MDS definiu a meta de gerar receita de US$2 bilhões em 2003. A MDS lançou o BSC em agosto de 2001. Os resultados de 2002 mostram que os principais indicadores financeiros, inclusive caixa gerado pelas operações e lucro por ação, foram os melhores dos últimos cinco anos. A MDS estava no rumo certo para atingir o alvo de receita de US$2 bilhões em 2003. A gerência executiva atribuiu parte de seu sucesso ao Balanced Scorecard, observando: "É enorme o valor estratégico de usar o mapa estratégico e o Balanced Scorecard para esclarecer o papel da estratégia corporativa e para descrever a estratégia e a expectativa de desempenho das unidades de negócios", e "Cada um dos 10.000 empregados agora está conectado à estratégia por meio de Balanced Scorecards individuais e da equipe".

Caso preparado por Mike Nagel e Jay Weiser, da Balanced Scorecard Collaborative. Nossos agradecimentos a Bob Harris, John Rogers e colegas por compartilharem conosco a experiência da MDS.

BOISE OFFICE SOLUTIONS

Antecedentes

A Boise Office Solutions, empresa de US$3,5 bilhões, é distribuidora de produtos e equipamentos de escritório, inclusive móveis e artigos de papelaria, e crescera por meio de aquisições. Esse legado redundou em que suas várias linhas de negócios operassem de maneira independente. Os clientes encaravam os produtos como commodities, a serem adquiridos aos preços mais baixos possíveis.

A estratégia

A Boise adotou uma nova estratégia de CRM, que consolidaria e integraria suas unidades de negócios e alavancaria a rede de distribuição, para oferecer aos clientes acesso integral e ininterrupto a todos os produtos e serviços. Seu objetivo era aumentar a rentabilidade, distinguindo com nitidez entre serviço de alto valor para os clientes – gestão do processo de compra – e valor limitado para os clientes, com foco na precificação por item. A empresa aumentaria o valor para os clientes por meio do uso de abordagens de marketing um a um que proporcionariam experiências personalizadas, qualquer que fosse o canal utilizado pelos clientes, e se anteripariam às necessidades e preferências de cada cliente, de modo a gerar ofertas personalizadas. A Boise também reduziria as despesas operacionais mediante melhoria dos processos e diminuiria a duplicidade entre as unidades de negócios. Para que a estratégia fosse bem-sucedida, a Boise precisaria investir em tecnologia da informação centrada nos clientes, além de realinhar, refocalizar e reequipar a força de trabalho em torno do modelo de negócios de novas soluções para os clientes.

O mapa estratégico

A Boise produziu seu mapa estratégico para representar a nova estratégia de soluções para os clientes (Figura 11.9). A perspectiva financeira refletia a combinação normal dos objetivos de crescimento da receita e de eficiência operacional. Enfatizava a importância da segmentação dos clientes, medindo o crescimento, a contribuição para o lucro e o custo de servir, para cada segmento de clientes. A Figura 11.10 mostra os indicadores de cada objetivo no mapa estratégico.

Na perspectiva do cliente, a Boise media a extensão em que cumpria a proposição de valor por meio de uma pesquisa de satisfação dos clientes com o relacionamento, serviços e facilidade de acesso; esses eram os elementos centrais da nova ênfase da empresa sobre os serviços e sobre o valor para os clientes. O segundo objetivo, criar valor diferenciado para os clientes, era medido pelo sucesso na conquista e retenção de clientes nos segmentos almejados e pela estimativa do valor vitalício dos clientes, para determinar o sucesso da empresa no rompimento da espiral descendente da precificação de commodities.

Os objetivos dos processos internos da Boise foram organizados em três temas:

- *Excelência operacional*: Racionalizar operações.
- *Gestão de clientes:* Alavancar serviços aos clientes.
- *Inovação*: Redefinir expectativas do valor para os clientes.

Figura 11.9 Mapa estratégico da Boise Office Solutions

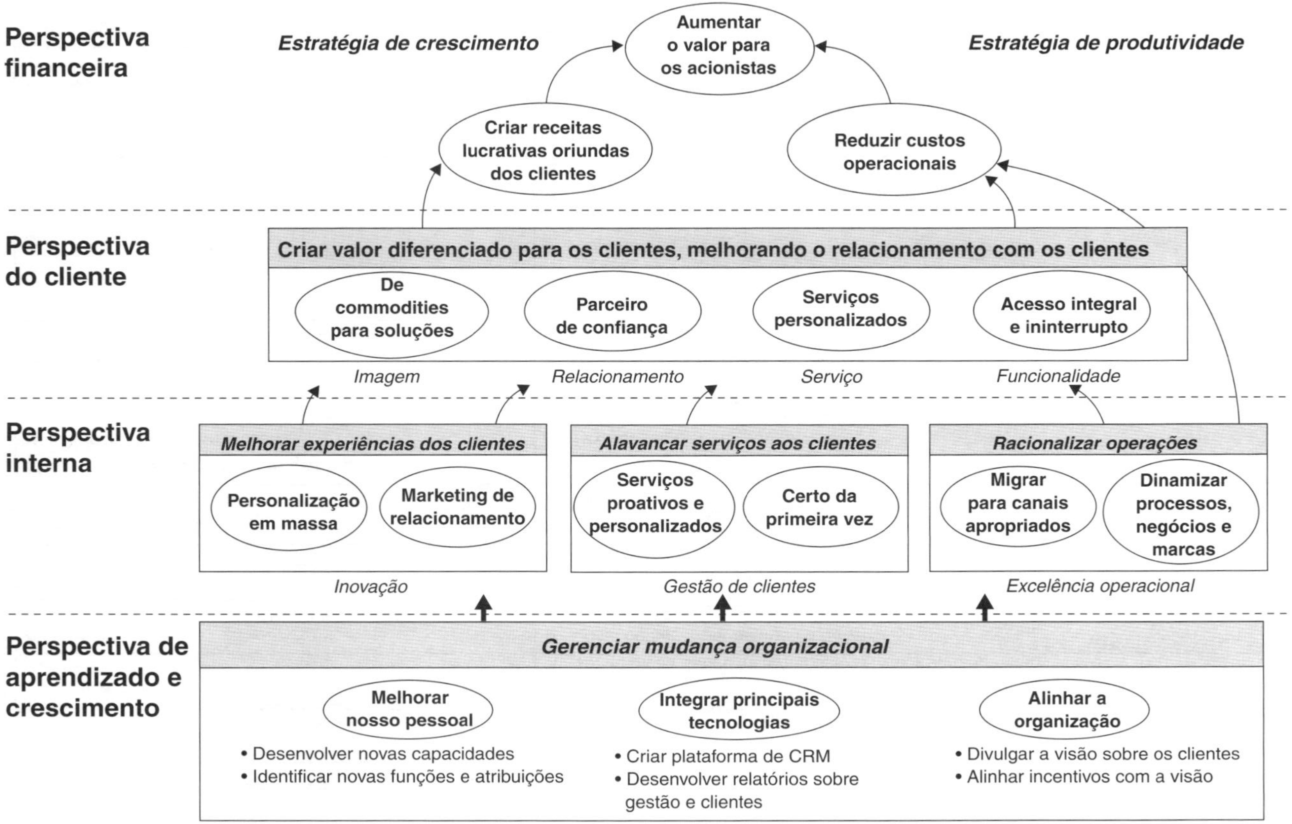

Perspectiva financeira

Estratégia de crescimento — *Estratégia de produtividade*

- Criar receitas lucrativas oriundas dos clientes
- Aumentar o valor para os acionistas
- Reduzir custos operacionais

Perspectiva do cliente

Criar valor diferenciado para os clientes, melhorando o relacionamento com os clientes

- De commodities para soluções
- Parceiro de confiança
- Serviços personalizados
- Acesso integral e ininterrupto

Imagem — Relacionamento — Serviço — Funcionalidade

Perspectiva interna

Melhorar experiências dos clientes
- Personalização em massa
- Marketing de relacionamento

Alavancar serviços aos clientes
- Serviços proativos e personalizados
- Certo da primeira vez

Racionalizar operações
- Migrar para canais apropriados
- Dinamizar processos, negócios e marcas

Inovação — Gestão de clientes — Excelência operacional

Perspectiva de aprendizado e crescimento

Gerenciar mudança organizacional

- Melhorar nosso pessoal
  - Desenvolver novas capacidades
  - Identificar novas funções e atribuições
- Integrar principais tecnologias
  - Criar plataforma de CRM
  - Desenvolver relatórios sobre gestão e clientes
- Alinhar a organização
  - Divulgar a visão sobre os clientes
  - Alinhar incentivos com a visão

Figura 11.10 Desdobramento do Balanced Scorecard de CRM da Boise para a Office Division

	Objetivos	Indicadores
Perspectiva financeira	F1 – Crescimento lucrativo	■ Valor econômico agregado ■ Lucro antes dos juros e dos impostos
	F2 – Crescer organicamente	■ Crescimento por segmento de valor ■ Contribuição para o lucro/impacto de valor por segmento
	F3 – Reduzir custos	■ Custo de servir por segmento de valor ■ Custo de servir por canal
Perspectiva do cliente	C1 – Proposição de valor	■ Pesquisa entre clientes (por meio de representantes de vendas) ■ Conquista por segmento
	C2 – Criação da diferenciação	■ Retenção por segmento ■ Valor vitalício dos clientes
Perspectiva interna	*Melhorar a experiência dos clientes* I1 – Personalização em massa I2 – Marketing um a um	■ Taxa de resposta às campanhas ■ Número de clientes usando PIN
	Alavancar serviços aos clientes I3 – *Done-in-one* I4 – Serviços proativos e personalizados	■ Menor número de casos de clientes ■ Resposta a campanhas não promocionais
	Racionalizar operações I5 – Otimizar mix de canais (pedidos, serviços, problemas) I6 – Dinamizar processos	■ Mix de canais ■ Porcentagem de canais interativos por segmento de valor ■ Porcentagem de canais interativos por segmentos de necessidades ■ Porcentagem de redundâncias eliminadas ■ Economias
Perspectiva de aprendizado e crescimento	A1 – Aprimorar as capacidades de nosso pessoal	■ Porcentagem de pessoal treinado em habilidades "uma só Boise" ■ Porcentagem de cargos preenchidos sob a orientação "uma só Boise"
	A2 – Alinhar a organização em torno da visão "uma só Boise"	■ Pesquisa "uma visão" entre o pessoal – envolvimento com a estratégia ■ Porcentagem do pessoal com incentivos alinhados à estratégia
	A3 – Integrar principais tecnologias	■ Tecnologias CRM *versus* planos (R1, R2, R3 etc.) ■ Porcentagem de relatórios implementados sob a orientação "uma só Boise" ■ Porcentagem de relatórios implementados com os clientes sob a orientação "uma só Boise" ■ Porcentagem de relatórios implementados para a gerência, sob a orientação "uma só Boise"

Para racionalizar as operações, a Boise pretendia transferir maior quantidade de clientes para um canal de comércio eletrônico que ofereceria acesso mais conveniente, aumentaria a eficiência dos contatos e reduziria os custos operacionais referentes ao relacionamento com os clientes. O sucesso nesse objetivo seria medido pela porcentagem de negócios em segmentos-alvo baseados no canal de comércio eletrônico. A Boise media o objetivo de reduzir os custos operacionais não só em dólares, mas também pela quantidade de operações redundantes eliminadas por meio da consolidação dos contatos.

Para alavancar serviços aos clientes, a Boise queria personalizar a experiência dos clientes ao entrar com seus pedidos, reduzir o número total de interações e, de um modo geral, tornar as interações mais fáceis. Media-se esse objetivo por meio de índices "done-in-one" (atender ao conjunto completo de necessidades dos clientes por meio de um único telefonema), entregas pontuais e desempenho dos serviços, além da quantidade de questões em aberto referentes aos clientes. Também levava em consideração situações casuísticas de respostas dos clientes a campanhas de marketing e vendas, impulsionando a melhoria do nível dos serviços (sem basear-se em preço ou promoções), para verificar se estava sendo vista como fornecedor de confiança, que agrega valor.

Em inovação, a Boise pretendia reformular as expectativas de valor para os clientes, demonstrando como estes poderiam alcançar maior controle gerencial total de seus gastos com suprimentos de escritório. Daí resultou a descoberta de novas maneiras de aumentar a eficácia da personalização em massa e do marketing um a um. A Boise media anualmente o número e a porcentagem de unidades de clientes que participavam de planos de compra contratuais, assim como os padrões gerais das compras, em comparação com as médias setoriais e nacionais, e avaliava os padrões de compra individuais dentro da organização dos clientes.

Em aprendizado e crescimento, os recursos deveriam concentrar-se na nova estratégia centrada em clientes. As capacidades dos empregados eram medidas pela porcentagem de pessoas treinadas nas habilidades demandadas pela nova estratégia (campanha de comunicação interna "uma só Boise") e pelo grau de aptidão para traduzir a compreensão da estratégia em contatos com os clientes e em proposições de valor para os clientes. A tecnologia para a nova estratégia exigia a implementação de sistemas abrangentes de CRM em toda a empresa. Um indicador eram os relatórios sobre as etapas de implementação dessa importante iniciativa de TI. Os recursos de TI também eram medidos pela porcentagem de relatórios implementados em três áreas críticas: força de vendas em campo, unidades dos clientes e gerência da Boise. O alinhamento da organização era avaliado pela porcentagem do pessoal com incentivos alinhados à nova estratégia e por pesquisas de avaliação do conhecimento e do envolvimento dos empregados com a estratégia "uma só Boise".

Breves relatos

Dave Goudge, vice-presidente sênior de marketing, relatou que os gerentes gerais e os gerentes de vendas da Boise Office Solutions haviam adotado com rapidez a estratégia de Uma só Boise, focada nos clientes. Agora, tinham condições de oferecer até mesmo aos clientes sensíveis ao preço soluções integradas para produtos de escritório, capazes de fornecer mais valor do que as apresentadas por concorrentes de baixo preço. A estratégia justificou a implementação de um programa interno de tecnologia da informação, que melhorou o processo de vendas, ao proporcionar aos vendedores melhores informações sobre os clientes. Goudge usou o BSC para avaliar e comunicar os resultados da estratégia Uma só Boise aos executivos seniores da corporação.

Randy Russell, da Balanced Scoreard Collaborative, preparou este caso. Nossos agradecimentos a Dave Goudge, Scott Williams e colegas por compartilharem a experiência da Boise Office Solutions.

THOMSON FINANCIAL

Antecedentes

A Thomson Financial (TF) é um dos quatro grandes grupos de mercado que compõem a Thomson Corporation. Com 44.000 empregados e com operações em cinquenta e três países, a Thomson Corporation é importante provedor global de soluções de informações integradas para empresas e profissionais. Em 2002, sua receita foi de US$7,8 bilhões. A Thomson fornece informações críticas, com tecnologias e aplicações de apoio que ajudam os clientes a tomar melhores decisões, com mais rapidez. A Thomson serve a mais de 20 milhões de usuários de informações, nas áreas de direito, impostos, contabilidade, educação superior, informações de orientação, treinamento e avaliação empresarial, serviços financeiros, pesquisa científica e assistência médica.

Em meados de 2001, o CEO da Thomson, Dick Harrington, já havia concluído grandes programas de transformação em toda a Thomson. Desinvestira 90% de todos os negócios de impressão para realizar o objetivo de, até 2005, concentrar 80% de suas informações em meio eletrônico; adquiriu alguns ativos importantes, em conteúdo e em tecnologia, como a Harcourt, para ganhar escala em cada um dos grupos de mercado; e agora buscava um modelo para imprimir mais rigor no sistema operacional da Thomson, de modo a impulsionar o crescimento orgânico, ao mesmo tempo em que perseguia a eficiência. Esse esforço final, induzido pela corporação, expôs a necessidade de um modelo de execução da estratégia no estilo do Balanced Scorecard. Em fins de 2001, a Thomson decidiu implementar o scorecard em toda a organização, como programa patrocinado pela matriz.

Provedor de informações e de soluções financeiras integradas em todo o mundo, com receita anual de US$1,5 bilhão, seus clientes são, principalmente, bancos de investimentos, empresas de gestão de recursos, unidades organizacionais de relações com investidores, além de outros tipos de empresas, pequenas e grandes, que necessitam de informações financeiras em tempo real, para respaldar informações de compra e venda. Organização historicamente focada em produtos, que compete com empresas como Reuters e Bloomberg, a TF até recentemente era mais bem conhecida no mercado por suas marcas líderes de mercado como ILX, Securities Data, First Call Analyst e AutEx. Esse foi o resultado óbvio da aquisição agressiva pela Thomson de numerosas empresas bem-sucedidas, concentradas em nichos e intensivas em tecnologia, ao longo das décadas de 1980 e 1990. Em fins de 2002, a TF tinha aproximadamente 9.200 empregados em todo o mundo, com operações em 25 países.

A situação

A TF já enfrentava numerosas plataformas com problemas, quando adotou o BSC em princípios de 2002. O mercado passava por mudanças tecnológicas (aumento do uso de tecnologias baseadas em internet), mudanças reguladoras e mudanças econômicas (o estouro da bolha do mercado de ações, em março de 2000, e os ataques de 11 de setembro). O setor estava em dificuldade: anunciavam-se cada vez menos negócios financeiros e a maioria das empresas estava reduzindo o efetivo de pessoal e as despesas em geral. Os clientes da TF que, tradicionalmente, mostravam-se dispostos a pagar preços mais altos pela assinatura de serviços de informação ricos em conteúdo, agora buscavam consolidar as contas e reduzir os custos. A Thomson Financial, reconhecendo a necessidade de fornecer mais valor, com mais eficiência, encontrava-se em vias de reformular tanto sua infraestrutura de tecnologia quanto sua estrutura organizacional, para concentrar mais o foco nos clientes. Com efeito, o desenvolvimento da capacidade de atender às necessidades dos clientes, mediante a adoção da estratégia "Uma só TF" já estava em andamento, quando do início do programa BSC.

Dave Shaffer, CEO da Thomson Financial, tem várias funções e atribuições em toda a Thomson, inclusive vice-presidente e COO da Thompson Corporation. Como COO, insistia na melhor alavancagem de todos os ativos da organização e desde o início liderou as iniciativas da TF para transformar esse conjunto de negócios em "Uma só TF".

A estratégia

A nova direção estratégica da TF foi, em parte, uma ampliação de sua reorganização em unidades estratégicas voltadas para os clientes (strategic customer-facing units – SCU), em fins de 2001. As SCUs incluíam o grupo de gestão de investimentos, o grupo de corretagem e bancos, o grupo corporativo e uma equipe gerencial de vendas e clientes, que mirava os cinquenta principais clientes em todo o mundo. A abordagem da TF também envolvia o mapeamento do fluxo de trabalho com os clientes, dentro e ao longo desses três segmentos, alavancando ativos adequados e desenvolvendo soluções em todo o âmbito da empresa, que também abrangiam a cadeia de valor. Se e quando se constatava alguma lacuna, a

TF formava parcerias estratégicas com os clientes e com outros fornecedores para completar e fornecer sua solução de informação integrada. Essa abordagem convertia a TF em parceiro estratégico dos clientes, em vez de apenas vendedor de produtos e serviços, num mercado que se tornava cada vez mais comoditizado. Sharon Rowlands, COO da TF, em memorando de meados de 2002 aos empregados, observou: "Um dos impactos positivos do atual ambiente de negócios é que os clientes tendem cada vez mais a formar parcerias apenas com um provedor, como a TF, adquirindo soluções integradas de alto valor, a fim de melhor gerenciar seus custos."

O mapa estratégico

Uma vez que, tradicionalmente, as unidades de negócios da empresa tinham a incumbência básica de executar a estratégia, a TF adotou um único mapa estratégico que serviria ao propósito de uni-las numa estratégia comum, orientada para *fornecer tecnologia sob medida para computadores de mesa, empacotadas com aplicações de workflow (fluxo de trabalho) e informações integradas imprescindíveis* (Figura 11.11). O mapa "Uma só TF", portanto, continha um conjunto de objetivos, que poderiam ser aplicados ao longo de toda a organização:

a. *Financeira*: Promover o crescimento da receita por meio de mercados expandidos – ou seja, aumentar a presença geográfica e do produto e ampliar a participação de mercado. No lado da produtividade, melhorar o retorno sobre o capital investido (ROIC), aumentando o EBITDA e gerenciando os recebíveis e as despesas de capital.

b. *Cliente*: Fornecer aos clientes soluções de informações e tecnológicas adequadas, no momento certo, de modo que tenham condições de tomar melhores decisões com mais rapidez, auferindo benefícios comprovados em termos de ROIC. Desenvolver relacionamentos estratégicos com os principais clientes e promover a marca Thomson Financial como líder global inovadora e competente.

c. *Temas internos*:
Clientes e mercados: Compreender o fluxo de trabalho dos clientes, por meio de análise da cadeia de valor, a fim de gerar informações sobre desenvolvimento de produtos, potencial de vendas cruzadas e oportunidades de parceria.
Soluções: Racionalizar a tecnologia, consolidando plataformas, componentes e ferramentas.
Operações: *Melhorar a confiabilidade dos sistemas e a solidez do serviço.*

d. *Pessoas:* Desenvolver líderes, atrair e reter pessoal de alto desempenho – sobretudo com experiência no setor – e ampliar as habilidades em vendas (inclusive conhecimento do produto). Finalmente, promover e reforçar uma cultura comum, orientada para a estratégia.

Figura 11.11 Mapa estratégico da Thomson Financial

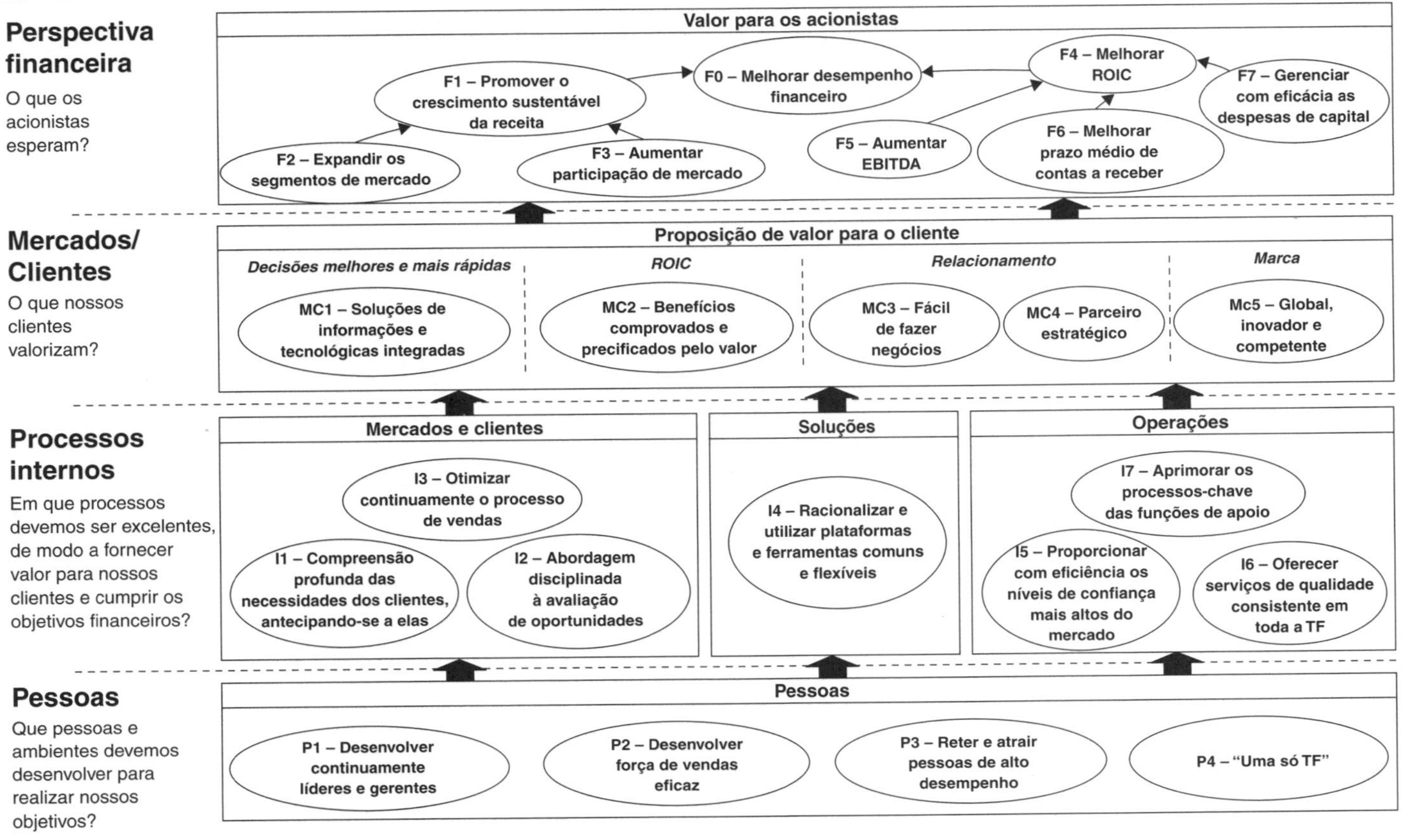

Perspectiva financeira

O que os acionistas esperam?

Valor para os acionistas

- F1 – Promover o crescimento sustentável da receita
- F2 – Expandir os segmentos de mercado
- F3 – Aumentar participação de mercado
- F0 – Melhorar desempenho financeiro
- F5 – Aumentar EBITDA
- F4 – Melhorar ROIC
- F6 – Melhorar prazo médio de contas a receber
- F7 – Gerenciar com eficácia as despesas de capital

Mercados/Clientes

O que nossos clientes valorizam?

Proposição de valor para o cliente

Decisões melhores e mais rápidas — *ROIC* — *Relacionamento* — *Marca*

- MC1 – Soluções de informações e tecnológicas integradas
- MC2 – Benefícios comprovados e precificados pelo valor
- MC3 – Fácil de fazer negócios
- MC4 – Parceiro estratégico
- Mc5 – Global, inovador e competente

Processos internos

Em que processos devemos ser excelentes, de modo a fornecer valor para nossos clientes e cumprir os objetivos financeiros?

Mercados e clientes — *Soluções* — *Operações*

- I1 – Compreensão profunda das necessidades dos clientes, antecipando-se a elas
- I2 – Abordagem disciplinada à avaliação de oportunidades
- I3 – Otimizar continuamente o processo de vendas
- I4 – Racionalizar e utilizar plataformas e ferramentas comuns e flexíveis
- I5 – Proporcionar com eficiência os níveis de confiança mais altos do mercado
- I6 – Oferecer serviços de qualidade consistente em toda a TF
- I7 – Aprimorar os processos-chave das funções de apoio

Pessoas

Que pessoas e ambientes devemos desenvolver para realizar nossos objetivos?

Pessoas

- P1 – Desenvolver continuamente líderes e gerentes
- P2 – Desenvolver força de vendas eficaz
- P3 – Reter e atrair pessoas de alto desempenho
- P4 – "Uma só TF"

Breves relatos

Uma vez que as iniciativas de gestão da mudança tendem a ser efêmeras, o Balanced Scorecard foi recebido de início com algum ceticismo e com a percepção por parte dos gerentes de que não passava de um programa de indicadores. Vários dos principais gerentes da TF tinham experiência de uso do scorecard em suas empresas anteriores e geralmente o descreviam como ineficaz.

De acordo com o CFO David Turner:

> *Quando cheguei em 2001, a TF era uma organização descentralizada, que carecia de processos básicos centralizados, dispondo tão somente de estratégias e indicadores independentes. A implementação do Balanced Scorecard enfatizou não só o custo da descentralização, mas também os benefícios da mudança, além de oferecer orientação clara sobre como promover a transformação. Basicamente, proporcionava disciplina e incentivos para alinhar nossa estratégia, pessoas e processos.*

A TF também instituiu e alinhou relatórios operacionais mensais das unidades de negócios, abrangendo os principais indicadores e as iniciativas mais importantes que impulsionavam os resultados trimestrais do scorecard. Os relatórios são consistentes entre as unidades de negócios, com apenas pequenas diferenças resultantes da singularidade de cada uma.

Hoje, a comunidade coesa de gerentes de scorecards e outros participantes reúne-se trimestralmente para compartilhar as melhores práticas. Assim, a TF dispõe de condições para alavancar continuamente o progresso alcançado em qualquer parte da organização e aprimorar o uso do scorecard, para dele extrair ainda mais valor no futuro.

Caso preparado por Barnaby Donlon e Rondo Moses, da Balanced Scorecard Collaborative, e Ro Pavlick, da Thomson. Nossos agradecimentos a Dick Harrington e Dave Schaffer por compartilharem conosco a experiência da Thomson.

CAPÍTULO 12

PLANEJAMENTO DA CAMPANHA

Nos capítulos anteriores descrevemos os elementos básicos da estratégia e da criação de valor. Mostramos como os processos internos desenvolvem e fornecem uma proposição de valor singular para os clientes-alvo. Demonstramos a maneira de alinhar os ativos intangíveis – capital humano, capital da informação e capital organizacional – a esses processos internos críticos, de modo a melhorar continuamente a proposição de valor. Essas conexões, contudo, representam apenas um modelo estático da criação de valor. Neste capítulo, introduzimos a dinâmica da criação de valor.

Três ingredientes devem ser agregados ao mapa estratégico para criar a dinâmica da estratégia:

1. *Quantificar:* Estabelecer metas e validar as relações de causa e efeito no mapa estratégico.
2. *Definir o horizonte de tempo:* Determinar como os temas estratégicos criarão valor a curto, médio e longo prazos, de modo a promover processos equilibrados e sustentáveis de criação de valor.
3. *Selecionar iniciativas:* Selecionar os investimentos estratégicos e os programas de ação que capacitarão a organização a alcançar o desempenho almejado nos prazos programados.

Sem quantificação, o objetivo estratégico é simplesmente uma declaração de intenção passiva. "Reduzir o ciclo de desenvolvimento de produtos", por exemplo, sinaliza que o desenvolvimento de produtos é um dos poucos processos críticos a ser melhorado como condição para o sucesso da estratégia. "Reduzir o ciclo de desenvolvimento de produtos de três anos para nove meses" indica que se precisa de soluções radicais e criativas para alcançar esse resultado notável. "Reduzir o ciclo de desenvolvimento de produtos de três anos para nove meses até o ano (t_0+4)" sugere que esse é um projeto a longo prazo; a consecução definitiva do objetivo ocorrerá daqui a quatro anos. Para que a organização atinja o objetivo no período especificado, será necessário desenvolver certos programas de ação; por exemplo, deve fazer-se a reengenharia do processo de desenvolvimento de produtos e será preciso adquirir novas habilidades e novas tecnologias. A Figura 12.1 identifica os programas específicos e as respectivas verbas de que se necessita para alcançar o objetivo geral do tema estratégico de melhorar o processo interno de desenvolvimento de produtos na Hi-Tek Manufacturing.

A fixação de metas é parte de qualquer exercício de planejamento, mas a abordagem usual é fragmentada, em vez de cumulativa. Por exemplo, o departamento de engenharia adota a meta de reduzir o ciclo de desenvolvimento de produtos, enquanto o departamento de RH estabelece a meta de reter o pessoal-chave. O mapa estratégico cria condições para que a organização siga uma perspectiva holística. A organização, ao esclarecer toda a lógica integrada da criação de valor de um tema estratégico, dispõe agora do modelo que integra os vários processos de implementação da estratégia: fixar metas, definir e selecionar programas para alcançar o desempenho almejado e liberar verbas para os programas. O conjunto interligado de objetivos, metas, programas e verbas de determinado tema estratégico, como o apresentado na Figura 12.1, oferece um argumento de negócios completo e segregado para esse componente da estratégia.

Os temas estratégicos são os blocos de construção da estratégia. Criam um *modelo microeconômico* de *uma* dimensão da estratégia. Mas a estratégia exige a gestão simultânea de vários desses temas de criação de valor. O mapa estratégico da Hi-Tek Manufacturing, apresentado na Figura 12.2, identifica sete temas complementares e simultâneos, cada um criando valor em determinado ponto do tempo. Os temas de *inovação* criam valor durante um período de três a cinco anos. O tema "desenvolvimento interno de produtos", que acabamos de descrever, e o tema "parcerias tecnológicas" garantem o fluxo de novos produtos que sustentará o crescimento no futuro. Os temas de *gestão de clientes* – "venda de soluções" e "gestão de relacionamentos" – demorarão de um a três anos para mudar a interface com os clientes. Os temas de *gestão operacional* – "just-in-time" e "fabricação flexível" – criarão valor rapidamente, por meio de reduções de custos e de melhorias na produtividade. O tema de *cidadania responsável* – "construir a comunidade" – amolda o sucesso a longo prazo, garantindo a disponibilidade de uma força de trabalho de qualidade. Cada um desses temas tem seu próprio plano de ação microeconômico.

Recorrendo a uma metáfora militar, cada tema estratégico é como uma batalha. A estratégia prevê uma "batalha" para melhorar vendas de soluções e outra "batalha" para reduzir o ciclo de desenvolvimento de produ-

Figura 12.1 Quantificação da estratégia na Hi-Tek Manufacturing

Tema estratégico: Desenvolvimento interno de produtos

	Mapa estratégico (Desenvolvimento interno de produtos)	Balanced Scorecard: *Objetivos*	Balanced Scorecard: *Indicadores*	Balanced Scorecard: *Metas*	Plano de ação: *Programas*	Plano de ação: *Verbas*
Perspectiva financeira	Crescimento da receita	• Aumentar a receita oriunda de novos produtos	• Crescimento anual da receita • Porcentagem da receita oriunda de novos produtos	+25% 30%	• XX • XX	
Perspectiva do cliente	Produtos inovadores	• Atender as necessidades dos clientes por recursos no estado da arte	• Retenção de clientes • Participação nas compras	80% 40%	• Gestão de relacionamentos • Programa de participação nos ganhos	$AAA $BBB
Perspectiva Interna	Desenvolvimento interno de produtos de classe mundial	• Acelerar o desenvolvimento de novos produtos Indicadores	• Primeiro a entrar no mercado • Time-to-market	75% 9 meses	• Programa de feira anual do setor • Reengenharia da duração do ciclo de desenvolvimento	$CCC $DDD
Perspectiva de aprendizado e crescimento	Força de trabalho estável e altamente talentosa	• Adquirir, desenvolver e reter habilidades estratégicas	• Disponibilidade de competências especializadas • Retenção do pessoal-chave	100% 95%	• Modelo de competências • Programa de novas contratações • Treinamento de supervisores • Programa de benefícios	$EEE $FFF $GGG
					Verba total	***$HHH***

Figura 12.2 Mapa estratégico da Hi-Tek Manufacturing

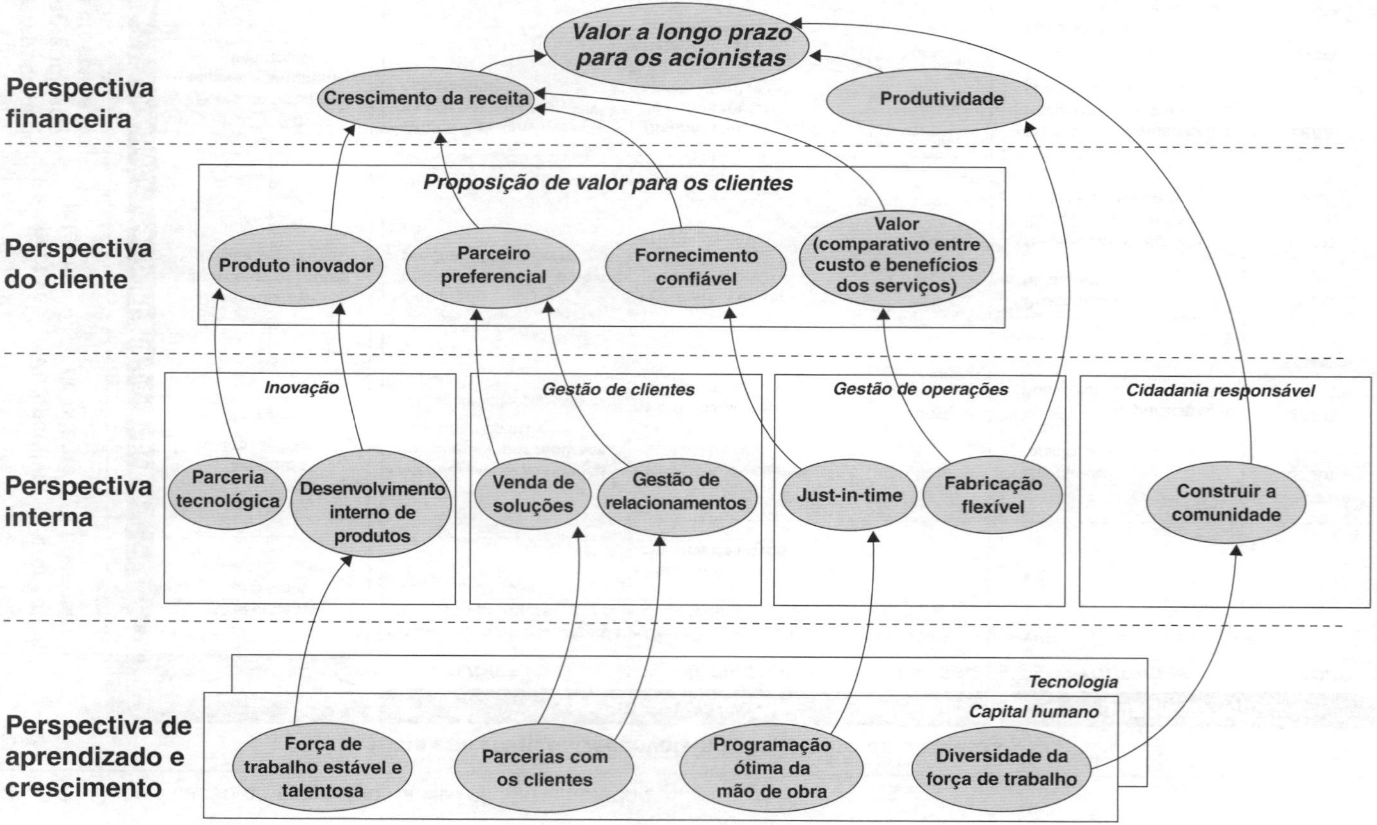

tos. As batalhas são os elementos básicos de uma campanha militar. Mas, se as batalhas não forem organizadas sob uma lógica estratégica mais ampla, é até possível que se ganhem várias batalhas, mas que se perca a guerra. O mesmo se aplica ao nosso modelo de estratégia do negócio – os gerentes podem executar com êxito determinado tema, um dos componentes da estratégia, porém, ainda assim, não alcançar o desempenho almejado. Com efeito, perdem a guerra, pois não executaram ou não coordenaram outros temas estratégicos.

O mapa estratégico do negócio fornece o *modelo macroeconômico* para o planejamento da campanha total. Os mesmos princípios de quantificação das metas e de definição de linhas do tempo para a realização dos objetivos que aplicamos aos temas estratégicos também são válidos para o mapa estratégico como um todo.

O caso da Cigna, apresentado em nossos trabalhos anteriores, oferece excelente exemplo da gestão dinâmica de temas estratégicos paralelos.[1] Gerry Isom aceitou a presidência da Cigna Property & Casualty em 1993, quando a divisão estava à beira do desastre. Os prejuízos se acumulavam e a divisão estava quase falida. Em 1998, Isom e sua equipe gerencial já haviam transformado a divisão em negócio altamente rentável, com muitas unidades gerando lucro classificado no quartil superior. Isom conseguiu essa virada notável mediante o desenvolvimento de uma visão clara do que a Cigna P&C poderia tornar-se ao longo dos cinco anos seguintes. Usou o termo *especialista* para definir a mudança estratégica básica capaz de criar o sucesso; no futuro, a divisão emitiria apólices de seguro apenas quando seu conhecimento específico sobre a área de risco superasse o do setor. *Quartil superior* definia uma meta de sucesso que, embora de difícil compreensão quando a organização estava à beira da falência, reenergizou o orgulho dos empregados, incutindo-lhes a percepção de que trabalhavam para uma organização de alto desempenho. O objetivo de cinco anos proporcionou um horizonte de tempo realista para a consecução da meta arrojada de quartil superior.

A visão criou a imagem do destino. A estratégia definiu a lógica de como a visão seria realizada. Visão e estratégia são complementos essenciais. Na Cigna, a visão de Isom era cativante, mas careceria de credibilidade, a não ser que os gerentes pudessem desenvolver uma estratégia para mostrar como a visão se converteria em realidade. Isom usou uma técnica simples, mas inteligente, quando "quantificou" a visão. O setor de seguros adota o *combined ratio* como indicador de rentabilidade. O *combined ratio* é o resultado da divisão dos custos e das despesas da organização – sinistros pagos mais despesas operacionais – pela receita decorrente de prêmios. Num mundo ideal, com as receitas operacionais superando as despesas, o *combined ratio* seria inferior a um. Mas, como o dinheiro oriundo de prêmios é investido, até que seja necessário para a liquidação de sinistros, as operadoras de primeiro quartil conseguem gerar *combined ratios* de 103 e, para atingir a rentabilidade, dependem dos retornos sobre os investimentos que geram receitas adicionais.

Em 1993, o *combined ratio* da Cigna P&C era de quase 140. A estratégia de alto nível de Isom para alcançar o *combined ratio* de quarto quartil, apresentada na Figura 12.3, tinha quatro temas:

1. Melhorar a produtividade dos agentes.
2. Focar os mercados-alvo.
3. Alinhar os processos de emissão de apólices e de liquidação de sinistros.
4. Reforçar o processo de emissão de apólices.

Isom estabeleceu um horizonte de tempo e metas aproximadas para cada tema da estratégia, a fim de reduzir o *combined ratio*. Dessa maneira, desmembrou em componentes mais manejáveis e realistas o objetivo aparentemente impossível de reduzir em trinta e sete pontos o *combined ratio*, cada um com meta e cronograma específicos. Em vez de dar um salto gigantesco e impossível para o quarto quartil, converteu a visão em estratégia, composta de uma série de passos menores, em diferentes momentos. Agora, a organização traçara uma trajetória viável para alcançar a visão de Isom. "A estrutura do scorecard ajudou-nos a esclarecer a estratégia e concentrou os esforços da organização em converter a visão em realidade", disse Isom.

USO DE MAPAS ESTRATÉGICOS PARA PLANEJAR A CAMPANHA

Os mapas estratégicos fornecem fotografias da estratégia do negócio, portanto, algo estático. A quantificação de metas, o estabelecimento de horizontes de tempo para as realizações e o planejamento e a aprovação de programas criam condições para que o mapa estratégico converta-se em representação dinâmica da criação de valor ao longo do tempo. Desenvolvemos um processo de seis etapas, chamado *planejamento da campanha*, baseado na lógica de causa e efeito do mapa estratégico, para realizar exercícios de planejamento de cenários, enquanto se constrói o mapa. A Figura 12.4 descreve as seis etapas.

Figura 12.3 Planejamento da campanha na Cigna Property & Casualty

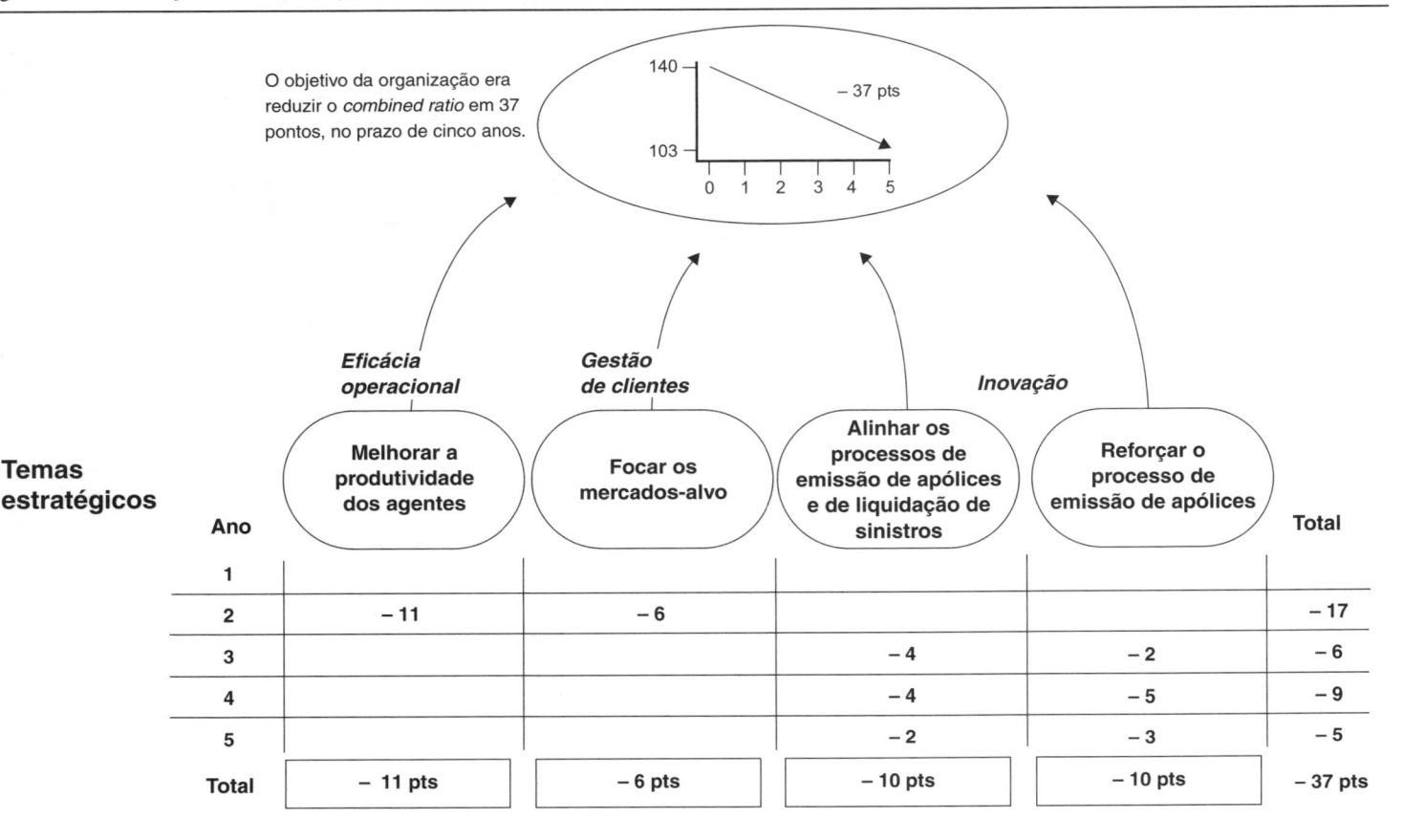

O objetivo da organização era reduzir o *combined ratio* em 37 pontos, no prazo de cinco anos.

Temas estratégicos		*Eficácia operacional*	*Gestão de clientes*	*Inovação*		Total
		Melhorar a produtividade dos agentes	Focar os mercados-alvo	Alinhar os processos de emissão de apólices e de liquidação de sinistros	Reforçar o processo de emissão de apólices	
Ano	1					
	2	–11	–6		–17
	3			–4	–2	–6
	4			–4	–5	–9
	5			–2	–3	–5
Total		–11 pts	–6 pts	–10 pts	–10 pts	–37 pts

Figura 12.4 Uso de mapas estratégicos para planejar a campanha

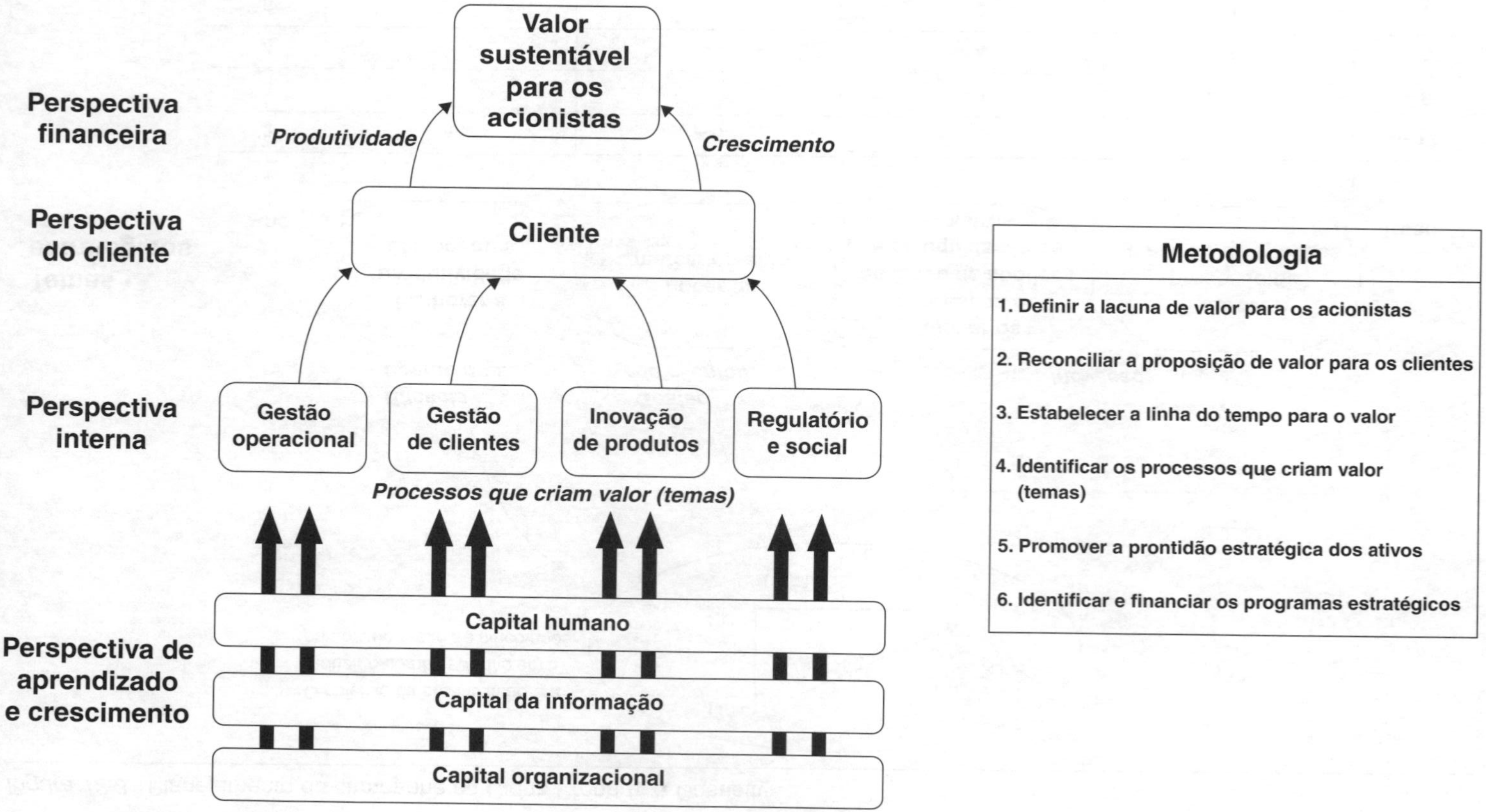

Metodologia

1. Definir a lacuna de valor para os acionistas
2. Reconciliar a proposição de valor para os clientes
3. Estabelecer a linha do tempo para o valor
4. Identificar os processos que criam valor (temas)
5. Promover a prontidão estratégica dos ativos
6. Identificar e financiar os programas estratégicos

Perspectiva financeira

Valor sustentável para os acionistas

Produtividade — *Crescimento*

Perspectiva do cliente

Cliente

Perspectiva interna

- Gestão operacional
- Gestão de clientes
- Inovação de produtos
- Regulatório e social

Processos que criam valor (temas)

Perspectiva de aprendizado e crescimento

- Capital humano
- Capital da informação
- Capital organizacional

1. *Definir a lacura de valor para os acionistas/stakeholders.*
   Fixar metas arrojadas e a lacuna de valor a ser eliminada.
2. *Reconciliar a proposição de valor para os clientes.*
   Identificar os segmentos de clientes-alvo e as proposições de valor que fornecem novas fontes de valor para os clientes.
3. *Estabelecer o horizonte de tempo para obter resultados sustentáveis.*
   Mostrar como a lacuna de valor será eliminada ao longo desse horizonte temporal.
4. *Identificar os temas estratégicos (os poucos processos críticos).*
   Distribuir a lacuna de valor entre os temas estratégicos.
5. *Identificar e alinhar os ativos intangíveis.*
   Definir as lacunas referentes ao capital humano, ao capital organizacional e ao capital da informação, necessários para a execução da estratégia.
6. *Identificar e financiar os programas estratégicos necessários para executar a estratégia.*
   Financiar a estratégia.

O processo gera um conjunto de planos de ação, abrangendo metas, programas e recursos para cada componente da estratégia, conforme o mapa estratégico e o Balanced Scorecard da organização. Ilustramos a abordagem de seis etapas com o estudo de caso do Consumer Bank, analisado nos Capítulos 7 e 9.

Etapa 1: Definir a lacuna de valor para os acionistas

a. Definir os objetivos e indicadores financeiros.
b. Definir as metas e a lacuna de valor.
c. Distribuir a lacuna de valor entre os objetivos de crescimento e produtividade.

Os mapas estratégicos começam, na perspectiva financeira, com o propósito de criação de valor para os acionistas, por meio de dois objetivos financeiros: um componente a longo prazo, de crescimento da receita, e outro componente a curto prazo, de melhoria da produtividade. A Figura 12.5 mostra os objetivos financeiros do Consumer Bank. O objetivo para os acionistas era "aumentar drasticamente o lucro por ação". A meta para esse objetivo era "aumentar o lucro líquido em US$100 milhões no prazo de cinco anos". Essa meta arrojada abre uma *lacuna de valor* – a diferença entre aspirações futuras e realidade presente. A lacuna de valor alerta a or-

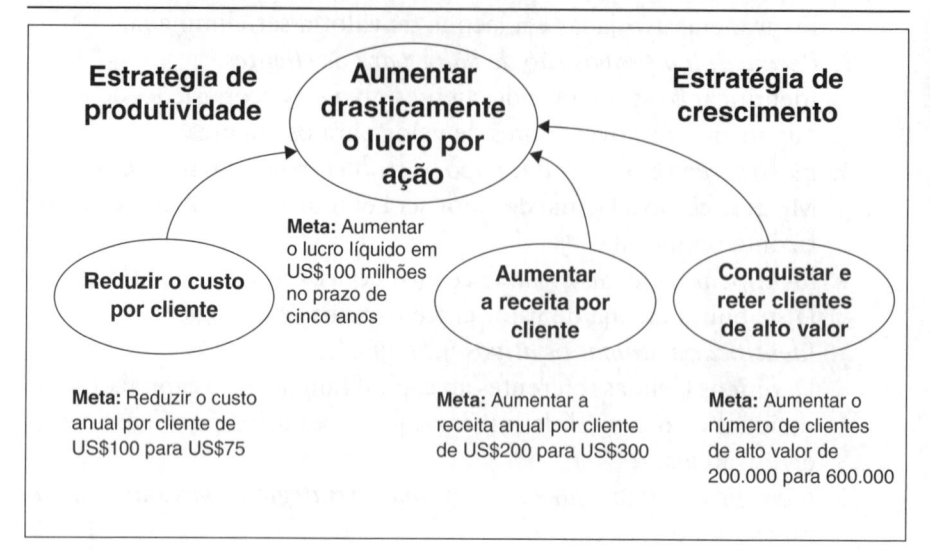

Figura 12.5 Estudo de caso: Definição da lacuna de valor no Consumer Bank

```
     Estratégia de          Aumentar            Estratégia de
     produtividade        drasticamente         crescimento
                            o lucro por
                               ação

                         Meta: Aumentar
                         o lucro líquido em
     Reduzir o custo     US$100 milhões      Aumentar       Conquistar e
       por cliente       no prazo de         a receita       reter clientes
                         cinco anos          por cliente    de alto valor

  Meta: Reduzir o custo              Meta: Aumentar a          Meta: Aumentar o
  anual por cliente de              receita anual por cliente  número de clientes
  US$100 para US$75                 de US$200 para US$300      de alto valor de
                                                                200.000 para 600.000
```

ganização de que se precisa de mudanças drásticas, pois a meta não será atingida apenas com melhorias contínuas.

A determinação do tamanho da lacuna de valor é uma arte. Os executivos devem equilibrar os benefícios de desafiar a organização a promover aumento substancial no valor para os acionistas com a realidade do que é possível atingir. A meta arrojada vista como impossível não só deixará de motivar os empregados, mas também é até possível que, na verdade, os desmotive e os leve a acreditar que os executivos são "demasiado sonhadores", ou seja, vivem nas nuvens, em vez de conviverem com o dia a dia dos negócios.

O primeiro teste de viabilidade ocorre quando a equipe executiva distribui o total da lacuna de valor entre os diferentes objetivos financeiros. O Consumer Bank definiu três objetivos financeiros para respaldar o objetivo de crescimento da receita: (1) um de produtividade, "reduzir o custo por cliente"; (2) dois de crescimento, "aumentar a receita por cliente"; e (3) "conquistar e reter clientes de alto valor". As metas para os três objetivos financeiros eram:

1. Reduzir o custo anual por cliente de US$100 para US$75.

2. Aumentar a receita anual por cliente de US$200 para US$300.

3. Aumentar o número de clientes de alto valor de 200.000 para 600.000.

Se o Consumer Bank conseguisse atingir as metas desses três objetivos financeiros durante os próximos cinco anos, também conseguiria realizar o objetivo de "aumentar o lucro líquido em US$100 milhões". No entanto, embora já se tenha efetuado um primeiro desmembramento da meta inicial, poucos na organização serão capazes de compreender como realizar os três objetivos financeiros e, até mesmo, se tais objetivos são factíveis. Essa é a função das metas nas três outras perspectivas do mapa estratégico. As metas financeiras determinam a maneira como se elabora o restante da estratégia. Depois de desenvolver os objetivos e metas nas três outras perspectivas, a gerência talvez conclua que as metas financeiras não são viáveis e devem ser revistas. Assim, o desmembramento da meta de valor para os acionistas a longo prazo pode exigir vários exercícios iterativos. Por outro lado, a determinação de metas arrojadas para a organização estimula o pensamento inovador nas demais instâncias da estrutura, capaz de impulsionar níveis de desempenho jamais vistos no passado. A criação de uma lacuna de valor para o desempenho financeiro induz os gerentes e funcionários a imaginar maneiras radicais de melhorar o relacionamento com os clientes, de aprimorar os processos internos e de reforçar o capital humano, o capital da informação e o capital organizacional, de modo a produzir os níveis de desempenho almejados.

Etapa 2: Reconciliar a proposição de valor para os clientes

a. Esclarecer os segmentos de clientes-alvo.
b. Esclarecer a proposição de valor para os clientes.
c. Selecionar os indicadores.
d. Reconciliar os objetivos dos clientes com os objetivos de crescimento financeiro.

As melhorias de custo e produtividade são relativamente fáceis de identificar e planejar. Afinal, os níveis correntes de custos e despesas da organização são bastante visíveis e podem ser comparados com os custos dos processos operacionais de outras organizações. Assim, as oportunidades para melhorias no custo e na produtividade devem ser tangíveis. Muito mais difícil é definir como realizar as metas de crescimento da receita. O aumento da receita exige que se concentre a atenção em grupos de clientes-alvo, inclusive vender mais para os atuais clientes, além de também vender para novos clientes. Dificilmente esse crescimento ocorrerá de maneira espontânea ou apenas porque a organização aprovou um plano financeiro baseado num orçamento que prevê aumento da receita a 11% ao ano. A empresa precisa identificar a proposição de valor a ser oferecida aos clientes-alvo, que por sua vez levará ao almejado crescimento da receita.

A Figura 12.6 ilustra a mudança que o Consumer Bank tentava implementar no mercado. Para realizar a meta de aumento da receita por cliente, o banco pretendia que seus empregados se convertessem em assessores financeiros confiáveis, capazes de ajudar os clientes a desenvolver e a implementar planos financeiros a longo prazo. Na construção desses relacionamentos, o banco tomava a iniciativa de desenvolver um pacote personalizado de serviços integrados para o cliente, em substituição à abordagem passada de esperar que o cliente pedisse produtos e serviços. A estratégia anterior dirigia-se aos clientes de conveniência (segmento A), que usavam apenas um pequeno subconjunto dos serviços do banco, conforme suas necessidades. A maioria dos clientes (cerca de 70%) recorria a outros provedores de serviços financeiros para cartões de crédito, empréstimos hipotecários, investimentos, planos de aposentadoria e seguro. Mediante vendas cruzadas de vários serviços integrados aos clientes de "relacionamento" (segmento B), o banco aumentaria sua receita por cliente. Sob esse enfoque, definiu a meta de que, em cinco anos, 70% de seus clientes seriam atendidos pela proposição de valor do relacionamento. A perspectiva do cliente, com a definição do novo segmento de clientes-alvo, com a proposição de valor que tornaria as vendas cruzadas confiáveis e eficazes e com as metas de retenção de clientes e de vendas cruzadas, converteu-se no foco dos objetivos, metas e programas da perspectiva dos processos internos e da perspectiva de aprendizado e crescimento.

Etapa 3: Estabelecer o horizonte de tempo para a criação do valor

a. Estabelecer o horizonte de tempo para a obtenção dos resultados.
b. Distribuir a lacuna de valor entre diferentes temas.

A Figura 12.7 ilustra o horizonte de tempo para a criação do valor no Consumer Bank – a maneira como os diferentes processos internos criarão valor ao longo do tempo. O horizonte de tempo total para a implementação da estratégia era de cinco anos. Os processos de *gestão operacional* reduziriam o custo por cliente. O grande impacto dessa estratégia seria sentido nos primeiros dois anos, à medida que o custo por cliente caísse de US$100 para US$80 por ano. Se essa meta fosse atingida, o lucro líquido da empresa dobraria nos primeiros dois anos, de US$20 milhões para US$47 milhões. Os *processos de gestão de clientes* aumentariam o número de clientes de relacionamento (segmento B). Embora se progredisse a cada

Figura 12.6 Estudo de caso: Reconciliação da proposição de valor para os clientes no Consumer Bank

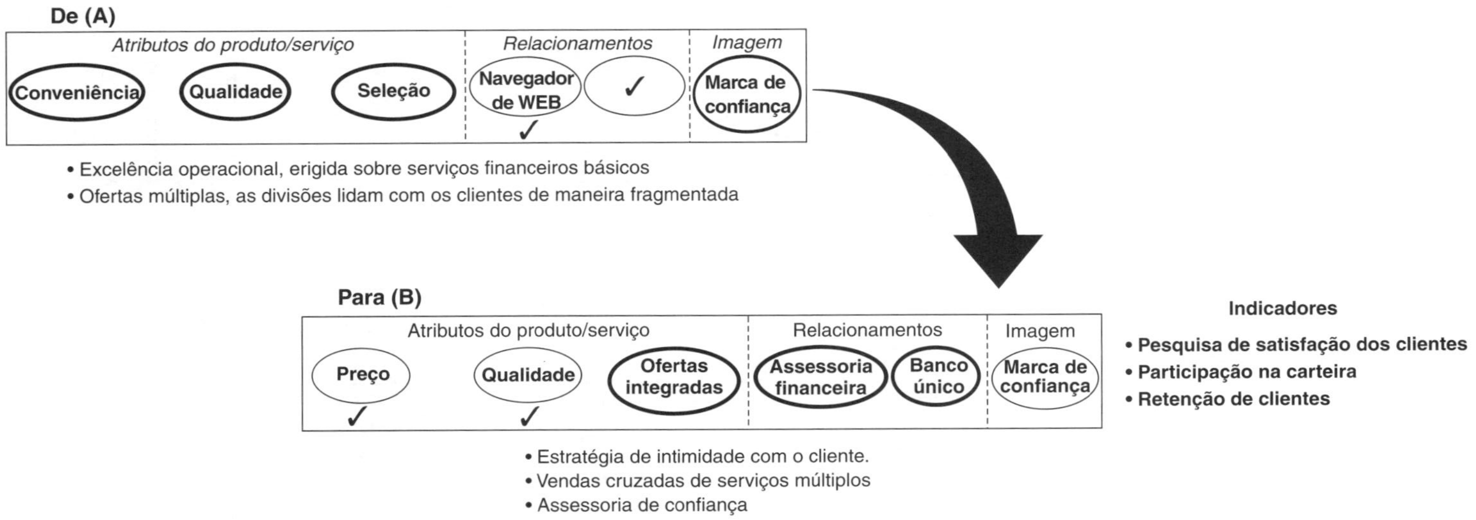

De (A)

Atributos do produto/serviço | *Relacionamentos* | *Imagem*

- Conveniência
- Qualidade
- Seleção
- Navegador de WEB ✓
- ✓
- Marca de confiança

- Excelência operacional, erigida sobre serviços financeiros básicos
- Ofertas múltiplas, as divisões lidam com os clientes de maneira fragmentada

Para (B)

Atributos do produto/serviço | *Relacionamentos* | *Imagem*

- Preço ✓
- Qualidade ✓
- Ofertas integradas
- Assessoria financeira
- Banco único
- Marca de confiança

- Estratégia de intimidade com o cliente.
- Vendas cruzadas de serviços múltiplos
- Assessoria de confiança

Indicadores

- **Pesquisa de satisfação dos clientes**
- **Participação na carteira**
- **Retenção de clientes**

Segmentação de clientes		
Segmento	Agora	+ 5 anos
(A) "Transação"	70% (140 mil)	30% (180 mil)
(B) "Relacionamento"	30% (60 mil)	70% (420 mil)

Figura 12.7 Estudo de caso: estabelecimento do horizonte de tempo para a criação de valor de Consumer Bank

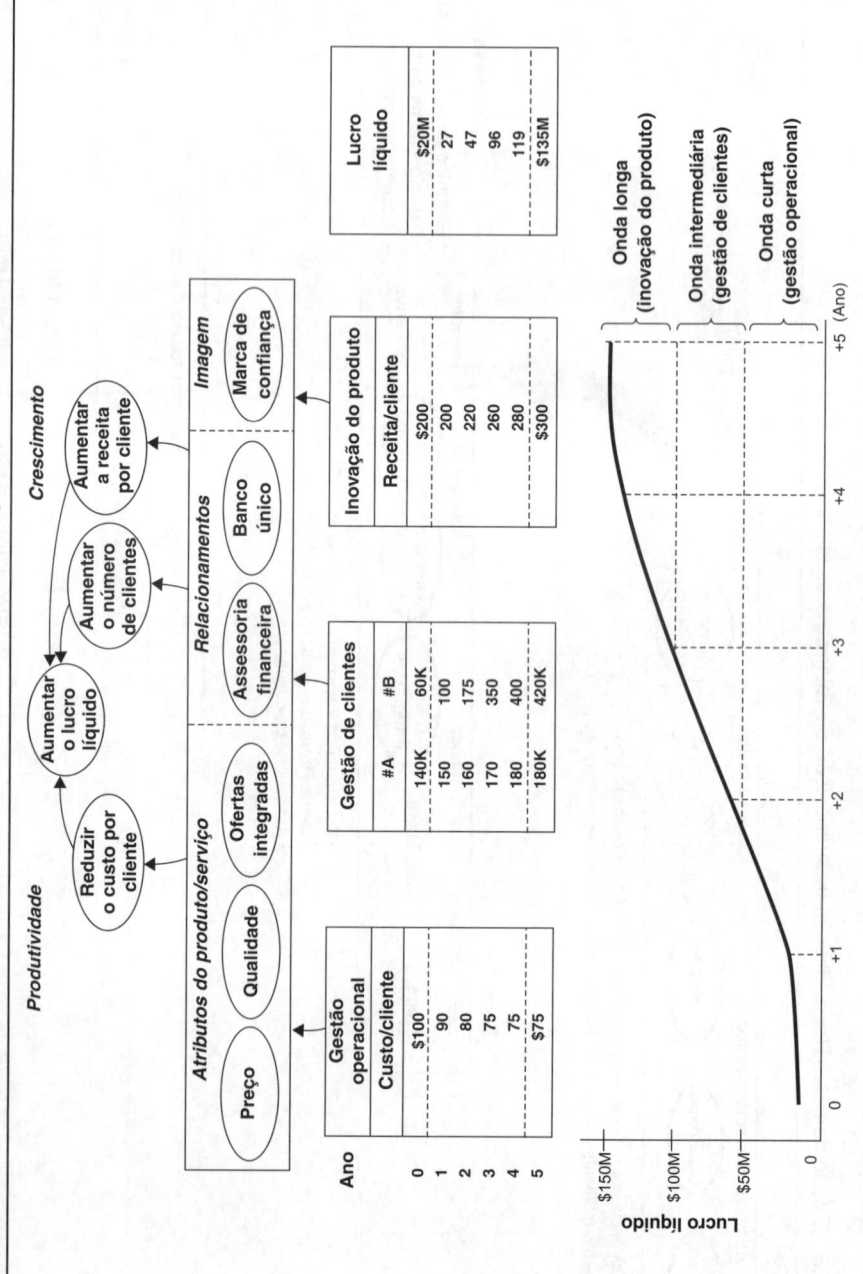

Produtividade   *Crescimento*

- Reduzir o custo por cliente
- Aumentar o lucro líquido
- Aumentar o número de clientes
- Aumentar a receita por cliente

Atributos do produto/serviço   *Relacionamentos*   *Imagem*

- Preço
- Qualidade
- Ofertas integradas
- Assessoria financeira
- Banco único
- Marca de confiança

Gestão operacional

Ano	Custo/cliente
0	$100
1	90
2	80
3	75
4	75
5	$75

Gestão de clientes

	#A	#B
	140K	60K
	150	100
	160	175
	170	350
	180	400
	180K	420K

Inovação do produto

	Receita/cliente
	$200
	200
	220
	260
	280
	$300

Lucro líquido

	$20M
	27
	47
	96
	119
	$135M

- Onda longa (inovação do produto)
- Onda intermediária (gestão de clientes)
- Onda curta (gestão operacional)

Lucro líquido — $150M, $100M, $50M, 0 — +1, +2, +3, +4, +5 (Ano)

ano, boa parte do crescimento se concentraria no terceiro ano, ajudando a impulsionar o lucro líquido para US$96 milhões, em comparação com US$47 milhões no ano anterior. Os processos de *inovação* lançariam novos produtos e serviços, que acabariam aumentando a receita por cliente de US$200 para US$300 por ano. Como o desenvolvimento de novos produtos geralmente demorava de dois a três anos, o impacto dos processos de inovação se fariam sentir principalmente nos anos três, quatro e cinco. No ano cinco, cada componente da estratégia já estaria consolidado, permitindo que o Consumer Bank atingisse e até superasse o que de início havia sido considerado meta estratégica altamente agressiva de aumentar o lucro líquido para mais de US$100 milhões. A distribuição dessa meta arrojada entre os diferentes grupamentos de processos internos permitiu que todos percebessem a viabilidade dos objetivos e incorporassem a expectativa de aumento da receita em cada um dos cinco anos do horizonte de planejamento.

O desmembramento das metas financeiras em metas específicas para cada um dos processos internos permite que se realizem testes de viabilidade em níveis mais baixos e mais detalhados. Agora, a organização tem condições de avaliar se as metas da perspectiva financeira (perspectiva dos stakeholders, para entidades sem fins lucrativos e organizações governamentais) são factíveis ou se devem ser menos ambiciosas. Com base na nossa experiência, metas financeiras aparentemente impossíveis geralmente tornam-se viáveis, por meio da combinação de metas no nível dos processos internos. Quando se anuncia pela primeira vez a meta financeira de "dobrar o valor para os acionistas" ou "aumentar o lucro líquido por um fator de seis", o sentimento geral na organização é de ceticismo. Esses níveis de desempenho nunca foram alcançados no passado; por que o futuro seria diferente? As metas financeiras, em si, são difíceis de internalizar e são pouco inspiradoras. Apenas quando as metas financeiras se desmembram em metas dos processos internos e dos temas estratégicos, a serem atingidas conforme cronogramas específicos, difunde-se em toda a organização a certeza de que a meta geral é factível.

Etapa 4: Identificar os temas estratégicos

a. Identificar os poucos processos críticos (temas estratégicos) que exerçam maior impacto.

b. Definir indicadores e metas.

A proposição de valor para o cliente define como o empreendimento cria valor para os clientes e, em consequência, para os acionistas. O horizonte de tempo para a criação do valor descreve como os processos nos quatro grupamentos internos gerarão valor ao longo do horizonte de planejamento. Na Parte Dois do livro, identificamos dezesseis processos de criação de valor nesses quatro grupamentos. Embora a maioria das organizações deva executar cada um desses processos, nem todos são decisivos para o sucesso de determinada estratégia. A etapa 4 identifica os poucos processos críticos de criação de valor que deverão exercer o maior impacto sobre a proposição de valor para os clientes e sobre os objetivos de produtividade na perspectiva financeira. Essa etapa alinha os processos internos críticos (vetores de desempenho) para alcançar as metas de cada um dos objetivos da perspectiva financeira e da perspectiva dos clientes (os resultados gerados pelos vetores de desempenho).

A Figura 12.8 resume os processos de criação de valor do Consumer Bank. Este selecionou dois processos de gestão operacional para satisfazer os atuais clientes e gerar os ganhos de produtividade almejados na perspectiva financeira. "Fornecer respostas rápidas" (medidas pelo prazo de atendimento das solicitações) permitiu que o banco transferisse parte de seu suporte para tecnologia de autosserviço pela Web. "Minimizar problemas" reduziu a incidência e o custo dos erros ao mesmo tempo em que aumentava a satisfação dos clientes.

Os processos de gestão de clientes transfeririam a base de clientes de compradores de conveniência (segmento A) para clientes de relacionamento de alto valor (segmento B). O banco identificou três processos críticos: "Compreender os segmentos de clientes" (seleção de clientes) concentrava-se em esclarecer a proposição de valor para os clientes, segmentando o mercado e comunicando a mensagem aos clientes potenciais nos segmentos-alvo. O banco selecionou "mudar para canal adequado" (conquista de clientes) como o segundo processo crítico de gestão de clientes. Uma campanha de telemarketing promoveria a migração de clientes dos serviços bancários tradicionais, do tipo "interação presencial em agências", para nova abordagem mais eficaz, do tipo "interação virtual via Web". O terceiro processo, "promover vendas cruzadas da linha de produtos" (crescimento do cliente), medido pelo número de produtos por cliente, focava a gestão de relacionamentos que introduziria escopo mais amplo de serviços aos clientes.

A meta do processo de inovação, aumentar a receita por cliente em 50%, exigia que o banco criasse serviços adicionais a serem vendidos por seus representantes a clientes-alvo (relacionamento). O banco também selecionou o processo de inovação "desenvolver novos produtos", que seria

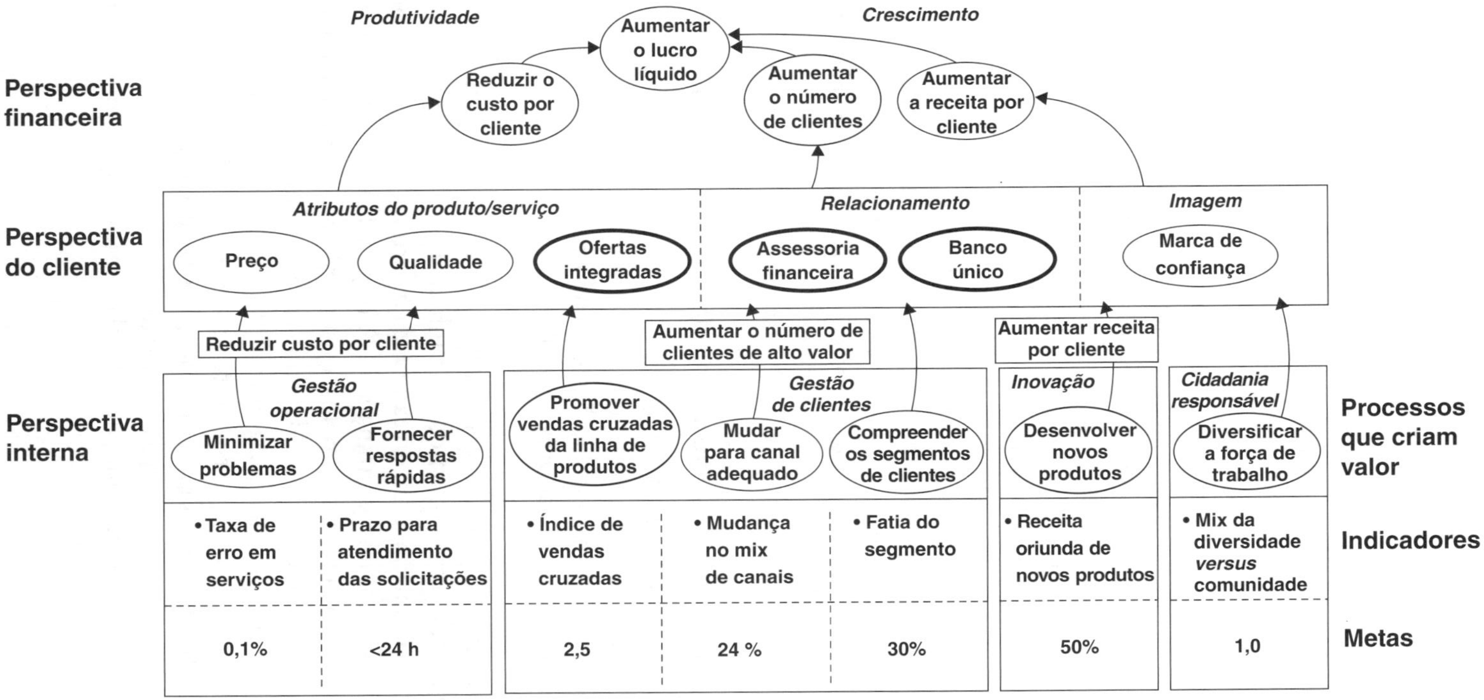

Figura 12.8 Estudo de caso: Identificação dos processos de criação de valor no Consumer Bank

medido pela "receita oriunda de novos produtos". Finalmente, o banco identificou importante objetivo de processo regulatório e social, construir força de trabalho diversificada, que refletisse a composição demográfica das comunidades em que atuasse.

Assim, a etapa 4 mostrou como a estratégia do banco de aumentar o lucro líquido em US$100 milhões podia ser desmembrada em sete processos de criação de valor. Nesse ponto, o banco executou o teste de viabilidade, definindo metas para cada um dos sete indicadores de processos que, na opinião dos participantes, seriam adequadas para alcançar as metas definidas na linha do tempo para o valor. Por exemplo, uma fatia do segmento de 30%, um índice de venda cruzadas de 2,5 produtos por cliente e uma mudança de 40% no mix de canais geraria o crescimento almejado em clientes-alvo, assim como a receita por cliente-alvo. O desenvolvimento de objetivos, indicadores e metas interligadas no mapa estratégico criou condições para que o Consumer Bank definisse e testasse as conexões entre sua meta financeira (aumentar a receita operacional em US$100 milhões no prazo de cinco anos) e um conjunto de metas para os indicadores não financeiros que gerariam o desempenho financeiro almejado.

Etapa 5: Promover a prontidão estratégica dos ativos

a. Identificar o capital humano, o capital da informação e o capital organizacional necessários para respaldar os processos estratégicos.
b. Avaliar a prontidão desses ativos para apoiar a estratégia.
c. Definir indicadores e metas.

Na quinta etapa, a organização define metas para os objetivos de aprendizado e crescimento, que alinham e promovem a prontidão estratégica do capital humano, do capital da informação e do capital organizacional, ou seja, os ativos intangíveis. A Figura 12.9 descreve os objetivos de aprendizado e crescimento do Consumer Bank. Para cada um dos sete processos internos de criação de valor identificados na etapa 4, a equipe gerencial formulou duas perguntas: (1) "Que competências estratégicas são fundamentais para a gestão deste processo?" e "Que sistemas de informação são fundamentais para a melhoria deste processo?" As respostas a essas perguntas estabeleceram as prioridades para o desenvolvimento e alinhamento do capital humano, do capital da informação e do capital organizacional à estratégia.

Figura 12.9 Estudo de caso: Avaliação da prontidão dos ativos estratégicos no Consumer Bank

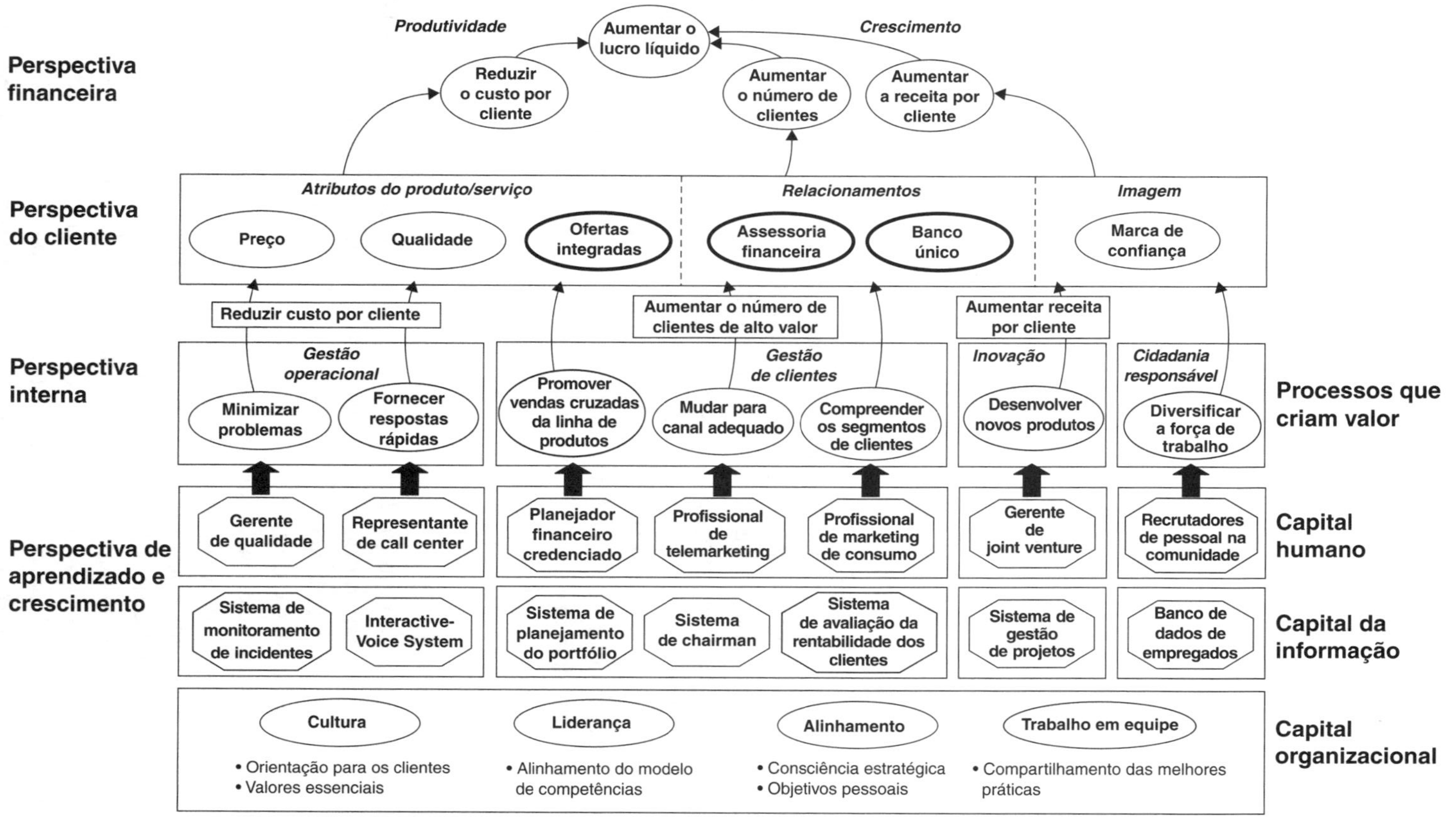

Prosseguindo com nosso exemplo, a equipe executiva identificou na posição de gerente de qualidade algumas das competências estratégicas para que os processos de gestão operacional fossem capazes de "minimizar problemas". Do mesmo modo, selecionou o sistema de monitoramento de incidentes como a aplicação estratégica de TI para esse processo crítico. Quanto ao objetivo "mudar para canal adequado", nos processos de gestão de clientes, a equipe executiva apontou nas posições de telemarketing as competências estratégicas chaves e o sistema CRM como o componente estratégico do sistema de informações. Para o objetivo de "desenvolver novos produtos", como parte dos processos de inovação, as competências estratégicas eram a da posição de gerente de joint-venture, que buscaria parceiros para o desenvolvimento de novos produtos, e o sistema de gestão de projetos como item crítico do capital da informação.

Em relação ao capital organizacional – cultura, liderança, alinhamento e trabalho em equipe – o Consumer Bank destacou dois objetivos *culturais*: foco no cliente e dedicação aos valores essenciais. As prioridades em *liderança* eram alinhar o modelo de competências de liderança com a estratégia. O objetivo de *alinhamento pessoal* focava dois aspectos: consciência estratégica – o grau em que cada indivíduo compreendia a estratégia – e a extensão em que os objetivos pessoais estavam alinhados com o Balanced Scorecard. Finalmente, o objetivo de *trabalho em equipe* era compartilhar as melhores práticas em toda a organização.

A definição de metas para os objetivos de aprendizado e crescimento exige abordagem diferente da usada para os objetivos das três outras perspectivas. Os objetivos de aprendizado e crescimento devem ser mantidos em estado de prontidão para facilitar o aprimoramento dos processos internos críticos. A Figura 12.10 mostra os indicadores selecionados no Consumer Bank. Para o capital humano, a meta era alcançar 100% de prontidão do conjunto de posições e competências estratégicas (Figura 12.9). Do mesmo modo, a meta de 100% de prontidão também se aplicava ao conjunto de aplicações estratégicas de TI (Figura 12.9). O Consumer Bank media sua "cultura orientada para os clientes" por meio de pesquisa direta entre os clientes. A meta era que 100% dos clientes acreditassem que os empregados do Consumer Bank estavam focados nos clientes. O banco também realizava pesquisa entre os empregados para determinar a extensão em que os líderes preenchiam o perfil de competências. Na mesma pesquisa, também avaliava a "consciência estratégica" do pessoal. As metas para os dois objetivos eram de 70% e 90%. O processo de definição de metas pessoais alinhava o staff com a estratégia. A meta era que 100% da força de trabalho tivesse objetivos pessoais alinhados com o Balanced Scorecard.

Figura 12.10 O Balanced Scorecard do Consumer Bank

Perspectiva		Objetivos estratégicos	Indicadores estratégicos	Metas
Perspectiva financeira		F1 – Aumentar lucro por ação F2 – Conquistar e reter clientes de alto valor F3 – Aumentar receita por cliente F4 – Reduzir custo por cliente	■ Lucro líquido (*versus* plano) ■ Mix da receita (por segmento-alvo) ■ Receita por cliente ■ Custo por cliente	+$100M 30% (A); 70% (B) $300 $75
Perspectiva do cliente		C1 – Tornar-se assessor financeiro de confiança C2 – Prestar serviços superiores	■ Satisfação dos clientes (pesquisa) ■ Participação na carteira ■ Retenção de clientes-alvo	90% 50% 90%
Perspectiva interna	*Gestão de clientes*	I1 – Compreender os segmentos de clientes I2 – Mudar para canal adequado I3 – Promover vendas cruzadas da linha de produtos	■ Fatia do segmento ■ Mudança do mix de canais ■ Índice de vendas cruzadas	30% 40% 2,5%
	Inovação do produto	I4: Desenvolver novos produtos	■ Receita oriunda de novos produtos (porcentagem)	50%
	Gestão operacional	I5 – Minimizar problemas I6 – Fornecer respostas rápidas	■ Taxa de erro em serviços ■ Prazo para atendimento das solicitações	0,1% <24 horas
	Cidadania responsável	I7 – Construir a diversidade, refletindo a comunidade	■ Mix da diversidade *versus* comunidade	1,0
Perspectiva de aprendizado e crescimento	*Capital humano*	A1 – Garantir a prontidão dos cargos estratégicos	■ Prontidão dos cargos estratégicos	100%
	Capital da informação	A2 – Garantir a disponibilidade de informações estratégicas	■ Prontidão do portfólio estratégico	100%
	Capital organizacional	A3 – Criar cultura orientada para os clientes A4 – Construir quadro de líderes A5 – Alinhar a organização A6 – Compartilhamento das melhores práticas	■ Pesquisa entre clientes ■ Pesquisa de 360° (modelo de liderança) ■ Pesquisa da consciência estratégica ■ Objetivos pessoais alinhados com o BSC (porcentagem) ■ Utilização do KMS	100% 70% 90% 100% 100%

Finalmente, o Consumer Bank buscou reforçar o compartilhamento das melhores práticas por meio de um sistema de gestão do conhecimento (KMS – Knowledge Management System). A meta era que todos os membros da organização fossem usuários e colaboradores ativos do KMS.

A Figura 12.9 apresenta todo o mapa estratégico do Consumer Bank. A Figura 12.10 descreve o Balanced Scorecard que complementa o mapa estratégico. Ao aplicar a lógica do mapa estratégico à fixação de metas para o capital humano, para o capital da informação e para o capital organizacional, o banco constrói uma organização completamente alinhada com a estratégia. Esta se torna compreensível e factível. Eis o que afirmou um executivo na conclusão do processo:

> *Sempre tivemos objetivos estratégicos para aprimorar as habilidades de nosso pessoal e para investir mais em tecnologia da informação, de modo a enriquecer a experiência dos clientes. Mas quando aumentavam as pressões pelo lucro a curto prazo, estes eram os primeiros programas a sofrerem cortes. Agora, todos compreendemos que devemos começar a investir hoje em pessoas, sistemas e cultura para termos alguma chance de atingirmos nossas metas financeiras de cinco anos.*

Etapa 6: Identificar e financiar os programas estratégicos

a. Definir os programas específicos necessários para apoiar os processos e desenvolver os ativos intangíveis.

b. Quantificar e garantir os recursos necessários aos investimentos nos programas estratégicos.

O mapa estratégico descreve a lógica da estratégia, mostrando com clareza o conjunto de processos críticos que criam valor, assim como os ativos intangíveis necessários para respaldá-los. O Balanced Scorecard determina indicadores e metas para cada objetivo do mapa estratégico. Mas não basta determinar os objetivos e metas para alcançá-los. Para cada objetivo do Balanced Scorecard, os gerentes devem identificar os programas estratégicos necessários para a sua realização. E também devem fornecer os recursos – pessoas, capital, tecnologia e competências – de que se precisa para a sua execução. Os programas geram resultados, que são a base para a execução bem-sucedida da estratégia.

O Consumer Bank, por exemplo, apresentava, na época, índice de erro em serviços de 3%, acarretando a perda de muitos clientes importantes. Fixou, então, a meta de reduzir o índice de erro em serviços para 0,1%. Para tanto, concebeu dois programas estratégicos para alcançar essa meta: implementar novo sistema de monitoramento de problemas e reformular o "front end" de vários processos. Por meio desses programas, o banco logo atingiu sua meta de 0,1%. A redução da incidência de erros estancou a perda de clientes, executando com sucesso um dos componentes da estratégia.

Os planos de ação que definem e fornecem recursos para os programas estratégicos devem estar *alinhados* com os temas estratégicos (Figura 12.9) e ser encarados como pacote *integrado* de investimentos, não como grupo de projetos isolados. Cada tema estratégico deve representar um foco da estratégia, com o qual a organização alinha e integra processos e iniciativas. A Figura 12.11 ilustra o planejamento da ação de *um* dos temas do Consumer Bank – "Mudar o cliente para o canal adequado". Esse tema exige um programa de telemarketing para atrair novos clientes e para concentrar o uso em serviços baseados em tecnologia. O tema afeta um componente da proposição de valor para os clientes – especificamente, o relacionamento com o assessor pessoal e compras em um único banco (Banco único). O impacto financeiro básico desse tema é a conquista de novos clientes nos segmentos-alvo. Para que o processo de telemarketing desse tema seja bem-sucedido, o banco deve reforçar as competências estratégicas das posições mais relevantes, os profissionais de telemarketing, oferecer-lhes os sistemas de informação adequados e reformular o clima organizacional. A Figura 12.11 mostra o conjunto parcial de indicadores e metas do Balanced Scorecard, necessários para executar o plano. A consecução das metas dos indicadores de desempenho vinculados aos objetivos estratégicos demanda pelo menos um programa estratégico. E o banco especifica, para cada programa, as necessidades de recursos financeiros e humanos, além de indicar o responsável (dono do programa) por seu gerenciamento e pela produção de resultados.

Considere-se o processo "mudar os clientes para o canal adequado". A meta de 40% de mudança no mix de canais exige três programas estratégicos: (1) campanha de telemarketing, (2) desenvolvimento de um banco de dados dos potenciais clientes e (3) programa de apoio de mala direta. O tema também demanda um programa de treinamento para desenvolver certas habilidades específicas em marketing, novos sistemas de informação e novo instrumento de pesquisa para captar o feedback dos clientes.

Cada um dos programas é essencial para o sucesso geral. Os recursos fornecidos para o conjunto de programas devem ser vistos como um pacote de investimentos, não como programas de melhoria isolados. Hoje, muitas organizações selecionam os investimentos e iniciativas de maneira isolada e por função. Os investimentos em TI são analisados separadamente dos investimentos em RH, e ambos são examinados à parte dos investimentos em recursos de marketing e de produção. Essa abordagem frag-

Figura 12.11 Estudo de caso: Plano de ação estratégico no Consumer Bank

Tema estratégico: "Mudar para canal adequado"

Mapa estratégico	Balanced Scorecard		Plano de ação	
	Indicador	*Meta*	*Iniciativa*	*Verba*
Aumentar drasticamente o lucro por ação / Conquistar e reter clientes de alto valor	• Crescimento do lucro líquido (contribuição do volume) • Mix de receita (relacionamento com os clientes)	+$100M +$67M 70%	• Banco de dados sobre a rentabilidade dos clientes	$AAA
Ser o banco único dos clientes / Assessor financeiro de confiança	• Satisfação dos clientes • Participação na carteira	90% 50%	• Programa de segmentação • Melhoria das pesquisas entre clientes	$BBB $CCC
Mudar os clientes para canais adequados	• Mudança no mix de canais	40%	• Campanha de telemarketing • Compra de listas • Apoio de mala direta	$DDD $EEE $FFF
Cargo estratégico: Profissional de telemarketing	• Prontidão dos cargos estratégicos	100%	• Programa de treinamento em habilidades de telemarketing	$GGG
Sistemas estratégicos: Gestão de CRM/leads	• Disponibilidade dos sistemas de informação	100%	• Lançamento do sistema de chairman	$HHH
Promover a prontidão estratégica	• Cultura orientada para os clientes • Pesquisa de liderança • Consciência estratégica • Compartilhamento das melhores práticas	100% 70% 90% 100%	• Educação interna • Programa de Desenvolvimento de liderança • Comunidade de empregados • Reuniões semanais da equipe	$III $JJJ $KKK $LLL
			Verba total	*$MMM*

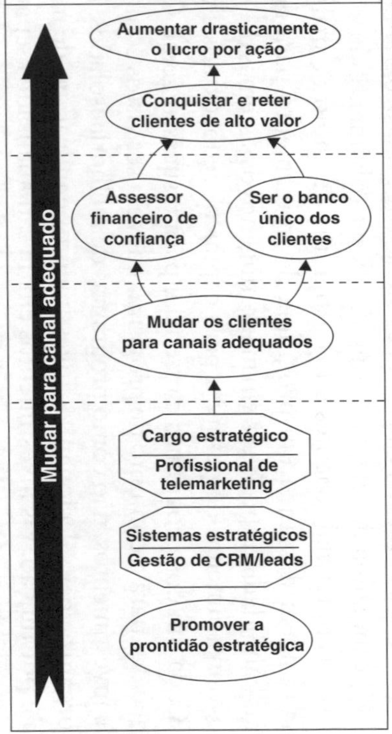

← Mudar para canal adequado

mentada dificilmente resulta numa implementação estratégica bem-sucedida. Cada um dos programas estratégicos é apenas um componente de uma hipótese complexa, cujo êxito depende da atuação simultânea em todas as variáveis que a compõem. Essa é outra razão por que a tentativa de atribuir criação de valor a investimentos isolados em RH ou em TI é infrutífera. Cria-se valor mediante um conjunto integrado de processos, cada um respaldado por um conjunto integrado de vários programas. A meta do tema mix de canais do Consumer Bank é aumentar a base de clientes de 200.000 para 600.000, em cinco anos. Esse crescimento da base de clientes contribui com cerca de US$67 milhões por ano, cerca de dois terços do objetivo financeiro, de aumentar o lucro líquido em US$100 milhões. A conexão do resultado financeiro tangível com o investimento necessário (US$MMM na Figura 12.11) em todo o conjunto de programas que reforçam os processos internos críticos e respaldam os ativos intangíveis desenvolvem o argumento de negócios financeiro. A lógica de causa e efeito do mapa estratégico evidencia essas conexões.

RESUMO

O mapa estratégico, ao fornecer descrição nítida e abrangente da estratégia da organização, aumenta a capacidade dos executivos de colocar em prática a estratégia. Não se consegue gerenciar o que não se pode medir, e não se consegue medir o que não se pode descrever. O mapa estratégico resolve este problema, ao fornecer um modelo para uma representação simples, numa única página, das relações de causa e efeito entre os objetivos tanto das dimensões aprendizado & crescimento e processos internos (vetores do desempenho), quanto das dimensões mercadológica e econômico-financeira (resultados) da estratégia. As expressões verbais dos objetivos do mapa estratégico são, por sua vez, convertidas em indicadores, metas e programas do Balanced Scorecard. O mapa estratégico e o Balanced Scorecard criam condições para que todos na organização compreendam da mesma maneira a estratégia. Para muitas organizações citadas neste livro, o mapa estratégico facilitou o desempenho superior, permitindo-lhes conectar os processos gerenciais a uma estratégia definida com clareza.

O mapa estratégico, contudo, é apenas a representação *estática* da estratégia. Identifica os resultados e os vetores da criação de valor. Este capítulo descreve como o mapa estratégico pode ser usado como ferramenta gerencial *dinâmica*. A determinação de metas adiciona as dimensões de tempo e velocidade de implementação à estratégia. As metas identificam as lacunas de desempenho a serem eliminadas e o horizonte de tempo em que deve ocorrer a mudança. A fixação de metas e a definição dos vetores críticos de sucesso no mapa estratégico permitem que se teste a viabilidade da estratégia.

Os programas estratégicos são as ações estratégicas necessárias para eliminar as lacunas entre o desempenho almejado e o desempenho efetivo. São, em última instância, os indutores da mudança. Os objetivos estratégicos não serão alcançados apenas por estarem sendo mensurados. A execução da estratégia requer que os programas sejam gerenciados de maneira ativa. A integração dos indicadores, das metas e dos programas do mapa estratégico fornece uma descrição completa de como se cria valor – ou seja, uma descrição completa da estratégia da organização e de sua execução bem-sucedida.

O estudo de caso do exército dos Estados Unidos, que se segue a este capítulo, ilustra os desafios de captar as dimensões simultâneas e conflitantes da estratégia, mantendo a prontidão para missões a curto prazo e, ao mesmo tempo, gerando as novas capacidades necessárias para enfrentar as ameaças e aproveitar as oportunidades do futuro.

NOTAS

1. Robert S. Kaplan e David P. Norton, *The Strategy-Focused Orgnization: How Balanced Scorecard Companies Thrive in the New Business Environment* (Boston: Harvard Business School Press, 2001), 73-75.

ESTUDO DE CASO

O EXÉRCITO DOS ESTADOS UNIDOS

Em certos momentos da história, os acontecimentos de repente permitem que vislumbremos os desafios à frente com nitidez até então inimaginável. Os eventos deste último ano criaram uma dessas raras oportunidades. Agora, vemos com clareza os desafios com que nos defrontamos – e os estamos enfrentando.

– Thomas E. White
18º Secretário do Exército
Army Green Book 2002-2003

Antecedentes

Os ataques de 11 de setembro, a guerra global contra o terrorismo e a transformação em curso do Exército em força mais leve e mais ágil forneceram o pano de fundo para a introdução do Balanced Scorecard no Exército dos Estados Unidos. O Exército havia apenas poucos anos dedicava-se ao esforço complexo e prolongado de transformar sua força operacional e base institucional em força objetiva – a força de amplo espectro do futuro, capaz de alavancar os avanços tecnológicos e a flexibilidade organizacional. Ao mesmo tempo, o Exército travava a guerra global contra o terrorismo – uma nova espécie de guerra que exigia o emprego das forças ativas, das reservas e da Guarda Nacional, além da integração com forças conjuntas e com parceiros de coalizão. A necessidade de manter o bem-estar das tropas e de suas famílias mantinha-se como prioridade constante para o Exército.

O Exército vinha usando o mesmo sistema de informações desde 1963 para relatar e monitorar a prontidão da força. O sistema não oferecia um quadro completo da situação do Exército, baseava-se em indicadores consequentes, geralmente ultrapassados. A transformação acelerada das necessidades da estratégia militar nacional e a evolução do papel das forças de combate terrestres tornaram essencial para o exército dispor de nova abordagem para relatar a prontidão. O desafio consistia em criar uma visão completa da prontidão estratégica, que informasse os líderes sobre a capacidade do Exército de atender às necessidades de hoje e do futuro. Assim, o Exército decidiu criar um novo sistema de relatórios sobre prontidão, chamado Sistema de Prontidão Estratégica (Strategic Readiness System – SRS), cujos pilares são o Balanced Scorecard.

Arquitetura estratégica do scorecard do Exército

A equipe do projeto modificou o mapa estratégico genérico para refletir a organização do Exército, induzida pela missão. Assim, colocou a missão no alto do mapa estratégico e a perspectiva financeira na base, como vetor ou capacitador que torna possível a realização da missão (Figura 12.12). A perspectiva dos clientes, a perspectiva interna e a perspectiva de aprendizado e crescimento foram preservadas, mas com nomes ligeiramente diferentes: por exemplo, os clientes passaram a ser stakeholders.

Embora as várias perspectivas fornecessem o modelo para o scorecard do Exército, os temas do mapa estratégico captaram as prioridades estratégicas do Exército. Os líderes do Exército, tanto em entrevistas quanto em depoimentos no Congresso, reiteradamente identificaram pessoas, prontidão e transformação como prioridades inequívocas. Pessoas eram a pedra angular do Exército – o bem-estar das tropas e das famílias era fundamental para a realização da missão. A prontidão constante era imprescindível para que o Exército atendesse às necessidades imediatas da estratégia de defesa nacional. E transformação era o esforço de mudança que garantiria a preeminência do Exército dos Estados Unidos no novo ambiente de segurança. O tema boas práticas de negócios comunicava os padrões para garantir a eficiência e o uso ótimo dos recursos em todos os processos. Competências essenciais delineavam as capacidades a serem mantidas pelo Exército a fim de cumprir suas obrigações de defesa nacional, quaisquer que sejam elas. Finalmente, garantia de recursos enfatizava a aquisição e o uso dos recursos necessários para executar todas as atribuições acima.

O mapa estratégico

Perspectiva dos stakeholders

O povo americano, o presidente, o secretário de Defesa, o Congresso e os comandantes militares, todos são considerados importantes stakeholders ou clientes. O que todos querem do Exército? Em face da natureza incerta das necessidades de defesa no futuro, essa era uma pergunta difícil de responder. Os stakeholders queriam forças treinadas e preparadas. Contudo, persistia uma grande pergunta: Treinadas e preparadas para o quê? Que nível de prontidão? Para que tipo de combate?

Figura 12.12 Mapa da missão do Exército

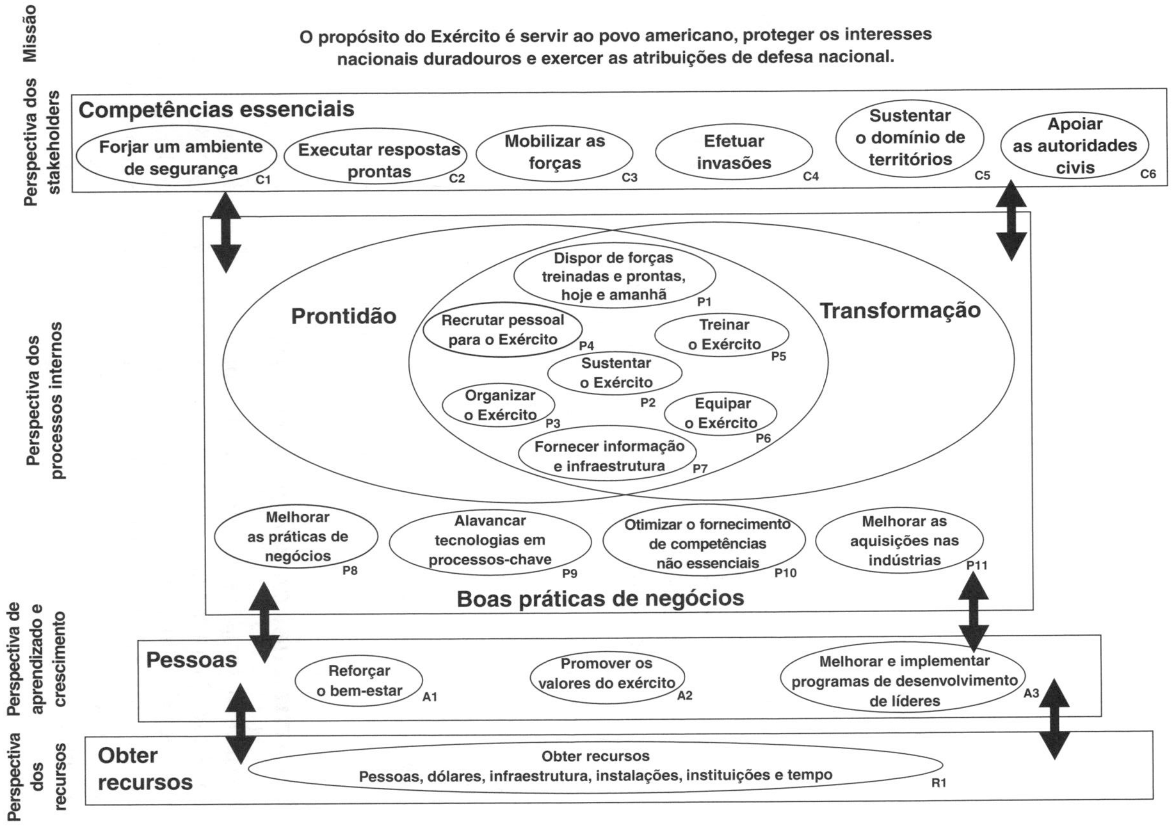

O propósito do Exército é servir ao povo americano, proteger os interesses nacionais duradouros e exercer as atribuições de defesa nacional.

Perspectiva dos stakeholders — Missão

Competências essenciais:
- C1: Forjar um ambiente de segurança
- C2: Executar respostas prontas
- C3: Mobilizar as forças
- C4: Efetuar invasões
- C5: Sustentar o domínio de territórios
- C6: Apoiar as autoridades civis

Perspectiva dos processos internos

Prontidão:
- P1: Dispor de forças treinadas e prontas, hoje e amanhã
- P2: Sustentar o Exército
- P3: Organizar o Exército
- P4: Recrutar pessoal para o Exército
- P5: Treinar o Exército
- P6: Equipar o Exército
- P7: Fornecer informação e infraestrutura

Transformação

Boas práticas de negócios:
- P8: Melhorar as práticas de negócios
- P9: Alavancar tecnologias em processos-chave
- P10: Otimizar o fornecimento de competências não essenciais
- P11: Melhorar as aquisições nas indústrias

Perspectiva de aprendizado e crescimento

Pessoas:
- A1: Reforçar o bem-estar
- A2: Promover os valores do exército
- A3: Melhorar e implementar programas de desenvolvimento de líderes

Perspectiva dos recursos

Obter recursos:
- R1: Obter recursos — Pessoas, dólares, infraestrutura, instalações, instituições e tempo

Por fim, os líderes reafirmaram um conjunto de competências essenciais em que o Exército deveria ser eficiente para atender às exigências dos stakeholders. Essas competências já haviam sido identificadas em documento estratégico do Exército, Diretrizes de Planejamento e Programação do Exército (Army Planning & Program Guidance). As exigências de um grande teatro de guerra, as demandas de vários cenários, o apoio à preservação da paz, a cooperação com os aliados e a capacidade de resposta a desastres internos só seriam atendidas se o Exército garantisse o nível de desempenho imprescindível em cada uma dessas competências.

Perspectiva dos processos internos

O desafio da execução da estratégia está incorporado na perspectiva interna, que articula as relações entre prontidão no presente e prontidão no futuro, definida pelo plano a longo prazo da campanha de transformação. A meta derradeira é converter-se na Força Objetiva do Futuro, mas esse propósito tem de ser equilibrado com a prioridade de manter a prontidão no presente para sustentar a guerra global contra o terrorismo. O desafio estratégico para a liderança do Exército é monitorar os trade-offs estratégicos entre essas duas prioridades. O Balanced Scorecard ajuda a monitorar a tensão entre retardar a transformação, de modo a atender às exigências da prontidão no presente, e as concessões em relação à prontidão no presente, a fim de garantir o progresso contínuo na execução do plano da campanha de transformação. Os dois temas de prontidão e transformação são apresentados como duas elipses imbricadas. O Exército dos Estados Unidos deve preservar o nível adequado de tensão e equilíbrio entre esses temas, para garantir a disponibilidade de forças treinadas e prontas para as missões de hoje e do futuro, fornecendo competências essenciais à medida que se tornem necessárias.

A execução de boas práticas de negócios respalda a perspectiva interna, ao aumentar a eficácia geral do Exército tanto em prontidão quanto em transformação.

Perspectiva de aprendizado e crescimento

O principal tema na perspectiva de aprendizado e crescimento é pessoas e bem-estar. Os soldados são as peças centrais do Exército. O Exército tem o imperativo de criar um ambiente propício à prosperidade dos soldados e de suas famílias. Os valores do Exército devem impregnar a vida no Exército e o foco no desenvolvimento de liderança deve estar presente em todos os níveis do empreendimento.

Perspectiva dos recursos

O tema garantir recursos fornece os fundamentos do mapa estratégico. Conseguir os recursos necessários para realizar a missão e satisfazer os stakeholders é fator crítico de sucesso. Os recursos não se limitam apenas a meios financeiros. Abrangem pessoas, infraestrutura, instalações, instituições e tempo para a sua utilização. O Exército deve dispor desses recursos e utilizá-los com inteligência para realizar sua missão.

Impacto

O General John M. Keane, vigésimo nono chefe do estado-maior do Exército dos Estados Unidos resumiu os benefícios do SRS em depoimento ao Subcomitê de Prontidão do Comitê das Forças Armadas da Câmara dos Representantes dos Estados Unidos, em 18 de março de 2003:

> *O Sistema de Prontidão Estratégica do Exército foi implementado em outubro de 2002, como ferramenta abrangente de gestão estratégica e de avaliação da prontidão. Ele fornece aos líderes do Exército informações exatas, objetivas, preditivas e acionáveis sobre o estado de prontidão, criando condições para que se aprimore acentuadamente a gestão dos recursos estratégicos. Pela primeira vez, temos um sistema de gestão do Exército como empreendimento, que integra informações sobre prontidão tanto das forças ativas quanto das forças de reserva, permitindo que o Exército melhore o apoio aos comandantes de combatentes, invista nos soldados e nas suas famílias, identifique e adote boas práticas de negócios e transforme o Exército em força objetiva. Este sistema de relatórios melhora de maneira marcante nossos métodos de mensuração da prontidão, reunindo informações oportunas com precisão, e amplia o escopo dos dados em questão. Assim, estamos cada vez mais cuidando de assuntos que afetam a prontidão, antes que se transformem em problemas.*

Este caso foi preparado por Laura Downing e Patricia Bush, da Balanced Scorecard Collaborative, com a assistência de numerosos colegas do Exército dos Estados Unidos.

PARTE CINCO

CASOS DOCUMENTADOS

CAPÍTULO 13

ORGANIZAÇÕES DO SETOR PRIVADO

Neste capítulo, documentamos três estudos de casos de mapas estratégicos de empresas de serviços do setor privado. Duas delas – Northwestern Mutual e Media General – adotaram o scorecard ao introduzirem estratégias radicalmente novas. A Northwestern Mutual estava abandonando sua estratégia centenária de ofertar produtos de seguro de alto valor por meio de sua força de vendas, para implementar uma estratégia focada na oferta de segurança financeira a seus clientes usuários finais. A Media General expandia-se de sua base tradicional de editora de jornais para atuar como potência regional de comunicação, com vários produtos de mídia impressa, mídia eletrônica e broadcast. A empresa queria gerar sinergia entre seus diversos negócios de mídia, com base numa estratégia que chamou de "convergência", coordenando em um determinado mercado os diferentes meios de comunicação, de modo a fornecerem informações de qualidade, explorando o melhor de cada veículo, mas entregues sob uma perspectiva abrangente e unificada. Ambas as empresas usaram mapas estratégicos para esclarecer, comunicar e alinhar suas organizações à nova estratégia.

A Volvofinans usou o mapa estratégico para resolver um sério problema gerencial: a falta de compreensão por parte dos empregados a respeito da estratégia da empresa, com o consequente declínio dos níveis de satisfação e comprometimento dos empregados. A clareza fornecida pelo mapa estratégico levou rapidamente a aumentos substanciais no moral dos empregados, que, em seguida, traduziu-se em melhoria do desempenho em relação aos clientes, com impacto positivo sobre os resultados financeiros.

NORTHWESTERN MUTUAL

A Northwestern Mutual é uma das mais antigas e mais respeitadas empresas dos Estados Unidos. Com sede em Milwaukee, a empresa, por meio de suas controladas e coligadas, oferece produtos de seguro, produtos de investimento e serviços de consultoria, para atender às necessidades dos clientes por proteção financeira, acumulação de capital, preservação de imóveis e distribuição de ativos. Desde sua fundação, em 1857, a empresa tem sido movida pelo seu forte conjunto de valores e por sua vigorosa cultura de integridade, com uma premissa básica: fazer o melhor pelos segurados. Como mutual company, a Northwestern Mutual não tem acionistas, mantendo foco exclusivo e direto sobre seus três milhões de membros. A abordagem da empresa de mutualidade, associada à sua estratégia de investimentos a longo prazo e sua atenção concentrada nos fundamentos operacionais, ajuda-a a manter as mais altas classificações de robustez financeira entre as quatro principais agências de rating do país. Em 2003, a Northwestern Mutual espera manter-se como a principal empresa de seguro de vida pessoal dos Estados Unidos, pagando dividendos aos segurados.

A situação

Tradicionalmente, o modelo de negócios da Northwestern Mutual baseava-se na oferta de seguro de vida e alguns produtos secundários, tudo por meio de força de vendas própria, composta de representantes financeiros. Embora a empresa venda produtos financeiros há várias décadas, seu foco básico sempre foi a venda de produtos de seguro. Mas o mundo mudou. Na segunda metade da década de 1990, a empresa expandiu o foco, em resposta às novas necessidades dos segurados e dos clientes, para também abranger mercados de investimento mais fluidos e, finalmente, em 1999, para adaptar-se à promulgação da lei Gramm-Leach-Bliley, que formalizou a competição direta entre empresas de seguro, bancos e outras instituições financeiras. Agora, a Northwestern Mutual perseguia uma estratégia que enfatizava a ajuda aos clientes na busca de segurança financeira, mediante a oferta de soluções integradas, envolvendo produtos de seguro e de investimento. Em 2001, Ed Zore assumiu como novo CEO da empresa. Ele apresentava sólidos antecedentes em investimentos e acreditava firmemente que o envolvimento e a avaliação dos empregados seriam fundamentais para o sucesso da empresa.

A estratégia

A Northwestern Mutual adotou uma estratégia que focava a ampliação do negócio principal de seguros e a expansão do negócio de produtos de investimento, para atender às necessidades mais diversificadas dos segurados e dos clientes. A visão da empresa era alavancar suas forças tradicionais – construção de relacionamentos duradouros, prestação de consultoria especializada e oferta de produtos de alto valor – para tornar-se a empresa que melhor ajuda os clientes a alcançar segurança financeira vitalícia. A empresa desenvolveria sua "rede de especialistas", modelo de trabalho conjunto que capacitou sua tradicional força de vendas de seguro de vida a recorrer a conhecimentos especializados, quando necessário, para cuidar das necessidades cada vez mais complexas de segurança financeira dos clientes. Esta estratégia exigiu que a empresa equilibrasse seu desejo de expandir suas competências para atender a mais necessidades dos segurados e dos clientes, com a prudência de preservar o foco sobre os fundamentos que a transformaram na mais importante empresa de seguros.

A Northwestern Mutual viu o Balanced Scorecard como ferramenta para comunicar e monitorar o sucesso de sua estratégia mais ampla. A estrutura do Scorecard também serviu para respaldar os objetivos de Zore de reforçar o envolvimento dos empregados e incutir na organização uma cultura baseada no desempenho e na avaliação.

O mapa estratégico

Como *mutual company* empenhada em fazer o melhor para seus segurados e clientes, o *objetivo financeiro* predominante da Northwestern Mutual é fornecer produtos de valor aos segurados e clientes, na forma de capacidade de pagamento de dividendos e de robustez financeira excepcional (Figura 13.1). O objetivo financeiro principal é respaldado por quatro outros: dois referentes ao crescimento da receita oriunda de produtos de seguro e de investimento e dois que enfatizam o comprometimento da empresa em gerenciar agressivamente seus fundamentos operacionais, como mortalidade e morbidade, despesas operacionais e resultados de investimentos.

Sob a *perspectiva do cliente*, o mapa estratégico da Northwestern Mutual descreve como diferenciar-se da competição convergente. Aqui, o objetivo da empresa é que os segurados e clientes continuem a vê-la como fornecedora de classe mundial de produtos líderes de mercado e de serviços baseados no relacionamento. Também enfatiza a consultoria especializada e o planejamento baseado em necessidades, imprescindíveis para atender as amplas demandas financeiras dos clientes. Deb Beck, vice-presidente executivo de planejamento e tecnologia, comentou: "Nossa força de vendas tem uma longa tradição de planejamento e análise, em função das necessidades dos clientes. Nossa estratégia busca alavancar essa força, de modo a cuidarmos com mais eficácia das necessidades dos clientes, nas áreas de seguro e investimento, por meio de uma abordagem robusta de planejamento integrado."

Figura 13.1 Mapa estratégico da Northwestern Mutual

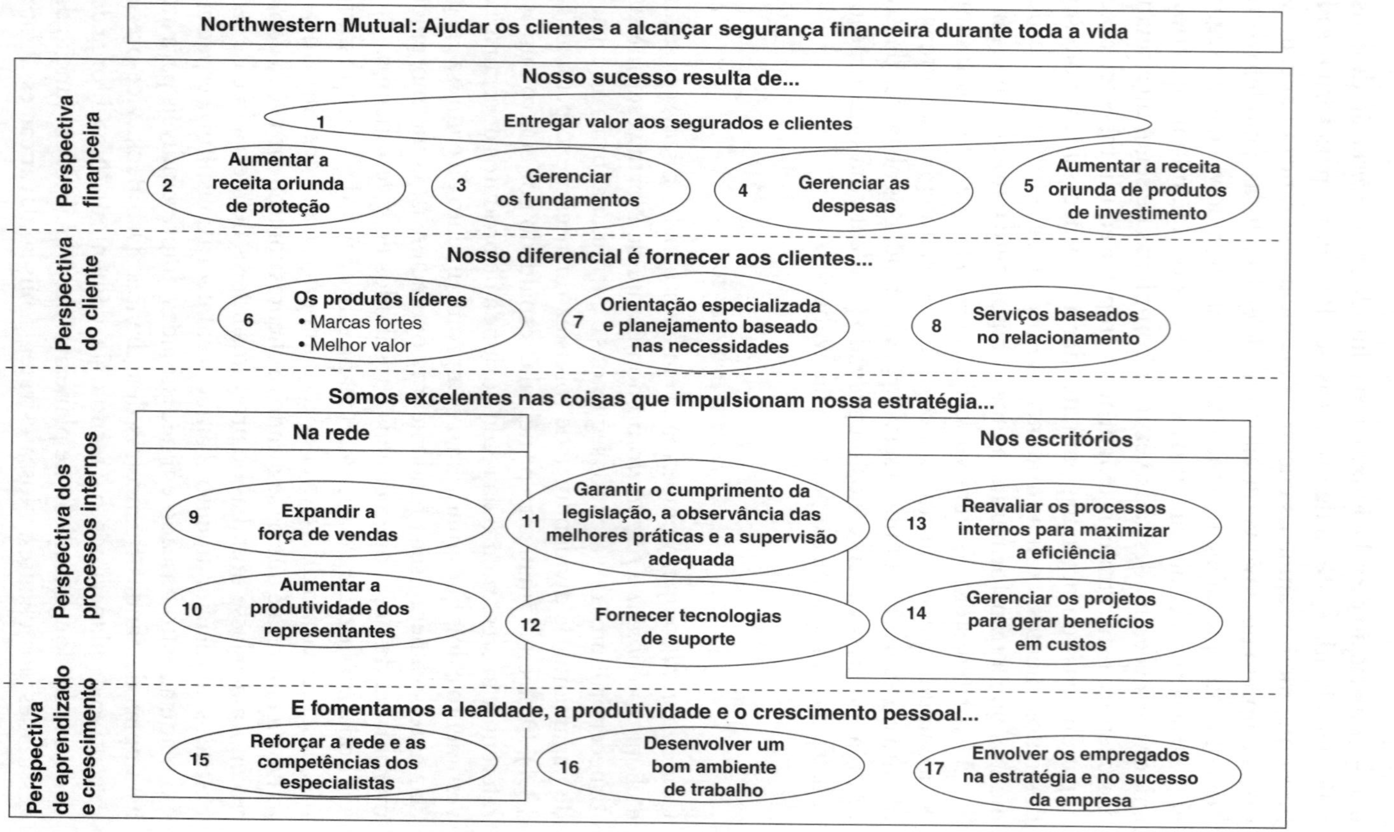

Northwestern Mutual: Ajudar os clientes a alcançar segurança financeira durante toda a vida

Nosso sucesso resulta de...

- 1 Entregar valor aos segurados e clientes
- 2 Aumentar a receita oriunda de proteção
- 3 Gerenciar os fundamentos
- 4 Gerenciar as despesas
- 5 Aumentar a receita oriunda de produtos de investimento

Nosso diferencial é fornecer aos clientes...

- 6 Os produtos líderes
  - Marcas fortes
  - Melhor valor
- 7 Orientação especializada e planejamento baseado nas necessidades
- 8 Serviços baseados no relacionamento

Somos excelentes nas coisas que impulsionam nossa estratégia...

Na rede
- 9 Expandir a força de vendas
- 10 Aumentar a produtividade dos representantes
- 11 Garantir o cumprimento da legislação, a observância das melhores práticas e a supervisão adequada
- 12 Fornecer tecnologias de suporte

Nos escritórios
- 13 Reavaliar os processos internos para maximizar a eficiência
- 14 Gerenciar os projetos para gerar benefícios em custos

E fomentamos a lealdade, a produtividade e o crescimento pessoal...

- 15 Reforçar a rede e as competências dos especialistas
- 16 Desenvolver um bom ambiente de trabalho
- 17 Envolver os empregados na estratégia e no sucesso da empresa

Perspectiva financeira
Perspectiva do cliente
Perspectiva dos processos internos
Perspectiva de aprendizado e crescimento

A *perspectiva dos processos internos* da Northwestern Mutual gira em torno de dois temas primordiais: o primeiro foca os processos necessários para ajudar a empresa a expandir sua "rede de especialistas". Por exemplo, para tornar a "rede" mais vigorosa, a empresa continuará a ampliar sua força de vendas exclusiva, por meio de melhor recrutamento e retenção, além do aumento da produtividade dos representantes financeiros. Esses objetivos, por sua vez, serão reforçados por um objetivo referente à "rede", na perspectiva de aprendizado e crescimento, de aumentar as competências dos especialistas e de encorajar o trabalho conjunto nos casos de clientes complexos.

O outro tema dos processos internos enfatiza os processos internos dos escritórios que impulsionam os fundamentos operacionais da empresa. A organização quer que os funcionários descubram maneiras novas e mais eficientes de trabalhar, e que gerenciem os projetos da empresa de modo a gerar o máximo de benefícios.

A empresa possui um objetivo para os processos regulatórios, compartilhado pela rede e pelos escritórios, para garantir o cumprimento rigoroso da legislação. Outro objetivo comum à rede e aos escritórios é adotar novas tecnologias alinhadas com a estratégia.

A empresa fomentará a lealdade, a produtividade e o crescimento pessoal dos empregados, envolvendo-os no sucesso e na estratégia da empresa e desenvolvendo um bom ambiente de trabalho.

Considerações finais

A equipe gerencial sênior da Northwestern Mutual está usando o Scorecard da empresa como mecanismo para facilitar discussões trimestrais regulares sobre a execução da estratégia. De acordo com Beck:

Parte da beleza dessa ferramenta é entrosar-se bem com nossa abordagem de mutualidade e com nosso conjunto de valores. Diferentemente de algumas empresas, nunca focamos exclusivamente os indicadores financeiros de curto prazo, como valorização das ações e resultados trimestrais. Ao contrário, tendíamos a contextualizar nossas decisões num horizonte de longo prazo e nos aspectos financeiros e não financeiros de atender às necessidades dos segurados e clientes. O Balanced Scorecard nos ajuda a sempre agir assim, levando em conta a estratégia da empresa.

A empresa usou o Scorecard como elemento de uma ampla campanha para educar os empregados a respeito da ligação estreita de cada um com a estratégia da organização. Sobre essa questão, assim se manifestou Beck:

Quando Ed Zore tornou-se nosso novo CEO, ele definiu como alta prioridade o envolvimento dos empregados. Achamos que o Scorecard nos ajudou a levar esse engajamento para um nível mais alto, à medida que os empregados tornavam-se mais capazes de visualizar como suas funções contribuíam para os objetivos estratégicos da empresa.

A Northwestern Mutual desdobrou o Balanced Scorecard para suas unidades de negócios e áreas de apoio. A empresa nomeou coordenadores departamentais do Balanced Scorecard para ajudar a incutir os conceitos do Scorecard em cada área da organização.

O Scorecard também se tornou parte do ciclo de planejamento anual da empresa. Agora, todas as propostas de financiamento de novos projetos estão ligadas aos objetivos estratégicos da empresa. E a Northwestern Mutual começou a ver os resultados. Depois de um ano de alinhar projetos ao Scorecard, a empresa constatou aumento de 21% no número de projetos que cumprem os objetivos de escopo, programação e orçamento.

No ano passado, a Northwestern Mutual iniciou uma série de pesquisas entre os empregados, destinadas a medir, entre outras coisas, o envolvimento e o comprometimento dos empregados. A pesquisa mais recente mostrou aumento drástico no número de empregados que tinham o sentimento de "compreender o rumo dos negócios da empresa e perceber a ligação nítida entre seu trabalho e os objetivos da empresa". Considerou-se o lançamento do Balanced Scorecard a principal razão dessa melhoria.

Caso preparado por Arun Dhingra, da Balanced Scorecard Collaborative, e Deborah Beck, da Northwestern Mutual. Nossos agradecimentos a Ed Zore por compartilhar conosco a experiência da Northwestern Mutual.

VOLVOFINANS

Histórico

Fundada em 1959 e com sede em Gotemburgo, Suécia, a Volvofinans é a principal empresa de financiamento de veículos da Suécia, com empréstimos totais de 23,5 bilhões de coroas (US$2,7 bilhões) em 2001. Essa pequena, mas poderosa financiadora, emprega cerca de 190 pessoas e tem uma missão altamente focada: respaldar as vendas da Volvo e da Renault na Suécia, financiando produtos e vendas. A Ford Credit International detém 50% da empresa. Os revendedores da empresa sueca Volvo possuem os 50% restantes. Assim, os revendedores são ao mesmo tempo os clientes e os donos do negócio. Entre os demais clientes incluem-se frotas (empresas que operam mais de 50 veículos) e consumidores pessoas físicas que buscam condições de financiamento atraentes em suas compras de veículos.

A situação

Em 1996, os executivos da Volvofinans constataram uma problemática falta de visão compartilhada em toda a força de trabalho da empresa. As pesquisas revelaram comprometimento em declínio, satisfação em queda e escassos conhecimentos sobre os objetivos da organização em todos os escalões. A empresa procurou uma ferramenta que capacitasse os empregados a apoiar a missão geral da empresa, de "promover as vendas dos veículos da Volvo e da Renault na Suécia, por meio de soluções competitivas de financiamento das vendas, atraentes para os revendedores, para os clientes pessoas físicas e para as empresas". Instigada pela experiência com o Balanced Scorecard da seguradora Skandia Group, sediada na Suécia, e pelos artigos da *Harvard Business Review* sobre o assunto, o então diretor-gerente da Volvofinans, com a controller Marianne Söderberg, montou uma equipe para o desenvolvimento do Scorecard. O projeto produziu um Scorecard que podia ser exibido por meio de slides PowerPoint e de planilhas Excel. Mas o projeto não progrediu, pois sua disseminação era difícil e só podia ser usado por uma pessoa de cada vez.

O projeto ficou parado até agosto de 2000, quando Björn Ingemanson assumiu como novo diretor-gerente. Determinado a reiniciar o programa, Ingemanson autorizou o desenvolvimento de um novo sistema de TI que facilitasse a disseminação e o uso do BSC pela intranet da empresa. Ingemanson e sua equipe também decidiram concentrar a nova iniciativa no princípio "transformar a estratégia em tarefa de todos" da Organização Orientada para a Estratégia. A empresa empenhou-se em desenvolver uma cultura aberta e descentralizada, em que os empregados se sentissem livres para falar com franqueza e questionar as ideias da gerência. Mas poucas pessoas fora da equipe gerencial sênior participavam das discussões sobre estratégia e sobre o futuro da empresa. Ingemanson achou que chegara a hora de mobilizar o pool de capital intelectual para a implementação da estratégia.

O mapa estratégico

Durante uma série de seminários presenciais, com a participação de gerentes e funcionários de diversas funções e níveis hierárquicos – cerca de um terço da força de trabalho da empresa – a equipe do Scorecard começou a elaborar o mapa estratégico da Volvofinans (Figura 13.2). Chamaram o documento de *Vägvisaren*, ou *Road Map*. Os empregados dos níveis hierárquicos mais baixos da organização definiram boa parte dos objetivos e indicadores – um primeiro passo eficaz para o alinhamento de todos com a estratégia.

A empresa identificou de início mais de trinta e cinco objetivos; depois combinou vários deles, para chegar a vinte e dois, número mais gerenciável. Os executivos também decidiram enfatizar a liderança do produto e a excelência operacional como chaves para a implementação da estratégia da Volvofinans. Dentro do mapa estratégico, temas como *colaboradores motivados e envolvidos, relacionamento ganha-ganha com os revendedores da Volvo* e *estratégia de crescimento e eficiência* – dentro de uma cadeia de valor que vai do *desenvolvimento de produtos* até a *fidelidade dos clientes* – forneceram a estrutura das relações de causa e efeito. Embora a equipe do Scorecard tenha incluído setas indicando as relações de causa e efeito no mapa estratégico, também se decidiu disseminar por toda a organização uma versão sem setas, cuja absorção visual foi considerada mais fácil. A equipe usou o mapa estratégico para transmitir a todos os empregados a estratégia de alto nível, de maneira eficaz e atraente.

Entre os pontos mais importantes do mapa, sobressaíam os seguintes:

- *Colaboradores/perspectiva de aprendizado*. Para realizar a missão, a Volvofinans precisa de força de trabalho esclarecida, motivada e participante. A empresa agora fomenta uma cultura de aprendizado, estimulando todos a participarem das discussões sobre estratégia, alavancando a cultura existente na empresa voltada para o consenso. Em contraste com o primeiro projeto de Scorecard, que não foi para frente, a equipe adotou objetivos de "suporte eficiente de TI" e "alta disponibilidade de informações".
- *Perspectiva dos processos*. Nessa perspectiva, a ênfase sobre liderança do produto e excelência operacional é a mesma. Esta parte do mapa descreve maneiras de melhorar os processos de desenvolvimento de produtos, vendas e marketing, gerenciamento de riscos, políticas de crédito e promoção da fidelidade dos clientes. Entre os objetivos estão o desenvolvimento de produtos de financiamento inovadores, a educação continuada dos revendedores da Volvo sobre as ofertas da Volvofinans, a prestação de serviços eficientes aos clientes e o gerenciamento rápido e preciso dos contratos. A seta da esquerda para a direita representa o fluxo da cadeia de valor da empresa.

Figura 13.2 Mapa estratégico da AB Volvofinans

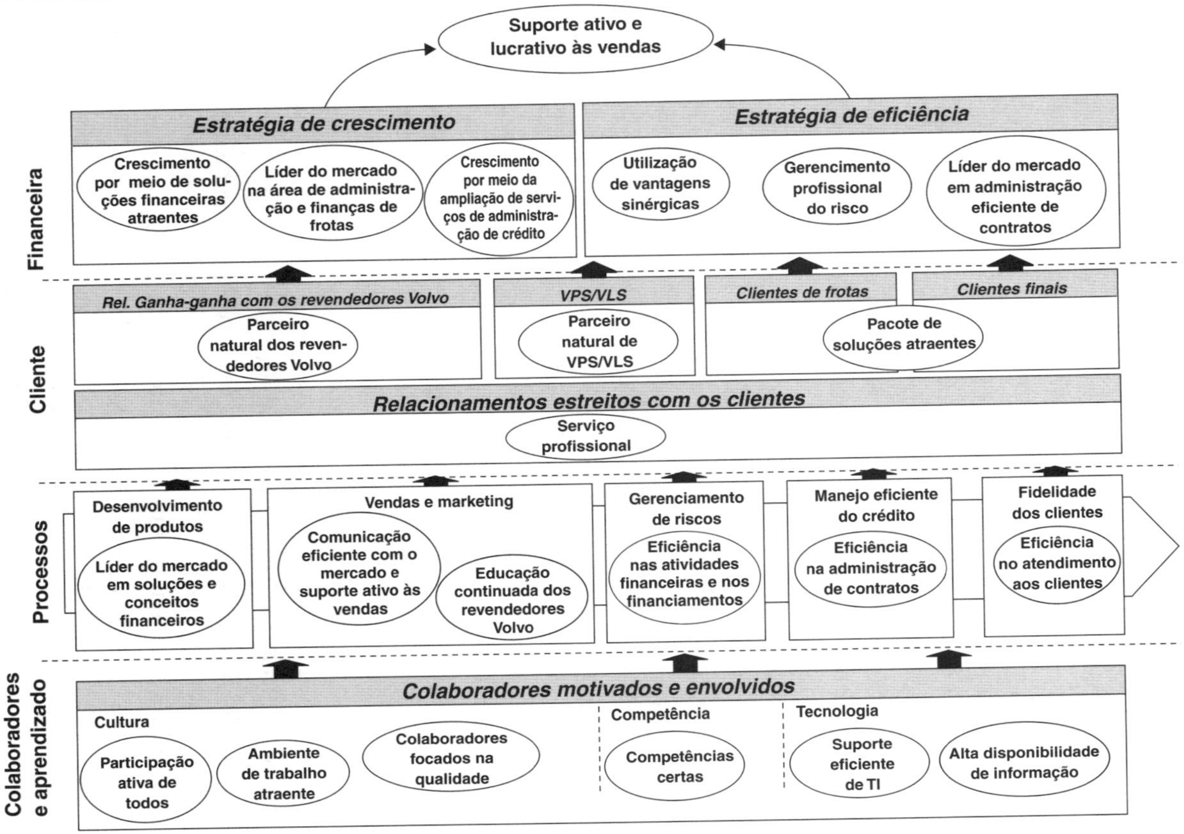

Financeira

Estratégia de crescimento | *Estratégia de eficiência*

Suporte ativo e lucrativo às vendas

- Crescimento por meio de soluções financeiras atraentes
- Líder do mercado na área de administração e finanças de frotas
- Crescimento por meio da ampliação de serviços de administração de crédito
- Utilização de vantagens sinérgicas
- Gerenciamento profissional do risco
- Líder do mercado em administração eficiente de contratos

Cliente

Rel. Ganha-ganha com os revendedores Volvo | VPS/VLS | Clientes de frotas | Clientes finais

- Parceiro natural dos revendedores Volvo
- Parceiro natural de VPS/VLS
- Pacote de soluções atraentes

Relacionamentos estreitos com os clientes

Serviço profissional

Processos

Desenvolvimento de produtos | Vendas e marketing | Gerenciamento de riscos | Manejo eficiente do crédito

- Líder do mercado em soluções e conceitos financeiros
- Comunicação eficiente com o mercado e suporte ativo às vendas
- Educação continuada dos revendedores Volvo
- Eficiência nas atividades financeiras e nos financiamentos
- Eficiência na administração de contratos
- Fidelidade dos clientes
- Eficiência no atendimento aos clientes

Colaboradores e aprendizado

Colaboradores motivados e envolvidos

Cultura | Competência | Tecnologia

- Participação ativa de todos
- Ambiente de trabalho atraente
- Colaboradores focados na qualidade
- Competências certas
- Suporte eficiente de TI
- Alta disponibilidade de informação

- *Perspectivas do cliente e financeira.* Os objetivos dos processos internos alimentam os objetivos nas perspectivas do cliente e financeira. Por exemplo, ao cumprir o objetivo dos processos internos "Liderança de mercado em soluções e conceitos financeiros" (refletindo a ênfase em liderança do produto), a Volvofinans espera reforçar sua capacidade de formar parcerias bem-sucedidas com os fornecedores. As parcerias bem-sucedidas, por sua vez, impulsionam o crescimento por meio de "soluções financeiras atraentes" e "ampliação dos serviços de administração de crédito". Mas os revendedores não são os únicos clientes da Volvofinans. A liderança do mercado em soluções e conceitos financeiros também respalda o objetivo de "pacotes de soluções atraentes" para frotas e clientes finais. O atendimento a esses clientes, por seu turno, apoia outro objetivo sob o tema *estratégia de crescimento* na perspectiva financeira: "Líder do mercado em administração e finanças de frotas". Outro objetivo da perspectiva dos processos internos – "Eficiência na administração de contratos" – relaciona-se diretamente com o objetivo de eficiência financeira para ser "Líder do mercado em administração eficaz de contratos".

Considerações finais

O abrangente processo de desenvolvimento do mapa estratégico da Volvofinans proporcionou muitos benefícios. Pesquisas recentes revelaram que agora os empregados compreendiam melhor a estratégia de seu departamento e da empresa. O moral e o comprometimento em relação aos objetivos da empresa também aumentaram, assim como o domínio dos empregados em relação à dinâmica do setor. Essas melhorias proporcionaram resultados tangíveis. Em 2001, ampliou-se a participação de mercado da empresa no financiamento de carros novos através dos revendedores da Volvo na Suécia, levando a aumentos significativos nos volumes de crédito e na quantidade de contratos em aberto.

A ênfase na liderança do produto e na excelência operacional também rendeu resultados. A empresa lançou o "Volvo Carloan", plano de seguro que paga as prestações mensais do financiamento se o cliente perder o emprego ou contrair doença prolongada. Em meados de 2002, mais de 100.000 clientes aderiram ao plano. Apenas mais tarde os concorrentes lançaram plano semelhante. Além disso, a empresa possui o mais baixo custo por contrato administrado do mercado. A Volvofinans é membro do Balanced Scorecard Hall of Fame.

Caso preparado por Carl-Frederick Helgegren, da Balanced Scorecard Collaborative, Suécia, e Lauren Keller Johnson, colaboradora do Balanced Scorecard Report. Agradecemos a Marianne Söderberg e Björn Ingemanson por compartilharem conosco a experiência da Volvofinans.

MEDIA GENERAL, INC.

Histórico

De um pequeno império de jornais fundado na década de 1850, em Richmond, Virginia, a Media General converteu-se na nona maior empresa jornalística de capital aberto dos Estados Unidos, com divisões nas áreas de mídia impressa, mídia eletrônica e broadcasting. Concentrada no Sudeste, a empresa publica vinte e cinco jornais diários, circulando mais de um milhão de exemplares no total. Suas vinte e seis emissoras de televisão coligadas atingem mais de 30% dos domicílios americanos. A empresa também opera mais de cinquenta empresas on-line, relacionadas com seus negócios de imprensa e broadcast. Em 2002, empregava mais de 8.000 pessoas e gerava receita de US$837 milhões.

A situação

Ao longo de décadas, a Media General expandiu-se um pouco ao acaso, além do Sudeste. Quando J. Stewart Bryan III tornou-se chairman e CEO, em 1990, a empresa iniciou um programa de transformação maciça, desfazendo-se de velhos negócios e adquirindo outros mais compatíveis com sua estratégia focada na região. No entanto, as pressões competitivas e o crescimento explosivo da televisão a cabo e da internet derrubaram o valor das ações da Media General.

A estratégia

A declaração de missão da Media General era "Ser o principal provedor de notícias, entretenimento e informação de alta qualidade no Sudeste, desenvolvendo continuamente nossa posição de força em mercados com localização estratégica". Mas Bryan reconheceu que o sucesso baseava-se em sinergias – a exploração individual e conjunta dos pontos fortes das três divisões da Media General. O objetivo, explica, era "coordenar diferentes mídias em diferentes mercados, para fornecer informações de qualidade, aproveitando o melhor de cada uma – mas produzidas sob uma perspectiva abrangente e unificada". Essa abordagem, conhecida como "convergência", tornou-se a pedra angular da estratégia da Media General.

A convergência demandava um forte trabalho em equipe, comunicação e cooperação – proeza não desprezível para unidades autônomas, com ampla diversidade cultural, que competiam umas com as outras.

O mapa estratégico

Adotado em 2002, o Balanced Scorecard fomentou a visão comum que converteria em realidade o conceito de convergência (Figura 13.3).

Figura 13.3 Mapa estratégico da Media General

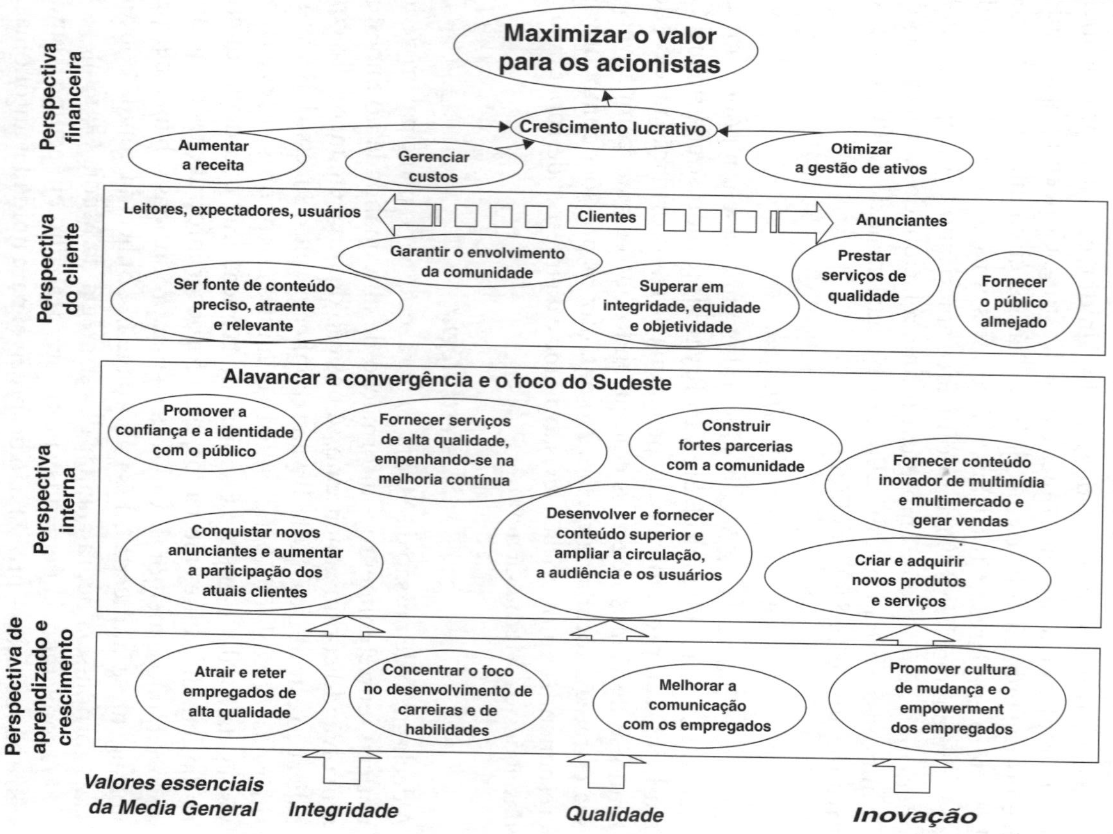

Maximizar o valor para os acionistas

Perspectiva financeira
- Aumentar a receita
- Gerenciar custos
- Crescimento lucrativo
- Otimizar a gestão de ativos

Perspectiva do cliente

Leitores, expectadores, usuários
- Ser fonte de conteúdo preciso, atraente e relevante
- Garantir o envolvimento da comunidade

Clientes

Anunciantes
- Superar em integridade, equidade e objetividade
- Prestar serviços de qualidade
- Fornecer o público almejado

Alavancar a convergência e o foco do Sudeste

Perspectiva interna
- Promover a confiança e a identidade com o público
- Fornecer serviços de alta qualidade, empenhando-se na melhoria contínua
- Construir fortes parcerias com a comunidade
- Fornecer conteúdo inovador de multimídia e multimercado e gerar vendas
- Conquistar novos anunciantes e aumentar a participação dos atuais clientes
- Desenvolver e fornecer conteúdo superior e ampliar a circulação, a audiência e os usuários
- Criar e adquirir novos produtos e serviços

Perspectiva de aprendizado e crescimento
- Atrair e reter empregados de alta qualidade
- Concentrar o foco no desenvolvimento de carreiras e de habilidades
- Melhorar a comunicação com os empregados
- Promover cultura de mudança e o empowerment dos empregados

Valores essenciais da Media General: Integridade — Qualidade — Inovação

Perspectiva do cliente

A identificação dos clientes e o reconhecimento de suas diferentes necessidades revelaram-se duas das tarefas mais desafiadoras com que se defrontou a equipe multifuncional do BSC. A formulação de uma proposição de valor comum para os clientes trouxe à tona diferentes opiniões. Além disso, para as organizações de mídia, a perspectiva do cliente sempre foi um ponto de tensão – entre o lado editorial, que servia aos leitores, e o lado de publicidade, que servia aos anunciantes. Essas duas bases de clientes competiam por espaço e tempo. Finalmente, os chefes de divisão da Media General perceberam mais diferenças do que pontos em comum entre seus leitores e espectadores – embora todos os públicos ansiassem por notícias e informações de qualidade. Assim, o "conteúdo preciso, atraente e relevante" converteu-se em objetivo da Media General para transformar-se em fonte dominante de informação em cada mercado. Entre suas diversas mídias, a empresa buscava fornecer aos clientes anunciantes "o *público* almejado", alavancando o alcance demográfico e geográfico com pacotes de propaganda multimídia e multimercado.

Perspectiva dos processos internos

O tema estratégico da perspectiva interna era *alavancar a convergência e o foco no Sudeste*, por meio de vários subtemas:

Promover a confiança e a identidade com o público: Além de seu valor intrínseco, a integridade e a neutralidade atendiam as expectativas-chave dos clientes. *Construir fortes parcerias com a comunidade* respaldava o envolvimento com a comunidade, identificado na perspectiva dos clientes. A imagem da marca impulsionava esses objetivos e era por eles impulsionada. A Media General promoveria suas marcas individuais e conectaria a marca corporativa com cada uma das marcas, entre todos os stakeholders.

Desenvolver e fornecer conteúdo superior: O objetivo *fornecer conteúdo superior* tinha a ver diretamente com convergência. A redação comum era um exemplo desse objetivo em ação. Os editores de jornais, de emissoras de broadcast e de mídia interativa em dado mercado trabalhavam juntos e tomavam decisões diárias sobre como cobrir determinada história, a partir dos respectivos pontos de vantagem. Coordenando a cobertura dessa maneira, a Media General entendia que podia aumentar a quantidade de leitores, espectadores e usuários.

Criar e adquirir novos produtos e serviços: A maior interação entre as divisões, unidades e departamentos (compartilhando novas ideias e recorrendo às demais mídias) ajudaria a Media General a identificar e a explorar novas oportunidades de crescimento. Este subtema impulsionaria o crescimento em ambos os lados da perspectiva dos clientes.

Conquistar novos anunciantes: Compreender melhor os negócios dos clientes de propaganda criava condições para servir melhor aos clientes existentes – e atrair novos clientes – por meio, por exemplo, de pacotes de propaganda criativa multimercado e multimídia, que oferecessem economias de escala. O aumento da porcentagem de anunciantes multimídia e o desenvolvimento dos relacionamentos a longo prazo respaldavam o objetivo da perspectiva financeira de aumentar a receita de propaganda.

Fornecer serviços de alta qualidade: Esse objetivo de excelência operacional reforçava as eficiências e o crescimento lucrativo na perspectiva financeira. Além dos ganhos de eficiência comuns, resultantes da melhoria dos processos, a convergência estimulava as unidades a alavancar seu poder de compra, reduzindo custos por meio do abastecimento coordenado. As melhorias de qualidade incluíam o desenvolvimento de diretrizes sobre quando interromper a programação normal, com normas sobre notícias extraordinárias e verificação de fatos (este objetivo também contribuiu para a confiança pública).

Conteúdo inovador: "Soluções inovadoras" podia incluir revistas sobre estilo de vida, produzidas com bom conteúdo, para distribuição por vários canais.

Perspectiva de aprendizado e crescimento

Promover a comunicação entre os empregados facilitaria a maior interação dos objetivos dos processos internos críticos. *Promover uma cultura de mudança e o empowerment dos empregados* demandava fomentar a criatividade e a inovação, assim como estimular a tomada de decisões entre os empregados de nível hierárquico mais baixo. Esses objetivos exerciam forte influência sobre as duas principais fontes de crescimento de receita.

Perspectiva financeira

A alavancagem do conteúdo de notícias de várias fontes de mídia capacitaria a Media General a fornecer novos produtos e serviços. Além de novas aquisições, esse era o objetivo de crescimento da receita referente a clientes leitores e espectadores. (As assinaturas são *loss leaders* – produtos vendidos ao custo ou abaixo do custo para atrair clientes – na mídia.) A receita de propaganda, impulsionada por pacotes multimídia e multimercado, seria a outra principal fonte de receita. A excelência operacional, aumentando a eficiência, melhoraria a gestão de custos e de ativos.

Resultados

De acordo com Bryan, o primeiro grande resultado alcançado com o mapa estratégico foi facilitar a mudança cultural maciça. Ao fornecer linguagem compartilhada e maneiras comuns de medir o sucesso, o mapa estratégico ajudou os empregados a perceber o valor da cooperação em busca de objetivos comuns. A Media General também desenvolveu compreensão muito mais profunda das necessidades de seus clientes. Suas ações, já em recuperação, apresentaram bom desempenho após o início do uso do BSC; o lucro por ação quase triplicou em 2002 (antes dos ajustes nas regras contábeis). A receita da empresa aumentou em 4% em 2002, um péssimo ano para o setor de publicações. E a convergência estava funcionando: em 2002, os pacotes de propaganda multimídia geraram ganho de receita de 42,5% para a divisão de mídia interativa da Media General.

Caso preparado por Patricia Bush e Janice Koch da Balanced Scorecard Collaborative. Nossos agradecimentos a Stewart Bryan por compartilhar conosco a experiência da Media General.

CAPÍTULO 14

ORGANIZAÇÕES DO SETOR PÚBLICO

Neste capítulo, apresentamos estudos de casos sobre mapas estratégicos das seguintes organizações:

- Real Polícia Montada Canadense (RCMP)
- Administração de Desenvolvimento Econômico (EDA) do Departamento de Comércio dos Estados Unidos
- Ministério da Defesa do Reino Unido (MoD)
- Sistema Escolar do Condado de Fulton

A RCMP presta serviços de polícia a municipalidades locais, províncias, territórios e ao país como um todo. Desenvolveu seu mapa estratégico para coordenar e alinhar suas diversas iniciativas, que variam desde o policiamento comunitário até seu apoio à luta contra o terrorismo, coordenada internacionalmente. O mapa estratégico tornou operacional a missão da RCMP de "promover a segurança de lares e comunidades".

A EDA estimula a atividade econômica em comunidades americanas pobres. Um novo gestor desenvolveu o mapa estratégico e o BSC da EDA, para reavivar um órgão público desmoralizado e com mau desempenho. A clareza e o foco da nova estratégia ajudou a EDA a converter-se em agência governamental eficiente e eficaz, que agora atinge ou supera suas metas de criação de emprego e de incentivo a investimentos do setor privado.

O Ministério da Defesa do Reino Unido (MoD), com orçamento de £ 25 bilhões (US$40 bilhões) e mais de 300.000 colaboradores, entre militares e civis, possui o quinto maior orçamento militar do mundo. Sua missão é garantir a defesa nacional, assim como promover a paz e a segurança internacionais. O MoD desenvolveu um mapa estratégico para facilitar um grande programa de modernização que adaptaria as forças armadas ao novo ambiente de segurança. Além de oferecer benefícios em termos de melhoria das comunicações internas, do processo decisório e do trabalho em equipe, o MoD usa o mapa estratégico e o Scorecard em suas negociações com o Tesouro, demonstrando o impacto dos diferentes cenários de vários projetos sobre sua missão.

O Sistema Escolar do Condado de Fulton, na área metropolitana de Atlanta, Geórgia, Estados Unidos, é talvez o primeiro distrito escolar a adotar o Balanced Scorecard. Construído com base em iniciativa já existente e de excelente qualidade, o processo de desenvolvimento da estratégia ajudou a alinhar os vários stakeholders – alunos, professores, diretores de escolas, pais, comunidades e gestores de distritos escolares – com indicadores de desempenho específicos. Por meio desse novo sistema gerencial, o FCSS alcançou melhorias de desempenho amplamente reconhecidas.

REAL POLÍCIA MONTADA DO CANADÁ

Histórico

A Real Polícia Montada do Canadá (RCMP) é a histórica e historiada organização policial nacional do Canadá. Criada em 1873, sob inspiração da Royal Irish Constabulary e das unidades de rifle montadas do Exército dos Estados Unidos, a Real Polícia Montada do Nordeste foi criada para impor a lei, a ordem e a governança canadense aos territórios do Nordeste (hoje Alberta e Saskatchewan).

Hoje, a Real Polícia Montada do Canadá é o serviço de polícia nacional canadense e órgão do Ministério do Procurador-Geral do Canadá. A RCMP é única no mundo, pois é, ao mesmo tempo, força policial nacional, federal, provincial e municipal. A organização presta completos serviços de policiamento federal a todos os canadenses e serviços de policiamento sob contrato a três territórios, oito províncias (todas, exceto Ontário e Quebec), cerca de 200 municipalidades e a até 65 comunidades aborígines First Nations. Com mais de 22.000 empregados, aproximadamente 750 destacamentos locais em todo o Canadá e orçamento superior a $2,6 bilhões de dólares canadenses, a RCMP de hoje lidera as iniciativas do país em combate ao terrorismo e ao crime organizado, ao mesmo tempo em que demonstra excelência no policiamento comunitário em todo o território nacional.

A estratégia

Em 2000, a RCMP dispôs-se a desenvolver um poderoso sistema de gestão do desempenho estratégico para tratar das seguintes questões críticas:

1. Descrever a visão e a direção estratégica de um recém-nomeado comissário (G. Zaccardelli) cujo mandato era liderar a organização rumo ao século XXI, com um novo modelo de polícia, capaz de enfrentar os desafios do terceiro milênio e imbuído de paixão pela excelência organizacional.
2. Alinhar os elementos díspares de uma organização de amplitude nacional, em torno de um conjunto de prioridades estratégicas e operacionais comuns.
3. Aumentar a credibilidade perante as agências de financiamento, executando com sucesso essa estratégia e atingindo resultados palpáveis e mensuráveis.

A origem dessa paixão pela execução da estratégia foi a divulgação de um novo modelo estratégico – documento que expressou os objetivos políticos de mais alto nível da RCMP – "Lares e Comunidades Seguras", com as principais prioridades organizacionais que impulsionam e influenciam este resultado.

No âmago da estratégia encontram-se cinco principais temas estratégicos:

- Reduzir a ameaça e o impacto do crime organizado.
- Reduzir a ameaça da atividade terrorista.
- Reduzir o envolvimento de jovens no crime.
- Maximizar o apoio a operações e iniciativas internacionais.
- Contribuir para a maior segurança e saúde das comunidades aborígines.

A equipe de liderança da RCMP concluiu que os cinco temas representavam os principais impulsionadores do sucesso. Se a RCMP fosse bem-sucedida nos cinco temas, realizar-se-ia a essência do resultado estratégico "Lares e Comunidades Seguras".

O mapa estratégico

A RCMP decidiu adotar o Balanced Scorecard como ferramenta para gerenciar a execução do modelo estratégico. O Balanced Scorecard criaria condições para que a RCMP realizasse o seguinte:

- Traduzir o modelo estratégico numa série de objetivos, indicadores e metas coerentes. Em suma, o BSC descreveria e mensuraria a estratégia da RCMP.

- Tornar mais aberta e transparente a prestação de contas pelos resultados, em comparação com o modelo estratégico.
- Garantir o alinhamento organizacional, desdobrando o scorecard para cada uma das divisões e áreas funcionais da organização.

O comissário da RCMP gerenciaria o mapa estratégico do Conselho Executivo Estratégico (SEC) (Figura 14.1). Este mapa proporciona direção e clareza a cada um dos mapas estratégicos desdobrados e uma linha de visão clara entre as operações policiais numa divisão ou destacamento e as prioridades do comissário.

O mapa estratégico do SEC adota a arquitetura tradicional do setor público para descrever a estratégia. A base da estratégia é o documento do Plano Estratégico, que insufla vida na missão de toda a organização.

A perspectiva dos *clientes, parceiros e stakeholders* capta a proposição de valor da RCMP aos grupos principais com que se relaciona: as agências de financiamento, outros níveis de governo (tanto nacionais quanto internacionais) e os cidadãos que recebem diretamente os serviços de polícia. Por exemplo, a proposição de valor para as *agências de financiamento* é a de que a RCMP seja "a mais bem gerenciada organização governamental", enquanto a proposição de valor para os *parceiros* é "vivenciar os valores essenciais que nos transformam em parceiros confiáveis". Cada um desses objetivos contribui para o objetivo básico de *buscar excelência como polícia de vanguarda*. Em resumo, a proposição de valor geral da RCMP é fornecer serviços de polícia de vanguarda de classe mundial, pelo custo mais baixo possível, aos parceiros, stakeholders e cidadãos.

Os temas de *processos internos* ligam as proposições de valor para os clientes aos respectivos grupos básicos. Por exemplo, comunicação, parceria e processos de aliança no tema *construir relacionamentos* respaldam o objetivo de tornar-se parceiro de confiança. Os processos do tema *operações* maximizam o uso do modelo operacional – metodologia da RCMP para basear na inteligência todas as suas atividades e investigações. Este objetivo é colocado no centro do tema, pois ser excelente no modelo operações aumentará a qualidade de todas as operações de polícia que sustentam o plano estratégico. Finalmente, os processos de *excelência em gestão* apoiam as exigências das agências de financiamento.

A perspectiva de *pessoal, aprendizado e inovação* reflete a importância para a RCMP de um ambiente de trabalho dinâmico e seguro para seu pessoal.

Breves relatos

Com base no mapa estratégico do SEC como referência, desenvolveram-se os scorecards das cinco outras linhas de negócios e das quatro funções da

Figura 14.1 Mapa estratégico da Polícia Montada Canadense

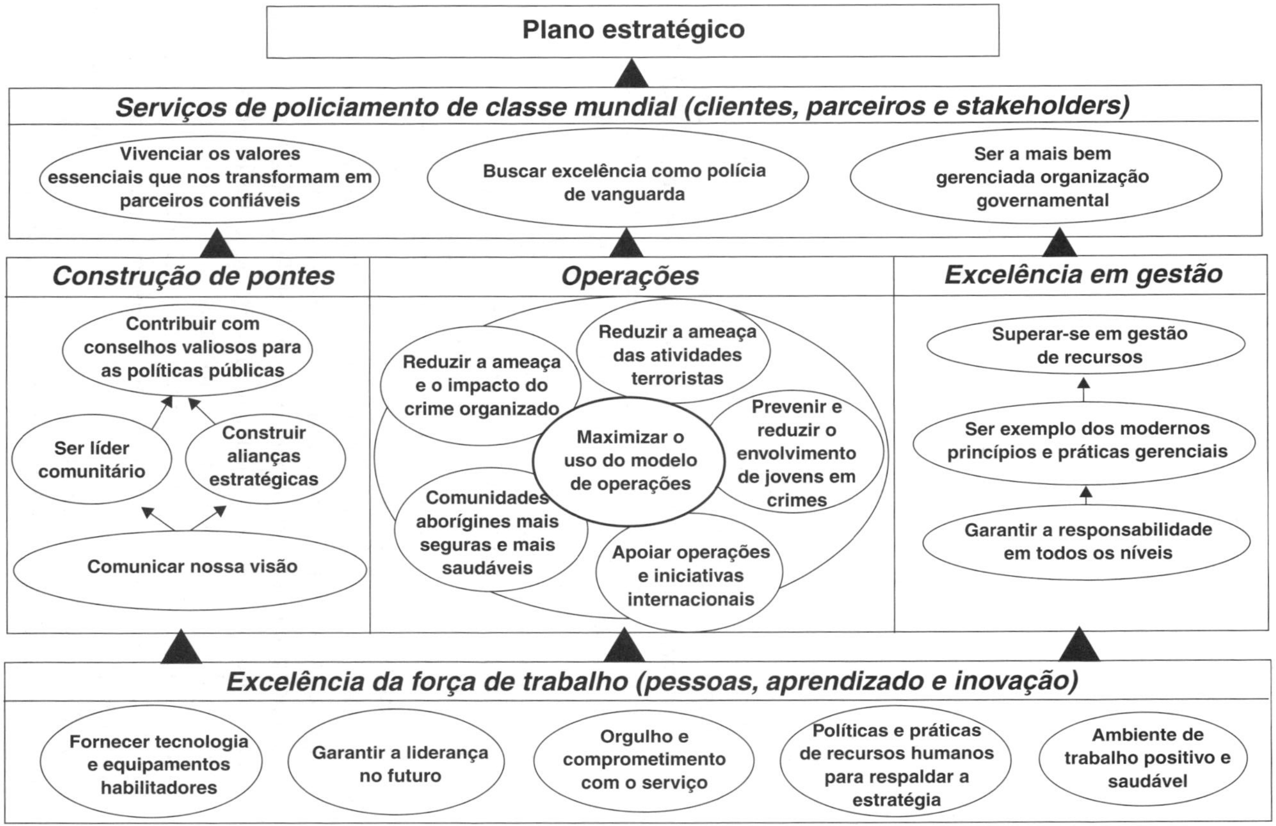

Plano estratégico

Serviços de policiamento de classe mundial (clientes, parceiros e stakeholders)

- Vivenciar os valores essenciais que nos transformam em parceiros confiáveis
- Buscar excelência como polícia de vanguarda
- Ser a mais bem gerenciada organização governamental

Excelência em gestão

- Superar-se em gestão de recursos
- Ser exemplo dos modernos princípios e práticas gerenciais
- Garantir a responsabilidade em todos os níveis

Construção de pontes

- Contribuir com conselhos valiosos para as políticas públicas
- Construir alianças estratégicas
- Ser líder comunitário
- Comunicar nossa visão

Operações

- Reduzir a ameaça das atividades terroristas
- Prevenir e reduzir o envolvimento de jovens em crimes
- Apoiar operações e iniciativas internacionais
- Maximizar o uso do modelo de operações
- Reduzir a ameaça e o impacto do crime organizado
- Comunidades aborígines mais seguras e mais saudáveis

Excelência da força de trabalho (pessoas, aprendizado e inovação)

- Fornecer tecnologia e equipamentos habilitadores
- Garantir a liderança no futuro
- Orgulho e comprometimento com o serviço
- Políticas e práticas de recursos humanos para respaldar a estratégia
- Ambiente de trabalho positivo e saudável

sede corporativa, assim como para cada uma das quatorze divisões operacionais e quatro centros administrativos regionais em todo o Canadá.

Essa abordagem tradicional dos mapas estratégicos foi reforçada pelo avanço significativo em como se projetam e usam mapas estratégicos em grandes instituições matriciais do setor público.

Incorporou-se ao mapa estratégico do SEC uma referência às cinco prioridades estratégicas do plano estratégico da RCMP (terrorismo, crime organizado, juventude, comunidades aborígines e polícia internacional). Compreendendo que cada uma dessas prioridades exigia coordenação estratégica em nível nacional, a RCMP desenvolveu cinco mapas estratégicos "virtuais" para cada uma delas. Esses mapas estratégicos incluem os indicadores, metas e iniciativas necessárias para executar cada uma das cinco prioridades. Cada prioridade estratégica e cada mapa estratégico virtual são de responsabilidade de um executivo da RCMP. Constituiu-se um grupo de executivos que se reúnem periodicamente para rever o progresso em confronto com as prioridades estratégicas.

Para garantir o alinhamento e a execução consistente dessas prioridades estratégicas, cada objetivo do mapa estratégico virtual foi atribuído a uma linha de negócios, ou linha de serviços corporativos, e incluído no mapa estratégico relevante. Do mesmo modo, as linhas de negócios desdobraram objetivos, indicadores e iniciativas para os mapas estratégicos em nível divisional. O resultado final foi um conjunto de estratégias interligadas e alinhadas, concentradas na execução das cinco prioridades estratégicas da organização. As linhas de negócios e divisões também adicionaram objetivos às suas estratégias, refletindo suas realidades e operações específicas.

O último passo na implementação do Balanced Scorecard foi a elaboração dos relatórios de desempenho. A RCMP criou um "painel de controle" simples; para o curto prazo, desenvolveu-se uma planilha do Excel em que se relatava o progresso em comparação com os objetivos e respectivos iniciativas, indicadores e metas identificados no Scorecard.

A começar em setembro, para o ano fiscal de 2004-2005, a intenção é a implementação completa de planejamento de negócios orientado para a estratégia e a alocação de recursos entre as iniciativas prioritárias alinhados com a estratégia, em todos os níveis da organização. Os planos de negócios baseados no Balanced Scorecard distribuirão as verbas orçamentárias, na medida e que se atribuem recursos às iniciativas alinhadas com a estratégia, identificadas nos objetivos e Scorecards. Com efeito, o planejamento de negócios focará as iniciativas críticas que impulsionam as prioridades estratégicas.

Caso preparado por Andrew Pateman, da Balanced Scorecard Collaborative, e Geoff Gruson, da RCMP. Nossos agradecimentos ao comissário Zaccardelli por compartilhar conosco sua experiência na RCMP.

ADMNISTRAÇÃO DE DESENVOLVIMENTO ECONÔMICO DO DEPARTAMENTO DE COMÉRCIO DOS ESTADOS UNIDOS (EDA)

Histórico

O Departamento de Comércio dos Estados Unidos ajuda as empresas e comunidades americanas a alcançar maior sucesso, tanto no país quanto no exterior, com base no trabalho de treze diferentes escritórios que se reportam ao secretário de comércio.

Um desses escritórios, a Administração de Desenvolvimento Econômico (EDA), foi constituído pelo Congresso, em 1965, durante o programa de Guerra contra a Pobreza, do presidente Lyndon Johnson. A missão da EDA é trabalhar com os governos estaduais e locais, assim como com organizações sem fins lucrativos, para ajudar a impulsionar a atividade econômica nas comunidades pobres dos Estados Unidos.

Embora a função básica do escritório seja a mesma desde sua criação, a intensidade do apoio à EDA tem aumentado e diminuído acentuadamente ao longo dos anos. O presidente Reagan propôs a extinção da EDA durante seu primeiro discurso sobre o Estado da União. Durante sua administração, o escritório não era um programa federal com autorização oficial, significando que nem o Congresso, nem os órgãos do executivo tomaram as providências necessárias para aprovar legislação que mantivesse a autorização oficial para suas atividades.

No entanto, uma estranha peculiaridade das práticas do governo federal permite que os programas recebam verbas para operações, mesmo que não tenham autorização oficial. Finalmente, a EDA recebeu nova autorização em 1998, mas os anos de incerteza impuseram-lhe pesados encargos. Afligido por reduções da força de trabalho, por verbas minguantes e pela incerteza quanto ao futuro, a organização desenvolvera uma mentalidade de "negócio em liquidação", em que a sobrevivência era mais valorizada do que qualquer outro objetivo.

A situação

A posse do presidente George W. Bush em 2001 representou para a EDA uma oportunidade e um desafio. Bush reconheceu o possível papel positivo de iniciativas como a EDA em ajudar sua administração a alcançar a meta de "não deixar área geográfica ou demográfica fora do esforço para realizar o sonho americano". Bush também levou para Washington o mesmo estilo gerencial orientado para resultados que adotara como governador do Texas. Porém, para sobreviver, a EDA deveria passar por mudanças drásticas.

O novo presidente selecionou David A. Sampson como secretário assistente de comércio para o desenvolvimento econômico. O Dr. Sampson chegou à EDA com amplos antecedentes em desenvolvimento econômico no setor privado. Um de seus primeiros atos foi atualizar e reafirmar a missão da EDA:

A missão da EDA é ajudar nossos parceiros em todo o país a criar riqueza e minimizar a pobreza, promovendo um ambiente de negócios favorável a atrair investimentos de capital e criação de emprego pelo setor privado, por meio de atividades de classe mundial de construção de capacidade, planejamento, infraestrutura de pesquisa e iniciativas estratégicas

O Dr. Sampson também estabeleceu uma meta ousada: transformar a EDA em principal órgão de fomento do desenvolvimento econômico interno.

Para cumprir sua missão e alcançar a meta estabelecida pelo secretário assistente, a EDA adotou uma estratégia abrangente para a transformação dos escritórios, concentrando-se em três pilares da reforma:

- Estabelecer sólida gestão organizacional.
- Desenvolver indicadores de desempenho baseados em resultados.
- Aprimorar a comunicação com os principais stakeholders.

Mapa estratégico da EDA

A EDA existe para atender às necessidades dos *stakeholders* e dos *clientes* (Figura 14.2).

Os stakeholders – Casa Branca, Congresso, Departamento de Comércio e contribuintes – fornecem direção e supervisão ao trabalho da EDA, desempenham papel crítico no financiamento de suas atividades e atuam como guardiões do interesse público. A EDA satisfaria os stakeholders convertendo-se em agência eficaz, eficiente e orientada para resultados.

Os clientes da EDA são comunidades pobres, parceiros de investimentos e empresas do setor privado que, de maneira direta ou indireta, recebem assistência da EDA e colhem os benefícios do desenvolvimento econômico. A EDA também deve fazer investimentos que promovam o crescimento e apresentem resultados visíveis. Tais realizações reforçariam a agenda doméstica do governo.

Figura 14.2 Mapa estratégico da Agência de Desenvolvimento Econômico (EDA) do Departamento de Comércio dos Estados Unidos

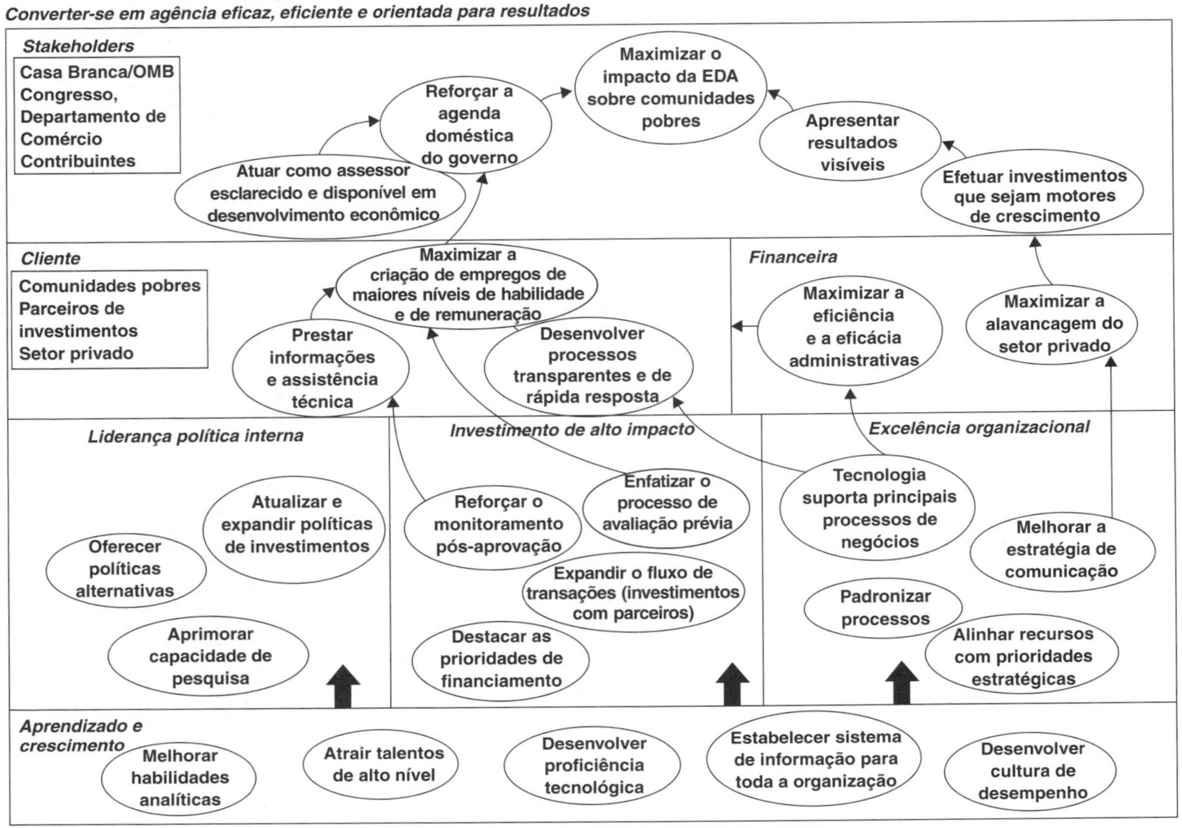

Converter-se em agência eficaz, eficiente e orientada para resultados

Stakeholders
Casa Branca/OMB
Congresso,
Departamento de Comércio
Contribuintes

- Atuar como assessor esclarecido e disponível em desenvolvimento econômico
- Reforçar a agenda doméstica do governo
- Maximizar o impacto da EDA sobre comunidades pobres
- Apresentar resultados visíveis
- Efetuar investimentos que sejam motores de crescimento

Cliente
Comunidades pobres
Parceiros de investimentos
Setor privado

- Prestar informações e assistência técnica
- Maximizar a criação de empregos de maiores níveis de habilidade e de remuneração
- Desenvolver processos transparentes e de rápida resposta

Financeira
- Maximizar a eficiência e a eficácia administrativas
- Maximizar a alavancagem do setor privado

Investimento de alto impacto
- Destacar as prioridades de financiamento
- Expandir o fluxo de transações (investimentos com parceiros)
- Enfatizar o processo de avaliação prévia
- Reforçar o monitoramento pós-aprovação

Excelência organizacional
- Padronizar processos
- Tecnologia suporta principais processos de negócios
- Melhorar a estratégia de comunicação

Liderança política interna
- Oferecer políticas alternativas
- Aprimorar capacidade de pesquisa
- Atualizar e expandir políticas de investimentos
- Atrair talentos de alto nível

Aprendizado e crescimento
- Melhorar habilidades analíticas
- Desenvolver proficiência tecnológica
- Estabelecer sistema de informação para toda a organização
- Alinhar recursos com prioridades estratégicas
- Desenvolver cultura de desempenho

A EDA contribuirá para os objetivos dos stakeholders satisfazendo às necessidades de seus clientes e realizando suas metas *financeiras*.

Para servir aos clientes, a EDA deve desenvolver processos transparentes e de rápida resposta, que atendam às demandas das entidades a que presta serviços. A EDA, ao fornecer informações e assistência técnica, ajudará seus parceiros a criar grande quantidade de empregos altamente qualificados, com elevada remuneração.

A EDA deve preservar sua responsabilidade fiscal ao contribuir para a realização dos objetivos dos clientes. Também deve dinamizar seus processos administrativos. Além disso, cumpre-lhe alavancar seus recursos limitados, capitalizando os investimentos do setor privado.

Para atender às expectativas dos acionistas e clientes e alcançar seus objetivos financeiros, a EDA deve executar três temas estratégicos: *liderança política interna, investimentos de alto impacto e excelência organizacional*.

A demonstração de liderança política criará condições para que a EDA atue como assessor econômico esclarecido. Para desenvolver a liderança política, a EDA deve primeiro aprimorar seus recursos de pesquisa. Melhores informações reforçarão a capacidade da EDA de tomar melhores decisões sobre sua política de investimentos. O aprimoramento das habilidades de pesquisa também lhe conferirá a credibilidade necessária para oferecer opções políticas aos níveis mais altos do governo.

Os investimentos de alto impacto aumentarão a capacidade da EDA de desenvolver maior número de boas oportunidades de emprego. O aumento das habilidades de pesquisa respaldará os esforços para enfatizar as prioridades de financiamento. Por sua vez, a ênfase nas prioridades de financiamento capacitará a EDA a expandir o fluxo de transações, investindo com novos parceiros. O foco no reforço do processo de avaliação prévia promoverá melhores decisões sobre investimentos iniciais e facilitará o monitoramento pós-aprovação. O impacto dessas iniciativas gerará maiores benefícios por dólar gasto do dinheiro dos contribuintes.

A consecução dos primeiros dois temas será auxiliada por um terceiro tema estratégico: *excelência organizacional*. Esta se refere aos processos internos necessários para que a EDA se transforme em organização eficiente e eficaz. Primeiro, a EDA deve alinhar recursos com as prioridades estratégicas, alocando as pessoas certas às iniciativas mais importantes para a estratégia. Em seguida, a melhoria da estratégia de comunicação e a padronização dos processos criarão valor ao promoverem *conhecimentos* e *meios* para a realização de seus objetivos. Ademais, a EDA maximizará a eficácia e a eficiência organizacional, alavancando a tecnologia de modo a capacitar os principais processos de negócios a atingir alto desempenho.

Finalmente, nada será realizado sem que se desenvolvam as habilidades, a cultura e a infraestrutura imprescindíveis para que a força de trabalho execute as atividades necessárias. A EDA ajudará seu pessoal a melhorar as habilidades analíticas e a desenvolver proficiência tecnológica como fatores críticos de sucesso. A EDA suplementará o staff existente com talentos de alto nível para preencher os principais postos de trabalho. Mas apenas gente talentosa não é suficiente – a cultura da EDA deve fomentar uma mentalidade que lhe permita desenvolver uma cultura de desempenho. O capital da informação precisa estar interligado com o capital humano. A EDA implementará sistema de gestão empresarial que manterá os empregados conectados uns com os outros, com os stakeholders e com os clientes e que gerará as informações necessárias para a realização do trabalho. Estes são os pilares do sucesso da EDA.

Ao concentrar-se no pessoal e nos habilitadores informacionais, para respaldar seus processos internos, a EDA disporá de melhores condições para servir a seus clientes, atender seus objetivos financeiros, satisfazer os stakeholders e, por fim, a realizar seu objetivo de "tornar-se a referência em desenvolvimento econômico interno no governo federal".

Resultados da EDA

Os resultados da EDA já são visíveis. A agência foi destacada pelo Escritório de Gestão e Orçamento da Casa Branca como órgão público eficiente e eficaz, cumprindo ou superando suas metas de criação de emprego e de estímulo aos investimentos do setor privado. A Casa Branca recompensou a EDA com um aumento de verba para o exercício financeiro de 2004. Considerando o foco do presidente nas necessidades críticas da segurança nacional e interna, a realização da EDA é marco significativo em seus trinta e oito anos de história.

Caso preparado por Mario Bognanno, da Balanced Scorecard Collaborative, e Sandy K. Baruah e Danette R. Koebele, da EDA. Nossos agradecimentos ao dr. David Sampson e colegas por compartilharem conosco a experiência da EDA.

MINISTÉRIO DA DEFESA DO REINO UNIDO

Histórico

Com orçamento de £ 25 bilhões (US$40 bilhões) e mais de 300.000 pessoas, entre militares e civis, o Ministério da Defesa do Reino Unido

(MoD) inclui-se entre os maiores órgãos públicos da Grã-Bretanha e possui o quinto maior orçamento militar do mundo. Abrangendo Marinha, Exército e Aeronáutica, além de onze "top-level budgets" (semelhantes a unidades de negócios), essa imensa organização tem uma missão ampla: prover a defesa nacional, além de fomentar a paz e a segurança internacional. Nos últimos anos, o MoD expandiu sua presença e sua influência em todo o mundo, para incluir missões humanitárias e de preservação da paz, em regiões tão remotas quanto Kosovo, Golfo Pérsico e Timor Leste. No território nacional, as atividades do ministério abrangem desde operações de busca e resgate até gestão de epidemias agrícolas.

A situação

O MoD decidiu adotar o Balanced Scorecard depois de uma revisão da estratégia de defesa, em fins da década de 1990 – reavaliação radical das implicações estratégicas dos objetivos nacionais em política externa, que determinou a modernização das forças armadas britânicas. Como parte dessa análise, o ministério também examinou maneiras de contribuir de forma mais ampla para a agenda governamental, centrada na modernização. Com a ajuda de várias equipes estratégicas, o Conselho de Gestão da Defesa (DMB) do MoD começou a explorar ideias para a melhoria da gestão do desempenho, em resposta às iniciativas de modernização. O modelo do Scorecard era indicado para capacitar o MoD a dinamizar a gestão do desempenho, além de divulgar e desdobrar a estratégia em toda a organização.

O mapa estratégico

O ministério começou a construir o mapa estratégico e o Scorecard primeiro explicando a estratégia: "gerar capacidade de defesa para ganhar batalhas" (Figura 14.3). Em seguida, identificou dois temas sobrejacentes – *aumentar a eficácia operacional* e *melhor* uso dos *recursos*. Juntos, esses dois temas definiriam a trajetória para a execução da estratégia do MoD e para a realização de sua missão, além de permear todos os objetivos das quatro perspectivas do mapa.

Ao elaborar as perspectivas do mapa estratégico, o MoD decidiu não adotar o formato tradicional de perspectivas financeira, do cliente, dos processos internos e de aprendizado e crescimento. Em vez disso, assim definiu suas perspectivas:

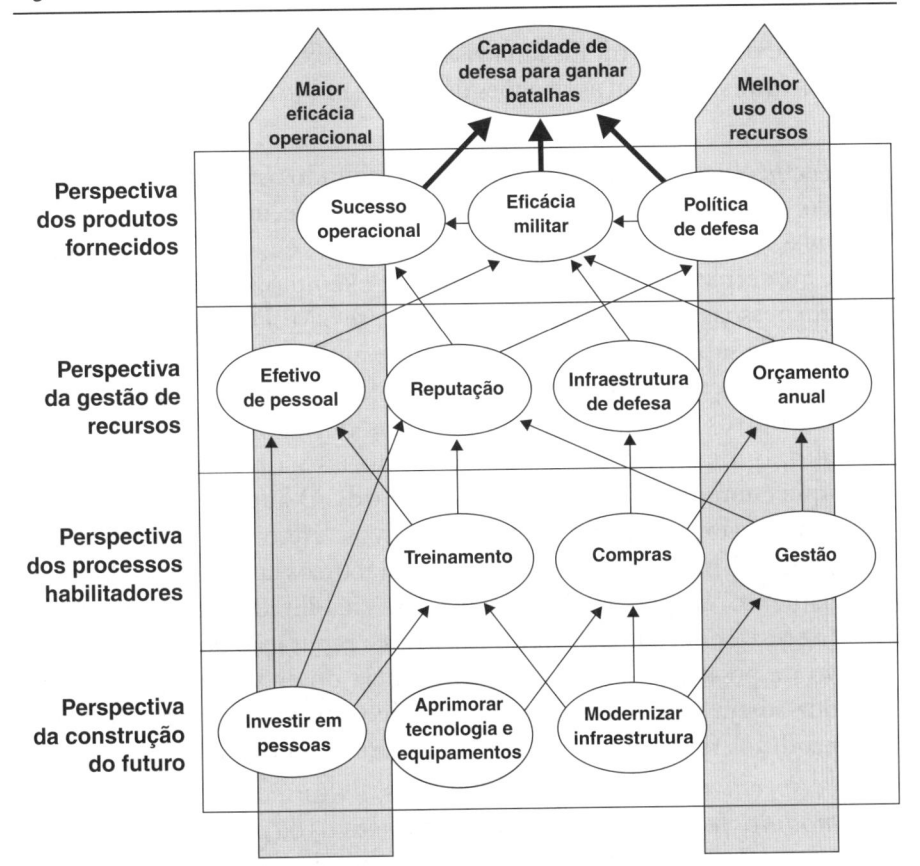

Figura 14.3 Mapa estratégico do Ministério da Defesa

[Diagrama com quatro perspectivas, da base ao topo:

Perspectiva da construção do futuro: Investir em pessoas; Aprimorar tecnologia e equipamentos; Modernizar infraestrutura

Perspectiva dos processos habilitadores: Treinamento; Compras; Gestão

Perspectiva da gestão de recursos: Efetivo de pessoal; Reputação; Infraestrutura de defesa; Orçamento anual

Perspectiva dos produtos fornecidos: Sucesso operacional; Eficácia militar; Política de defesa

No topo: Maior eficácia operacional — Capacidade de defesa para ganhar batalhas — Melhor uso dos recursos]

- Produtos fornecidos: "Estamos fornecendo o que o governo quer?" (Equivalente à perspectiva dos stakeholders.)
- Gestão de recursos: "Estamos sendo bons gestores de nosso pessoal, reputação, infraestrutura de defesa e orçamento?" (Equivalente à perspectiva financeira.)
- Processos habilitadores: "Que processos devem ser desenvolvidos ou melhorados para respaldar nossa estratégia?" (Semelhante à perspectiva dos processos internos.)
- Construção do futuro: "Como investir em pessoas, tecnologia e infraestrutura para respaldar a estratégia?" (Reflete a perspectiva de aprendizado e crescimento.)

O mapa do MoD contém várias setas conectando os objetivos. Para essa organização do setor público – em que os recursos são limitados e em que investir em determinado recurso significa retirar fundos de outro – é crucial mostrar a teia complexa de interações e causalidades visualizada pela equipe do Scorecard. Eis uma visão mais próxima das várias linhas de raciocínio que sustentam as relações de causa e efeito do mapa estratégico:

- *Perspectiva da construção do futuro*: Segundo o raciocínio da equipe do Scorecard, a capacidade do MoD de executar sua estratégia e missão começa com os investimentos certos em pessoas, tecnologia e modernização da infraestrutura. Por exemplo, o objetivo "investir em pessoas" segue a seguinte hipótese: se o MoD garantir condições de vida satisfatórias para os homens e mulheres conscritos, assegurar-lhes tempo suficiente para passar com a família e cuidar deles sob outros aspectos, o moral será mais elevado. Com o moral mais alto, o ministério desfrutará de melhorias na retenção de pessoal (que é um dos indicadores do Scorecard). O aumento da retenção, por sua vez, contribuirá para os objetivos "efetivo de pessoal" e "reputação" na perspectiva da gestão de recursos, assim como de "treinamento" na perspectiva dos processos habilitadores. O treinamento eficaz, por sua vez, ajuda a construir a reputação positiva e o efetivo de pessoal. Além disso, a suficiência do efetivo de pessoal traduz-se em "eficácia militar" – objetivo central da perspectiva dos produtos fornecidos, que contribui diretamente para a estratégia.
- *Perspectiva dos recursos habilitadores, da gestão dos recursos e dos produtos fornecidos*: O sucesso nos objetivos da perspectiva de construção do futuro acarreta no subsequente sucesso em vários outros objetivos de outras perspectivas. Por exemplo, se o ministério aumentar os índices de retenção, poderá gastar menos com incentivos à retenção e com iniciativas de recrutamento. A redução de gastos nessas áreas liberará recursos para outros importantes objetivos, como aprimorar tecnologia e equipamentos. Dispondo de tecnologia e de equipamentos adequados o MoD poderá realizar seu objetivo de "compras", que se traduz em melhor "infraestrutura de defesa" e em maior "orçamento anual" – dois objetivos que reforçam ainda mais a "eficácia militar".

Resultados

O uso do mapa estratégico e do Scorecard melhorou a comunicação e o trabalho em equipe dentro da organização, reforçando o processo decisório. Igualmente vital, a comunicação com outros órgãos do governo também melhorou. Por exemplo, o MoD agora usa o mapa estratégico e o Scorecard durante as negociações de liberação de recursos com o Tesouro – órgão que autoriza as apropriações de verbas para o ministério. Removendo o conteúdo emocional das discussões sobre a liberação de recursos e criando condições para que o MoD demonstre sem paixões o impacto dos vários cenários de financiamento, o mapa estratégico e o Scorecard permitem focar esses entendimentos cruciais no que importa: fatos, e as principais prioridades do MoD e do governo.

Caso preparado por Lauren Keller Johnson, colaboradora do Balanced Scorecard Report, com a ajuda generosa de Mike Potter, Capitão da Royal Navy; Des Cook, Royal Air Force Wing Commander; e Simon Howard, da Equipe de Gestão do Desempenho do Ministério da Defesa do Reino Unido. Estendemos nossos agradecimentos especiais a Sir Kevin Tebbit, subsecretário permanente, Ministério da Defesa do Reino Unido, por compartilhar conosco a experiência do MoD.

SISTEMA ESCOLAR DO CONDADO DE FULTON (FCSS)

Histórico

O Sistema Escolar do Condado de Fulton abrange setenta e sete escolas públicas, em dois subdistritos, no norte e no sul da cidade de Atlanta. Com 70.000 alunos e orçamento anual de US$560 milhões (dados de 2001), a história do distrito é de excelência em planejamento e gestão. Em 1998, o Dr. Stephen Dolinger, superintendente do FCSS, lançou uma iniciativa de qualidade Modelo de Excelência, norteado pelos critérios educacionais do Malcolm Baldrige Award, que distribuem até mil pontos com base no desempenho em sete categorias: liderança; planejamento estratégico; foco nos alunos, nos stakeholders e no mercado; informação e análise; foco no corpo docente e no pessoal; gestão de processos; e desempenho organizacional. Contudo, os gestores sentiram que o Modelo de Excelência ajudava nas atividades locais táticas, mas não supria a necessidade de alinhamento entre estratégia, mensuração do desempenho e melhoria do desempenho.

Em novembro de 1999, o FCSS contratou Martha Taylor-Greenway como diretora de planejamento estratégico, cuja ênfase era melhorar o sistema de gestão do desempenho. Taylor-Greenway trabalhara antes como vice-presidente de desenvolvimento organizacional da United Way of America, onde fora a líder do projeto de implementação do primeiro Balanced Scorecard em organização sem fins lucrativos, de 1996 a 1997. Com base nessa experiência, ela sentiu que o Balanced Scorecard poderia proporcionar-lhe o modelo de gestão estratégico e visão mais ampla, fornecendo o contexto dentro do qual operaria o Modelo de Excelência. Taylor-Greenway intermediou o desenvolvimento de um Balanced Scorecard para o FCSS, que organizou os objetivos e os indicadores de desempenho em cinco categorias: resultados dos estudantes, stakeholders, processos instrucionais e administrativos, aprendizado e crescimento do pessoal, e desempenho financeiro (Figura 14.4).

O *mapa estratégico*

Os objetivos de impacto social no mapa estratégico do FCSS giram em torno das realizações dos alunos: dominar o currículo e ser competitivo em âmbito nacional. O FCSS avaliava o domínio do currículo por meio dos resultados em testes baseados no currículo e dos índices de conclusão e graduação no ensino médio. Também media a classificação dos alunos no âmbito nacional, por meio de exames padronizados, como o Scholastic Aptitude Tests and Advanced Placement, assim como o desempenho dos alunos nos primeiros dois anos depois da formatura, seja na universidade, seja no emprego.

O nível seguinte do mapa estratégico apresenta um conjunto de objetivos-chave para as realizações dos alunos, *criando um clima seguro e enriquecedor*, medido pelos índices de frequência, pela participação em atividades extracurriculares e pelas percepções dos alunos e pais sobre segurança. Esse nível também continha objetivos para dois outros stakeholders do FCSS: *envolvimento e satisfação dos pais,* medido por pesquisas entre os pais sobre qualidade, responsividade e comunicação; e *envolvimento e percepção positiva da comunidade,* avaliada pelo número de horas de voluntariado; doações em dinheiro, serviços e produtos; número de organizações comunitárias e de empresas engajadas com o FCSS; e pesquisa comunitária sobre qualidade, comunidade e segurança.

Os objetivos dos processos internos, relacionados com o fornecimento de valor aos alunos e à comunidade, incluíam *eficácia instrucional* (treinamento em tecnologia e desenvolvimento dos professores), *transporte* (segurança e pontualidade), *instalações e construções* (relatórios de inspeção das instalações, pedidos de manutenção em atraso), *prontidão no primeiro dia de aula* (porcentagem de livros e professores disponíveis no primeiro dia do período letivo, exatidão das previsões sobre matrículas e custos), e *nutrição dos alunos* (participação dos alunos no programa de alimentação).

Os objetivos de aprendizado e crescimento relacionavam-se com a *competência do staff,* medida pela quantidade de professores com pelo menos sete anos de experiência, graduação avançada e certificação do

Figura 14.4 Mapa estratégico do Sistema Escolar do Condado de Fulton

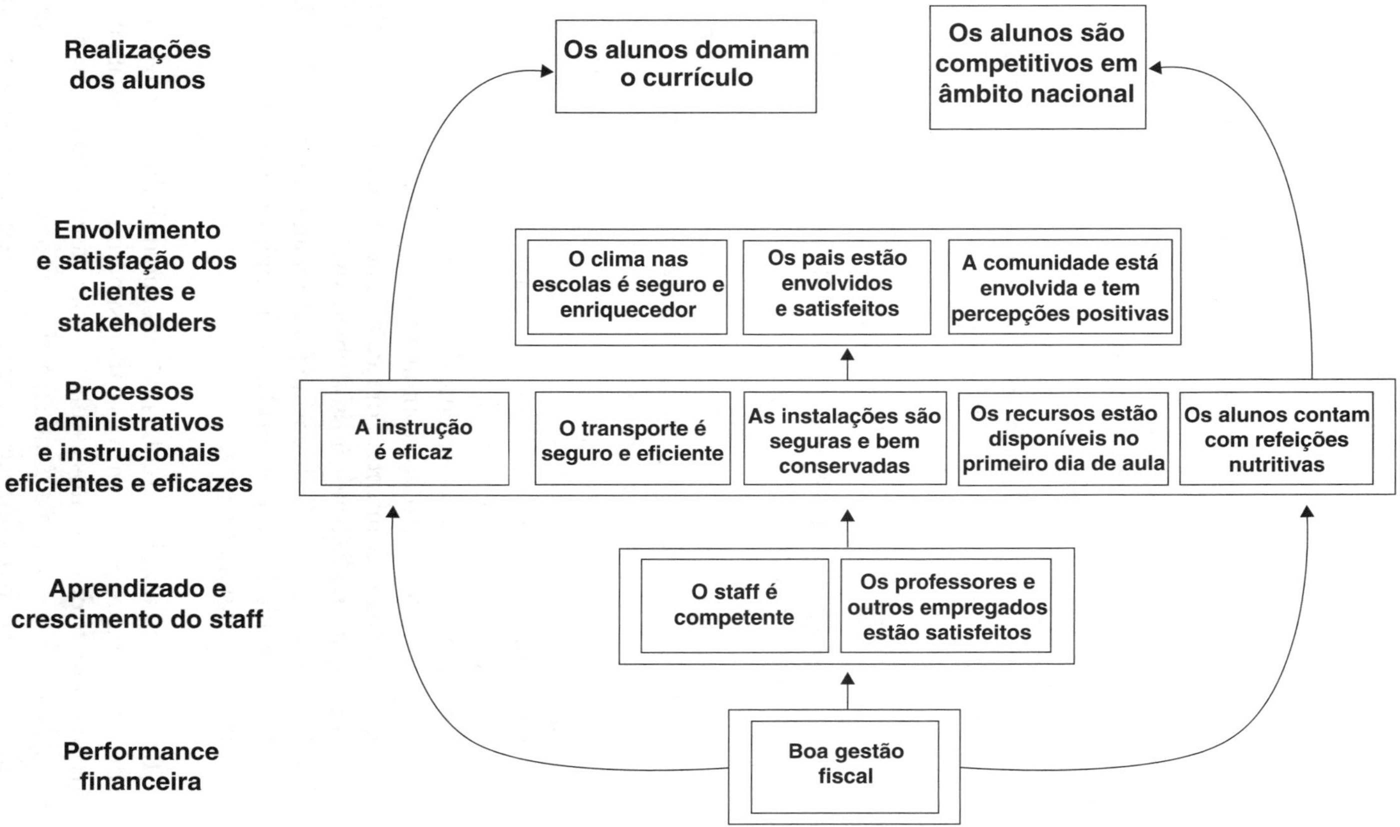

Realizações dos alunos

- Os alunos dominam o currículo
- Os alunos são competitivos em âmbito nacional

Envolvimento e satisfação dos clientes e stakeholders

- O clima nas escolas é seguro e enriquecedor
- Os pais estão envolvidos e satisfeitos
- A comunidade está envolvida e tem percepções positivas

Processos administrativos e instrucionais eficientes e eficazes

- A instrução é eficaz
- O transporte é seguro e eficiente
- As instalações são seguras e bem conservadas
- Os recursos estão disponíveis no primeiro dia de aula
- Os alunos contam com refeições nutritivas

Aprendizado e crescimento do staff

- O staff é competente
- Os professores e outros empregados estão satisfeitos

Performance financeira

- Boa gestão fiscal

Conselho Nacional; *satisfação dos empregados*, medida pela assiduidade, rotatividade e avaliações em comunicação, trabalho em equipe e moral. O FCSS pôs a perspectiva financeira na base do mapa estratégico, com um objetivo de *boa gestão fiscal*, avaliada pelas despesas com apoio instrucional, equilíbrio de fundos e variações orçamentárias.

A equipe do projeto empenhou-se para garantir a existência de processos válidos de coleta de dados e de elaboração de relatórios para cada indicador. Também definiu metas de desempenho para cada indicador, válidas para todo o sistema e baseadas em tendências históricas ou em benchmarking com outras escolas distritais. Em seguida, as escolas locais desenvolveram iniciativas que contribuíssem para a realização das respectivas metas. Em fins de 2001, todas as escolas do FCSS usavam o Balanced Scorecard para seus planos estratégicos e orientar a alocação de recursos.

Resultados

Entre as reações e impactos a curto prazo do Balanced Scorecard do FCSS, destacam-se os seguintes:

- Constatou-se melhoria de 22% (de 66% para 88%) em um ano no nível de aprovação dos alunos em teste de matemática.
- Um dos diretores de escola desenvolveu ferramenta para monitorar o progresso dos alunos e professores durante o ano, em vez de esperar os resultados de fim de ano.
- Outro diretor de escola declarou: "Quero que 90% de meus alunos passem em todos os testes. Foi o que incluí em meu plano."
- Um superintendente assistente de um departamento administrativo observou: "O plano nos forçou a fazer perguntas difíceis sobre alguns itens do orçamento. Por que estamos fazendo isso, se não contribui para realizarmos nossos objetivos?"
- Um diretor de escola de ensino fundamental afirmou: "O Balanced Scorecard indica que prioridades são importantes para melhorar o desempenho do sistema."

Em 2001, o Conselho Escolar do Condado de Fulton aprovou um plano de remuneração por incentivos para o superintendente e para os membros do gabinete dos distritos escolares, com base na realização das metas do BSC para todo o sistema. Ainda mais significativo, o Conselho aprovou um plano de incentivos financeiros para os professores, que podia premiar com até US$2.000 os empregados que contribuíssem para o cumprimento das metas do plano estratégico das escolas locais. Cada escola definiu seus próprios *benchmarks* e metas para o plano, alinhados com as metas centrais e com a aprovação da administração central. O novo programa de incentivos mudou o foco das escolas locais da mensuração do desempenho para a recompensa pelo desempenho.

Artigo no *Citizen*, de 7 de fevereiro de 2003, comentou o discurso anual sobre a situação do sistema, proferido pelo Dr. Thomas M. Payne, superintendente interino do FCSS, que observou:

> *O sistema escolar progrediu com firmeza e deliberação para melhorar as realizações dos alunos e o desempenho organizacional. Avançamos de maneira consistente, sem picos e vales abruptos... Reviramos nossa organização, usando uma combinação das melhores práticas em educação e negócios. Operamos como uma grande empresa cujo negócio é educação.*

Alguns dos ganhos dos últimos dois anos destacados pelo Dr. Payne são:

- A proporção dos alunos que cumprem ou superam as expectativas de desempenho em leitura e matemática em nível estadual aumentou em cerca de cinco pontos percentuais.
- A porcentagem de alunos do ensino médio que receberam "college credit" antes da graduação aumentou de 10% para 16%.
- Setenta e seis por cento dos alunos que fizeram o exame Advanced Placement obtiveram pontuação de 3 ou mais (aumento de 39% em relação a dois anos antes e de 17% em comparação com a média regional).
- O número de alunos que fazem o exame SAT aumentou de 1.837 para 3.192 no período de oito anos; a pontuação média no teste aumentou de 992 para 1.039 no período. No FCSS, 88% dos alunos do terceiro ano do ensino médio agora fazem o exame SAT, em comparação com a média nacional de 45%.
- Apenas 7% dos pais de alunos do FCSS expressaram preocupação com questões de segurança, em comparação com a média nacional de 31%.
- As horas de voluntariado aumentaram em mais de 87.000; agora, 98.000 voluntários trabalhavam para as escolas do FCSS.
- Oitenta e dois por cento dos pais manifestaram satisfação com as escolas dos filhos, em comparação com a média nacional de 68%.
- As novas escolas foram inauguradas no prazo e dentro do orçamento.

- O primeiro dia de aula começou com livros-texto, equipamentos e suprimentos disponíveis em todas as escolas.
- O orçamento foi cumprido com 1% de variação em relação à receita e às despesas projetadas.

Dr. Payne recorreu à fábula de Esopo "A Tartaruga e a Lebre" para lembrar aos seus constituintes que a perseverança, não a velocidade, é o que importa quando se persegue um objetivo. O FCSS usará o seu sistema de gestão do desempenho Balanced Scorecard para a melhoria contínua e para o reforço de sua reputação como um dos principais sistemas escolares da Geórgia e dos Estados Unidos.

Agradecemos o apoio ativo de Martha Taylor-Greenway por nos proporcionar acesso para o desenvolvimento da história do Sistema Escolar do Condado de Fulton.

CAPÍTULO 15

ORGANIZAÇÕES SEM FINS LUCRATIVOS

A aplicação do Balanced Scorecard a organizações sem fins lucrativos tem sido uma das extensões mais gratificantes do conceito original. Essas organizações empenham-se em cumprir determinada missão, em vez de gerar resultados financeiros acima da média. Portanto, ainda mais do que as empresas que buscam o resultado financeiro, essas organizações precisam de um sistema abrangente de indicadores não financeiros e financeiros para motivar e avaliar seu desempenho.

O mapa estratégico da Boston Lyric Opera (BLO) mostra como é possível medir o desempenho organizacional, mesmo quando o resultado é tão intangível quanto uma bela música ou uma experiência estética. A BLO adotou o Balanced Scorecard depois de um período de rápido crescimento e sucesso, para que pudesse desenvolver uma estratégia clara para o futuro que fosse facilmente compreendida e apoiada pelo pessoal de apoio, pelo Conselho de Administração e pelos diretores artísticos. O mapa estratégico da BLO representa resultados almejados e direcionadores de desempenho para seus três principais constituintes – doadores leais e generosos, a comunidade de ópera nacional e internacional e os residentes na área de Boston. O mapa estratégico deflagrou muitas iniciativas relacionadas com a missão oriundas do pessoal de linha de frente, promoveu melhor alinhamento entre a gerência e o Conselho e angariou apoio para um grande evento de ópera em Boston.

A Teach for America (TFA) recruta um corpo de professores de âmbito nacional, entre alunos de cursos de graduação de nível superior, que durante dois anos se dedicam a lecionar em escolas públicas urbanas e rurais. A TFA desenvolveu seu mapa estratégico para representar os objetivos e direcionadores de seus dois temas principais para a mudança social empreendida por seus membros. Primeiro, ampliar a experiência educacional dos estudantes, por meio do exercício do magistério durante dois anos. Segundo, influenciar a reforma da educação fundamental, mediante decisões referentes à carreira e participação em atividades voluntárias. A TFA usou o mapa estratégico para atrair uma nova geração de doadores na sua missão, para alinhar o recrutamento de seu corpo de professores, de pessoal de apoio e de conselheiros e também para concentrar-se mais intensamente em atividades que suportam as iniciativas dos ex-alunos.

BOSTON LYRIC OPERA

Histórico

A Boston Lyric Opera (BLO) apresenta novos cantores, maestros, diretores e designers de classe mundial. Sua missão é criar produções de ópera profissional de alta qualidade, desenvolver futuros talentos para ópera e promover o gosto pela ópera por meio de atividades educacionais e comunitárias. Essa tríplice declaração de missão foi suficiente para sustentar a BLO durante seu crescimento inicial. Entre 1995 e 2000, a quantidade de assinantes mais do que dobrou e o número de performances aumentou em 50%, transformando-a na companhia de ópera de mais rápido crescimento na América do Norte.

A situação

Em 2000, a empresa defrontou-se com o desafio do próprio futuro. Mesmo com a base de audiência mais alta, a receita oriunda da venda de ingressos mantinha-se abaixo de 40% das despesas operacionais. A BLO precisava converter mais assinantes em doadores e atrair fundos significativos de seus apoiadores. Importante membro do Conselho sentia que a estrutura de governança informal já não era suficiente e que o crescimento da organização para o próximo estágio demandava como requisito essencial um processo formal de planejamento estratégico. Participante ativo em várias organizações artísticas, essa pessoa assistira a vários casos de fracasso resultantes da omissão dos líderes em envolverem ativamente o Conselho em decisões referentes a estratégia e planejamento.

Janice Del Sesto, diretora-geral, constituiu uma equipe de projeto composta de experientes executivos da BLO e dos principais membros do Conselho, para desenvolver uma estratégia explícita a ser descrita por meio de um mapa estratégico do Balanced Scorecard. A equipe incluía o presidente do Conselho, o presidente do comitê de planejamento e o staff administrativo sênior, inclusive Del Sesto, e a vice-diretora-geral, Sue Dahling-Sullivan. Ellen Kaplan, membro do Conselho, com ampla experiência em implementação do Balanced Scorecard em organizações sem fins lucrativos, atuou como consultora interna e facilitadora.

O mapa estratégico

A equipe organizou o mapa estratégico com base em três grandes temas estratégicos, cada um relacionado com um grupo de clientes-chave (Figura 15.1):

1. *Apoiadores leais e generosos:* As receitas oriundas de vendas de ingressos, mesmo quando se esgotava a lotação, cobriam menos de 35% das despesas anuais. Os assinantes que se dispunham a pagar acima do preço elevado dos ingressos (a ópera é a arte de interpretação com custos de produção mais altos) eram fundamentais para o sucesso sustentável. A BLO precisava de apoio amplo e contínuo de doadores, de fundações e da comunidade. Um dos objetivos da perspectiva dos clientes nesse tema estratégico era atrair novos doadores, aumentar o apoio dos atuais doadores e recrutar novos membros do Conselho, que pudessem ajudar a BLO a realizar seus objetivos estratégicos.
2. *Cenário de ópera nacional e internacional:* A BLO não podia esperar competir com as maiores casas de ópera do mundo, mas queria diferenciar-se de muitas companhias regionais da América do Norte. A BLO sabia que atrair ricos iniciantes na ópera, oferecendo uma programação constante de Mozart, Puccini e Verdi, não seria adequado para cumprir outros elementos de sua missão. Sua intenção era exercer impacto sobre o cenário de ópera nacional e internacional, por meio de produções artisticamente interessantes e inovadoras.

    Os objetivos da perspectiva do cliente neste segundo tema estratégico incluíam atrair os melhores jovens que se tornariam futuros talentos das mais prestigiosas companhias de ópera do mundo, e desenvolver um único estilo BLO: produções vigorosas, simples e elegantes, de trabalhos populares contemporâneos, menos conhecidos.
3. *Comunidade:* Para atrair audiências de novas gerações, a BLO buscaria apoio para a ópera na área da Grande Boston e desenvolveria iniciativas de educação operística para crianças, seus familiares e suas escolas.

Figura 15.1 Mapa estratégico da Boston Lyric Opera

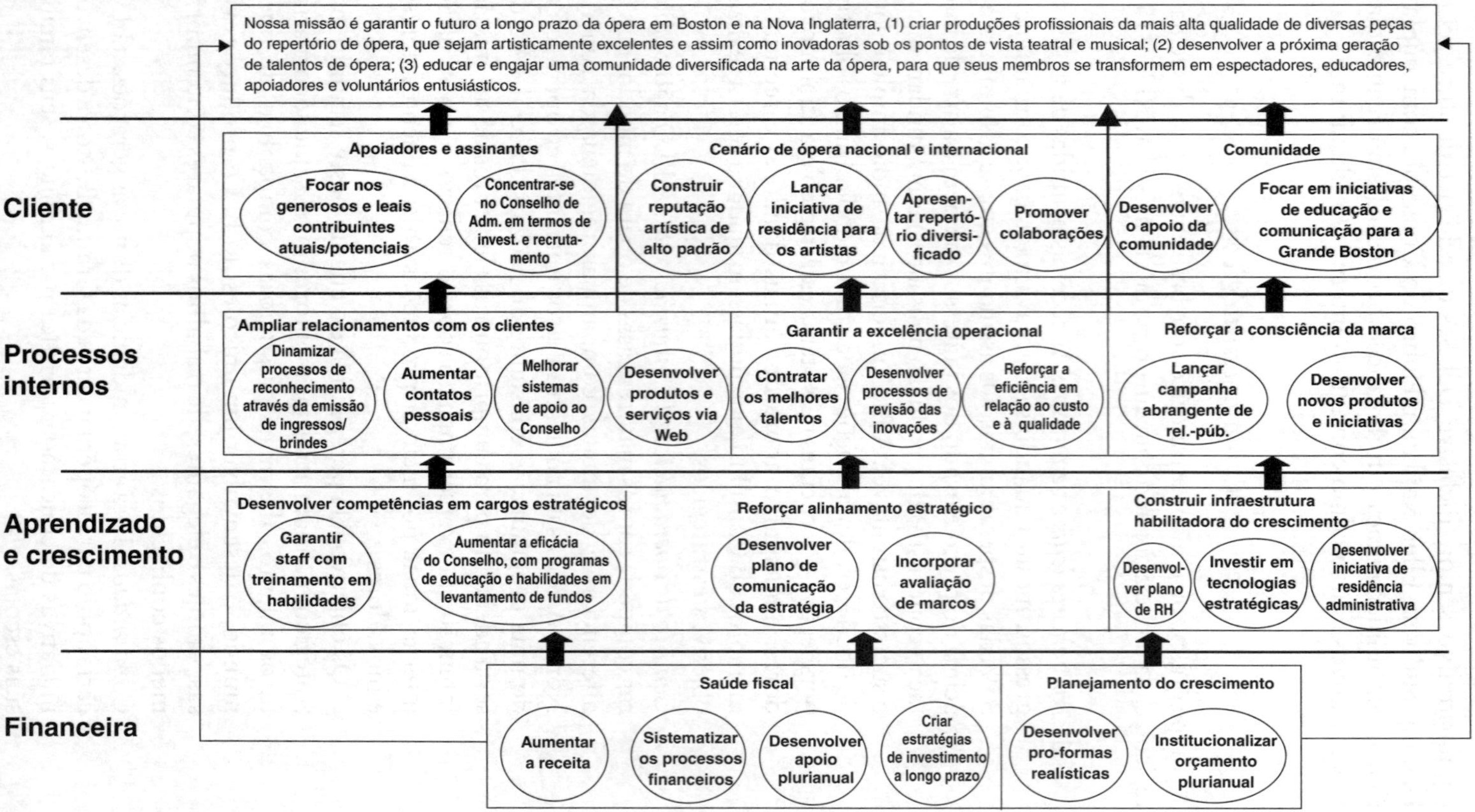

Nossa missão é garantir o futuro a longo prazo da ópera em Boston e na Nova Inglaterra, (1) criar produções profissionais da mais alta qualidade de diversas peças do repertório de ópera, que sejam artisticamente excelentes e assim como inovadoras sob os pontos de vista teatral e musical; (2) desenvolver a próxima geração de talentos da ópera; (3) educar e engajar uma comunidade diversificada na arte da ópera, para que seus membros se transformem em espectadores, educadores, apoiadores e voluntários entusiásticos.

Cliente

Apoiadores e assinantes
- Focar nos generosos e leais contribuintes atuais/potenciais
- Concentrar-se no Conselho de Adm. em termos de invest. e recrutamento

Cenário de ópera nacional e internacional
- Construir reputação artística de alto padrão
- Lançar iniciativa de residência para os artistas
- Apresentar repertório diversificado
- Promover colaborações

Comunidade
- Desenvolver o apoio da comunidade
- Focar em iniciativas de educação e comunicação para a Grande Boston

Processos internos

Ampliar relacionamentos com os clientes
- Dinamizar processos de reconhecimento através da emissão de ingressos/brindes
- Aumentar contatos pessoais
- Melhorar sistemas de apoio ao Conselho
- Desenvolver produtos e serviços via Web

Garantir a excelência operacional
- Contratar os melhores talentos
- Desenvolver processos de revisão das inovações
- Reforçar a eficiência em relação ao custo e à qualidade

Reforçar a consciência da marca
- Lançar campanha abrangente de rel.-púb.
- Desenvolver novos produtos e iniciativas

Aprendizado e crescimento

Desenvolver competências em cargos estratégicos
- Garantir staff com treinamento em habilidades
- Aumentar a eficácia do Conselho, com programas de educação e habilidades em levantamento de fundos

Reforçar alinhamento estratégico
- Desenvolver plano de comunicação da estratégia
- Incorporar avaliação de marcos

Construir infraestrutura habilitadora do crescimento
- Desenvolver plano de RH
- Investir em tecnologias estratégicas
- Desenvolver iniciativa de residência administrativa

Financeira

Saúde fiscal
- Aumentar a receita
- Sistematizar os processos financeiros
- Desenvolver apoio plurianual
- Criar estratégias de investimento a longo prazo

Planejamento do crescimento
- Desenvolver pro-formas realísticas
- Institucionalizar orçamento plurianual

Com a definição dos objetivos dos clientes para os três maiores constituintes, a equipe do projeto estava em condições de determinar os objetivos para os três temas estratégicos na perspectiva dos processos internos. *Ampliar relacionamentos com clientes* impulsionava os objetivos na perspectiva dos clientes, referentes a doadores leais e generosos; os processos enquadrados no tema de *excelência operacional* fomentavam a produção de performances inovadoras e de qualidade, que seriam reconhecidas nos âmbitos nacional e internacional; e o tema *consciência da marca* apontava para o reforço da educação, da conscientização e do apoio na comunidade da Grande Boston. Os três temas estratégicos possibilitaram conexões estreitas entre as perspectivas dos processos internos e do cliente no mapa estratégico da BLO.

Os objetivos de aprendizado e crescimento tinham a ver com o desenvolvimento do capital humano, com o alinhamento organizacional e com o emprego de tecnologia que melhorasse o desempenho nos processos internos críticos. E a *perspectiva financeira*, com os objetivos de saúde fiscal e planejamento do crescimento, sustentavam os pilares do mapa estratégico da BLO.

Breves relatos e resultados

A equipe do projeto BLO desdobrou o Scorecard para cada um dos departamentos da companhia de ópera, inclusive para os líderes artísticos. O processo fomentou grau de unidade e integridade de propósitos até então inexistentes. O Conselho tornou-se muito mais esclarecido e consciente a respeito das três prioridades da companhia de ópera e não a dispersou entre iniciativas marginais com poucas chances de retorno ao longo de um dos três temas estratégicos. Todos os constituintes da companhia tornaram-se alinhados e focados em relação à estratégia da BLO.

Jan Del Sesto, diretora-geral, escrevia os três temas no alto da lousa branca, na sala de reuniões do Conselho, antes de qualquer reunião, insistindo: "Quero que nossas conversas se limitem apenas a atividades que respaldem esses três temas. Assim, manteremos o foco em nossos objetivos." Antes do BSC, observou Del Sesto, os eventos de levantamento de fundos e de promoção de assinaturas tinham poucos indicadores de sucesso e pouca ligação com a estratégia. Depois do BSC, o escritório de desenvolvimento definia prioridades para seu trabalho e posicionava suas atividades do dia a dia para que se concentrassem em "doadores leais e generosos". Os departamentos, por sua vez, ao contrário do que ocorria no passado, não dissipavam seus recursos escassos em iniciativas que não gerariam retornos substanciais. O jovem staff de treinamento artístico compreendeu pela primeira vez como seu trabalho rotineiro afetava os negócios e alcance da missão da BLO. O staff começou a concentrar-se em iniciativas e eventos que pudessem exercer o maior impacto sobre os objetivos organizacionais. E daí surgiram iniciativas interdepartamentais: um jovem membro do staff projetou uma nova aplicação de banco de dados que dinamizava as informações sobre os doadores e aumentava o sucesso das atividades de levantamento de fundos. O departamento de desenvolvimento começou a trabalhar de maneira mais estreita com o departamento de marketing e bilheteria em acomodações VIP e iniciativas de educação de doadores. Os empregados apresentavam muitas sugestões. Um membro júnior do staff de produção desenvolveu uma excursão pelos bastidores para os membros do Conselho e para grandes doadores potenciais para mostrar como se fazia a mágica em *A Flauta Mágica*, de Wolfgang Amadeus Mozart. Para seus objetivos comunitários, a empresa desenvolveu uma nova iniciativa importante, "Carmen on the Common", duas noites de ópera, com apresentações gratuitas para mais de 130.000 pessoas num parque do centro de Boston, em setembro de 2002. Para muitos, esta foi a primeira experiência em ópera.

O BSC tornara-se uma ferramenta gerencial para a determinação de prioridades entre iniciativas, para a motivação dos empregados, para o alinhamento do Conselho de Administração e para a solicitação de apoio externo às produções do BLO e para as atividades comunitárias.

Nossos agradecimentos às líderes Janice Mancini Del Sesto (diretora-geral) e, Sue Dahling-Sullivan (vice-diretora-geral), assim como aos membros do Conselho de Administração da BLO Sherif Nada (chairman), Ken Freed (comitê de planejamento) e Ellen Kaplan (consultora de projetos do BSC).

TEACH FOR AMERICA

Antecedentes

Wendy Kopp fundou a Teach for America (TFA) em 1989, com base em sua tese de graduação com honras em Princeton.[1] Sua visão era garantir que um dia todas as crianças dos Estados Unidos teriam oportunidade de acesso à educação excelente. A TFA recruta um corpo de professores de âmbito nacional, entre estudantes de cursos de graduação de nível superior, que durante dois anos lecionam em escolas públicas urbanas e rurais. A TFA foi uma das mais bem-sucedidas organizações emergentes, sem fins lucrativos, dos últimos anos. Em 2002, mais de 8.000 jovens já haviam atuado como membros do corpo docente, alcançando mais de um milhão de estudantes, em dezesseis áreas urbanas e rurais.

Estratégia

A estratégia da TFA baseou-se num modelo explícito de mudança social, em que os membros do corpo docente desempenhavam dois papéis. Primeiro, melhoravam as experiências de educação e de vida dos atuais alunos, por meio de sua atuação como professores durante o período de dois anos. Segundo, influenciavam a reforma da educação fundamental durante toda a vida, por meio de sua atuação profissional e de participação em atividades voluntárias.

Mesmo antes do desenvolvimento do Balanced Scorecard, a Teach for America estabelecera cinco prioridades organizacionais básicas e começara a medir o desempenho em cada prioridade. As prioridades eram:

1. Garantir que os membros do corpo docente alcançassem verdadeiro sucesso em minimizar as diferenças de resultados entre seus estudantes e os de áreas mais privilegiadas.
2. Fomentar a liderança dos ex-alunos na busca das mudanças sistêmicas necessárias para realizar nossa visão.
3. Assegurar que nosso movimento seja tão abrangente e diversificado, em termos éticos e raciais, quanto possível.
4. Desenvolver base de financiamento sustentável para respaldar nossos esforços.
5. Construir uma organização próspera e diversificada, capaz de produzir resultados notáveis e consistentes ao longo do tempo.

Para impulsionar a melhoria do desempenho, lançaram-se iniciativas específicas para cada prioridade.

O mapa estratégico

Com este excelente background em formulação da estratégia e em avaliação do desempenho, evoluiu-se naturalmente para a representação das prioridades e dos indicadores dentro do modelo de um mapa estratégico. A diretoria da TFA traduziu a visão, a missão e as prioridades organizacionais num mapa estratégico do Balanced Scorecard, composto de objetivos estratégicos correlacionados (Figura 15.2).

Figura 15.2 Mapa estratégico da Teach for America

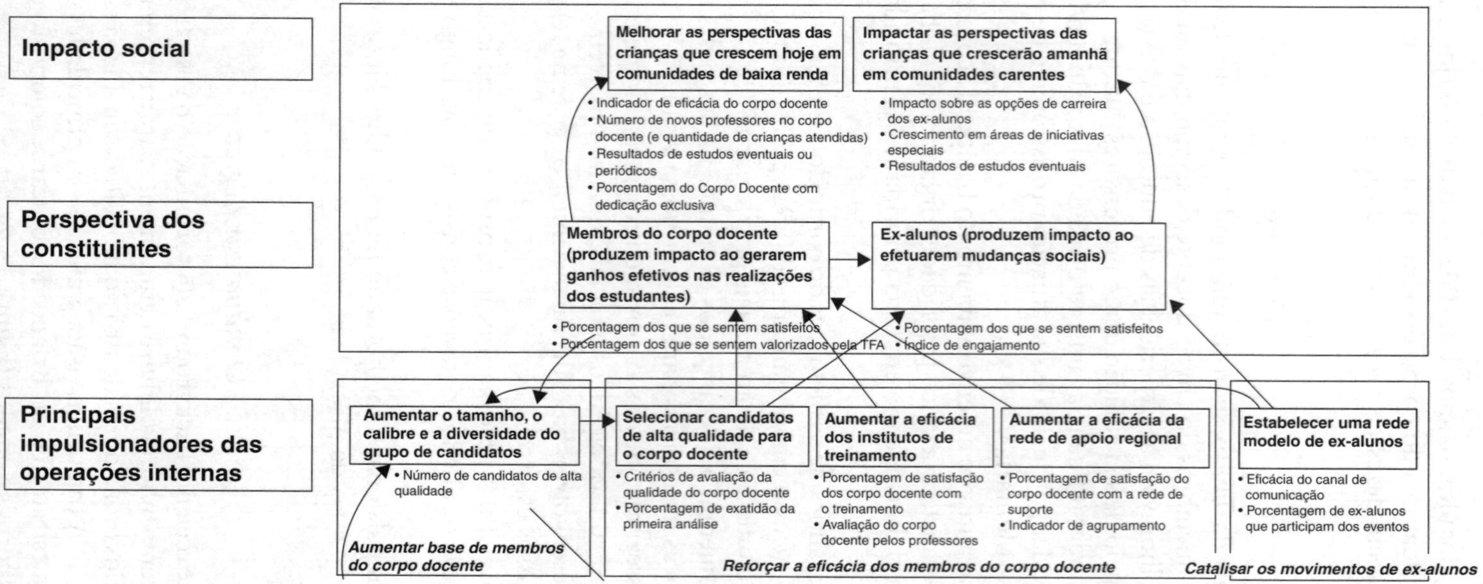

Impacto social

- Melhorar as perspectivas das crianças que crescem hoje em comunidades de baixa renda
  - Indicador de eficácia do corpo docente
  - Número de novos professores no corpo docente (e quantidade de crianças atendidas)
  - Resultados de estudos eventuais ou periódicos
  - Porcentagem do Corpo Docente com dedicação exclusiva

- Impactar as perspectivas das crianças que crescerão amanhã em comunidades carentes
  - Impacto sobre as opções de carreira dos ex-alunos
  - Crescimento em áreas de iniciativas especiais
  - Resultados de estudos eventuais

Perspectiva dos constituintes

- Membros do corpo docente (produzem impacto ao gerarem ganhos efetivos nas realizações dos estudantes)
  - Porcentagem dos que se sentem satisfeitos
  - Porcentagem dos que se sentem valorizados pela TFA

- Ex-alunos (produzem impacto ao efetuarem mudanças sociais)
  - Porcentagem dos que se sentem satisfeitos
  - Índice de engajamento

Principais impulsionadores das operações internas

- Aumentar o tamanho, o calibre e a diversidade do grupo de candidatos
  - Número de candidatos de alta qualidade

Aumentar base de membros do corpo docente

- Selecionar candidatos de alta qualidade para o corpo docente
  - Critérios de avaliação da qualidade do corpo docente
  - Porcentagem de exatidão da primeira análise

- Aumentar a eficácia dos institutos de treinamento
  - Porcentagem de satisfação dos corpo docente com o treinamento
  - Avaliação do corpo docente pelos professores

- Aumentar a eficácia da rede de apoio regional
  - Porcentagem de satisfação do corpo docente com a rede de suporte
  - Indicador de agrupamento

Reforçar a eficácia dos membros do corpo docente

- Estabelecer uma rede modelo de ex-alunos
  - Eficácia do canal de comunicação
  - Porcentagem de ex-alunos que participam dos eventos

Catalisar os movimentos de ex-alunos

Figura 15.2 Continuação

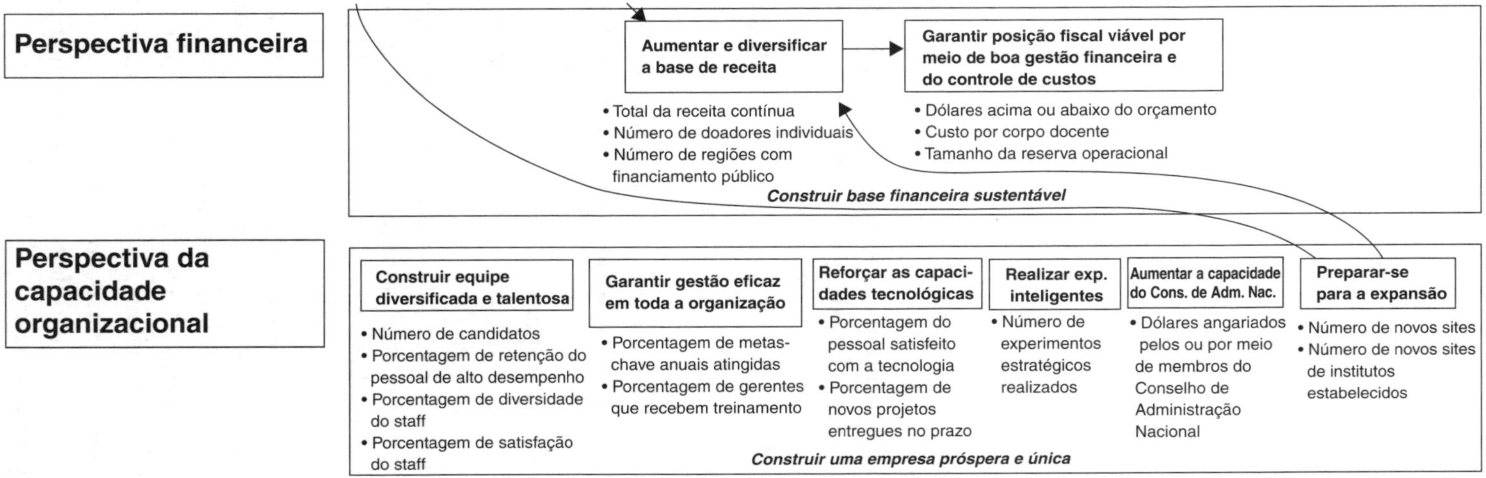

Perspectiva financeira

Aumentar e diversificar a base de receita
- Total da receita contínua
- Número de doadores individuais
- Número de regiões com financiamento público

Garantir posição fiscal viável por meio de boa gestão financeira e do controle de custos
- Dólares acima ou abaixo do orçamento
- Custo por corpo docente
- Tamanho da reserva operacional

Construir base financeira sustentável

Perspectiva da capacidade organizacional

Construir equipe diversificada e talentosa
- Número de candidatos
- Porcentagem de retenção do pessoal de alto desempenho
- Porcentagem de diversidade do staff
- Porcentagem de satisfação do staff

Garantir gestão eficaz em toda a organização
- Porcentagem de metas-chave anuais atingidas
- Porcentagem de gerentes que recebem treinamento

Reforçar as capacidades tecnológicas
- Porcentagem do pessoal satisfeito com a tecnologia
- Porcentagem de novos projetos entregues no prazo

Realizar exp. inteligentes
- Número de experimentos estratégicos realizados

Aumentar a capacidade do Cons. de Adm. Nac.
- Dólares angariados pelos ou por meio de membros do Conselho de Administração Nacional

Preparar-se para a expansão
- Número de novos sites
- Número de novos sites de institutos estabelecidos

Construir uma empresa próspera e única

A perspectiva do impacto social, no topo, reconheceu explicitamente dois objetivos de alto nível: melhorar o desempenho da educação dos estudantes de hoje e ampliar as oportunidades educacionais dos estudantes de amanhã. O primeiro objetivo era difícil de medir por causa da falta de indicadores padronizados, de qualidade, na miríade de escolas, regiões, matérias e níveis em que atuavam os membros do corpo docente. A TFA optou por adotar um critério de avaliação subjetivo, baseado na presumida sensibilidade dos membros do staff. O staff da TFA, em reuniões individuais de fim de ano com os membros do corpo docente, perguntava sobre a situação didática dos estudantes no começo e no fim do ano, e como sabiam disso. Os membros do corpo docente capazes de fornecer provas razoáveis de ganhos notáveis (definidos de forma mais específica nas normas internas) pelos alunos recebiam avaliação positiva segundo essa métrica.

O segundo objetivo de alto nível, promover a mudança social, adotava vários novos indicadores:

- Número de ex-alunos (ex-membros do corpo docente) em posições de alta visibilidade e de grande impacto, que efetuavam mudanças sociais.
- Número de ex-alunos envolvidos em iniciativas especiais.
- Resultados de estudos isolados.

A TFA revisava anualmente as carreiras profissionais dos ex-alunos, para determinar quantos estavam em posições importantes, para efetuar mudanças sociais. Os executivos da TFA enfatizavam, em seus indicadores de iniciativas especiais, quatro trajetórias a serem percorridas pelos ex-alunos: candidatar-se a cargos eletivos ou trabalhar com políticas públicas, assumir a liderança de escolas ou distritos, destacar-se realmente como professores de escolas e publicar artigos sobre educação e comunidades de baixa renda. O terceiro indicador baseava-se em estudos eventuais, como os realizados por Surdna e Stanford a respeito do impacto da Teach for America sobre os seus ex-alunos.

Os indicadores de impacto social ajudaram a transmitir ao staff, aos provedores de recursos e sobretudo aos próprios membros do corpo docente que o sucesso não se limitava aos seus dois anos de experiência didática. Para realizar a visão da TFA, os membros do corpo docente deviam converter-se em agentes vitalícios de mudança e de inovação em educação.

A TFA organizou a perspectiva das principais impulsionadoras das operações internas por meio de três temas estratégicos, ligados às atuais prioridades organizacionais:

- Promover o crescimento e a diversidade dos membros do corpo docente.
- Aumentar a eficácia dos membros do corpo docente.
- Catalisar os movimentos de ex-alunos.

A perspectiva da capacidade organizacional continha vários objetivos típicos de aprendizado e crescimento, relacionados com o aumento do talento e da diversidade da base de empregados, por meio do emprego de tecnologia habilitadora e da promoção do alinhamento dos objetivos dos empregados com a estratégia. Um dos novos objetivos focava o aumento da capacidade do Conselho de Administração Nacional.

Resultados

A Teach for America usou seu mapa estratégico e seu Balanced Scorecard em vários contextos, para ajudar a comunicar sua direção e iluminar os desafios futuros. Por exemplo, em importante reunião com "investidores" que haviam contribuído com grandes quantias, a apresentação do mapa estratégico e do Scorecard gerou um rico debate sobre como medir o impacto dos ex-alunos. Essa discussão e outras acabaram contribuindo para a melhoria dos indicadores referentes ao impacto dos alunos, com as quais concordaram todos os stakeholders. Outro debate a respeito do mapa estratégico acentuou o foco sobre os principais processos internos. Até então, os líderes seniores tendiam a encarar e a gerenciar o processo de distribuir membros do corpo docente entre os distritos escolares como parte do esforço mais amplo de proporcionar-lhes treinamento e suporte. Depois de definir "localização" como importante impulsionador à parte, a organização concentrou altos níveis de energia em fazer todo o possível para garantir a fluidez suave do processo de localização.

Nesses últimos anos, apesar dos grandes desafios de um ambiente de recursos decrescentes e de demandas crescentes para as entidades sem fins lucrativos, a Teach for America continuou a prosperar. O número de inscrições no corpo docente aumentou de menos de 5.000, em 2001, para 13.800, em 2002, e para quase 16.000, em 2003. Esse aumento no número de candidatos permitiu que a quantidade de novos membros crescesse de pouco mais de 900 para pouco menos de 1.900 (quase atingindo com a antecedência de um ano a meta de 2004 de 2.000 novos membros). O objetivo de avaliar a eficácia dos membros do corpo docente redundou na reformulação do currículo de treinamento e no reforço da rede de apoio regional. Os movimentos de ex-alunos continuam a ganhar impulso, como por intermédio do novo e muito utilizado Escritório de Carreiras e Oportunidades Cívicas. Embora continuem cautelosos, os executivos seniores esperam manter o crescimento anual de 30% no levantamento de fundos e atingir a meta para 2003 de quase US$28 milhões em receitas contínuas, em comparação com US$12 milhões em 2000. E a organização continuou a desenvolver sua capacidade para o futuro, ao reforçar sua infraestrutura tecnológica, recrutar novos membros talentosos para o staff e conquistar novos membros de destaque para o Conselho de Administração Nacional.

Agradecemos o apoio de Jerry Hauser, COO da Teach for America, ao compartilhar conosco a experiência de sua administração.

NOTAS

1. Wendy Kopp, *One Day All Children...: The Unlikely Triumph of Teach for America and What I Learned Along the Way* (Nova York: Public Affairs, 2001).

OS AUTORES

ROBERT S. KAPLAN é professor de desenvolvimento de liderança na cadeira Marvin Bower, da Harvard Business School. Anteriormente, integrava o corpo docente da Graduate School of Industrial Administration, Carnegie-Mellon University, onde também foi reitor de 1977 a 1983. Desenvolveu a série de vídeos *Measuring Corporate Performance*, da Harvard Business School, e é autor ou coautor de treze artigos da *Harvard Business Review*, de mais de 100 outros trabalhos e de onze livros, inclusive três com David Norton. Suas atividades de pesquisa, ensino, consultoria e conferências concentram-se em novos sistemas de gestão de desempenho e de custos, por meio principalmente do Balanced Scorecard e do custeio baseado em atividades. Recebeu numerosas honrarias, inclusive o Prêmio de Educador Notável (Outstanding Educator Award), da American Accounting Association, e o Prêmio do Chartered Institute of Management Accountants (Reino Unido) por "Contribuições Notáveis para a Profissão Contábil" (Outstanding Contributions to the Accountancy Profession). Dr. Kaplan é chairman da Balanced Scorecard Collaborative. Pode ser encontrado em *rkaplan@hbs.edu*.

DAVID P. NORTON é presidente da Balanced Scorecard Collaborative, Inc., empresa de serviços profissionais que promove o conhecimento, uso, desenvolvimento e integridade do Balanced Scorecard em todo o mundo. Anteriormente, foi presidente da Renaissance Solutions, Inc., empresa de consultoria de que foi cofundador em 1992, e da Nolan, Norton & Company, onde passou dezessete anos como presidente. Dr. Norton é consultor gerencial, pesquisador e conferencista na área de gestão estratégica. Com Robert Kaplan, é cocriador do conceito de Balanced Scorecard, coautor de quatro artigos da *Harvard Business Review* e coautor de *A Estratégia em Ação: Balanced Scorecard* e de

Organização Orientada para a Estratégia. É agente fiduciário do Worcester Polytechnic Institute e ex-diretor da ACME (Association of Consulting Management Engineers). Pode ser encontrado em *dnorton @bscol.com*.

ÍNDICE

Abordagens just-in-time
    Fornecedores, 71, 72
    Pontualidade, 82
    Redução de custos com, 40
Acionistas
    Gerenciamento de riscos e, 75-79
    Lacuna de valor e, 383, 385
    Valor para, 5
Acme Chemicals, 113, 116, 117, 121
    Gestão dos clientes na, 124
Acompanhamento de pacotes 260
Acompanhamento de pedidos, 86, 260
Administração de Desenvolvimento Econômico do Departamento de Comércio dos Estados Unidos, 431-435
Agendas de mudança organizacional, 14, 212
    Prontidão do capital organizacional e, 283-285
Alianças estratégicas, 192-194
Alinhamento estratégico. *Ver* alinhamento
Alinhamento:
    Capital informacional, 262-269
    De ativos intangíveis, 14, 203-228
    Dos processos internos, 12
    Em prontidão, 14
    Gestão de clientes e, 129
    Iniciativas estratégicas e, 55-57
    Liderança e, 303
    Objetivos do, 207
    Prontidão do capital organizacional e, 282, 306-307
    Relatório da prontidão do capital organizacional e, 313-315
    Técnicas, 212
Amanco, 195, 197-200
Amazon.com, 40
Ambientes de trabalho, 292-293
American Diabetes Asociation, 26-29
Análise conjunta, 11-112

Análise de agrupamentos, 111
Análise de atividades, 91
    Justificativa de custos e, 94
Análise discriminante, 112
Analog Devices, 97
Aplicações analíticas, 257
Aplicações transacionais, 257
Aplicações transformacionais, 257
Apple Computer, 191, 352
Aprendizado, doutrinas estratégicas baseadas em, 5
Aprisionamento de sistemas, 342-345
Argyris, Chris, 292
Arquitetura e padrões, 261
Assunção de riscos, liderança e, 298, 299
Ativos intangíveis. *Ver também* capital humano; capital informacional; Capital organizacional
    Alinhamento, 203-228
    Alinhamento e valor dos, 14
    Classificação dos, 13
    Criação de valor pelos, 31-32
    Descrição, 207-210
    Em conjunto, 32
    Estudo de caso sobre, 224-228
    Integração, 205-206, 210-216
    Mensuração, 216-222
    Prontidão dos, 216-223
    Valor de mercado e, 4
Ativos tangíveis, valor de mercado e, 4
Ativos, maximização do uso dos existentes, 84, 85
Aumento de produtividade, 40
    Inovação e, 156
    Prazo para a obtenção de resultados, 50
Austin, Jim, 192
Autoavaliações,
    COSO, 23, 24
    Prontidão, 238-239

ÍNDICE

Bain & Company, 6
Balanced Budget Act (1997), dos Estados Unidos, 61
Balanced Scorecard
  Custeio baseado em atividades e, 89-95
  Descrição da estratégia no, 7
  Hall of fame, 64, 418
  Índices ambientais, 179
  Iniciativas estratégicas no, 57
  Perspectivas no, 32-34
  Poder do, 5
  Software, 260
Bank of Tokyo-Mitsubishi, 15, 19-26
Bayer North America, 193
Beck, Deb, 411, 413
Benchmarking
  Gestão baseada em atividades e, 91
  Melhores práticas *versus*, 97-98
  Práticas trabalhistas, 187
Bidwell Training Center, 193
Birchard, Bill, 167
Boise Office Solutions, 365-366
Bolha pontocom, 4
Bolsas dominantes, 344
Bonneville Power Administration (BPA), 304
Bossidy, Larry, 6
Boston Lyric Opera, 445-450
BP, 182
Brandenburger, Adam, 343
Breakeven time (prazo para atingir o ponto de equilíbrio), 161
Briston-Myers Squibb, 172, 173, 175, 176
  Investimentos comunitários, 187-189
British Broadcasting Service (BBC), 224, 225, 227.
British Telecom, 224
Broadbent, Marianne, 260
Bronson, John, 232
Bryan, J. Stewart III, 419
BT, 176, 180, 187
Business Charter for Sustainable Development (Estatuto Empresarial para o desenvolvimento sustentável), 180-181
Business in the Environment (Índice de Envolvimento Ambiental Corporativo de Negócios no Meio Ambiente) Index of Corporate Environmental Ambiental Corporativo, 179-180
Engagement (Índice Negócios no meio ambiente de Envolvimento

Câmara Internacional do Comércio, 180
Capacidades essenciais
  Doutrinas estratégicas baseadas em, 5

Capital de giro
  Melhorando a eficiência do, 75
Capital humano
  Alinhamento, 52, 54, 55
  Cargos em nível de entrada e, 3-4
  Definição de, 14
  Descrição, 207
  Estratégia de liderança do produto e, 337-338
  Estratégias de aprisionamento e, 353
  Famílias de cargos estratégicos e, 232-236
  Gestão de clientes e, 126
  Gestão de operações, e, 85
  Inovação e, 157
  Liderança e, 303
  National City Corporation, 248, 249-253
  No Bank of Tokyo, 23
  Objetivos, 207
  Países que investem em, 4
  Perfis de competência e, 235-238
  Programas de desenvolvimento, 229-247
  Prontidão, 14, 229-253
Capital informacional
  Alinhamento, 52, 54, 55, 262-269
  Alocação de recursos, 264-269
  Avaliação da prontidão, 269, 271-272
  Definição de, 14
  Descrição, 207, 257-258
  Estratégia de liderança do produto e, 337-338
  Estratégias de aprisionamento e, 354
  Estudo de caso, 275-279
  Gestão de clientes e, 128
  Gestão de operações e, 86
  Inovação e, 157-158
  Objetivos, 207
  Portfólios, 258
  Prontidão, 116, 255-280
Capital organizacional
  Alinhamento em 282, 306-307
  Alinhando, 52, 54, 55
  Cultura em, 88, 287-295
  Definição de, 14
  Descrição, 207
  Estratégia de liderança do produto e, 337-338
  Estratégias de aprisionamento e, 354
  Estudo de caso sobre, 320-324
  Gestão de clientes e, 128-129
  Gestão de operações e, 87-88
  Inovação e, 158
  Liderança em, 283, 295-306

Na estratégia de soluções completas para os clientes, 341
Objetivos para, 207
Prontidão, 261-324
Relatório da prontidão do, 313-316
RH e, 315-316
Trabalho em equipe e aprendizado em, 86, 283, 307, 310-313
Charlotte, Cidade de, 36, 38
Chemical Bank, 109
Chemico, Inc, 232-238, 239
  Programa de desenvolvimento do capital humano, 240
Christensen, Clayton, 142
Chuva ácida, 174-175
Ciclo "projetar-construir-testar", 150-152
Cigna Property and Casualty, 112, 379-380
Cisco Systems, 287
  Clientes proprietários, 120
  Estratégia de aprisionamento na, 342
  Gestão dos processos sociais pela, 353
Cidade de Charlotte, 36, 37
City Year, 193
Claes Rick, 103
Clark, Paul, 252
Clausewitz, Carl Von, 6
Clientes
  Apóstolos, 120
  Clientes-alvos, 9, 43
  Comprometimento dos, 120
  Conquista de, 41, 43, 46, 109, 117-118
  Crescimento dos negócios dos, 46, 48, 109, 121-123
  Proprietários, 120
  Estratégias de aprisionamento e, 347-348, 351
  Fidelidade dos, 119-120
  Inovação com, 142
  Participação de mercado e, 40, 43
  Participação nas compras dos, 40, 43, 84, 85
  Poder dos, 109
  Relacionamentos com, 12
  Rentabilidade dos, 40, 43
  Retenção, 40, 43, 49, 109, 119-121
  Satisfação, 40-43
  Segmentação, 43, 111-112
  Seleção, 48, 109, 111-117
Clima, 292-293
Coaching, 303
Coca-Cola, 171, 187, 351
Cochrane, Bill, 162
Comércio eletrônico (e-commerce), 366-369

Committee of Sponsoring Organizations of the Treadway Commission (COSO), 24-25
Competências
  Na estratégia de soluções completas para os clientes, 236
  Objetivos para, 207
  Prontidão e, 229-253
Complementadores, 343-344, 348, 349
Compras, 71. *Ver também* fornecedores
  Eficiência em, 71-72
  Rapidez e pontualidade, 69, 82
Computer-aided design (CAD), 158
Comunicação com os empregados
  Cultura e, 291
  Gestão de clientes e, 126
  Liderança e, 303
  Proposição de valor para os clientes, 118
Concorrentes
  Investimentos comunitários e, 192
  Legislação sobre meio ambiente e segurança e, 182-183
Consciência estratégica, 306-37
Consumer Bank, 212, 218
  Linha do tempo para o valor, 389
  Mapa estratégico, 395
  Mudança no mercado: de transações para relacionamentos, 385-386
  Portfólio do capital informacional, 267, 269, 270
  Prontidão do capital informacional, 269, 273
  Temas estratégicos, 389-392
  Testes de viabilidade, 384
Consumo de energia, 172
Conquista de clientes, 117, 118
Contabilidade, 216
Contar histórias, 294
Convergência, 419
COSO (Committee of Sponsoring Organizations of the Treadway Commission), 24, 25
Costumes, 294
Criação de valor
  Ao longo da cadeia de fornecimento, 328-330
  Contexto, 31
  Em iniciativas estratégicas, 399
  Indireta, 31
  Liderança e, 295-303
  Nos mapas estratégicos, 9-15
  Organizações do setor público / Não lucrativas, 7, 9
  Pelos ativos intangíveis, 31-32
  Processos internos em, 12, 45-49

Processos regulatórios e sociais e, 169, 170
Segmentos de, 328-329
Valor potencial em, 31-32
Crown Castle International, Inc, 224-228, 285, 286
Cultura
　Alianças estratégicas na comunidade e, 192
　Clima comparado com, 293
　Definição de, 294
　Fusões e aquisições e, 287-288
　Gestão de operações e, 87-88
　Inovação e, 158
　mensuração, 292-295
　Objetivos de mudança da, 288-291
　Objetivos, 207
　Prontidão do capital organizacional e, 287-295
　Relatório da prontidão do capital organizacional e, 313-314
Custeio baseado em atividades (ABC)
　Desempenho ambiental e, 181
　Fornecedores e, 70-73
　Gestão de operações e, 88-95
Custo de servir, 75
Custos de monitoramento, 78-79
Custos de mudança, 122
　Estratégias de aprisionamento e, 330-354
　Estratégia de liderança do produto e, 334
Custos
　De propriedade, 70-73
　Desempenho ambiental e, 181
　Dificuldades financeiras, 76
　do monitoramento, 78-79
　Inovação e, 156
　Justificativa, 93-94
　Melhorias de produtividade e, 38, 40
　Produção, 74
　Tecnologia e, 86

Dahling-Sullivan, Sue, 447
Datex-Ohmeda, 207-210
Del Sesto, Janice, 447, 449
Dell Computer, 43
　Estratégia de baixo custo, 330
　Personalização na, 107
　Seleção de clientes, 112
Desempenho em segurança e saúde, 171, 184-186
　Estratégia de baixo custo total, 333
　Estratégia de liderança do produto, 335, 337

Desempenho financeiro
　Inovação e, 156
　Longo prazo *versus* curto prazo, 12
　No Balanced Scorecard, 7
Desenvolvimento de conceitos, 146-147
Desenvolvimento econômico
　Administração, Departamento de Comércio dos Estados Unidos, 431-435
Destruição da camada de ozônio, 174-175
Diageo, 180
Diferenciação
　Como estratégia, 328
　Desempenho ambiental e, 182
　Proposição de valor, 40-45
　Sustentável, 37
Digital Equipment Corporation, 191, 350
Distribuição, 75
　Relacionamentos com distribuidores e, 118
Dolinger, Stephen, 439
DuPont, 171-175, 184-186

eBay, 45, 344
EBITDA (lucro antes das despesas financeiras, imposto de renda, depreciação e amortização), 79
Economia de serviços, 4
Economia do conhecimento, 4
Economia movida a produtos, 4
Efluentes gasosos, 174-175
Efluentes líquidos, 173
Empowerment (capacitação), 306
Empreendimentos filantrópicos, 191, 194
Empregados. *Ver também* capital humano
　American diabetes Association, 27, 29
　Capacitação (empowerment), 306
　Competências para, 125, 128
　Diversidade entre, 186
　Liderança e, 303
　Nível de entrada, 3
　Práticas trabalhistas e, 49, 186-187
　Questões de segurança e saúde, 171, 184-186
　Treinamento, 205
Empresas de Software, desenvolvimento de produtos em, 149-151
Empresas farmacêuticas
　Agendas de mudança, 285
　Desenvolvimento de produtos, 149
　Estratégia de liderança do produto, 334
　Perspectiva dos clientes, 154
Engenharia de processos, 147

ÍNDICE 463

Entrega,
    Acompanhamento do pedido, 86
    Confiabilidade, 69, 82
Epstein, Marc, 167
Especialização, 205-206
Especificação de cargos. *Ver* Perfis de
    competências
Estratégia de baixo custo total, 10, 328,
    330-334
    Mapa estratégico para, 331, 332
    Objetivos para, 41
Estratégia de excelência operacional, 328
Estratégia de inovação de valor, 328
Estratégia de intimidade com os clientes,
    328
Estratégia de liderança de custo, 85
Estratégia de liderança do produto, 10, 328,
    334-338
    Mapa estratégico, 334, 337
    Objetivos, 43, 45
Estratégia de redução de custo, 267
Estratégia de soluções completas para os
    clientes, 10, 122, 123, 337-341
    Mapa estratégico, 337, 338
    Objetivos, 21
Estratégia, 4-10
    Base temporal da, 10
    Como um contínuo, 34-55
    Definição de, 31
    Descrição, 5-10
    Equilíbrio, 10
    Falhas na implementação de, 6
    Indicadores ambientais e, 181-184
    Organizações japonesas e, 19-20
    Planejamento e, 375-405
    Proposição de valor para os clientes em,
    10
    Temas simultâneos complementares em,
    13
Estratégias de aprisionamento, 10, 328,
    341-354
    Estratégia de liderança do produto e,
    334
    Objetivos, 45
    Retenção de clientes com, 122
    Sistema, 342-345
Estudos de casos, 15-16
    Amanco, 197-200
Excelência pessoal, 303
Executivos
    Na construção do mapa estratégico, 96
    Visão da estratégia pelos, 5
Exército, Estados Unidos, 401-405
Exploração de dados
    (data mining), 258

Fabricação de automóveis, 112
Fabricação flexível, 242-244
Famílias de cargos estratégicos, 14
    Alinhamento com, 212
    Capital organizacional e, 316
    Desenvolvimento de prontidão
    estratégica, 394
    Gestão de clientes e, 128
    Identificação, 232-235
    Programas de desenvolvimento e,
    239-247
    Prontidão e, 229
Famílias de cargos. *Ver* Famílias de cargos
    estratégicos
FedEx, 86, 109
Filantropia ajustada ao contexto,
    352-353
First Community Bank, 307, 309
Flexibilidade e agilidade, 267, 309
Foco nos clientes, cultura de, 289
Foco, 10
Ford, Henry, 91
Fornecedores
    Captação de valor pelos, 328-329
    Estratégia de baixo custo total, 331
    Inovação com, 142
    Pontualidade e, 71
    Relacionamentos com, 70-73
Fundação para o Desenvolvimento
    Sustentável, 188
Froot, K, 102
Fulton County School System, 439-444
Funil do desenvolvimento de produtos, 147
Fusões e aquisições, 287

Gases do efeito estufa, 175
Gates, Bill, 78
GE, 5, 82, 310
Georgia-Pacific, 193
Gestão de dados, 260
Gestão de instalações, 261
Gestão de riscos, 76-79
    Ambientais, 184
Gerstner, Lou, 5
Gestão baseada em atividades, 89-95
    Acompanhamento dos benefícios, 94
    Desenvolvimento de argumento de
    negócios, 91-92
    Gestão operacional e, 73
    Indicadores de desempenho, 95
    Justificativa de custos, 93-94
    Priorização, 92
Gestão baseada em tempo, 73
Gestão da cadeia de fornecimento, 258,
    260, 328-330

Gestão da Qualidade Total (TQM), 95-100
    Alinhamento estratégico e, 205
    Criação indireta de valor pela, 32
    Gestão de operacional e, 73, 85
    Justificativa de custos em, 93
    Mapas estratégicos e, 96-99
    Mensuração, 96
Gestão de clientes, 12, 48, 107-137
    Conexões com a perspectiva dos clientes, 123-124
    Conexões com a perspectiva financeira, 125
    Conexões com a perspectiva de aprendizado e crescimento, 126-129
    Conquista de clientes, 109, 118
    Crescimento dos clientes, 109, 121-123
    Doutrinas estratégicas baseadas em, 5
    Estratégia de liderança do produto e, 335
    Estratégias de aprisionamento, 350
    Estudo de caso sobre, 132-137
    Internet e, 107, 109
    Portfólios de capital organizacional, 258
    Prazo para a obtenção de resultados, 12, 50
    Processos em, 109-123
    Retenção de clientes, 109, 119-121
    Seleção de clientes, 1109, 111-117
    Tema, 376
    Temas estratégicos em, 52
Gestão de comunicações, 260-261
Gestão de marcas, 113
Gestão operacional, 12, 46, 67-106
    Baseada em atividades, 89-95
    Distribuição de produtos / serviços em, 75
    Estratégia de liderança do produto e, 335
    Estratégias de aprisionamento e, 351
    Estudo de caso sobre, 103-106
    Gerenciamento de riscos em, 75-79
    Gestão da qualidade total e, 95-100
    Iniciativas de excelência operacional e, 69-100
    Objetivos da perspectiva dos clientes e, 79-84
    Perspectiva de aprendizado e crescimento e, 85-89
    Perspectiva financeira e, 84-85
    Portfólios de capital informacional para, 258, 260
    Processos em, 67-180

Produção de produtos / serviços em, 73-75
Relacionamentos com fornecedores em, 70-73
Tema, 376
Temas estratégicos em, 52
Gestão de processos
    Doutrinas estratégicas baseadas em, 5
Gestão do relacionamento com os clientes, sistemas de (CRM), 128
    Alinhamento do capital organizacional e, 262-269
    Alinhamento estratégico e, 205
Goldman Sachs, 43, 338
Goudge, Dave, 369-370
Graham, John H, 26
Gramm-Leach-Bliley Act (2000), 26, 410
Granularidade, 53
Gray-Syracuse, 3, 242-244
Grupo Nuevo, 197

Habilidades em consultoria, 126
Habilidades em soluções de problemas, 126
Handleman Company 130, 137
Harrah's Entertainment, 112, 117, 119
Harrington, Dick, 370
Harvard Business Review, 415
Hax, Arnoldo, 328, 342
Henkel, Herb, 321
Hewlett-Packard, 175-177, 185, 193
Hi-Tek Manufacturing, 376, 378, 379
Home Shopping Network, 257

IBM, 5
    Cultura na, 287
    Estratégia de soluções completas para os clientes na, 337-338
    Processos judiciais antitruste contra, 352
    Produção de resíduos, descarte, 175
    Programa Reinventando a Educação, 188
Imitação, 352
Impostos, redução, 78
Incentivos, 306-307
Information Management Services (IMS), 288
Infraestrutura de aplicações, 260
Infraestrutura de gestão, 261
Infraestrutura física, 260
Infraestrutura, 260-261
Ingemanson, Björn, 415
Ingersoll-Rand (IR), 285, 286, 318, 320-324
Ingersoll-Rand, 318, 320-324
Inglês como segunda língua, 344

Iniciativas
    Identificação e financiamento, 396, 397-399
    Integração, 89-100
    Melhoria dos empregados, 92
    Seleção, 375
Inovação, 139-166
    Alinhamento dos empregados e, 306-307
    Como processo interno, 12
    Cultura para, 87, 291
    Doutrinas estratégicas baseadas, 5
    Em estratégia de baixo custo total, 333
    Estratégia de liderança do produto e, 334, 335, 337
    Estratégias de aprisionamento e, 348-349
    Estudo de caso sobre, 162-166
    Fornecedores, 71, 72
    Gestão da, 159-160
    Gestão do portfólio de pesquisa e desenvolvimento, 139, 143-146
    Identificação de oportunidades para, 139, 142-146
    Lançamento de produtos no mercado e, 139, 152-153
    Liderança e, 298, 299
    Objetivos da perspectiva dos clientes e, 153-159
    Objetivos de aprendizado e crescimento em, 157-159
    Objetivos financeiros em, 156
    Objetivos, 43, 45, 139, 141
    Portfólios de capital de informação para, 258
    Prazo para a obtenção de resultados, 12, 49-50
    Processos, 48-49, 139-153
    Projeto e desenvolvimento do produto / serviço, 139, 146-152
    Temas estratégicos, 52
    Temas, 376
Instrumentos financeiros, 79
Integração, 55, 89-100
Intel, 43
    Cadeia de valor e, 329
    Estratégia de liderança do produto na, 334
International Organization for Standardization (ISO), 179
Internet
    Gestão de clientes e, 128
    Poder dos clientes e, 107, 109
Investimento
    Alocação de recursos para, 264-269
    Fundos internos para, 79-80

Investimentos comunitários, 49, 187-195, 352-353
    Eficácia dos, 189-191
    Modelo baseado no desempenho para, 194-195
    Teach for America e, 450-456
    Temas estratégicos em, 52
    Vantagem competitiva com, 191-192
ISO (International Organization for Standardization), 179
Isom, Gerry, 379-380

Joint venture, 143

Kaplan, Ellen, 447
Keane, John M, 405
Kelly, John, 225
Kerr, Steve, 310
Kim, W. Chan, 1142, 328
Kramer, Mark, 191-192

Lacuna de planejamento, 383-385
Lacunas de competência, 229
Lei de Pareto, 83
Leonard, Dorothy, 142
Levi Strauss, 107, 257
Licenciamento, 143, 342
Liderança, 207, 295-306
    Consciência estratégica e, 306-307
    Criação de valor e, 299-302
    Desenvolvimento do capital humano e, 303
    Execução da estratégia e, 299
    Funções da, 295-296, 299
    Mensuração, 304, 306
    Modelo de competência, 291-296, 299
    Na prontidão, 14
    Objetivos para, 207
    Processo de desenvolvimento, 295-296
    Prontidão do capital organizacional e, 287
    Relatório da prontidão do capital organizacional e, 313-315
Linhas do tempo para o valor, 375, 386-389
Liquidez, 216-218
Loveman, Gary, 119

Mapas estratégicos, 31-64
    Criação de valor em, 9-15
    Customização (personalização), 327-374
    Em soluções completas para os clientes, 337-341
    Gestão da qualidade total e, 96-99
    Iniciativas estratégicas e, 55-57
    Missão em, 36

Objetivos em, 57-58
  Para a estratégia de aprisionamento, 341-343
  Para a estratégia de baixo custo total, 330-334
  Para a estratégia de liderança do produto, 334-337
  Paradigmas, 10, 11
  Perspectiva do cliente em, 40-45
  Perspectiva financeira, 38-40
  Perspectiva interna, 45-49
  Planejamento com, 380-399
  Programas de melhoria e, 99-100
  Temas complementares simultâneos em, 49-55
  Visão em, 36-37
Marine Engineering, 113, 118
  Gestão de clientes, 123
  Parceria com clientes, 120-121
  Parcerias de fornecimento exclusivo, 122
Marketing de massa, 118
Mauborgne, Renée, 142, 328
McDonald's, 43, 330, 331
MDS, 361-366
Media General, Inc, 285-287, 409, 419-423
Melhores práticas 87
  Benchmark *versus*, 97-98
  Na estratégia debaixo custo, 334
Melter, Paul, 163, 165, 166
Mercados
  Extensão dos produtos para novos mercados, 153-155
  Lançamento de produtos no, 48, 139, 152
  Redefinição, 183
Mercedes, 43, 334
Metro Bank, 113, 115, 118
  Gestão de clientes no, 120, 122, 124
Meulbroek, Lisa, 76
Michael Porter
  Modelo das cinco forças, 329
  Sobre encaixe estratégico, 327, 328
Microsoft
  Aprisionamento de sistemas na, 328
  Cadeia de valor e, 329
  Desenvolvimento de produtos na, 149-151
  Estratégias de aprisionamento na, 342-344
  Gerenciamento de riscos na, 78, 79
  Litígios referentes à legislação antitruste contra, 352
  Word *versus* WordPerfect, 349
Milestones, Daily build com, 150-151

Ministério da Defesa do Reino Unido, 435-439
Missão
  Amostras de declarações de, 36
  Como ponto de partida da estratégia, 34, 36
  Consciência da, 306-307
  Cultura e, 291
  Liderança e, 303
  St. Mary's Duluth Clinic Health System, 60
  Sucesso e, 7, 9
Mobil, 40, 109, 338
Modelo de desdobramento, 218-220
Modelo de desenvolvimento em cascata, 151-152
Modelo de valores estratégicos, 244-247
Modelo stage-gate, 147-148
Modelos holísticos, 5
Modelos macroeconômicos, 379
Moura, Julio, 197
Mudança. *Ver também* prontidão
  Agendas organizacionais para, 14, 212
  Capital da informação e, 266-267

Nagumo, Takehiko, 20
Nalelbuff, Barry, 343
National City Corporation, 248, 249-253
Nature Conservancy, 193
New Profit, Inc, 191, 194
Níveis de endividamento, 79-80
Nokia, 172
  Investimentos comunitários, 189, 190
Northwestern Mutual, 409-414
Nova Chemicals, 167, 179
Novartis, 169, 171, 173
  Fundação para o Desenvolvimento Sustentável, 188

O'Reilly, Charles, 193
Objetivos compartilhados, 20-21
Objetivos comuns, 20
Objetivos singular, 20
Objetivos
  Aprendizado e crescimento, 159
  Capital organizacional, 129, 283
  Conquista de clientes, 117-118
  Consciência e alinhamento estratégico, 307, 308
  Estratégia de aprisionamento, 345-354
  Gerenciamento de riscos, 76, 79
  Gestão de clientes, 124, 125, 129
  Gestão de operações, 74-75, 84-85, 88
  Gestão do portfólio de P&D, 145-146
  Indicadores para, 57-58

Lançamento do produto, 152-153
Perspectiva do cliente, 124
Perspectiva financeira, 84-85, 125, 155-156
Processos de inovação, 139, 141, 142-143, 145-146, 152, 155, 156, 159
Projeto do produto, 151-152
Proposição de valor para os clientes e, 41-45, 83-84
Relacionamento com fornecedores, 72-73
Retenção de clientes, 121
Seleção de clientes, 113
Occupational Safety and Health Administration (OSHA), 184
Oportunidades
  identificação de, para projeto / desenvolvimento, 48
  identificação de, para inovação, 139, 142-143
Opportunity Now, 187
Organização orientada para a estratégia (Kplan, Norton), 210
  Sobre estratégias fracassadas, 6
Organizações do setor privado, 409-423
  Criação de valor em, 7-9
  Media General, Inc, 419-423
  Northwestern Mutual, 409-414
  Volvofinans, 409, 414-418
Organizações do setor público, 425-444
  Administração de Desenvolvimento Econômico do Departamento de Comércio dos Estados Unidos, 431-435
  Fulton County School System, 439-444
  Ministério da Defesa do Reino Unido, 435-439
  Objetivos, 56
  Real Polícia Montada Canadense, 426-430
Organizações sem fins lucrativos, 445, 455-456
  Alianças estratégicas com, 192-194
  American Diabetes Association, 26-29
  Boston Lyric Opera, 445, 446-450
  Criação de valor, 7-9
  Estratégia, 58
  Objetivos, 59
  Teach for America, 445, 450-456
Organizações sem fins lucrativos, 445-456

Páginas Amarelas, 45, 344
Países, investimentos em capital humano pelos, 4, 16

Paladino, Robert, 225, 227
Parcerias
  Clientes, 122-123
  Fornecedores, 73-74
Participação (fatia) de mercado, 59
Participação nas compras dos clientes, 59, 84, 85
Patagônia, 182
Payne, Thomas M, 444
Pedidos eletrônicos, 71
Perfil da Cultura Organizacional (Organizational Culture Profile – OCP), 294
Perfis de competências, 229, 235-238
Person, Peter, 64
Perspectiva de aprendizado e crescimento, 13, 34
  Alinhamento em, 52, 54-55
  Capital humano em, 86
  Capital da Informação em, 86
  Capital organizacional em, 87-88
  Desenvolvimento da prontidão para, 392
  Em gestão de operações, 85-88
  Estratégia de baixo custo total, 333
  Estratégias de aprisionamento e, 353
  Gestão de clientes e, 126-130
  Inovação e, 157-159
  Liderança em, 303
  No Balanced Scorecard, 7
  Objetivos e indicadores, 159
  Trabalho em equipe e, 310-315
Perspectiva do cliente, 32
  Estratégias de aprisionamento, 345, 347-348
  Gestão de clientes e, 123-124
  Gestão de operações e, 79-84
  Gestão de riscos em, 71-79
  Processos de inovação e, 153-159
  Proposição de valor diferenciada, 40-46
Perspectiva dos processos internos, 32, 34, 45-49
  Gestão de risco em, 75-79
  Para estratégias de aprisionamento, 348-353
Perspectiva financeira, 9
  Aumento de produtividade, 40
  Crescimento da receita, 38
  Definição, 32, 34
  Em estratégias de aprisionamento, 345
  Gestão de clientes e, 125
  Gestão de operações e, 84-85
  Logo prazo *versus* curto prazo, 40

Pesquisa e desenvolvimento
  Gastos com, 287
  Gestão de portfólio, 48-49, 139, 143-146
  Na estratégia de soluções para os clientes, 338
  TI, 261
Pesquisas entre empregados, 303-306, 413-414
Pirataria, 349, 352
Planejamento das exigências de fabricação (MRP), 258, 260
Planejamento, 375-405
  Estudo de caso sobre, 401-405
  Identificação de temas estratégicos em, 389-392
  Programas estratégicos em, 396-399
  Lacuna de valor para os acionistas em, 383-385
  Linha do tempo para o valor em, 386-389
  Mapas estratégicos em, 380-399
  Prontidão estratégica dos ativos e, 392-396
  Proposição de valor para os clientes, 385-386
Planos de ação, 55-57
Polaroid, 342
Portfólios de TI, 211, 258
PowerWorks, 320
Precificação, 352
  Competitivo, 69, 81
Priorização em gestão baseada em atividades, 92
Processo *Daily Build*, 150
Processos de melhoria contínua, 67
  Cultura para, 87, 270
  Estratégias de aprisionamento e, 351-352
  Gestão de operações e, 73-74
Processos internos
  Criação de valor pelos, 12, 45-49
  Estratégia de baixo custo total, 331
  Gestão de clientes, 46
  Gestão de operações, 12, 45-46
  Inovação, 48-49
  No Balanced Scorecard, 7
  Taxonomia, 12
Processos operacionais
  Eficiência *versus* crescimento, 26-27
  Prazo para a obtenção de resultados, 12-13, 49-50
Processos regulatórios e sociais, 12, 49, 167-200
  Desempenho ambiental em, 172-184
  Desempenho de saúde e segurança em, 171, 184-185
  Em estratégias de baixo custo total, 333

Estratégia de liderança do produto e, 337
Estratégias de aprisionamento e, 352
Estudo de caso sobre, 197-200
Gestão de processos em, 171-195
Governança corporativa e, 26
Investimentos comunitários em, 187-195
Na estratégia de soluções completas para os clientes, 340
Práticas trabalhistas em, 186-187
Prazo para a obtenção de resultados com, 13
Produção / descarte de resíduos sólidos, 175, 176-177
Produção
  Gestão de operações e, 74
  Lançamento de produtos no mercado e, 139, 152-153
  Objetivos e indicadores, 152-153
  Piloto, 152
Produtividade
  Gestão de operações e, 84-85
  Inovação e, 156
  Melhoria, 38, 40
Produtos em nível de entrada, 117-118
Programação, 50
Programas de recursos humanos (RH)
  Alianças estratégicas na comunidade e, 193
  Alinhamento do, 14
  Capital organizacional e, 315-316
  Doutrinas estratégicas baseadas em, 5
  Práticas de alinhamento de, 205-206
  Programas de desenvolvimento e, 239-247
  Sistemas baseados em web, 260
Projeto e desenvolvimento de produtos, 48-49
  Fases, 146
  Inovação e, 139, 146-152
  Modelo do funil, 147
  Modelo em cascata, 149
  Modelo stage-gate de, 148
  Objetivos e indicadores, 151
  Planejamento, 147
  Produtos em nível de entrada, 117-118
  Questões ambientais em, 175-177
  Software, 149-151
  Temas em, 376
Projeto organizacional
  Doutrinas estratégicas baseadas em, 5
Projetos de aliança, 144-145
Projetos de desenvolvimento de plataformas, 144
Projetos de desenvolvimento derivativo, 144

Projetos de desenvolvimento inovador, 144
Prontidão, 14, 218-223
   Capital humano, 229-253
   Capital informacional, 255-280
   Capital organizacional, 281-324
   Desenvolvimento da, 392-396
   Famílias de cargos estratégicos, 232-235
   National City Corporation, 248, 249-253
   Perfis de competências e, 235-238
   Prontidão do capital humano, 238-239
Proposições de valor para o cliente
   Aprisionamento de sistemas, 10
   Baixo custo total, 10
   Diferenciadas, 10, 40-45
   Identificação, 389-392
   Liderança do produto, 10
   No Balanced Scorecard, 7
   Preços competitivos, 69, 81
   Qualidade em, 69, 81
   Reconciliação, 385-386
   Seleção, 69, 83-84
   Soluções completas para os clientes, 10
   Velocidade e confiabilidade, 69, 82
Proposições de valor
   Aprisionamento de sistemas, 10
   Baixo custo total, 10
   Diferenciada, 32, 40-45
   Famílias de cargos estratégicos e, 242-244
   Gestão de operações e, 79-84
   Indicadores de, 41, 45
   Liderança do produto e, 10
   No Balanced Scorecard, 7
   Perspectiva dos clientes e diferenciação, 40-45
   Soluções completas para os clientes, 10
Propriedade, custos de propriedade, 70-72
Prototipagem virtual, 158

Qualidade
   Definição, 93
   Doutrinas estratégicas baseadas em, 5
   Fornecedores e, 76
   Perfeita, 69, 81
Quantificação, 375-376, 379-380
Questões ambientais, 49, 169, 172-184. *Ver também* Processos regulatórios e sociais
   Consumo de energia e recursos, 172
   Desempenho do produto, 175-177
   Desenvolvimento de produtos e, 155-156
   Efluentes gasosos, 173-174
   Efluentes líquidos, 173
   Em estratégia de baixo custo total, 333
   Estratégia de liderança do produto e, 337
   Indicadores agregados e, 177, 179-184
   Produção de descarte de resíduos sólidos, descarte, 175, 176, 177
Questões antitruste, 352

Race for Opportunity, 187
Real Player, 349
Real Polícia Montada do Canadá, 426-430
Recursos
   Em gestão baseada em atividades, 94
   Em programas de melhoria da qualidade, 99
   Gestão do portfólio de P&D e, 145
   Para iniciativas estratégicas, 399
   Para investimentos em capital organizacional, 264-272
Reengenharia, 67
   Balanced Scorecard e, 99
   Custos da, 94
   Gestão de operações e, 73-74
Reinhardt, Forest, 181, 182
Relacionamentos com os revendedores, 117-118
Relações de causa e efeito
   Entre perspectivas, 32, 34
   No Balanced Scorecard, 7
Relatório da Prontidão Estratégica, 220-223
Reputação, 169
Responsabilidade (prestação de contas), 291-292, 303
Responsividade, 74
Roberts, Kevin, 162, 166
Rotatividade dos clientes, 347
Rowlands, Sharon, 372
Royal Dutch/Shell, 186, 187

Saatchi & Saatchi, 160, 163-166
Salas de bate-papo, 109
Salas, Roberto, 200
Sampson, David A, 432
Scharfstein, D, 102
Seguro, 79
Seifert, Shelley, 251
Seis sigma
   Criação indireta de valor pelo, 31
   Custo de, 91-92
   Gestão de operações e, 85
Seleção, 69, 83-84
Senge, Peter, 306
Shaffer, Dave, 371
Shell, 186-187
Siemens, 186

Síndrome do não inventado-aqui, 158
Sistemas de gestão do conhecimento,
  310-313, 396
  Gestão de clientes e, 129
  Melhores práticas e, 86
Sistemas de incentivos, 129
Sistemas de mensuração
  Conquista de clientes, 118
  Estratégia em, 5
  Gestão de clientes, 125, 128-129
  Gestão do portfólio de P&D, 145-146
  Impacto social, 450-456
  Importância de, 6
  Indicadores ambientais agregados,
    177-184
  Lançamento de produtos, 152-153
  Liderança e, 304-306
  Na gestão baseada em atividades, 95
  Objetivos e, 57
  Para aprendizado e crescimento, 159
  Para ativos intangíveis, 216-223
  Para consciência e alinhamento
    estratégico, 307, 308
  Para estratégias de aprisionamento,
    345-354
  Para gerenciamento de riscos, 75-76, 79
  Para gestão de operações, 73-75, 82,
    84-85, 88
  Para investimentos comunitários,
    189-191
  Para o capital organizacional, 129,
    316
  Para proposição de valor, 45
  Para relacionamento com fornecedores,
    73
  Perspectiva do cliente, 124
  Perspectiva financeira, 84-85, 125,
    155-156
  Processos de inovação, 143, 145-146,
    151-153, 155, 156, 159
  Projeto de produtos, 151-152
  Prontidão do capital informacional,
    269-274
  Proposição de valor para os clientes e,
    83-84
  Retenção de clientes, 121
  Seleção de clientes, 113
Sistemas ERP (de gestão empresarial
  integrada), 260
Sistemas obsoletos, 266
Sistemas pull, 311
Sistemas push, 311
Skandia Group, 415
Smith, Paul, 3
Söderberg, Marianne, 415

Sony, 43, 175, 176-179
  Estratégia de liderança do produto na,
    334
Southwest Airlines, 43
  Donos dos clientes na, 120
  Estratégia de baixo custo da, 83, 330,
    331
St. Mary's Duluth Clinics (SMDC), 58,
  60-64
Stakeholders
  Processos regulatórios e sociais e, 169
Stein, J, 102
Sustentabilidade
  Diferenciação e, 37
  Gestão de operações, 67
  Objetivos financeiros e, 40
Swiss Re, 76

T. Rowe Price, 274, 275-280
Tata Auto Plastic Systems, 357-361
Taylor-Greenway, Martha, 439
Teach for America, 445, 450-456
Tecnologia da informação (TI). *Ver também*
  capital informacional
  Alinhamento do capital informacional e,
    262-269
  Alinhamento, 14
  Doutrinas estratégicas baseadas em, 5
  Inovação e, 158
  Na estratégia de baixo custo total,
    333-334
  Na estratégia de soluções completas para
    os clientes, 341
  Portfólios estratégicos em, 211, 258
  Práticas de alinhamento de, 205-206
Tecnologia. *Ver também* tecnologia da
  informação (TI)
  Alocação de recursos para, 267-269
  Gerenciamento de riscos, 79
  Gestão operacional e, 86
  Infraestrutura, 260-261
  Tema parcerias tecnológicas, 376
Teerlink, Richard, 5
Tema cidadania responsável, 376
Temas estratégicos, 52, 53
  Alinhamento dos ativos intangíveis e,
    214
  Definição de, 12
  Identificação de, 389-392
  No planejamento, 376-379
Terceirização, 73, 143
The Fifth Discipline (Senge), 306
Thomson Financial, 370-374
Thornton Oil Corporation, 101, 103-106
Timberland, 193

Time Warner, 193
Toyota, 43
  Apóstolos dos clientes e, 120
  Estratégia de baixo custo da, 330, 331
Trabalho em equipe, 310-313
  Cultura e, 291-292
  Desenvolvimento do conhecimento e, 310
  Distribuição do conhecimento e, 310-313
  Em prontidão, 14
  Geração do conhecimento e, 310
  Gestão de clientes e, 129
  Gestão de operações e, 86
  Inovação e, 158
  Liderança e, 303
  Objetivos, 207
  Organização do conhecimento e, 310
  Prontidão do capital organizacional e, 282
  Relatório da prontidão do capital organizacional e, 313, 314
Training Within Industry (TWI), 244
Treacy, Michael, 328
Turner, David, 372, 374

Ulwick, Anthony, 142
UNICCO, 232
United Airlines, 343
Universidade da Califórnia, Berkeley, Serviços Administrativos, 244-247
UPS, 86, 109
Uso não autorizado, 349, 351
Utilização de ativos fixos, 74
Utilização e confiabilidade dos equipamentos, 101

Valores
  Costumes comparados com, 293
  Definição e mensuração, 290
  Estabilidade dos, 34
  Estratégicos, 244-247
  Liderança e, 303
  Mudança, 283-285
  Perfis de competência e, 235-237
  Perfis, 295
Vantagem competitiva, 5
  De investimentos comunitários, 191
Vantagens do pioneirismo, 345
Vasella, Daniel, 169, 171
Vendas cruzadas, 122, 214, 216, 262
Viabilidade, 384
Visão, 34, 36-37
  Amostras de declaração de, 37
Visteon, 71
Volvofinans, 414-418

Wal-Mart, 43, 83
  Apóstolos dos clientes e, 120
  Cadeia de valor e, 329-330
  Estratégia de baixo custo total no, 330, 331
  Terminais de pontos de venda, 107
Weill, Peter, 260
Welch, Jack, 5, 82, 310
White, Thomas E, 401
Wiersema, Fred, 328
Wilde, Dean, 328, 342-343
Williams, Kimberlee, 232

Yamamoto, Hideo, 20

Zaccardelli, G, 427
Zore, Ed, 410, 411, 413

Este livro foi impresso nas oficinas gráficas da Editora Vozes Ltda.,
Rua Frei Luís, 100 – Petrópolis, RJ.